公安院校创新应用型
精品规划系列教材

治安管理实务与实训教程

Public Order and Security Administration:Police Operations and Training

主　编　王占军
副主编　刘　衡　肖振涛　兰海华
撰稿人（按姓氏笔画排名）
丁肇伟　王占军　王良秋　兰海华
刘　衡　朱晓征　师秀霞　李黎明
肖振涛　范海赞　郜　杨

WUHAN UNIVERSITY PRESS
武汉大学出版社

图书在版编目(CIP)数据

治安管理实务与实训教程/王占军主编 .—武汉:武汉大学出版社,
2018.7(2023.1 重印)
公安院校创新应用型精品规划系列教材
ISBN 978-7-307-20157-6

Ⅰ.治… Ⅱ.王… Ⅲ.治安管理—高等学校—教材 Ⅳ.D631.4

中国版本图书馆 CIP 数据核字(2018)第 077341 号

责任编辑:田红恩　　责任校对:李孟潇　　版式设计:韩闻锦

出版发行:**武汉大学出版社**　(430072　武昌　珞珈山)
(电子邮箱:cbs22@ whu.edu.cn 网址:www.wdp.com.cn)
印刷:武汉邮科印务有限公司
开本:787×1092　1/16　印张:25.75　字数:653 千字　插页:1
版次:2018 年 7 月第 1 版　2023 年 1 月第 2 次印刷
ISBN 978-7-307-20157-6　定价:65.00 元

王占军　铁道警察学院教授，治安系副主任，社会治安治理研究中心主任，治安学学科带头人，省中青年骨干教师，全国公安教育系统优秀教师。长期从事治安学和警察学的教学研究工作，主持的《治安管理学》课程获评省级精品资源共享课。近年来公开发表专业学术论文40余篇，主持完成省部级课题6项，出版学术专著2部，主编教材6部。

公安院校创新应用型精品规划系列教材编委会名单

前　言

紧跟时代，紧贴实战，培养造就应用型人才是现时代公安高校人才培养的基本要求。如何立足于社会治安形势和治安管理实践的实际需求，培养学生系统掌握相关治安管理的基础理论、基本知识、基本方法和基本技能，进一步拓宽或增强公安高校有关专业学生的岗位适应性和从事治安管理的实际工作能力，是治安学专业课程教学改革的基点和方向。

基于此，我们成功申报立项了铁道警察学院教学改革研究重点项目《基于能力导向的治安学专业模块化实训教学体系构建研究》，本教程即是该项目的研究成果之一。本教程紧跟社会治安形势发展变化对于治安管理人才培养要求的变革，突出时代特色与前沿领域研究，注重以“模块”的科学界分与链接将人、事、地、物等管理对象的差别性有机联系，将基础知识、实例分析、实训教学有机结合，并根据实际治安工作需求确定实训项目，按照“教、学、训、战”一体化的教学训练模式，尽量以实战主导教学内容，引导学生开发思维，强化能力。其一，强调系统性、全面性、原创性和新颖性的有机统一。内容简洁但具有创新性，及时将影响社会治安的典型治安现象、治安问题、治安原因及治安对策写入教材，注意吸纳近年来成熟的关于治安管理的最新教学科研成果及公安实践中总结的成功经验做法，内容与时代同步。其二，强调应用指导性。着重于具体实例或典型案例分析，尽可能做到全面、到位，具有引导性。既针对知识点的掌握，更针对知识的理解与应用，针对具体分析问题和解决问题能力的提升，更具实用性和适用性。其三，强调体例新颖性。全书各章按照案例导引（开篇设定本章知识单元的有关案例并进行引导性发问或列出有关治安的经典语录引人思考）、前列（阐明学习目标、教学重点、教学难点等）、基本知识（本章知识单元必要的知识点和相关法律依据）、典型案例分析（根据本章知识点，选择典型案例、材料等进行详细解析）、实训项目设计（具体实训项目的指导和实施安排）、本章小结、思考与练习、拓展阅读（着重于相关知识的细化和分析、专家观点、扩充性知识点的介绍和分析，用以拓宽学生视野，加深知识点的理解和掌握）等模块展开。体例新颖、结构完善，全面突出职业能力培养和职业素养的造就。

本教程由王占军教授担任主编，由刘衡、肖振涛、兰海华担任副主编，由王占军负责确定编写框架、设计编写大纲、拟定编写体例，由作者分工撰写完成，其文责自负。具体编写分工为，王占军撰写：第一章，第二章，第十三章，第十七章；肖振涛撰写：第三章，第四章；丁肇伟撰写：第五章；刘衡撰写：第六章，第九章，第十章；朱晓征撰写：第七章，第八章；郜杨撰写：第十一章，第十二章，第十五章；范海赞撰写：第十四章；李黎明撰写：第十六章；兰海华撰写：第十八章；王良秋撰写：第十九章；师秀霞撰写：第二十章。全书由王占军统稿。

在编写过程中，本书参考了许多专著、教材和有关资料，吸收借鉴了不少专家、学者的研究成果，在此一并表示衷心感谢！

当然，愿景的美好改变不了现实的尴尬，尽管编写者都很努力，求实创新，锐意变革，力图做得更好，却囿于能力和时间，未能达到预先设定的理想效果，本书难免存在不尽如人意之处，还请各位同仁和读者不吝批评指正。但毕竟我们在努力，努力过程中的点滴进步与收获都是令人欣慰的，未来，我们将继续努力！

编 者

2017 年 11 月

目　　录

第一章 导 论

维护社会大局稳定是政法工作的基本任务。要处理好维稳和维权的关系，要把群众合理合法的利益诉求解决好，完善对维护群众切身利益具有重大作用的制度，强化法律在化解矛盾中的权威地位，使群众由衷感到权益受到了公平对待、利益得到了有效维护。要处理好活力和秩序的关系，坚持系统治理、依法治理、综合治理、源头治理，发动全社会一起来做好维护社会稳定工作。

促进社会公平正义是政法工作的核心价值追求……要重点解决好损害群众权益的突出问题，绝不允许对群众的报警求助置之不理，绝不允许让普通群众打不起官司，绝不允许滥用权力侵犯群众合法权益，绝不允许执法犯法造成冤假错案。

保障人民安居乐业是政法工作的根本目标。政法机关和广大干警要把人民群众的事当做自己的事，把人民群众的小事当做自己的大事，从让人民群众满意的事情做起，从人民群众不满意的问题改起，为人民群众安居乐业提供有力法律保障。要深入推进社会治安综合治理，坚决遏制严重刑事犯罪高发态势，保障人民生命财产安全。①

——习近平

【学习目标】 掌握治安和治安管理的概念，了解治安涵义的历史演变；掌握治安管理的特征和范围；准确领会治安管理的职能，正确理解、熟练掌握和灵活运用治安管理的任务和原则。

【教学重点】 治安管理的概念和特征；治安管理的职能、任务和原则。

【教学难点】 治安涵义和治安管理职能的理解与领会

第一部分 基础知识

一、治安的涵义

“治”和“安”皆为多义词，依照《古代汉语字典》解释，“治”既有管理、统治、治理、处理等动词之意，又有治理好、合理、安定太平等形容词之意。“安”本义为平静、安宁。是女子坐在“宀”（房子）下的样子。古时女子能安坐家中，万事平静，天下太平。②

① 摘自习近平总书记2014年1月7日在中央政法工作会议上发表的重要讲话。

② 古代汉语字典［M］. 商务印书馆，2005：1056.

《说文解字》则解释为：“治，从水，从台，意谓水从台前流过，井然有序。”“安，静也，从女在宀下。”“宀，交覆深屋也，象形，凡宀之属皆从宀。”可见，“治”和“安”在相当程度上是同一的，“治安”也多理解为社会的安宁秩序。“治安：①政治清明、国家安定。〔例〕故治安不可以虚成也。（《新书·修政语上》）②社会的安宁秩序。〔例〕稳定治安、维持治安。”① 所以，从“治”和“安”的词源学语义解释来看，“治”侧重于井然有序，“安”强调一种存在状态和心理感受。治安是一种心理安全状态，主要表达人们要求安全、和谐生活的愿望以及为达此愿望而付出的努力和追求。

当然，秩序是人类社会的本能需求，秩序的存在是人类一切活动的必要前提，也是人类社会为良好的生存和生活而追求的目标，这应当是自人类社会产生即存在的必要想法。故安全生存是生物界包括人类的本能需要，凡有人群的区域都需要有安全和安全管理，这是治安生成的基础。

“治安”一词最早见于战国时期韩非的《韩非子·显学篇》：“今上急耕田垦草以厚民产也，而以上为酷；修刑重罚以为禁邪也，而以上为严；征赋钱粟以实仓库，且以救饥馑、备军旅也，而以上为贪；境内必知介而无私解，并力疾斗所以禽虏也，而以上为暴。此四者所以治安也，而民不知悦也。”公元前173年，西汉贾谊在他陈述社会政治时弊及实现国家长治久安方略的奏章《治安策》中提到“夫以天子之位，乘今之时，因天之助，尚惮以危为安，以乱为治”、“此时而欲为治安，虽尧舜不治”、“欲天下之治安，莫若众建诸侯而少其力”。后司马迁在《史记》中也有记载：“古者殷周有国，治安皆千余岁。”可见，在古代社会，“治安”和“治安管理”在某种程度上同一化，治安主要指治理国家、统治民众、管理社会，以使政治清明，国家和社会安定。

但在现代社会，“治安”和“治安管理”则明显取向不同。如经常见诸报端的“切实提高驾驭社会治安局势的能力”、“确保社会治安大局稳定”、“提高对社会治安的控制能力”、“切实解决本地突出的治安问题”、“切实加大对治安混乱地区的整治力度”、“根除社会治安隐患”、“治安形势平稳”等有关“治安”的词义表达，则明确反映治安是“客观存在的社会现实状况，是反映社会安定和公共安全的一种现存社会状态”，主要理解为追求“社会稳定、公共安全的社会状态”。而“治安管理”则是对现存“治安”状态的管理和控制，使之避坏趋好。既包括正面的鼓励、引导，也包括告诫、限制、惩罚，当然也不能排除指示、指导、服务等功能，它同国家的治安控制（管理）力度密切相关，反映国家（组织）对社会既定秩序的控制，直接体现着国家治安控制力的变化。众所周知，社会的有序发展和良性运行往往同秩序和安全的追求和实现密切相关，社会的无序发展和恶性运行则同安全问题显著增多、社会秩序控制不力紧密相连。而治安本质上反映的是社会状态的有序性和社会大众的安全性。在现代社会，衡量社会治安好坏的标准，无外乎违法犯罪率和公众安全感等。只要社会状态有序，社会大众感觉安全，社会管理主体控制治安的目的即达到。

二、治安管理的涵义

“治安”和“治安管理”是相互对应和紧密联系且应运伴随而生的一组概念，“治安”生在前，“治安管理”跟在后，有“治安”方有“治安管理”，而在“治安管理”下“治安”方体现出人的意志性，其是消除问题、维护秩序的行为。因为“治安秩序”是一定时

① 古今汉语词典［M］. 商务印书馆，2004：1890.

期社会管理者（统治阶级）以及社会大众所普遍规定（追求）的一种稳定有序的社会状态。“秩序总是意味着社会中存在着某种程度的关系的稳定性、进程的连续性、行为的规则性以及财产和心理的安全性。”①党的十九大报告明确提出：“增进民生福祉是发展的根本目的。必须多谋民生之利、多解民生之忧，在发展中补齐民生短板、促进社会公平正义，在幼有所育、学有所教、劳有所得、病有所医、老有所养、住有所居、弱有所扶上不断取得新进展，深入开展脱贫攻坚，保证全体人民在共建共享发展中有更多获得感，不断促进人的全面发展、全体人民共同富裕。建设平安中国，加强和创新社会治理，维护社会和谐稳定，确保国家长治久安、人民安居乐业。”“保障和改善民生要抓住人民最关心最直接最现实的利益问题，既尽力而为，又量力而行，一件事情接着一件事情办，一年接着一年干。坚持人人尽责、人人享有，坚守底线、突出重点、完善制度、引导预期，完善公共服务体系，保障群众基本生活，不断满足人民日益增长的美好生活需要，不断促进社会公平正义，形成有效的社会治理、良好的社会秩序，使人民获得感、幸福感、安全感更加充实、更有保障、更可持续。”

治安问题则是一定时期人们对治安秩序的期望目标和治安现实之间的差距的显现，即对现存既定社会秩序的破坏，表现为危害社会安定和公共安全的各种消极因素，如暴力恐怖活动、个人极端暴力犯罪、黑恶势力犯罪、涉枪涉爆刑事犯罪、“两抢一盗”现行犯罪、电信诈骗犯罪、“黄赌毒”违法犯罪等。当然，在阶级社会，治安管理主要体现为统治阶级实现治安秩序的管理过程。社会管理（统治）者就是通过自己的管理行为努力消除治安问题，使“治安”趋于自己所需求的秩序状态。故现代治安管理可表述为国家公安机关治安管理部门为了消除社会治安问题、维护社会治安秩序、保障公共安全，而依法从事的行政管理活动。

治安管理是公安行政管理的主要部分，是国家对社会治安进行的最专门、最直接、最广泛的行政管理。其涵义可以从以下几个方面来理解：

（一）治安管理的实施主体是国家公安机关治安管理部门

公安机关治安管理部门是国家公安机关中专门从事治安管理的职能部门。国家为了维护社会治安秩序，保障公共安全，而依法赋予公安机关治安管理部门治安行政管理权，依法保障其从事治安行政管理工作，其他任何机关、部门、单位和个人都无权干涉或取代。

（二）治安管理的目的是保障公共安全，维护社会治安秩序，保护公民合法权益

维护社会治安秩序是治安管理的基本职能，也是治安管理区别于国家其他行政管理重要方面。良好的社会治安秩序，稳定的社会局面是进一步深化改革、扩大开放、加快社会主义现代化建设的前提和保证。公安机关治安管理部门通过依法进行的治安行政管理工作，积极防范、制止、惩罚危害社会治安的违法犯罪行为人，维护良好的社会治安秩序，创造良好的社会生活、工作环境，从而保障公共安全，保护公民合法权益。

（三）治安管理的本质是国家行政管理

治安管理是一种国家行政管理行为，这是治安管理的本质属性。所谓行政，马克思认为“行政是国家的组织活动”。《法学词典》则解释为：“政府依法管理国家事务的活动。”② 公安机关作为国家行政机关，所从事的治安管理活动是国家设置的专门机构和人员代表国家实

① 张文显．法理学［M］．高等教育出版社，1999：227.

② 法学词典［M］．上海辞书出版社，1985：333.

施的治安执法行为。其所依法维护的社会治安秩序，既是国家事务，又是社会公共事务，符合统治阶级的意志和利益。因此，治安管理具有权威性，这种权威性来自于国家意志，是一种国家行政管理活动。

（四）治安管理的实施方式是依法公开管理

治安管理作为国家的一种行政管理活动，必须依法实施公开管理。国家根据治安管理需要，制定了相应的法律规范，要求各级公安机关治安管理部门严格按照国家法律规范规定的权限，贯彻、执行、监督和保证治安管理及其相关法律规范的实施，治安管理的内容、范围、方法、手段、程序等，都要遵循相应的法律规范，严格做到“有法可依、有法必依”。治安管理部门及其工作人员依法实施管理并对自己的管理行为承担法律责任，有关国家机关、组织或公民对治安管理部门及其工作人员的管理行为进行监督。

治安管理以公开管理为主，要求治安管理部门及其工作人员在日常行政管理中，要尽量增加管理透明度，切实做到依法行政。中共中央办公厅、国务院办公厅2016年2月发布的《关于全面推进政务公开工作的意见》强调，公开透明是法治政府的基本特征，要求各级政府坚持以公开为常态、不公开为例外，推进行政决策公开、执行公开、管理公开、服务公开和结果公开，打造法治政府、创新政府、廉洁政府和服务型政府。但是，由于治安管理的性质、内容、对象等具有不同于国家其他行政管理的特殊性，担负着预防、发现、制止违法犯罪的任务，所以只依靠公开的管理方式和手段是不够的，也需要根据实际管理需要采取某些必要的秘密方式和手段，用以辅助和补充公开管理活动。否则，可能难以达到理想的管理效果。

三、治安管理的性质

治安管理的性质，即指治安管理区别于其他管理活动的本质属性。作为国家的一种行政管理活动，治安管理的性质由国家性质所决定，国家性质不同，治安管理的性质也有所不同。而国家本质上是阶级统治的工具，是统治阶级镇压被统治阶级的暴力机器。治安管理作为国家行政管理的重要组成部分，必然反映统治阶级的特殊利益和要求，为维护统治阶级所需要的社会治安秩序服务，是统治阶级用于维护自身利益的工具。所以，治安管理的性质可概括为：体现统治阶级维护社会治安秩序意志的组织管理活动。

治安管理历经奴隶社会、封建社会、资本主义社会、社会主义社会四个不同的社会形态。其统治阶级不同，性质也截然不同，在奴隶社会，治安管理是维护奴隶主阶级统治的工具；在封建社会，治安管理是维护地主阶级统治的工具；在资本主义社会，治安管理是维护资产阶级统治的工具；在社会主义社会，无产阶级取得国家政权，治安管理体现人民意志，变成了无产阶级用来维护工人阶级和广大劳动人民所需要的社会治安秩序的工具。我国是工人阶级领导的、以工农联盟为基础的人民民主专政的社会主义国家，这就决定了我国治安管理的社会主义性质。在我国，公安机关是人民民主专政的重要工具，是武装性质的国家治安行政力量和刑事司法力量，肩负着打击敌人、保护人民、惩治犯罪、服务群众、维护国家安全和社会稳定的重要使命。治安管理作为公安机关的专门业务工作，通过对社会治安秩序的组织和管理，使人们严格遵守体现工人阶级和广大劳动人民的意志、涉及社会稳定的各种行为规范，以建立和谐稳定的治安秩序，保护广大人民利益，保障社会主义现代化建设的顺利进行。

四、治安管理的特点

治安管理的特点是治安管理性质的外化，是治安管理本身所固有的、确定的东西，具有专属性，它不同于国家的其他行政管理或其他社会组织开展的活动。我国治安管理的自身特点集中表现在以下几个方面：

（一）管理主体的武装性

武装性是治安管理主体的属性，也是治安管理的基本特征。人民警察在实施治安管理的过程中，往往要面对各种各样的违法犯罪行为人，甚至同穷凶极恶的暴力犯罪对抗。因此，为维护社会治安秩序，保障公共安全和人民生命财产安全，国家公安机关的治安管理活动，必须以武装力量作保障。《中华人民共和国人民警察法》即明确规定，公安机关的人民警察依照国家有关规定可以使用武器和警械。《人民警察使用警械和武器条例》第二条规定“人民警察制止违法犯罪行为，可以采取强制手段；根据需要，可以依照本条例的规定使用警械；使用警械不能制止，或者不使用武器制止，可能发生严重危害后果的，可以依照本条例的规定使用武器。”

（二）管理措施的特殊强制性

所谓强制，即指用政治和经济等力量强迫压制实行。而行政强制即指行政主体为了保障行政管理的顺利进行，通过依法采取强制手段迫使拒不履行义务的相对方履行义务或达到与履行义务相同的状态，或者出于维护社会秩序或保护公民人身健康、安全需要，而对相对方的人身或财产采取紧急性、即时性的管理措施。通常情况下，国家各类行政机关的行政管理活动都具有一定的强制性。但治安管理活动直接同违法犯罪行为作斗争，其性质和任务的特殊性决定了治安管理具有不同于国家其他行政管理的特殊强制措施。这种特殊强制性主要表现在治安管理拥有多种强制手段，如警告、罚款、拘留、收容教育、约束、传唤、没收、禁止、取缔、盘问、检查、强制扣留、强制隔离、强制戒毒、强行驱散、交通管制、现场管制、限期整改、责令停产停业等，其中许多强制手段是其他国家行政管理部门所不具备的，如拘留、收容教育等，它们都可以在一定期限内限制人身自由。而且，治安管理的武装性确保了治安管理强制措施的实际实施。

（三）管理内容的广泛性和复杂性

治安管理的内容广泛，管理对象复杂多样，涉及社会生产生活的方方面面。既有对一般居民的管理，又有对各种各样违法犯罪行为人的管理；既有对危险物品、违禁物品的管理，又有对其他日常工作中发现的可疑物品的查处；既有对各种场所、行业、地域的管理，又有对各类治安案件、一般刑事案件、治安事件、治安灾害事故的预防和查处。

（四）管理活动的社会性

治安管理的社会性，即指治安管理同社会的广泛而密切的联系。它涉及社会生活的各个领域，直接关系到千家万户乃至每一个人。治安管理工作需要依靠广大人民群众，实行专门机关工作同群众路线相结合，这是我国公安机关的优良传统和公安工作的基本原则，也是促进公安工作发展的根本条件。

社会治安问题涉及社会方方面面的因素和广泛而复杂的社会关系，但其必然发生在社会的各个角落和社会的主体大众中。因此，依靠人民群众参与治安管理活动，既是维护社会治安秩序的客观需要，也是人民群众的自觉要求。公安机关治安管理部门应当最大限度组织和动员广大社会组织和成员积极参与社会治安管理，形成全社会的治安防范与控制系统，以创造良好的社会环境。

五、治安管理范畴

治安管理范畴由国家根据社会治安需求确定，其范围较广，涉及的管理对象众多，包括社会活动的方方面面。而且，在不同国家、不同历史时期、不同的社会形态下，治安管理的范围、内容都会有所不同，管理对象也有所差异，即使在同一个国家的同一历史时期，社会治安状况的差异和变化也使管理机构对管理内容和管理对象作出调整，所以治安管理范畴也不尽相同，其范围的确定，往往随着社会治安状况的变化而变化，但集中起来，可归结为“人、事、地、物”四个方面。

（一）人

公安机关治安管理部门对“人”的管理，范围非常广泛，可以说包括了所有的人，对象复杂，可以说包括了形形色色的人。主要涉及一般人口管理、专门业务人员管理、危害或可能危害社会治安的特定人员的管理等。

1. 一般人口管理，即通常所说的户口管理，指公安机关治安管理部门（主要指公安派出所）对住户和人口进行的日常管理，包括常住人口管理和暂住人口管理。常住人口指公民在经常居住的地方，由户口登记机关依法注册登记，取得正式户口的人口。常住人口的管理对象是辖区的所有常住人口。暂住人口是指离开常住户口所在地，到其他城市、乡镇暂住三日以上的人口。暂住人口的管理对象是辖区的所有暂住人口。

2. 专门业务人员管理，指某些行业的从业人员，由于其经营或生产生活的缘故，而容易发生治安问题的人员。如交通管理的对象是所有的交通参与者，包括行人、乘车人、驾驶人员等，涉及危险物品生产、储存、销售、运输、使用、销毁等环节的管理人员和从业人员，各类特种行业内的管理人员和从业人员，各类娱乐场所的管理人员和从业人员、其他各类复杂场所的从业人员和管理人员等。

3. 危害或可能危害社会治安的特定人员的管理，管理对象主要包括违反治安管理的人员、有违法犯罪嫌疑的人员、妨害治安秩序的流浪乞讨人员、肇事肇祸精神病人以及其他有危害国家安全或社会治安嫌疑而由公安机关重点管理的人员等。

（二）事

公安机关治安管理部门对“事”的管理主要是对治安案件和一般刑事案件、治安事件、治安灾害事故的预防和查处。

1. 治安案件和一般刑事案件，主要是《中华人民共和国治安管理处罚法》（以下称《治安管理处罚法》）规定的违反治安管理行为的预防和查处以及按规定由公安机关治安管理部门管辖的刑事案件的查处。

2. 治安事件，即群体性事件，指部分社会成员为满足某种需要而结成违规群体，在特定的时间和环境下针对特定对象和目标，实施过激或暴力行为，造成了严重后果或政治影响的事件。

3. 治安灾害事故，指违反治安管理法律规范规定或者安全管理规章制度而造成人员伤亡或者物质财产损失的事故。主要包括火灾事故、爆炸事故、中毒事故、放射性事故、枪弹事故、船只翻沉事故、道路交通事故以及因秩序混乱而造成的不特定人员的挤、压、踩伤亡事故等。

（三）地

凡是容易发生治安问题的场所、行业、地域，都属于治安管理的范围。

1. 场所，主要包括：

（1）大型活动举行场所，指在一定的时间和空间内，有众多人员参加或者有大量物资汇聚而内容特定的各类活动的举行场所。如较大规模的各类政治活动、文艺活动、体育比赛、商贸活动以及灯会、游园联欢活动等的举行场所；

（2）公共复杂场所，指人员聚集、成分复杂、流动频繁，对社会开放供群众聚集活动而易引发治安问题的场所。如公共交通客运场所、文化娱乐场所、风景游览场所、商贸交易场所、生活服务场所等。

2. 行业，即特种行业，指工、商、服务业中，其经营的业务容易被人利用从事违法犯罪活动，而由公安机关依法实施特殊治安管理的行业。如旅馆业、刻字业、印刷业、废旧金属收购业、典当业、拍卖业、旧货流通业等。

3. 地域，主要指重点复杂地段和区域。系在社会政治、经济、文化、军事以及生活中，其在一定范围内地位重要、影响广大或者空间环境复杂而容易发生治安问题且不易控制的地域。主要有党、政、军机关驻地，军事设施区；首长和重要民主人士、科学家住地；外国使、领馆，国际组织驻华代表机构，国宾馆和国宾下榻处；电台、电视台、重要报社、通讯社、邮电局周围；监狱、法庭、法场周围；重要建筑物和单位，如电厂、银行、桥梁、水坝、隧道等；重要建设项目工地；城乡结合部、水陆交界处等。

（四）物

凡是容易被违法犯罪行为人利用或破坏的物品，都纳入治安管理范围。主要包括危险物品、违禁物品、重要公共物品和设施等。

1. 危险物品，指具有杀伤、爆炸、毒害、腐蚀、燃烧、放射等性能，在生产、储存、销售、运输、使用等过程中，容易引起人身伤亡或财产损毁而由公安机关等有关国家行政管理机关严格管理的物品。主要有枪支弹药、管制刀具、民用爆炸物品、剧毒物品、放射性物品、易燃物品、弩等。

2. 违禁物品，指国家法律规范规定实施特别管制，禁止擅自制造、储存、购买、运输、使用的物品。主要有淫秽物品、毒品、赌具、封建迷信用品等。

3. 重要公共物品和设施，指对人们日常生活有重要影响而需要重点加以保护的物品。主要有邮政、通讯、电力、交通、消防等公用设施，测量标志，历史文物、名胜古迹，铁路、公路、堤坝的路基、坝基等。

六、治安管理的分类

根据治安管理研究和实践需要，可从不同角度对治安管理进行分类，如依据社会形态的不同、时期的不同、国别的不同、业务范围不同、所属行业不同等。在公安管理实践中，我国通常根据其业务范围和所属行业的不同将治安管理进行分类。

第一，根据管理业务范围的不同，可将治安管理具体划分为户政管理、公共治安秩序管理、危险物品管理、消防管理、道路交通管理、出入境管理等。

1. 户政管理，指公安机关依法确认公民身份、亲属关系和法定住址的国家行政管理活动，包括户口登记制度、居民身份证制度、户口迁移制度、户籍调查、重点人口管理、暂住人口管理、人口统计以及户口档案管理等。

2. 公共治安秩序管理，指公安机关为维护正常的工作和生活秩序，依法对某些特定场所和行业进行管理的活动，包括公共复杂场所管理、特种行业管理、集会游行示威管理、社会丑恶现象治理、大型活动的安全保卫等。

3. 危险物品管理，指公安机关依法对各类危险物品进行的行政管理活动，包括枪支弹药管理、管制器具管理、民用爆炸物品管理、剧毒物品管理、放射性物品管理等。

4. 消防管理，指公安机关对社会消防工作实施的组织、指挥、控制、协调活动，包括消防监督、火灾的预防和扑救、火灾事故的调查处理等。

5. 道路交通管理，指公安机关协调处理人、车、路和交通环境在交通过程中的相互关系的一种行政管理活动，包括道路交通设施的规划设置、车辆和驾驶员管理、交通调查、交通疏导、交通违章和交通事故处理等。

6. 出入境管理，亦称涉外警务，指公安机关依法对中国公民和外国人出、入中国国境进行的行政管理活动，包括中国公民出入境管理、外国人入出境及其在中国的居留、旅行管理等。

第二，根据从事行业的不同，可以将治安管理划分为一般治安行政管理和专门治安行政管理，专门治安行政管理又可具体划分为铁路治安管理、林业治安管理、民航治安管理、港航治安管理等。

一般治安行政管理，即通常所说的治安管理，指特定行业以外的公安机关治安管理部门从事的行政管理活动。

专门治安行政管理，相对于一般治安行政管理而言，指国家在特定系统、部门或特定区域设置的专门公安机关治安管理部门依法从事的治安行政管理活动。具体分为：

1. 铁路治安管理，指铁路公安机关治安管理部门为维护铁路治安秩序，保障铁路运输安全，而依法从事的治安行政管理活动。

2. 林业治安管理，指林业公安机关治安管理部门为维护林区治安秩序，保护森林资源安全，而依法从事的治安行政管理活动。

3. 民航治安管理，指民航公安机关治安管理部门为维护民用航空治安秩序，保障航空运输安全，确保民航机场工作和群众生活的正常进行而依法从事的治安行政管理活动。

4. 港航治安管理，指港航公安机关治安管理部门为维护港航治安秩序，保障港航运输生产安全，而依法对港口、航运、航务工程、远洋运输安全等进行的治安行政管理活动。

七、治安管理的职能

治安管理职能，是指公安机关治安管理部门及其工作人员在职权范围内从事治安管理活动的基本方向和功能作用，是国家职能的具体执行和体现。治安管理职能的确定，取决于国家利益和社会公共利益的需要，所以在不同的时期，治安管理职能有所差别，但总体上仍然保持稳定。治安管理职能一旦确定下来，就成为建立治安管理组织的依据，成为设置治安管理机构和配备治安管理人员的关键，成为科学有效实施治安管理活动的保障。

当前，我国治安管理的基本职能是：管理社会治安秩序，保障公共安全和社会安宁，保护公民合法权益，巩固人民民主专政政权，为经济建设和人民群众服务，简称为管理、保护、专政、服务四项职能。

（一）管理职能

管理职能指的是组织管理社会治安秩序的职能，即是指治安管理主体对涉及社会治安秩序的人、事、地、物以及时空等进行组织、指挥、监督、检查和协调，以防范和减少治安问题的发生，为公众生产、生活、工作等创造和谐稳定的社会环境。

组织管理社会治安秩序，要求依法管理和科学管理。依法管理，即要求治安管理主体严格按照治安管理法律规范实施管理，在治安管理的具体过程和环节上，要做到有法可依、有法必依、执法必严、违法必究；科学管理，即要求治安管理主体运用现代管理科学的理论、方法和手段来组织、管理、调节涉及社会治安的各种要素。

（二）保护职能

保护职能指的是保护公民合法权益的职能。公民的合法权益是指符合宪法和法律规定并受其保护的权利和利益，包括人身安全的权利、人格名誉权利、人身自由权利、合法财产权利、参加政治、经济、文化等活动的权利等。治安管理主体应当牢固树立保护公民合法权益的意识，一方面要尊重和维护公民合法权益，另一方面要运用法律赋予的职权，与侵害公民合法权益的违法犯罪行为作斗争。

（三）专政职能

专政职能指的是对危害国家安全和稳定的敌对势力、敌对分子和严重危害社会治安秩序的犯罪行为人进行的镇压、制裁、改造和监督的职能。公安机关是国家机器的重要组成部分，是实行人民民主专政的重要工具之一。治安管理专政职能的实质是公安机关治安管理部门代表国家和人民对敌对势力、敌对分子和严重刑事犯罪行为人实行的政治统治。而治安管理工作的基础性地位决定了治安管理水平的高低制约着治安管理功能的发挥，直接影响到公安机关发现和打击犯罪的能力。公安机关治安管理部门通过各项业务管理活动，发现和打击敌对势力、敌对分子和严重刑事犯罪行为人的破坏活动，是体现治安管理专政职能的重要途径，如“严打”的出台和实行，针对“十年内乱”后犯罪分子活动猖獗，社会治安破坏严重的局面。邓小平同志1983年表明了“严打”的态度：“解决刑事犯罪问题，是长期的斗争，需要从各方面做工作。现在是非常状况，必须依法从重从快集中打击，严才能治住。搞得不疼不痒，不得人心。”① 国家根据社会治安形势，分别于1983年、1996年、2001年启动“严打”，严厉整治和打击了严重危害社会治安的违法犯罪行为，有效维护了社会治安秩序。当前，暴力恐怖活动猖獗，成为世界公害，对国际安全造成了严重威胁，也成为我国社会公共安全的最现实威胁。党的十九大报告明确提出：“国家安全是安邦定国的重要基石，维护国家安全是全国各族人民根本利益所在。要完善国家安全战略和国家安全政策，坚决维护国家政治安全，统筹推进各项安全工作。健全国家安全体系，加强国家安全法治保障，提高防范和抵御安全风险能力。严密防范和坚决打击各种渗透颠覆破坏活动、暴力恐怖活动、民族分裂活动、宗教极端活动。加强国家安全教育，增强全党全国人民国家安全意识，推动全社会形成维护国家安全的强大合力。”各地应当紧紧围绕社会稳定和长治久安总目标，结合区域实际适时深入开展严打暴恐专项行动，确保社会治安大局稳定。

（四）服务职能

服务职能指的是治安管理服务于社会主义经济建设和人民群众的职能。当前，我国社会主义市场经济不断发展，社会结构、经济结构、产业结构都发生了重大变化。经济的大发展带动了人口的大流动和群众思想观念的变化。治安管理的职能也应有所转变，强调“立警为公、执法为民”，突出“服务、管理、防范”，因此，服务职能已成为治安管理的重要职

① 邓小平文选（第3卷）[M]. 人民出版社，1993：33-34.

能。治安管理部门在社会分工中，不仅要为生产、流通、消费提供安定和谐的社会环境，而且要为发展生产、搞活经济提供必不可少的管理条件。而全心全意为人民服务是我国人民警察的宗旨。对人民群众怀有深厚感情，是做好一切公安工作包括治安管理工作的基础。公安机关治安管理部门在日常管理工作中，应当把人民群众满意作为首要标准，要满腔热情地为人民群众排忧解难，从人民群众最关心、最急需的事情着手，不断推出便民利民措施。要改进执法观念和执法方法，切实做到群众满意。要做到思想上尊重群众，感情上贴近群众，行动上深入群众，工作上依靠群众，坚决杜绝“冷、横、硬、推”现象，大力推行人性化执法、亲情执法，切实尊重和保障人民群众的合法权益。

八、治安管理的任务

治安管理任务是治安管理职能的具体化，指国家法律规范规定的由公安机关治安管理部门所担负的工作和责任。当前，治安管理的任务可概括为：依据治安管理法律规范，运用行政管理手段，主要通过公开管理，预防、发现和控制违法犯罪，维护社会治安秩序和公共安全，保持社会稳定，保护公民合法权益，保障社会主义现代化建设的顺利进行。其核心是预防和消除社会治安问题。具体可归纳为以下四个方面：

（一）预防、发现和控制犯罪

预防、发现和控制犯罪，是治安管理的重要任务。犯罪特别是恐怖犯罪和暴力犯罪，严重危害人民生命财产安全和社会主义现代化建设，严重影响社会稳定。尤其近年来，恐怖犯罪暴力化程度日益升级、危害越来越大，刑事犯罪的动态化、组织化、职业化、智能化、暴力化倾向愈发明显，犯罪手段不断翻新，发案总量居高不下，危害后果愈发严重，对社会治安构成了严重威胁。治安管理部门及其工作人员应当本着预防为主的原则，依照治安管理法律规范，强化各项治安管理，严密社会面的控制，包括严密复杂地域和场所控制、特种行业控制、危险物品控制、户籍控制、城市道路交通控制、消防监督检查等，加强对相关企业、事业单位的安全防范指导，协助建立安全防范组织，促使其贯彻执行各项治安管理法律规范；要协助家庭、学校开展违法青少年的帮教工作，严防其走上犯罪道路；要加强对被管制、剥夺政治权利、缓刑、假释、保外就医等监外罪犯的监督改造工作，防止其重新犯罪；要加强群防群治工作，依靠群众实施治安防范。总之，要尽可能减少管理漏洞，堵塞犯罪空隙，限制、缩小犯罪人的活动范围，及时发现犯罪，有效控制犯罪。

（二）预防和查处各种违反治安管理行为

违反治安管理行为，是指违反治安管理法律规范，扰乱社会秩序，妨害公共安全，侵犯公私财产，侵犯公民人身权利，侵犯公私财产，尚不够刑事处罚而应当给予治安管理处罚的行为。各种违反治安管理行为，其危害后果虽然没有犯罪行为严重，但数量大、涉及面广，仍然危及人民群众生命财产安全，破坏社会秩序，而且极易演变成犯罪。近年来，违反治安管理行为大量发生，已成为影响社会安定的一个突出问题。因此，预防和查处违反治安管理行为成为治安管理部门经常而又繁重的任务。

（三）预防和查处治安灾害事故

治安灾害事故是危害社会主义现代化建设和人民财产安全的大敌，其在经济损失和人身伤亡方面的后果往往比严重刑事犯罪和经济犯罪所造成的破坏更为严重。而且治安灾害事故的频繁发生，严重破坏社会环境，影响公共安全和社会治安稳定，影响到国家的经济建设。

治安管理部门必须充分认识治安灾害事故预防和查处的重要性，高度重视、认真做好该项工作。要加大安全防范宣传教育力度，普及安全知识，增强群众的安全意识，充分发动群众积极协助管理；要实行动态管理，确保日常监管工作落实到位，以及时消除安全隐患，堵塞管理漏洞，严密各项安全规章制度，狠抓事故苗头，使问题解决在萌芽状态；严格落实岗位责任制，明确职责分工，加大事故责任处罚力度。要细化明确落实管理责任和检查责任具体到个人；要建立健全安全管理法律法规体系，依法强化危险物品生产经营的监管工作；要坚决严厉追究事故相关责任人员的刑事责任和其他责任，严格落实整改措施，严防类似事故再次发生。

（四）预防和平息群体性事件

群体性事件是社会一定发展阶段政治、经济、文化、宗教、民族等社会问题的一定反映，往往是多种因素综合作用的结果，如改革的阵痛，分配不公、贫富差距拉大，干群矛盾、官僚作风、干部腐败，转型期的价值冲突、文化冲突，民族与宗教问题交织，管理不善，诉求表达机制不畅等。尤其近年来，随着改革开放的日益深入和社会经济利益的重新调整，各种社会矛盾和不稳定因素不断出现，罢工、静坐、游行、群体堵塞交通、聚众哄抢、群体械斗以及由强征、强拆等引发的群体性事件时有发生，呈上升趋势，其规模较大，参与人数较多，社会影响较广，对社会稳定的冲击较大，甚至严重影响社会稳定和经济的发展。若处置不当，个别问题、局部问题可能转化为全局性问题，非对抗性问题可能转化成对抗性问题，甚至引发局部地区社会动荡。

我国当前的群体性事件是人民内部矛盾的一种反映，切实解决好关系群众切身利益的问题是预防和处置群体性事件的根本出发点。治安管理部门及其工作人员应当密切注视社会动态，在各级党委和政府的领导下，充分发挥职能作用，认真做好各项处置工作，尽量避免和减少群体性事件对国家和人民生命财产造成的危害和损失，维护社会治安秩序，保障公共安全，维护国家和社会的稳定。

九、治安管理的原则

治安管理原则，是指体现治安管理的性质和任务，贯彻于治安管理实践始终的指导治安管理立法和治安管理执法活动的基本准则。当前我国治安管理的基本原则主要有六项，即：服从党的路线、方针、政策，服务于社会主义市场经济的原则；专门机关管理与依靠群众相结合的原则；依法管理的原则；科学管理的原则；严格管理与文明管理相结合的原则；教育与处罚相结合的原则。

（一）服从党的路线、方针、政策，服务于社会主义市场经济的原则

服从党的路线、方针、政策，服务于社会主义市场经济的原则，简称“服从、服务”原则，是治安管理的根本原则和总的指导思想。

“服从原则”是指治安管理从思想上、组织上、各项业务管理上以及所采取的各种具体方法、措施，都必须服从和适应党的大政方针。在当前，就是要服从于以经济建设为中心，坚持四项基本原则，坚持改革开放的基本路线，保持社会治安稳定，适应建立和完善社会主义市场经济体制的需要。“服务原则”是指治安管理必须严格依据国家的法律、政策，积极主动地发挥管理和监督的职能作用，寓管理于服务中。既要有利于社会发展，促进社会主义市场经济建设，又要限制、取缔各种违法行为，预防和查处治安灾害事故，预防和平息治安事件，为社会主义市场经济建设提供良好的社会环境。

（二）专门机关管理与依靠群众相结合的原则

专门机关管理与依靠群众相结合是公安工作基本方针在治安管理活动中的具体体现，也是我国公安工作的优良传统和特点。专门机关管理，是指治安管理部门在职责范围内进行的专业管理工作。要求公安机关依照法律正确运用治安管理的权力、手段，充分发挥公安机关治安管理部门和人民警察的职能作用；依靠群众，是指治安管理工作中贯彻群众路线，发动、组织、依靠群众维护社会治安的具体工作，主要指群众性的治安保卫工作。要求取得群众的信任和支持，接受群众的监督，充分发挥治保组织和其他群防群治组织预防犯罪的作用。

（三）依法管理的原则

依法管理，就是要求公安机关治安管理部门必须严格按照治安管理法律规范的规定进行治安管理。其基本要求是：

1. 合法行政，公安机关实施治安管理，应当依照治安管理法律规范的规定进行，没有治安管理法律规范的规定，公安机关不得作出影响公民、法人和其他组织合法权益或者增加公民、法人和其他组织义务的决定。

2. 合理行政，公安机关实施治安管理应当遵循公平、公正的原则。行使自由裁量权应当符合法律目的，排除不相关因素的干扰，所采取的措施和手段应当必要、适当。可以考虑采用多种方式实现行政目的，但应当避免采用损害当事人权益的方式。

3. 程序正当，公安机关实施治安管理，除涉及国家秘密和依法应当受到保护的商业秘密、个人隐私的外，应当公开，要注意听取公民、法人和其他组织的意见，要遵循法定程序，依法保障治安管理相对人、利害关系人的知情权、参与权和救济权。违反法定程序的，治安管理处罚无效。

4. 高效便民，公安机关实施治安管理，应当遵循法定时限，积极履行法定职责，提高办事效率，提供优质服务，方便公民、法人和其他组织。

（四）科学管理的原则

科学管理就是要求从治安管理的实际情况出发，实事求是，按客观规律办事。即在法律规定的范围内，广泛应用现代管理理论，采用现代管理方法和现代科学技术手段，合理调配使用人力、物力，形成高效率的治安管理机制，最大限度地发挥治安管理的职能作用。实行科学管理，必须认真学习和掌握现代管理科学的理论，更新管理观念，尽快从经验型管理向“科学型”管理过渡。此外，为适应同各种违法犯罪活动斗争的需要，针对刑事犯罪向集团化、智能化、国际化发展的特点，应综合采用现代科学技术手段和方法，建立健全犯罪情报资料库、信息系统、监控系统等计算机系统，提高刑事犯罪和治安情报中心的储存、分析、检索等能力，为预防和打击犯罪提供保障条件。在新形势下，只有科学管理，才能提高治安管理预防犯罪的效率。

（五）严格管理与文明管理相结合的原则

严格管理与文明管理相结合，就是要求在治安管理过程中既要实行严格管理，同时又要体现出文明管理的要求，严密合法、文明有效地实施治安管理。严格管理是指治安管理主体在治安管理中应当严格按照治安管理法律规范的规定进行管理，严密落实治安管理的措施、方法和制度，严肃认真地处理各种治安问题。文明管理是指治安管理主体在治安管理中要遵守职业道德，遵纪守法，讲究工作方式和方法，坚持文明管理、文明执法。

严格管理与文明管理，其共同目的都是为了维护社会秩序，保障公共安全。只有严格管理，才能防止和减少违法犯罪和治安灾害事故的发生，保障群众合法权益不受侵犯。只有文明管理，才能得到群众的拥护和支持，真正实现严格管理。两者相辅相成、相互促进，均不可偏废。

（六）教育与处罚相结合的原则

教育与处罚相结合，就是在治安管理过程中尤其在处理违反治安管理行为时，要同时结合运用教育和处罚两种手段，两者不能混淆、不能偏废。其基本要求是以教为主、寓教于罚；教育多数、处罚少数；当罚则罚、罚如其分。《治安管理处罚法》第五条即明确规定：办理治安案件应当坚持教育与处罚相结合的原则。

教育与处罚两者相辅相成，教育是管理目的，处罚是管理手段，通过处罚达到教育的目的。不能以教育来否定或代替处罚，当罚不罚难以有效遏制违法行为的发生，对违反治安管理的人，在采取批评教育难以奏效的情况下，就必须施以强制处罚。也不能以处罚代替教育，违反治安管理行为大多由于群众法制观念不强所致，大多数违法行为人通过教育，能够认清错误，迅速改正，一味处罚，可能会收到更坏的效果，违背了管理的目的。只有将两者有效结合，才能调动群众维护社会治安的积极性，才能维护法律的尊严，才能减少违反治安管理行为的发生。

第二部分 典型案例评析①

近年来，井冈山市公安局积极传承和弘扬井冈山精神，不断加强和创新社会治安管理，深入探索新形势下做好群众工作的新途径，创造性地开创了“民警人人都是110、群众个个都是治安员”的具有井冈山特色的新型警务模式，营造了“全民治安”的良好格局，将“坚定信念、艰苦奋斗；实事求是、敢闯新路；依靠群众、勇于胜利”的井冈山精神在警务实际中得以传承和发扬，培育和塑造了“永葆忠诚、心系群众、竭诚奉献、勇争一流”的井冈山警察精神，取得了突出成效。

一、井冈山市公安局概况

井冈山市位于江西省西南部，地处湘赣两省交界的罗霄山脉中段，是一个典型的山区县级市。其下辖19个乡镇场、1个街道办事处、1个企业集团、106个村民委员会，852个自然村（井企集团和保护区除外）。人口15.8万，其中农业人口11.6万，总土地面积1308平方公里，其中耕地15.26万亩，林地168万亩。众所周知，井冈山具有深邃的历史内涵，被誉为“中国革命的摇篮”和“中华人民共和国的奠基石”。井冈山风景名胜区面积261.43平方公里，是国家爱国主义教育示范基地、首批5A级风景旅游区。

井冈山市公安局现设有指挥中心、政工科、法制科等17个内设机构，下辖茨坪、龙市、夏坪等10个派出所。现有在岗民警247人，其中男民警220人，女民警27人，一线警察215名，占总警察数量的87%。警察数量与警务任务偏差较大，个体警察工作负荷较重。尤其派出所警力缺乏明显，以龙市派出所为例，其现有民警15名，辖龙市镇和坳里乡两个乡镇，辖区面积57平方公里，其中龙市镇辖4个行政村和3个居委会，总人口3.3万余人；坳里乡辖四个行政村，总人口4043人。

---

① 王占军．区域治安警务建设探析［J］．江西警察学院学报，2011（5）．

二、井冈山市公安局警务创新模式解读

（一）设立110报警服务点，切实实现警务前移

警民合作是现代警务的要求，是创造良好社会治安环境、构建和谐社会的必由之路。2010年以来，井冈山市公安局以“大走访”开门评警活动为契机，结合本地实际，创新推出“民警人人都是110、群众个个都是治安员”新型警务模式，打造了群众家门口的“110”，即将过去由局110指挥中心统一转警处警的垂直直线式警务模式，革新为以责任区民警为主体的每个民警直接接、处、转警为主的辐射式模式，零距离服务群众，近距离打击犯罪，实现了警务指挥扁平化和警务工作的高效化。其在全市106个行政村、较大的25个自然村、11个企业、45个中小学校、6个林场、3个工业园区和10个治安复杂的公共场所等设立了216个“110服务点”，“110服务点”的民警集接处警员、调解员、情报员、防范员、服务员、宣传员“六员”于一身，变过去的民警坐堂办公为蹲在一线主动服务群众，由被动型警务走向主动型警务，切实实现了警务前移、民警工作中心下移，做到了保护群众“零”距离，联系群众“零”距离，服务群众“零”距离。同时在每家每户以及公共场所张贴载有责任区民警照片、手机号码、服务承诺的民警公示栏5万余张，公示栏的宣传口号是：我是你身边的110，随时接受你的报警、求助。尽可能做到了报警求助的便捷化。既为民警工作重心下移创造了工作“车间”，也为民警为民服务搭起了“服务平台”，在民警与群众之间架起了一座警民“连心桥”。而随着“民警人人都是110”新型警务模式的深入推进，民警与群众接触多了、交流多了、距离近了、服务多了，将心比心，在民警真情为民、取信于民的同时，群众对民警的理解和信任自然多了、依靠和求助自然多了，群众更理解和信任民警，警民关系愈发和睦，群众参与社会治安的热情自然逐渐高涨，有话愿意与民警说，有治安问题主动向民警反映，愿意和敢于积极参与社会治安管理活动，能够更热情、更主动地协助和支持民警工作了，形成了“群众个个都是治安员”的局面，造就了“人人管治安、人人参与治安”的全民大治安格局。

（二）成立村“治安调解理事会”，实现“人民调解与治安调解”的有效衔接

有效化解矛盾纠纷是构建和谐社会的内在要求。井冈山市公安局要求民警在自身为群众化解矛盾纠纷的同时，积极引导群众成立由老长辈、老教师、老退休人员、老退伍军人、老村长等“五老”组成的“治安调解理事会”，“治安调解理事会”虽为民间组织，但具有人民调解的性质，其负责对全村的矛盾纠纷和小治安问题进行调解处理，充分发挥其人文优势、感情优势，协助警方实时了解情况、关注动态、调处纠纷。确保小事不出组、大事不出村、矛盾不上交。目前井冈山市公安局共建立“治安调解理事会”145个，成员1200余名，实现“人民调解与治安调解”的有效衔接。据统计，2010年“治安调解理事会”直接主动为群众化解各类矛盾纠纷2088起，2011年1—5月“治安调解理事会”直接主动为群众化解各类矛盾纠纷1312起，从源头上减少了民转刑和民转行政案件的发生。以纠纷咨询求助类接警量为例，2009年110指挥中心接到纠纷咨询求助等其他类报警1329起，2010年110指挥中心接到纠纷咨询求助等其他类报警652起，同比下降高达50.9%；而2011年1—5月110指挥中心接到纠纷咨询求助等其他类报警仅122起，同比2010年同期和2009年同期，分别下降了66.9%、77.4%。“治安调解理事会”同民警共同构成化解矛盾纠纷的基层屏障，成为群众维护社会治安的中坚力量。

（三）完善治安管控机制，实现安全控制与服务的周密性

良好的社会治安环境是群众满意的根本点。井冈山市公安局着力构建空中和地面结合的立体式大防控格局，有效提升了治安安全服务水平，努力做到了“平安井冈”。其一，大力实施科技强警战略，构建和完善“天网工程”，提升科技防控手段。其在全市17个乡（镇）场，建成了视频监控探头160个，将各宾招单位、金融网点、三个城区、景区景点的视频监控系统全部并入局指挥中心监控，并在每个派出所设立了一个视频监控室，配备了专职监控看护员，形成了城乡防控一体化的“空中”视频监控系统。其二，加大治安卡点建设，完善防控网络。以井冈山市城区、景点、主要道路等区域特点，科学分布和设置治安卡口，严把进出口的防控。其三，实行“四定三包”巡逻警务模式，强化地面巡逻防控机制，全方位为民保平安。即以100名巡防队员为基础，实行定民警、定巡防员、定任务、定奖惩、包片、包小区、包安全的“四定三包”责任制，按照警力跟着警情走的原则，实行动态与静态相结合的巡逻、蹲坑防控机制，最大限度地把警力投向了街面、投向了住宅区、投向了案件高发部位和时段，提高了见警率、盘查率和现场查获率，最大限度地挤压了违法犯罪空间。通过高效率、多层次、网络化的防控模式，2010年，全市90%的居民小区和100%的景点景区实现了“零”发案。

（四）实行“裸测”评警，实现激励与督促双促进

全心全意为人民服务是我国公安机关的宗旨，群众满意与否是衡量我国公安工作的根本标准。井冈山市公安局2009年以来即创新开门评警工作思路，突破了传统测评模式，推出“裸测”机制，即采取不透露测评时间、不公布受访人身份、委托第三方机构随机进行电话访问的方法，挤干测评水分，真实地了解掌握辖区群众对公安工作的客观评价。其以“不避短、不遮丑、不走形式、不留情面”的“四不”测评思路，对测评过程和结果进行了规范设定，确保测评科学公正，切实有效。其一，科学选定测评方式，确定以电话随机调查的方式进行满意度测评；其二，规范测评流程，首先按照测评对象覆盖各个行政村、涉及各界群众、测评有效人数不低于50户的要求，随机抽取各派出所辖区内10%的电话用户居民电话号码样本，然后围绕当地治安状况、群众安全感、群众满意度、执法办案、责任区民警服务群众、队伍建设等方面，委托吉安市统计局以电话访问的方式，请群众对派出所和责任区民警予以综合打分，最后将各派出所每年的两次群众满意度测评的平均值作为该所群众满意度和责任区民警满意度测评的最终结果；其三，严格监督测评过程，测评具体时间严格保密，随机抽取参与电话访问的测评人员，集中封闭进行测评工作，测评结果直接报局主要领导，确保测评结果客观、真实、公正；其四，保障测评结果的功效性。以每半年为考评周期，把各派出所群众满意度测评成绩纳入全局执法等级考评，并将测评结果和意见建议梳理汇总总结，及时向各单位进行通报，各单位逐条落实整改，并将整改情况向群众和局党委报告，同时纳入下一轮测评中，形成了“测评—整改—提高—再测评—再整改—再提高”工作机制，使全局公安工作进入良性循环的发展轨道。而对测评满意度排在前3位的民警，各奖2000元，排名4—9位的民警各嘉奖一次，连续两年排名前三位的上报三等功一次，连续三年排名前三位的，提前提拔和重用；对满意度排名后三位的，通报批评并扣目标考评奖1000元，连续两年排名后三位的离岗培训，并在全局中层干部会上作检查，扣目标考评奖2000元，连续三年排名后三位的，拟考虑调离公安机关。既极大激发民警的工作积极性，也督促民警不断改进工作作风、提高工作效能、改变工作方式、提高群众意识，真正把人民满意作为工作的出发点和落脚点。通过考核监督机制的创新，井冈山市公安局取得了群众满意、工作发展的双赢效果，人民群众对公安工作满意度由2009年的78.68%上升到2010年的93.53%。

三、启示与展望——从井冈山警务创新经验看我国中小城市区域警务建设要求

井冈山市公安局的警务创新经验对于相类似区域的警务改革具有普适价值，尤其对于我国中小城市治安管控模式革新，有效掌握治安管理主动权、创造良好的治安发展环境具有十分重要的现实意义。但必须基于本地区区域特色和警务实际，在警务理念、制度设定、警务运行、警务效能等各方面不断创新求发展，才能收到良好的治安管理效果。

（一）警务创新应着眼于本地实际和区域特色

警务创新是基于客观实际的创新，是客观事实上的新发展。区域警务自然应当遵循警务活动规律，在常规管理的基础上，基于本区域地理位置、地形条件、人员条件、治安状况甚至气候等自然条件的变化而作出相应变化，以求达到“发案少、秩序好、社会稳定、群众满意”的社会治安管理目标。井冈山市作为具有深厚革命传统底蕴的中小城市，面临区域面积大、旅游资源丰富、游客数量与日俱增、外来人口大量涌入等客观实际带来的游客权益保障压力大、安全保卫任务重、治安形势日趋严峻、自身实际警力严重不足等现实问题，同时井冈山市又是一个典型的山区小城市，常住人口虽然不多，但其仍存在农村地域广、地形复杂、居住点分散、群众求助困难、警察力量往往难以触及等现实状况。井冈山市公安局研究新情况以求解决新问题而走出了具有井冈山本地特色的警务创新之路，“民警人人都是110，群众个个都是治安员”的警务模式是立足现有警力资源，努力开拓，向社会要警力，坚持走群众路线，以社会治安力量的增强有效弥补警察治安力量的不足，让群众逐步成为社会治安维护的生力军，以警察自我的主动型警务探索新时期做群众工作新途径，唤起群众治安维护的新信念，走出了一条“社会治安为大家、社会平安靠大家”的“全民治安”之路，有力地维护本地域的社会治安秩序，创造了良好的发展环境。其运行对于相类似区域的警务改革具有普适价值，非常值得各地参考借鉴。民警都是110，意味着警务前移，群众能够直接找到民警解决问题，自然不用报110；意味着警民关系的优化，群众更认同民警；意味着治安情况的好转，群众权益保障的增强。而探讨相类似区域社会治安管控的新模式尤其我国中小城市治安管控模式新路，有效掌握治安管理主动权，对于维护本地社会治安稳定和公共安全、创造良好的治安发展环境具有十分重要的现实意义。当然，作为中小城市而言，各地区域特点各不相同，警务模式自然不能一概而论，各地应当根据本地治安实际和区域特色，不断调整自己的治安管理方式，以求得最佳的治安管理效果。

（二）警务创新需要制度设定，更需要内涵提升

构建和谐社会要求以“人”为中心开展工作，注重人格尊重、人心相融、人文关怀，注重体谅民心、体察民情、体恤民伤。只有真心待民，民方能够真心待警。群众得到了实惠，将心比心，也一定会增加对民警的满意度，更加支持配合民警工作，形成良性循环。1829年罗伯特·比尔的“警务九原则”即明确提出：警察履行其职责的能力有赖于公众对警察的存在、行动、行为和警察获得和保持公众的尊重的能力的认可；警察必须获得公众心甘情愿的合作，让他们自愿地遵守法律，以便能得到和保持公众的尊重；警察不能靠迎合公众意见，而只能靠自己对法律绝对公正的忠诚来寻求和保持公众的喜爱；他们要靠乐于不分种族与社会地位的为所有社会成员提供个人服务与友谊；要靠礼貌和友谊等良好秉性；靠乐

于牺牲个人以捍卫和保护生命等，来获得公众的喜欢和支持。井冈山市公安局明确了“民生警务”理念，持续推进“大走访、大化解、大整治、大帮扶、大防控”工作格局，以主动警务工作法（即：把主动向群众征求意见作为工作方向，急民之所急；把主动向群众承诺服务作为工作目标，解民之所需；把主动号召群众作为工作手段，集民之所力）全面深化公安民警“个个都是110”的警务模式，进一步诠释了“警民合作”理念中警察获得群众理解和支持之道。而当前某些地方警民关系不融洽的主要原因就在于管理理念的偏差和安全服务行为的缺失，平衡执法心态，以“服务执法”取代“管理行政”，以“依法行政”取代“依法行政”是新时期警务管理的要求。当然，在思想多元化的现代社会，要达到此要求，急需相关制度的设定与完善，其是行为的导引、监督与约束的必然之规，只有在完善的制度下，才能形成有效地监督和精神震撼。井冈山市公安局设定的由“九必访”（即个人有固定电话人员必访；生活特困群众必访；发案未破案件的当事人必访；上访户必访；刑释解教、重点人员必访；党代表、人大代表、政协委员必访；警风警纪监督员必访；村居委及村小组负责人必访；企业负责人必访）到每家每户必访以及“裸测”评警等制度，使得民警的服务与管理工作更到位、工作更有压力与动力、工作更有效果。但制度设定更需要内涵的提升，工作方法有效与否关键在于执法理念的端正与否。无论何种制度与方法，都需要用心来操作，只有始终坚持“立警为公、执法为民”这一根本要求，有效提升个体警察的责任意识、价值意识、岗位能力意识、服务社会意识，正确认识和理解警察价值的体现方式，在管理过程中端正管理人权理念，尽量体现人文关怀、尽量考虑客观实际和人情世故，尊重相对人、提供优质服务、保护社会公众，真正做到权为民所用、情为民所系、利为民所谋，真正做到听民声、访民意、察民情、排民忧、解民难、化民怨、保民安，才能真正得到民众支持，收获战斗力。

（三）警务创新需要硬实力的提高，更需要软实力的强化

要正确认识现时代警务要求，正确认识和处理装备提高和效能提升的关系。随着社会物质生活的提高，公安民警的执法装备无疑应当适应社会发展对于物质等硬条件的配备要求，尽可能利用现代化的物质技术条件预防和打击违法犯罪。各地“天网”工程的铺展、交通工具和通信工具的改善、单警装备的日益完备等都极大地提高了社会治安的维护水平。但在配备和提高装备的同时，更要加强装备使用的实际效果，加强个体警察的“人力”管理，才能真正提高警务效能。众所周知，“警力”并不单纯表现为警察数量的多少和警察装备的精良程度，其是警察硬实力和软实力的有效结合，一般的警察力量、治保会等社会治安力量等人力以及其个人装备、治安物防设施、治安技防设施等可称为警察硬实力，而不体现为有形物但却对社会安全有着深远影响的非物质或服务称为警察软实力，如警察力量的外在体现、警察道德水准、警察执法心态、警察文化素质、警察服务意识、警察忠诚意识、警察管理与服务效果等。其衡量标准为：能否满足公众需求，能否达到公众满意，也就是管理与服务的标准：平等性、合法性、有效性、舒适性、权威性等。现代警务模式的变革之所以由“反应型警务”发展到“社区警务”，一个至关重要的原因就在于在新科学技术的浪潮前，许多新一代的警察已成为“技术警察”、“机器人”或“装备警察”，被群众形象称为“熟悉警车里走出来了不熟悉的警察”，过于依赖现代化装备、以现代化装备管理取代传统人力管理的结果是显而易见的，失去鱼水相亲的机会，逐渐失去了民心。现代警务要求管理理念、管理方法创新，更要求由“虚”向“实”的回归，强调街面警察的分布率、群众的见警率、常发案件的管控率，这是警察软实力提升的首要要求，在此基础上，才有所谓的警察服务和管理的深层次内涵建设。只有群众得到了安全实惠，看到了警察的实际工作，看到了安全效果和良好的社会治安环境，才会满意警察、认同警察、支持警察。才能进一步激发其参与社会治安的积极性，真正起到发动群众参与社会治安的作用，形成治安防控的良性循环，其最关键点在于群众的安全收益和直观感觉。所以公安机关防控的布局、警察街面的区域分布、时间分布、安全效果、工作的努力等将至关重要，单纯的口号宣传已经不再起作用。

(四) 警务创新需要有效动用社会力量化解社会矛盾

在当前构建和谐社会的语境下，纠纷的有效解决对于切实消除矛盾根源、有效维护社会治安稳定具有十分重要的现实意义。中国作为典型的“人情社会”，在长期的社会发展进程中的儒家道德伦理观使得民间调解有很好的用武之地，成为最为社会公众和管理部门推崇的冲突解决方式，除非万不得已，普通社会公众一般不愿选择诉讼解决冲突。而冲突解决的最终目的是达到当事人之间矛盾的根本化解，切忌火上浇油，矛盾升级。尤其在现时代构建和谐社会的背景下，更要完善与强化以调解为主要形式的多元化纠纷解决机制，倡导纠纷当事人尽量选择人民调解，尽可能发挥宗族调解、邻里调解、乡村组织调解等民间调解的重要作用，尽量使纠纷解决的同时，矛盾得以消除，尽力使纠纷解决在萌芽状态。《人民调解法》的颁布实施，无疑为人民调解与其他调解方式的有效衔接开拓了更为广阔的空间，而对于与普通社会公众日常生活联系最为密切的治安调解和人民调解而言，尤其如此。井冈山市公安局积极引导群众组织成立村级“治安调解理事会”化解当地纠纷无疑值得各地借鉴，其对于当地群众参与区域自治、参与区域社会治安管理、维护本区域社会治安稳定起到了十分重要的作用。而正确规制人民调解和治安调解的职责范围，对于人民调解作用的切实发挥、矛盾的深入解决、警力资源的节约与合理调配具有十分重要的意义。

公安机关、司法机关、其他政府机关等有关调解部门要加强调解队伍和管理制度建设，区分纠纷状况做好本部门所承担的调解工作和各种调解方式的衔接工作，及时移交、及时通报，互通有无、互为补充，以其不同的功能和特点，相互协调共同结成一种有效满足当前转型社会多样需求的纠纷解决系统。

第三部分 实训教学体系的建构与运作

规范设计治安管理实训教学体系、有效开展治安管理实训教学是培养适应治安管理实践的合格人才的必然要求。通过“实训教学框架的系统构建”和“实训场景的设计与运作”，使其形成整体合力，使理论讲授和实训教学等得以互相验证、互为补充，形成行之有效的治安实训教学系统，极大提高了教学效果。

一、实训教学应当成为治安管理课程教学的新方向

治安管理是为解决社会治安秩序和公共安全问题提出正确对策的应用性社会科学。治安管理的课程定位要求先强调感性认识，以启发理性认识，强调直观教学的运用。治安管理课程孕育于治安管理实践，是对应于具体治安管理业务而派生出的学科知识与要求，其教学目的也必然要服务和适应治安管理实践要求。但它又不同于一般的社会科学，所涉及的危险物品管理、消防管理、灾害事故处置、道路交通管理等课程包含众多的物理和化学方面的基础知识。所以，要实现教学目标，须从学科本身特点出发，综合吸收社会科学和自然科学的相

关知识、研究自然科学和技术科学在治安管理教学中的应用。那么，要实现教学目标和管理目标，就必须以掌握这些自然科学与技术科学知识为前提，而这一问题的解决，靠传统教学模式下老师天花乱坠般地讲解显然难以取得实质性效果。因为再高明的理性认识离开了感性认识，都将一无所获。就基础知识讲基础知识、就管理谈管理的传统教学模式，只能使他们由对学科本身感兴趣→难理解→听不懂→学不懂→兴趣减弱→不愿学→被动接受，从而学浮于式。而治安管理实训教学通过相关“场景”的设计编排和运作，使学生“身临其境”。克服片面灌输学生理性认识从而无认识，代之以强调感性认识，强调人的直观感觉，发展人的认识兴趣，启发其理性认识，继而牢固掌握知识，提高识别能力。其系统设计与有效运作，不但能够确立具有前导性的实训教学内容，而且能够极大强化学生把治安管理专业理论有效转化为实际操作的能力，有效提高学生的治安管理实际工作技巧。在系统化的实训教学中，抽象理论与生动现实紧密联系在一起，通过“场景运作”提高学生学习兴趣和积极性。学生自觉置于特定场景中，通过相关环境分析，相关资料的收集、甄别、整理、加工、编排、运用，使学生融合各方面相关知识，促进其更好地掌握各种相关执法工作技能、管理和领导艺术，并在发现、分析和解决相应专业问题以及正确处理人际关系方面积累经验，有效提高综合能力。

二、治安管理课程实训教学框架的构建

教学框架是教学的总体设想和规范要求，是教学目标得以实现的前提条件，是具体实训项目得以顺利有效实施的基本保障。治安管理课程实训教学要求在充分研究当前公安教育发展和教学改革进程的前提下，有效结合专业学员培养目标和公安实践对于治安管理人才要求而制定和实施。要针对治安管理各环节管理特点的不同、治安管理对象的表象特征不同、治安管理手段运用要求的不同、治安行政措施的施用方法的不同等对实训教学内容进行具体、系统的设计和编排，要对实训教学的开展进行相关的制度性规定和监督，才能最大限度保证实训教学效果。

（一）教学目标的制定

治安管理课程实训教学以期将本课程所属的治安秩序管理、危险物品管理、消防管理、出入境管理、群体性事件处置、治安案件查处等一系列子项目进行合理链接，由点到面，将抽象理论与生动现实紧密联系在一起，通过“场景运作”提高学生学习兴趣和积极性。既使学生融合各方面相关知识，把专业理论有效转化为实际操作能力，有效提高学生实际工作技巧和综合运用能力。又使教师的教学内容同管理实践有效衔接，教学的针对性和实用性得到进一步增强，教学水平和教学质量得到进一步提高。从而有效提升治安课程整体教学水平，提升治安专业教学价值，推动治安学科整体发展。同时极大强化非治安专业学生在治安管理课程学习中的实际操作能力，有效适应录警中的“泛专业化”趋势，推动教学与就业的有效对接。

（二）教学内容的确定

治安管理实训教学内容的设定应当突破了传统治安实践教学单一化、零碎化、形式化的缺憾，注重治安管理手段、措施、技巧运用及人、事、地、物等管理的差别性的有机联系，使其形成整体合力。围绕治安管理课程实训教学目标，结合治安管理课程理论教学内容的难易程度和治安管理实践中治安业务的具体划分。可将治安管理实训教学内容设定为以下主要实训方块：

1. 治安管理手段的实际运用。如可疑人员的识别及认定；盘查的具体实施；继续盘问的认定及手续办理；守望的组织与实施；现场治安查控的组织实施等。

2. 治安行政强制措施的现场适用。如治安传唤、约束、扣押、收缴等的实际操作。

3. 场所行业管理的实际操作。如场所行业的实际治安检查；治安问题的认定和查处；违法行为的识别与认定等。

4. 治安群众工作的实际开展。如入户走访的开展、重点人口的情况调查与教育控制等。

5. 危险物品管理的实际操作。如各类危险物品的有效识别；各种爆炸装置的组装及实际排除；涉危事故的应急处置；涉危违法犯罪案件的现场处置等。

6. 消防知识的理解与综合运用。如消防安全监督检查的开展、灭火器材的熟练运用、火场逃生与火场指挥等。

7. 治安案件的办理。如违法治安管理行为的认定、调查、取证、裁决和执行等各环节的实际操作，接出警到传唤、询问、取证、决定的办案全过程的实际运用。

8. 群体性事件的现场处置。

9. 治安纠纷的现场调解。

（三）实训教学进程计划表的制作

在专业教学计划确定的基础上，要求分专业、分课程、分年度预先制定治安管理课程有关各专业、各课程的实训教学课时、具体实训教学项目、实训教学项目开展的时间安排等。

（四）实训教学任务书的制定

根据具体的治安管理课程和治安管理实训项目，分区队、分项目、分课时确定实训指导老师的实训教学任务。

（五）拟定实训大纲

根据具体的治安管理课程和治安管理实训项目的不同，拟定本实训项目的实训大纲后组成本课程实训教学大纲作为实训教学的纲领。

（六）制作实训教学指导书

根据实训教学大纲制作具体实训项目的实训教学指导书具体指导每个实训项目的具体开展。每个实训项目的教学指导书应包括实训内容（含实训要点）、实训课时安排、实训目的、实训准备、实训组织、实训具体演练程序、实训要求、实训成绩考核、实训注意事项等内容。

（七）完成实训报告

具体实训项目完成后，老师和学生应当针对该实训设计、实训过程、实训结果等进行分析总结、查漏补缺，分别完成实训报告（老师用）和实训报告（学生用），为知识的掌握运用奠定良好的基础。

三、治安管理课程实训教学的开展

（一）实训场景设计

场景设计是"场景教学"应用的前提条件。能否创设出形象生动、类似于真实社会生活的、富有吸引力的典型场景是能否成功完成教学的前提。我国著名教育家叶圣陶先生曾指出，"作者胸有境，入境始于亲"，说的就是教学要有鲜明的形象性。所以，教师创设的场景应贴近治安管理工作实际。要求教师创设的场景依据治安管理课程教学大纲，抓住教材重点。现实场景和类现实场景的设计，既要反映治安管理课程的关键内容，同时又要结合学生现有知识结构和理解领会能力。一般来说，教师应根据学科不同内容，知识点的不同要求，预设有趣的问题、合理的悬疑，创设相对应的真实或类真实场景：根据现实生活中的典型实例，创设实体场景，也称真实场景再现；运用教材基本原理，灵活根据客观情况，创设推理场景；利用现有物品进行实物演示，创设演示场景；采用实验教学，实现真实场景再现；根据教学内容，带领学生实地考察，给出真实场景；利用现有材料，引导学生亲自动手，创设体验场景；利用电化教学手段，创设图像场景等。

在场景设计时，要注意合理衔接治安管理教学内容，科学设计难度层次。治安管理课程内容繁杂，各部分之间又存在盘根错节的关联。所以各部分教学内容之间的有效衔接至关重要，一方面要紧紧抓住课程教学的重点章节、重点内容，精选富有实战意义的内容进行重点演练，力争解决课程教学的重点难点，另一方面又要体现阶段性教学目标的要求和特点，注意不同部分治安管理规定、管理要求、管理方法之间的逻辑联系，防止内容无序，层次散乱。同时，应根据教学对象的实际状况，充分考虑学生智力发展水平的不同，思维能力的区别，科学设计教学难度层次，保持合理水平递进坡度，设计的难度层次要略高于大部分学生初步能够理解的水平，防止出现过易不动脑、过难难动脑等不合理状况，从而激发不同层次学生学习的主动性和积极性。

在场景有效编排设计的基础上，必要的物品准备则是营造场景真实或类真实性的基础保障，是成功完成“实训教学”的重要条件。实训指导教师应当根据实训教学需要，准备相应的物品。如教学场地（部分场景需要的特殊场地）、电化教学设备、治安管理实践中所需要或涉及的各种物品的实物以及场景设计中必需的一些道具、材料、图片等，当然，有些物品要求实物展示相对比较困难，则可以以相应的图片、照片来替代。如讲到炸药的威力和猛度时，须采用实验教学，实现真实场景再现，即可准备一枚雷管、少量炸药进行爆炸实验，让学生临场感受；如讲到灭火指挥与火场逃生时，则需准备相应的灭火器材、通信器材、虚拟火场等；而对于物品展示有一定困难的教学环节，如各类危险品尤其炸药的有效鉴别等，为保证教学效果，可借助电化教学手段，创造录像场景，实现原有场景再现，则能收到很好的效果。

（二）实训场景的展示与运作

成功展示、运作场景是整个实训教学的中心，能否完美向学生展现已创设的场景，引导学生参与运作该场景是能否成功完成实训教学的关键。“良好的教育一定要致力于引领学生用自己的眼睛去观察，用自己的心灵去感悟，用自己的头脑去判断，用自己的语言去表达。”① 实训教学的开展要求学生事先进行“场景预热”，要求实训指导老师提前将实训场景的相关内容告诉学生，让他们有时间查资料、作分析、找答案，要求学生实训前熟悉相关专业基础知识。当然，为了考察学生随机应变的能力，可由老师在场景展示过程中随机加入新的问题，由学生根据所学知识临场迅速解决，其目的主要是通过相关场景引导学生思考，启发学生寻找分析问题和解决问题的方法。

展示与运作场景应保证学生能够直面了解并全面把握各类别治安管理的全过程，引导和帮助学生加深对治安管理相关理论知识的理解和把握，提高驾驭和处理治安问题的实际能力。

1. 以疑导景。古人云：“学贵有疑，小疑则小进，大疑则大进，疑者，觉悟之机也。”

---

① 霍宪丹．办学理念的更新与学校的基本定位［J］．中国监狱学刊，2003（6）．

在展景中，教师应引导学生发现问题所在，引导学生对不理解的问题提出质疑，鼓励学生提问。在学生发现不了问题，提不出问题时，教师应及时反应，适时提问，以带动学生发问，达到问与答的对接。

2. 以情展景。以情感人是人际交往的常用手段，也是教师运作场景的重要方法。教师如果能够以自己的情感感染学生，引起师生共鸣，就会吸引学生注意力，调动学生情绪，使学生很快进入角色，从而达到良好的教学效果。所以要求教师运用高起点、高标准的语言艺术驾驭“场景教学”课堂。重视“情”即感情（affection）+情绪（emotion）+情感（feeling）的运用，重视“换位思考”的应用，使学生容易入景、喜欢入境，容易产生联想，在声情并茂、师生互动的教学中，不断受到感染与启发，学习积极性得以充分调动，从而留下深刻的印象。

3. 以趣引景。孔子曰：“知之者不如好之者，好之者不如乐之者。”浓厚的兴趣会使学生产生学习积极性和主动性。心理学研究表明，人的情感具有两极性，它总是趋向于热爱和肯定的事物而避开厌恶和否定的事物。所以，演示场景，要将教学重点放在演示过程的逼真性、完整性、吸引性、诱导性上，融娱乐性、冒险性、刺激性、悬疑性、研究性为一体，增进学生的实感体验，激发学生的学习兴趣。如运作“爆炸装置的识别与拆除”这一实训项目时，可提供简单物品：闹钟、细电线、电灯泡、模拟雷管、模拟炸药、导火索、皮包、纸箱等。引导学生开动脑筋利用现有物品动手制作爆炸装置，制作完成后，互相交换；分析他人制作品，现场成功拆除爆炸装置。这样，所有的学生都充分动脑，在亲身体验中牢固掌握爆炸装置识别与拆除的要旨。

具体来讲，展景中教师的任务在于：合理确定场景参与人员（角色扮演者）和旁观人员；分别确定角色扮演者和旁观人员的任务；引导学生运作场景；形象生动展示场景，充分考虑场景运作中可能出现的问题，引导学生发现问题、提出问题；引导学生找出正确的、行之有效的解决问题的方法等。学生须完成的任务：确定某一问题是否存在；选取有利于收集信息的各类材料；理解、识别问题所需的相关信息；寻找针对场景中存在问题的合理陈述；正确扮演角色；作出能够解决问题的可行性回答等。如运作“非法携带管制刀具行为的查禁”时，可设景：某研究所工程师金某（另一种情况：某无业流氓人员王某）某日夜十二时左右（或下午）携带一把匕首（菜刀、赏玩性刀具）等在一闹市闲逛时，被公安人员刘某和熊某查获，他辩称削水果而带（或不知为管制刀具而携带）。那么将如何运作该场景？实际教学中，可由同学分别扮演金某、王某、刘某、熊某，亲自参与，实施盘查，进行处理。引导学生寻求解决方案，展开讨论，然后作出合理回答，针对学生的不同分析，老师作出最后点评，指出存在的问题，分析原因，给出正确的解决问题方案。可进一步分情况提出：违法行为人不同；违法时间不同；携带刀具不同；行为性质不同等。场景发生变化，应如何处理。启发学生联想，提出质疑，解决问题。

（三）实训场景的补救与充实

实训教学的要旨在于培养学生学习积极性，让学生置身于特定情景中理解基础知识、训练基本技能，提高其发现问题和分析解决问题的能力。然而，学生的主观能动性被充分调动起来后，往往提出预设场景以外甚至稀奇古怪的问题或作出教师预料之外各种千奇百怪的回答。这时，要求教师头脑灵活，具有较强应变能力，能够迅速作出反应，及时根据实训教学实际情况，作出合理补救，或现场灵活解答，或及时扭转话题，或合理打断学生表演及回答，作出可行性解释，或迅速展开另一相关场景，予以分析、作出回答。如笔者运作上述

“非法携带管制刀具行为的查禁”场景时，有学生随即发问：为什么某些广场、地下通道或风景区有一些着少数民族服装的人员在卖各式刀具而无人过问？那么，教师即应立即作出补救，马上展开“广场、地下通道或风景区”等特定场景，引导学生思考：所售刀具能否销售？警察为何不管？少数民族刀具应如何分析鉴别等，展开一次别开生面的大讨论，使他们正视目前管制刀具管理中存在的突出问题，寻求合理的解决对策。

（四）实训教学进程的控制与把握

实训教学运作中，教师要正确把握、适时控制实训教学进程。既要最大限度发挥学生的主体作用，让其尽展才华，又不能放任自流。如果放任学生任意进行角色发挥，很可能表演多于思考，甚至在某个问题上纠缠不清，结果看热闹的多，思考问题的少，课堂笑声不断，场面热火朝天，气氛热烈，但收效甚微。而随意打断学生的表演或回答，又影响到学生主观能动性的发挥，久而久之，造成学生被动接受，不敢或不屑参与表演、发表见解，主动参与的积极性愈来愈小，进而影响到教学效果的提高。故教师要善于控制实训课堂，注意教学节奏的控制与把握，适时调整实训教学的进程和方向，保证并推动学生的注意力和思维等情感活动始终围绕并伴随着原先设置的实训教学进程发展。

◎ 本章小结

治安管理是国家公安机关治安管理部门为了消除社会治安问题、维护社会治安秩序、保障公共安全，而依法从事的行政管理活动。具有管理主体的武装性、管理措施的特殊强制性、管理内容的广泛性和复杂性、管理活动的社会性等特点。深入推进治安管理创新，有效掌握治安管理主动权，对于维护社会治安稳定和公共安全、创造良好的治安发展环境具有十分重要的现实意义。治安管理作为公安机关的专门业务工作，要求遵循六项原则：服从党的路线、方针、政策，服务于社会主义市场经济的原则；专门机关管理与依靠群众相结合的原则；依法管理的原则；科学管理的原则；严格管理与文明管理相结合的原则；教育与处罚相结合的原则。通过管理、保护、专政、服务四项职能的履行，使人们严格遵守各项治安管理法律规范，以建立和谐稳定的治安秩序，保护广大人民利益，保障社会主义现代化建设的顺利进行。当然，在新的社会条件和环境下，只有正确认识和理解治安管理的涵义，端正治安管理理念，结合区域实际，不断调整治安管理方式，积极主动赢得群众的理解、支持和参与，有效满足群众的治安需求，才能获得最佳的治安管理效果。

◎ 思考与练习

1. 比较南昌男孩被拐案①和长春婴儿随车被盗案②的破获过程，分析警方治安管理职能的体现。

2. 孟建柱同志 2010 年 3 月 26 日在全国公安机关爱民模范先进事迹报告会上讲话指出：坚持老百姓最痛恨什么犯罪，就打击什么犯罪；老百姓反映什么治安问题最突出，就集中整

① 2013 年 2 月 27 日，南昌 5 岁男童宇宇在南昌八一广场被拐卖丢失。当时人贩子让自己的外孙与小宇宇一起玩耍，等到无人发现时，像家人一样带着两个孩子离开。案发后，南昌警方经过两百多个小时昼夜的工作，3 月 7 日在福建成功解救被拐男孩。

② 2013 年 3 月 4 日上午，长春市一辆灰色丰田 RAV4 轿车被盗，车内有一名两个多月大的婴儿。5 日 17 时许，犯罪行为人周某到公安机关投案自首，但两个月大孩子已被其杀害。

治什么治安问题，扎扎实实地把公安机关保平安、保稳定的职责落到实处，确保一方平安、维护一方稳定。要旗帜鲜明、严厉打击危害一方、欺压百姓的黑恶势力犯罪，坚决打掉其“关系网”、铲除其“保护伞”。要严密防范、严厉打击严重影响群众安全感的杀人、绑架等暴力犯罪、“两抢一盗”等多发性侵财犯罪和涉众型经济犯罪，全力维护人民群众的生命财产安全。要针对人民群众反映强烈的“黄赌毒”等违法犯罪问题，集中组织开展打击整治行动，切实维护未成年人合法权益，保护未成年人健康成长。分析孟建柱同志讲话的内涵，深入思考治安管理任务的实现要求。

3.《关于全面深化公安改革若干重大问题的框架意见》明确提出：全面落实报警求助首接责任制、群众办事一次告知制、窗口单位弹性工作制，大力推行“预约服务”、“绿色通道”和“一站式”等服务模式。积极搭建综合性网络服务平台和新媒体移动终端，推行行政审批事项全程网上流转，方便群众咨询、办事和查询、监督。查找基层公安机关便民服务的具体举措和实施效果，分析新形势下治安管理服务职能的实现要求。

4. 2012 年 3 月，南昌市公安局西湖分局筷子巷派出所在全省首推轻微违法记录隐匿机制，即对曾经有轻微违法犯罪记录的居民，派出所在应当事人要求出具违法犯罪记录通知书时，在通知书上自动隐藏其轻微违法犯罪记录。该机制源于辖区因为偶尔一次违反治安管理而被处罚的居民再就业往往因“不良记录”而被用人单位拒之门外，为消除该类人员的“记录困扰”而产生。其针对具备以下条件的轻微违法犯罪行为人：之前所涉及的案件为非侵财型案件；非涉毒案件；被出具证明人仅有一次这样的记录。规定除政法机关调取前科材料、征兵政审以及涉及重要部门、行业调查等特殊事项以外，对于一般性就业、上学等事项，派出所将为其隐匿轻微违法犯罪记录，并将轻微违法犯罪记录界定为“初次违反治安管理行为被处以罚款、警告的行政处罚，以后没有再违反”。分析该违法记录隐匿机制，思考其体现的治安管理原则以及现实意义。

◎ 拓展阅读

抚州“大部制”警务改革推动公安工作转型升级纪实①

当一辆辆闪烁着警灯的巡逻车穿行在凌晨的大街小巷，当一个个藏匿于城乡的传销窝点被捣毁，当一个个流窜到此地的盗窃团伙脚跟未站稳就被控制，当一个个身负重案潜逃多年的犯罪嫌疑人被抓获……

抚州公安以群众看得见、感受得到的变化，以群众安全感、获得感的大幅提升，以一组骄人的数据和历史性的突破，见证了抚州大部制警务改革的成功实践。2017 年 1 月至 5 月，抚州实现了“四个大幅提升”：“两抢一盗”案件破案数、“黄赌”案件查处数、八大类案件破案数、网上逃犯抓获数分别同比上升 27.1%、45%、20.9%、50.7%，“四个大幅下降”：刑事案件、治安案件、经济类案件、道路交通事故分别同比下降 16.8%、38.7%、47.1%、16.3%，实现了“四个全省第一”：全市逮捕犯罪嫌疑人数增长率、侦办跨区域侵财团伙案件完成率、毒品案件侦破率、社区民警信息采集上升率均位列全省第一。在全省一季度社会治安评估通报中排名第二，被评为全省社会治安状况优秀市。抚州公安改革结出了

---

① 洪向峰，汤民．用改革和担当铸就平安金盾，中国江西网—江西日报，http://www.jxnews.com.cn，2017-06-26.

丰硕果实，迈出了里程碑式的铿锵步伐，一个可复制、可推广的公安改革新经验和新模式呼之欲出。

让民警回到群众身边

保一方平安，让群众最具安全感，是抚州公安改革的核心目标。2016年10月，为探索解决公安机关警务资源碎片化分割、打防管控相互脱节、警务效能整体不高等突出问题，抚州公安以全面落实中央关于公安改革的“1+3”意见为契机，在全省公安机关率先拉开了大部制、大警种改革序幕，其改革原则和目标清晰而坚定：力量整合、资源共享，警力下沉、减少层级，合成作战、务求实效，全面提升公安机关的创新力和战斗力，用改革和担当铸就保一方平安的金盾。

抚州市公安局将昔日的34个内设机构按职能、人员、资源整合要求合并组建为情报指挥部、侦查实战部、治安防控部、执法规范部、行政服务部等9个部。同时，县局组建成对应的9个部，派出所建成警务合成中心、社区警务队和矛盾调解室。市、县公安局的内部机构压缩了65%以上，机关警种和部门领导也在警种打散重组、一警多能多用中减少了55.3%，一批机关民警充实一线，使全市基层一线警力增长了17.6%，街面屯警创历史新高，社会面见警率管事率显著提升。

在抚州城区，通过整合市局及临川、高新分局和城区派出所的治安防控力量，10个网格化防区投入的警力达587人，且彼此呼应、紧密配合。“如今哪个防区出现异常，既有前面拦的，又有后面堵的，还有中间抓的，令不法分子无处可逃！”临川分局治安防控部副主任冯志高的感触形象生动。不仅如此，巡防队员还主动接受百姓求助，送迷路、走失群众回家。同时，防区民警走访千家万户征求群众意见，建立“警民微信群”互动治安信息、汇聚群防群治力量，大力营造警民同心保平安的新局面。

让警力发挥最大效能

创新警务机制，让警力发挥最大效能，是抚州公安改革的核心动力。针对公安机关指挥层级过多、警力分散、整体效能不高等问题，抚州公安以服务实战、贴近实战、支撑实战为出发点，全力构建简约化管理体系、扁平化指挥体系、一体化合成作战体系、精细化情报体系，将传统的“分管局领导——支队长——大队长——中队长——民警”五个管理层级压缩为“部主任——室（队）主任——民警”三级，使一批中层干部集指挥员和战斗员为一身，冲在一线建功立业。同时，以情报指挥部为龙头和核心，建立9个部派员集中值班制，拉近情报分析与实战应用的距离，以提升精准打击、合成作战能力，构建触点即动、反应快捷的立体治安防控体系，使警力效能得以最大限度发挥。

“破大案更快了，破小案更多了，控发案更好了。”市局侦查实战部主任万磊谈及改革的成效时语含自豪。作为打击犯罪尖刀部门的侦查实战部，整合刑侦、经侦、禁毒、技侦、网安支队等资源后，打破了各警种只办专案的界限，警力编入打击专业队，办理各种案件，使过去警种之间忙闲不均、相互扯皮的难题迎刃而解，并培养了一批复合型人才。

抚州公安行政服务部办证窗口，民警们大多是“多面手”，他们不仅能办出入境业务，还会办户政业务，甚至治安、禁毒、网安等行政审批业务也能办理。在黎川县公安局，23岁的法制科内勤民警周姝雨自打融入集法制、监察、督察等相关职能为一体的执法规范部后，一人干起了法制、督察、信访等三个方面的工作。她坚信：“技多不压身，多学本事更自信。”

6月16日，抚州市副市长、公安局长万凯代表江西公安在全国地市公安局长培训班上专门介绍了抚州大部制警务改革的经验，标志着抚州大部制警务改革走在全国前列。

让科技擦亮金盾之光

拥抱现代科技，实现跨越发展，是抚州公安改革的核心要求。为实现大部制各种资源的充分融合，把原先独立的各警种信息、技术、资源等全部统一起来，抚州公安充分运用云计算、大数据等现代科技，再造9个部工作平台，使所有警务工作都须通过平台流转，从而实现了横向集成、纵向贯通，市、县、所三级平台共用、高效运行的新格局。同时，广泛采集基础信息和社会信息，整合共享数据，加速建设“警务云”，并自主研发警务实战模块，开发刑案要情、外线调查等17项功能，建成智能化指挥调度系统，为抚州公安插上信息化的翅膀，创造出跨越发展的无限空间。

在地处赣闽交界大山深处的黎川县德胜关派出所，记者欣喜地看到，该所办案中心规范而标准，并按要求安装了音频和视频监控设施，上级机关可通过警务平台对办案过程进行即时监督和事后追溯。所长黄斌告诉记者：“当偏远山区的派出所也能在‘警务云’中享受大数据给办案带来的神奇变化，为山区群众提供便捷的办理证照等各种服务时，警务改革深得警心民心。”所民警涂凌宵坦言，如今，上级9个部定期对民警考评、考核，所有的工作都有明确的要求，而辖区一旦出现案情，民警通过移动警务能第一时间获知信息，并准时出现在指定位置，展现出科技强警的神奇力量。

面对改革取得的骄人成绩和群众的广泛赞誉，万凯在深感欣慰之时，道出了警务改革的愿景：“老百姓最具安全感、公安警务效能最大化、公安民警最轻松。”

第二章　治安管理主体

现代社会，政府、市场、社会扮演不同角色，政府单打独斗已不适应人们对公共服务需求多样化、社会问题复杂化的新形势，只有分工负责、良性互动，才能实现优势互补，共同治理好社会。要以开放心态、宽广胸襟，平等对待各类社会主体，以开放性架构、市场机制吸纳社会力量、破解社会治理难题，形成多样化治理模式，努力实现社会共治。社会组织是现代社会治理不可或缺的重要主体。面对纷繁复杂的社会事务，要精心培育与现代社会治理结构相适应的公益性、互助性社会组织，支持行业协会商会类社会组织发展，发挥好它们在社会治理中的重要作用。要善于运用市场思维、市场机制推进社会治理创新，善于运用利益引导、商业运作推进开放共治，善于通过购买服务、项目外包、保险等方式化解矛盾、防控风险，提高社会治理市场化水平。要充分发挥各类企业资源、技术、人才等优势，积极参与社会治理，共同维护公共安全。①

【教学目的与要求】了解各类治安管理主体的设置、角色定位与职责范围，掌握公安派出所等治安基层组织的性质、任务、权限和职责，明确现时代社会共治的要求，强化社会治安治理创新意识，积极组织、发动群众参与社会治安管理，打造公共安全人人有责、人人尽责的区域安全维护共同体。

【教学重点】公安机关治安管理基层组织的设置及职责范围，职业化治安管理主体、自治性治安管理主体的角色定位与作用发挥。

【教学难点】公安派出所的性质，社会治安共治的实现。

第一部分　基础知识

治安管理主体亦称治安管理力量，是国家依法确定的管理和维护社会治安秩序的专门机构和重要力量，在维护国家长治久安和人民安居乐业中发挥着十分重要的作用。根据各类管理力量性质和职责的不同，治安管理力量可以分为公安机关治安管理力量、职业化治安管理力量和自治性治安管理力量。公安机关治安管理力量是治安管理的主体力量，是开展治安管理活动的组织保证，包括各级治安管理组织如中央治安管理组织、省级治安管理组织、市级治安管理组织、县级治安管理组织以及公安派出所、巡警队、治安拘留所、公安检查站、收容教育所、安康医院、强制隔离戒毒所等治安管理基层组织。职业化治安管理力量是安全管理和安全维护市场化的产物，是社会治安管理的重要组成部分，主要指保安服务公司和单位

① 摘自2016年10月10日孟建柱在全国社会治安综合治理创新工作会议上的讲话。

内保组织。自治性治安管理力量是治安管理的重要依托力量，是全民治安的重要体现，包括治安保卫委员会、治安联防组织等。

一、中央治安管理机构

中央治安管理机构是指国家公安部，是全国治安管理工作的最高领导机关。具体的治安管理部门有公安部直属的治安局、户政局、交通管理局和消防管理局、出入境管理局等具体的业务局，同时也包括各专门公安机关如国家林业局森林公安局、铁路公安局、民航公安局等。其主要职责是：

1. 研究和制定全国性的治安管理的各项方针、政策和原则，并组织贯彻执行；

2. 草拟全国性的治安管理法律法规，分别提请全国人大常委会通过或国务院审核批准后公布实施；

3. 掌管并指导全国的治安管理工作，制定全国性的治安管理规划、工作要点、计划以及各个时期的工作任务，发布通知、通报、召开专业会议，检查、督促、总结指导工作；

4. 掌管全国的治安案件、治安事件以及治安灾害性事故和社会治安情况的统计和分析工作，全面及时地掌握各种违法犯罪活动和社会治安动向，并提出相应的对策和措施，同时负责及时向党中央、国务院报告工作，反映情况；

5. 掌握全国的治安管理业务建设和治安队伍的组织建设、思想建设，管理警用器械装备配备等。

二、省级治安管理机构

省级治安管理机构指各省、自治区、直辖市的公安厅、局，是省级治安管理工作的领导机关。具体的治安管理机构有省、自治区、直辖市公安厅、局下设的治安管理总队（处）、交通警察总队（局）、消防管理总队（处）、水上警察总队（处）、出入境管理处等。其主要职责是：

1. 贯彻执行中央制定的治安管理方针、政策和原则，根据本地区的实际情况，确定本地区的治安管理工作任务，明确工作重点，提出贯彻实施的思路和方法，指导本地区的治安管理工作。

2. 组织治安法律、法规的贯彻实施，并根据本地区情况，提出贯彻实施的具体办法和方案，因地制宜制定适合本地区的补充性法规，报经省、自治区、直辖市人大常委会或同级人民政府审议通过后，公布实施。

3. 制定本地区的治安管理规划、计划，发布指导性文件，检查、督促、交流、总结工作，发挥指导作用。

4. 掌握全省（自治区、直辖市）治安案件、治安事件、治安灾害性事故和治安情况的发生、发展及变化情况，定期做好统计和综合分析工作，及时向上级公安机关和地方党委政府汇报；掌握本地区各种违法犯罪活动情况和社会治安动向，制定相应的对策和措施，指导下级治安管理机构实施治安管理，重大情况及时向上级反映和报告。

5. 组织领导下级治安管理机构查处本地区有重大影响的治安案件、治安事件和治安灾害事故，对一些比较复杂的治安案（事）件，也可以直接进行查处。

6. 指导下级治安管理机构的业务建设和队伍建设，重点加强组织建设和思想建设，不断提高整个治安队伍的综合素质和管理能力。

7. 负责本地区警用器械和装备的规划、配备和管理工作。

三、市级治安管理机构

市级治安管理机构指市级公安局，设有治安支队、巡警支队、交警支队、消防支队、户政处、出入境管理处等。其主要职责是：

1. 贯彻执行治安管理法律规范和治安管理工作方针、政策和原则以及上级批示、决定等；

2. 制定本地区治安管理工作实施计划，指导实施治安管理业务；

3. 了解掌握本地区治安情况，处理各种突出治安问题，定期向上级反映情况和报告工作；

4. 按照上级指示和要求，抓好业务工作和队伍建设；

5. 指导和监督治安管理和社会安全防范工作。

四、县级治安管理机构

县级治安管理机构指县级公安局（分局），是治安管理的具体执行机关，设有治安大队、巡警大队、交警大队、消防大队、户政科、出入境管理科等。其主要职责是：

1. 贯彻执行治安管理法律法规，治安管理工作的方针、政策和原则以及上级批示、决定等，提出具体的落实措施。

2. 制定本地区的治安管理工作计划和方案，具体组织实施各种治安管理业务，指导基层治安部门的工作。

3. 及时查处治安案件和治安灾害事故，执行治安管理处罚，了解掌握并处理各种治安问题，定期向上级反映情况和报告工作。

4. 对群众进行经常性的遵纪守法、法制及“四防”的宣传教育，搞好社会治安综合治理。

5. 指导社会治安防范组织，深入开展社区警务建设，动员和组织全社会力量，抓好安全防范工作。

6. 按照上级指示和要求，加强治安民警队伍的思想建设、组织建设和业务建设。

7. 指导和监督下设治安组织开展工作，与有关区域开展治安管理业务协作。

五、公安派出所

（一）公安派出所的性质

公安派出所是县（市）级公安机关或相当于县一级公安机关管理社会治安工作的派出机构，是公安机关打击违法犯罪、维护社会治安、服务人民群众、保卫一方平安的基层综合性战斗实体。它不是相对独立的一级公安机关，而是各县（市）公安机关根据当地的治安实际情况，依法申请并报经同级人民政府批准后，逐级报请省级公安机关审批设立的。作为县级公安机关的派出机构，公安派出所在管辖范围内代表县级公安机关行使职权，以县级公安机关的名义开展各项工作，由此而产生的法律后果由县级公安机关承担。

（二）公安派出所的种类

公安派出所按其隶属关系大致可以分为两类：一类是地方公安机关派出所，是市、县公安局在所辖地区内设立的派出所，又可分为城区公安派出所、建制镇公安派出所、乡公安派出所、水上公安派出所、边防公安派出所等。一类是专门公安机关派出所，指铁路、交通、民航、林业等专门公安机关根据工作需要，在本系统管辖范围内设立的派出所，属于专门公安机关的派出机构。

（三）公安派出所的设置和警力配置

公安派出所的设置综合考虑辖区面积、人口数量、治安状况和工作需要，原则上与乡、镇、街道行政区划相对应设立，实行一乡（镇、街道）一所。但对于辖区面积小、人口数量少、治安状况好的建制乡，公安机关警力紧张的，可暂不设立公安派出所，派驻民警为辖区群众办理相关事务。

公安派出所警力配置要坚持从实际工作需要出发，与辖区特点、人口、范围、治安状况以及地理环境等相适应。根据《公安派出所正规化建设规范》的规定，公安派出所警力原则上应当达到所属县（市、旗）公安局、城市公安分局总警力的40%以上。城区公安派出所每所民警不少于20人，城镇公安派出所每所民警不少于10人，乡公安派出所每所民警不少于5人。每个公安派出所设所长、政治教导员各一名，副所长若干名。根据工作需要设立社区（农村）警务、巡逻防控、治安管理、案件办理、综合内勤等工作岗位；警力较多、治安情况复杂的城区派出所，可以建立社区警务队、巡逻防控队、案件办理队和综合内勤室；警力少、治安情况相对平稳的农村派出所，实行一人一岗或一人多岗。公安派出所实行所长负责制，所长主持公安派出所的全面工作；政治教导员负责思想政治工作；副所长根据分工协助所长开展工作；内勤民警根据工作内容不同可以细分为户籍内勤、身份证内勤、治安内勤和档案内勤等，但由于警力的实际状况，在实际工作中只有部分城市（镇）派出所如此设置，农村派出所一般只设一个综合内勤，全面负责各项内勤工作。主要负责户口登记、统计和居民身份证件的颁发管理，综合分析并定期上报辖区的敌、社情动态和治安信息，收集、整理辖区的人口信息资料，管理档案资料，管理印章、警械和其他财物，接待群众来访，处理来信、来函及其他内部勤务；社区民警是公安派出所开展社区警务工作的主要力量，全面负责所在社区的各项工作，主要包括社区信息采集、实有人口管理、治安管理、组织指导社区警务社会化组织开展安全防范工作、群众工作和协查刑事案件等。治安民警主要负责辖区内的特种行业管理、危险物品管理、公共复杂场所管理、查处治安案件、查禁取缔“黄、赌、毒”等社会丑恶现象、协破刑事案件等。

（四）公安派出所的职责

公安派出所以“发案少，秩序好，社会稳定，群众满意”为工作目标，其工作任务重点是管理和防范。通过管理和防范，夯实公安工作的基础，实现预防和控制犯罪的目的。

公安派出所的基本职责是严密控制本辖区社会面，维护辖区的社会治安秩序。具体体现为以下9个方面：

1. 收集、掌握、报告影响社会政治稳定和治安稳定的情报信息；
2. 管理辖区内的实有人口；
3. 管理辖区内的重点行业、公共娱乐场所和枪支、弹药、爆炸、剧毒等危险物品；
4. 指导、监督辖区内的机关、团体、企业、事业单位的内部治安保卫工作；
5. 宣传、发动、组织、指导群众开展安全防范工作；
6. 办理辖区内发生的因果关系明显、案情简单、一般无需专业侦查手段和跨县、市进行侦查的刑事案件，并协助侦查部门侦破其他案件；
7. 办理治安案件，调解治安纠纷；

8. 参与火灾、交通、爆炸、中毒等治安灾害事故的预防工作；

9. 接受群众报警、求助，为群众提供服务；

10. 协助上级公安机关做好群体性事件的处置工作。

（五）公安派出所的权限

依据《公安派出所组织条例》、《人民警察法》、《治安管理处罚法》等法律规范的规定，公安派出所主要具有以下权力：

1. 治安管理权。公安派出所有权对治安管理的对象实施一系列的管理措施。如登记、注销、调查、统计户口；颁发、查验、收回居民身份证；审核迁入户口申请并签署意见；审核辖区内的公共场所、特种行业的治安管理合格证的申请意见；对危险物品的生产、销售、储存、运输、使用许可证的审核并签署意见等。

2. 查破一般刑事案件和治安案件权。公安派出所有权侦破辖区内的一般刑事案件和查处治安案件，有权协助侦破涉及本辖区的重大刑事案件。在侦破查处案件中，有权依法传唤、讯问犯罪嫌疑人和询问证人，有权依法收集证据、扣押物证等。

3. 治安管理处罚权。公安派出所对违反治安管理的行为，有权依法实施治安处罚。

4. 执行管制监督权。公安派出所对于被判处管制、剥夺政治权利、宣告缓刑、裁定假释和监外执行的罪犯，有权执行管制、监督和考察。有权依法执行监视居住。

5. 对违法和轻微犯罪人员的帮教权。公安派出所对辖区人口中有违法和轻微犯罪行为的人员有权配合有关部门实施帮教，促使其悔过自新，向好的方向转化。

6. 安全检查监督权。公安派出所有权检查辖区内公共复杂场所、特种行业、企事业单位的治安保卫工作，有权监督检查辖区内各类危险物品的生产、销售、储存、运输、使用和销毁等各个环节的安全保卫工作。

7. 依法建立使用治安秘密力量，收集公共安全、国家安全信息，协助做好国内安全保卫及有关工作。

8. 法律、法规规定的其他权力。

（六）派出所社区警务室的设置与运行

社区警务被誉为第四次警务革命，社区警务战略在我国基层警务实践中具有至关重要的地位，在推进新型社区建设，构建良好的警民关系和社会治安环境方面发挥着重要作用。2006年9月19日，公安部下发了《关于实施社区和农村警务战略的决定》（公发〔2006〕5号），部署在全国实施社区和农村警务战略，社区警务在全国范围内全面铺开。根据《公安派出所正规化建设规范》的规定，在城市，原则上以社区为单位划分警务区。对于规模较小、治安平稳的警务区，实行一区一警，并以相邻警务区联勤的形式，加强协作配合；对于规模较大、治安复杂的警务区，实行一区多警。在农村，以一个或者多个行政村划分警务区，实行一区一警。有条件的地方，特别是城镇化水平比较高、治安复杂的地区，可以实行一区多警。

1. 社区警务室的设置标准

（1）统一标识，统一配置：原则上，以警务室所处社区或行政村的名字命名，在门口悬挂带有人民警察警徽标志的“××派出所××警务室”标牌，室外醒目位置悬挂公示牌，公布民警照片、姓名、联系方式和在警务室定期办公的时间。为增强警务工作的透明度和民警的责任感、荣誉感，对作出突出贡献的、经地（市）级公安机关批准，可以用民警的姓名命名警务室。

（2）统一面积标准：社区警务室实用面积不少于15平方米，农村警务室不少于20平方米。

（3）统一外观标识和制度牌、公示栏：社区警务室内墙上要设置社区管辖平面图、警务公开栏和××公安局警务管辖一览表，有条件的社区要设置社区防范网络图。

（4）统一设施配置：社区警务室要安装防盗门窗，要配备必要的交通、通讯工具、警用装备以及防护装备。室内放置民警日常工作所需办公桌椅、文件柜、警容镜等设施和接待群众用的笔、墨、纸、凳、眼镜等用具。

（5）统一民警工作簿册：社区警务室要设置社区工作日志、警民联系簿、会议记录等三种登记簿册。

（6）统一台账：社区警务室要设置一套用于记载社区各种基本情况的综合台账，主要包括社区人口情况登记表、安全楼（院）基本情况登记表、内部单位基本情况登记表、金融网点基本情况登记表、公共（娱乐）场所基本情况登记表、特种行业基本情况登记表等。

（7）统一警民联系箱：社区警务室门口醒目位置要悬挂警民联系箱。社区民警要定期开箱，查看群众的反映和建议，并及时反馈。

（8）统一宣传栏：有条件的社区警务室要在门前设立宣传栏，定期刊出警情通报、治安动态、安全防范常识、法律知识、道德规范及居民群众参与维护社会治安的先进事迹等。

2. 社区民警的职责

（1）开展群众工作：社区民警要深入群众之中，倾听群众意见，了解群众疾苦，尽力为群众排忧解难，切实做好服务群众、组织群众、宣传教育群众的有关工作；及时受理报警求助，在规定时限内办理群众申办事项；积极参与排查调处民间矛盾纠纷，努力把不稳定因素化解在基层、化解在萌芽状态；向居（村）民代表定期报告工作，自觉接受监督。

（2）掌握社情民意：社区民警要及时收集、上报涉及社会政治稳定和治安秩序的各类信息；定期排查、分析社情动态和突出治安问题；将收集、掌握的各类情况信息录入计算机，进行积累、分析、比对，切实做到基础工作信息化。

（3）管理实有人口：社区民警要全面准确地登记社区实有人口，了解掌握基本情况；熟悉可能违法犯罪的高危人群，重点掌握列管的重点人口和监管对象的现实表现，开展对重点人口、监管对象和有轻微违法人员的监督管理和帮教工作，落实工作措施；重点掌握出租房屋和暂住人口的动态情况。

（4）组织安全防范：社区民警要充分依靠基层组织，大力开展安全防范宣传教育，增强群众的自我防范意识和能力；指导治保会、保安队、义务巡逻队等群防群治力量的治安巡逻和邻里守望活动，形成严密的群防群治网络；广泛利用辖区资源，动员群众使用技防、物防设施，提高治安防范水平。

（5）维护治安秩序：社区民警要严格辖区公共场所、娱乐场所、特种行业、商贸市场、出租房屋和危险物品的治安管理，开展经常性的治安检查；指导、监督辖区机关、团体、企业、事业单位建立健全安全防范制度，落实安全保卫措施，预防、减少各类案件和治安灾害事故的发生；协助办理辖区各类治安行政案件，为侦破刑事案件提供线索。

3. 社区民警的主要工作方式

（1）走访调查：走进社区、村庄，进入机关、学校、企业事业单位和居民家中，详细登记、了解实有人口、出租房屋等情况；物色治安信息员，掌握重点人员的现实表现与动态；对发案的单位、居民进行回访，了解最新线索，征求意见和建议。

（2）宣传发动：依靠社区、居委会和村民委员会等基层组织，抓好治保会、保安队、治安联防队、义务巡逻队等群防群治队伍建设；通过警务宣传栏、社区报刊等多种渠道，宣传法律法规、治安动态、防范常识等内容，提高辖区群众的法制意识和防范意识。

（3）巡逻守护：组织辖区群众开展护村、护厂、护校、护楼、护院活动；维护重点时段和部位的社会治安秩序，控制和减少发案。

（4）实地检查：对辖区内的行业、场所和单位进行治安检查，及时发现安全隐患；督促相关单位及时整治治安和安全隐患，防止发生违法犯罪案件和治安灾害事故。

（5）警情通报：及时向群众通报辖区治安情况和可能危及辖区安全的周边警情动态，有针对性地提出防范措施；向辖区群众通报重大案件、重要情况，提前预警。

六、巡警队

巡警队是一支以巡逻勤务形式维护城镇街面治安秩序的专门警察队伍。1994 年 2 月 24 日，公安部正式发布了《城市人民警察巡逻规定》，有力推动了城市人民警察巡逻体制的建设和发展。

（一）巡警队的设置

目前我国巡警体制的设置形式主要是：省、自治区、直辖市公安厅（局）设立巡警总队或在治安总队下面设置巡警工作指导处，全面负责指挥、协调和指导全省、自治区、直辖市的巡逻工作；直辖市的公安分局、地（市）公安局设立巡警支队，根据警区划分情况和实际工作需要，下设巡警大队与巡警中队；县（市）公安局、地（市）公安局下设的公安分局设置巡警大队，大队下设巡警中队。

当然，有些地方根据区域实际情况，适时开展警务改革，有效整合配置警力以发挥巡逻勤务的最大效用，如将巡警与特警结合组建巡特警支队（大队）、巡警与交警结合组建巡交警支队（大队）等。

（二）巡逻民警的职责和权限

1. 巡逻民警的职责

根据《城市人民警察巡逻规定》第四条的规定，人民警察在巡逻执勤中履行以下职责：

（1）维护警区内的治安秩序；

（2）预防和制止违反治安管理的行为；

（3）预防和制止犯罪行为；

（4）警戒突发性治安事件现场，疏导群众，维持秩序；

（5）参加处理非法集会、游行、示威活动；

（6）参加处置灾害事故，维持秩序，抢救人员和财物；

（7）维护交通秩序；

（8）制止妨碍国家工作人员依法执行职务的行为；

（9）接受公民报警；

（10）劝解、制止在公共场所发生的民间纠纷；

（11）制止精神病人、醉酒人的肇事行为；

（12）为行人指路，救助突然受伤、患病、遇险等处于无援状态的人，帮助遇到困难的残疾人、老人和儿童；

（13）受理拾遗物品，设法送还失主或送交拾物招领部门；

（14）巡察警区安全防范情况，提示沿街有关单位、居民消除隐患；

（15）纠察人民警察警容风纪；

（16）执行法律、法规规定由人民警察执行的其他任务。

2. 巡逻民警的权限

根据《城市人民警察巡逻规定》第五条的规定，人民警察在巡逻执勤中依法行使以下权力：

（1）盘查有违法犯罪嫌疑的人员，检查涉嫌车辆、物品。

（2）查验居民身份证。

（3）对现行犯罪人员、重大犯罪嫌疑人员或者在逃的案犯，可以依法先行拘留或者采取其他强制措施。

（4）纠正违反道路交通管理的行为。

（5）对违反治安管理的人，可以依照《中华人民共和国治安管理处罚条例》的规定，执行处罚。

（6）在追捕、救护、抢险等紧急情况下，经出示证件，可以优先使用机关、团体和企业、事业单位以及公民个人的交通、通信工具。用后应当及时归还，并支付适当费用，造成损坏的应当赔偿。

（7）行使法律、法规规定的其他职权。

七、公安检查站

公安检查站是公安机关依法盘查堵截可疑车辆及人员，查缉违法犯罪行为人，查禁危险物品、违禁物品和赃物的场所。公安检查站由县、市公安机关提出设置意见，报上级人民政府批准设立，设置地点一般在区域边界、城区出入口、边界主要道路。在省际交通要道口和大中城市进出口设置的公安检查站，须经省公安厅审查同意，报请省人民政府批准。其是区域堵截查控网的主要环节，是完善社会治安防控体系的重要组成部分，在严密社会面控制，及时发现和有效处置违法犯罪行为人和安全隐患，确保区域社会安全方面发挥着重要作用。

八、拘留所

拘留所是公安机关依法对被裁决拘留处罚的人执行拘留的场所。根据《拘留所条例》（国务院令第614号，自2012年4月1日起施行）的规定，拘留所由县级以上地方人民政府根据需要设置，由县级以上地方人民政府公安机关提出意见，按照规定的权限和程序审批。国务院公安部门主管全国拘留所的管理工作，县级以上地方人民政府公安机关主管本行政区域拘留所的管理工作。拘留执行对象为被公安机关、国家安全机关依法给予拘留行政处罚的人和被人民法院依法决定拘留的人。拘留执行的目的是惩戒和教育被拘留人，使他们知错认错，引以为戒。拘留所凭拘留决定机关的拘留决定文书及时收拘被拘留人，需要异地收拘的，拘留决定机关应当出具相关法律文书和需要异地收拘的书面说明，并经异地拘留所主管公安机关批准。拘留所收拘被拘留人，应当告知被拘留人依法享有的权利和应当遵守的规定，应当对被拘留人的人身和携带的物品进行检查，对女性被拘留人的人身检查应当由女性人民警察进行，检查发现的违禁品和其他与案件有关的物品应当移交拘留决定机关依法处理。拘留所发现被拘留人可能被错误拘留的，应当通知拘留决定机关，拘留决定机关应当在24小时内作出处理决定；对依照《中华人民共和国治安管理处罚法》第21条的规定不应当被执行拘留的，拘留所不予收拘，并通知拘留决定机关。拘留所发现被拘留人吸食、注射毒品成瘾的，应当给予必要的戒毒治疗，并提请拘留所的主管公安机关对被拘留人依法作出社区戒毒或者强制隔离戒毒的决定。

九、收容教育所

收容教育所是公安机关依法对卖淫、嫖娼人员进行法律和道德教育、组织参加劳动生产以及进行性病检查、治疗的行政强制教育场所。根据《收容教育所管理办法》（2000 年 4 月 24 日公安部令第 50 号发布，根据 2014 年 6 月 29 日公安部令第 132 号《公安部关于修改部分部门规章的决定》修改）的规定，收容教育所的设立，由省、自治区、直辖市或者自治州、设区的市的公安机关根据收容教育工作的需要提出方案，报同级人民政府批准。收容教育所的管理由设立收容教育所的公安机关负责。收容教育的对象是卖淫、嫖娼人员，收容教育的目的是通过教育、心理矫治和性病治疗，使被收容教育人员成为身心健康的守法公民。收容教育所凭县级以上公安机关签发的《收容教育决定书》接收被收容教育人员，接收时，应当填写收容教育人员入所登记表，并对收容教育人员进行健康和性病检查，填写收容教育人员健康及性病检查表。应当告知收容教育人员依法享有的合法权益和必须遵守的所规，应当对收容教育人员人身和携带的物品进行检查，对女性收容教育人员的人身检查，应当由女性工作人员进行，严防将违禁物品带入所内。

十、强制隔离戒毒所

强制隔离戒毒所是公安机关依法通过行政强制措施为戒毒人员提供科学规范的戒毒治疗、心理治疗、身体康复训练和卫生、道德、法制教育，开展职业技能培训的场所。根据《公安机关强制隔离戒毒所管理办法》（2011 年 9 月 28 日公安部令第 117 号发布）的规定，强制隔离戒毒所由县级以上地方人民政府设置，由公安机关提出设置意见，经本级人民政府和省级人民政府公安机关分别审核同意后，报省级人民政府批准，并报公安部备案。强制隔离戒毒所的管理由设立强制隔离戒毒所的地方人民政府公安机关负责。强制隔离戒毒所凭《强制隔离戒毒决定书》接收戒毒人员，接收时，强制隔离戒毒所应当对戒毒人员进行必要的健康检查，确认是否受伤、患有传染病或者其他疾病，对女性戒毒人员还应当确认是否怀孕，并填写《戒毒人员健康检查表》。对怀孕或者正在哺乳自己不满一周岁婴儿的妇女，强制隔离戒毒所应当通知强制隔离戒毒决定机关依法变更为社区戒毒。戒毒人员不满十六周岁且强制隔离戒毒可能影响其学业的，强制隔离戒毒所可以建议强制隔离戒毒决定机关依法变更为社区戒毒。对身体有外伤的，强制隔离戒毒所应当予以记录，由送戒人员出具伤情说明并由戒毒人员本人签字确认。同时应当对戒毒人员人身和随身携带的物品进行检查，对女性强制隔离戒毒人员的人身检查，应当由女性工作人员进行，严防将违禁物品带入所内。

十一、安康医院

安康医院是由公安机关管理的执行强制医疗措施的专门机构，实质是公安机关管理的精神病管治院，一般设在大中城市，由公安机关申请设立和实施管理，体制属于公安事业编制，业务上接受医疗卫生部门的指导、监督。其收治对象为有杀人、伤害、强奸、抢劫等暴力行为、严重危害社会治安的精神病人。安康医院凭县级以上公安机关的决定接收被强制医疗人员。而决定强制医疗，必须同时满足两个条件：被强制医疗人员已发生了触犯刑法的行为，涉嫌犯罪；被强制医疗人员是经法定鉴定程序，确认无刑事责任能力的精神病人。安康医院具有治安管理和医疗双重职能，既是执行强制医疗措施的监管场所，又是精神病专科医疗机构，通过医疗手段达到保障安全的目标。

十二、单位内部治安保卫机构

（一）单位内部治安保卫机构的性质与设置

单位内部治安保卫机构简称单位内保机构，是指机关、团体、企业、事业单位等根据单位内部治安保卫工作需要而依法设置的维护本单位秩序和安全的治安保卫机构。其属于单位的内部职能部门，由本单位所属人员组成，如单位的保卫部、保卫处、保卫科等，职能为保护单位公民人身、财产安全和公共财产安全，维护单位的工作、生产、经营、教学和科研秩序。《企业事业单位内部治安保卫条例》规定，“单位应当根据内部治安保卫工作需要，设置治安保卫机构或者配备专职、兼职治安保卫人员”。“治安保卫重点单位应当设置与治安保卫任务相适应的治安保卫机构，配备专职治安保卫人员，并将治安保卫机构的设置和人员的配备情况报主管公安机关备案。”所谓治安保卫重点单位，是指关系全国或者所在地区国计民生、国家安全和公共安全的单位。治安保卫重点单位由县级以上地方各级人民政府公安机关按照下列范围提出，报本级人民政府确定：（1）广播电台、电视台、通讯社等重要新闻单位；（2）机场、港口、大型车站等重要交通枢纽；（3）国防科技工业重要产品的研制、生产单位；（4）电信、邮政、金融单位；（5）大型能源动力设施、水利设施和城市水、电、燃气、热力供应设施；（6）大型物资储备单位和大型商贸中心；（7）教育、科研、医疗单位和大型文化、体育场所；（8）博物馆、档案馆和重点文物保护单位；（9）研制、生产、销售、储存危险物品或者实验、保藏传染性菌种、毒种的单位；（10）国家重点建设工程单位；（11）其他需要列为治安保卫重点的单位。

（二）单位内部治安保卫机构的职责与权限

单位内部治安保卫工作贯彻预防为主、单位负责、突出重点、保障安全的方针，要求单位有适应单位具体情况的内部治安保卫制度、措施和必要的治安防范设施；单位范围内的治安保卫情况有人检查，重要部位得到重点保护，治安隐患及时得到排查；单位范围内的治安隐患和问题及时得到处理，发生治安案件、涉嫌刑事犯罪的案件及时得到处置。要求在单位管理范围内的人员，应当遵守单位的内部治安保卫制度。单位内部治安保卫机构、治安保卫人员应当依法履行下列职责并享有与职责相对应的管理权限：开展治安防范宣传教育，并落实本单位的内部治安保卫制度和治安防范措施；根据需要，检查进入本单位人员的证件，登记出入的物品和车辆；在单位范围内进行治安防范巡逻和检查，建立巡逻、检查和治安隐患整改记录；维护单位内部的治安秩序，制止发生在本单位的违法行为，对难以制止的违法行为以及发生的治安案件、涉嫌刑事犯罪案件应当立即报警，并采取措施保护现场，配合公安机关的侦查、处置工作；督促落实单位内部治安防范设施的建设和维护。

单位内部治安保卫工作依法接受公安机关的指导和监督，其中国务院公安部门指导、监督全国的单位内部治安保卫工作，县级以上地方各级人民政府公安机关指导、监督本行政区域内的单位内部治安保卫工作。公安机关对本行政区域内的单位内部治安保卫工作应当履行下列职责：指导单位制定、完善内部治安保卫制度，落实治安防范措施，指导治安保卫人员队伍建设和治安保卫重点单位的治安保卫机构建设；检查、指导单位的内部治安保卫工作，发现单位有违反本条例规定的行为或者治安隐患，及时下达整改通知书，责令限期整改；接到单位内部发生治安案件、涉嫌刑事犯罪案件的报警，及时出警，依法处置。

十三、保安服务公司

（一）我国保安服务业的发展嬗变

旧中国古代保安业发展比较完善，涉及人身、财产等方方面面的全方位安全服务，除“看家护院”外，其他业务主要由“镖局”、“镖行”经营，形成了真正的“花钱买安全”的安全服务局面。其最早出现于宋朝，后经元朝、明朝的发展，在明清时期形成鼎盛局面，到清朝末年逐步趋于衰落直至消亡，尤其清王朝被推翻后，中国社会陷入军阀割据、治安混乱的局面，保安业失去了其存在的客观条件与环境，“清末，国家向半殖民地半封建社会转化，镖局衰落直至消失”①。中华人民共和国成立后，保安业也一度消失，而自1984年深圳蛇口成立第一家保安服务公司——蛇口保安服务公司以后，我国的保安业有了长足的发展。大致可分为四个阶段：1984年保安服务业产生到1988年，保安服务业处于自由发展、鼓励发展阶段；1989年到1998年，公安机关介入保安服务业加强监管，保安服务业在经济发达的大中城市有限发展；1998年到2004年，公安机关完全垄断保安服务业，确定保安服务业只能由公安机关独资开办，限制社会资源参与保安服务业的经营；2005年至今，保安服务业逐步形成管办分离、公安监管、企业自主经营局面，保安服务业进入快速发展的新阶段。尤其国务院法制办2008年2月25日发布的《保安服务管理条例（草案）》有针对性地设定了未来保安业的运作、发展规范，为保安业的发展奠定了良好的法律根基。而国务院令第564号公布的《保安服务管理条例》（自2010年1月1日起施行），公安部令第112号发布的《公安机关实施保安服务管理条例办法》（自2010年2月3日起施行），确立了保安服务业规范发展的路径和要求，保障和推动保安服务业的快速健康发展。至2014年12月，全国保安企业已有4200多家，保安员450多万名。保安服务业维护社会治安稳定、维护公共安全和治安秩序、服务经济建设的地位与作用越来越明显，保安服务企业和保安队伍已发展成为重要的社会治安力量。

（二）保安服务业的性质

保安服务业是指在公安机关的监督管理下为社会提供专业化、有偿性安全防范服务的行业，包括保安服务公司和自行招用保安员的单位提供的保安服务。

1. 保安服务公司

保安服务公司是为客户提供有偿安全服务的企业。具有以下显著特点：企业性。企业性是保安服务公司的首要特点，保安服务公司是具有企业性质的特殊的经济实体，应当符合《公司法》规定的设立要件，具有独立的法人资格。服务性。保安服务公司属于第三产业中的公共服务业，专门为社会提供安全保卫服务。有偿性。保安服务公司本质上属于自负盈亏的企业，其企业性决定了提供的安全服务的有偿性。专业性。保安服务公司拥有与所提供的保安服务相适应的专业技术人员、健全的组织机构、保安服务管理制度、岗位责任制度、保安员管理制度以及提供保安服务所需的设施、装备等，要求为客户提供专业性的安全服务；法定性。保安服务公司应当依法组建，其设立和运行应当符合《保安服务管理条例》和《公安机关实施保安服务管理条例办法》等有关法律规范规定。国家机关及其工作人员不得设立保安服务公司，不得参与或者变相参与保安服务公司的经营活动。

---

① 肖庆斌．中国保安——现行保安工作实用指南［M］．民主与建设出版社，2002：14.

2. 自行招用保安员的单位

自行招用保安员的单位是指为维护特定区域的安全与秩序而自行招用保安员从事保安服务工作的有关机关、团体、企业、事业单位。包括招用人员从事本单位门卫、巡逻、守护等安全防范工作的机关、团体、企业、事业单位和招用人员在物业管理区域内开展门卫、巡逻、秩序维护等服务的物业服务企业。其所招用的保安人员在本单位范围内或物业管理区域为本单位或物业服务企业所服务的物业管理区域提供保安服务。

（三）保安服务公司的组建

1. 一般保安服务公司的组建条件和程序

保安服务公司应当具备下列条件：

（1）有不低于人民币100万元的注册资本；

（2）拟任的保安服务公司法定代表人和主要管理人员应当具备任职所需的专业知识和有关业务工作经验，无被刑事处罚、劳动教养、收容教育、强制隔离戒毒或者被开除公职、开除军籍等不良记录；

（3）有与所提供的保安服务相适应的专业技术人员，其中法律、行政法规有资格要求的专业技术人员，应当取得相应的资格；

（4）有住所和提供保安服务所需的设施、装备；

（5）有健全的组织机构和保安服务管理制度、岗位责任制度、保安员管理制度。

申请设立保安服务公司，应当向所在地设区的市级人民政府公安机关提交申请书以及资质条件证明材料。受理的公安机关审核后将审核意见报所在地的省、自治区、直辖市人民政府公安机关，由省、自治区、直辖市人民政府公安机关对符合条件的保安服务公司核发保安服务许可证；对不符合条件的，书面通知申请人并说明理由。取得保安服务许可证的申请人，凭保安服务许可证到工商行政管理机关办理工商登记。取得保安服务许可证后超过6个月未办理工商登记的，取得的保安服务许可证失效。

2. 从事武装守护押运服务的保安服务公司的组建

从事武装守护押运服务的保安服务公司应当符合国务院公安部门对武装守护押运服务的规划、布局要求，并符合下列条件：

（1）有不低于人民币1000万元的注册资本；

（2）国有独资或者国有资本占注册资本总额的51%以上；

（3）拟任的保安服务公司法定代表人和主要管理人员应当具备任职所需的专业知识和有关业务工作经验，无被刑事处罚、劳动教养、收容教育、强制隔离戒毒或者被开除公职、开除军籍等不良记录；

（4）有与所提供的保安服务相适应的专业技术人员，其中法律、行政法规有资格要求的专业技术人员，应当取得相应的资格；

（5）有符合《专职守护押运人员枪支使用管理条例》规定条件的守护押运人员；

（6）有住所和提供保安服务所需的设施、装备；

（7）有符合国家标准或者行业标准的专用运输车辆以及通信、报警设备；

（8）有健全的组织机构和保安服务管理制度、岗位责任制度、保安员管理制度。

申请设立从事武装守护押运服务的保安服务公司，应当向所在地设区的市级人民政府公安机关提交申请书以及资质条件证明材料。受理的公安机关审核后将审核意见报所在地的省、自治区、直辖市人民政府公安机关，由省、自治区、直辖市人民政府公安机关对符合条件的保安服务公司核发从事武装守护押运业务的保安服务许可证或者在已有的保安服务许可证上增注武装守护押运服务；对不符合条件的，书面通知申请人并说明理由。取得保安服务许可证的申请人，凭保安服务许可证到工商行政管理机关办理工商登记。取得保安服务许可证后超过6个月未办理工商登记的，取得的保安服务许可证失效。

3. 保安服务公司的服务范围

保安服务公司的服务范围必须与保安服务许可证和工商营业执照上标注的经营范围相一致。

（1）为机关团体、企事业单位、公共场所、居民住宅小区等提供守护、巡逻等内部安全防范服务；

（2）为客户提供贵重财物和危险物品的押运服务；

（3）为展览、展销、文体、商业等大型公众活动提供保安服务；

（4）研究、设计、开发、推广应用各类安全技术防范产品，承接各类安全技术防范系统工程的设计、安装、调试、维护、修理等工作；

（5）提供安全防范咨询服务。

保安服务公司在经营过程中不得从事以下活动：提供个人人身保安服务；经营各类枪支、弹药、管制刀具等器械；经营人民警察的警用标志、制式服装和警械；非保安业务，诸如处理民事纠纷、经济纠纷或劳动争议等生产和商贸活动；其他违反法律规定的活动。

（四）自行招用保安员的单位保安服务业的设立要求

自行招用保安员的单位应当具有法人资格，有符合法律规定条件的保安员，有健全的保安服务管理制度、岗位责任制度和保安员管理制度。而娱乐场所应当依照《娱乐场所管理条例》的规定，从保安服务公司聘用保安员，不得自行招用保安员。

国家对自行招用保安员的单位的保安服务实行审核备案制。自行招用保安员的单位应当自开始保安服务之日起30日内向所在地设区的市级人民政府公安机关备案，备案应当提供下列材料：法人资格证明；法定代表人（主要负责人）、分管负责人和保安员的基本情况；保安服务区域的基本情况；建立保安服务管理制度、岗位责任制度、保安员管理制度的情况等。

自行招用保安员的单位不得在本单位以外或者物业管理区域以外提供保安服务。自行招用保安员的单位不再招用保安员进行保安服务的，应当自停止保安服务之日起30日内到备案的公安机关撤销备案。

（五）保安服务要求

1. 保安服务公司提供保安服务应当与客户单位签订保安服务合同，明确规定服务的项目、内容以及双方的权利义务。

2. 保安服务公司应当对客户单位要求提供的保安服务的合法性进行核查，对违法的保安服务要求应当拒绝，并向公安机关报告。

3. 设区的市级以上地方人民政府确定的关系国家安全、涉及国家秘密等治安保卫重点单位不得聘请外商独资、中外合资、中外合作的保安服务公司提供保安服务。

4. 保安服务公司派出保安员跨省、自治区、直辖市为客户单位提供保安服务的，应当向服务所在地设区的市级人民政府公安机关备案。

5. 保安服务公司应当按照保安服务业服务标准提供规范的保安服务，保安服务公司派出的保安员应当遵守客户单位的有关规章制度。

6. 保安服务中使用的技术防范产品，应当符合有关的产品质量要求。保安服务中安装监控设备应当遵守国家有关技术规范，使用监控设备不得侵犯他人合法权益或者个人隐私。

7. 保安从业单位对保安服务中获知的国家秘密、商业秘密以及客户单位明确要求保密的信息，应当予以保密。保安从业单位不得指使、纵容保安员阻碍依法执行公务、参与追索债务、采用暴力或者以暴力相威胁的手段处置纠纷。

8. 保安从业单位应当根据保安服务岗位的需要为保安员配备所需的装备。保安员上岗应当着保安员服装，佩带全国统一的保安服务标志。

9. 保安服务活动应当文明、合法，不得损害社会公共利益或者侵犯他人合法权益。保安员依法从事保安服务活动，受法律保护。

10. 保安员应当具备以下条件：年满 18 周岁，身体健康，品行良好，具有初中以上学历，中国公民。有下列情形之一的，不得担任保安员：曾被收容教育、强制隔离戒毒、劳动教养或者 3 次以上行政拘留的；曾因故意犯罪被刑事处罚的；被吊销保安员证未满 3 年的；曾两次被吊销保安员证的。申请从事保安服务工作的人员经设区的市级人民政府公安机关考试、审查合格并留存指纹等人体生物信息后，发给保安员证，可以从事保安服务工作。

11. 保安员的职责和权限。在保安服务中，保安员应当及时制止发生在服务区域内的违法犯罪行为，对制止无效的违法犯罪行为应当立即报警，同时采取措施保护现场。保安员有权拒绝执行保安从业单位或者客户单位的违法指令。为履行保安服务职责，保安员可以采取下列措施：

（1）查验出入服务区域的人员的证件，登记出入的车辆和物品。

（2）在服务区域内进行巡逻、守护、安全检查、报警监控。

（3）在机场、车站、码头等公共场所对人员及其所携带的物品进行安全检查，维护公共秩序。

（4）执行武装守护押运任务，可以根据任务需要设立临时隔离区，但应当尽可能减少对公民正常活动的妨碍。从事武装守护押运服务的保安员执行武装守护押运任务使用枪支，依照《专职守护押运人员枪支使用管理条例》的规定执行。

保安人员在履行职责过程中不得有下列行为：限制他人人身自由、搜查他人身体或者侮辱、殴打他人；扣押、没收他人证件、财物；阻碍依法执行公务；参与追索债务、采用暴力或者以暴力相威胁的手段处置纠纷；删改或者扩散保安服务中形成的监控影像资料、报警记录；侵犯个人隐私或者泄露在保安服务中获知的国家秘密、商业秘密以及客户单位明确要求保密的信息；违反法律、行政法规的其他行为。

（六）公安机关对保安服务业的监督管理

国家对保安服务业实行监督管理制度。国务院公安部门负责全国保安服务活动的监督管理工作。县级以上地方人民政府公安机关负责本行政区域内保安服务活动的监督管理工作。保安服务行业协会在公安机关的指导下，依法开展保安服务行业自律活动。公安机关应当积极探索完善市场经济条件下对保安服务业的行业监管机制，切实加强对保安服务业的监督和指导。

1. 公安机关应当指导保安从业单位建立健全保安服务管理制度、岗位责任制度、保安员管理制度和紧急情况应急预案，督促保安从业单位落实相关管理制度。保安从业单位、保安培训单位和保安员应当接受公安机关的监督检查。

2. 公安机关建立保安服务监督管理信息系统，记录保安从业单位、保安培训单位和保安员的相关信息。公安机关应当对提取、留存的保安员指纹等人体生物信息予以保密。

3. 公安机关的人民警察对保安从业单位、保安培训单位实施监督检查应当出示证件，对监督检查中发现的问题，应当督促其整改。监督检查的情况和处理结果应当如实记录，并由公安机关的监督检查人员和保安从业单位、保安培训单位的有关负责人签字。

十四、治安保卫委员会

（一）治保会的性质

治安保卫委员会简称治保会，是协助维护社会治安的基层群众性治安保卫自治组织，是党和政府动员组织广大群众维护社会治安秩序的桥梁和纽带，是协助公安机关维护社会治安的得力助手。《中华人民共和国宪法》第 111 条明确规定：城市和农村按居民居住地区设立的居民委员会或者村民委员会是基层群众性自治组织。居民委员会、村民委员会的主任、副主任和委员由居民选举。居民委员会、村民委员会同基层政权的相互关系由法律规定。居民委员会、村民委员会设人民调解、治安保卫、公共卫生等委员会，办理本居住地区的公共事务和公益事业，调解民间纠纷，协助维护社会治安，并且向人民政府反映群众的意见、要求和提出建议。

治保会在居民委员会、村民委员会等基层党政组织领导和公安机关的具体指导下，依照国家法律规范规定，根据本区域实际开展自身安全防范工作，在维护区域治安秩序、预防和制止违法犯罪等方面发挥着十分重要的作用。

（二）治保会的设置

治安保卫委员会的设置，城市一般以机关、工厂、企业、学校、街道为单位，农村以行政村为单位，其委员名额，应视各单位人数多寡、情况繁简，由三人至十一人组成之，设主任一人并可设副主任一人至二人。治安保卫委员会建立后，视情况需要，经市、县公安局批准，可建立治安保卫小组，由群众推选积极分子三人至五人组成之，内设组长一人，在治安保卫委员会领导下进行工作。

（三）治保会的职责

治保会的主要职责是动员组织广大群众开展多种形式的群防群治工作，维护区域治安秩序，预防和制止违法犯罪。当然，不同的历史时期，国家政治、经济形势和社会治安形势不同，治保会的具体职责也有所不同。当前治保会的主要职责是：

1. 宣传和教育群众，提高社区群众的法制观念、安全防范意识和社会治安参与意识；

2. 动员组织群众开展邻里守望、楼院守护、社区巡逻、安全检查等工作，开展以防火、防盗、防破坏、防爆炸、防诈骗、防毒品为主要内容的群防群治工作，发现和消除各种隐患；

3. 积极做好矛盾纠纷的排查和化解工作，并加强治安信息的收集与报告；

4. 协助开展社区矫正和帮教工作，对有违法犯罪行为的人员进行帮助、教育、监督、考察，协助公安机关开展重点人口管理工作；

5. 保护发案现场，积极提供线索，协助公安机关破案和抓获违法犯罪嫌疑人；

6. 动员群众揭发、检举危害国家安全的犯罪分子和其他刑事犯罪分子；

7. 加强对社区重点人群的管理、教育工作，协助搞好社区租赁房屋的日常管理；

8. 向公安机关或社区党政基层组织及时反映敌、社情动态和居民对治安管理工作的意见和要求，提出工作建议。

十五、治安联防组织

治安联防组织是指在基层党政组织的领导下，群众自发组织起来组建的治安联防队、治安巡逻队、护街队、护村队、护校队、护厂队等不同形式的群众性自治组织。其任务主要是开展区域治安巡逻防范工作，协助公安机关维护区域社会治安安全。治安联防组织受当地政府和居（村）民委员会领导，在治安防范业务上受公安机关的指导和监督，是协助公安机关维护社会治安的辅助力量，是实现社会治安群防群治的有效形式。

第二部分 典型案例评析①

河北省肃宁县梁村镇张庄村是创新“四个覆盖”农村基层治理模式的发源地。2009年以前张庄村是远近出名的“难管村”，垃圾遍地、污水横流、打架斗殴、盗窃成风，村级组织几近瘫痪。2009年，张庄村等三个村成立了群众性平安组织、基层群众自治组织、农村经合组织、基层党组织“四个全覆盖”农村基层治理模式试点工作，探索收获了看得见、摸得着的成效。从2011年5月以来，河北省肃宁县在全县探索推行了农村社会管理“四个覆盖”工作模式（即：基层党组织全覆盖、基层民主组织全覆盖、农村经济合作组织全覆盖、农村维稳组织全覆盖），而农村维稳组织全覆盖就是在全县农村推行“3+1”维稳模式。所谓“3”，是在村一级建综治工作站，设“一干两员”，即：综治专干、治安隐患信息员和矛盾纠纷调解员，专抓农村社会稳定和安全；在过去生产队或现居住片区的基础上，建综治小区，管40到60户农户；综治小区再往下，每10户设一综治小组，由一名威信较高的村民牵头负责。所谓“1”，是在各村设立治安巡防队，实行专职巡防队与每家每户轮流值守相结合，在全村开展治安巡逻防范。如今在肃宁，“让农民自已帮自己、自己管自已”成了一种基层治理理念，村一级建立起综合治理工作站，站长由村支书兼任；每40到60户农户设一综合治理小区，每10户设一综合治理小组，小区长、小组长由村民直接选举党员或威信高的人担任。各村设立5~15人的巡防队，群众性平安组织实现全覆盖。农村社会管理层次和管理幅度小了，农民成了化解矛盾、维护稳定的主体，群众中蕴藏的能量被激发出来。原来邻里之间、村民之间发生的一些矛盾纠纷没人管，往往越积越多、越积越大。现在。通过小区长、小组长这些党员和威信高的农村“能人”做工作，好多矛盾不用村、乡出面，第一时间就在群众中化解了。7年来，肃宁县农村治安案件下降了49%，刑事案件下降了36%，农村信访量下降了72%。②

“四个覆盖”农村基层治理模式的有效实施，使基层党政组织的作用得以有效发挥，群众社会治安参与的积极性被充分调动，有事有人理，有矛盾有人出面解决，违法犯罪得以预防和控制，农村社会稳定和安全维护收到实效。

安全与秩序是公共产品，是国家、社会和公民的共同追求。伴随经济社会发展变迁和公共行政发展，社会治理逐渐向政府主导、社会共治格局发展，社会组织、民间组织甚至公民个体更广泛而深入地参与社会治安治理，形成社会共治机制。而治理目标的一致性与利益受益的共同性决定多元主体的合作共赢。在社会主体多元化的复杂形势下，单纯依靠单一主体

---

① 王建军．十八大以来中国特色社会主义国家治理的根本逻辑［J］．瞭望，2017（34）.

② 王建军．十八大以来中国特色社会主义国家治理的根本逻辑［J］．瞭望，2017（34）.

的力量不足以应对或有效化解社会公共安全风险，合作协同治理成为社会治理的发展方向。即既依赖政府主体行政权威，也要求通过协商、对话、合作等手段，实施多重治理和互动协作，以求合作共赢，达到社会治安治理绩效的最大化。政府有关部门尤其是综治部门和公安机关应当统筹协调各治安管理力量共同参与社会治安治理，共同担当治理重任，共同承担治理责任，最大程度实现治安治理的合作协同效益。要按照党委领导、政府主导、社会协同、公众参与、法治保障的社会治理体制要求，深入推进社会治安治理现代化。而合作就是资源、合作就是战斗力。警民合作是我国警务工作的优良传统，实践证明，坚持专群结合、依靠群众，是社会治安工作取得成功的重要因素。在新的社会条件和环境下，社会治安关键在于发动群众和依靠群众，积极赢得群众的理解、支持和参与，要以良性的互动交流构建起和谐的警民关系，以和谐警民关系达到警务效能的最大化和治安环境的最优化。

第三部分　实训教学设计

一、实训设计思路

通过“治安管理力量的建设与发展”实训教学，将治安管理力量设置与作用发挥的抽象理论与生动现实紧密联系在一起，通过带领学生实地考察、录像展示、对抗辩论等，以感性认识提升理性认识，提高学生学习兴趣和积极性。学生自觉置于派出所、治保会等治安管理力量的真实场景中，通过相关治安管理力量设置、建设、发展的过程和背景资料分析治安管理力量作用的有效发挥路径，有效提高学生对治安管理力量的认识和理解。

二、实训指导

（一）实训目的

通过实训教学，使学生了解各类治安管理力量的建设与发展过程，理解治安管理力量发展的规律和特点，加深对治安管理力量的认识和理解，提升学生宣传、组织、发动群众的能力。

（二）实训内容

1. 典型派出所参观考察；
2. 观看治保会等社会治安管理力量建设与发展的典型视频；
3. 对抗辩论：社会治安管理力量作用的有效发挥。

（三）相关知识点

《公安派出所组织条例》《公安派出所正规化建设规范》《城市人民警察巡逻规定》《保安服务管理条例》《公安机关实施保安服务管理条例办法》《企业事业单位内部治安保卫条例》等。

（四）实训课时

2 课时

（五）实训要求

1. 引导学生参观典型派出所，了解派出所的基本构成、发展历史和典型警务举措，思考派出所警力的配置和职责的有效履行；

2. 引导学生治保会等社会治安管理力量建设与发展的典型视频，了解社会治安管理力量的基本构成、发展历史和典型管理举措，思考社会治安管理力量的作用的有效发挥；

3. 引导学生对抗辩论，结合新形势讨论社会治安力量的角色定位与作用发挥。

（六）实训保障

1. 有关场所：典型派出所的选取；
2. 有关物品：典型视频录像、典型案例等；
3. 有关后勤保障：交通运输车辆的准备等。

（七）实训步骤

1. 学生复习各类治安管理力量的设置与职责要求的相关知识点；
2. 教师选定派出所，做好联络接待工作；
3. 组织学生按期抵达观摩；
4. 教师准备典型视频组织学生观看；
5. 学生准备治安管理创新典型举措材料并作出简要分析；
6. 学生根据对抗辩论要求选定角色、做好分工；
7. 对抗辩论；
8. 学生自评；
9. 教师点评；
10. 学生和老师分别写出《实训报告》（学生用）和《实训报告》（老师用）。

（八）考核评分标准

本次实训考核成绩按照优、良、中、及格、不及格五级记分制评定，从以下方面考核记分：对社会治安力量有关法律规范的理解和掌握程度15%；组织纪律性、团结协作精神20%；治安管理创新典型举措材料准备与简要分析完成情况25%；对抗辩论参与各方角色表现40%。实训结束后，实训学生按照实训要求写出实训报告，实训指导老师根据学生分组实训情况和实训报告完成质量情况给出实训小组成绩，由实训小组长在实训指导老师的监督下会同本小组成员商量后，根据本小组成员在实训中的贡献大小、表现情况等，在实训指导老师给出的实训小组成绩基础上上下浮动后给出本小组成员的个人成绩，浮动幅度为10%。

◎ 本章小结

治安管理力量是国家依法确定的管理和维护社会治安秩序的专门机构和重要力量。现阶段，我国的治安管理力量包括各级公安机关治安管理力量和保安服务公司、单位内保组织、治安保卫委员会、治安联防组织等其他治安管理力量。其中，公安派出所是县（市）级公安机关或相当于县一级公安机关管理社会治安工作的派出机构，是公安机关打击违法犯罪、维护社会治安、服务人民群众、保卫一方平安的基层综合性战斗实体，是最主要的治安管理基层组织。治安保卫委员会是协助维护社会治安的基层群众性治安保卫自治组织，是党和政府动员组织广大群众维护社会治安秩序的桥梁和纽带，是协助公安机关维护社会治安的得力助手。各种治安管理力量在各自的职责范围内保障和维护社会治安秩序，在维护国家长治久安和人民安居乐业中发挥着重要作用。公安机关应当与时俱进，着眼于治安管理创新，想方设法激发社会活力、鼓励多方参与，充分发挥各类治安管理的治安安全保障和维护作用，努力实现社会治安社会共治，创造良好的社会治安环境。

◎ 思考与练习

1. 材料：《中共中央关于进一步加强和改进公安工作的决定》中指出：公安派出所是公安机关的最基层单位，是密切联系群众的窗口和纽带。派出所的工作成效如何，直接关系到党和政府的形象，关系到党群关系、警民关系……要进一步改革和加强派出所工作，把派出所真正建成综合性的战斗实体。请结合材料分析公安派出所的性质。

2. 比较治保会、治安联防组织、保安服务公司、单位内保机构的异同，分析新形势下如何有效发挥其他治安管理力量的作用。

3. 结合各地调动广大人民群众广泛开展治安巡逻、邻里守望、联户联防等群防群治活动的实施情况，深入思考积极推进治安防范工作社会化的重要意义。

◎ 拓展阅读

高州架起全市村级治安联防网①

广东省高州市公安局全力推动“一村一组织”工作的开展。2017年3月20日下发《一村一组织考核标准》、《一村一组织制度》到各派出所，7月2日又下发《一村一组织建设工作指引（征求意见稿）》到各派出所，指导派出所开展“一村一组织”工作。工作中，高州市公安局不间断组织人员到辖区各派出所，对“一村一组织”工作的开展进行指导检查和督导。目前，高州市公安局辖区36个派出所已经全面开展了“一村一组织”建设工作。工作进度较快的单位有云潭派出所组建了13个村级联防组织、东岸派出所组建了6个村级联防组织、大井派出所组建了6个村级联防组织、潭头派出所组建了3个村级联防组织、泗水派出所组建了2个村级联防组织，大坡、新垌、石仔岭、大潮、根子、荷花等派出所都已经组建了1个村级联防组织，其余派出所都正在筹备组建，近期将会组建完成。如云潭派出所组建了一支由82名村干部组成的队伍，队伍共有41辆巡逻摩托车、1辆巡逻面包车、20台对讲机和1座对讲机差转台，全镇架设治安监控点15个，基本覆盖全镇所有治安复杂路段和场所。7月7日上午，云潭镇党委政府主职领导亲自到该镇读岗、珍珠等村委会，对村委会的治安联防队进行挂牌揭幕。

“一村一组织”是指全市各地农村村委一级所设立的治安防范组织，统称为“治保会”、“治安巡逻队”等，主要依靠各村委治保会开展建设，各村委所在地公安派出所是“一村一组织”建设指导部门和直接管理部门。

人员设置：设有专职治保主任、副主任、治保委员（每个自然村不少于1名）若干名。治安巡逻队设置有巡逻队长、副队长、队员。

办公条件：参照警务室建设标准，将治保组织建成规范的综治维稳室，统一外观标识和称谓。

装备配置：统一配备头盔、防割手套、协警服装、防刺服、急救包、强光电筒、雨衣、水靴等个人装备，加强巡逻设卡使用的警棍、警绳、催泪喷射器、盾牌、反光背心、停车示意牌等器械的配备，有条件的地方配备一定数量的交通工具，供开展巡逻防范时使用。

---

① 高州公安警务新机制“一村一组织”架起全市村级治安联防网，确保基层和谐平安稳定，2017-7-8 高州在线，http：//mp. weixin. qq. com/s？_biz = MjM5MzIzMzA2MA%3D%3D&idx = 7&mid = 2652555610&sn = 1dc766a695ec278eecea7c197a067134

主要职能：

（一）定期组织辖区社会治安巡逻防范；

（二）及时对辖区民间纠纷进行现场调解，有效防止矛盾纠纷升级转化；

（三）积极开展以防火、防盗、防毒、防邪教、防自然灾害、防交通事故的“六防”安全检查；

（四）开展普法教育和安全防范知识教育，提高群众遵纪守法意识和自我防范意识，积极帮教辖区失足青少年，协助开展社区矫正工作；

（五）参与入户访查、肇事肇祸精神病人管控和基础信息的采集上报，积极开展辖区热难点隐患及矛盾纠纷排查；

（六）其他需要协助公安机关的职责。

第三章　治安管理客体

人在社会中不仅是管理的主体，而且是管理的客体。管理关系就是人的关系。

——阿法纳西耶夫（苏联）

The police are the public and the public are the police.（警察即公众，公众即警察。）

——罗伯特·比尔

【学习目标】理解治安管理客体的内涵及外延，掌握治安管理客体的类型、特征。

【教学重点】治安客体的类型

【教学难点】治安客体分类的依据

第一部分　基础知识

目前，我国正处于社会转型期，社会治安状况复杂，治安需求呈现出多样化的特点，治安客体也呈多层次发展的趋势，因此，从不同角度理清治安客体的类型，有助于更好地开展日趋复杂的治安管理工作。

一、治安管理客体的内涵及外延

治安管理客体是治安管理理论研究及实践活动必然要面对的一个基本问题，但目前尚未有统一的界定，主要有以下几种观点

1. 对象说。即认为治安管理客体是治安管理活动指向的对象。简单地说，治安管理客体就是治安管理对象。

2. 影响因素说。该说认为，治安管理的客体，应该是影响社会治安秩序的各种因素。

3. 社会关系说。该说认为，治安管理客体是被治安法规规范的、由公安机关及其工作人员实施治安管理的社会关系。

综合上述观点，我们认为在治安关系中，治安管理主体与治安管理客体是一对相辅相成、互为存在的实体。治安管理客体是治安管理主体认识和实践的对象，是治安管理主体活动的受动者，即作用对象。从本质上来说，它是治安管理主体治安法律法规规范和调整的，由公安机关实施治安管理的一种社会关系。

目前，治安管理客体呈现的多层次性及复杂性导致治安管理客体与治安管理主体之间不是简单的对应关系，而是动态变化的复杂关系。这种主客体之间的复杂关系有利于多元主体对不同的客体开展管理和服务的基础工作。但是，这种复杂关系也使治安管理基础工作难度

增加。

二、治安管理客体的类型

目前，学者从不同角度对治安管理客体的类型进行了阐述：

（一）从哲学认识论的角度分类

从哲学认识论的角度可以把治安管理客体分为自然客体、社会客体和精神客体自然客体是指进入治安管理主体认识和改造范围的对社会治安构成影响的自然物。根据有关法律规定，治安管理的自然客体包括枪支、管制刀具、化学危险物品、放射性物品等；社会客体治安管理的社会客体是指指进入治安管理主体认识和改造范围的对社会治安构成影响的社会客观事物。根据相关法律规定，治安管理的社会客体包括人及其行为、公共复杂场所、特种行业、道路交通、火与火灾、治安案件、刑事案件、群体性治安事件、治安灾害事故以及国家、集体和个人的财产、公共设施等；精神客体治安管理的精神客体是指进入治安管理主体认识和改造范围的对社会治安构成影响的精神世界的相对独立的存在物。它相对自然客体和社会客体而言是第二性存在的，是由自然客体和社会客体所派生的。根据相关法律规定，治安管理的精神客体包括淫秽录音、录像和宣传色情、淫荡、凶残的非法出版物等。

（二）从治安主体对治安客体作用的功能分类

从治安主体对治安客体作用的功能分类，治安客体可分为：治安主体依靠的客体、合作的客体、保护的客体、服务的客体、防范的客体、控制的客体以及打击惩治的客体等。结合治安客体的各构成要素来看，人或组织既是依靠的客体、合作的客体又是服务的客体，可能危害社会治安的人是防范的客体，流动人口、重点人口等是控制的客体，违法犯罪人员是打击惩治的客体；而地点或场所主要是治安主体防范的客体和控制的客体，进入特定的场所，就要遵守这一场所的特定规定。如公安机关对娱乐场所的控制管理。就物的因素来看，是治安主体保护、防范控制的客体。如重要基础设施和标志性建筑物等需要进行保护，防范事故发生以及特定时段进行控制。从事的因素来分析，主要是各种治安案件、治安事件、治安事故等，这些是治安主体防范、控制和打击惩治的客体。就信息因素而言，是治安主体所依靠的客体、保护的客体、防范的客体、控制的客体以及打击惩治的客体。治安信息的收集是公安机关的重要工作，公民信息的安全需要保护，防范重要信息的泄露，控制有害信息的传播以及打击利用各种信息造成损害的违法行为。就时空而言，它是治安主体防范的客体、控制的客体，防范一定时间和空间的违法活动的发生，通过时间和空间的占领来控制特定人或群体行为的时间条件。

（三）从客体的属性及构成要素分类

结合治安管理实践，根据治安客体的属性及构成要素，我们认为把治安管理客体的类型分为人、物、时空、事、信息等几类较为恰当：

1. 人——核心客体。治安管理的实质是人对人的管理。在治安管理工作中，对人、物、时空、事、信息这五个内容任何组合形式的管理，其目标都是为了建立和维护良好的社会治安秩序。毋庸置疑，人作为社会活动的主体和最活跃因素，是各种治安危害行为的实施者，是治安管理客体的根本因素。人与人之间、人与物之间、人与时空之间、人与事之间、人与信息之间千丝万缕的联系贯穿于人类社会发展的整个过程，之于治安管理亦是如此。治安管理是治安管理主体对治安管理客体进行的管理。治安管理主体除了对流动人口、重点人口等“人”的管理，对地、物、时间和信息的管理，最终都归结于对通过一定行为与地、物、时间和信息发生关系的人的管理，即治安管理的实质是人对人的管理。因此，人是治安管理客体中的核心因素。根据人的行为表现及可能对治安秩序带来的影响，可分为“一般行为人”和“重点行为人”，“一般行为人”是指能够自觉遵守和维护社会治安秩序的人，“重点行为人”是指可能危害国家安全、社会治安，需由公安机关重点管理的人员，或者需重点保护的人员，如国家警卫对象等。

2. 物——重要客体。物作为治安管理客体的物，是指由治安行政管理机关依法予以保护、限制和取缔的物品。具体包括：一是易成为不法侵害对象，需要重点加以保护的物。如测量标志、邮政、通信，交通、消防等公共设施和珍贵历史文物、国防保密物资等。对这类“物”的管理，主要是依法严密监护，防止被盗，被破坏、损毁。二是容易造成治安灾害事故和被犯罪分子利用作为犯罪工具，应严格管理限制使用的危险物品。如爆炸物品，枪支弹药，剧毒物品，放射性同位素等。三是易于诱发违法犯罪行为的物。主要是指那些直接刺激性感官的淫秽录音、录像和宣传色情、淫荡、凶残的、非法出版物等。

3. 时空——基础客体。时空即时间和空间，治安管理意义上的时空，可分为“一般时空”和“重点时空”。“一般时空”指治安管理客体中各要素运行的一般状态即能够稳定有序运行的时间和空间领域。“重点时空”指治安管理实践中需要重点控制的时间、空间，即容易对治安秩序造成危害的时间和空间领域。时间具体指节庆日、敏感期等易对治安秩序造成影响的时间点及时间段。空间指的是需要重点控制的空间，即违法犯罪活动突出，群体性治安事件、治安灾害事故频繁发生的空间区域，主要包括特种行业、公共复杂场所、重点单位、重点地区和偏僻地区等。对敏感、重点时间与空间的有效控制，是维护社会治安秩序的基础和前提。

4. 事——中心客体。在治安管理客体体系中，人是“事”的主体、时间和空间是“事”发生的时空、物是“事”发生的载体、信息是“事”的内容，因此，事作为治安管理客体体系中的中心因素。作为治安管理客体的事，是指社会上表现的与社会治安秩序和社会治安问题有关的各种事态、事情，包括积极的事态、事情和消极的事态、事情。积极的事态、事情是指社会上表现的制约社会治安问题有关的各种事态、事情，如群众的见义勇为行为，自发的群防群治行为等；消极的事态、事情是指社会上以破坏社会治安秩序并以社会治安问题形式表现出来的各种事态、事情，如治安案件、刑事案件、群体性治安事件、治安灾害事故等。对积极的事态和事情，治安管理主体根据自己的职责是要保护、鼓励和支持的，而对消极的事态和事情，治安管理主体是要依法预防、制止、控制和查处的。

5. 信息——关键客体。治安信息是社会状态、行为与心理在公共安全方面的意识存在，是作用于维护社会治安过程的管理信息。治安管理实践中通过系统搜集、科学分析、广泛运用治安信息可以全面服务于社会公共安全。目前，治安信息种类繁多，内容丰富，对治安管理发挥着越来越重要的作用，是治安管理客体体系中的关键因素。具体可分为，恐怖活动等危害国家安全活动的信息，刑事犯罪及相关信息，治安案件、事件、事故及相关信息，个人与群体的安防状态、行为及安全感信息等。

三、治安管理客体的特征

（一）存在性质的客观性及独立性

治安管理主体与治安管理客体是一对相辅相成、互为存在的实体，因此，治安管理客体是客观存在的。它虽然是治安主体的作用对象。但是它不依赖于治安管理主体的存在而存在，在存在性质上是客观独立的。

（二）存在实体的复杂性及动态性

目前，治安管理客体呈现出多层次性及复杂性，这种多层次性及复杂性并不是静止不变的，而是不断的在动态变化。治安管理过程中每一客体要素自身始终处于不断运动变化发展的过程。

（三）规律性

治安管理客体的人、物、时空、事、信息等要素在变化、运动和发展过程是遵循客观规律的，如凌晨一点到五点这一时间段运行中的旅客列车上发生盗窃案件的概率大大增加。人由遵守治安秩序的人转化为违法犯罪行为的人，或者由违法犯罪行为人转变为遵守治安秩序的人，也是有其规律的。而且，治安管理客体作为一个系统，其运动变化也是有规律的，其运动变化是以人为主导，诸要素相互影响制约、综合而形成的，因而也是有规律可循的。

（四）可控性

治安管理客体的可管理性，首先反映在作为管理客体的绝大多数人同管理主体在根本利益上的一致性。其次反映在治安管理客体在复杂的政治、经济等环境因素影响制约下，面对大量的矛盾因素，仅仅凭借自身的力量是难以克服的。这就需要通过管理主体的管理职能去加以制约：对受到非法侵害的方面予以保护，对非法侵害的方面予以控制、制裁，并对整个管理客体起着规范引导作用。

第二部分　典型案例评析①

一、案情介绍

（一）市民偷拍张学友演唱会，6 架无人机被“击落”

2017 年 5 月 12 日，“歌神”张学友世界巡回演唱会盐城站在盐城城南体育中心举行。在活动现场警方首次投入了新型安保设备——数字鹰 QR-07 无人机反制枪，用于应对无人机不文明飞行现象，当天共“击落”了 6 架无人机。

（图片来源于网络）

① 市民偷拍张学友演唱会，6 架无人机被击落［N］. 现代快报，2017-05-17.

当日下午，盐城城南体育中心周边上空出现一架来历不明的无人机，试图飞跃警戒线，拍摄体育场馆内场景照片。盐城市公安局治安管理的民警当机立断，使用无人机反制枪的驱离模式，将其驱赶返回到起飞点。

（图片来源于网络）

“一种是驱离，用于驱赶靠近禁飞区域的无人机，另一种则是对已闯入禁飞区域的无人机进行迫降。”据民警介绍，这种反制枪有两种模式。盐城警方介绍，当天他们成功拦截6架闯入活动区域进行空中拍摄演唱会画面的无人机，涉事人员和无人机也由警方做进一步处理。

2017年以来，无人机“黑飞”现象频发，严重影响了航空安全和公共安全，盐城市警方配备了这种专门用来对付无人机“黑飞”的“黑科技”——无人机反制枪，在首次使用中效果良好，也让那些心存侥幸的无人机玩家明白，违法飞行将会受到处罚。

这种新型反制枪外形酷似步枪，长约1米，黑色外壳，顶部有瞄准镜。“无人机反制枪发射的不是子弹，而是多频段大功率电磁波，使无人机迫降，或自动启动一键返航功能。”这种无人机反制枪的供应方是盐城数字鹰科技公司，该公司技术人员说，这种反制枪具有体积小、重量轻、便于携带和手持工作的特点，可及时发现并有效干预1000米区域内的无人机飞行，在大范围内截断无人机控制信号，迫使无人机降落或返航。

“无人机反制枪并非第一次投入使用，该反制设备已经在国内多次应用于重大活动场合，例如马拉松比赛、国际会展、演唱会等。”盐城警方告诉现代快报记者，目前我国无人机爱好者日渐增多，无人机“黑飞”带来的负面影响也日益凸显，不仅严重影响了大型活动的活动秩序，还威胁到了机场空域安全。警方表示，将与航空等相关部门联手，加大打击无人机“黑飞”力度。

（二）用无人机看张学友演唱会 按照规定被拘留5天

2017年6月17日晚，一男青年在场外通过无人机观看张学友演唱会，听起来是不是很有创意？不过，这种行为是违法的，他被郑州长兴路警方行政拘留5天。根据相关法规要求，大型群众性活动现场未经批准，禁止一切“低慢小”飞行器飞行。

17日晚，张学友世界巡回演唱会在郑州市河南省体育中心火爆进行。当晚21时30分左右，在现场执行安全监管任务的民警发现演唱会上空有一个不明飞行器在盘旋滞留。民警当即进行跟踪、调查。22时左右，民警在体育中心东门外发现了一名操控无人机的男青年。

（图片来源于网络）

民警当场将该青年抓获。面对民警询问，男青年沈某称，其是浙江某测绘公司的员工，目前在郑州贾鲁河治理工地工作，负责无人机航拍，当晚其得知张学友演唱会的消息后，很想去现场观看但又没有门票。沈某说，为了也能“现场观看”，他带上公司的无人机来到金杯路省体育中心东门，操控无人机飞行到演唱会内场上空盘旋、滞留，通过无人机的高清摄像头拍摄视频画面并回传，他则边录像边观看，前后共持续了30分钟左右。

郑州市公安局长兴路分局长兴路治安中队民警将沈某带回处理。6月18日，民警依据《中华人民共和国治安处罚法》，对扰乱大型群众性活动秩序的沈某处以5天的行政拘留。

二、案例评析

随着科技的发展和社会经济的不断进步，近些年，民用无人机逐步走入人们的日常生活中，并在遥感、测绘、防灾减灾等工作中发挥出重要作用。但是，民用无人机的大量使用，也给我国空中、地面安全造成了一定威胁。无人机致使航班延误起飞、航班空中避让等事件越来越多。此外，如果安全性较差的民用无人机在飞行过程中出现故障，导致迫降或坠毁，会威胁到地面居民、建筑物等目标的安全。民用无人机在禁飞区私自放飞，对敏感目标跟踪、拍摄，携带危险品升空等行为，会对国家安全造成威胁。

无人机是一种特殊的航空器，相对于有人机而言，我国民用无人机的管理工作起步较晚。如何加强管理，确保安全，使之更好地为我国经济发展和社会进步发挥作用，是当前所面临的一个重要问题。

目前，无人机问题已引起政府及公安机关的高度重视，各地也纷纷出台相应的管理规定。2017年6月15日，郑州市人民政府发布《关于加强“低慢小”航空器飞行活动安全管理的通告》，要求加强无人机等航空器飞行安全管理，行政区内禁止擅自飞行，机场周边、大型活动现场等区域禁止飞行；单位或个人“低慢小”航空器需要升空飞行的，要向军队空管部门报批，经批准升空的“低慢小”航空器要严格按照批准的时间、区域进行飞行；未经批准，严禁一切“低慢小”航空器升空飞行。对违反通告规定的飞行活动，由公安、工商、体育、气象等主管机关按照各自职责依法予以处理。对危害公共安全，扰乱公共秩序的，由公安机关依法予以处罚；构成犯罪的，依法追究其刑事责任。

2017 年 10 月 31 日，贵州省人民政府第 108 次常务会议通过了《贵州省高速铁路安全管理规定》，自 2017 年 12 月 1 日起施行。规定第十二条指出，高速铁路线路路堤坡脚、路堑坡顶或者铁路桥梁外侧起 50 米内，禁止烧灰、焚烧垃圾和使用野外明火。高速铁路线路路堤坡脚、路堑坡顶或者铁路桥梁外侧起 500 米内，禁止升放孔明灯、无人飞机、小航空器、动力伞等低空飞行物。违反本规定第十二条、第二十四条规定的，由公安机关责令改正，对个人处以 500 元以上 1000 元以下罚款；对非经营性的单位，处以 500 元以上 1000 元以下罚款；对经营性的单位，处以 1 万元以上 3 万元以下罚款。

近几年，无人机的发展现象，充分反映出了治安客体的相关特征，即存在性质的客观性、独立性，客体本身的复杂性、动态性以及治安客体的发展性。

第三部分　实训项目设计

一、实训设计思路

通过课堂分组辩论这一实训教学形式，能将治安客体的抽象理论生动的展现出来，通过这种思维的激烈碰撞与交流能够使学生更加明晰治安客体的相关知识，提高学生学习的兴趣和积极性。学生通过收集、甄别、整理、加工、编排、运用相关资料并把这些资料恰当的用于辩论赛各个环节，能有效提高学生知识的综合运用能力、语言表达能力、逻辑思辨能力等。

二、实训指导

（一）实训目的

1. 通过辩论明晰、理解治安客体的内涵、分类等基础知识；

2. 通过辩论探索治安管理主客体运行关系及其发展趋势；

3. 通过辩论培养学生逻辑思考能力、语言表达能力、组织能力、团队协作协作能力、质辩能力等，促进学生对治安学基础理论有更深层次的思索。

（二）实训内容（实训题目）

课堂分组辩论

正方辩题：治安管理客体多层次性及复杂性的发展趋势给治安管理工作带来了契机。

反方辩题：治安管理客体多层次性及复杂性的发展趋势给治安管理工作带来了挑战。

（三）相关知识点

治安客体的含义、分类、特征及主客体运行关系及发展趋势等

（四）实训课时

2 课时

（五）实训要求

1. 按照辩论赛的礼仪、规范组织辩论赛；

2. 实训教师引导学生完成治安客体相关材料（书籍、论文等）的收集、整理工作；

3. 实训教师辩论过程中适时指导，辩论结束后点评总结。

（六）实训保障

1. 有关物品：水笔、纸张、评分表、计时器、黄牌（提示时间用）、红牌（提示时间用）、最佳辩手荣誉证书等；

2. 场地：教室或相关实训场所。

（七）实训步骤

1. 学生分组及辩论参与人员安排

根据班级人数、实训场地及准备器材情况在比赛前一周进行分组，每组 8 名学生，其中 4 名辩手，其余 4 名学生收集资料、参与制定辩论策略等，班级学生其他同学平均分成正方组（A 组）、反方组（B 组）。

辩论赛设主持人一人、计时人员一人、评委三人（由任课教师及两名学生担任）。

2. 辩题抽取

学生分组后，抽取辩题，围绕收集材料、撰写辩稿、制定辩论策略等内容准备一周。

3. 会场布置

辩论赛开始前，组织人员对会场进行布置。

4. 辩论赛程序

（1）主持人宣布辩论赛开始，并宣布辩题；

（2）介绍参赛代表队及所持立场，介绍参赛队员；

（3）介绍评委；

（4）宣布辩论赛规则及具体流程（参见表 1）；

（5）辩论赛进行；

（6）学生自由提问时间；

（7）评委根据辩论情况，参照评分标准（参见表 2）评议；

（8）评委点评辩论情况（在辩论结束后，任课教师综合其他评委的意见，发表对该场辩论的评语。分析两队的表现及优缺点，提出双方需要改进的地方）；

（9）宣布比赛结果，颁发证书，宣布辩论赛结束。

附 1：辩论赛规则及具体流程

一、开篇陈词

（一）正反方一辩进行开篇陈词；

（二）提倡即兴陈词，引经据典恰当；

（三）开篇立论要求逻辑清晰，言简意赅。

二、攻辩阶段

（一）攻辩由正方二辩开始，然后依次为反方二辩、正方三辩、反方三辩，正反方交替进行，一共进行四轮。

（二）正反方二、三辩参加攻辩，正反方一辩作攻辩小结。正反方二、三辩各有一次作为攻方，辩方由攻方任意指定，不受提问次数限制，攻辩双方必须单独完成本轮攻辩，不得中途更换。

（三）攻辩双方必须正面回答对方问题，提问和回答都要简洁明确，重复提问或回避问题均要被扣分。每一轮攻辩，攻辩角色不得互换，辩方不得反问，攻方也不得回答问题。

（四）正反方选手站立完成第一轮攻辩阶段，攻辩双方任一方落座视为完成本方攻辩，对方选手可在限时内任意发挥（陈词或继续提问）。

（五）每一轮攻辩阶段为 2 分钟，攻方每次提问不得超过 15 秒，必须提出三个以上的问题，辩方每次回答不得超过 20 秒，用时满时工作人员举牌终止发言。若攻辩双方尚未完成提问或回答，不做扣分处理。

（六）四轮攻辩完毕，正反方一辩依次为本队作攻辩小结，限时 2 分钟。正反方的攻辩小结要针对攻辩阶段的态势及涉及内容，严禁脱离比赛实际状况的背稿。

三、自由辩论

在这一阶段，正反方辩手自动轮流发言，发言辩手落座为发言结束即为另一方发言开始的计时标志，另一方辩手必须紧接着发言，若有间隙，延误时间照常计时。同一方辩手的发言次序不限。如果一方时间已经用完，另一方可以继续发言直到时间用完，也可向主持人示意，放弃发言。

自由辩论提倡积极交锋，对重要问题回避交锋两次以上的一方给予扣分。对于对方已经明确回答了的问题仍然纠缠不放的，适当扣分。

四、观众提问

正反方各回答两个观众提出的问题，双方除四辩外任意辩手作答，一个问题的回答时间为一分钟，如一位辩手的回答时间未满，其他辩手可以补充（观众所提问题必须经过半数以上评委审核，辩手方可作答）

五、总结陈词正反方四辩进行总结陈词，由反方四辩开始双方应针对辩论会整体态势进行总结陈词，严禁脱离实际，背诵事先准备的稿件。

表 1 **辩论赛程序及用时规定**

序号	程序	时间（分钟）	备注
1	正反一辩陈词	3	
2	反反一辩陈词	3	
3	正反二辩选择反方二辩或三辩进行一对一攻辩	2	每个提问不超过 15 秒
4	反反二辩选择正方二辩或三辩进行一对一攻辩	2	每次回答不超过 20 秒
5	正反三辩选择反方二辩或三辩进行一对一攻辩	2	
6	反反三辩选择正方二辩或三辩进行一对一攻辩	2	
7	正反一辩进行攻辩小结	2	
8	反反一辩进行攻辩小结	2	
9	自由辩论（正反先开始）	10	双方各 5 分钟
10	观众向反方提一个问题	1	除四辩外作答
11	观众向反方提一个问题	1	除四辩外作答

续表

序号	程序	时间（分钟）	备注
12	观众向正方提一个问题	1	除四辩外作答
13	观众向正方提一个问题	1	除四辩外作答
14	反方四辩总结陈词	3	
15	正方四辩总结陈词	3	

表2　　　　评　分　表

团体评分表

	阶段评分要点	正反	反方
开篇立论阶段 （满分10分）	（一）观点鲜明，论据充分，引证恰当； （二）审题准确，推理清晰、到位； （三）言简意赅，推理实现度高。		
攻辩阶段 （满分30分）	（一）提问有力，回答干脆； （二）逻辑严密，陈词流畅。		
自由辩论阶段 （满分30分）	（一）提问直接，回答中肯有力； （二）反应机敏，配合有序。		
总结评分要点 （满分20分）	（一）整体明了，总结有力； （二）首尾呼应，有感召力。		
观众提问阶段 （满分10分）	（一）论点明晰，论据充分，引证恰当，分析透彻、严密； （二）反应机敏，反应能力强； （三）语言表达清晰、流畅，发音准确，层次清楚、逻辑严密，仪态端庄风度优雅。		
团体总分			

个人评分表（10分）

	评分标准	一辩	二辩	三辩	四辩
正（反）方	（一）观点鲜明，论据充分，引证恰当； （二）陈词流畅，分析透彻，逻辑严密； （三）发音准确，用词得当，层次清楚； （四）提问合适，回答中肯，反驳精到，切中要害； （五）反应灵敏，回击有力，配合默契； （六）表情丰富，仪态端庄，风度优雅，台风、辩风良好。				

◎ 本章小结

在治安关系中，治安管理主体与治安管理客体是一对相辅相成、互为存在的实体。治安管理客体是治安管理主体认识和实践的对象，是治安管理主体活动的受动者，即作用对象。从本质上来说，它是治安管理主体治安法律法规规范和调整的，由公安机关实施治安管理的一种社会关系。

目前，治安管理客体呈现的多层次性及复杂性导致治安管理客体与治安管理主体之间不是简单的对应关系，而是动态变化的复杂关系。这种主客体之间的复杂关系有利于多元主体对不同的客体开展管理和服务的基础工作，同时也为治安管理工作带来了挑战。

对治安管理客体内涵与外延的厘清、构成要素的探索，对治安管理主客体运行关系的深入思考很有必要且意义重大，这将有利于推进治安学基础理论的深入发展，从更高层面指导一线治安管理实践。

◎ 思考与练习

1. 治安管理客体的内涵及外延。
2. 治安管理客体的分类。
3. 治安管理客体的特征。

◎ 拓展阅读

治安实体研究——兼论治安秩序的形成①

一、从治安管理客体到治安实体

“治安实体”概念是从早期治安学（治安管理学）的治安管理客体概念发展而来。

1984 年，中国人民公安大学成立治安系；同年，西南政法学院（现西南政法大学）编写出版了《社会治安管理学》，第一次赋予治安管理以“学”的称呼。这标志着治安管理学（早期治安学）的创建。但此时的治安管理学必然要面对的问题之一，就是如何用一个合适的概念来准确概括公安机关复杂、广泛的治安管理业务内容。治安管理客体的提出，就是为了解决这个问题。

1986 年公安部公安教材编审委员会组织人员编撰出版了第一本治安管理学教材《治安行政管理学总论》。《治安行政管理学总论》系统总结了中华人民共和国成立以来公安机关治安管理的实践经验，而且从中提炼出一定的理论和规律，促进了治安管理学的理论化、体系化和学科化。在该书中，李健和教授首次提出治安管理主客体矛盾运动，使用了（但未解释）“治安管理客体”的概念，认为治安管理学是关于治安管理主、客体矛盾运动规律的学说。在 1987 年的论文里，他又明确界定了治安管理客体的概念。研究治安管理，就要研究治安管理主、客体矛盾双方的地位、作用、特点和规律。治安管理客体是治安管理主体的作用对象，是影响社会治安秩序的直接因素，它包括人、地（场所）、物、事。治安管理客体活动的基本规律是确定治安管理的法律、政策、手段、方法的前提。它包括：违反治安管理的行为形态及其规律；治安灾害事故的形态及其规律；社会诸因素影响治安管理的规律和特点。这是治安管理客体最早也是影响最大的提法。此后学者关于治安管理客体的讨论，基

① 陈涌清、王睒睒，治安实体研究——兼论治安秩序的形成［J］. 净月学刊，2015（3）.

本上是围绕李健和教授的“治安管理主体作用对象说”的框架，从哲学、法理学、认识论、刑法犯罪客体理论、系统论等多个角度展开讨论，提出了诸多说法。或参照法学将法律关系视为法律规范的社会关系，将治安管理客体视为“治安法规规范、公安机关实施治安管理的社会关系”；或认为治安管理客体就是治安管理的对象；或认为治安管理客体就是影响治安秩序的各种因素；或依据系统论，将治安管理客体视为涉及治安秩序的人、地、物、事所构成的系统；或主张治安管理客体就是治安管理主体依法规范、调整和保护的合法权益。此外，也有“治安秩序管理客体”的提法，认为治安秩序管理的客体是指治安秩序管理活动所指向的对象，包括人、物、时空、事等诸种要素。“治安管理客体”概念的提出，在治安学学科发展史上具有重要的意义。它首次抽象概括了治安管理的业务、内容，有助于治安管理上升为学科；深化了对治安管理对象的认识，拓宽了治安学的研究内容；完善了治安管理主客体矛盾的统一体，为治安秩序系统结构的提出创造了条件；逐步明确了治安管理客体的决定地位，从治安管理主体、治安管理法律的附属物，演变为一种客观实在，成为决定治安管理主体、治安管理法律的前提；治安管理客体的决定地位有助于治安学逐步摆脱治安管理主体（公安机关）的单一视角，更多地从治安管理客体的角度来整体把握治安，使治安学能真正摆脱公安机关经验总结、业务思维。

但是由于治安学发展时间不长、学科积累不够，导致“治安管理客体”概念本身也存在诸多问题。

一是抽象过度问题。抽象是学科从实践走向学科的必经环节。但抽象要适度，过度抽象势必会扩大概念的外延和学科研究范围。以哲学上的主、客体来指导治安管理主、客体，在指明方向的同时，也存在过度抽象的问题。此外，法律规范的社会关系或合法权益，恐怕也超出了治安管理客体的范围。

二是视野狭窄问题。与抽象过度相反，治安管理客体研究还存在视野狭窄问题，即治安管理客体往往与治安管理主体（公安机关）、治安法律法规密切相关，公安机关、治安法律法规之外影响治安秩序的问题，不在治安管理客体范畴。实际上是将治安学变成了治安行政管理学，降低了理论抽象层次，也无法包容治安学的全部内容。

三是“客体”一词不能准确反映对象问题。哲学上的“客体”是与“主体”相对应的概念，是指主体以外的客观事物。在治安管理客体研究中，存在一种倾向——片面强调它是独立于治安管理主体之外的客观事物，即不依赖治安管理主体而客观存在的。但是作为治安管理对象的客体，不仅包含自然物，具有不依赖人的意志的客观性，也包括人在内，具有主观能动性。因此，对于治安管理的对象，我们既需要尊重其客观性，又要承认其主观能动性。治安秩序的本质就是人与人之间关系的体现。因此，“客体”一词不能准确反映对象问题。

四是借鉴其他学科的问题。治安管理客体研究大量借鉴了哲学、法理学、刑法学、行政管理学和社会学的观念和方法。借鉴有助于全面、系统地认识治安管理客体，但是借鉴不能替代自身的研究，否则治安学学科独立性就会逐渐丧失。

随着两方面形势的发展，上述问题日益明显。一是从1998年原国家教委设立治安学专业到2011年治安学成为公安学一级学科下的二级学科，治安学的独立学科地位得到确认；二是国家的治安政策从20世纪八九十年代的群防群治、社会治安综合治理到21世纪的运用社会资源维护社会治安、社区警务、社会管理创新，再到最近国家治理体系和治理能力现代化之下的社会治安治理机制，强调问题导向，全面、系统、综合地治理，在充分发挥公安机关职能的基础上，强调党委政府领导下的各部门协作、社会协同、公众参与，这些都是以往治安管理客体概念所不能容纳的。有鉴于此，一些学者在批判继承“治安管理客体”的同时，主张去掉“管理”，使用“治安客体”，也有学者使用“治安实体”。但笔者认为，治安客体可能不如治安实体更为恰当。

二、对治安客体、治安实体观点的评判

治安实体是在治安管理客体的基础上，经治安客体演变而来。当前关于治安客体、治安实体的观点，既受以往“治安管理客体”概念的影响，又存在较大分歧。这是发展中的治安学出现的正常现象，需要求同存异，以推动其发展。主要存在以下观点。

（一）治安主体说（2005年）

治安管理客体的人、地、物等构成要素中，人是核心要素，也是治安秩序中最引人瞩目的要素。治安秩序的好坏最终是具有主体意志的人的行为决定的。基于这样的角度，治安实体最早被解释为由具有治安行为的人（群体、组织）构成的治安主体，认为：治安实体是治安秩序的载体。治安实体称为治安主体，通常由不同意志的个人、群体和组织构成。治安实体是社会实体的重要组成部分，一般把社会实体中与治安行为发生关系的部分称为治安实体。治安实体在治安秩序结构中具有重要作用，它不仅决定社会治安秩序的性质、变化及发展态势，而且一个社会治安秩序的改善最终取决于社会中治安实体的变。

（二）治安秩序的主体要素说（2006年）

基本思路同于治安主体说，认为：在一些描述社会秩序的社会学著作中，治安秩序主体要素又被称为社会实体。任何社会都是由不同意志的个人、群体和组织构成的。公民、法人和其他组织与治安管理机构一样都属于主体的范畴，而不是后者的管理客体。

（三）治安主客体说（2007年）

认为治安实体包含治安主体和治安客体，并且以权力作为媒介将二者联系起来。“治安实体可分为治安主体和治安客体两个层面。治安主体和治安客体既相互联系又相互作用，但是两者所处的地位不同。在治安主体和治安客体相互关系中，治安主体是治安客体对象的承担者、发动者；治安客体则是治安主体活动的对象，是受动者。权力是主体对客体的一种影响力和控制力。也就是说，治安主体作用于治安客体，是以权力作为中介的。”

（四）治安客体说（2011年）

此说没有使用“治安实体”的概念而以“治安客体”立论，但基本思路同于此前的治安主体说，更加强化“行为”在治安客体中的意义。认为：治安客体是治安秩序的载体和决定性条件。治安客体指的是影响社会安定和公共安全的人（行为）、地、物、事、时空等，但归根结底是人（行为）。在特定环境下，人（行为）的状况决定了治安主体和治安规范，从而决定治安秩序的结构。

对上述诸观点，笔者从表述和内容两个方面来展开评判。

在表述上，治安客体不如治安实体恰当。客体与实体都是哲学上对客观存在事物的表述，这是二者的共同点，也是学者有时混用二者的原因。但是二者也存在明显的差异。如前所述，哲学上，“客体”往往与“主体”相对应，强调主体以外的客观存在，即不以人的意志为转移的实在性，这是所有客观事物都具有的属性。而“实体”一词，不仅仅强调客观实在性，更强调一事物区别于其他事物的本质属性。唯物辩证法认为，实体是指实在有的物质或客体，它是一切物质客体所共有的唯一特性的抽象。属性是实体的固有性质，是实体的表现形式和外部特征。实体是属性的基础，任何属性都归属于一定的实体；属性是实体的表现，人们通过属性来把握客观实体。没有属性的实体是空洞的抽象，没有实体的属性是任意的虚构。每一种实体都有多重属性。既有本质属性，又有非本质属性。本质属性隐藏在实体的内部，它体现了该实体的基本特征，并以此同其他实体区别开来。

因此，较之于治安客体，治安实体的表述更能反映治安所针对的对象同其他事物的差异。在内容上，以上观点的分歧在于，第一种、第二种说法，强调治安实体（客体）是作为治安主体的人；第四种说法，强调治安实体（治安）是影响治安的客观实在，人是其中的核心；第三种说法，强调治安实体（客体）是治安主体与治安客体的结合。共同之处在于，基本继承了以往治安管理客体的研究成果，将治安实体（治安客体）视为影响治安的人、地、物等客观物质的抽象，注重作为客观存在的人的行为在治安实体（治安客体）中的决定性地位。

第四章 治安勤务

【引导案例】

2015年7月21日中午11时许，民警小李在社区巡逻时，发现一名形迹可疑的少年。少年在社区长椅上休息，全身脏兮兮的，面对民警的询问，吞吞吐吐，一会儿称自己是江西人，一会儿说是湖北人，最后又改口说是广西人，身上也无任何证件。民警从他的口袋中发现了两部较新的智能手机和500多元现金，少年称手机是捡来的。少年随后被带回派出所。经过三个小时的调查，他说出了实话。原来他姓张，16岁，河南人，去年随父母从老家来郑州打工。7月5日，他与父母起争执，离家出走，身上的钱都花光了。13日他经过郑州某民宅时，发现主人在里屋睡觉，于是偷偷溜进房间，窃走两部手机和500多元现金。

思考：

1. 民警小李是通过哪些反常迹象发现嫌疑人的？
2. 派出所民警在巡逻、盘查中如何提高对嫌疑人的识别能力？

【学习目标】熟悉巡逻、盘查、堵截、值班备勤等治安勤务的基本理论、基本方法和要求，掌握开展各种治安勤务的方式、方法，掌握发现可疑人员和实施盘查的技巧及主要事项等。具备开展治安巡逻的能力、发现可疑人员的技能，具备实施当场盘查、继续盘问及堵截的能力。

【教学重点】

1. 巡逻、盘查、堵截的基本理论、基本方法。
2. 发现可疑人员和实施盘查的技巧方法等。

【教学难点】

1. 开展巡逻、盘查、堵截等治安勤务应注意问题。
2. 通过巡逻、盘查实训环节的有效组织，提升学生治安勤务能力。

第一部分 基础知识

一、治安勤务的含义和特征

勤务是国家工作人员完成公务的执勤行为过程。治安勤务是治安主体针对治安客体有组织、有计划地直接实施公安对策的在岗执勤行为过程。治安勤务有以下特征：

第一，治安勤务是治安业务行为，只有属于专业职权部门的人员才能执行治安勤务，这也是对参加治安勤务人员特定的资格要求；

第二，治安勤务是治安主体直接作用于治安客体的行为；

第三，治安勤务是有组织、有计划的专业性行为；

第四，治安勤务是人民警察在岗警戒和履行职责、行使权力的行为，是当班状态的公务行为。

根据治安勤务的内涵，可以概括出治安勤务有以下几个特点：第一，高度的人身对抗性；第二，高度的智谋对抗性；第三，超疲劳性及异常艰苦性

治安勤务主要包括巡逻、盘查、堵截、值班备勤等。

二、巡逻勤务

（一）巡逻、巡逻勤务的界定

1. 巡逻的含义

在中国古汉语中，“巡”和“逻”通常是分开使用，但意思相近。“巡”是指往来观察，“逻”是指巡查。在英文中，巡逻对应的是“patrol”，其英文源自法语（patrouiller），本意是指由于违法犯罪分子一般在夜间、偏僻地带、警察管控较弱的时候实施犯罪行为。因此，巡逻是在一定的区域采取全时空、全方位管控的勤务工作。

2. 巡逻勤务

本书所讲巡逻勤务指的是公安机关人民警察运用巡逻这一动态的执勤方式，维护公共安全和治安秩序，为人民群众提供救助服务具有武装性质的职务活动。它有以下几个特点：第一，巡逻勤务是公安机关人民警察最基本的勤务方式。巡逻是警察工作最古老、最重要、最基础的一种勤务方式，是外勤勤务的核心。第二，巡逻勤务是公安机关人民警察履行治安管理职责的一种行为。第三，巡逻勤务是一种动态勤务方式。巡逻勤务所进行的是一种游动式执行勤务，就是在工作区域进行巡回观察、检查、盘查，发现和处置各类治安案件、刑事案件、突发事件以及群众求助的一系列活动。第四，巡逻勤务是一种综合执法活动。巡逻勤务集防范、打击、管理、教育和服务于一身，具有预防犯罪、打击犯罪、管理治安、为民服务等多方面的功能。

（二）巡逻勤务的职责、权限

《城市人民警察巡逻规定》（1994年2月25日中华人民共和国公安部令第十七号）中，人民警察在巡逻执勤中履行的职责及行使的权力包括：

（1）履行的职责。

①维护警区内的治安秩序；

②预防和制止违反治安管理的行为；

③预防和制止犯罪行为；

④警戒突发性治安事件现场，疏导群众，维持秩序；

⑤参加处理非法集会、游行、示威活动；参加处置灾害事故，维持秩序，抢救人员和财物；

⑥维护交通秩序；制止妨碍国家工作人员依法执行职务的行为；

⑦接受公民报警；

⑧劝解、制止在公共场所发生的民间纠纷；

⑨制止精神病人、醉酒人的肇事行为；

⑩为行人指路，救助突然受伤、患病、遇险等处于无援状态的人，帮助遇到困难的残疾

人、老人和儿童；

⑪受理拾遗物品，设法送还失主或送交拾物招领部门；

⑫巡察警区安全防范情况，提示沿街有关单位、居民消除隐患；

⑬纠察人民警察警容风纪；

⑭执行法律、法规规定由人民警察执行的其他任务。

（2）依法行使的权力。

①盘查有违法犯罪嫌疑的人员，检查涉嫌车辆、物品；

②查验居民身份证；

③对现行犯罪人员、重大犯罪嫌疑人员或者在逃的案犯，可以依法先行拘留或者采取其他强制措施；

④纠正违反道路交通管理的行为；

⑤对违反治安管理的人，可以依照《中华人民共和国治安管理处罚条例》的规定，执行处罚；

⑥在追捕、救护、抢险等紧急情况下，经出示证件，可以优先使用机关、团体和企业、事业单位以及公民个人的交通、通信工具。用后应当及时归还，并支付适当费用，造成损坏的应当赔偿；

⑦行使法律、法规规定的其他职权。

（三）巡逻的方式

警察巡逻勤务方式，指警察巡逻时所采用的方法和形式。从不同角度可对警察巡逻方式进行不同的分类。

1. 从巡逻体制角度分类

（1）警勤区制巡逻：指警察以警勤区作为巡逻的基本区域，以一人或数人专门负责对这一区域进行巡逻。

（2）多警勤区联合巡逻：派出所联合多个警勤区的警员，实施共同巡逻勤务，形成合力。

（3）警察队巡逻：1948 年创立于英国的亚伯丁及索福特，由警佐率领下的一个警察队，负责一个较大区域的巡逻。

（4）单元巡区巡逻：20 世纪 60 年代创立于英国，每一单元巡区包括两个传统的警勤区，单元巡区内有一辆警车 24 小时连续巡逻，它负责处理公众的报警和求救。

（5）集中、弹性、混合编组巡逻：集中指以集中于警察局或警察分局的巡逻队的组织形式进行巡逻。弹性指的是巡逻区域根据治安情况的变化，作机动调整；巡逻时间依据工作量的大小，每班巡逻的时间有多有少；巡逻警力部署根据具体情况进行，每班警力不同。混合编组，指将参与巡逻的治安、交通、便衣等警察进行混合编组，在单一主管领导监督下，妥善分配，共同执勤。

2. 根据使用交通工具的不同进行分类，可以分为步巡、车巡、舟巡、骑巡和空巡等类型

（1）步巡。步巡就是徒步巡逻，它是世界上最古老、最普遍、最重要、最简单的巡逻方式。这类巡逻方式的主要优点是一般不受气候、地形、地物的限制和影响，巡逻警察能够清楚地观察周围情况，便于发现和处理各种问题，同时能深入群众中了解敌情、社情。这类巡逻方式缺点是占用警力多、巡逻活动范围有限、机动性差。

（2）车巡。车巡是指利用摩托车、汽车、电动车等交通工具进行巡逻。这类巡逻有速度快、行程长、机动性强、控制范围大的优点，但也有明显的弱点，主要是速度快带来的对巡区观察不细，受地形地物的影响明显，耗费高，经费开支大。对铁路公安机关而言，车巡适用于较开阔的站前广场、铁路沿线等区域。

（3）舟巡。舟巡又称船舰巡逻，是指警察驾驶船舶、舰艇等水上交通工具在水域进行巡逻。船舰巡逻主要适用于沿海、江河、湖泊等区域。船舰巡逻受气候、水域等自然条件的限制较大。

（4）自行车巡逻。自行车巡逻是目前被认为既经济又能对较大范围进行控制的一种巡逻方式。在交通拥挤的地方，骑自行车巡逻既可以在车辆间穿行，也可以在市井小巷穿行，又利于警察与公众接触。骑自行车巡逻是中外警察最常用的一种巡逻方式。骑马巡逻早期盛行于欧美各国。

（5）骑马巡逻。世界上最早的骑马巡逻当属1356年的法国马巡队。目前各国除执行特殊勤务或适宜用马的地区（如游牧地带）外，用骑巡者较少。

（6）空巡。空巡是指利用飞机、飞艇等飞行器进行空中巡逻。空巡的优点是视野开阔，能够有效地对地面的巡逻、控制、追缉等进行指挥。但空巡的专业技术要求高、经费投入大，易受气候条件的限制，只能作为地面巡逻的一种补充。

另外，目前还有视频巡逻、网上巡逻、无人机巡逻等较新颖的巡逻方式。

（四）巡逻的实施

1. 警察巡逻勤务实施需考虑的因素

（1）路线选择。

这里指派出所根据警力、交通工具及巡区治安状况等实际情况，确定巡逻线路。巡逻路线的选择应当考虑以下几个因素：最大限度地发挥现有警力与交通工具的效能，采取最佳配比形式；有效控制巡区；保证专门任务或临时任务的完成或目的的实现；在紧急情况下，相邻线路、警区能够及时提供支援；需要经常控制的道路、区域、卡口不致漏控。巡逻路线确定后，可在一定时间内保持相对稳定，必要时根据治安形势、巡逻效果、警力变化以及上级要求和临时任务再作调整。

（2）警力配置。

警力配置即将同一班次的警员进行合理搭配，使之优势互补，以发挥巡逻的最佳效果。为使警力配置达到最佳组合状态，以下因素是必须考虑的：一是经验，即从警多年、富有经验的警员与参警时间不长、经验较少的警员或新警员配合；二是业务能力，即处理问题能力强、业务水平较高的警员与能力较弱、业务水平较低的警员搭配；三是性格，即情绪偏急躁、外向性格的警员与态度温和、有耐心、性格内向的警员组合；四是性别，必要时，男、女警员混合编组，以利在特定区域值勤。五是警种，如果有武警与派出所民警共同执行巡逻勤务，可以考虑派出所警员、武警战士混合编组。六是警员之间关系，即还应考虑到警员间平时的私人关系，相互关系过于密切的不便于彼此监督；平时彼此有隔膜的则不利于值勤时协同。警力配置的编组在一定时间内应相对固定，以有利于彼此熟悉和配合。

（3）巡逻警力布置、巡区布局。

巡逻勤务是通过巡逻民警的公开巡逻达到控制阵地，随时准备快速出击，先期处置案件、事件和灾害事故目的。要科学地开展巡逻勤务，公安派出所应当根据管辖区内车站、线路的实际情况，划分巡逻区域，把重点单位、要害部位、治安复杂地区等作为巡逻重点，确定设立岗卡的部位和巡逻密度、快速反应所需的时间，形成巡逻路线，并根据治安形势的变化适时进行调整。

首先，在调查研究的基础之上，统一规划派出所巡逻警力布置和巡区布局。要根据各类案件和事故发生数量、性质、时间以及群众求助求援等因素，进行调查研究，找出派出所辖区的特殊场所、地形特点、地区特征，分别归类，统筹布局。

其次，区别类型，突出重点。在巡逻警力和巡区的确定上，不能一刀切，要有差异，突出重点布局。

2. 巡逻勤务实施的步骤

（1）出巡。就是派出所警察走出派出所，深入到巡逻区域开展巡逻的过程。这一环节是巡逻勤务的第一步。巡逻是一种外勤勤务，顾名思义就是在派出所外部进行的勤务，如果民警不能走出派出所，是不可能完成巡逻勤务的。这一步骤包括巡逻警力的组织、到位，巡逻装备的准备以及对巡逻任务的明确等内容。

（2）观察注意。就是巡逻警察在出巡过程中仔细观察巡区内的状况，注意发现一切可疑问题。巡逻是一种游动式执法工作，但并不是简单的由警察在一定地方出现就能完成的勤务。巡逻勤务是为了及时发现违法犯罪，维护治安的一种勤务，巡逻民警通过不断的观察注意，分析判断，及时发现可疑的人、物，更好地完成勤务任务。

（3）处置。巡逻勤务由于是外勤勤务，其实就等于是代表着公安派出所在治安工作最前沿履行职责，巡逻警察在执勤的时候，一旦遇有属于警察职责的问题，诸如报警、求助等，就要执行，以达到维护社会治安的目的。但采取措施并不等于要全程处理相关问题，仅仅是进行初期处置。

（4）报告。巡逻警察在巡逻过程中经常会发现各种问题，比如异常现象、查处违法案件、为民服务等，都要进行登记报告。执勤登记应当每天记录，不能空载不记，也不能“一切正常”式敷衍了事。巡逻过程中发现重大警情，不能及时有效控制事态的，必须及时向所里报告。

三、盘查勤务

（一）盘查勤务含义

盘查是指公安机关人民警察在执行公务的过程中，对可疑人员进行盘问、检查，从而发现或确认是否有违法、犯罪行为或具有重大犯罪嫌疑并及时抓获的一种行之有效的措施和工作方法。

（二）盘查勤务特点

1. 盘查的主体是公安机关的人民警察。按照《中华人民共和国人民警察法》相关规定，盘查只能由公安机关及其警务人员依法行使，其他非警务人员可以协助公安民警进行盘查，但不能独立执行盘查勤务。

2. 盘查是一种公开的审查行为。一是盘查人员的身份是公开的；二是实施盘查的地点公开；三是进行盘查的方式公开。

3. 盘查是一种初步的审查行为。盘查的基本的目的是排除嫌疑或者确定违法犯罪分子，且由于盘查对象的构成复杂，各种可疑迹象表现的方式、显现的程度也都不一样，因此，不可能对所有的盘查对象通过当场盘查都能彻底弄清情况，多数时候只能对盘查对象的情况做到初步的大致了解，如需进一步审查，就需要在履行法律手续后作深入调查。

4. 盘查过程具有直接性、即时性和危险性的特点。民警在执行盘查勤务活动中，所遇到的盘查情景，往往是随机的，事先并没有什么预兆。盘查涉及对盘查对象的人身权利加以限制的问题，不宜长时间进行，往往需要当时当场进行。同时，执勤民警对盘查对象情况的了解存在很多盲区。因此，盘查工作具有高度的危险性。

（三）盘查勤务依据的主要法律法规及相关规范

1.《中华人民共和国人民警察法》第九条规定，为维护社会治安秩序，公安机关的人民警察对有违法犯罪嫌疑的人员，经出示相应证件，可以当场盘问、检查。经盘问、检查，有下列情形之一的，可以将其带至公安机关，经该公安机关批准，对其继续盘问：

（1）被指控有犯罪行为的；

（2）有现场作案嫌疑的；

（3）有作案嫌疑、身份不明的；

（4）携带的物品有可能是赃物的。

2.《中华人民共和国居民身份证法》（2011年10月29日第十一届全国人民代表大会常务委员会第二十三次会议修正）第15条规定，人民警察依法执行职务，遇有下列情形之一的，经出示执法证件，可以查验居民身份证：

（1）对有违法犯罪嫌疑的人员，需要查明身份的；

（2）依法实施现场管制时，需要查明有关人员身份的；

（3）发生严重危害社会治安突发事件时，需要查明现场有关人员身份的；

（4）在火车站、长途汽车站、港口、码头、机场或者在重大活动期间设区的市级人民政府规定的场所，需要查明有关人员身份的；

（5）法律规定需要查明身份的其他情形。

3.《公安机关人民警察盘查规范》（公通字〔2008〕55号），为盘查勤务的具体实施提供了切实可行的操作规范。

4.《公安机关适用继续盘问规定》（中华人民共和国公安部令第75号）第八条规定，对有违法犯罪嫌疑的人员当场盘问、检查后，不能排除其违法犯罪嫌疑，且具有下列情形之一的，人民警察可以将其带至公安机关继续盘问：

（1）被害人、证人控告或者指认其有犯罪行为的；

（2）有正在实施违反治安管理或者犯罪行为嫌疑的；

（3）有违反治安管理或者犯罪嫌疑且身份不明的；

（4）携带的物品可能是违反治安管理或者犯罪的赃物的。

5.《公安机关人民警察现场制止违法犯罪行为操作规程》（公通字〔2010〕9号 2010年1月27日）第35条规定：公安民警在制服违法犯罪行为人，或者使用约束性警械约束违法犯罪行为人后，应当在保证自身安全前提下，对违法犯罪行为人的人身及其携带的物品进行安全检查。

对于体内可能藏有可疑物，现场没有检查设备的，以及其他不适合当场检查的，公安民警可以将违法犯罪行为人带至公安机关或者指定地点进行安全检查。

第36条规定，公安民警对违法犯罪行为人的人身进行安全检查时，应当按照以下要求操作：

（1）现场条件允许的，应当选择光线较好、场地开阔、有依托或者容易得到支援的地点进行安全检查；

（2）保持高度警惕，控制违法犯罪行为人，防止其反抗、逃跑、自杀、自残或者有其他危险行为；

（3）不得采取侮辱人格、有伤风化的方式进行安全检查；

（4）检查女性违法犯罪行为人人身的，由女民警进行。可能危及公安民警人身安全或者直接危害公共安全的除外。

第 37 条规定：公安民警检查违法犯罪行为人的人身时，一般应当从被检查人的双手开始从上至下顺序进行，对其腋下、后背、腰部等重点部位及衣服重叠之处、衣服口袋、皮带内侧、鞋里帽边等易隐藏物品的地方，应当重点检查。

第 38 条规定：一般情况下，公安民警检查违法犯罪行为人的人身应当采取用手轻拍、触摸违法犯罪行为人衣服外层的方法；经轻拍、触摸，怀疑违法犯罪行为人可能携带赃款赃物、作案工具或者违禁品的，可以翻开衣帽检查。

第 39 条规定：公安民警检查违法犯罪行为人的人身时，应当谨防因接触注射针筒、刀片等物品而感染疾病或者受伤。在保证安全的前提下，可以命令违法犯罪行为人将其衣服口袋翻出接受安全检查。

第 40 条规定：公安民警在安全检查中发现违法犯罪行为人携带的物品可能为易燃、易爆、剧毒、放射性等危险物品时，应当立即采取适当的防护措施，并通知专业人员到场处置。

6.《公安派出所执法执勤工作规范》（公通字〔2002〕13 号）第 70 条规定：巡逻中发现可疑人员时，应当出示工作证件，表明身份，并在告知法律依据后，依法对其进行盘问、检查。经盘问、检查排除违法犯罪嫌疑的，应当感谢其配合，并礼貌地让其离去。

第 71 条规定，盘问可疑人员时，应当做到：

（1）与被盘问人保持 1 米以上的距离，尽量让其背对开阔街面；

（2）对有一定危险性的违法犯罪嫌疑人，先将其控制并进行检查，确认无危险后方可实施盘问；

（3）盘问时由一人主问，另一人负责警戒，防止被盘问人或者同伙的袭击；

（4）对符合继续盘问条件的，将其带至公安派出所继续盘问。

第 72 条规定，查验身份证件时，应当做到：

（1）查证防伪暗记和标识，判定证件的真伪；

（2）查验证件内容，进行人、证对照；

（3）注意持证人的反应，视具体情况让持证人自述证件内容，边问边查。

第 73 条规定，对可疑人员进行人身检查时，应当做到：

（1）有效控制被检查的嫌疑对象，防止自身受到攻击和伤害。

（2）对携带或者可能携带凶器、武器的违法犯罪嫌疑人检查时，应当先检查其有无凶器和武器，然后依法扣押。必要时，可以先依法使用戒具，然后进行检查。

（3）责令被检查人伸开双臂高举过头面向墙、车等，扶墙或者车等站立，双脚分开尽量后移，民警站于其身后并将一只脚置于其双脚中间，迅速从被检查人的双手开始向下对衣领及身体各部位进行检查，特别注意腋下、腰部、裆部及双腿内侧。

第 74 条规定，对可疑物品进行检查时，应当做到：

（1）责令被检查人将物品放在适当位置，不得让其自行翻拿；

（2）由一名民警负责检查物品，另一人负责监控被检查人；

（3）开启箱包时应当先仔细观察，防止有爆炸、放射性等危险物品；

（4）自上而下按顺序拿取物品，不得掏底取物或者将物品直接倒出；

（5）对有声、有味的物品，应当谨慎拿取；

（6）避免损坏或者遗失财物。

第 75 条规定，对可疑车辆进行检查时，应当做到：

（1）检查前，责令驾驶员将车辆熄火，拉紧手制动后下车，必要时应当暂时收存车钥匙，如车上有其他人员，应当责令其下车等候；

（2）对人员进行检查并予以控制；

（3）查验车辆行驶证件和牌照；

（4）观察车辆外观和锁具；

（5）检查车载货物和车内物品；

（6）若驾驶员拒检逃逸，应当立即报告，请求部署堵截、追缉。

第 76 条规定，巡逻中发现未成年人有下列行为的，应当立即予以制止、劝导，并采取相应措施：

（1）在公共场所寻衅滋事的；

（2）离家出走、逃学的；

（3）深夜在公共场所逗留或者游荡街头的；

（4）进入禁止未成年人入内的公共娱乐服务场所的；

（5）有其他不良行为的。

（四）盘查的实施

1. 当场盘查的实施

当场盘查是指执行公务的公安民警在发现盘查对象有违法犯罪嫌疑时，当场对其进行的盘问和检查。需要指出的是，当场盘查中的“当场”，并非只是指发现盘查对象的地点，而是包括当时地点在内的附近的任何适当的地方，如警车内、值班室、执勤室、单位保卫部门的办公室等。具体实施过程主要有以下几个方面：

（1）确定盘查对象。

一是被指控有犯罪行为的。根据举报，被指控有犯罪行为的人，公安民警应当进行严格盘查；必要时，可以采取强制措施。

二是神态、行为可疑。反常神态、行为是指行为人表现出来的与所处的特定时间、空间环境不相适应的各种神态、行为。具体表现在面部表情、行为举止、行为实施的时间和空间反常上，如看到警察过来，忽然改变行走方向，躲闪、绕行、低头、转身疾走，或神情紧张、脸变颜色，当被问话时，语无伦次、答非所问。在商场内的扒窃分子，既不购物，又不休息，衣着整洁，却在阴暗角落中暗中观察，眼睛总盯着人们装钱和贵重东西的口袋、提包等，而且总喜欢往人群中挤；负案在逃、被通缉通报的犯罪分子，在遇到警察时往往表现出胆怯心虚不敢与警察正面接触，总会采取扭身转脸、借物隐蔽等方式快速逃离，害怕被发现，另外，见有警察在盘问他人时，自己却急忙走开等情况。行为实施的时间和空间反常是指行为发生的时间、地点，违背正常人的通常习惯及一般人的行为应符合生活规律，如果半夜三更一个人在线路两侧无目的闲逛，在十分偏僻的地方长时间逗留，深夜搬运贵重物资等。

三是物品可疑。反常物品是指行为人携带的物品与携带者身份、目的、处所等有诸多方面的不相称，或与其自述有矛盾的物品。如携带、转移赃物者，对自己随身携带的物品讲不清来源，不知道物品的具体情况，遇有民警盘查时，便漏洞百出，如带有大量现金说不清来源的，携带的行李里边有各式各样的香烟，牌子很杂，有好有坏等；人们外出旅行或办事时随身携带的物品，大多与旅行目的或工作、生活需要相一致。而犯罪分子往往携带作案工具，或者携带大量的钱物以及与其工作、旅行不相适应的物品，疑似违禁品、作案工具，如大力钳和撬盗工具等。

四是关系可疑。反常关系是指当有两个以上的人在一起行动时所表现出来的相互之间的不正常的关系。如：男女两人在一起，却又说不清对方的姓名、住址，可能涉嫌卖淫嫖娼；男女同行时关系不协调，女方被动、神情恐惧不安，向民警投来求助的目光的，可能与劫持、拐卖妇女有关。

五是痕迹可疑。反常痕迹是指行为人人身或者其携带的物品等具有非正常的痕迹特征。如面部或头部及身体各部位有明显外伤的，行为人身上的反常伤痕、反常衣着，携带物品有不明血迹、损伤痕迹等。

（2）接近盘查对象。

民警在执勤和巡逻过程中，尽管什么时间发现可疑情况是不能控制的，但何时实施盘查时由民警相机决断的。盘查勤务实施过程中，盘查具体时间、地点必须要根据可疑情况的自身特点和具体情况来定，因时而异，相机出击，既不能打草惊蛇，也不能放任不管。这就要求在接近盘查对象的时候，要讲究方式方法。接近嫌疑人的方式方法，是关系到能否制敌取胜的关键。

接近嫌疑人的方法多种多样，究竟采用何种方法更适宜，必须根据可疑情况的性质、嫌疑人的特点、周围环境、地形以及时间等相关因素确定，采取有针对性的、灵活机动的接近方法，防止嫌疑人逃跑、藏匿、毁灭罪证或行凶、自杀等。通常采取接近的方法有：

一是正面拦截。即派出所民警在站区以及沿线以公开的身份一旦发现嫌疑对象，直接迎上去，要求对方接受盘查的方法。正面拦截的接近方法是平时民警使用最多的一种方法。在实践中，对嫌疑人人数较少，携带物品较多，行动不便或毫无逃跑等迹象以及其他确实不具有勤务危险的，可采取正面接近、拦截的方法。

二是迂回包围，隐蔽接近。即不惊动被盘查对象，从盘查对象的侧面、后面悄悄贴近，再转为正面阻拦，或要求对方停下来接受盘查。一般而言，对于可疑情况尚需进一步观察或嫌疑人有逃跑企图时，人民警察可采取侧后迂回，左、右两侧迂回贴近的方法，秘密、隐蔽地接近，而后突然出现，进行盘查。

三是化装尾随，秘密跟近。当嫌疑人处在群众聚集的地方，夹杂在人流中，为防止嫌疑人穷凶极恶、伤及无辜，可采取化装尾随、秘密跟进的方法，待时机成熟后，先将嫌疑对象控制住，确认无危险后再行盘查。

（3）进行盘问。

盘问是对盘查对象表现出的疑点进行的查问，但有疑点并不代表一定有问题。因此，盘问必须慎重，要留有余地，不能因为实施盘问而导致不必要的纠纷或者给盘问对象留下侵犯人权的话柄。为此，盘问一般不宜开门见山、直截了当地进行，而应当循序渐进，逐步深入。通常盘问分为告知、启问和盘问三个阶段。

告知。告知是指执行职务的派出所人民警察发现可疑人员以后，出示相应执法证件，表明身份，示意其停止行动，接受盘查的活动。盘查既是公安机关人民警察的一项强制权，但同时也必须依法、按照程序进行。《人民警察法》第9条规定："为维护社会治安秩序，公安机关的人民警察对有违法犯罪嫌疑的人员，经出示相应证件，可以当场盘问、检查。"这就要求进行盘问时，首先必须要表明自己的身份，告知被盘问人要依法对其进行盘查。告知不仅是盘查的法定程序，同时也是公民的一项基本权利要求，盘查民警没有履行告知程序，公民可以拒绝接受盘查。盘查民警在告知时，主要是做到两点：一是出示相应执法证件，如：人民警察证、值勤证等。二是口头告知："我们是（某某单位）的警察，现依据《人民警察法》第九条之规定对你进行盘查，请予以配合。"

启问。启问是指对盘查对象进行的不直接涉及疑点的询问。如可向盘查对象询问从哪来，到哪去，做什么工作，家住哪里，多大年龄等一般生活和事务性问题，目的是判断他是否说假话，有无更多的疑点。启问时，民警要对盘查对象的面部表情进行细心观察。通过询问观察，可以进一步检验被盘问人说话的真伪。一般来讲，说谎的人，其目光往往游移不定，不敢与警察对视，或者刚刚对视马上又移开。如果当事人有这种表现，就可以初步断定此人可能有问题，需要进一步深入、细致地进行盘问。

盘问。盘问是民警对盘查对象表现出的一点而进行核实盘问。盘问主要是民警有目的、有控制、针对性地提出问题，向盘查对象进行质询或详细核实。盘问时，民警要求盘查对象要尽可能具体详细地讲清疑点问题的来龙去脉、细节特征等方面的问题，促使有违法犯罪嫌疑的人露出马脚。如对携带可疑物品的人，可对其所携带物品的了解情况进行详细询问，要求被盘问人详细介绍物品的有关情况，如果不法分子是刚刚偷来、抢得的物品，是无法了解该物品的品牌、规格、特征和性能的，从而发现或者排除违法犯罪分子。

(4) 当场检查。

检查是在盘问的基础上，为核实盘问的内容以及进一步发现问题，消除或确认疑点，而对盘查对象的人身及携带物品所进行的用心查看、比对、检验的活动。检查的目的，是为了验证盘查对象所说情况的真伪，发现赃款、赃物、凶器和违禁物品。检查包括人身检查和物品检查两个方面：

人身检查。人身检查是怀疑盘查对象身上携带有凶器、危险物品、违禁物品、赃款赃物等与违法犯罪有关的物品和证据，而对其人身进行检查的活动。由于人身检查直接涉及被盘查人的人身自由权，因此，最容易产生纠纷。另外，人身检查中警察和被检查人员距离很近，要有一定身体的接触，也最容易出现袭警情况。盘查中并不需要对所有的对象都进行人身检查，是否进行人身检查要根据具体情况而定。有下列情形的人一般应依法进行人身检查：

查获持有伪造、变造证件、冒名顶替、企图蒙混过关的；

疑似通缉、通报协查的犯罪嫌疑人；

群众举报和指认的违法犯罪嫌疑人，或者现场实施违法或犯罪行为被抓获的；

身染血迹斑痕，身负一定创伤，有重大违法犯罪嫌疑，形迹可疑的人；

盘查中可疑情况严重，需带回继续盘问、留置的人；

不讲真实姓名、身份、住址的人；

非法携带枪支、管制刀具或发现持有作案工具及携带物品怀疑是赃物的人员；

携带危险物品（如易爆、易燃、剧毒、放射性物品）、违禁物品（如毒品、麻醉药品、淫秽物品）的。

按照《公安机关人民警察盘查规范》及相关规定，对嫌疑人进行人身检查时，应按照以下规范及要求进行：

一是明确盘查分工。按照《公安机关人民警察盘查规范》相关规定，盘查一般由两名以上民警进行，并明确警戒和盘查任务分工。盘问时由一人主问，其他人员负责警戒，防止被盘查人或者同伙的袭击。执勤、巡逻民警应当在接触盘查对象之前，对可能出现的盘查情形预先要有充分估计，参加盘查民警对盘查活动提前加以分工，避免盘查中出现临场混乱、配合不力的局面。执行正面盘问的民警要与被盘问人员保持1米以上的距离，并尽量让其背对开阔街面。保持1米以上的距离，主要是基于盘查对象挥拳、踢腿袭击民警时，不能触及民警身体，但距离要保持合理，否则也会给被盘查人逃跑形成便利。盘问、检查要由单独民警负责，同时要安排警戒、监视民警，严密监视和控制盘查对象的行为。

二是合理选择盘查地点。按照《公安机关人民警察盘查规范》相关规定："民警应当选择光线较好、场地开阔、有依托或者容易得到支援的场地或者道路等作为盘查地点，盘查过程中应当保持高度警惕，注意被盘查人的身份、体貌、衣着、行为、携带物品等可疑之处，随时做好应对突发情况的准备。"因此，盘查地点要尽量做到：宜宽敞不宜狭窄、宜明亮不宜黑暗、宜人少不宜人多。宽敞可以保持警察与盘查对象之间的距离，产生警察的机动性和避险能力；明亮的环境下警察可以及时准确观察到盘查对象眼睛、手以及肢体的一些细微变化，以最快的速度作出反应；人多的地方截停盘查对象不仅会造成群众的围观、起哄，更加能增强盘查对象的抗拒心理，也加大了警察对周围环境的控制难度。

三是对有一定危险性的违法犯罪嫌疑人，先将其控制再进行检查，确认无危险后方可实施盘问。对可能携带枪支、爆炸物品或者其他凶器具有一定危险性的违法犯罪嫌疑人，在进行盘查时，必须首先将其置于严格控制之下，必要时使用手铐、警绳将其约束起来，使其失去反抗能力，检查控制枪支等危险物品，确认无误后方可实施盘问。对案情重大的违法犯罪嫌疑人应当迅速带至公安机关。

四是带离盘查对象的方式要科学、严密。对于发现的盘查对象，有时不便当场进行盘查，需要就近选择更适宜的场所，在这种情况下，为了防止盘查对象在被代理的途中逃跑或行凶顽抗，带离的方式一定要科学。一般应当将盘查对象夹在警察中间，警察与盘查对象之间的距离以1—2米为宜。跟在盘查对象后面的警察严密监视盘查对象的行动，随时处置突然变故。

物品检查。物品检查包括证件检查和实物检查。对于铁路公安机关而言，证件检查主要是查验盘查对象的居民身份证、工作证、护照、出差证明信等能证明盘查对象身份的证件和铁路运输过程中的有效票证。实物检查是对盘查对象携带的物品，如箱、包等的检查；还包括对盘查相对人骑乘的车辆，如自行车、摩托车、汽车等的检查。

证件检查。证件检查的主要方法有两种：第一，观察与触摸。观察主要是看证件和票证的规格、图像、特殊印记、暗记等是否符合真实证件的要求；触摸主要是触摸证件和票证的质地、特殊凹凸图形是否符合真实证件、票证要求，有无"贴、剪、刮、补"等改动的痕迹。对于具有机读功能的证件，如新一代居民身份证等，还可以通过专门的读卡器进行读取、比对。第二，人与证对照。人与证的对照包括四个方面的内容：一是进行检查的民警通过肉眼来观察比对证件上的照片与持证人是否相像或同一；二是证件、票证内所载内容与持证人的陈述是否一致；三是持证人的数个证件、票证之间是否有矛盾，如出生日期不一致，或者住址、职业、身份证号码不一致；四是证件是否已过有效期。在查验证件的同时，检查的民警还必须注意观察持证人的神情反应，看其是否有惊惧恐慌的表现。要边查验边盘问，同时注意安全防范。

实物检查。检查实物是对盘查对象所携带的或就在其身边的物品进行的观察、触摸、查看等活动。这些物品在没有经过检查之前，很难确定它们的性质及与违法犯罪嫌疑之间的关系，只有通过检查，弄清了它们的性质、用途，并与盘问结果相对照之后，才能最后确定是否属于违禁物品或犯罪赃证。实物的检查方法是：第一，人、物先分离，后检查。民警在对盘查对象携带的物品进行检查时，必须采取人、物分离检查的方法。尤其是在检查箱、包时，必须将盘查对象携带的箱、包从其身边分离开来。对不便分离的，必须让盘查对象自己开包、开箱。在开启带盖的箱包时，不能让盘查对象把箱包的盖子对着民警打开，而应让其把箱包调头，使盖子对着盘查对象自己，并命令其轻启、慢开。第二，细致查看检查。民警要谨慎细致地检查盘查相对人携带的物品，不能莽撞行事。对物品的检查要按照一看、二听、三闻、四摸再开启的原则进行。看，就是看物品的形状、结构、包装、质地；听，就是听物品是否有声响，有什么声响；闻，就是闻一下物品的气味，有无异味；摸，就是摸一下物品的形状、质地，掂一下物品的重量。以上每一环节，都要认真分析，作出判断，以防发生不测。对内有嘀嗒声、异味或者电线的箱包，开启时要十分小心，以防触动爆炸或有毒装置；没有检查把握的，可原地放置，请求上级派专业人员前来检查。检查时一定要细致认真，对怀疑可能与违法犯罪相联系的每一件物品及构造都要进行细心检查。

（5）当场盘查后的处置。

实施盘查勤务的民警在盘查后，要根据盘查情况作出妥善处理，不能留下任何尾巴。

盘问对象的处置。针对被盘问人的疑点解决情况，可以采取以下几种处理方式：

第一，对于没有发现违法犯罪迹象的盘查对象，盘查人员应立即予以放行，并向他们说明盘查活动对于维护社会治安的重要作用，以求得他们对盘查工作的理解和支持，并同时感谢他们对盘查活动所给予的协助，礼貌告别。

第二，对于已经查明有轻微违法不需要处罚或有违反社会公德行为的，经批评教育后，即可放行。

第三，对违反治安管理且具备当场处罚的盘查对象，可适用简易程序当场处罚。

第四，经当场盘问、检查，如盘查对象的嫌疑一时难以排除，但证据又不充分，符合继续盘问条件的，可将其带回公安机关依法继续盘问。

第五，查明确有犯罪嫌疑的，应及时移交有关刑侦部门处理。

第六，对盘查中遇到的醉酒者和精神病患者如需要依法采取约束措施，为了确保其本人人身安全或公共安全，必要时可以采取约束措施，也可以及时通知其家属、所在单位、监护人将其领回。

检查物品的处置。通过盘问、检查，对盘查对象随身携带的物品、驾驶的车辆等，应根据实际情况依法作出处置，以便及时收集、保全证据，准确打击违法犯罪活动，保护公民的合法权益不受侵犯。

第一，对没有发现违法犯罪迹象的，在被放行的同时，应将其携带的物品如数退还其本人，不得以任何借口扣留不还。

第二，对于违禁品、违反治安管理使用的本人所有的工具和所得财物，应依法予以收缴或没收。

第三，对于与违法犯罪有关的物品，应依法予以暂时扣押，并开具扣押物品清单。对扣押物品要妥善保管，确保赃物、赃款和各种证据的完整性。

2. 继续盘问的实施

（1）继续盘问的含义。

继续盘问是指公安机关的人民警察为了维护社会治安秩序，对有违法犯罪嫌疑的人员当场盘问、检查后，发现具有法定情形而将其带至公安机关继续进行盘问的措施。

（2）继续盘问的对象。

《人民警察法》第9条规定了继续盘问的四种适用对象（在盘查勤务依据的主要法律法规及相关规范部分已写明）。《公安机关适用继续盘问规定》规定了不得适用继续盘问的情况，其第9条规定，具有下列情形之一的人员，不得适用继续盘问：

①有违反治安管理或者犯罪嫌疑，但未经当场盘问、检查的；

②经过当场盘问、检查，已经排除违反治安管理和犯罪嫌疑的；

③涉嫌违反治安管理行为的法定最高处罚为警告、罚款或者其他非限制人身自由的行政处罚的；

④从其住处、工作地点抓获以及其他应当依法直接适用传唤或者拘传的；

⑤已经到公安机关投案自首的；

⑥明知其所涉案件已经作为治安案件受理或者已经立为刑事案件的；

⑦不属于公安机关管辖的案件或者事件当事人的；

⑧患有精神病、急性传染病或者其他严重疾病的；

⑨其他不符合本规定第8条所列条件的。

《公安机关适用继续盘问规定》同时也规定了继续盘问实施过程中的特殊适用，其第10规定，对符合本规定第8条所列条件，同时具有下列情形之一的人员，可以适用继续盘问，但必须在带至公安机关之时起的四小时以内盘问完毕，且不得送入候问室：

怀孕或者正在哺乳自己不满一周岁婴儿的妇女；

不满十六周岁的未成年人；

已满七十周岁的老年人。

对前款规定的人员在晚上九点至次日早上七点之间释放的，应当通知其家属或者监护人领回；对身份不明或者没有家属和监护人而无法通知的，应当护送至其住地。

（3）继续盘问的时限和审批。

第一，继续盘问的时限。根据《公安机关适用继续盘问规定》相关规定，继续盘问必须在法定的时间内进行，一般民警并没有继续盘问的决定权，必须要经过批准。

继续盘问的时限。公安机关实施继续盘问的时限一般为12小时；对在12小时以内确实难以证实或者排除其违法犯罪嫌疑的，可以延长至24小时；不讲真实姓名、住址、身份，且在24小时以内仍不能证实或者排除其违法犯罪嫌疑的，可以延长至48小时。

继续盘问的时限自有违法犯罪嫌疑的人员被带至公安机关之时起，至被盘问人可以自由离开公安机关之时或者被决定刑事拘留、逮捕、行政拘留、收容教育、强制戒毒而移交有关监管场所执行之时止，包括呈报和审批继续盘问、延长继续盘问时限、处理决定的时间。

第二，继续盘问的审批程序。公安派出所的人民警察对符合继续盘问条件，确有必要继续盘问的有违法犯罪嫌疑的人员，可以立即带回，并制作《当场盘问、检查笔录》，填写《继续盘问审批表》报公安派出所负责人审批决定继续盘问12小时。

对有必要将继续盘问时限延长至24小时的，公安派出所应当填写《延长继续盘问时限审批表》，报县、市、旗公安局或者城市公安分局的值班负责人审批。

对确有必要将继续盘问时限从24小时延长至48小时的，公安派出所应当填写《延长继续盘问时限审批表》，报县、市、旗公安局或者城市公安分局的主管负责人审批。

县、市、旗公安局或者城市公安分局的值班或者主管负责人应当在继续盘问时限届满前作出是否延长继续盘问时限的决定，但不得决定将继续盘问时限直接从12小时延长至48小时。

(4) 继续盘问的一般程序。

带回报批。经过当场盘查，公安派出所民警对符合法定条件，确有必要继续盘问的有违法犯罪嫌疑的人员，可以立即带回，并报公安派出所负责人审批决定是否继续盘问，未批准继续盘问的，应当立即释放。

告知。对有违法犯罪嫌疑的人员批准继续盘问的，公安派出所应当依法填写《继续盘问通知书》送达被盘问人，并立即通知其家属或者单位。对被盘问人身份不明或者没有家属和单位而无法通知的，应当在《继续盘问通知书》上注明，并由被盘问人签名或者捺指印。但是，对因身份不明而无法通知的，在继续盘问期间查明身份后，也应当依照规定立即通知其家属或者单位。

需要特别注意的是，在执法实践中，对被盘问人的家属为老年人、残疾人、精神病人、不满16周岁的未成年人或者其他没有独立生活能力的人，因公安派出所实施继续盘问而使被盘问人的家属无人照顾的，公安派出所应当通知其亲友予以照顾或者采取其他适当办法妥善安排，并将安排情况及时告知被盘问人。

盘问。对有违法犯罪嫌疑的人员批准继续盘问后，应当立即结合当场盘问、检查的情况继续对其进行盘问。继续盘问应该在当场盘问的基础上，重点围绕弄清疑点的真相，排除或者认定违法犯罪嫌疑进行。盘问时既要严肃认真，严格依法办事，又要科学合理，讲究策略方法。在继续盘问期间，公安派出所及其人民警察应当依法保障被盘问人的合法权益，严禁对被盘问人进行刑讯逼供；殴打、体罚、虐待、侮辱被盘问人；敲诈勒索或者索取、收受贿赂；侵吞、挪用、损毁被盘问人的财物；不得以连续盘问的方式变相拘禁他人；不得以继续盘问作为催要罚款、收费的手段。

继续盘问时应向被盘问人宣读其依法享有的权利和必须履行的义务，盘问中要做好《继续盘问笔录》，盘问完毕后，笔录应交由被盘问人核对或者向其宣读，核对无误后应由被盘问人签字、捺指印。对被盘问人拒绝签名和捺指印的，应当在笔录上注明。

候问。候问就是等候盘问的简称。根据规定，在继续盘问间隙期间，应当将被盘问人送入候问室进行候问。未设置候问室的，应当由人民警察在讯问室、办公室看管。禁止将被盘问人送入看守所、拘留所、强制戒毒所、收容教育所或者其他监管场所关押，以及将不同性别的被盘问人送入同一候问室。

被盘问人被送入候问室时，看管的人民警察应当问清其身体状况，并做好记录。发现被盘问人有外伤、有严重疾病发作的明显症状的，或者具有必须在带至公安机关之时起的4小时以内盘问完毕的，不得送入候问室，应当立即报告警务督察部门和主管公安派出所工作的部门，并做好详细记录。将被盘问人送入候问室时，对其随身携带的物品，公安派出所应当制作《暂存物品清单》，经被盘问人签名或者捺指印确认后妥为保管，不得侵吞、挪用或者损毁。

终止。终止是指当继续盘问出现盘问不能继续进行的情形时，停止继续盘问的活动。终止继续盘问主要有四种情形：一是未被领导批准继续盘问的。公安民警将当场盘查对象带至公安派出所，报请领导审批而未被批准继续盘问的，或者呈报延长继续盘问期限未被批准的，对盘查对象必须立即释放，终止继续盘问。二是有不适用继续盘问情形的。公安民警在继续盘问过程中，发现有不适用继续盘问情形的，应当立即终止继续盘问，并依法释放或者采取其他措施。三是经过批准的继续盘问或者延长继续盘问期限届满，尚不能证实其违法犯罪嫌疑的，应当立即释放被盘问人。四是对已经证实有违法犯罪行为的或有证据证明有犯罪嫌疑的，要依照刑事法律的规定立即移交给主管机关、部门，终止继续盘问。五是对已经证实具有违反治安管理行为，且事实清楚、证据确凿，当场可以给予警告、罚款行政处罚决定的，应当立即释放；对于有一定证据证明有违反治安管理嫌疑，需要及时立为治安案件进行查处的，启动行政处罚程序，终止继续盘问。

对终止继续盘问或者释放被盘问人的，应当在《继续盘问登记表》上载明继续盘问或者释放的具体时间、原因和处理结果，由被盘问人核对无误后签名或者捺指印。被盘查人拒绝签名和捺指印的，应当在《继续盘问登记表》上注明。

三、堵截

堵截勤务是公安机关以治安卡口、查报站等为阵地，依法对过往可疑人、车及携带物品进行盘查检查以及紧急情况下设卡堵控的一项强制性措施。查缉堵截包含查缉和堵截两部分内容。虽然它们分属两种不同措施，但两者往往紧密相连，是打击犯罪，维护社会治安的一项有效措施。

堵截勤务，是指人民警察在犯罪行为人或犯罪嫌疑人可能逃往的前方组织警力设点卡控，迎头守候、围堵截获在逃人员或者现行犯的行动。

（一）堵截方法

1. 设卡堵截

对可能外逃的犯罪嫌疑人，实行设卡堵截。堵截时，民警在重要卡点等处设卡，以发现查获犯罪嫌疑人。同时还可以发动群众协助民警进行堵截。设卡堵截是指在犯罪嫌疑人能逃跑方向的前方，选择恰当的地点，公开或秘密布置警力进行的迎头守候拦截，控制发现缉捕犯罪嫌疑人的紧急措施。

2. 定点堵截

对犯罪嫌疑人可能到本地社会关系、亲属或其他落脚点，实行定点堵截。进行定点堵截时，缉捕人员伪装要逼真，行动要秘密，不使犯罪嫌疑人和周围群众发现。

3. 寻查堵截

寻查堵截是在犯罪嫌疑人可能出没活动、落脚藏身的地点和场所布置查缉力量堵截，发现、查获犯罪嫌疑人；也可以在这些地点、场所建立临时掩护点，如化妆成小商、小贩、工人等职业人员，进行定点寻查守候，发现、堵截和缉捕犯罪嫌疑人。

4. 围捕堵截

在追缉堵截犯罪嫌疑人的过程中，如果发现犯罪嫌疑人已经逃至某个建筑物内，应抢占有利地形，将犯罪嫌疑人先包围起来，然后进行围剿、搜查和缉捕。

5. 监视控制

在犯罪嫌疑人可能逃往的区域，采取公开或秘密、投入警力和视频监控相结合的方法，进行监视控制，查缉犯罪嫌疑人。

(二) 注意事项

1. 堵截过程中，应注意强化警务联动、合作堵控。卡口民警之间应强化警务联动、合作堵控，实现卡口资源利用的最大化。即和周边民警保持通讯联络，建立伙伴互助机制，约定任何一方提出设卡请求，必须立即组织警力进行联控，实现优势互补。

2. 追堵时，首先要发现、观察犯罪嫌疑人，民警在追堵中，发现可疑人员时，首先要注意对其行为举止进行仔细地观察，寻找异常迹象，其次观察其衣着是否正常，有无藏有武器、爆炸物或其他凶器迹象，如腰部突起，夹着手臂或手臂僵直走路，外衣被东西沉重地拽向一边，所携物品、包裹遮遮掩掩，怕动怕碰，显异常或枪支形状、重量等。

3. 在拦截重大暴力犯罪嫌疑人时，随时可能会发生搏斗或枪战，因此，拦截时，首先要防止误伤旅客群众，同时也要注意保护自身安全。

(三) 工作要求

1. 值勤民警开展查缉堵截工作时需配备必要的装备，时刻保持高度警惕，规范查缉堵截战术，严格做好自身防护，查缉堵截民警和查缉堵截对象要成战术比例。

2. 查缉堵截女性重点人员，必须有女民警参与查缉堵截。

3. 查缉堵截工作要严格依法、依规开展，同时又要讲究方式、方法，防止激化矛盾，造成负面影响。

4. 查缉堵截过程要用执法记录仪进行摄录。

5. 专项查缉堵截时间自下达查缉堵截通知开始，超过查缉堵截布控期限，被通缉、协查的对象仍然在逃的，按日常查缉堵截的要求开展工作，直至《通缉令》《协查通报》等查缉堵截通知撤销。

6. 对查缉堵截的各类违法犯罪嫌疑人员，要建立情报资料，并及时录入信息系统。携带有手机的，要按规定使用专业设备采集其手机信息，及时录入数据库。

四、值班备勤

为了及时有效地处理各种紧急治安问题，也是为了确保派出所内部安全，派出所实行24小时值班制度。

(一) 值班

按照公安部《公安派出所执法执勤工作规范》(公通字〔2002〕13号) 规定，公安派出所民警值班必须保持两人以上，必须有所级领导一人带班，以便随时接警、处警……值班民警必须坚守岗位，严格遵守工作交接制度，做好值班记录，有情况及时请示报告，不得从事与值班工作无关的活动。

1. 通信联络、传达命令

(1) 利用值班电话、对讲机、警务通等通信手段与所领导及各岗位民警保持通信联络。

(2) 接听电话应使用规范的文明用语，禁用服务忌语。

(3) 在通信联络中要加强保密意识。

(4) 在接到群众报警及上级公安机关出警指令后，在问明发生案 (事) 件的准确地点、性质、需要派出的警力和任务等基本情况后，立即向值班领导报告情况并接受派警命令。

(5) 按照值班领导的指令，立即通知岗位值勤民警赶赴现场；需备勤民警出警的，立即下达出警命令。

(6) 值班民警要保持与出警民警的联络畅通，及时将出警处置情况向派出所长和上级报告，并转达在现场执行任务的民警提出的要求与建议，为派出所和上级公安机关指挥决策提供情报信息和参考意见。

2. 接受报案、控告、举报及扭送的违法犯罪嫌疑人和投案自首人员

（1）询问前来报案、控告及扭送违法犯罪嫌疑人和投案自首人员的基本情况，制作《询问笔录》。

（2）制作完《询问笔录》问明情况后，及时将情况报告值班领导依法处理，并规范填写《接受案件回执单》。属于刑事案件的，迅速按照法律法规程序规定移交有关刑侦部门；属于派出所主管的，按派出所领导指令交有关民警处理；如果不属本派出所或者不属公安机关管辖范围之内的或者被扭送的人员不属于违法犯罪嫌疑人范围的情况时，要说明应当如何处理，指导其到有关部门解决，或者按照案件的性质，归属，移交有关部门处理。

（3）对紧急案事件，应当立即向值班领导报告，按照领导指示或预案，组织民警依法采取紧急处理措施。

（4）对扭送到派出所的违法犯罪嫌疑人和投案自首人员，要依法采取安全措施，确保民警及其他相关人员、财产的安全。

（5）对于受伤的人员要组织民警将其送往医院救治，立即通知其家属，并保留相关证据。

3. 接受群众来访、查询、求助

（1）耐心答复或者解决群众提出的问题。

（2）接待群众寻人或者查找住址的，详细问明情况，积极帮助查找。

（3）对于群众的求助，属于职责范围的，积极帮助解决；不属于职责范围的，向群众说明理由，告知其应当到何部门办理。

（4）对群众送交拣拾物品的，详细做好记录，尽快查找失主。对于归还物品的情况或者无主物品的处理情况，应当向送交拣拾物品的群众反馈。

（5）群众求助及民警处理的情况都应当记录在案。

4. 保卫公安派出所内部安全

（1）对公安派出所所内的安全情况进行巡查；加强门卫值班登记制度，对进入内部办公区的所外人员和车辆应当查验证件，查清情况进行登记。

（2）加强进出派出所车辆通行、停放的交通安全管理。

（3）对派出所内存放武器弹药的部位，严格按照相关制度要求进行看守，确保安全。

（4）做好防盗、防火、防治安灾害事故的组织防范工作，落实安全防范措施。

（二）备勤

备勤是指备勤人员在派出所内整装待命，以备突发事件发生或需执行临时勤务之需。

1. 备勤的部署

（1）公安派出所实行24小时备勤制度，由所领导带班，安排足够警力着装备勤。

（2）备勤应配备相应武器装备和交通工具，保障随时执行各种紧急任务和接受上级调遣指令。

（3）派出所应当结合站区各值勤区域的工作特点，科学调配备勤警力、装备，合理设置备勤警力待命位置，保证能以最短时间到达警情部位。

2. 备勤的要求

（1）服装穿戴整齐、武器装备佩备完整，其他相关装备有序放置在方便拿取的位置，

通信联络保持畅通，随时按照派出所领导指令开展警情处置和应急处突工作。

(2) 没有临时任务的，在工作时间根据需要，应集中在公安派出所所内从事职责内的保养装备、擦拭枪支警械、检查维修车辆、通信设备等相关工作。

(3) 做好随时出警准备。

(4) 完成临时派遣任务后，立即返回派出所所内待命，继续备勤。

第二部分 典型案例评析

一、案情介绍

(一) 案例概况

2016 年 12 月 5 日凌晨 2 时 45 分左右，××省××市发生一起持刀抢劫案。两名青年男子持刀划伤一名出租车司机后实施抢劫。10 分钟后，××市××公安分局派出所 5 名民警在街头盘查中将该两名犯罪嫌疑人成功抓获，缴获赃款（物）及凶器，自身无一伤亡。

(二) 案发情况

2016 年 12 月 5 日凌晨 2 时 45 分左右，青年男子李××伙同齐××经过预谋，携带裁纸刀一把，在东二环与建设路西北角，拦住一辆蓝色大众出租车，齐××佯装醉酒，抱头坐进副驾驶位置，并趁机抓住出租车手刹把手，齐××从司机一侧窗口，用胳膊搂住司机邱××（女性）脖子，并将携带的裁纸刀架在被害人邱××脖子上，逼其"把钱掏出来"，期间裁纸刀划破邱××脖子，被害人被迫掏出手提包（内有现金两千多元，身份证一张，银行卡若干）交给齐××，两人得手后，随即逃窜。出租车司机邱××报警。

(三) 处置过程

接警后，市公安局指挥中心迅速指挥调度附近 3 个单位处警。当日晚，建设路派出所 5 名民警（含所长、副所长，均有接受盘查战术培训和参与实战演练的经历，着便衣，携带值班手枪一支、伸缩警棍 4 根、手铐两副，所驾车辆停放于附近偏僻巷道）正在建设路便衣巡逻，凌晨 3 时 10 分许，发现马路对面非机动车道上有两名青年男子向北奔跑，手里有一个提包，举止慌张，形迹可疑。所长判定其为可疑对象，带领民警在本侧人行道内快速跟近。当可疑人员跑至建设路与新华路交叉路口东南角挥手拦乘一辆非法营运的三轮摩托车（后座位可以容纳两人，后座右侧、左侧被车体成"U"形半包围，乘坐人可以从前方驾驶员座位的左右侧下车）并依次上车时，所长带领一名民警穿越绿化带，及时从左右斜前侧挡住该车，迅速拔下其车钥匙后喝令："我们是警察，不准开车，司机下来、你们配合检查。"同时出示证件。副所长则带领其余两名民警从车辆后方绕行赶到，并成弧形站位控制该车辆后方及两侧。所长因携带枪支，此时转为侧身戒备姿势。副所长告知后座上两人："不要动，就这么坐好，我们检查一下，没问题就放行。"随后，令两人将手从手提包上挪开，发现手提包为女式提包。副所长立即命令两人将手举高，分别从左右两侧慢慢下车到非机动车道，各自接受两名民警检查。两名嫌疑人均神情紧张，但配合程度较好。民警用触摸法发现并缴获两人分别携带于裤兜中的裁纸刀各一把，马上责令两人手指交叉抱于脑后呈蹲姿，由警戒民警抓握其手指实施徒手控制。在随后的物品检查中，发现一女性身份证件等物品。民警继续发问："你们的证件呢？东西是从哪弄的？"两名嫌疑人低头不语。据此，所长迅速与指挥中心联系，获知 2 公里外的临近地域刚刚发生一起持刀抢劫案件，且案中被抢物品与盘查时所缴获物品吻合，当即命令将两人上铐控制，带回派出所突审，案件迅速告破。从发现、追踪、盘查至成功抓捕的整个过程不到 5 分钟。

二、案例评析

（一）及时、准确发现并锁定可疑目标，确定盘查对象。

民警在巡逻中应做到及时、准确地识别犯罪嫌疑人。《中华人民共和国人民警察法》第 9 条规定当场盘问检查的对象为“有违法犯罪嫌疑的人员”，一般理解为身份可疑的人、体貌表情可疑的人、行为可疑的人、携带物品可疑、有明显犯罪迹象的人等。此案例中民警责任心强，

发现的可疑情况包括：（1）凌晨 3 点的夜间在街头奔跑，系行为异常；（2）奔跑中两男子举止慌张，系举止行为可疑；（3）奔跑中的一男子手提女士挎包，系携带物品可疑。上述表现都属于形迹可疑的反常行为。

（二）时机恰当，分工明确，站位合理

根据当时的时空特点，没有打草惊蛇、始终沉着应对，并采取有利队形迅速对犯罪嫌疑人及所乘车辆实施封控。

1. 选择适宜的时机进行截停。在本案例中，在确定盘查对象之后，如果民警直接喊话令其停住，有可能惊动盘查对象，并很可能使犯罪嫌疑人逃跑。因此，民警采取秘密观察跟踪的方式，直到两犯罪嫌疑人上车时，果断出击，成功将其所乘坐的车辆封孔，反映出民警在进行形势评估的基础上，临战准备工作充分，符合战术上的一条基本要求：“做最充分的准备，做最坏的打算。”

2. 选择适宜的地点进行截停。选择截停地点的原则，一是安全；二是便于控制和盘查；在本案中，民警等两名犯罪嫌疑人均上车后、进行截停盘查，将嫌疑人压缩在狭小的空间内，便于警察观察，且利用车体本身特点对犯罪嫌疑人的行为空间进行控制。

3. 盘查地点位置选择合理。虽然我方有 5∶2 的警力优势，但是因为地处路口，在此盘查不便控制盘查对象，人行道又有部分行人，可能造成围观而不利于我方开展工作，故将其带到非机动车道进行盘查。该地光线较好，利于观察，离行人较远，不易受干扰，便于对盘查人员控制。

4. 民警配合默契，发挥协同力量。所长带领一名民警从正面将犯罪嫌疑人所乘车辆截停后，其他 3 名民警迅速从车辆后方绕行赶到，并成弧形站位控制该车辆后方及两侧。并且在实施盘查过程中，从站位、盘问、物品检查、人身检查、徒手控制、外围警戒、警械具控制和押解带离等环节均可反映出这 5 名民警分工明确，配合默契，协同执法能力强。

（三）整个盘查过程符合法律程序

在盘查过程中，民警能够严格按照法律程序进行操作。

1. 截停告知。首先依照法律要求表明警察身份和执法意图，随后，以恰当的语言控制了车辆，同时以优势警力合理站位，震慑了盘查对象。

2. 盘问检查。根据现场的情况，民警没有机械地先检查证件，也没有让嫌疑人下车，实施人车分离，而是继续利用空间控制的有利条件，先实施了人物分离；经过开包检查，两人的犯罪嫌疑增大，迅速通告战友提高警惕，并提高相应强制手段控制等级；令其下车接受搜身检查，发现匕首后，民警利用徒手控制技术对其实施有效控制，在确认犯罪嫌疑人所持

物品为赃物后，才使用警械（手铐）对其控制。

3. 遇到问题及时向上级报告。虽然在抓到犯罪嫌疑人之前，建设路派出所民警没有接到指挥中心的调度指令，但是，在控制犯罪嫌疑人后，所长迅速与指挥中心联系，及时获取了有关当晚发生的特大持刀抢劫案的信息，为正确处置嫌疑人提供了有利的依据。

第三部分 实训教学设计

一、实训设计思路

通过“巡逻、盘查”实训教学，将巡逻、盘查抽象理论与生动现实紧密联系在一起，通过巡逻、盘查的“场景设计”与“场景运作”提高学生学习兴趣和积极性。学生自觉置于特定巡逻、盘查场景中，通过实际演练，使学生融合巡逻、盘查相关知识，把专业理论有效转化为实际操作能力，有效提高学生巡逻、盘查工作技巧和综合运用能力。

二、实训指导

（一）巡逻勤务相关实训

1. 实训目的

（1）通过实训更全面、详细的理解、掌握巡逻相关理论知识及具体操作过程；

（2）通过实训锻炼，提升巡逻中处理各种情况、问题的能力。

2. 实训内容

（1）巡逻勤务过程（线路规划、警力配置及具体布置、巡区布局、观察方法、巡逻中的报告、巡逻记录的填写等）；

（2）巡逻中常见问题处理（群众求助）；

3. 相关知识点

（1）《城市人民警察巡逻规定》；

（2）《中华人民共和国人民警察法》第九条之规定；

（3）《中华人民共和国居民身份证法》（2011 年 10 月 29 日第十一届全国人民代表大会常务委员会第二十三次会议修正）第 15 条之规定；

（4）公安机关人民警察现场制止违法犯罪行为操作规程》（公通字〔2010〕9 号 2010 年 1 月 27 日）第 35、36、37、38、39、40 条之规定；

4. 实训课时

2 课时

5. 实训要求

（1）实训教师引导学生完成巡逻实训过程的设计工作；

（2）实训教师在实训过程中适时指导，实训结束后点评总结。

（3）训练学生按照巡逻有关规范要求，灵活运用巡逻方法进行实训操作；

（4）引导学生正确制作巡逻相关法律文书。

6. 实训保障

（1）有关物品。

名　　称	数量	单位	用途
巡警背心	20	套	巡逻
巡逻自行车	10	辆	巡逻工具
巡逻四轮电动车	4	辆	巡逻工具
对讲机	20	个	通讯
手铐	10	个	控制行为人
警棍	10	个	控制行为人
警戒带	1	卷	隔离现场
工作证	2	本	证明身份
帆布包	1	个	装被查物品
其他物品	若干		备用

（2）有关文书：《接处警、移交警登记表》、《巡逻情况登记表》等。

（3）场地：模拟街区等巡逻实训场地。

7. 实训步骤

（1）学生复习巡逻相关知识点。

（2）器材准备。

（3）学生分组及角色分工。根据班级人数、实训场地及准备器材情况对学生进行分组，一般6~8人一组，每组2~3名巡逻警察，其余学生可扮演相关角色，如需救助群众、围观群众等。

（4）民警演绎巡逻的相关过程和程序。

（5）学生自评。

（6）教师点评。

（7）学生和老师分别写出《实训报告》（学生用）和《实训报告》（老师用）。

8. 考核评分标准

实训考核成绩按照优、良、中、及格、不及格五级记分制评定，从以下方面考核记分：对巡逻有关法律规范的理解和掌握程度20%，案情设计10%，法律文书的制作25%；参与各方角色表现10%；组织纪律性、团结协作精神15%；法律适用20%。实训结束后，实训学生按照实训要求写出实训报告，实训指导老师根据学生分组实训情况和实训报告完成质量情况给出实训小组成绩，由实训小组长在实训指导老师的监督下会同本小组成员商量后，根据本小组成员在实训中的贡献大小、表现情况等，在实训指导老师给出的实训小组成绩基础上上下浮动后给出本小组成员的个人成绩，浮动幅度为10%。

（二）盘查勤务相关实训

1. 实训目的

（1）通过盘查的实训，使学生掌握盘查的要领、操作程序、盘查对象的确定。

（2）通过盘查实训，使学生掌握识别违法犯罪嫌疑行为人的方法，提高学生动手操作能力、分析判断能力。

2. 实训内容

（1）盘查的要领、程序、站位、姿势。

（2）盘查地点与时机的选择、盘查对象的确定。

（3）识别违法犯罪嫌疑行为人的方法。

3. 相关知识点

（1）《中华人民共和国人民警察法》第 9 条之规定；

（2）《中华人民共和国居民身份证法》（2011 年 10 月 29 日第十一届全国人民代表大会常务委员会第二十三次会议修正）第 15 条之规定；

（3）《公安机关人民警察盘查规范》（公通字〔2008〕55 号）；

（4）《公安机关适用继续盘问规定》（中华人民共和国公安部令第 75 号）第 8 条之规定；

（5）《公安机关人民警察现场制止违法犯罪行为操作规程》（公通字〔2010〕9 号 2010 年 1 月 27 日）第 35、36、37、38、39、40 条之规定；

（6）《公安派出所执法执勤工作规范》（公通字〔2002〕13 号）第 70、71、72、73、76 条之规定。

4. 实训课时

2 课时

5. 实训要求

（1）实训教师引导学生完成盘查实训过程的设计工作；

（2）实训教师在实训过程中适时指导，实训结束后点评总结；

（3）训练学生按照盘查有关规范要求，灵活运用盘查方法进行实训操作；

（4）引导学生正确制作盘查相关法律文书。

6. 实训保障

（1）有关物品。

名　称	数量	单位	用途
对讲机	20	个	通信
手铐	10	个	控制行为人
警棍	10	个	控制行为人
警戒带	1	卷	隔离现场
工作证	2	本	证明身份
帆布包	1	个	装被查物品
其他物品	若干		备用

（2）有关文书：《当场盘问、检查笔录》等。

（3）场地：模拟街区、模拟派出所等盘查实训场地。

7. 实训步骤

（1）学生复习盘查相关知识点。

（2）器材准备。

（3）学生分组及角色分工。根据班级人数、实训场地及准备器材情况对学生进行分组，一般6~8人一组，每组2~3名巡逻警察，其余学生可扮演相关角色，如巡逻中发现的可疑人员、围观群众等。

（4）民警演绎盘查的相关过程和程序。

（5）学生自评。

（6）教师点评。

（7）学生和老师分别写出《实训报告》（学生用）和《实训报告》（老师用）。

8. 考核评分标准

实训考核成绩按照优、良、中、及格、不及格五级记分制评定，从以下方面考核记分：对盘查有关法律规范的理解和掌握程度20%，案情设计10%，法律文书的制作25%；参与各方角色表现10%；组织纪律性、团结协作精神15%；法律适用20%。实训结束后，实训学生按照实训要求写出实训报告，实训指导老师根据学生分组实训情况和实训报告完成质量情况给出实训小组成绩，由实训小组长在实训指导老师的监督下会同本小组成员商量后，根据本小组成员在实训中的贡献大小、表现情况等，在实训指导老师给出的实训小组成绩基础上上下浮动后给出本小组成员的个人成绩，浮动幅度为10%。

三、实训场景设计

（一）巡逻勤务相关实训

1. 巡逻勤务过程实训

（1）确定巡逻方式、路线及重点巡逻部位。

根据巡逻区域的特点，确定巡逻方式、路线，分析确定巡逻的重点区域等。如，对模拟商业街的巡逻，一般采用徒步巡逻方式，往返巡逻方法，重点区域为银行、珠宝商店及人流量集中的区间段。

（2）巡逻勤务过程实训具体实施。

出巡。这一环节是巡逻勤务的第一步。根据确定的巡逻方式、路线及重点巡逻部位，巡逻小组对组织巡逻警力，配备巡逻装备以及对明确巡逻任务等。

观察注意。就是巡逻警察在出巡过程中仔细观察巡区内的状况，注意发现一切可疑问题。

处置。遇有属于警察职责的问题，诸如求助、扰乱公共治安秩序行为等，进行处理的过程。

报告及记录。巡逻警察在巡逻过程中遇有紧急情况要及时向派出所报告，日常巡逻过程做好巡逻记录。

2. 受理群众求助（可在巡逻勤务过程实训中进行演练）

民警巡逻中遇有摔伤的群众，给予初步的急救措施，及时拨打120急救中心或者直接送往附近的医院。巡逻中遇有迷路的老人、儿童等，及时了解情况，联系家属或者在周围寻找走失人员家人，暂时无法找到的送交附近派出所继续查找亲人。

（二）盘查勤务相关实训

某年某月某日某派出所民警在时代广场步巡，发现一人从超市出来，手提帆布包，行色匆匆，两民警遂上前敬礼截住，要求进行盘查。民警口头命令其停住接受盘查，一人进行负责警戒，另一人进行盘查。令其人、物分离，面墙背向民警站立，先是口头盘查，然后查身，最后查物。排除嫌疑，敬礼致谢放行。

1. 实训内容一：出示证件

实训目标：

通过本环节练习，训练和培养学生依法进行盘查的法律意识和避免非法盘查的行为。

实训内容安排：

民警甲、乙向被排除人出示有关证件，并说明其所属警局。

实训要领及要求：

注意被盘查人的行、色变化，出示证件应规范、迅速，一般不应同意被盘查人查看、确认证件的要求，同时要注意自身防护。

2. 实训内容二：站位与检查人身

实训目标：

通过训练，掌握正确的盘查站位姿势和检查人身的方法。

实训内容安排：

步骤 1：站位

令被盘查人双手扶墙背向民警站立，双腿分立，负责警察的民警位于被盘查人左侧45°，距被盘查人约 1 米处徐徐靠近进行检查；另一民警位于被盘查人右侧 45°，距被盘查人 1.5 米处，负责警戒。

步骤 2：检查人身

负责检查的民警应对被盘查人进行初步的整体观察，确定其是否有危险。然后先上后下，先后后前进行检查。

实训要领及要求：

负责检查的民警应密切注意被盘查人的反应，注意自身防护。

3. 实训内容三：检查物品

实训目标：

通过本环节的训练，使学生掌握检查物品的程序和方法。

实训内容安排：

负责检查的民警应对物品进行初步估量，是否有危险物品。打开包裹如拉链，应轻轻拉开，轻拿轻放。分层检查，有序放置，避免危险和侵害被盘查人的权益。

实训要领及要求：

人、物分立，轻拿轻放，分层检查，有序放置，注意防护。

4. 实训内容四：盘查结果处理

实训目标：

通过实训，掌握盘查的方法，在确定被盘查人是否能够排除违法犯罪嫌疑后的处理方法。

实训内容安排：

放行或者移送派出所处理。

排除嫌疑者，敬礼放行致谢；不能排除嫌疑者，移送派出所处理。

实训要领及要求：

注意放行的态度，移送时对行为人的控制及民警的自身防护。

◎ 本章小结

本章主要介绍了巡逻、盘查、堵截、值班备勤等治安勤务。巡逻勤务，指的是公安派出所人民警察运用巡逻这一动态的执勤方式，维护辖区内公共安全和治安秩序，为旅客群众提供救助服务的具有武装性质的职务活动。盘查指公安机关人民警察在执行公务的过程中，对可疑人员进行盘问、检查，从而发现或确认是否有违法、犯罪行为或具有重大犯罪嫌疑并及时抓获的一种行之有效的措施和工作方法。巡逻、盘查与其他的治安勤务方式相辅相成，共同构成治安动态控制的整体治安勤务模式。

◎ 思考与练习

1. 公安派出所巡逻勤务的概念及特征。
2. 盘查勤务的概念和特征。
3. 当场盘查的实施步骤、应注意的问题。
4. 继续盘问的对象、应注意的问题。
5. 继续盘问的审批程序及时限。

◎ 拓展阅读

怎样开展巡逻盘查才安全？形象·尊重·配合①

巡逻盘查是公安机关发现并震慑违法犯罪的有效手段，也是提升人民群众安全感和对公安机关满意度的有效载体。那么，民警如何开展巡逻盘查才能既有社会震慑力，又能赢取百姓支持，更能确保民警自身安全？就此，笔者专门采访了浙江省台州市公安局路桥分局路南派出所、峰江派出所、巡特警大队、治安大队、警务督察大队等10多位经验丰富的民警，有几位还是所队的领导，向他们作了全方位的了解。

综合路桥分局众基层民警的经验，笔者整合并提炼成以下三句话：形象树立威信，尊重换来支持，配合守护平安。

第一句话：形象树立威信

为啥把巡逻盘查扯到“形象”上去，还放在第一点，原因在于一个人的形象往往决定着处事的成败与否，公安民警也不例外，在开展巡逻盘查时更应注意自身形象，注意谈吐举止，做到严格按照规定着装，严格按照规定佩戴单警装备，做到举止得体大方。尤其是现在社会上诸如保安等行业穿着的制服与民警的服饰雷同，在一定程度上充斥并影响了民警良好形象的实际，民警在开展巡逻盘查时只有严格按照着装规定，佩戴好单警装备，把自己的精、气、神展现出来，才能树立自己在公众中的良好形象，才能树立起在公众中的威信，才能对犯罪分子有震慑力。倘若上身穿着警服，下身穿着五颜六色的便服，脚上穿着拖鞋，这样上路去巡逻盘查，分明就是个“野战军”，哪个人还会尊重你，就更不要说什么威信。百姓不满了，遭袭警等事件势必也来了。在这方面，路桥分局很是重视，以该分局的巡特警大队为例，路桥分局巡特警大队是担负主城区治安巡逻的重要力量，巡特警民警在开展巡逻时统一严格按照规定着装，佩戴防暴头盔，在公众中营造了良好的形象，对犯罪分子有着极大

---

① 蒋友亲. 怎样开展巡逻盘查才安全？台州路桥分局抓住三点——形象·尊重·配合，人民公安报，2014年5月21日。

地震慑力。

第二句话：尊重换来支持

一个人，最起码的就是要得到尊重，只有尊重他人才能赢得支持。因此，民警在巡逻盘查时必须树立“以人为本”的思想，做到文明执法，文明用语，说明开展巡逻盘查守护百姓平安的初衷和目的所在，取得大家的支持和理解。当然，在开展巡逻盘查时绝不能出现伤害百姓心灵的言语，以激起被盘问对象的不满，严重时候还可能会激起民愤。民警只有做到文明执法，才能从源头上消除袭警等事件发生。

对通过盘查没有发现可疑迹象的人员，盘查完毕说声“谢谢配合”、“给你添麻烦了”之类的话语，这样既彰显出民警殚精竭虑守护百姓平安的决心，又在百姓中为自己做了回“免费广告”，无形中提升了群众对公安机关的满意度。路桥分局路南派出所在这方面最有发言权，路南派出所在控发案中特别注重对街路面的巡逻盘查。巡逻盘查中，民警都会为被盘查对象送上一句“我们是路南派出所的民警，给你添麻烦了，谢谢理解与配合”，积极为自己做“免费广告”赢得百姓赞誉，2013 年度路南派出所在分局开展的群众安全感和满意度测评中荣膺第一名的好成绩。

第三句话：配合守护平安

开展巡逻盘查，一般都是需要民警 3 人或以上参加，为确保自身安全，民警在巡逻盘查时一定要注意力高度集中，密切关注被盘问对象的动态，相互之间一定要密切配合，民警所站立的位置必须要在能控制住被盘问嫌疑人为目的，千万不能自搞一套，尤其是遇上吸毒、贩毒、非法携带管制刀具、醉酒、精神病人等的时候尤其要备加小心，遇到被盘问嫌疑人出现行凶等情况时要果断处置，关键时刻要发挥警棍、催泪喷射器等警械和装备的作用，达到既有效控制嫌疑人，又能确保自身绝对安全的双重效果。值得提醒的是，民警在开展巡逻盘查时最好带上金属探测器，以方便查缉非法携带管制刀具的嫌疑人。路桥分局高度重视民警在巡逻盘查时的安全问题，为提高民警盘查控制嫌疑人员的能力，分局专门组织教官为派出所、巡特警等一线民警培训技能；该分局峰江派出所为提高协警员盘查技能，每年都要为协警开展为期一周的专业技能培训。

第五章　公安人口服务与管理

目前我国的人口管理工作重头在公安机关派出所，由于该工作涉及面极广、变动大、时代感强，所以公安人口服务与管理工作一直存有重管理，轻服务；重建设，轻落实；重规划，轻调控；重市区，轻村社；重内容，轻质量的问题。而广大学警在面对政策导向、条例繁多、群众互动的人口工作时，往往产生眼高手低、不善沟通、条令混记等轻视、畏难情绪。更有甚者觉得人口工作不是公安工作，进入工作岗位时并不能很好地适应角色转变、端正工作态度。而公安人口工作主要由派出所的户籍民警完成，主要是在人口登记、迁入、迁出、结婚、死亡、宗教、兵役、民族等方面，登记、修改、删除公民个人的详细信息。而在公安的其他业务警种也均与人口管理有关，刑侦部门在侦察办案中常需要查询犯罪嫌疑人的资料，国保部门在重点人管控中需要搜集重点人资料，治安部门在流动人员管理中需要核对流动人员资料，交警部门在交通执法中需要核对驾驶人个人信息，出入境部门在进行护照管理时需要核对出国人员信息，消防部门在消防检查时，需要核对法人个人资料等。这一类信息均建立在户籍民警采集的人口基本信息之上。人口基础信息可以说是公安机关的最基础信息，它需要信息准确、动态更新、查询便捷、资料丰富。

【学习目标】使学生进一步了解公安人口服务与管理，熟悉相关政策、熟练掌握基本业务。并在案例情景实训中提高学生的观察能力、入户调查能力、语言表达能力、服务群众能力。

【教学重点】户籍管理的重要性与必要性；户籍信息变更；社区警务中的人口管控。

【教学难点】常住人口、流动人口管理的相同点和不同点；各种情形下政策的把握与解读；人口信息化管理与分析；通过人口管理发现违法犯罪线索。

第一部分　基础知识

一、常住人口管理

在经济发展进入新常态的情况下，社会管理同样面临适应新常态的内在要求。人是社会中最基本、最活跃的要素，社会管理的核心内容是人的管理，而人口基础信息的采集率和准确率是实现人口有序管理的基础。

（一）相关概念

户口，是经国家行政依法确认并实际管辖的本国住户居民及其基本的社会人口信息。

户籍，狭义仅指户口登记底簿，广义是指国家主管部门用以记载和存留住户居民基本信息的法律文书。

住址，是社会标定和查询个人、住户或其他人群居住位置的语言文字符号。

法定住址，我国户政管理中又称“现住址”，即某人在某地依法定居时所注册登记的住址。

出生登记，指父母双方或母亲一方在取得当地常驻户口以后出生的婴儿，在出生后一个月内，由户主、亲属等到其父亲或母亲户口所在地派出所申报出生登记。（婴儿在申报出生登记前死亡的，应当同时申报出生、死亡两项登记）

死亡登记，指有本市常住户口的公民死亡后，由户主、亲属、监护人等在火化前持相关证明向户口所在地派出所申报死亡登记注销户口。

市内户口迁移登记，指有本市常住户口的公民，在本市范围内将户口由原登记地迁到现居住地的户口登记。办理市内户口迁移应由本人（未成年人由其监护人）或户主到迁入地派出所办理，非本人或户主办理的应提供迁移人授权委托证明。

迁往市外户口登记，指有本市常住户口的公民，其户口由现登记地迁往外省（市）自治区、直辖市的户口登记。办理户口迁出应由本人（未成年人由其监护人）或户主到户口所在地派出所办理，非本人或户主办理的应提供迁移人授权委托证明。

市外户口迁入登记，指公民户口从外省（市）自治区、直辖市迁入本市的户口登记。复员转业、回国、失踪注销后寻回及由外省监管场所释放、解除劳动教养回市入户的，视为市外迁入。

变更更正登记，指公民的户口登记项目发生变化或出现差错以后进行的一种变更更正登记。

（二）常住人口登记的含义

我国现行的常住人口登记簿册主要有《户口登记簿》《居民户口簿》《四项变动登记簿》（包括迁入登记、迁出登记、出生登记、死亡登记等表格）等。《户口登记簿》是户口登记机关登记户口用的簿册，以人为单位，每人填写一份《常住人口登记表》，以户为单位排列，以单元楼或街道门牌号码顺序合订一本，他是户口登记机关签发户口证明、查对户口和统计人口的依据。《居民户口簿》是国家制定的证明本户居民身份的一种证件，主要记载住户成员的姓名、性别、民族、出生日期、出生地、籍贯、住址、文化程度、职业和服务处所等内容。《居民户口簿》以户为单位颁发，由居民妥善保管。

（三）常住人口登记机关和范围

1. 常住人口登记工作各级公安机关主管，公安派出所和未设公安派出所乡、镇人民政府为常住人口登记机关，具体承担管辖区内常住人口的登记工作。

2. 常住人口登记的范围是居住在中华人民共和国境内的中国公民。外国驻我国的外交人员，按照国际惯例不进行登记；居留在我国的外国侨民和无国籍人员按照外侨管理的有关规定履行户口登记；现役军人（包括武警）的户口，由军事（武警）机关按照管理现役军人的有关规定进行登记，地方户口登记机关对他们不作登记。但是，对散居的现役军人应该凭军事机关的有关证明，登记为暂住人口，在军事机关的非现役军人，如雇佣人员、军人家属等，由地方户口登记机关进行户口登记，居住在国外的中国公民，由我国驻外使领馆履行户口登记；居住在我国香港、澳门特别行政区的中国公民，按我国香港、澳门特别行政区的有关规定履行户口登记手续。

（四）常住人口登记的原则

根据《中华人民共和国户口登记条例》的有关规定，现行常住人口登记的原则，必须遵循户口登记的原则，即凡是中华人民共和国公民都应当依照规定履行户口登记。其具体原则如下；

1. 按户登记的原则。根据《中华人民共和国户口登记条例》的有关规定，户口登记以户为单位，户包括家庭户和集体户。

（1）家庭户立户。家庭户，是指以婚姻关系为基础、以血缘关系为纽带而形成的社会生活共同体，通常由夫妻、父母、子女、兄弟姐妹和其他亲属组成。家庭户一般是一个家庭立为一户，以主管人为户主，单身独居的自立一户，以本人为户主。

（2）集体户立户。集体户，是指在机关、团体、学校、企事业单位内部或者外部集体宿舍居住的单身职工、学生以及居住在军事机关和军人宿舍的非现役军人的户口。集体户口一般按同一单位共居一处的立为一户，分居几处的分别立户；同一单位分居在外部几个集体宿舍的，原则上就地立户；人员调动频繁的单位可酌情集中立户；居住在单位内部带有家属的职工以及人数较少的单位，一般按家庭户立户。

一个常住人口要么归属家庭户进行管理，要么归属集体户进行管理。但无论是家庭户还是集体户，在户口登记时都必须有固定住所。

2. 一地登记的原则。公民应在定居地登记为常住人口。一个公民如有两个以上住所的，只能在一个地方登记为常住人口。

（五）常住户口管理项目

1. 户口登记项目变更更正

（1）主要项目（重要身份信息，不可随意变更，需要层级审批授权）：姓名、性别、身份证号码、出生年月日、民族。

（2）一般项目（由于生活状态的改变，由本人提出申请并提供相关证明，可随时更改）：出生地、籍贯、职业、文化、住所、户主关系、婚姻状况。

2. 四项变动

（1）出生登记；

（2）死亡登记，要求在城镇在葬前、农村在死亡后一个月内，携带正常死亡证明书。（医院或公安机关），非正常死亡的，需司法部门出具的死亡证明宣告死亡。交回死者的居民身份证和其他户口证件。

（3）迁入登记，包括说内迁移（管辖派出所不变，在同一派出所辖区内移动户口地址）、市内迁移（户口所在城市不变，只变更户口登记的区县和详细地址）与市外迁入（户口所在城市不变，只变更户口登记的区县和详细地址）；

（4）迁出登记，包括市内迁移（由于“一地办理”政策实行，同一城市内户口迁移无需办理迁出登记手续）和迁往市外（前往外省市，须有准迁手续和迁出手续）。

二、居民身份证管理

居民身份证的全称是中华人民共和国居民身份证，它是户口登记机关依法对居住在中华人民共和国境内的中国公民统一颁发的，用来证明公民身份的法定证件。居民身份证是我国公民的法定身份证件。

（一）居民身份证使用范围

按照法律规定，有以下情形之一的，公民应当出示居民身份证证明身份：

1. 常住户口项目登记项目变更；

2. 兵役登记；

3. 婚姻登记、收养登记；

4. 申请办理出境手续；

5. 法律、行政法规规定需要居民身份证证明身份的其他情形。

未获取居民身份证的公民，从事前述规定的有关活动，可以使用符合国家规定的其他证明方式证明身份。

（二）居民身份证的查验

居民身份证查验，指公安机关依法命令或强制公民出示居民身份证接受审查检验，以确认持证人身份判定证件合法有效性的行政行为。重点审查检验证件的真实性、时效性、持证人相片极其登记内容。

（三）居民身份证查验情形

1. 对有违法犯罪嫌疑的人员，需要查明身份；

2. 依法实施现场管制时，需要查明有关人员身份的；

3. 发生严重危害社会治安突发事件时，需要查明现场有关人员身份的；

4. 在火车站、长途汽车站、港口、码头、机场或者在重大活动期间设区的市级人民政府规定场所，需要查明有关人员身份；

5. 法律规定需要查明身份的其他情形。

有上述所列情形之一，拒绝人民警察查验居民身份证的，依照有关法律规定，分别不同情形，采取措施以处理。

（四）居民身份证查验方法

人民警察查验居民身份证应当坚持依法查验、文明查验、规范查验。人民警察在场所查验公民身份证时，应当出示执法证件。发现被查证件有伪造、变造嫌疑，需要进一步鉴别真伪的，应当报送居民身份证管理部门进行鉴别。

1. 直观查验

（1）对证件进行整体识别，即对证件的围观样式、规格、印刷和相片等主要识别特征进行直观查验；

（2）核对持证人相片和登记内容；

（3）检查证件有效期与持证人年龄、签发日期三者的逻辑关系；

（4）检查证件公民身份证号码与出生日期、性别之间的逻辑关系；

（5）检查证件是否具有防伪标记和特征。

2. 仪器查验

（1）使用居民身份证鉴别仪器检查证件荧光暗记；

（2）使用居民身份证专用阅读机与证件内藏芯片进行互相认证。

3. 重点查验

（1）证件相片与本人相貌有明显差别的；

（2）证件质量低劣，制作粗糙的；

（3）证件有涂改或人为损坏痕迹的；

（4）证件字体不规范的；
（5）证件登记内容有明显逻辑错误的；
（6）证件已过有效期的；
（7）一人持有多张居民身份证的；
（8）居民身份证没有机读信息或机读信息与视读信息不相符的。

（五）居民身份证的收缴和收回

1. 收缴，被判处拘役、有期徒刑以上刑罚的人和被羁押的人，已领居民身份证的，由执行机关按规定收缴居民身份证。伪造、变造的居民身份证和骗领的居民身份证，由公安机关给予收缴。

2. 收回，公民死亡后在办理注销户口的同时，由公安机关收回居民身份证。

（六）临时居民身份证管理

临时身份证名称为 中华人民共和国临时身份证。临时身份证与居民身份证规格一致，但外观色彩有所差别。临时居民身份证登记项目中本人相片为黑白照片，由于没有内置芯片，其登记项目无指纹信息，有效期为3个月，其他与居民身份证登记项目一致。

公民在申请领取、补领、换领居民身份证期间，急需使用居民身份证的，可以申请领取临时居民身份证。公民申请领取、换领、补领临时居民身份证时，公安机关应当及时办理，并在收到申请后3日内将临时身份证发给申请人，领取临时身份证的公民在领取居民身份证时，应当交回临时身份证，由公安机关登记后销毁。

三、流动人口管理

据《中国流动人口发展报告2016》显示，2015年我国流动人口规模达2.47亿人，占总人口的18%，相当于每六个人中有一个是流动人口。未来一二十年，我国仍处于城镇化快速发展阶段，按照《国家新型城镇化规划》的进程，2020年我国仍有2亿以上的流动人口。面对如此庞大的流动人口，同样需要从人到地，再从地到人，双向管理。

（一）相关概念

人口，是生活在一定的社会生产方式下，在一定时间、一定地域内，由一定的社会关系联系起来的，由一定数量和质量的有生命的个人所组成的不断运动的社会群体。

人口基本信息，是所有与人相关的社会活动和社会管理所通用的，以公民身份、亲属关系、法定住址三者为中心的人口信息的总称。

流动人口，一般是指未依法改变法定住址而在常住地以外的地方暂住的移动人口。

（二）政策背景

20世纪80年代，随着改革开放的步伐，我国出现了大规模的人口流动浪潮，流动人口管理制度在其间不断丰富、完善，并逐步形成了我国第一个完整、有体系的流动人口管理制度——暂住证管理制度。该制度为深圳首创，并由深圳向全国流传开来，是深圳移民文化的一个标志性符号。

诞生了30余年的暂住证，让随着经济大潮流动的人们拥有了暂时居住的权利和一个身份。然而，这个词语本身蕴涵着不安定性和无归属感，让流动着的人们只能继续流动，难以安心。

2015年2月，公安部《关于全面深化公安改革若干重大问题的框架意见》及相关改革方案由中央审议通过。意见规定，扎实推进户籍制度改革，取消暂住证制度，全面实施居住证制度，建立健全与居住年限等条件相挂钩的基本公共服务提供机制，建立户口迁移网上流转核验制度和居民身份证异地受理制度等。

自此，我国已经实施30余年的暂住证制度永久退出了历史舞台，转而实行居住证制度。

（三）居住证制度

1. 居住证是持证人在居住地居住、作为常住人口享受基本公共服务和便利、申请登记常住户口的证明。

2. 居民离开常住户口所在地，到其他城市居住半年以上，符合有合法稳定就业、合法稳定住所、连续就读条件之一的，可以依照本条例的规定申领居住证。

3. 居住证登载的内容包括：姓名、性别、民族、出生日期、公民身份号码、本人相片、常住户口所在地住址、居住地住址、证件的签发机关和签发日期。

4. 公安机关负责居住证的申领受理、制作、发放、签注等证件管理工作。居民委员会、村民委员会、用人单位、就读学校以及房屋出租人应当协助做好居住证的申领受理、发放等工作。

（四）申领居住证制度

申领居住证，应当向居住地公安派出所或者受公安机关委托的社区服务机构提交本人居民身份证、本人相片以及居住地住址、就业、就读等证明材料。

居住地住址证明包括房屋租赁合同、房屋产权证明文件、购房合同或者房屋出租人、用人单位、就读学校出具的住宿证明等；就业证明包括工商营业执照、劳动合同、用人单位出具的劳动关系证明或者其他能够证明有合法稳定就业的材料等；就读证明包括学生证、就读学校出具的其他能够证明连续就读的材料等。

未满16周岁的未成年人和行动不便的老年人、残疾人等，可以由其监护人、近亲属代为申领居住证。监护人、近亲属代为办理的，应当提供委托人、代办人的合法有效身份证件。

申请人及相关证明材料出具人应当对本条规定的证明材料的真实性、合法性负责。

对申请材料不全的，公安派出所或者受公安机关委托的社区服务机构应当一次性告知申领人需要补充的材料。

对符合居住证办理条件的，公安机关应当自受理之日起15日内制作发放居住证；在偏远地区、交通不便的地区或者因特殊情况，不能按期制作发放居住证的，设区的市级以上地方人民政府在实施办法中可以对制作发放时限作出延长规定，但延长后最长不得超过30日。

（五）居住证制度实施状况

1. 上海市居住证

《持有上海市居住证人员申办本市常住户口试行办法》实施细则于2009年6月17日出台，这意味着上海新一轮户籍制度改革即将正式实施，“沪漂一族”有了期盼。上海自2002年6月试行居住证制度以来，至今办理人才类居住证的约有27万人，符合此次申办户籍持证年限要求的约有3000人。

首批持证人员刚满8年。

2. 广东省居住证

2010年1月1日，广东3000万流动人员开始申领居住证。广东省全省21个地级以上市均同步开展了广东省居住证首发式活动，省推居办有关负责人表示广东将争取居住证发放覆盖率达90%。

居住证并不只是简单地制卡和填写信息，居住证上持有人的基本信息将要在全省甚至全国联网互通，因此，广州正在调试新的设备，制证工作至少需要 7 到 10 个工作日。2010 年内广东省全省流动人口和出租屋登记率达到 95%以上，应发证流动人口有效居住证持证率达 90%以上。省综治委将这一目标纳入综治考评，实行“一票否决”。

对于居住证的办理点，在珠三角地区将尽可能多地设置办理点，流动人口除了在各派出所办证外，也能在流动人口服务点办理；在粤北山区等流动人口较少的地区，将选择流动人口集中的地方设办证点。

东莞外来人口数量多，信息输入设备的调试还未最后完成。不过，新莞人前往各镇的警务区和新莞人服务站均可办理居住证登记。

中山市限于暂住证信息系统不能与居住证信息系统对接，这些暂住证持有者的信息无法转至居住证系统中。广州日报记者已于 2009 年 12 月 31 日证实 中山正在加紧开发居住证系统。

对于深圳已在实施的居住证制度，省公安厅有关负责人表示，从昨日开始，深圳已经停发深圳市居住证，转而开始发放广东统一的居住证。

3. 北京市居住证

北京市在市政府的领导下，组成了专门的班子积极借鉴各地经验，研究北京的实际情况。今后对城市人口管理的思路就是以证管人，以业管人，以房管人。其中以证管人主要指的就是居住证。

2010 年 5 月 27 日北京市委常委、市公安局局长傅政华表示，公安机关为了居住证制度的推出，2010 年正在进行全市实有人口的全覆盖调查，为居住证制度奠定基础。

对于居住证制度的推出是否已经有时间表，居住证制度会随着城市发展的进程在不太长的时间内推出。而其准备工作都在按部就班地推进。

四、重点人口管理

（一）相关概念

重点人口，指有危害国家安全、危害社会治安可疑，尚未查证核实或者排除，需由公安机关纳入工作视线实施重点管理的人口。

（二）重点人口范围

1. 有危害国家安全活动嫌疑的列为重点人口：

（1）有从事颠覆国家政权、分裂国家、投敌叛变、叛逃等活动嫌疑的；

（2）有参与动乱、骚乱、暴乱或者其他破坏活动，危害国家安全和社会稳定嫌疑的；

（3）有组织、参加敌对组织嫌疑，或者有组织、参加其他危害国家安全和稳定的组织活动嫌疑，或者与这些组织有联系嫌疑的；

（4）有参加邪教、会道门活动或者利用宗教进行非法活动嫌疑的；

（5）有故意破坏民族团结，抗拒国家法律实施等宣传煽动活动嫌疑的；

（6）有从事间谍或者窃取、刺探、收买、非法提供国家秘密或者情报嫌疑的；

（7）有其他危害国家安全活动嫌疑的。

2. 有严重刑事犯罪活动嫌疑的列为重点人口：

（1）有杀人、强奸、伤害、拐卖妇女儿童等侵犯公民人身权利嫌疑的列为重点人口；

（2）有抢劫、盗窃、诈骗等侵犯公私财物嫌疑的；

(3) 有放火、爆炸、投毒，非法制造、买卖、运输、储存或盗窃、抢夺枪支、弹药、爆炸物品等危害公共安全活动嫌疑的；

(4) 有走私、贩卖、运输、制造毒品嫌疑的；

(5) 有参与境外黑社会组织的渗透活动或者参加境内黑社会性旗的组织及犯罪团伙嫌疑的；

(6) 有伪造、变造货币、国库券及有价证券或者出售、购买、伪造、变造的货币等破坏金融管理秩序活动嫌疑的；

(7) 有使用诈骗方法非法集资贷款或者进行金融票据、信用证、信用卡、保险诈骗等金融诈骗活动嫌疑的；

(8) 有经常聚众赌博或者聚赌抽头嫌疑的；

(9) 有组织、强迫、引诱、容留、介绍卖淫活动嫌疑的；

(10) 有其他严重刑事犯罪活动嫌疑的。

3. 下列人员应当列入重点人口管理：

(1) 因矛盾纠纷激化，有闹事行凶报复苗头、可能铤而走险的。

(2) 因故意违法犯罪被刑满释放，解除劳动教养不满五年的。

(3) 吸食毒品人员。

(三) 重点人口的特点

重点人口是公安人口管理中最为复杂的一类群体，对重点人口的管理是公安机关开展犯罪预防与犯罪控制的一项专门工作。这类人员的社会背景复杂，社会活动情况不尽相同，危害社会治安的可能性也存在差异，但和一般人比较，重点人口实施违法犯罪危害社会治安的可能性大、概率高。由于其存在的这种复杂性和危险性，在公安人口管理工作中对重点人口必须加强管控。

(四) 重点人口管理的基本要求

1. 重点人口档案袋建立（要求每三个月进行一次全面考察），包括：列为重点人口的社会交往、活动场所、经济情况和现实表现。

2. 摸清暂住人口、控好五种犯罪（管制、剥夺政治权利、缓刑、假释、监外执行）、关注两类人群（取保候审、监视居住）。

(五) 重点人口管理的基本方法

1. 调查了解

责任区民警“七熟悉”：身份情况、主要问题、体貌特征、经济状况、交往人员、活动区域、现实表现。

2. 查证核实

对有现行违法犯罪活动嫌疑和转递的各种信息材料应当调查核实。

3. 重点控制

对有重大现实危害的嫌疑人员落实管控措施（公开与秘密相结合）。

4. 积极疏导

对矛盾纠纷激化，有可能铤而走险的，通过基层治保力量、社区调解组织及其亲属开展帮教疏导工作。

5. 帮助教育

对 25 岁以下有违法和轻微犯罪行为的青少年和刑满释放人员，通过多种形式法制教育，正面案例引导做好转化、感化工作。

（六）对重点人口分门别类管理

1. 有危害国家安全活动嫌疑的人员

对此类重点人口，应当按照国内安全保卫部门的具体要求，有效落实控制措施。发现有现实危害活动嫌疑的情况，应及时向国内安全部门报告，并积极协助做好查证、控制工作。

2. 有严重刑事犯罪活动嫌疑的

对此类重点人口，应当立足辖区开展调查，并做好材料积累工作。发现有重大犯罪活动嫌疑的情况，应及时向刑侦部门报告，并积极协助开展查证、控制工作；发现有一般犯罪活动嫌疑的情况，应及时向派出所分管领导报告，并主动收集证据材料，有效提供打击处理。第二类重点人口的列管时间原则上不超过6个月，最长不宜超过一年。

3. 因矛盾纠纷激化，有闹事行凶报复苗子、可能铤而走险的

对此类重点人口，应当积极同基层组织、有关单位及其亲属，做好耐心细致的教育疏导工作，有效控制、缓解矛盾。发现有重大紧急情况的，应在加强布控的同时，及时上报有关情况。

4. 因故意违法犯罪被刑满释放不满五年的人员

对第四类重点人口，应当尽快掌握其现实情况，定期跟踪调查，依靠社会各方力量，强化帮教转化工作，预防其重新违法犯罪。发现有重新违法犯罪情况的，应当及时采取措施，提供打击处理。

5. 吸食毒品的人员

对第五类重点人口，应当会同居（村）委、家庭或单位、学校等部门，落实各项帮教和戒毒措施。发现有复吸毒品嫌疑的，应设法掌握毒品来源，及时提供打击处理。

五、特殊人群管理

（一）相关概念

特殊人群限定于“治安特殊人群”，主要指危害社会治安的可能性较高而需要纳入公安机关视线进行管控的对象，如重点人口、监外执行人员、有违法犯罪嫌疑的“三无”人员、有暴力倾向的精神病人以及其他需要作为工作对象管理的人员等。其界定的标准是“社会治安危害的可能性”，本质特征是“高安全威胁”。

监外罪犯指被判处有期徒刑、无期徒刑和拘役的罪犯，由于其具有不宜收监执行的特殊原因，按照法律规定，由居住地社区矫正机构执行，在监外来执行刑罚的人员。

精神病人指由于心理活动障碍，致使患者歪曲地反映客观现实，丧失社会适应能力，或伤害自身和扰乱社会秩序者。

监外罪犯监管，是对被依法判处管制、剥夺政治权利、缓刑、假释、监外执行的罪犯依法实施监督改造的刑罚执行工作。

社区矫正，是与监禁矫治相对应的处置措施，是在本地司法、公安机关的主导下，系统整合相关管理部门与社区公众等各种社会力量，充分利用社会资源，积极采用多种方法、手段，有针对性的对社区范围内的假释、监外执行、管制、剥夺政治权利、缓刑等罪犯进行的，既切实维护公共安全又有效督促刑事犯罪人员改恶从善、尽快回归社会的刑罚执行活动。

(二) 特殊人群管理的特点

加强特殊人群管理和服务，对于改善这些群体的生活，维护社会稳定和社会秩序有着极为重要的现实意义。由于我国的人口基数大，社会情况复杂，每个特殊人群的管理和服务，都是一项艰巨而繁重的任务。但是，长期以来，我们对特殊人群的社会政策，主要是从福利给予和稳控角度来设计和实施。面对今天的新形势，迫切要求对特殊群体的社会和管理政策进行反思和改进。

(三) 特殊人群管理的基本方法

1. 提升理念，构建政府和社会文化宏观支持网络。各级政府在部署特殊人群相关立法及政策规划时，应将特殊人群管理服务作为一项重点项目予以考虑，增强服务特殊人群的责任感。在政府和社会文化宏观支持网络中，充分调动社会力量为特殊人群顺利回归社会营造柔性的社会环境。

2. 推进社区服务的社会化和专业化，建立特殊人群社区服务网络。第一，逐步实现社会服务的理性社会化。社区服务的生产者和提供者应转变“重管理、轻服务”的理念，实行政事分离，政社分离。第二，积极促进社区服务专业化。要向特殊人群提供辅助就业、医疗援助、临时居所、心理辅导及保护措施等服务，需要专业化的社会组织才能完成。

3. 健全特殊人群管理机制，不断提高管理服务实效。第一，建立健全风险评估机制，落实分类分级管理。相关管理部门应根据越轨风险的大小，评定风险类别等级，重点强化对犯罪易感人员的管控。第二，完善信息共享工程，健全动态管理机制。准确、全面地将特殊人群信息录入信息平台，打造部门衔接、地域联通的信息共享工程。第三，建立责任考评机制，量化指标，落实责任。将特殊人群管理人员的服务态度、帮扶安置率纳入特殊人群管理人员的绩效考核范围，并将考核结果和特殊人群管理人员的薪资增减、职位升降挂钩。

4. 构建特殊人群法律体系，提高特殊人群管理服务的科学性与规范性。从下位法起步，要高度重视地方实践、地方立法与部门立法。对于刑满释放人员应适时制定“出监所人保护法”，明确保护对象、保护的提起和终结、保护期限、保护内容、保护机构、保护措施、保护责任和保护工作经费等。

第二部分 典型案例评析

自2013年起，四川省公安机关举全警之力，在全省范围内开展包括标准地址、实际居住人口、实有房屋、实际经营单位在内的“一标三实”大数据采集，一年时间，已采集人、房、业信息8500余万条。

所谓“一标三实”是指标准地址、实有人口、实有房屋、实有单位，标准地址是基础，“三实”的信息必须录入在标准地址上。其中标准地址指按照标准化、规范化和层级化要求，编制的实际存在的地址，包括：行政区划+街（路）巷+门（楼）牌+楼（栋）号+单元号+楼层号+户号；实有人口指辖区内实际居住的人口，包括人户一致人员、人户不一致、流入居住人口、未办证人员、境外居留人员；实有房屋指辖区内实际存在的房屋，包括自用、租借用、闲置等类型的房屋；实有单位指辖区内实际经营并有从业人员的单位。“一标三实”各功能模块关联偶合，既能以人查房，也能以地址查人、以房屋查人、以单位查人。

随着人员流动加快，人口底数不清、情况不明、流动轨迹难以掌握，给社会管理带来极大的困难，围绕“人、房、物、业”开展的“标准地址和实有人口、实有房屋、实有单位”

信息采集录入工作正好在这种背景下夯实公安基层基础，为开展反恐维稳、打击破案、防范管控、服务群众提供重要的信息支撑，是提升公安机关社会治理现代化水平的重要举措。

第三部分 实训项目设计

一、窗口实训项目

实训内容：模拟派出所户籍大厅的布置、熟练掌握户籍大厅接访群众用语、了解并掌握派出所窗口身份证办理业务、操作人口管理系统。

实训目的：熟悉派出所户籍大厅工作环境、能够正确流利使用文明用语接待办理。业务群众、能够掌握窗口身份证办理业务技能、熟悉操作使用派出所人口管理系统。

实训地点：模拟派出所，网络实验中心。

实训类型：在模拟派出所内操作办理相关窗口业务、上机操作办理相关公安人口管理业务。

实训要求：按照以下流程要求办理公安人口业务、上机操作时按照要求找到相应业务单元。

居民身份证办理相关业务

（一）公民身份证办理

公民应当自年满 16 周岁之日起 3 个月内，向常住户口所在地的公安机关申请领取居民身份证。

1. 受理

申领人应向其户口所在地派出所交验以下证明证件：

（1）申领人《居民户口簿》。

（2）申领人本人因长期在国外或外省市工作、卧病行动不便等特殊原因，不能亲自办理的，可委托其家人或亲属代为办理。具体手续：代办人需持申领人书面委托书（委托书的内容应涵盖办证的原因，申办证件种类，与代办人的关系，代办人的姓名，公民身份证号，申领人的亲笔签名，其他需要说明的事项）《申领人户口簿》、近期正面免冠一寸、“二代证”标准彩色照片二张，代办人的《居民身份证》原件和复印件。

2. 审核

（1）申领材料齐全、规范、有效；

（2）未满 16 周岁的公民，自愿申请领取“二代证”的，由其监护人代为申请领取；

（3）派出所承办人审核申请人基本信息，无误后现场采集照片；自带照片需提供两张符合“二代证”制作标准的照片进行扫描；

（4）派出所承办人核验申请人居民户口簿及现场取像（扫描）照片，打印申办第二代居民身份证登记表及领取凭证交申请人签字认可。

3. 审定：同意审核标准。

4. 告知：派出所承办人将第二代居民身份证领取凭证交申请人，告知其领取证件时间。

5. 办理时限：从受理之日起六十日内发放证件。交通不便的地区，办理时间可适当延长，但延长时间不得超过三十日。

6. 办理时间：城镇地区派出所户籍接待室每周七天对外办公、农村地区派出所双休日实行预约办事制度。又各分县局统一派出所户籍接待窗口对外办公时间并予以公示。

（二）公民申领临时身份证

1. 受理

年满十六岁的公民在申请领取、换领、补领居民身份证期间，急需使用居民身份证的，可以申请领取临时居民身份证；未满十六周岁的公民，由监护人代为申领。申领人应向其户口所在地公安分（县）局户籍接待室交验以下证明文件：

（1）申领人居民户口簿；

（2）申领人第二代居民身份证领取凭证；

（3）申领人本人不能亲自办理的，可委托其家人或亲属代为办理。具体手续：代办人需持申领人书面委托书（委托书的内容应涵盖办证的原因，申办证件种类，与代办人的关系，代办人的姓名，公民身份证号，申领人的亲笔签名，其他需要说明的事项）申领人居民户口簿、申领人第二代居民身份证领取凭证，代办人的居民身份证原件和复印件。

2. 审核

（1）申领材料齐全、规范、有效。

（2）公安分（县）局承办人审核申领人居民户口簿、第二代居民身份证领取凭证，无误后制作临时居民身份证，填写临时居民身份证签发登记表。

3. 审定：同审核标准。

4. 告知；告知申领人凭居民户口簿领取临时居民身份证及领取证件时间。同时，告知申领人在领取居民身份证时应当交回临时居民身份证。

5. 办理时限：从受理之日起三日内发放证件。

6. 办理时间：城镇地区派出所户籍接待室每周七天对外办公、农村地区派出所双休日实行预约办事制度。又各分县局统一派出所户籍接待窗口对外办公时间并予以公示。

二、人口信息分析实训项目

实训内容：对本辖区人口各项数据进行分析研究。

实训目的：将以人管地与以地管人相结合，熟悉公安人口管理业务，了解公安人口管理的意义，提升学生公安业务水平和信息挖掘能力。

实训地点：教室。

实训类型：调取某小区内相关人口数据，以小组为单位进行数据分析、挖掘。

实训要求：出具相关人口数据分析报告。

利用信息化技术和手段挖掘人口信息背后隐藏的内含价值，发现重点人口，通过对重点人口信息数据的统计分析和研判，找准安全防范的重点和薄弱环节，查找比对重点人、关系人居住从业轨迹和电话信息。

（一）相关数据采集

1. 对本辖区实际存在的房屋及地址、实际居住的人口、实际经营并有从业人员的单位开展信息采集和维护更新。

2. 通过警综平台分析公民个人通讯信息采录、公民个人通讯信息准确率、重点年龄段常住人口图像采集率。

（二）相关数据分析

1. 分析本辖区重点人口、吸毒人员、精神病患者、社区闲散青少年、高危人群的数量及动态信息，协同街道和居委综治干部、社工、协管员、治安辅助力量等，逐一落实帮教、矫治责任，从源头上预防和减少犯罪。

2. 通过人口基础信息质量管理工作，向刑侦、经侦、治安等业务实战部门提供违法犯罪工作线索，协助查破刑事案件、治安案件，抓获违法犯罪嫌疑人以及网上追逃对象。

（三）衡量重点人口管理工作质量标准

列管率和漏管率

控制率和失控率

改好率和犯罪率

（四）重点人口数据介绍

1. 列管率和漏管率：以辖区年内被打击处理的人数为基数，看其中已列管和未列管所占的比例。

2. 控制率和失控率：以辖区年内被打击处理的人数为基数，看其中能掌握情况主动提出侦查破案线索的比例。

3. 改好率和犯罪率：辖区内列管的重点人口停止犯罪的比率。

◎ 本章小结

在国际安全形势不容乐观的大环境下，坚持将人口的服务与管控作为公安业务的源头与重头是维护党的领导、国家安全、社会稳定的重要基石。城市发展定位、区域功能布局、公共设施配套、服务保障制度等一系列政策规划的出台，均有赖于人口基础信息的准确、鲜活。公安民警在工作中如何做到灵活掌握原则，达到让群众少跑腿、为群众办实事的公安窗口业务服务宗旨。在管理中如何做到科学性、综合性、全面性是公安人口管控的发展趋势。以人管地与以地管人的结合，弥补了因人口流动大、监督不完善、宣传不到位所造成的信息漏采和信息陈旧等缺点，将以上数据建立信息系统，可以不断积累有关地区人口的丰富数据，通过了解各地区人口分布与状态情况，可以为公安部门科学制定人口管理、打击犯罪、出境管理等政策提供依据，并为公安部门日常侦察办案、户口管理、重点人管控、外出人员打工、驾证管理、违法犯罪人员管理、警员信息管理、出入境人员管理等工作提供强大的数据支持。还可以为政府科学决策提供依据，为建立科学的人口管理和数据系统提供重要参考。

◎ 思考与练习

1. 数年才进行一次人口普查，在非人口信息调查年份，如何实现对人口实际居住、从业轨迹信息的动态采集和掌控？

2. 发达国家户籍与“口籍”相结合的人口管理制度对国内有何借鉴意义？

3. 如何充分利用信息化应用，创新人口管理方式，提高管理质量？

4. 如何提高外来人口归属感，降低不良影响？

第六章 重点区域管理

郑州“皇家一号”案

“皇家一号”位于郑州郑东新区，与郑州市房管局为邻，是郑州最大的国际娱乐会所。自2012年8月开始营业以来，组织年轻女性明码标价、公开卖淫，犯罪活动猖獗，群众反映十分强烈。2013年11月1日晚，河南省公安厅经缜密侦查，组织警力，依法对涉嫌色情违法行为的郑州“皇家一号”夜总会进行查处。2015年5月25日，“皇家一号”案在河南省新乡市中级人民法院宣判，通过一周的集中宣判，由检察机关起诉到该市中院和4个基层法院的“皇家一号”涉案人员，已经全部宣判完毕，87名被告全部获刑。此案共抓获刑事犯罪嫌疑人260余名、查扣追缴赃款赃物价值近3亿元。省公安厅相关负责人表示，下一步，省公安厅将加大暗访侦查力度，再锁定一批涉黄涉赌重点区域、场所，适时进行精确打击。

问题：

1. 公共场所中的娱乐场所为什么会成为涉黄等违法犯罪的重灾区？
2. 公安机关应该如何加强此类场所的治安管理？

【学习目标】 掌握重点区域治安管理的基本内容，明确公共场所和重点地区治安管理的基本措施和方法，具备发现和分析重点区域治安特点与规律的能力，并初步锻炼能够有针对性地解决重点区域治安问题的实践能力。

【教学重点】 重点地区的治安管理措施；公共场所的概念、范围和治安特点。

【教学难点】 公安机关对娱乐场所及其他重点地区的治安管理方法。

第一部分 基础知识

治安重点区域涉及面广，社会关注度高，重点区域的治安秩序是整个社会治安秩序的重要组成部分，其治安状况的好坏会对整个社会治安秩序产生直接影响。在治安管理实践中，重点区域中不仅有管理面大量广，涉及人员复杂多变，财物相对集中，治安问题较多的公共场所，同时也有很多人、车、物流量较大，人员成分复杂，治安问题突出，社会影响较大，需要加强治安管理的重点地区，如医院和校园周边、城市楼群大院、城乡结合部等，公安机关不仅要针对治安重点区域采取各种有效措施，提前预防、及时化解、妥善处置治安隐患和问题，确保场所正常合法的经营活动和区域安全稳定，同时，要充分发挥社会各部门、各行各业的作用，实行群防群治，综合治理。

一、公共场所的含义和治安特点

（一）公共场所的含义

公共场所是指向公众开放、供公共聚集进行社会活动的场所。通常是指能够满足人们出行旅游、购物消费、娱乐休闲等需要的各类场所，如交通中转场所、娱乐场所、服务场所、游览场所、商品交易场所等。

（二）公共场所的治安特点

由于公共场所与人们日常生活密切相关，其中的活动涉及社会生活的许多领域，类型多，数量大，分布广而且社会开放性强，社会公众可以自由出入或者凭票进出，因此公共场所普遍具有人财物聚集、流动性大，人员成分复杂、信息传播快的特点，受这些因素影响，公共场所特定的环境和条件也极易被不法分子利用从事违法犯罪活动，或者滋生诱发各种治安问题，例如，交通中转场所中扒窃、盗窃、抢劫、敲诈勒索等侵财类治安案件和刑事案件高发；在娱乐场所容易发生吸贩毒、赌博、色情、卖淫等违法犯罪活动，所以公安机关作为职能部门要加强对公共场所的治安管理。

（三）公共场所治安管理的范围

目前公安机关主要对以下几类公共场所进行治安管理：

歌舞、游艺、棋牌等娱乐场所；

洗浴、按摩、美容美发和酒吧、茶座、咖啡馆等服务场所；

影剧院、音乐厅等演出、放映场所和体育场馆；

游览、游乐场所；

大型集市贸易场所；

车站、码头、机场等旅客集散的公共交通场所；

举办大型文体、商贸以及庆典、会展等活动的临时场所；

法律、法规规定应当进行治安管理的其他公共场所。

（四）公安机关的公共场所治安管理职责

公共场所治安管理实行属地管理，坚持预防为主、防治结合，突出重点、分类管理的原则。公安机关在公共场所治安管理中应当履行以下治安职责：维护公共场所治安秩序，预防、制止危害社会治安秩序的行为；指导和督促公共场所经营者落实各项安全保卫措施；对公共场所依法进行治安安全检查，发现隐患，及时提出整改意见并督促整改；依法整治公共场所及其周围地区突出的治安问题，及时查处刑事、治安案件，处置突发事件和治安灾害事故；履行法律、法规规定的其他治安管理职责。

二、娱乐场所治安管理

（一）娱乐场所的含义与范围

1. 娱乐场所是指以营利为目的，并向公众开放、消费者自娱自乐的歌舞、游艺等场所。《娱乐场所管理条例》（2006 年 1 月 29 日国务院令第 458 号发布，根据 2016 年 2 月 6 日〈国务院关于修改部分行政法规的决定〉修订）中规定，娱乐场所具有四个基本特征：一是以营利为目的，二是向公众开放，三是消费者自娱自乐，四是主要为歌舞、游艺等场所。

2. 娱乐场所治安管理范围。娱乐场所按类别主要包括以下五类：

（1）营业性歌舞娱乐场所，包括歌厅，舞厅，卡拉 OK 厅，夜总会等；

（2）营业性游艺娱乐场所，包括电子游戏机（通过电子屏幕显示活动声光、影像的游艺机具）、游艺机娱乐场所，以及台球、保龄球等游戏、游艺娱乐场所；

（3）营业性多功能综合娱乐场所；

（4）其他兼营娱乐项目的场所，包括含有歌乐手演唱、演奏等表演活动的酒吧、茶座、餐厅、咖啡厅等营业性场所；设有卡拉 OK 包房或者设有卡拉 OK 设备等娱乐设备的茶座、餐厅等营业性场所；

（5）其他营业性歌舞、游艺等场所。

娱乐场所治安管理应当遵循公安机关治安部门归口管理和辖区公安派出所属地管理相结合，以属地管理为主的原则。公安机关对娱乐场所进行治安管理，应当严格、公正、文明、规范。

（二）娱乐场所应具备的安全条件

娱乐场所应具备的安全条件有：消防安全符合规定要求；备有应急照明装置，出入口通道畅通，在醒目位置张贴安全须知；从业人员应当持有合法身份证件，外国人及其他境外人员还应当持有国家规定的其他证件；容纳的人员不得超过核定人数；根据安全保卫需要，建立治安保卫制度，落实治安保卫力量和措施；法律、法规规定的其他治安安全条件。具体要求是：1. 设置的包厢、包间，应当在便于观察的位置安装展现室内的整体环境的透明门窗，不得设置内锁装置；2. 营业场所核定人数的人均面积不得低于二平方米；3. 大厅灯光亮度不得低于四勒克司，包厢、包间内不得设置可调灯光，灯光亮度不得低于三勒克司；4. 从业人员在营业时间内应当统一佩戴工作标志；5. 娱乐场所和按摩服务场所应当配备保安人员，保安人员数量不得少于核定人数的百分之二。

（三）公安机关对娱乐场所治安状况监督管理的基本方法

为了规范娱乐场所正常合法的经营活动，保障娱乐场所的健康发展，公安机关要不断强化对娱乐场所治安状况监督管理，基本方法有：

1. 严格开业核查备案制度，取缔非法开业场所。开办娱乐场所一般由申请人先向公安消防部门、卫生部门、环境保护部门申请，由公安消防部门、卫生部门、环境保护部门出具消防、卫生、环境保护初审意见；初审意见合格的，再向文化主管部门申请，审核合格领取娱乐经营许可证；再由公安消防部门、卫生部门、环境保护部门实地勘验、检查或审核，对合格的，出具批准文件；再到工商行政管理部门办理登记手续，领取营业执照。娱乐场所领取营业执照后即可营业，但无论是否营业，均应当在领取营业执照后的 15 日内到所在地的县级公安机关备案。对不及时备案或非法开业的，公安机关有权依据法律法规给予治安管理处罚。落实娱乐场所备案制度，辖区娱乐场所登记建档率要达到 100%。

2. 收集治安信息，建立信息通报制度，及时通报监督检查情况和处理结果。公安机关可通过各种渠道搜集娱乐场所治安信息，既可以通过正面询问，向场所保安人员、服务人员、经理等了解治安信息，也可以向娱乐场所周围单位及群众进行侧面了解；既可以公开调查娱乐场所的活动情况，也可以通过秘密力量了解娱乐场所的治安信息，还可从查阅娱乐场所闭路电视监控录像材料、从业人员名簿、营业日志等资料上了解。准确掌握娱乐场所的治安信息，不仅可以及时打击发生在场所的违法行为苗头，而且便于公安机关分析和研究场所治安问题发生的规律，有针对性地做好各种预防工作。

3. 建立娱乐场所违法行为警示记录系统，加大监督检查力度。建立警示记录，是将娱乐场所存在的违法行为和处理情况记录在案的过程，可通过填写相关表格等方式完成。警示记录应载明的内容，主要是在娱乐场所中发生的违法行为的基本事实以及文化主管部门、公安机关和其他有关部门的处理意见。同时，应注明娱乐场所的地理位置、法定代表人或负责人基本情况和填写记录的文化主管部门、公安机关和其他有关部门工作人员的姓名、职务等信息。

4. 加强对从业人员的管理及治安培训。公安机关可以对责任区内所有的娱乐场所的从业人员进行登记造册，以便于监督管理。通过掌握责任区内娱乐场所从业人员的数量，定期以各种形式组织从业人员进行法制学习和教育，向他们宣讲当前的治安形势，提高他们守法和维护场所治安秩序的能力，以及预防、发现违法犯罪及治安灾害事故的能力，并积极主动向公安机关提供线索，敢于同一切违法犯罪行为做斗争。

5. 依法查处违法犯罪行为，打击、取缔以营利为目的的陪侍活动。《条例》对娱乐场所设定了两项义务：一是不得提供以营利为目的的陪侍活动的义务；二是娱乐场所发现进入场所的人员有提供以营利为目的陪侍的，有制止和向当地公安机关报告的义务。公安机关通过对娱乐场所进行安全检查、调查研究，对发现以盈利为目的的陪侍活动坚决严厉打击和取缔。对发现的违法犯罪行为及时查处，及时整顿娱乐场所存在的突出的治安问题。

三、公共交通场所治安管理

（一）公共交通场所的概念

公共交通场所，是指对社会公众开放，用于运载各种人员或货物从起始地驶往目的地的交通运输工具以及候乘交通工具、装卸货物的固定场所的总称。

（二）公共交通场所的种类

公共交通系统由通路、交通工具、站点设施等物理要素构成。

1. 按照交通场所的社会功能，公共交通场所可分为：（1）固定的交通场所。主要包括：汽车站、火车站、民用飞机场、渡口、码头、地铁、公交站点等。（2）流动的交通工具。主要包括：公共汽（电）车、火车、客轮、渡船、飞机、地铁等。

2. 按照交通途径，公共交通场所可分为：（1）陆路交通场所，主要包括：各种汽车和公共汽车站、火车和火车站、轻轨列车及其列车站、出租汽车和出租汽车站、人力客运三轮车及管理站点等；（2）水上交通场所，主要包括：各种渡船及渡口、轮船及港口、码头等；（3）航空交通场所，主要包括：各种民航客机和民航机场；货运飞机和货运机场等；（4）架空和地下交通场所，主要包括：空中索道及索道站、缆车及缆车站、地铁和地铁车站、海底隧道等。

我国公共交通发展迅猛，以城市轨道交通为例，《城市轨道交通2015年度统计和分析报告》显示，截至2016年初，我国获批建设城轨交通的城市已达44个，运营总里程3618公里，在建里程4418公里，全年累计完成客运量138亿人次，同比增加9.5%；全国平均客流强度1.21万人次/公里日，较上一年度1.14万人次/公里日相比上升了6.1%，表现出新增运营线路多、客流增长快的趋势。发达的公共交通为人们的日常生活出行提供极大便利，但与此同时伴随出现的危害人们人身财产安全和社会安全稳定的各类治安问题也不容忽视。近年来，国际社会恐怖活动日益猖獗，而交通设施及交通工具是恐怖活动袭击的重点目标。极少数敌对分子、民族分裂主义分子，常利用公共交通中转场所人员聚集、流动量大，易发生治安问题，且社会影响大、危害大等特点，千方百计以纵火、爆炸、投毒等方式制造事端，进行破坏。如2014年3月1日晚9时20分，8名统一着装的暴徒蒙面持刀在云南昆明火车站广场、售票厅等多处砍杀无辜群众，民警当场击毙4名暴徒、抓获1人。事件造成29人死亡、130余人受伤。2017年4月3日俄罗斯圣彼得堡先纳亚广场和技术学院两个地铁站发生爆炸，俄官方认定该爆炸案为恐怖袭击事件，该事件至少导致11人死亡，45人受伤。

此外，公共交通场所容易发生火灾、爆炸、翻车沉船、挤压伤亡等治安灾害事故；由于公共交通场所人员流动性大，便于作案，易于逃逸，一些违法犯罪人员常混迹其间进行扒窃、抢劫、抢夺、诈骗、倒票、卖淫、嫖娼、赌博、贩毒、流氓滋扰、打架斗殴等违法犯罪活动，侵害了旅客的财产利益，危及旅客的人身安全，扰乱了交通场所的正常秩序。因此，公安机关要不断加强公共交通场所的安全防范和治安管控，有效预防和减少各类违法犯罪行为和灾害事故的发生。

（三）加强公共交通场所治安管理的基本措施

1. 加强组织领导，密切部门协作。根据当前公共交通场所复杂的治安特点，按照精干合理、高效统一的原则，由党委、政府牵头，成立以公安机关治安管理部门为主，各个交通场所党政部门、单位内部职工、治安积极分子共同参加的社会治安综合治理联合机构，明确职责分工，紧密合作，为搞好公共交通场所的治安管理提供强有力的组织保障。

2. 建立健全安全管理制度，落实安全防范措施。各类交通场所的主管部门应根据本场所的实际情况，按照"谁主管，谁负责"的原则，制定切实可行的交通安全管理制度，落实各项安全防范措施。各类交通场所应根据旅客流量的大小、治安问题的复杂性等实际情况，配备足够的专职或兼职保安人员或治安巡防队员，负责维护各类交通场所内部的治安秩序，并建立健全相应的岗位安全责任制，各负其责，落实"四防"安全防范措施。

3. 加强治安宣传教育，提高交通参与者安全防范意识。公安机关应协同相关部门采群众易于接受的形式加强对广大旅客进行遵守交通规则秩序、维护公共安全的宣传教育。在站前广场或候车室、在车船上或飞机上，采取通俗直观、生动新颖、喜闻乐见的宣传形式，增强群众遵纪守法和防盗、防火、防破坏和防治安灾害事故等"四防"安全意识。通过宣传教育，使广大群众时刻保持警惕，保管好随身携带的行李物品，防止财物丢失、被盗、被骗、被抢。

4. 加强治安巡防，严密交通场所的控制。公共交通场所是各类案件的高发区，各种违法犯罪人员企图利用车站、码头、机场人多拥挤之机盗抢旅客钱物，寻衅滋事，制造事端，蓄意破坏。公安机关要根据不同场所的治安特点，科学合理组织警力，建立治安岗亭或哨卡、执勤点，加强巡逻防控。公安机关应当组织治安巡防队、场所的保安人员和内部职工，加强对场所各个部位进行巡视和检查，注意发现识别可疑人员和物品。

5. 加强安全检查，严禁携带危险物品。公共交通场所历来是公安机关实施安全防范的重点地区，尤其是在春节、小长假等客流量剧增的节假日期间，近年来随着国际国内重大会议的增多，反恐防暴形势的严峻，各交通场所的安保不断升级，安全防范检查也提到了前所未有的高度。在车站、码头、渡口、机场的出入口、候车（机、船）厅、售票处等重点场所对过往旅客人身以及携带的行李物品通过各种安检仪器进行安全检查，严禁将"三品"带入公共交通场所。

6. 集中多种力量，抓住突出问题进行整顿。针对公共交通场所频发的扒窃诈骗、抢夺抢劫、流氓滋扰、卖淫嫖娼、倒卖票据、车匪路霸等群众反映强烈的违法犯罪问题，治安管理部门要根据不同的时间季节、不同的路段地形、不同类型的交通场所、不同的治安问题，制定出切实可行的处置方案，及时有针对性地进行整治。

四、治安重点地区概述

（一）治安重点地区概念和范围

在治安管理实践中，治安重点地区是指人、车、物流量较大，人员成分复杂，治安问题突出，社会影响较大，需要重点整治的地区。重点地区治安管理的范围，包括重要党政军机关驻地、广播电视、邮电通信以及供水、供电、供热、供气等关系国计民生的单位、部门所在地区，重要会议、集会场所，重要领导人住所，繁华街道、交通干线以及外国驻华使领馆及办事机构的驻地等治安保卫重点单位和区域。此外，还包括医院及学校周边、城乡结合部等治安问题复杂需要公安机关特别加以防范的区域、路段等。重点地区的特点决定了公安机关必须加强管理力度，以切实维护公共治安秩序。

治安重点地区加强内部管理和防范的做法。

治安重点单位和区域应当加强内部管理和防范，主要是落实三防建设，即人防、物防和技防，治安保卫重点单位内部三防建设的具体做法包括：

1. 人防。建立单位法定代表人或主要负责人为治安保卫工作第一责任人的工作责任制；将治安保卫工作纳入本单位工作、生产、经营等总体规划；本单位治安保卫工作所需的经费保障到位；按规定设置与治安保卫任务相适应的治安保卫机构，并配备专（兼）职保卫干部负责保卫工作，配足保安人员数量且经业务技能培训合格后方可上岗；按标准配备橡皮棍、头盔、催泪喷射器、防割手套、盾牌、通信设施、安全钢叉等；单位定期开展全员安全防范教育和治安保卫人员职业技能培训；单位保卫机构及保卫人员设置、配备、变更情况及时报公安机关业务主管部门（辖区公安派出所）备案；重要基础设施安全保卫工作机制完善，安全保卫应急反应能力强，包括建立单位门卫值班、内部巡查守护、来客（车辆）登记等工作台账且记录规范；按规定执行人员、车辆出入安全管理制度；单位出入口、重要库房（部位）、重要基础设施及人员聚集场所等重要部位、区域按照有关规定落实专人巡逻守护并实施重点保护。

2. 物防。对照国务院《内保条例》，本行业、本单位落实安全防范工作制度且确定治安保卫重点部位；根据国家、省级有关规定，单位出入口、围墙、重要部位的物防系统建设实体防护设施；安全标识清楚、醒目；规范管理易燃易爆危险品、剧毒物品、放射性物质等危险物品；单位财务室、计算机室、保密资料室、危险品存放等场所的出入口防盗安全门应当符合国家（行业）相关标准；窗户应当安装坚固的金属防护栏等防护设施；按规定实行封闭式管理的单位，院墙应当达到防攀爬的高度或落实周界防护设施；存放有价票证、重要物品应使用符合国家标准的保险柜并固定在地面或墙体，钥匙按规定保管；单位的消防设施或消防安全管理制度应当符合国家有关消防安全要求；消防、安防监控室应当配备相关安全防护设施和通信设施。

3. 技防。单位出入口、重点部位、重要基础设施和人员密集场所等区域，根据国家、省级有关技防标准以及反恐怖防范标准规定安装视频监控系统的；所依据的规范要求系强制性标准的，应当设立且做到全覆盖，监控图像、资料保存应达到规范要求，并落实专人管理；视频监控回放图像清晰（清晰显示进出人员体貌特征）；维修、更新、检测及时且台账记录完整；按照有关规定，重点单位财务室、计算机室、资料室、存放有价证券、重要物品的保管室以及单位周界安装红外线或其他入侵报警系统，或安装 24 小时实时监控；根据国家、省级有关技防标准以及反恐怖防范标准规定，单位入侵报警系统、紧急（一键）报警设施、出入口信息系统等技防设施与公安机关接处警中心或报警监控中心联网；消防控制室值班操作员按规定取得消防职业资格证上岗；监控中心值班人员应当掌握与岗位相关的安防知识且熟练相关设备的操作。

公安机关加强对治安保卫重点单位的监督检查和指导：

1. 全面摸清底数，及时掌握变动。公安机关确保辖区治安重点单位和地区纳入日常重点工作内容，全面摸清重点单位及重点部位、物品底数，及时掌握单位内部涉稳涉恐人员情况，做到底数清、情况明，上级公安机关可定期对此项工作完成情况进行考核。

2. 强化分级监督，主动检查指导。各地公安机关要强化治安保卫重点单位的分级监督检查指导，结合重要时间节点，主动上门对治安保卫重点单位进行安全检查。要以单位现有安全防范工作开展情况为基础，对照治安保卫重点单位内部三防建设检查标准，指导各单位落实主体责任，完善各项安全规章制度建设和台账管理，书面填写检查情况。

3. 加大查处力度，落实隐患整改。各地要在检查监督的基础上，对三防建设存在隐患和工作不落实的单位作为重点开展攻坚，逐一制订方案、逐步推进，确保整改措施落实到位。对安防建设工作不落实、不到位的单位，要严格依照法律法规进行行政处罚，并通报其上级主管部门，倒逼主管部门认真履行主管责任，加大保障力度。

4. 巩固安防实效，健全长效机制。各级公安机关和业务部门也要强化与重点单位、行业主管部门和其他职能部门的联系协作，加强安全防范工作的指导和延伸，不断健全长效工作机制。

（二）校园及周边治安管理

以校园及周边治安管理为例，在反恐防暴的严峻形势下，各地公安机关加强各级各类学校及其周边的治安防范和安全保卫工作，各级公安经文保部门、学校属地派出所要依法履行监督、指导、督促的职责，积极会同教育部门，主动作为，共同推动校园安保工作整体水平的提升，建立健全校园安全长效管理机制，严防各类涉校师生案事件发生，杜绝恐怖活动、个人极端暴力行为或各类精神病人肇事肇祸事件的现实威胁，保障广大学生、儿童和教职工的生命财产安全，保障校园及周边良好的社会治安秩序和安全和谐的社会环境。

公安机关加强各级各类学校及其周边地区治安管理的主要措施有：

1. 加强校园安全防范指导监督。会同教育部门督促指导学校落实主体责任，严格按照有关法规和规范标准要求，推进三防建设。一要落实保卫人员和安全制度。要督促学校配齐配强保安人员，配全防护装备，要严格落实检查登记和重点部位巡查制度，严防不法人员混入校园。二要加强安全基础设施建设。根据校园及周边治安和交通环境的实际，指导学校设置隔离栏、升降柱等硬质防冲撞设备，并根据反恐防范等级要求开展相关工作。针对民办学校，尤其是规模较小的民办幼儿园“三防”覆盖率普遍较低的问题，要强化督促和整改，帮助提升其安保能力。三要加强监控报警装置日常维护。继续做好教育部门和公安部门报警、视频联网工作，加强对视频监控特别是报警装置等的维护、测试，进一步完善入侵报警装置、视频监控装置、紧急报警装置、电子巡查系统建设。

2. 加强校园重点领域的安全工作。会同教育主管和其他职能部门，以校园消防安全、交通安全、学生溺水事故防范、食品及卫生防疫、实验室药品管理、集体活动审批等领域为重点，充分分析本地区、本学校可能危害师生生命安全和造成学校较大财产损失的风险点，对位于交通要道、闹市周边的小学、幼儿园要重点加强安全防范。对大中学校实验室涉危化学品开展排查梳理，指导涉危化学品学校开展回头看检查，严防涉危化学品丢失、被盗。工作中要及时发现存在的突出问题和隐患，研究采取具体措施，把各类问题和矛盾解决在萌芽状态、初始阶段和学校内部。

3. 严密校园周边治安防控。各地要围绕立体化社会治安防控体系建设的要求，强化中小学幼儿园上下学重点时段校园周边的治安、交通管理，属地派出所要对地处治安环境复杂的校园，落实警力开展安全防护和秩序维护。各地要根据自身实际，深入了解学校、家长对校园周边治安的需求，因地制宜地抓住校园治安的重点突出问题，适时开展校园周边治安秩序的专项整治。要加强与工商、城管、综治办等部门的协作，坚持“零容忍”的态度，加大清理整治，进一步净化校园周边治安环境，全面清查校园周边黑网吧、“黄赌毒”等治安乱点，维护校园周边良好的治安环境。对反恐防暴形势严峻、治安复杂地区的校园，要落实警力重点守护，同时要充分依托群防群治力量，开展校园周边治安防控工作。全面排查校园周边易肇事肇祸精神病人、因涉校涉园矛盾纠纷扬言报复、生活无着、债务缠身等人员，及时掌握其动态轨迹，纳入工作视线，有针对性地做好疏导、化解、稳控工作，切实提高对涉校案件及苗头及早发现、有效防范、迅速处置的能力和水平，严防造成现实危害并引发示范效应。

4. 建立法制副校长制度，加强职责落实。公安法制副校长要充分发挥桥梁作用，按照具体工作要求，开展涉校涉生法制教育和各项基础工作，积极督促、指导有条件的中小学幼儿园优化“护学岗”工作，整合校园保安、当值老师、公安民警、社区巡防和家长志愿者等力量，共同做好校园安全防护工作。对已建成使用的校园警务室要按规定落实人员开展各项工作内容，充分发挥警务室在校园安防工作中的桥头堡作用。

5. 完善涉校涉生案事件应对处置机制。会同各级教育部门，指导和督促学校根据本地区、本校的实际情况制定和完善应对突发暴力事件应急预案，并适时开展演练，完善校园突发暴力事件应对处置机制，提高紧急应对能力。严格信息报送制度，各类重大、敏感信息及时上报，切实维护好校园及周边安全稳定。

第二部分　典型案例评析

加强校园及周边治安秩序整治工作

场景设计：2016年7月初，清江市局全面启动五项基础管控集中攻坚，通过一段时间的专项整治，全市中小学幼儿园及周边秩序虽整体平稳，但仍存在一些问题。靖江市局结合工作实际，进一步加强校园及周边治安秩序整治工作。清江市中小学幼儿园共89所，其中中小学49所，幼儿园40所，公办校园36所，民办4所，另有社会培训机构66家。已建立校园警务室89个，公安“护学岗”23个，校园专职辅警176人，校园辅警由辖区派出所培训管理使用。自集中攻坚开展以来，共排查安全隐患50处，当场整改隐患35处，责令限期整改隐患15处，化解矛盾纠纷11起，整治治安乱点22处，稳控校园周边重点人员1名。

评析：在此次整治工作中，清江市局的做法主要有：一是会同市相关部门成立工作小组。由市综治办牵头，协调公安局、教育局、文广新局、市监、城管等相关部门成立工作小组，制定相关行动实施方案。在此基础上，市局同时制订了《校园周边秩序排查整治行动实施方案》，下发至派出所，进一步细化专项行动措施。二是对校园安防设施开展重点检查。按照“一校一园一策”的要求，会同教育局对学校人防、物防、技防、制度防的“四位一体”治安防控体系建设进行摸底排查，对检查中发现的视频监控、CK 报警系统损坏等隐患问题逐项提出整改意见、落实整改措施。三是重点整治校园周边脏乱差环境。一方面组织各派出所对校园周边娱乐性场所清理整顿，依法取缔查封非法台球室、游戏厅等场所和非法流动经营摊点，打造良好的校园周边治安环境；另一方面要求辖区派出所在上学、放学时段，全面落实见警车、见警灯、见警员的“三见”工作制，对在校园周边东游西荡、形迹可疑的人员，一律严格盘查，发现有违法犯罪嫌疑的，及时妥善处置，确保师生安全。四是组织专题培训增强安全防范意识。一方面各派出所法制副校长和管段民警主动积极深入各中小学校及幼儿园，开展内容丰富的法制教育和安全防范教育，全面提升中小学生法制意识和自我保护意识。另一方面通过模拟校园发生的安全事故，组织校园辅警学习掌握防卫器械的使用方法及三人协同作战技法，提高校园辅警的处置突发事件能力。

第三部分 实训教学设计

一、实训设计思路

通过对娱乐场所治安检查实训的模拟演练，使学生加深对公共场所治安管理知识的理解，掌握场所治安检查的内容方式以及对场所存在问题的处理方法，提高学生理论联系实际，分析和解决实际治安管理工作问题的能力。

二、实训指导

（一）实训目的

通过实训，使学生了解对娱乐场所治安管理的相关法律规定，掌握娱乐场所日常治安检查的方式方法和检查内容，并能够对存在违反管理规定的情形和相关责任人员进行处理。

（二）实训内容

1. 娱乐场所安全检查的法律依据；
2. 娱乐场所安全检查的方式内容；
3. 对场所存在违法违规问题的整改处理。

（三）相关知识点

《中华人民共和国治安管理处罚法》《娱乐场所管理条例》《娱乐场所治安管理办法》等相关法律、法规和规章。

（四）实训课时

2 课时

（五）实训保障

1. 有关物品：场景所需必要道具；
2. 有关文书：治安检查记录表、场所人员登记表、治安隐患整改通知书、治安询问笔录、受案登记表、行政处罚决定书等；
3. 场地：实训场、宿舍、办公室、道路等一切可利用的设施内。

（六）实训步骤

1. 学生复习巩固基础知识内容；
2. 教师拟定并给出实训场景；

3. 学生根据场景设计进行分组和角色分工；
4. 学生做好相关物品和道具准备；
5. 根据角色分工，按照“实训场景”的框架和要求演绎“实训场景”；
6. 学生自评；
7. 教师点评；
8. 学生和老师分别写出《实训报告》（学生用）和《实训报告》（老师用）。

（七）考核评分标准

实训考核成绩按照优、良、中、及格、不及格五级记分制评定，从以下方面考核记分：对有关法律规范的理解和掌握程度20%，案情设计10%，法律文书的制作25%；参与各方角色表现10%；组织纪律性、团结协作精神15%；法律适用20%。实训结束后，实训学生按照实训要求写出实训报告，实训指导老师根据学生分组实训情况和实训报告完成质量情况给出实训小组成绩，由实训小组长在实训指导老师的监督下会同本小组成员商量后，根据本小组成员在实训中的贡献大小、表现情况等，在实训指导老师给出的实训小组成绩基础上上下浮动后给出本小组成员的个人成绩，浮动幅度为10%。

三、实训场景设计

娱乐场所治安检查

场景设计：2017年7月，某市×分局治安大队民警在检查位于辖区某娱乐场所时，发现该场所管理混乱，多处存在治安隐患。大队民警遂对其存在的治安隐患下发《责令限期整改治安隐患通知书》并当场作出警告处罚。2017年8月7日，民警对该单位进行复查时，发现该问题仍未整改，遂对该场所进行全面治安检查并对所发现问题进行了严肃处理。

实训要点：

1. 检查内容

（1）公开检查主要内容。领取营业执照、变更登记后向公安机关备案情况；安全设施达标情况；法定代表人、主要经营人员和其他从业人员实名登记情况；娱乐场所治安管理信息系统（指纹考勤系统）；娱乐场所与保安服务企业签订保安服务合同，配备专业保安人员情况；是否存在卖淫嫖娼、淫秽表演、赌博、吸贩毒品违法犯罪及其他违法犯罪情况；其他与治安管理有关且应当进行公开检查的事项。

（2）暗访检查主要内容。对群众举报及通过其他工作方式发现存在或可能存在下列问题的娱乐场所，应当进行暗访检查。主要暗访检查：卖淫嫖娼、淫秽表演、赌博、吸贩毒品等违法犯罪行为；治安秩序混乱或者治安问题、隐患严重；曾因治安问题严重被公安机关查处过；其他违反法律、法规规定，需要暗访检查的。

2. 检查方式

（1）交叉用警检查。由跨城区形式的交叉用警检查，检查内容同于公开检查与暗访检查；组织辖区派出所之间交叉用警检查，检查内容同于公开检查与暗访检查。

（2）“双随机”抽查模式检查。依托网络技术，在娱乐场所检查内容中随机抽取某项或不特定项检查内容与检查对象，随机挑选拥有检查资格的检查执法人员对检查对象进行检查。检查内容与公开检查内容相同。

检查结果处置。对发现存在问题的场所在查处的同时，对场所处以停业整顿、采取刑事强制措施或重大突出违法犯罪情况的要及时上报上级公安机关。同时，要充分发挥公共娱乐场所积分制分级系统，严密娱乐场所治安管理，规范场所经营秩序。上级公安机关组织的公开检查（交叉检查）、暗访检查后，对存在卖淫嫖娼、淫秽表演、赌博、吸贩毒品等违法犯罪行为或者其他治安问题突出的娱乐场所，除直接或异地用警查处外，应当通报、通知所在地公安机关查处。所在地公安机关接到通报、通知后应当及时查处，并在规定的时限内将查处进展情况或者结果报上级公安机关。对问题严重的，应当通报所在地公安机关主要负责人。

治安检查记录

编号：____

<table>
<tr><td colspan="2">被检查单位</td><td colspan="3"></td></tr>
<tr><td rowspan="7">必查内容</td><td>法人代表或承包人、实际经营人</td><td colspan="3"></td></tr>
<tr><td>系统是否正常运转</td><td colspan="3">是□　　否□</td></tr>
<tr><td>监控设施是否启用</td><td colspan="3">是□　　否□　未安装监控设施□　保存____天数</td></tr>
<tr><td>二代证读卡器是否启用</td><td colspan="3">是□　　否□　未安装二代证读卡器□</td></tr>
<tr><td>值班巡查制度是否落实</td><td colspan="3">是□　　否□</td></tr>
<tr><td>从业人员培训情况</td><td colspan="3">抽查____人（次），发现____人（次）未经培训。</td></tr>
<tr><td>登记（考勤）情况</td><td colspan="3">抽查____人（次），未登记（考勤）____人（次）、采集总人数____人；其中妈咪____人、公关____人。</td></tr>
<tr><td>其他检查情况</td><td colspan="4"></td></tr>
<tr><td>备注</td><td colspan="4">未登记（考勤）人员姓名、身份证号：</td></tr>
<tr><td colspan="2">检查单位</td><td></td><td>检查人</td><td></td></tr>
<tr><td colspan="2">检查时间</td><td>年　月　日</td><td>被检查单位负责人签名</td><td></td></tr>
</table>

______________场所人员登记表

检查时间：________

姓名	身份证号码	户籍地	联系电话	备注

◎ 本章小结

重点区域管理是整个社会治安秩序管理的重要组成部分，也是公安机关治安管理的重要业务内容。受重点区域情况复杂性等治安特点影响，公安机关在对其进行监督检查管理时难度较大，因此公安机关要明确重点区域治安管理目标，依法加强和改进治安管理措施，实现对公共场所和重点区域的有效管理，切实维护和保障重点区域内部和周边的良好治安秩序，创造安全稳定的社会治安环境。

◎ 思考与练习

公共场所比较常见的治安问题有哪些？对社会产生什么影响？

据市民反映，某 KTV 内有营利性陪侍，还经常有人打架斗殴。对此，辖区派出所应如何解决?

某小学门口在放学时发生精神病人持刀伤人事件，并造成一定程度的社会恐慌，请问可以采取哪些措施来加强治安防控避免类似悲剧发生?

◎ 拓展阅读

现阶段我国社会矛盾多样多发，治安形势仍然严峻复杂，在重点区域治安管理中，医院及其周边治安秩序状况不容乐观，“医闹”、暴力伤害医务人员案件和“号贩子”等各类扰乱医疗机构正常秩序的事件时有发生，有的造成了严重后果和恶劣影响。为保障医疗机构良好治安秩序、完善立体化社会治安防控体系，促进社会和谐稳定，自2013年开展维护医疗秩序打击涉医违法犯罪专项行动以来，各地不断深化“平安医院”创建工作，医疗纠纷数量、发生在医疗机构的刑事案件数量均呈下降趋势，医疗秩序总体态势向好。

1. 杭州市局最新做法

2017年3月，为切实贯彻落实国家和省、市有关维护医疗机构治安秩序工作部署，指导各级公安机关和各医疗机构规范处置和严厉打击各类涉医违法犯罪事（案）件，促进“平安杭州”、“平安医院”建设，维护医务人员和人民群众合法权益，杭州市公安局、杭州市卫生计生委联合制订了《杭州市公安机关和卫生计生部门预防处置医患纠纷事（案）件工作的指导意见》（以下简称《指导意见》）。处理医患纠纷事（案）件或协调处理医患矛盾要按照“打防结合、标本兼治、依法处置、综合治理”的要求，严格遵守国家法律、法规、规章以及相关政策，依法维护医患双方合法权益，保障医疗机构正常的诊疗秩序，避免因处置不当激化社会矛盾。该意见明确了医患纠纷事（案）件预防和处置的范围。《指导意见》所称医患纠纷事（案）件是指由于医患双方对医疗后果及其原因认识不一致，患者或家属对诊疗护理过程不满意，认为医务人员在诊疗过程中有过失（过错），对患者健康权益造成不良后果（病情加重、致伤残或死亡等）从而引发医患双方争议甚至影响医疗机构正常秩序、危害医务人员人身安全的事（案）件。医患纠纷包括医疗过错争议产生的医疗纠纷，也包括医方在诊疗活动中没有疏忽和过失，仅是患方单方面不满意所引起的纠纷。另外对因患方恶意逃费、不配合诊疗、医疗“碰瓷”企图诈取赔偿以及患者家属遗弃患者等患方过错行为引发医疗纠纷的处置也适用。

《指导意见》中也规定了医患纠纷事（案）件预防和处置的原则、预防工作措施和基本处置流程。其中公安机关处理医患纠纷事（案）件基本处置流程如下：（1）处警报告。属地派出所接到医疗机构报警后要迅速出警，第一时间赶赴现场，调查情况，及时上报。各公安分局、县（市）公安局经文保部门应第一时间掌握事（案）件情况并上报市公安局指挥中心和经文保支队。（2）调查稳控。到场民警迅速开展调查取证，查明涉及人员身份和事件基本情况，会同医院做好现场稳控工作，协助医院将患方引领到专门的投诉接待场所，防止事态扩大、蔓延。对于案情简单、医患双方分歧不大且均有调解意愿的，公安民警可依法提出调解建议。在患者亲友滋事扰序的违法行为未得到制止前，不得进行案件调解。（3）先期处置。到场民警应指导医疗机构安保力量迅速采取必要的保护性措施，在围观人员聚集的情况下应设置警戒区，隔离围观群众，维护正常的医疗秩序。同时，开展法制宣传教育，重点向患方宣讲医疗纠纷处理和治安管理的有关法规和政策。（4）控制震慑。医患纠纷爆发阶段，患者一方情绪激动，往往会在医院内采取过激行为向院方施压。出警民警快速到达现场后，应保持严整规范的警容和队形，营造气势，震慑现场人员特别是有违法行为者，迅速控制现场局面。(5) 制止医闹。处置过程中，公开表明公安机关依法维护公共秩序、维护双方合法权益的立场和态度，对在医疗机构起哄闹事、封门堵路、悬挂横幅、张贴标语、焚烧纸钱、私设灵堂、摆放花圈、违规停尸、殴打追逐、辱骂威胁医务人员或非法限制医务人员人身自由以及任意毁损财物等严重扰乱医疗机构秩序的违法行为经劝说、警告无效的，要依法予以带离驱散；对组织、煽动的首要分子或“职业医闹”要依法强制带离现场，从严惩处。(6) 现场取证。现场处置时，必须按照工作规程分工协作、文明执法、依法处置，公安民警要按照公安机关现场执法视音频记录工作相关规定，做好现场处置全过程录音录像，必要时另行安排专人负责采集音视频资料，有监控设施的要安排专人值守、跟踪监控。(7) 控制舆情。在未经法定途径明确医方责任前，患方或其授意的人利用互联网等媒体捏造事实、恶意炒作，侮辱、诽谤、诬告陷害医务人员，挑拨医患矛盾造成社会不良影响的，属地公安机关要及时协调网警等部门采取举措有效监控和封堵互联网负面有害信息，防止形成网络炒作热点，防止网上煽动转变为落地危害。(8) 固定证据。对带回询问、讯问的为首分子或“职业医闹”，严格按规范要求做好笔录等相关材料，及时固定证据，既起到教育震慑作用，又为后续的依法打击提供依据。(9) 追踪善后。当医患双方重新开始协商谈判，或进入医患调解中心调解，或进入诉讼程序，公安机关仍需对事件的进展情况保持关注，重点了解患者一方情绪是否平复，诉求是否得到满足，事故责任认定是否得到认可，双方在赔偿数额上是否达成一致等情况，并根据实际情况有效应对。

2. 公安部《公安机关维护医疗机构治安秩序六条措施》

公治〔2014〕128 号《公安机关维护医疗机构治安秩序六条措施》：(1) 坚决依法打击暴力伤医违法犯罪。对侮辱、威胁、殴打医务人员、非法限制医务人员人身自由等违法犯罪行为，要迅速出警、依法果断制止，当场查证；构成违反治安管理行为的，要依法予以治安管理处罚；构成犯罪的，依法追究刑事责任。对持凶器伤害医务人员、严重威胁医务人员人身安全的，要依法采取一切必要措施果断制止，并采取刑事强制措施。(2) 坚决依法果断处置扰乱医疗机构正常秩序行为。对在医疗机构焚烧纸钱、摆设灵堂、摆放花圈、聚众滋事堵塞大门、扰乱医疗秩序和在医疗机构违规停尸，经劝说、警告无效的，要依法予以带离驱散；对组织、煽动的首要分子，要依法强制带离现场，从严惩处。(3) 坚决依法查处携带管制器具进入医疗机构。对非法携带管制器具，或者携带斧头、菜刀、棍棒、易燃易爆等危险物品进入医疗机构的，要带离医疗机构严格审查；构成违法犯罪的，要依法从严惩处。(4) 二级以上医院一律作为巡逻必到点，有条件的要设立警务室；三级医院必须设立警务室。(5) 配合卫生计生部门指导二级以上医院开展医患纠纷摸排，对矛盾纠纷突出的医院，一律建立专门机构负责接受患者诉求，跟踪问题处理结果。(6) 指导二级以上医院一律按规定配足配强保安员，指导开展技能培训，加强医院巡逻守护。

第七章　大型活动安全管理

正月十五闹花灯。山西大同古都灯会、江苏南京秦淮灯会、四川自贡恐龙灯会等吸引了众多游客。为确保灯会平安顺利，各地公安机关制定周密的安保工作方案和应急预案，派出大量警力。山西大同古都灯会举办23天来，游客总人数约55万人，每天现场部署安保力量1382人。为确保元宵节暨第九届“红岸滚冰节”期间活动有序顺利开展，黑龙江省齐齐哈尔市公安局富拉尔基分局共派出500余名民警、辅警。江苏省南京市公安局专门成立灯会安保指挥部，19个警种、31个部门5100名警力坚守在秦淮河畔。湖南省张家界市公安机关全警动员，民警、辅警、武警和公安现役部队官兵2300余人参与灯会安保。广东省佛山市公安机关投入元宵节安保警力8100余人，其中“行通济”活动安保投入5100余人，确保73万群众安全有序通过通济桥。海南省海口市元宵节各活动点人流总数达50万余人，海口警方出动近4800名安保警力。四川省自贡市公安局提早谋划、精心部署，全力以赴做好自贡恐龙灯会各项安保工作，1月28日至2月2日日均投入安保警力1100人。贵州省、市、县三级公安机关联动投入1600名警力，调集万余名干部职工和2800名志愿者严密管控疏导服务，圆满完成铜仁市德江县舞龙活动安保任务。青海省湟中县塔尔寺酥油花展人流总数达7万人，西宁警方细化方案分解人流、车流，共派出警力2000余人，确保活动现场秩序良好。新疆维吾尔自治区乌鲁木齐市公安机关提前部署元宵节植物园安保活动，逐一细化安保方案。①

问题：公安机关在大型群众性活动中的职责是什么？

【学习目标】 了解大型群众性活动安全管理的概念、特点和范围；初步掌握制定大型群众性活动安全监管方案的方法；学会对大型群众性活动进行安全许可的程序与方法。

【教学重点】 大型群众性活动的概念、特点和管理的基本原则；公安机关在大型群众性活动中的职责。

【教学难点】 大型群众性活动安全责任的划分；大型群众性活动的现场监管措施。

第一部分　基础知识

一、大型活动安全管理概述

（一）大型活动的概念、分类和特点

1. 大型群众性活动概念

① 付静：《元宵佳节全国大型活动平安顺利社会秩序良好》，载《人民公安报》，2017年2月13日，第1版。

根据2007年10月1日起实施的《大型群众性活动安全管理条例》的规定，大型群众性活动是指法人或其他组织面向社会公众举办的每场次预计参加人数达到1000人以上的文体或其他公众聚集的活动。该定义包括四个要件：

（1）有承办者。大型群众性活动的承办者，是指依法成立的机关法人、企业法人、事业本位法人和社团法人以及依法成立的不具有法人资格的其他组织，如村民委员会、居民委员会等基层群众自治组织。公民个人不能举办大型群众性活动。群众自发的庙会、歌舞会等，不属于法律意义上的大型群众性活动。

（2）参与人数众多。根据《大型群众性活动安全管理条例》的规定，大型群众性活动应在“1000人以上”。所谓“预计参与人数”，是指组织、协调、保障直接参与活动的相关人员数量与预计发售门票或组织观众数量之和。对于一些展览、展销等活动，主要是指单位时间内动态的最高流量，是每场次、每天的容量，而不是指活动期间人数的总和。如果无法确定参与人数，有固定坐席的，按照固定坐席的数量计算，无固定坐席的，按照人均1平方米计算。

（3）参与人群为不特定人员。大型群众性活动是面向社会公众，参与人员是不特定的人群。单位内部举办的联欢会、运动会等活动不属于法律规定的大型群众性活动。

（4）活动地点为公共场所。大型群众性活动的地点为公共场所，一般是临时租用、借用的。影剧院、音乐厅等单位在其经营场所内举办的日常业务活动，在企业单位内部举行的促销活动，不属于大型群众性活动。对虽然具有大型群众性活动的某些特征，但不属于法律规定的大型群众性活动情形的，纳入日常公共安全管理，无需安全许可。

目前，个别地区把其他规模较大的商业促销、体育明星和演艺人员等公众人物与市民见面、新书签售等活动，以及各类开工、竣工庆典及纪念活动等都纳入了大型群众性活动的管理范围。

2. 大型群众性活动的分类

按照大型群众性活动的举办目的，可以将大型活动分为以下两种：一是政府主办的非营利目的大型活动，如重要会议、大型商贸活动等；二是以营利为目的大型活动，如演唱会、音乐会等。

按照大型活动的内容，可以将大型活动分为以下五种：一是体育比赛活动；二是演会、音乐会等文艺演出活动；三是展览、展销等活动；四是游园、灯会、庙会、花会、焰火晚会等活动；五是人才招聘会、现场开奖的彩票销售等活动。

3. 大型群众性活动的特点

（1）参与人员众多，成分复杂。

大型群众性活动普遍规模较大，参与人员众多，活动场地往往处于人员饱和状态。人员在有限的空间、时间内高度集中，极易导致现场秩序混乱，出现拥挤、踩踏事故。大型活动是向社会公众开放的，参与的人员既有运动员、演职人员、工作人员，还有普通观众，这些观众中既有普通老百姓，也有国内、国际重要人士，还有违法犯罪分子，甚至还可能包括某些敌对势力和恐怖分子。

（2）人员情绪波动大，群体心理难以掌控。

大型群众性活动多数属于气氛性活动，在参与过程中，观众意识易受现场气氛感染，情绪起伏不定，在某些特定的大型活动中甚至会形成对抗心理，例如在大型球赛中球迷支持不同的球队，会产生相互对抗的群体心理。

（3）社会影响大，容易成为恐怖袭击的目标。

近年来，大规模、高档次、多层面的大型群众性活动越来越多。大型群众性活动的种类由过去单一的文体活动趋向融文化、体育、商贸、展览、节庆、旅游等于一体的综合形式发展。当前，国际、国内社会矛盾尖锐、复杂，国际恐怖活动、民族分裂活动猖獗，各种敌对势力都有可能利用大型群众性活动社会影响力大的特点，实施爆炸、暗杀等恐怖活动和煽动闹事等其他破坏活动。

（二）大型群众性活动安全责任

根据《大型群众性活动安全管理条例》第3条的规定，我国对大型群众性活动安全管理坚持承办者负责、政府监管原则。活动承办者对大型群众性活动的安全负责，公安机关代表政府对大型群众性活动安全实施监督管理，有关主管部门按照各自的职责负责大型群众性活动的有关安全工作。

1. 承办者的安全责任

《大型群众性活动安全管理条例》第5条规定，大型群众性活动的承办者（以下简称承办者）对其承办活动的安全负责，承办者的主要负责人为大型群众性活动的安全责任人。承办者是指以其名义申报安全许可的法人或者其他组织；承办者主要负责人是指法人代表或主持日常工作的负责人。有两个或两个以上承办者的，共同对安全工作负责。

举办大型群众性活动时，承办者应具体负责安全事项如下。举办大型群众性活动，承办者应当落实大型群众性活动安全工作方案和安全责任制度，明确安全措施、安全工作人员岗位职责，开展大型群众性活动安全宣传教育；保障临时搭建的设施、建筑物的安全，消除安全隐患；按照负责许可的公安机关的要求，配备必要的安全检查设备，对参加大型群众性活动的人员进行安全检查，对拒不接受安全检查的，承办者有权拒绝其进入；按照核准的活动场所容纳人员数量、划定的区域发放或者出售门票；落实医疗救护、灭火、应急疏散等应急救援措施并组织演练；对妨碍大型群众性活动安全的行为及时予以制止，发现违法犯罪行为及时向公安机关报告；配备与大型群众性活动安全工作需要相适应的专业保安人员以及其他安全工作人员；为大型群众性活动的安全工作提供必要的保障。

【特别提示】

大型群众性安全保卫方案一般应由承办者负责制定，公安机关予以指导和审查。主要内容包括：

①活动的时间、地点、人数、内容及组织方式；

②安全工作人员的数量、任务分配和识别标志；

③活动场所消防安全措施；

④活动场所可容纳的人员数量以及活动预计参加人数；

⑤治安缓冲区域的设定及其标识；

⑥入场人员的票证查验和安全检查措施；

⑦车辆停放、疏导措施；

⑧现场秩序维护、人员疏导措施；

⑨应急救援预案。

2. 场所管理者的安全责任

根据《大型群众性活动安全管理条例》第 8 条的规定，向大型群众性活动的承办者提供活动场地（馆）的场所经营者，即为大型群众性活动的场所管理者。大型群众性活动的场所管理者具体负责下列安全事项：保障活动场所、设施符合国家安全标准和安全规定；保障疏散通道、安全出口、消防车通道、应急广播、应急照明、疏散指示标志符合法律、法规、技术标准的规定；保障监控设备和消防设施、器材配置齐全、完好有效；提供必要的停车场地，并维护安全秩序。

3. 公安机关的职责

按照《大型群众性活动安全管理条例》的规定，公安机关对千人以上大型群众性活动应审核承办者提交的大型群众性活动申请材料，实施安全许可；制订大型群众性活动安全监督方案和突发事件处置预案；指导对安全工作人员的教育培训；在大型群众性活动举办前，对活动场所组织安全检查，发现安全隐患及时责令改正；在大型群众性活动举办过程中，对安全工作的落实情况实施监督检查，发现安全隐患及时责令改正；依法查处大型群众性活动中的违法犯罪行为，处置危害公共安全的突发事件。

【特别提示】

对经安全许可的大型群众性活动，公安机关应当制定安全监管方案和应急处置预案。方案内容应主要包括：

①活动的基本情况；

②指导思想和目标；

③安全职责划分；

④组织指挥体系的构成；

⑤参勤单位及警力安排；

⑥任务分工及岗位职责；

⑦工作措施及要求；

⑧应急处置预案。预案应明确处置各类突发事件的组织领导、工作原则和工作措施。

二、大型群众性活动安全管理

（一）大型群众性活动的安全许可

《大型群众性活动安全管理条例》第 11 条规定，公安机关对大型群众性活动实行安全许可制度。在活动举办前由承办者向公安机关提出申请，公安机关进行审查，根据审查情况作出许可或不许可决定。

1. 实施安全许可的主体

（1）大型群众性活动的预计参加人数在1000 人以上5000 人以下的，由活动所在地县级人民政府公安机关实施安全许可。

（2）预计参加人数在5000 人以上的，由活动所在地设区的市级人民政府公安机关或者直辖市人民政府公安机关实施安全许可。

（3）跨省、自治区、直辖市举办大型群众性活动的，由国务院公安部门实施安全许可。

县级以上各级人民政府、国务院部门直接举办的大型群众性活动的安全保卫工作，由举办活动的人民政府、国务院部门负责，不实行安全许可制度，其他都须经公安机关安全许可。

2. 实施许可的条件

举办大型群众性活动应当符合下列条件：

（1）承办者是依照法定程序成立的法人或者其他组织；

（2）大型群众性活动的内容不得违反宪法、法律、法规的规定，不得违反社会公德；

（3）具有符合规定的安全工作方案，安全责任明确、措施有效；

（4）活动场所、设施符合安全要求。

3. 安全许可的程序

（1）申请。承办者应当在活动举办日的20日前向相关公安机关提出书面申请，申请时应填写申请表，并提交以下材料：

①承办者合法成立的证明以及安全责任人的身份证明；

②大型群众性活动方案及其说明，2个或者2个以上承办者共同承办大型群众性活动的，还应当提交联合承办的协议；

③大型群众性活动安全工作方案；

④活动场所管理者同意提供活动场所的证明。

依照法律、行政法规的规定，有关主管部门对大型群众性活动的承办者有资质、资格要求的，还应当提交有关资质、资格证明。必要时还应要求承办者提供活动安全风险评估综合报告。

（2）审查和查验。

根据《大型群众性活动安全管理条例》第14条的规定公安机关收到申请材料应当依法作出受理或者不予受理的决定。对受理的申请应当自受理之日起7日内进行审查，对活动场所进行查验，对符合安全条件的，作出许可的决定，对不符合安全条件的，作出不予许可的决定，并书面说明理由。

①审查。审查主要包括对承办者的审查；对活动内容的审查；对安全工作方案的审查；对场地管理者是否出具同意使用场所证明的审查；对活动场所的建筑、设施是否有相关部门的安全鉴定文件的审查。

②场所、设施的现场安全查验和检查。公安机关在审批许可期间组织专人对大型群众性活动场所、设施进行现场实地查验和安全检查，重点包括场内临时搭建设施是否符合相关安全要求；可能影响活动顺利进行的保障设施，包括水、电、气、热、通信、广播设施等重点要害部位是否运转正常且有专人值守；疏散通道、安全出口、消防车通道、应急广播、应急照明、疏散指示标志是否符合国家法律、法规、技术标准规定可能发生人员聚集的部位和重点地段是否设立了警示标志，是否安排了专门疏导力量；其他可能对大型群众性活动形成隐患的场所、设施是否采取了相应的安全防护措施。

对活动现场进行检查，一般应填写《大型群众性活动安全检查记录》对检查中发现的问题，要填写《大型群众性活动责令整改通知书》，提出整改要求，督促消除隐患。对逾期未消除的，责令承办者延期或停止举办。

(3) 决定。经审查和查验，公安机关应当在受理之日起7日内，作出决定。对符合举办安全条件的，作出许可决定，颁发《大型群众性活动安全许可决定书》；对不符合举办安全条件的，或经整改仍未达到安全条件的，作出不予许可决定，发给《大型群众性活动不予安全可决定书》，并说明理由。

(4) 变更。根据《大型群众性活动安全管理条例》第15条的规定，对经安全许可的大型群众性活动，承办者不得擅自变更活动的时间、地点、内容或者扩大大型群众性活动的举办规模。承办者变更大型群众性活动时间的，应当在原定举办活动时间之前向作出许可决定的公安机关申请变更，经公安机关同意方可变更；承办者变更大型群众性活动地点、内容以及扩大大型群众性活动举办规模的，应当依照规定重新申请安全许可。

承办者取消举办大型群众性活动的，应当在原定举办活动之前书面告知作出安全许可决定的公安机关，并交回公安机关办法的准予办理大型群众性活动的安全许可证件。

（二）大型活动的现场监管

(1) 维护大型活动现场周边的交通秩序。

大型活动中人员流量大，车辆进出多，集散时间短，容易发生交通拥堵。公安机关应当科学规划、精心组织，保障参与活动的车辆、人员按时顺利集结和疏散，防止因发生交通阻塞或秩序混乱而引发事故，确保参与活动的首长、外宾及群众的交通安全。

大型活动由于参加人员众多，公安机关应事先设计好人员和车辆的进场和退场路线，指定参加活动人员的集结地点。根据活动的性质、规模、参加人员及人数，与公共交通部门进行协作，加大公共交通运量，延长开行时间，尽力缓解交通拥堵情况。对于重大的大型活动，公安机关还可以提前编制出行指南，同时开展交通出行宣传，引导市民尽量乘坐公交车、地铁等公共交通工具，以削减交通流量，保障道路畅通。

公安机关可以根据需要在一定时间和空间内进行交通管制。交通管制的内容可以是在一定时间和范围内，不准机动车辆通行，或者在特定时间内禁止一切车辆、行人进人现场，由交通警察及治安警察在各路口设定警戒线，指挥机动车辆或行人绕行。公安机关决定交通管制后，应当向社会公告交通管制的内容，并设立相应的交通管制标志。对持续时间较长的活动，应精确计算，分时、分段地实施管制，尽可能缩小管制范围和时间。

(2) 合理安排停车场地。

公安机关应当在大型活动的停车场地安排警力指挥机动车辆停放，如果停车场地不能满足需要，公安机关还应当根据大型活动的预计参加人数，在活动场所周边设置临时停车场并指挥机动车辆的停放。由于散场时间相对集中，人流、车流同时朝外涌，因而停车场设置不要过于集中，避免造成散场后人群及车辆在某一区域拥堵。

(3) 在各入口处协助工作人员维护入场秩序。

执行安全保卫任务的民警应提前一定时间到达各自岗位，承担各自的保卫任务及执勤区域。在活动的入口处，由主办方负责查验入场凭证，公安民警协助主办方组织群众有秩序地入场，在入场检查中发生争议时，公安民警有权对入场人员进行人身检查和物品检查。

(4) 公开警力和秘密警力相结合，在活动现场及周围维护秩序。

大型活动现场维护秩序的警力可以分为两类、两部分。这两类是着装警察和便衣警察；两部分是定岗警力和流动警力，定岗警力主要负责其岗位周围的治安秩序，流动警力主要以巡逻的方式维护现场治安秩序。

(5) 配备警卫力量，警卫首长和重要来宾的安全。

警卫首长和重要来宾的安全是大型群众性活动安全保卫中的重要一环。大型群众性活动举行期间，首长和重要来宾就座的主席台、休息室以及入出场线路，都是警卫工作的重点部位。对于国家元首、政府首脑等一级警卫规格对象，要配备足够安保力量，实行全面部署，防止无关人员接近警卫对象。现场内外一般可部署三道防线进行控制：第一道为外围控制，由当地公安机关负责；第二道为现场警戒，由当地警卫部门负责；第三道为随卫，由主管警卫部门负责，当地警卫部门协助。加强要害部位和外围社会面控制，加强交通指挥和车辆看护。

（6）指挥、控制出场、散场秩序。

在活动即将结束时，各出口及主要交通路口的警力应当到位，准备维护出场、散场秩序，指挥人流、车辆有序离开现场，防止不法分子聚散场混乱之际捣乱破坏。公安机关可以事先和有关公共交通公司联系，在散场时段增派公交车辆及时疏散出场人群，以免由于乘坐交通工具困难致使散场后人们拥挤在现场周围。

（三）对违反大型群众性活动安全管理行为的处罚

1. 对承办者违法行为的处罚

（1）对违法举办大型活动的处罚。根据《大型群众性活动安全管理条例》第20条的规定，承办者擅自变更大型群众性活动的时间、地点、内容或者擅自扩大大型群众性活动的举办规模的，由公安机关处1万元以上5万元以下罚款有违法所得的，没收违法所得。未经公安机关安全许可的大型群众性活动由公安机关予以取缔，对承办者处10万元以上30万元以下罚款。根据《治安管理处罚法》第38条的规定，举办文化、体育等大型群众性活动，违反有关规定，有发生安全事故危险的，责令停止活动，立即疏散；对组织者处5日以上10日以下拘留，并处200元以上500元以下罚款；情节较轻的，处5日以下拘留或者500元以下罚款。

（2）对造成安全事故的处罚。承办者或者大型群众性活动场所管理者违反《大型群众性活动安全管理条例》的规定，致使发生重大伤亡事故、治安案件或者造成其他严重后果构成犯罪的，依法追究刑事责任尚不构成犯罪的，对安全责任人和其他直接责任人员依法给予处分、治安管理处罚，对单位处1万元以上5万元以下罚款。在大型群众性活动举办过程中发生公共安全事故，安全责任人不立即启动应急救援预案或者不立即向公安机关报告的，由公安机关对安全责任人和其他直接责任人员处5000元以上5万元以下罚款。

2. 对参加者现场违法行为的处罚

根据《大型群众性活动安全管理条例》的规定，参加大型群众性活动的人员应当遵守法律、法规和社会公德，不得妨碍社会治安、影响社会秩序遵守大型群众性活动场所治安、消防等管理制度，接受安全检查，不得携带爆炸性、易燃性、放射性、毒害性、腐蚀性等危险物质或者非法携带枪支、弹药、管制器具服从安全管理，不得展示侮辱性标语、条幅等物品，不得围攻裁判员、运动员或者其他工作人员，不得投掷杂物。参加大型群众性活动的人员有以上行为的，由公安机关给予批评教育有危害社会治安秩序、威胁公共安全行为的，公安机关可以将其强行带离现场，依法给予治安管理处罚；构成犯罪的，依法追究刑事责任。

根据《治安管理处罚法》第24条的规定，有下列行为之一，扰乱文化、体育等大型群众性活动秩序的，处警告或者200元以下罚款情节严重的，处5日以上10日以下拘留，可以并处500元以下罚款：

①强行进入场内的；

②违反规定，在场内燃放烟花爆竹或者其他物品的；

③展示侮辱性标语条幅等物品的；

④围攻裁判员、运动员或者其他工作人员的；

⑤向场内投掷杂物，不听制止的；

⑥扰乱大型群众性活动秩序的其他行为。

因扰乱体育比赛秩序被处以拘留处罚的，可以同时责令其12个月内不得进入体育场观看同类比赛；违反规定进入体育场的，强行带离现场。

第二部分 典型案例评析

一、案情介绍

2014年12月31日晚，离2015年新年钟声敲响还有25分钟，上海外滩陈毅广场发生群众拥挤踩踏事故，造成36人遇难47人受伤。本来喜庆的跨年活动，为什么会发生踩踏悲剧?

12月31日晚，上海各大地标如往年一样举行相关活动跨年迎新。其中，作为上海跨年迎新重头戏“跨年灯光秀”的举办地，大约是因为事先出于安全问题的考虑，由过去三年来的外滩移至外滩源，凭票入场。外滩无任何灯光秀和倒计时活动，但大多数不明就里的游客依旧聚集于外滩周边，被认为观看视角最好的观景平台最为拥挤。

23时30分许，所谓的“灯光秀”即将开始，部分人想上到观景平台，部分人想下观景平台，人流产生对冲。第一次踩踏的事发地点为陈毅广场通往外滩观景平台的阶梯上，23时34分，阶梯最低处忽然有人被挤倒，更多的人被层层涌来的人浪压倒，形势开始失控。踩踏引起了混乱，紧接着，由于人流量大、秩序混乱、在台阶不远处的中山东一路、南京东路丁字路口，发生了第二次踩踏。①

二、案例评析

根据2007年10月1日起实施的《大型群众性活动安全管理条例》的规定，大型群众性活动是指法人或其他组织面向社会公众举办的每场次预计参加人数达到1000人以上的文体或其他公众聚集的活动。大型群众性活动的构成要件之一是必须有明确的承办者：依法成立的机关法人、企业法人、事业本位法人和社团法人以及依法成立的不具有法人资格的其他组织。因此，上海市政府公布的《12·31外滩拥挤踩踏事件调查报告》认定这是一起对自发性群众聚集活动预防准备不足、现场管理不力、应对处置不当而引发的拥挤踩踏并造成重大伤亡和严重后果的公共安全责任事件。

上海外滩踩踏事件第一次引发了社会各界对“自发性群众聚集活动”安全保障的广泛关注。2015年1月20日的中央政法工作会议要求：对群众自发形成的聚集活动，也要纳入研判评估范围，提前制定安全保障措施，确保绝对安全。《浙江省大型群众性活动安全管理

① http://view.news.qq.com/original/intouchtoday/n3026.html.

办法》（2015. 5. 1）第 22 条规定，“对预计参加人数在 5000 人以上且占用公共场所、道路的群众自发形成的聚集活动，设区的市、县（市、区）人民政府应当组织公安、城市管理行政执法（综合行政执法）等部门提前制定工作预案，采取安全保障措施，配备足够力量，加强巡逻值守、安全防范和应急响应，确保公共场所和人员密集场所安全”；第 12 条还规定“承办者变更、取消已向社会公布的大型群众性活动的，应当在原定举办活动时间之前通过媒体向社会公告，并做好善后工作”等。上海市政府 2015 年 7 月 1 日开始实施的《上海市公共场所人群聚集安全管理办法》提出“人群聚集活动”这一新概念，将预计参加人数 1000 人以上的“大型群众性活动”、低于 1000 人的“小型群众性活动”和“人群自发聚集的群众性活动”纳入其中；“人群聚集公共场所”将宗教活动场所、人群经常聚集的广场、道路等囊括进来；进一步明确了人群聚集公共场所经营、管理单位的安全管理责任，特别强调政府在重大节假日和重大活动期间等重要时段的安全风险监测与预警信息发布职责等。①

第三部分　实训教学设计

实训项目一：大型群众性活动的安全许可

（一）实训目的：通过实训，使学生了解大型群众性活动安全许可的条件，掌握大型群众性活动安全许可的程序、审查和查验的内容，培养提高学生执法能力。

（二）实训内容：对承办者递交的大型群众性活动的申请进行审核和现场查验。

（三）器材准备：大型群众性活动许可所需的各种文书。

（四）实训场地：模拟实训设施（操场、礼堂）

（五）实训课时：2 课时

（六）组织步骤：

1. 学生复习大型群众性活动安全许可的知识。

2. 将学生按每组 10 人进行分组，2 人扮演承办者，1 人扮演场所管理者，另 7 人扮演治安部门大型群众性活动管理的民警。

3. 教师提出演练要求活动承办者自定举办的大型活动类型，根据活动类型填写《大型群众性活动申请表》，向民警提出申请，民警根据情况作出受理或不受理的决定，对于受理的申请，民警组织到活动举行现场（操场、礼堂）等地方进行现场查验，并制作《大型群众性活动安全检查记录》，对检查中发现的问题，要填写《大型群众性活动责令整改通知书》，提出整改要求，整改合格后，作出许可决定。

4. 学生进行模拟训练，10 名学生轮换扮演不同角色进行演练。

5. 不同学生根据模拟角色填写不同的大型群众性活动文书。

6. 教师随场检查、指导，点评总结。

① 李春勇．我国大型群众性活动安全管理法治化进程的阶段与特点［J］．中国人民公安大学学报，2016（5）：107-108.

附录

大型群众性活动安全许可申请表

承办者： 活动名称： 申请时间：

活动基本情况			
活动名称			
起止时间			
活动地点/路线			
场地面积/里程			
额定容量			
拟发售票数			
活动内容			
承办人情况			
名　称			
安全责任人		职　务	
		身份证件种类和号码	
		联系电话	
联系人		职　务	
		联系电话	
场所管理者情况			
名　称			
主要负责人		职　务	
		联系电话	
联系人		职　务	
		联系电话	

续表

<table>
<tr><td colspan="4">现场临时设施建筑物搭建单位情况</td></tr>
<tr><td>单位名称</td><td colspan="3"></td></tr>
<tr><td>企业类型</td><td></td><td>企业注册号</td><td></td></tr>
<tr><td>主要负责人</td><td></td><td>职　务</td><td></td></tr>
<tr><td colspan="4">保 安 员 情 况</td></tr>
<tr><td>保安公司名称</td><td colspan="3"></td></tr>
<tr><td rowspan="2">主要负责人</td><td rowspan="2"></td><td>职　务</td><td></td></tr>
<tr><td>联系电话</td><td></td></tr>
<tr><td>受雇保安员数量</td><td></td><td>备　注</td><td></td></tr>
<tr><td>承办人意见</td><td colspan="3">（承办人印章）
年　月　日</td></tr>
<tr><td>场所管理人意见</td><td colspan="3">（场所管理人印章）
年　月　日</td></tr>
</table>

大型群众性活动安全检查记录

×公（治）大安检字［　］第　　号

活动名称		起止时间	
承办者		安全责任人	
场所管理者		主要负责人	
检查时间		检查地点	
公安机关参加检查单位			
公安机关参加检查人员	等共　　人		
安全检查记录			
整改意见			
被检查单位负责人签字		公安机关检查人签字	
填表人		填表时间	

×××公安局

大型群众性活动安全许可决定书

×公（治）大安许字［ ］第 号

__________________：

根据《大型群众性活动安全管理条例》，经对你单位于________年________月________日申请举办的____________________活动相关安全事项进行审核，现决定予以安全许可，同意该活动于________年________月________日________时________分至________年________月________日________时________分在____________________举办。

请认真落实安全责任，切实保障活动安全顺利进行。

（公安机关印章）

年 月 日

×××公安局

大型群众性活动不予安全许可决定书

×公（治）大安不许字［ ］第 号

__________________：

根据《大型群众性活动安全管理条例》，经对你单位于________年________月________日________时________分至________年________月________日________时________分在____________________举办的活动相关安全事项进行审核，决定不予安全许可。

不予安全许可的理由如下：

如不服本决定，可以在收到本决定之日起六十日内向申请行政复议或者在三个月内依法向____________________人民法院提起行政诉讼。

（公安机关印章）

年 月 日

实训项目二：大型群众性活动安全监管方案的制订

（一）实训目的：通过实训，使学生了解大型群众性活动安全管理基础知识，掌握大型群众性活动安全监管方案内容，提高学生对大型群众性活动的管理能力。

（二）实训内容：大型群众性活动安全监管方案的制订。

（三）案例材料：某歌星举行的预计参加人数 10000 人左右的演唱会。

（四）实训场地：学校操场

（五）实训课时：2 课时

（六）组织步骤：

1. 学生复习大型群众性活动安全管理的相关知识，大型群众性活动安全监管方案的内容。
2. 将学生按每组 5 人进行分组，每组合作完成一个方案。
3. 组织学生到现场进行查验，确定监管内容和重点。
4. 教师随场检查、指导，点评总结。
5. 每组学生上交一份大型群众性活动安全监管方案。

实训项目三：大型群众性活动现场管理

（一）实训目的：通过实训，使学生了解大型群众性活动安全管理基础知识，掌握公安机关在大型群众性活动中的职责，以及对现场违法行为的处置方法，提高学生对大型群众性活动的现场处置能力。

（二）实训内容：大型群众性活动的现场管理。

（三）案例材料：某歌星正在举行的参加人数 10000 人左右的演唱会中，某些观众在演唱会现场实施了：持假票入场、携带危险品入场、向场内投掷杂物、跳下看台献花等违法行为。

（四）实训场地：学校操场

（五）实训课时：2 课时

（六）组织步骤：

1. 学生复习大型群众性活动安全管理的相关知识，了解现场管理的重点。
2. 将学生按每组 25 人进行分组，其中 20 人为群众，5 人为执勤民警。
3. 群众组学生分别模拟：持假票入场、携带危险品入场、投掷杂物、跳下站台鲜花等情形。
4. 执勤民警根据情况进行现场处置
5. 老师随场检查、指导、点评总结。
6. 学生角色互换进行演练。

◎ 本章小结

大型群众性活动是指法人或其他组织面向社会公众举办的每场次预计参加人数达到 1000 人以上的文体或其他公众聚集的活动。具有参与人数众多，成分复杂，人员情绪容易失控，群体心理难以掌控和社会影响大，易受恐怖分子袭击等特点。我国对大型群众性活动安全管理坚持承办者负责、政府监管原则。活动承办者对大型群众性活动的安全负责，公安机关代表政府对大型群众性活动安全实施监督管理。公安机关要认真受理申请，严格实施许可，制定严格的监管方案和突发事件处置预案，加强现场监督指导，妥善处理活动过程中出现的各种问题，保障大型群众性活动的安全举行。

◎ 思考与练习

1. 大型群众性活动的概念和特点是什么？
2. 承办者在大型群众性中的职责是什么？
3. 公安机关在大型群众性活动中的职责是什么？
4. 公安机关该如何做好大型群众性活动的现场管理？
5. 结合本地情况，谈谈如何实现大型群众性活动安全管理的社会化。

◎ 拓展阅读

启用人群热力图检测分析 建立人员防走失系统①

2月22日是元宵佳节，虽然天气阴冷，但当晚的秦淮灯会仍然迎来了35万游人。未雨绸缪，江苏省南京市公安局为此提前做好了充分准备，包括成立灯会安保工作指挥部，制定周密的安保工作方案和应急预案，部署85个单兵小组分片巡逻、定点值守。同时，人群热力图检测分析、"人员防走失"系统等"智能警务"投入实战，有效地保障了游人的安全。

客流预警研判系统——对3个地铁站进出口客流进行监测

今年是第30年的秦淮灯会，展区再扩大，安保工作难度进一步加大。

对此，南京警方高度重视。市公安局相关领导多次前往夫子庙等灯会展区，实地检查、部署元宵节灯会安保工作。

观灯高峰期交通管制区域扩大，延伸至应天大街、雨花路、江宁路。地铁1号线三山街站、3号线夫子庙站和武定门站则采取跳站运营。地铁分局还启用了全新的客流预警研判系统，这一系统利用地铁车站现有探头，实时对3个车站所有进出口客流进行监测和预警，便于警方根据客流变化情况实施不同层级的客流疏导措施。

据了解，今年灯会期间，南京警方共有19个警种、31个部门参加现场安保工作。考虑到元宵节前两天正值周末，南京警方2月20日、21日、22日连续3天均启动一级加强勤务模式，按照四色预警机制分级处置。同时，85个由消防、武警、特警等警种组成的单兵小组布建在景区重点部位，可第一时间就近、就地化解险情。在主要道路，警方还设置了人流阻断警力，一旦遇有突发事件，警方将迅速阻断后续人流前行，争得处置空间。

人群热力图检测分析——实时监测重点部位人群密度

启用人群热力图检测分析，是今年秦淮灯会安保的一大特色。据介绍，这是南京警方应用互联网、大数据等最新技术，首次对秦淮灯会核心景区、老门东地区、白鹭洲公园、大报恩寺遗址公园等重点部位人群密度进行实时监测。"根据设定的临界值和数据模型，不同密度匹配不同颜色，形成人群聚集热力图，颜色越深代表人员越集中、颜色越浅代表人员越稀疏。"南京市公安局有关负责人表示，人群热力图检测分析技术配合此前投入使用的人流量计数系统，能够使灯会安保指挥部更加客观、准确地把握治安动态，实现对重点地区防拥

---

① 许政，南京："智能警务"助力大型活动安保［N］. 人民公安报，2016年2月24日，第004版.

挤、踩踏及区域人员流入流出等情况的综合研判，帮助警方科学制定安保预案和警力部署。

人员防走失系统——五位一体防止儿童走失游客走散

针对灯会中儿童走失、游客走散较多的情况，南京警方建立具有开放式景区特色的人员防走失系统。这一系统主要由寻人微信群、寻人点、单兵组、寻人广播、智慧夫子庙大屏5大元素构成。

元宵节当天下午，位于夫子庙广场附近的单兵小组发现1名七八岁的走失女孩。按照预案，特警将小孩带往位于大成殿门口的“防走失”寻人点。寻人点的民警通过寻人微信群，将走失小孩信息、照片发布在民警的手机上，指挥部同时通过寻人广播、智慧夫子庙大屏播放，将信息快速传播出去。没几分钟，小孩的家人就在寻人点与小孩相聚。

据介绍，如果成年人走散了，其家人还可用手机进行微信报警，不仅能省去派出所的时间，而且还可将走散人员的照片发给警方，民警可以最快掌握走散人员的体貌特征方便寻找。

第八章 集会、游行、示威管理

黄梅十余名业主非法游行示威 四人已被拘留①

2017 年 7 月 25 日，黄梅县公安局多警联动，快速出击，依法妥善处置了发生在县城区的一起非法集会游行示威事件。

当天，黄梅县黄梅镇鄂东中心城业主与开发商之间发生纠纷，数十名业主在未依法申请的情况下，穿着统一的白色短袖，举着横幅，从黄梅镇嘉隆路鄂东中心城出发，非法游行、示威。

接到报警后，黄梅县公安局立即启动应急处置预案，调集刑侦、治安、特巡警、经侦等多警种紧急赶赴现场处置，沿途对业主的过激行为进行劝阻，并进行法律宣传，但是部分业主仍然一意孤行，拉着横幅，沿人民大道、五祖大道一路游行到县信访局，并在该局非法集会，严重扰乱了社会秩序，造成了恶劣的影响。

为了避免事态进一步扩大，黄梅县公安局果断采取行动，对挑头滋事、不听劝阻的柯某、梁某、殷某、曹某等人依法强制带离现场，并传唤至黄梅派出所接受调查。

经讯问，柯某等四人对非法集会游行示威的违法事实供认不讳，当天，黄梅县公安局依法对柯某等四人予以行政拘留 7 日的处罚。

后经民警批评教育，柯某等四人认识到自己行为的错误，纷纷表示悔改。

柯某：之前盲目地去维权，触犯了法律。因为我们不知道这是违法的，不懂法，所以才会这样盲目地去维权。现在，基本上认识到了这是错误的，以后会合情合法地去维权。

合理表达诉求是每个公民的民主权利，但前提必须是依法有序进行。

黄梅晋梅律师事务所主任张展宏：根据中华人民共和国《集会游行示威法》的规定，即使要搞这样的示威游行也必须经过公安机关的许可，对经过的路线、标语这些东西要事先进行申报，取得许可。未经许可擅自游行集会示威这是违法的。根据中华人民共和国《集会游行示威法》第 28 条的规定可以对他们进行 15 日以下的拘留。

【学习目标】了解集会、游行、示威的概念，掌握实施安全许可的条件和程序，学会集会、游行、示威的现场管理方法。

【教学重点】集会、游行、示威的概念，实施安全许可的条件和程序。

---

① 毛华山．为维权黄梅十余名业主非法游行示威 四人被拘留［N/OL］．黄冈新视窗网，2017-08-01，http：//hb. qq. com/a/20170801/041606. htm.

【教学难点】 集会、游行、示威的现场管理和集会、游行、示威许可的特殊程序。

第一部分 基础知识

我国《宪法》第35条规定："公民有言论、出版、集会、结社、游行、示威的自由。"《集会游行示威法》和《集会游行示威法实施条例》对公民行使集会、游行、示威权利的方法、应尽的义务做了具体规定，也对公安机关在管理集会、游行、示威中的职权做了具体规定。

一、集会、游行、示威的概念

集会，是指公民聚集于露天公共场所，发表意见、表达意愿的活动。"露天公共场所"，是指公众可以自由出入或者凭票证可以进入的室外公共场所，如公园、广场等，不包括机关、团体、企事业组织管理的内部露天场所。如果公民聚集在私人宅院或室内场所等非露天公共场所聚会，则不属于《集会游行示威法》调整的范围。

游行，是指公民在公共道路、露天公共场所列队行进、表达共同意愿的活动。"公共道路"，是指除机关、团体、企业组织内部的专用道路以外的道路和水路，如城市街道、公路等。《集会游行示威法》所调整的游行活动，必须有四个要素：首先，必须有一个由许多人构成的群体；其次，游行的地点或路线，是在公共道路上或者露天公共场所，如果在校园、工厂厂区等单位内部自管区界或室内进行的游行活动，则不属于该法的约束范围；再次，游行必须列队成形，集体行进，这是它区别于集会的重要特征；最后，参与游行的群体要表达群体的共同意愿。

示威，是指公民在露天公共场所或者公共道路上以集会、游行、静坐等方式，表达要求、抗议或者支持、声援等共同意愿的活动。

根据《集会游行示威法》及其《实施条例》规定。纳入公安机关管理范围的集会、游行、示威是在中华人民共和国境内的露天公共场所或者公共道路上为表达共同意愿而举行的集会、游行、示威活动。

二、集会、游行、示威的许可

（一）集会、游行、示威的管理范围

我国对集会、游行、示威活动的主管机关是公安机关，示威活动实行预防式事前许可管理。

根据我国《集会游行示威法》的规定，以下两类活动不需审批即可举行：一是国家举行或者根据国家决定为庆祝、纪念、声援、抗议等而组织公民参加的集会、游行、示威活动；二是国家机关、政党、社会团体、企事业组织，为了表达对国内、国际某些事件的要求和意愿，依照法律、组织章程举行的集会、游行、示威。因而，除上述两类活动之外、凡是拟举行集会、游行、示威活动的，必须经过公安机关批准方可举行。

（二）集会、游行、示威许可的一般程序

1. 受理申请

举行集会、游行、示威必须依法向主管机关提出书面申请并获得许可方能进行。举行地

市、县公安局、城市公安分局是集会、游行、示威的受理机关。游行、示威路线经过两个以上区、县的，主管机关为所经过区、县的公安机关的共同上一级公安机关。公安机关接到要求举行集会、游行、示威的申请时，要审核如下事项，以决定是否受理：（1）申请人必须是集会、游行、示威的负责人，且申请人必须亲自递交申请书。（2）申请人必须出示身份证件。申请人必须在集会、游行、示威的举行地有常住户口或者在举行地户口登记机关办理了暂住登记并持续居住半年以上。（3）申请人必须提交书面申请书，且必须在拟举行集会、游行、示威日期的5日前向主管公安机关递交书面申请。

上述事项经审核均符合受理条件的，公安机关予以受理，否则，作出不受理决定。公安机关对于未按法律规定提前5日递交申请书是由于突然发生的事件临时要求举行集会、游行、示威的，可以受理。

2. 审查申请书内容

公安机关受理集会、游行、示威的申请后、应当详细审查以下五个方面：

（1）集会、游行、示威的内容。根据《集会游行示威法》的规定，申请举行的集会、游行、示威，有下列情形之一的，不予许可：①反对宪法所确定的基本原则的；②危害国家统一、主权和领土完整的；③煽动民族分裂的；④有充分根据认定申请举行的集会、游行、示威将直接危害公共安全或者严重破坏社会秩序的。

（2）集会、游行、示威负责人的资格。集会、游行、示威的负责人必须在举行地有常住户口或者在举行地户口登记机关办理了暂住登记并持续居住半年以上。此外，经审查，集会、游行、示威的负责人具有下列情形之一的，不予许可：无行为能力人或者限制行为能力人；被判处刑罚尚未执行完毕的人；正在被劳动教养的人；正在被依法采取刑事强制措施或者法律规定的其他限制人身自由措施的人。

（3）集会、游行、示威参加人员的资格。集会、游行、示威的参加人员应当是在举行地有常住户口或者在举行地户口登记机关办理了暂住登记并持续居住半年以上的人。

（4）集会、游行、示威的目的、方式、标语、口号、起止时间、地点、路线。集会、游行、示威的目的、标语和口号不得违反我国法律、法规，不得违背社会公德和善良风俗，不得煽动民族分裂或宣扬民族歧视。集会、游行、示威的方式应当是和平地进行，不得使用暴力或者煽动使用暴力。凡是申请在节日、重要会议期间、敏感日期举行集会、游行、示威活动的，公安机关要慎重决定，申请在早六时前、晚十时以后的时间进行集会、游行、示威活动的，除了由当地人民政府决定或批准以外，公安机关应依法一律不予许可。集会、游行、示威活动可能危害到举行地及其周边的治安秩序的，不予许可。

（5）以国家机关、社会团体、企业事业组织的名义组织或者参加集会、游行、示威，必须经本单位负责人批准，没有负责人批准而擅自申请举行或参加集会、游行、示威的，不予许可。

3. 作出决定

经过审查，治安管理部门应当作出是否许可举行集会、游行、示威的书面决定，并且应将此决定在申请举行日的2日前送达申请人、决定书应当载明许可的内容或者不许可的理由。根据《集会游行示威法》的规定、申请举行的集会、游行、示威，有下列情形之一的，不予许可：反对宪法所确定的基本原则；危害国家统一、主权和领土完整的；煽动民族分裂的；有充分根据认定申请举行的集会、游行、示威将直接危害公共安全或者严重破坏社会秩序的。

集会、游行、示威的负责人对主管公安机关不许可决定不服的，可以自接到不许可决定书之日起3日内向同级人民政府申请复议。人民政府应当自接到复议申请书之日起3日内作出维持或撤销原决定的复议决定。人民政府作出的复议决定，主管公安机关和集会、游行、示威的负责人必须执行。

（三）集会、游行、示威许可的特殊情形

在特殊情况下，公安机关也可以对集会、游行、示威申请采取非常规性的审批和变通的处置方法：

1. 对常规申请时限和审查时限的变通处置

确因突然发生的事件临时要求举行集会、游行、示威的，申请人可以立即报告公安机关，公安机关接到报告后，可以立即审查，并立即作出许可或者不许可的决定。

2. 与有关单位协商处理问题和矛盾

对那些要求政府或有关单位解决具体问题而申请举行集会、游行、示威的，公安机关受理申请后，可以通知政府部门或有关单位同集会、游行、示威的负责人协商解决问题、并可以将申请举行的时间推迟5日。若协商不成，可以再按一般程序作出许可或不许可的决定。

3. 变更有关申请事项

公安机关在受理集会、游行、示威申请后，若认为按照申请的时间、地点、路线举行集会、游行、示威将对交通秩序和社会秩序造成严重影响的，可以在作出许可决定的同时，直接变更集会、游行、示威的时间、地点或路线，在许可决定书中写明变更的事项，并及时通知其负责人。

公安机关对集会游行示威申请事项的变更可以有两种形式：一种形式是直接变更，即公安机关在作出许可决定时，有下列情形之一的，可以直接在许可决定书中变更举行集会、游行、示威的时间、地点、路线：①申请举行的时间是在交通高峰期，可能造成交通较长时间严重堵塞的；②申请举行的地点或者行经路线正在施工，不能通行的；③申请举行的地点为渡口、铁路道口或者是毗邻国（边）境的；④所使用的机动车辆不符合道路养护规定的；⑤在申请举行集会、游行、示威的同一时间、地点有重大国事活动的；⑥在申请举行集会、游行、示威的同一时间、地点、路线已经许可他人举行集会、游行、示威的。

另一种形式是在作出许可决定后变更，即公安机关已经作出了许可举行集会游行示威的决定，但是在举行日前公安机关发现申请举行集会、游行、示威的地点、经过的路段发生自然灾害事故、治安灾害事故，尚在进行抢险救灾，举行日前不能恢复正常秩序的，公安机关可以决定变更举行集会、游行、示威的时间、地点、路线。这时，公安机关应当重新制作《集会游行示威事项变更决定书》，并于举行日之前送达集会、游行、示威的负责人。

三、集会、游行、示威的现场管理

公安民警如果发现公共场所有集会、游行、示威队伍，但尚不清楚其是不是经过许可的，应首先对其合法性进行审查。发现未向公安机关申请以及虽然申请但未获许可而举行的非法集会、游行、示威活动，公安机关有权命令停止或者命令解散。

对已经许可的集会、游行、示威活动，公安机关应派人民警察维护现场秩序。集会、游行、示威的现场管理主要包括以下几个方面：

（一）集会、游行、示威现场的安全检查

公安机关在集会、游行、示威现场安全检查的内容包括：

1. 对集会场所和游行、示威经过的道路、公路等进行检查，排查可能影响集会、游行、示威顺利进行的障碍和隐患，并及时予以消除。

2. 检查集会、游行、示威的标语、口号等是否与许可的内容相符，如有违反应通知负责人立即改正。

3. 检查集会、游行、示威的参加人员有无携带武器、管制刀具或者易燃易爆危险物品参加集会、游行、示威，一经发现，应当场予以收缴，并将携带人员带离现场予以调查。

4. 检查集会、游行、示威现场音响设备的数量、功率是否与许可的内容一致。

5. 检查交通车、宣传车等机动车是否符合安全要求，有无超高、超长、超宽、超载等不符合安全要求的情况。

（二）设置警戒区域

集会、游行、示威在国家机关，军事机关，广播电台，电视台，外国使、领馆等单位所在地举行或者经过的，公安机关应当增派警力保护这些要害单位的安全。公安机关可以根据需要设置警戒区域，划定临时警戒线，将集会、游行、示威人群引导在警戒线以外的路段聚集或行进，以防止集会、游行、示威过程中发生冲击要害单位的情形。

（三）维持交通秩序

负责维持交通秩序的人民警察应当对游行、示威经过的路线予以交通疏导和指挥，必要时可以对其他车辆采取临时限行措施，以保障游行、示威队伍顺利通过有关路段。

当游行队伍在行进中遇有前方路段临时发生自然灾害事故、交通事故及其他治安灾害事故时，或者游行队伍之间、游行队伍和周围群众之间发生严重冲突和混乱，以及突然出现其他情形致使游行队伍不能按照许可的路线行进时，人民警察现场负责人有权临时决定改变游行队伍的行进路线，并应当将临时决定立即告知游行负责人，游行负责人及其他参加游行人员应当服从决定。

（四）督促负责人维持集会、游行、示威队伍的秩序

公安民警应督促集会、游行、示威负责人采取有效措施维持集会、游行、示威队伍的秩序，防止其他人员加入集会、游行、示威队伍。公安机关对临时加入集会、游行、示威队伍的人员，可以予以劝阻和制止。

（五）视情况临时改变游行队伍的行进路线

当游行队伍在行进中遇有前方路段临时发生自然灾害事故、交通事故及其他治安灾害事故时，或者游行队伍之间、游行队伍和周围群众之间发生严重冲突和混乱，以及突然发生其他不可预料的情况，致使游行队伍不能按照许可的路线行进时，人民警察现场负责人有权临时决定改变游行队伍的行进路线，并应当将临时决定立即告知游行负责人，游行负责人及其他参加游行人员应当服从决定。

（六）处置集会、游行、示威中出现的违法犯罪行为

在集会、游行、示威现场可能出现的违法行为有：未按照公安机关许可的目的、方式、标语、口号、起止时间、地点、路线进行集会、游行、示威的；违反治安管理法规，携带武器、管制刀具或者爆炸物品，使用暴力或者煽动使用暴力等危害公共安全或者严重破坏社会秩序情况的；擅自进入依法不得举行集会、游行、示威特定场所周边范围的；未经人民警察许可越过人民警察依法设置的警戒线、障碍物的其他人员扰乱、冲击、破坏依法举行的集会、游行、示威的；其他违反集会、游行、示威具体规定的行为。

在集会、游行、示威过程中发生局部秩序混乱的，公安机关应责令集会、游行、示威负责人立即采取有效措施维护现场秩序，或者直接命令参加人员保持秩序。如果局部秩序混乱情形不能立即得到纠正，可能危及到公共安全时，公安机关有权命令解散集会、游行、示威活动，并以明确的方式告知在场人员在限定时间内按照指定通道离开现场；对在限定时间内拒不离去的，人民警察现场负责人有权命令使用警械或者其他警用手段强行驱散；对继续滞留现场的人员，可以强行带离现场。

在集会、游行、示威行进中出现危害公共安全、破坏社会秩序或者其他违法犯罪行为时，公安民警应立即将违法犯罪人员带离现场，并依法追究违法人员的法律责任。

第二部分 典型案例评析

案情介绍：2015年10月27日，黄某某、朱某通过微信群联络的方式邀集刘某等宝华山集团的集资户到兴国国际商贸城黄某某经营的“光之艺灯饰店”内，商议以每户10元钱的标准筹集资金，准备就宝华山集团集资问题未得到答复为由组织游行、示威活动。黄某某当天收取活动资金110元，并准备了横幅6条、扩音器2个。10月28日上午，朱某在城北街宝华山某办事处门口收取活动资金300余元。10月28日10时许，黄某某、朱某在未经依法申请、批准的情况下，组织上百人在宝华山某办事处门口聚集出发，以拉横幅、用扩音器喊口号的方式占据半边街道徒步游行，途经兴国大道、潋江大道、平川大道、凤凰大道至兴国县委门口。游行过程中，黄某某带头喊话，朱某指挥队伍去兴国县委，到达兴国县委门口后聚集闹事，围堵示威，拒不服从公安机关解散命令，直至被公安民警强行带离。

案例评析：本案中，两名违法行为人未经过公安机关的许可即进行集会、示威，违反了我国《集会游行示威法》的相关规定。在本案中，公安机关可以针对此类非法集会、游行、示威采取的措施有：（1）设置警戒区；（2）控制非法集会游行示威的组织者；（3）下达解散命令，并以明确的方式告知在场人员在限定时间内按照指定路线离开现场对在限定时间内拒不离去的，人民警察现场负责人有权命令使用警械或者其他警用手段强行驱散；（4）对继续滞留现场的人员，可以强行带离现场；（5）对有其他违法行为的，直接采取法律强制措施。

第三部分 实训教学设计

实训项目一：大型群众性活动的安全许可

（一）实训目的：通过实训，使学生了解集会、游行、示威行政许可的条件，掌握集会、游行、示威的程序、审核的内容，培养提高学生执法能力。

（二）实训内容：对举行集会、游行、示威的申请进行审核和现场查验。

（三）器材准备：申请举行集会、游行、示威所需的各种文书。

（四）实训场地：模拟实训设施（教室、办公室）

（五）相关知识点：《集会游行示威法》第7、8、9、10、11、12、13、14、15、16条，《集会游行示威实施条例》第7、8、9、10、11、12、13、14、15、16条。

（六）实训课时：2课时

（七）组织步骤：

1. 学生复习集会、游行、示威行政许可的相关知识。

2. 将学生按每组5人进行分组，2人扮演申请者，另3人扮演公安机关办理集会、游行、示威安全许可的民警。

3. 教师提出演练要求活动承办者自定举办的集会、游行、示威类型，根据活动类型填写《集会游行示威申请登记表》，向民警提出申请，民警根据情况作出受理或不受理的决定，对于受理的申请，民警对申请材料进行审核后，作出许可或不许可的书面决定，按时送达申请人，决定书应当载明许可的内容和不许可的理由。

4. 学生进行模拟训练，5名学生轮换扮演不同角色进行演练。

5. 不同学生根据模拟角色填写不同的文书。

6. 教师随场检查、指导，点评总结。

7. 学生和老师分别写出《实训报告》。

集会游行示威申请登记表

填表人：　　　　　　　　　填表时间：　　年　　月　　日

递交申请书时间				活动方式				
申请人情况	申请人		性别		年龄		民族	
	工作单位							
	家庭住址							
	联系电话			身份证号码				

目的：

参加人数		维持秩序人数	
起止时间			
使用音响			
使用车辆			
集 合 地		解散地	

游行、示威路线：

续表

集会、示威场所	
使用标语、口号内容：	
备注：	

实训项目二：集会、游行、示威现场管理

（一）实训目的：通过实训，使学生了解集会、游行、示威安全管理基础知识，掌握公安机关在集会、游行、示威现场管理中的职责，以及对现场违法行为的处置方法，提高学生现场处置能力。

（二）实训内容：集会、游行、示威的现场管理。

（三）案例材料：正在行进的游行队伍中，有人实施了以下违法行为：未按照公安机关许可的目的、方式、标语、口号、起止时间、地点、路线进行集会、游行、示威；违反治安管理法规，携带武器、管制刀具或者爆炸物品，使用暴力或者煽动使用暴力等危害公共安全或者严重破坏社会秩序情况的擅自进入依法不得举行集会、游行、示威特定场所周边范围；未经人民警察许可越过人民警察依法设置的警戒线、障碍物的其他人员扰乱、冲击、破坏依法举行的集会、游行、示威。

（四）实训场地：学校操场

（五）相关知识点：《集会游行示威法》第 18-33 条，《集会游行示威法实施条例》第 17-23 条。

（六）实训课时：2 课时

（七）组织步骤：

1. 学生复习集会、游行、示威现场管理的相关知识，了解现场管理的重点。

2. 将学生按每组 25 人进行分组，其中 15 人为游行群众，10 人为执勤民警。

3. 群众组学生分别模拟：未按照公安机关许可的目的、方式、标语、口号、起止时间、地点、路线进行集会、游行、示威；违反治安管理法规，携带武器、管制刀具或者爆炸物品，使用暴力或者煽动使用暴力等危害公共安全或者严重破坏社会秩序情况的擅自进入依法不得举行集会、游行、示威特定场所周边范围；未经人民警察许可越过人民警察依法设置的警戒线、障碍物的其他人员扰乱、冲击、破坏依法举行的集会、游行、示威。

4. 执勤民警根据情况进行现场处置。

5. 老师随场检查、指导、点评总结。

6. 学生角色互换进行演练。

7. 学生和老师分别写出《实训报告》。

◎ 本章小结

集会、游行、示威是公民的基本政治权利。对合法的集会、游行、示威，公安机关应当依法予以法律保障，并维护好现场治安秩序。公安机关对集会、游行、示威主要采取预防式事前许可管理。对集会、游行、示威的现场管理包括：集会、游行、示威现场的安全检查；设置警戒区域；维持交通秩序；监督负责人维持集会、游行、示威队伍的秩序；视情况临时改变改变游行队伍的行进路线；处置集会、游行、示威中出现的违法犯罪行为等措施。在集会、游行、示威行进中出现危害公共安全，破坏社会秩序或者其他违法犯罪行为时，公安民警应立即将违法犯罪人员带离现场，并依法追究违法人员的法律责任。

◎ 思考与练习

1. 集会、游行、示威安全许可的审查内容有哪些？

2. 公安机关对非法集会、游行、示威可以采取哪些措施进行现场处置？

3. 近年来，我国群体性事件频发，多数以非法集会、游行、示威的形式出现，谈谈出现这种现象的原因是什么？如何能有效预防此类现象的发生？

◎ 拓展阅读

国外关于集会、游行、示威自由的法律规定及实施

集会、游行、示威自由是公民的权利，各国宪法都有明文的规定，在一些国家，也制定了专门的部门法，以保障此项权利的行使。

集会自由最早来源于18世纪的英国，1215年《大宪章》已有涉及，在当时集会自由与请愿权被视为是个人的独立权利行使，其目的在于鼓励与影响公众社会意见的形成，1689年的《权利法案》第5条规定了向国王请愿，是所有臣民的权利，一切对此项请愿的判罪或者控告，都是非法的。英国《人权法》第11条规定了集会和结社的自由："1. 每个人均享有和平集会的自由和与他人结社的自由，包括组织和加入其个人利益的工会的权利。2. 不应对行使这些权利加以限制，除非法律规定的，并且是在一个民主社会中，基于国家安全或公共安全的利益，为阻止骚乱或犯罪、保护健康或道德、保护其他的权利和自由所必需的。"英国对集会、游行、示威自由采取追惩制，事前无需请求警察许可，只有在集会中有危及公共秩序的违法行为时，警察才能报告内政部长，得其许可，以武力驱散聚会。

美国集会自由最早见于1791年美国宪法修正案，该条规定："国会不得制定关于下列事项的法律：确立国教或禁止宗教活动自由；剥夺言论或出版自由；剥夺人民和平集会和向政府诉讼请愿的权利。"美国是以禁止性规范形式规定公民的集会、游行、示威自由的，根据美国宪法第一修正案，公民有权在公共场所进行和平集会和游行，美国原则上采取追惩制，但目前为止，还没有一部专门适用于游行和集会的联邦法律，各州基本都制定了相关的法律法规，对集会游行示威的时间、地点、形式、目的等都有约束，其总体原则是：游行前必须向当局提出申请；游行不得干扰其他民众正常的生活，不得蓄意破坏社会安定，不得颠

覆政府，这些州的法律规定采用许可制。

日本并无关于集会、游行自由的统一规范，多由地方政府制定公安条例。日本现行宪法第21条第1项规定，保障人民集会、结社、言论、出版及其他一切表现的自由。第二次世界大战后，由于当时人民权利意识高涨，集会及示威活动渐趋频繁，各地方政府纷纷制定《集会、游行及示威活动条例》，日本京都条例规定，在道路及其他公共场所举行集会或集体游行，或在任何场所举行集体示威活动，必须取得东京都公安委员会的许可。日本其他各地方的集会、游行规范内容大同小异，多以京都条例为参考。日本对集会、游行活动采取许可制，日本许可制要遵循以下原则：(1) 容许采取合理且明确为基准的许可制；(2) 对公共安全有明显且有危险的行为不予许可。

德国1918年公布的魏玛宪法第123条中第一次出现了有关集会游行的规定："德国人民不必报告官署及特别许可，有和平及无武器集会之权。"第二次世界大战以后，德国基本法仍沿袭了魏玛宪法的精神，1953年制定了集会游行法。德国在《德意志联邦共和国基本法》第8条规定了："1. 所有德国人均享有不携带武器进行和平集会的权利，集会无须事先通告或许可。2. 对于露天集会的权利，可通过法律或依据法律予以限制。"德国在《德意志联邦共和国基本法》明文规定了人民有和平集会的权利，但对于露天的集会游行，《德国游行集会法》第14条规定："计划举行露天的公开集会或者游行的人最晚于公布前45小时向主管机构登记集会或游行的目的。"

集会游行示威在多数国家是一个非常普遍的现象，其具有确保个人的人格发展和保障人民表达的积极作用。比如巴西世界杯期间，20多个主要城市，有100多万人涌上街头游行，对此，巴西总统罗塞夫将此次游行定义为"合法游行"。事实上，近年来在巴西，已经有过多次游行，世界杯期间，巴西的游行：6月1日，由于圣保罗市宣布提高公交费用引发小规模游行；6月17日全国25万人参加抗议活动部分人群试图进入国会；6月19日涨价计划被取消但民众游行继续；6月20日全国100个城市超过200万人举行席卷全国的游行示威。在美国，2010年3月，伊拉克战争7周年纪念日之际，数千名美国民众于20日在首都华盛顿游行，要求政府从伊拉克和阿富汗撤军；2014年3月5日，美国大学生在白宫前游行，抗议天然气管道破坏环境；2014年3月7日，美国民众大规模游行，望政府立法允许秘密携带枪支。在德国，2009年通用汽车德国公司员工上街游行示威，以这种方式反映对待企业效益不佳带来的失业问题；2009年6月，德国10万学生在70多个城市游行要求教育改革；2011年，德国4大城市进行游行，由于日本核事件带来的恐慌，21万人举行游行，要求政府关闭本国的核反应堆。

从以上事例可以看出，政府对公民的集会、游行、示威活动持一种较为宽容的态度。公民集会、游行、示威自由的积极行使，使人们有了一个合法的方式去宣泄不满的情绪，在一定程度上能够缓解民意表达不畅带来的社会隐形危机，可以引导群体表达行为进入到一个合法的轨道，对于维护社会的稳定有着积极的意义。另一方面，这是公民监督社会公权力以及对社会公共事物意见的表达，有助于调节和疏导公民与政府之间的矛盾。同时也应该看到，集会、游行、示威作为公民一种情绪的强烈表达，并且具有群体性的特征，如果不加以限制，可能对社会秩序和他人的合法权益造成侵害。乌克兰的游行冲突即是如此，乌克兰自2013年11月21日起，由于内阁要求暂停与欧盟签署联合国协定，导致乌克兰亲欧洲派在基辅展开了示威活动，初期，抗议以演讲等比较温和的方式进行，直到11月30日，示威者被别尔库特部队暴力驱散，正式点燃了危机的导火索。2014年1月，由于乌克兰通过了限制公众集会的新法律，导致基辅市中心爆发了法律颁布以来的最大规模的抗议游行。民众为了维护公开抗议的权利，10万民众走上街头，最终演变为暴力事件。截至2014年2月22日，共造成77人死亡，600多人受伤。

法律允许和平的集会游行示威，但绝不允许以游行示威的名义，破坏社会的公共秩序，侵犯他人的合法权益。

第九章 特种行业安全监管

特种行业治安管理是公安机关治安管理的重要组成部分，是治安管理部门的一项重要业务工作。加强特种行业治安管理对于积极预防、及时发现和严厉打击违法犯罪活动，有效实施阵地控制，维护社会治安秩序，保障公民的合法权益，促进社会主义经济建设健康有序的发展具有非常重要的意义。

【学习目标】特种行业的概念和特征特种行业治安管理的范围；特种行业治安管理基本措施方法特种行业治安管理的意义

【教学重点】特种行业的含义和范围；特种行业治安管理制度和要求

【教学难点】加强特种行业监管的措施和方法

第一部分 基础知识

一、特种行业治安管理

（一）特种行业的含义

特种行业是指在工商服务业中，因其业务内容、经营性质和经营方式容易被不法分子利用进行违法犯罪活动，按照国家法律法规规定，由公安机关对其实施特殊治安管理的行业。“特种行业”是公安业务专用术语，也可简称为“特行”或“特业”。

（二）特种行业治安管理范围

目前特种行业主要包括全国性特种行业和地方性特种行业两大部分。

属于全国性特种行业的有两种情况：一是需要公安机关行政许可的特种行业。目前，旅馆业（含提供住宿服务的洗浴业）、印章中的刻制公章和典当业需要公安机关行政许可，颁发《特种行业许可证》并实施治安管理。二是不需要公安机关行政许可，只需要开业后到公安机关登记备案进行日常管理的特种行业。主要有废旧金属收购业、旧货业、机动车修理业、报废机动车回收（拆解）业和印刷业等。

属于地方性特种行业治安管理范围的主要包括二手手机交易业、开锁业、出租汽车业、寄递业等。这是根据公安部〔85〕公发 21 号文件关于“各地公安机关根据实际情况，认为其他有必要列入特种行业的，可报省、自治区、直辖市人民政府批准”。各地根据本地社会经济发展和治安管理实际需要，将社会服务业中某些与社会治安密切相关的行业通过地方性立法和颁布规章形式纳入特种行业治安管理范围。

按照有关法律法规和公安部的规定，各级公安机关治安部门要落实特种行业管理指导、监督、抽查、考评的责任；各辖区派出所对辖区内特种行业实行属地治安管理，严格落实登记制度，掌握各类特行的基本情况，摸清底数，建立台账，规范管理，严密防范。

二、旅馆业治安管理

（一）旅馆业的含义和范围

根据《旅馆业治安管理办法》的规定，经营接待旅客住宿的旅馆、饭店、宾馆、招待所、客货栈、车马店、浴池等（以下统称旅馆），不论是国营、集体经营，还是合伙经营、个体经营、中外合资、中外合作经营；不论是专营还是兼管；不论是常年经营，还是季节性经营，只要是经营接待旅客住宿，为旅客提供住宿条件和其他服务项目的行业，都属于旅馆业。

（二）旅馆业治安管理制度

旅馆业治安管理制度主要包括：（1）开业审批制度。开办旅馆业需先向工商部门申领营业执照，再到公安机关申领特种行业许可证。（2）验证登记制度。旅馆必须设专人进行旅客登记，并按有关规定严格查验身份证件，如实登记相关项目，同时输入旅馆业治安管理信息系统，达到信息登记率100%、传输率100%。旅客登记住宿时应持有效证件，有效证件为居民身份证、临时居民身份证、户口簿、附照片的户籍证明、护照、驾驶证、军人身份证、军官证、武警警官证、军官离退休证、士兵证、港澳居民来往内地通行证、台湾居民来往大陆通行证、外国人永久居留证、外国人出入境通行证。（3）门卫制度。非住宿人员前来访客时，认真填写《访客登记单》，注意观察进出旅客及其所携带的行李物品有无异常。（4）财物保管制度。（5）客房钥匙管理制度。（6）旅客遗留物品处理制度。（7）报告与协查制度等。

（三）公安机关对辖区旅馆的治安管理

1. 审查旅馆业开办等行政许可审批相关事项。审查程序如下：（1）受理；（2）审查；（3）审批决定；（4）送达。

2. 建立健全旅馆各项管理制度和措施，包括建立旅馆业治安管理档案；协助旅馆对从业人员进行安全业务知识培训；指导、监督旅馆建立并执行住宿登记、24小时值班、财物保管及报告等各项治安管理制度，完善安全防范措施；总结推广旅馆业治安保卫工作经验，表彰治安保卫工作中的先进人物等。

3. 对辖区旅馆进行日常检查。检查内容主要有：查验旅馆《特种行业许可证》与营业执照；检查旅馆住宿登记制度落实情况；检查旅馆值班制度落实情况；检查旅馆财物保管制度落实情况；检查旅馆安全防范措施落实情况；检查情况报告制度落实情况；检查旅馆业信息系统是否使用正常，数据是否传输正常；检查消防安全设施、消防报警系统能否正常运行，灭火器材能否正常使用，消防通道是否畅通等；其他注意事项。

4. 调查处理治安、刑事案件。（1）查处违反旅馆业管理相关法律规定的行为；（2）配合调查处理旅馆中发生的其他违法犯罪案件。如旅馆接待旅客不认真履行规定检查身份证件、如实登记旅客的，公安机关可依照《治安管理处罚法》第56条第1款规定，对行为人处200元以上500元以下罚款。

三、印章业治安管理

目前各地印章业的治安管理主要依据《国务院关于国家行政机关和企业事业单位社会团体印章管理的规定》（1999年）、国务院关于设立公章刻制企业行政许可的规定、公安部规章以及各省公安厅文件要求进行管理。通过印章治安管理信息系统建设，从登记、审批、制作、查询、比对、存储、辨别真伪等将印章的相关信息录入系统，并发布在互联网上，可在全国范围内为社会公众及执法、管理等部门提供查询识别服务。这样公安机关不仅加强了对印章业的规范性管理，而且全国实行联网，信息共享，更提高了震慑、预防、发现和打击假证件、假文凭、假印章“三假”等违法犯罪活动的能力，切实维护印章用户的合法权益。

（一）印章业管理的范围

印章业俗称刻字业，是指使用机械、手工工艺或其他技术，对外经营刻制各种公章、戳记、钢印、名章等的行业。印章业作为特种行业管理的一部分，在公安机关治安管理活动中，重点是对承刻党、政、军机关、人民团体、企事业单位公章的企业进行管理，即重点管理公章刻制业。

（二）印章业治安管理制度

1. 开业审批与登记备案制度。经营公章刻字业务必须经当地县、市（区）以上公安机关审核同意，取得特种行业许可证，向工商部门申请，领取营业执照，方准开业。未经审查、核准登记的企业和个体工商户、个人，一律不准从事公章刻制业务。经营公章刻制业的单位和个人如有歇业、转业、合并、迁移、变更名称或其负责人，应向当地工商行政管理部门办理变更登记手续后及时向原发《特种行业许可证》的公安机关备案。

凡申请非刻制公章的行业，无须公安机关核准，取得《营业执照》后，就可营业。

2. 刻制审批制度。需要刻制公章的单位，须凭上一级主管部门出具的证明或工商部门核发的营业执照，到所在地县、市（区）公安机关办理准刻手续，需要跨省、市、县刻制公章的，须凭单位所在地、市、县以上公安机关出具的证明，到刻制地同级公安机关办理准刻手续；刻制个人名章、单字章，无须到公安机关登记备案，持个人合法身份证件直接到刻字店、摊刻制。

3. 承接、登记、验证制度。刻字经营业主承接公章，须查验公安机关出具的准刻证明《印章准刻证》，对委刻单位和经办人姓名、住址、身份证号码和刻制公章的名称、数量、规格等逐项进行登记，同时将相关信息录入印章管理信息系统备查；不得承接手续不全，无公安机关出具准刻证明的公章，在承接公章中发现有违法犯罪嫌疑人员或公安机关查缉的案犯，要及时向公安机关报告，不得隐瞒包庇。

4. 监制、保管、交货制度。承刻重点单位、要害部门的公章时，要在指定的保密车间或特定的工作室指定专人刻制，委托单位派人监督。承制过程中的成品、半成品以及样品要专人专柜严格保管，以防被盗和丢失。试刻的样品和损坏的残品、废品，必须在监销人员的监督下进行销毁。底版、图案、设计样品，应全部归还定制单位处理，承制单位一律不得留样。承刻单位在交货时应严格把好关，在手续完备的条件下，才可以交货。

5. 情况报告制度。公章刻制业经营者必须接受公安机关的治安管理和监督。公章刻制业负责人和从业人员，在工作中应随时提高警惕，特别是对无准刻证刻制印章人员，及时向公安机关治安管理部门报告，并积极协助公安机关进行调查处理。此外，公共场所禁止摆摊经营刻字业务，刻字点须在公安机关指定的地点经营。

四、其他特种行业治安管理

（一）开锁业治安管理

1. 开锁业的含义。开锁是指开启各类门锁、机动车锁及其他锁类。开锁业，是指经营项目中含有锁具开启（含汽车锁、保险柜锁、门锁及其他闭锁在标的物上的锁）服务内容的行业。

2. 开锁业现状。目前，随着社会的发展和市场需求的不断扩大，开锁业发展迅猛，已成为社会生活中不可缺少的服务行业。开锁业与人民群众的生活息息相关，在方便市民、服务社会的同时，也带来一些安全隐患和治安问题，开锁经营单位“小散乱”、从业人员大量增加，无证经营、开锁不登记现象严重，开锁技术培训和开锁服务广告缺乏监管，个别从业人员受利益驱动被不法分子利用，甚至参与盗窃等违法犯罪活动，为此尽快完善开锁业相关法律法规，规范开锁经营行为，落实相关人员监管措施，已成为当前公安机关亟待解决的重要问题。

3. 开锁业治安管理的基本制度。为规范开锁经营单位市场行为，加强开锁业治安管理，根据2007年公安部、国家工商行政管理总局《关于规范开锁经营单位经营行为加强开锁行业管理的通知》（公通字〔2007〕17号）应建立以下管理制度：一是登记备案制度。县（市）区公安机关治安部门，要会同当地工商部门，摸清本辖区内开锁业从业人员、业务范围等情况，由当地派出所严格进行登记管理，建档备案，落实治安管理责任。二是资格审查制度。三是业务登记制度。四是日常检查、教育制度。开展经常性的安全教育和监督检查，对未取得工商注册登记的开锁摊点和流动开锁人员，要会同工商部门依法取缔，对从事盗窃、破坏等违法犯罪活动的，依法严厉打击。

（二）废旧金属收购业

1. 废旧金属收购的含义

废旧金属，是指生产性废旧金属和非生产性废旧金属。生产性废旧金属和非生产性废旧金属的具体分类由公安部会同有关部门规定。生产性废旧金属，按照国务院有关规定由有权经营生产性废旧金属收购业的企业收购。收购废旧金属的其他企业和个体工商户只能收购非生产性废旧金属，不得收购生产性废旧金属。

2. 废旧金属收购的有关管理规定

查验登记。收购个人出售的废旧金属，必须查验出售人的居民身份证或户口本，单位出售须查验单位开具的证明；对所收购的废旧金属，须严格按照废旧金属收购登记所列项目，逐人逐项详细登记，以备公安、工商部门查验；主管公司应详细验货，做好交接登记；不履行登记手续违法收购的，除对所收购物品没收外，根据情节轻重，造成后果大小，对直接责任人依法处理；上交的废旧金属种类及数量，必须登记清楚，以主管部门收货单为凭据，与所登记物品的种类数量要相符。

履行备案手续。收购人员必须严格遵守国家政策和法律、法规；收购废旧金属的企业和个体工商户不得收购《废旧金属收购业治安管理办法》第9条规定的物品，因故歇业、转业、合并或变更登记项目，更换名称、负责人、经营地址都必须事先向公安机关备案，向工商行政管理部门办理注册手续。

情况报告。各收购站点，必须及时向当地公安机关汇报收购情况；发现公安机关通知查寻的罪犯、赃物及可疑情况要立即报告公安机关。公安机关对赃物或者有赃物嫌疑的物品应当予以扣留，并开付收据。有赃物嫌疑的物品经查明不是赃物的，应当及时退还；赃物或者有赃物嫌疑的物品经查明确属赃物的，依照国家有关规定处理。收购企业和个体工商户应当协助公安机关查处违法犯罪分子，据实反映情况，不得知情不报或者隐瞒包庇。如果发现可疑人员，可疑物品，不采取积极措施或不及时向公安机关报告的，将由公安机关给予相应处罚；构成犯罪的，依法追究刑事责任。

【相关法规】

我国有关特种行业管理的法律法规和规章主要有：

（一）国务院批准、公安部：《旅馆业治安管理办法》（1989 年 1 月 10 日）

（二）国家教委、公安部：《社会力量办事印章管理规定》（1991 年 8 月 21 日）

（三）公安部：《关于加强刻字业治安管理、打击伪造印章犯罪活动的通知》（1993 年 10 月 17 日）

（四）公安部：《废旧金属收购业治安管理办法》（1994 年 1 月 25 日）

（五）公安部：《典当业治安管理办法》（1995 年 9 月 15 日）

（六）全国人大：《中华人民共和国拍卖法》（1996 年 7 月 5 日）

（七）国内贸易部、公安部：《旧货流通管理办理（试行）》（1998 年 3 月）

（八）公安部：《机动车修理业、报废机动车回收业治安管理办法》（1999 年 3 月）

（九）国务院：《关于国家行政机关和企事业单位社会团体印章管理的规定》（1999 年 10 月）

（十）民政部、公安部：《民办非企业单位印章管理规定》（2000 年 11 月）

（十一）国务院：《报废汽车回收管理办法》（2001 年 6 月 16 日）

（十二）国务院：《印刷业管理条例》（2001 年 8 月 2 日）

第二部分　典型案例评析

出租房消防整治行政处罚案

场景设计：陈××，男，1963 年 12 月出生，现住××市××区××街道，个体，2012 年 9 月 6 日因未经许可开办旅馆被治安处罚；2014 年 3 月 26 日因擅自经营需公安机关许可的行业被治安处罚；后来陈××将位于××区××街道 1 幢 2 层的出租房内同时设置 12 个出租床位用于出租，2017 年 2 月 2 日辖区派出所对该场所进行检查时发现该场所存在未配备灭火器、部分电线没有套管、租房疏散出口宽度小于一米等安全隐患，责令陈××限期改正，2017 年 4 月 1 日派出所进行复查时发现陈××拒不改正租房疏散出口宽度等消防问题。

评析：陈××将位于××区××街道 1 幢 2 层的出租房内同时设置 12 个出租床位用于出租，辖区派出所对该场所进行检查时发现该场所存在未配备灭火器、部分电线没有套管、租房疏散出口宽度小于一米等安全隐患，陈××作为该场所经营管理人员涉嫌违反安全规定，致使该场所有发生安全事故危险，于是被依法责令限期改正，2017 年 4 月 1 日派出所进行复查时发现陈××拒不改正租房疏散出口宽度小于一米等消防问题。根据《中华人民共和国行政处罚法》第 31 条之规定，派出所将拟作出行政处罚决定的事实、理由、依据进行告知，并说明其违法事实有陈××本人的陈述和申辩，证人证言，消防监督检查记录，责令改正通知书，复查记录，现场照片等证据证实。陈××的行为已构成经营管理人员违反安全规定，违反了《中华人民共和国治安管理处罚法》第 39 条之规定，公安机关根据《中华人民共和国治安管理处罚法》第 39 条之规定对陈××作出行政拘留 5 日的处罚决定。

公安派出所日常消防监督检查记录

编号：〔2017〕第0105号

单位（场所）名称	某某区××街道新城区25号			法定代表人/主要负责人	陈小二
地　址	××区××街道新城区25号			单位性质	其他
使用的建筑面积（m^2）	205平方米	使用的建筑具体层数	2层	所在建筑高度（m）	6米
监督检查人员（签名）	费××/宋××	单位随同检查人员（签名）	××	检查日期	2017年2月2日

检查内容和情况记录

单位履行消防安全职责情况	合法性	被查建筑物名称：________ □1998年9月1日之前竣工建筑且此后未改建（含装修、用途变更） □依法通过消防验收　□依法进行竣工验收消防备案 □其他情况：________ □是　□否　公众聚集场所 依法通过投入使用、营业前消防安全检查　□是　□否
	消防安全管理	1. 消防安全制度　□有　□无 2. 员工消防安全教育培训　□组织开展　□未组织开展 3. 防火检查　□组织开展　□未组织开展 4. 灭火和应急疏散预案　□有　□无 5. 消防演练　□组织　□未组织 6. 其他情况：
	建筑防火	1. 消防车通道　□畅通　□被堵塞、占用　□无 2. 疏散通道　□畅通　□堵塞　□锁闭 3. 安全出口　□畅通　□堵塞　□锁闭　□缺少 4. 防火门　□完好有效　□常闭式防火门常开　□损坏　□不涉及 5. 疏散指示标志　□完好有效　□损坏　□缺少　□无 6. 应急照明　□完好有效　□损坏　□缺少　□无 7. 人员密集场所外墙门窗上是否设置影响逃生、灭火救援的障碍物　□否　□是　□不涉及 8. 其他情况：

续表

<table>
<tr><td rowspan="2">单位履行消防安全职责情况</td><td>消防设施</td><td>1. 室内消火栓　□未设置　□完好有效　□损坏　□无水
□配件不齐　□被遮挡、圈占　□不涉及
2. 灭火器　□未配置　□完好有效　□失效　□缺少
□配置类型错误　□设置地点不当
3. 建筑消防设施　□定期维修保养并记录　□无记录
□未定期维修保养　□不涉及
4. 物业服务企业对管理区域内共用消防设施是否维护管理
□是　□否　□不涉及</td></tr>
<tr><td>危险品管理</td><td>1. 是否存在违反规定使用明火作业或在具有火灾、爆炸危险的场所吸烟、使用明火
□否　□是　□不涉及
2. 是否存在违反消防安全规定进入生产、储存易燃易爆危险品场所
□否　□是　□不涉及
3. 生产、储存、经营易燃易爆危险品的场所是否与居住场所设置在同一建筑物内
□否　□是　□不涉及</td></tr>
<tr><td colspan="2">村（居）民委员会履行消防安全职责情况</td><td>1. 消防安全管理人　□确定　□未确定
2. 消防安全工作制度　□有　□无
3. 防火安全公约　□有　□无
4. 消防宣传教育　□开展　□未开展
5. 防火安全检查　□开展　□未开展
6. 消防水源、消防车通道、消防器材
□维护管理　□未维护管理
7. 多种形式消防组织　□建立　□未建立</td></tr>
<tr><td colspan="2">责令改正情况</td><td>制发的法律文书名称和编号：
责令改正通知书（编号：〔2017〕第0071号）</td></tr>
<tr><td colspan="2">移送公安消防机构处理的内容</td><td>发现的下列第______项消防安全违法行为，移送依法处理：
□1. 建筑物未依法通过公安机关消防机构消防验收，擅自投入使用；
□2. 建筑物未依法进行竣工验收消防备案；
□3. 公众聚集场所未依法通过使用、营业前消防安全检查，擅自投入使用、营业。</td></tr>
<tr><td colspan="2">备　注</td><td></td></tr>
</table>

此记录由公安派出所存档。

××市公安局××区分局××派出所

责令改正通知书

编号：〔2017〕第0071号

陈××租房：

根据《中华人民共和国消防法》第53条的规定，我所于____年__月__日对你单位（场所）进行消防监督检查，发现你单位（场所）存在下列第 6、13 项消防安全违法行为，现责令改正：

□1. 未制定消防安全制度；

□2. 未组织□防火检查/□消防安全教育培训/□消防演练；

□3. □占用/□堵塞/□封闭疏散通道、安全出口；

□4. □占用/□堵塞/□封闭消防车通道，妨碍消防车通行；

□5. □埋压/□圈占/□遮挡消火栓，□占用防火间距；

□6. □室内消火栓/□灭火器/□疏散指示标志/□应急照明未保持完好有效；

□7. 人员密集场所外墙门窗上设置影响逃生、灭火救援障碍物；

□8. 违反消防安全规定进入□生产/□储存易燃易爆危险品场所；

□9. 违反规定使用明火作业；

□10. 在具有火灾、爆炸危险的场所□吸烟/□使用明火；

□11. □生产/□储存/□经营易燃易爆危险品的场所与居住场所设置在同一建筑物内的；

□12. 未对建筑消防设施定期进行维修保养；

13. 其他消防安全违法行为和火灾隐患：租房疏散出口小于1米（宽度小于1米）、租房未按要求配备逃生绳、报警哨、手电筒等；出租房内电器部分未穿管（PPC管）。

对上述第 6，13 项，责令你单位（场所）于 2017 年 3 月 20 日前改正。

改正期间，你单位（场所）应当采取措施，确保消防安全。对消防安全违法行为，将依法予以处罚。

（公安派出所印章）

2017 年 2 月 2 日

被检查单位（场所）签收：陈××　　　　2017 年 2 月 2 日

一式两份，一份交被检查单位（场所），一份存档。

受案登记表

（受案单位名称和印章）　　　　×公（　）受案字〔　　〕　　号

<table>
<tr><td colspan="2">案件来源</td><td colspan="6">□110 指令工作中发现　□报案　□投案　□移送　□扭送　□其他</td></tr>
<tr><td rowspan="4">报案人</td><td>姓　名</td><td>费××</td><td>性 别</td><td>男</td><td>出生日期</td><td colspan="2">××××××××</td></tr>
<tr><td>身份证件种类</td><td>身份证</td><td>证件号码</td><td colspan="4">××××××××××××××××××</td></tr>
<tr><td>工作单位</td><td colspan="2">××派出所</td><td>联系方式</td><td colspan="3">××××××××</td></tr>
<tr><td>现 住 址</td><td colspan="6"></td></tr>
<tr><td colspan="2">移送单位</td><td></td><td>移送人</td><td></td><td>联系方式</td><td colspan="2"></td></tr>
<tr><td colspan="2">接报民警</td><td>张××</td><td>接报时间</td><td>2017 年 4 月 1 日
14 时 5 分</td><td>接报地点</td><td colspan="2">××派出所</td></tr>
</table>

简要案情或者报案记录（发案时间、地点、简要过程、涉案人基本情况、受害情况等）以及是否接受证据：

××派出所消防监督员费××于 2017 年 2 月 2 日对本市××区××街道新城区 25 号进行消防监督检查，发现该房存在未配备灭火器、部分电线没有套管、租房疏散出口宽度小于一米等安全隐患，遂下达《责令改正通知书》某公消限字〔2015〕第 0071 号。4 月 1 日，本所消防监督员对该房进行复查时，发现该房东拒不改正租房疏散出口宽度小于一米的安全隐患拒不改正。

续表

受案意见	属本单位管辖的行政案件，建议及时调查处理 ☐属本单位管辖的刑事案件，建议及时立案侦查 ☐不属于本单位管辖，建议移送＿＿＿＿＿＿＿＿＿＿处理 ☐不属于公安机关职责范围，不予调查处理并当场书面告知当事人 ☐其他＿＿＿＿＿＿＿＿＿＿＿＿＿＿ 受案民警　张××　　　　　　　　2017 年 4 月 1 日
受案审批	受案部门负责人　　　　×××　　　　　2017 年 4 月 1 日

一式两份，一份留存，一份附卷。
（适用于违法行为人）

第三部分　实训教学设计

一、实训设计思路

通过特种行业治安检查实训教学，使学生能够将特种行业基础知识应用于治安管理实践，学生在具体的特种行业条件和情景下，实地进行动手操作，有助于提高学习兴趣和积极性，在对特种行业治安检查相关资料进行收集、整理、加工、运用的过程中，加深对所学理论知识的理解和把握，提高治安检查工作技巧和解决实际问题能力。

二、实训指导

（一）实训目的

通过特种行业治安检查实训，加深对特种行业日常治安检查工作内容的理解，掌握特种行业治安检查的方式和有关要求，能够对检查结果进行相应处置，初步具备特种行业治安管理业务能力。

（二）实训内容

1. 法律依据；
2. 治安检查内容；
3. 治安检查方式；
4. 检查结果处置；
5. 相关法律文书的制作。

（三）实训课时

2 课时

（四）相关知识点

《中华人民共和国刑法》《中华人民共和国治安管理处罚法》《旅馆业治安管理办法》

等法律法规；《中华人民共和国邮政法》《中华人民共和国治安管理处罚法》《邮政行业安全监督管理办法》《企业事业单位内部治安保卫条例》《公安机关监督检查企业事业单位内部治安保卫工作规定》等法律、行政法规和规章中的有关规定。

（五）考核评分标准

实训考核成绩按照优、良、中、及格、不及格五级记分制评定，从以下方面考核记分：对特种行业基础知识的理解和掌握程度30%，法律文书的制作25%；参与各方角色表现10%；组织纪律性、团结协作精神15%；法律适用20%。实训结束后，实训学生按照实训要求写出实训报告，实训指导老师根据学生分组实训情况和实训报告完成质量情况给出实训小组成绩。

三、实训场景设计

（一）旅馆业治安检查

场景设计：2017年5月，×市×分局治安大队民警在对辖区×宾馆检查时，发现有没有登记个人信息的旅客入住该酒店，民警对该宾馆下达了《责令限期整改治安隐患通知书》。2017年10月，分局治安大队民警来复查时，又发现1001房间入住的客人李某没有登记入住信息。

实训要点：

1. 法律依据。《中华人民共和国刑法》、《中华人民共和国治安管理处罚法》、《旅馆业治安管理办法》等法律法规，另要求具体设定某一省市，治安检查同时结合本地旅馆业治安管理办法实施细则及相关要求。

2. 检查内容。对照旅馆业治安管理相关规定，检查辖区内旅馆（如天意宾馆）的管理制度和内部安全防范措施落实情况，尤其是对“四实”（实名、实人、实数、实时）登记制度开展全面检查，检查是否存在管理漏洞。

3. 检查方式。检查方式可采取公开检查和暗访检查。

（1）公开检查主要内容。旅馆内部技防、物防、人防落实情况：旅馆业治安管理信息系统（包括前台登记电脑、扫描仪、二代证阅读机具、相关信息传输设备、线路等）有无安装并能够正常使用；旅馆内部防盗措施是否到位；旅馆内部闭路电视监控设备是否安装到位并能够正常使用，监控图像能否清楚反映人体头像等情况；监控图像信息保存时间有无达到30天以上；巡查制度有无落实，从业人员培训及管理是否到位；提供特种行业许可证、营业执照（或复印件）；旅馆从业人员“四实”登记制度落实情况；其他与治安管理有关且应当进行公开检查的事项。

（2）暗访检查主要内容。到旅馆办理入住手续，观察前台工作人员查验证件与询问人员住宿情况是否到位；直接进入客房区域，观察旅馆工作人员巡防情况；其他与治安管理有关且可以进行的暗访事项。

4. 检查结果处置。模拟属地分局治安大队或辖区派出所组织的公开检查、暗访检查中发现存在问题的旅馆要进行查处，对存在“四实”登记不落实到位，存在内部安全隐患，当场发现房间内存在违法犯罪行为或者其他治安问题突出的旅馆，应当通报、通知所在地公安机关查处。所在地公安机关接到通报、通知后应当及时查处，并在规定的时限内将查处进展情况或者结果报上级公安机关。对问题严重的，应当通报所在地公安机关主要负责人。

附：相关法律文书：

旅馆治安检查记录

检查时间　　　　　　　　年　　月　　日　　时　　分

<table>
<tr><td colspan="2">被检查单位</td><td></td><td>所属派出所</td><td></td></tr>
<tr><td>暗访内容</td><td colspan="4">1. 未带有效证件要求住宿，服务员是否同意。　是□　否□
2. 多人到前台要求住宿，仅一人出示证件，服务员是否询问几人住并向其他人员索要证件。　是□　否□
3. 到前台订房间，声称“一会朋友来住”，服务员是否叮嘱“朋友来住时，一定要到前台登记”。　是□　否□
4. 到前台出示一张证件，要求“登记两个客房”，服务员是否同意。　是□　否□
5. 使用他人证件在登记入住时，服务员是否有查验证件的过程。　是□　否□</td></tr>
<tr><td rowspan="7">检查内容</td><td>外标示与许可证是否一致</td><td colspan="3">名称问题：
地址问题：</td></tr>
<tr><td>前台人员培训</td><td colspan="3">抽查＿＿＿＿人　未培训＿＿＿＿人</td></tr>
<tr><td>信息系统报送是否正常</td><td colspan="3">是□　否□　问题：</td></tr>
<tr><td>监控设施</td><td colspan="3">有□　否□　保存＿＿天　探头数＿＿　运转情况
清晰度　　　　　有无死角</td></tr>
<tr><td>长包房</td><td colspan="3">间数＿＿时间＿＿ ＿＿登记情况＿＿＿＿＿＿＿＿</td></tr>
<tr><td>附属设施</td><td colspan="3">经营种类　　　　　　外包（自营）</td></tr>
<tr><td>访客登记情况</td><td colspan="3">访客是否登记　是□　否□　　各通道是否有专人值守　是□　否□</td></tr>
<tr><td>四实登记情况</td><td colspan="4">检查房间数＿＿＿＿间
1. 无证住宿（未录入）：
①＿＿月＿＿日，房号＿＿＿住宿＿＿人，姓名、证件号＿＿＿＿＿＿＿＿
②＿＿月＿＿日，房号＿＿＿住宿＿＿人，姓名、证件号＿＿＿＿＿＿＿＿
③＿＿月＿＿日，房号＿＿＿住宿＿＿人，姓名、证件号＿＿＿＿＿＿＿＿
2. 一人登记，多人住宿：
①＿＿月＿＿日，房号＿＿＿住宿人数＿＿未登记人姓名证件号＿＿＿＿＿＿＿＿
②＿＿月＿＿日，房号＿＿＿住宿人数＿＿未登记人姓名证件号＿＿＿＿＿＿＿＿
③＿＿月＿＿日，房号＿＿＿住宿人数＿＿未登记人姓名证件号＿＿＿＿＿＿＿＿
④＿＿月＿＿日，房号＿＿＿住宿人数＿＿未登记人姓名证件号＿＿＿＿＿＿＿＿
3. 甲登记，乙住宿：
①＿＿月＿＿日，房号＿＿住宿人姓名证件号＿＿＿＿＿＿登记人姓名＿＿＿＿
②＿＿月＿＿日，房号＿＿住宿人姓名证件号＿＿＿＿＿＿登记人姓名＿＿＿＿
③＿＿月＿＿日，房号＿＿住宿人姓名证件号＿＿＿＿＿＿登记人姓名＿＿＿＿
4. 住宿登记表不规范：</td></tr>
</table>

续表

整改（查处）意见			
检查单位		检查人	
被检查单位签名		日　期	

（二）寄递业治安检查

场景设计：某县局治安大队对辖区内一快递公司网点进行治安检查。

实训要点：

1. 法律依据。《中华人民共和国邮政法》《中华人民共和国治安管理处罚法》《邮政行业安全监督管理办法》《企业事业单位内部治安保卫条例》《公安机关监督检查企业事业单位内部治安保卫工作规定》等法律、行政法规和规章。

2. 检查内容

（1）公开检查主要内容。检查登记验视信息化的使用情况。网点是否安装使用手机APP或者巴枪，对收取的非协议客户快递、快件是否录入登记验视信息化系统，快递面单是否填写完整；网点的监控录像能否正常运行使用、监控图像信息保存时间有无达到30天以上；网点的消防设施的配备是否符合网点场所面积的要求，消防设施是否能正常使用状态，网点内的通道、线路、环境是否符合要求；网点是否有营业执照、经营许可证或备案证明以及登记情况。

（2）暗访检查主要内容。分打电话预约上门收件和到网点寄件两种暗访方式。主要暗访检查：收件员有否使用登记验视信息化系统的手机APP或者巴枪进行收件；是否进行开包验视；是否发现包内的禁寄物品；是否要求出示身份证件，并对出示的身份证与寄件人核对；是否将包内物品和身份信息采集并上传。

3. 检查方式

（1）交叉用警检查。组织跨城区形式的交叉用警检查，检查内容同于公开检查与暗访检查；分（县）局治安大队组织辖区派出所之间交叉用警检查，检查内容同于公开检查与暗访检查。

（2）“双随机”抽查模式检查。依托网络技术，在寄递业检查内容中随机抽取某项或不特定项检查内容与检查对象，随机挑选拥有检查资格的检查执法人员对检查对象进行检查。检查内容与公开检查内容相同。

4. 检查结果处置。属地分局治安大队或辖区派出所组织对检查中发现存在问题的寄递网点按照法律法规和地方性文件要求进行处理。交叉检查（公开检查、暗访检查）后，发现问题的应当通报所在地公安机关查处。所在地公安机关接到通报后应当及时查处，并在规定的时限内将查处进展情况或者结果上报治安支队。对问题严重的，应当通报所在地公安机关主要负责人。

寄递企业/站点检查记录表

被检查单位名称：	单位地址：
所属品牌：	检查时间：

检查情况	1. 制度未上墙公示。包括：禁限寄物品指导目录及处理办法、收寄验视制度、实名登记告知、服务承诺、经营时间、资费标准、损失赔偿及投诉处理办法、收寄验视警示牌。□ （具体情况说明：＿＿＿＿＿＿＿＿＿＿）
	2. 监控设备安装、运转及记录保存未达到规定要求（无盲区，24 小时开机保存 30 天）。□ （具体情况说明：　　　　　）
	3. 未对从业人员进行安全生产教育和培训。□ 未培训人员信息：
	4. 未建立从业人员档案（花名册）未建档人员。□ 未建档人员：
	5. 未按规定配备消防设备或设备损坏的。无□
	6. 有无证照或备案或登记。有□　编号　无□
	7. 有无安检设备　有□　安检情况：　无□
检查情况	8. 违反规定收寄禁寄物品。□ 快递单号：　物品种类 寄件人信息：　收件人信息：
	9. 未对收寄物品进行有效验视、未严格执行收寄验视制度。□ 检查中发现的未进行开包验视的快递单号： 检查、暗访情况：
	10. 未对寄件人身份信息进行实名登记。□ 检查中发现的未进行实名登记的快递单号： 检查、暗访情况：
	11. 未按规定完整填写快递单（寄、收件人姓名、电话、地址、物品种类名称等）。□ 快递单号：　物品种类
整改意见	

被检查单位负责人（签字）：	检查单位（盖章）：
被检查单位负责人联系电话：	检查人员：

◎ 本章小结

重点行业安全监管一直是我国公安机关治安管理工作的重中之重。在社会治安形势日趋复杂严峻，社会管理创新变革时期，重点行业安全监管面临双重挑战和压力。公安机关在坚持依法运用治安指导、监督检查，落实治安管理制度等做法的同时，也需要针对重点行业中出现的新情况和新问题，与时俱进，更新观念，不断改进和探索行之有效的管理措施方法，加强信息化技术化手段的应用，提高重点行业监管实效。

◎ 思考与练习

1. 行政审批制度改革至今，还有哪些特种行业需要到公安机关备案？对这些保留备案的行业，该如何加强治安管理？

2. 收购废旧金属企业收购生产性废旧金属，应查验出售者何种证明？如果不依法提供，应当如何处理？

3. 公安机关对重点行业安全监管的难点在什么地方？在哪些方面可以进行创新尝试？

◎ 拓展阅读

1. 海口两酒店未按规定登记旅客信息被开出 10 万元罚单

2017 年 8 月 8 日，在海南省反恐怖工作领导小组检查过程中，发现海口市内的明月楼大酒店、龙泉大酒店未按规定登记旅客信息。在接到通报后，海口市公安局龙华分局大同派出所高度重视，立即安排民警开展相关工作，依据《治安管理处罚法》《中华人民共和国反恐怖主义法》对上述两家酒店分别罚款 500 元人民币，并下达《责令改正通知书》，要求酒店立即对发现的问题进行整改。9 月 1 日，大同派出所联合治安大队对上述两家酒店的整改情况进行检查，发现酒店拒不改正，依旧未按规定对客户身份进行查验提供服务，大同派出所立即对 2 家酒店依照《中华人民共和国反恐怖主义法》第 86 条第 2 款之规定，分别作出行政罚款 10 万元，同时对前台服务员作出罚款 1000 元的处罚。

警方提示，经营旅馆业需严格遵守《治安管理处罚法》以及《中华人民共和国反恐怖主义法》等各项法律法规，按照规定对客户身份进行查验，对身份不明、拒绝身份查验的客户应禁止提供服务。同时呼吁社会各界积极贯彻《反恐法》的相关要求，不断增强法制意识，积极主动参与到反对恐怖主义活动的行列中来，共同营造良好的公共安全环境。

2. 云南省昌宁县公安局对城区“花园”酒店作出罚款 10 万元的处罚

这是我国《反恐怖主义法》正式实施以来，昌宁县公安局对违法行业场所开出的首张“反恐罚单”。2016 年 5 月至 2017 年 8 月，昌宁县公安局民警在工作中先后三次发现“花园酒店”不按规定登记入住旅客信息，昌宁县公安局分别对该酒店作出罚款 200 元的行政处罚，并下发《反恐整改通知书》。2017 年 8 月 24 日，昌宁县公安局民警在检查中再次发现：“花园”酒店 2204 房间住宿人员身份信息与该酒店在《云南省旅店业管理系统》上登记、录入的旅客信息不符，经调查，该酒店未对当天入住 2204 房间的人员身份进行查验。“花园”酒店在《反恐怖主义法》正式实施以来，多次未按规定对旅客身份进行查验，且在收到公安机关下发的《反恐整改通知书》后拒不改正，对此，昌宁县公安局于 2017 年 9 月 1 日根据《反恐怖主义法》第 86 条第 2 款之规定，对该酒店作出罚款 10 万元的处罚，并对该酒店的直接负责人和直接责任人分别作出罚款 200 元的处罚。

今年以来，昌宁县公安局在对全县旅店业进行检查中，共计查处违法旅店业97家次，停业整顿8家，下发《反恐整改通知书》31份，开出10万元“反恐罚单”1张。今后，昌宁县公安局将继续对违反《反恐怖主义法》的行业场所开出“反恐罚单”，旨在倒逼行业场所业主落实主体责任，共同为广大人民群众营造良好的公共安全环境。

◎ 背景知识

1. 2016年1月1日我国《反恐怖主义法》正式实施，《中华人民共和国反恐怖主义法》第86条规定：电信、互联网、金融业务经营者、服务提供者未按规定对客户身份进行查验，或者对身份不明、拒绝身份查验的客户提供服务的，主管部门应当责令改正；拒不改正的，处20万元以上50万元以下罚款，并对其直接负责的主管人员和其他直接责任人员处10万元以下罚款；情节严重的，处50万元以上罚款，并对其直接负责的主管人员和其他直接责任人员，处10万元以上50万元以下罚款。住宿、长途客运、机动车租赁等业务经营者、服务提供者有前款规定情形的，由主管部门处10万元以上50万元以下罚款，并对其直接负责的主管人员和其他直接责任人员处10万元以下罚款。

2. 物流寄递实名制。物流寄递实名制，是指铁路、公路、水上、航空的货运和邮政、快递等物流运营单位对寄递行为实行安全查验的制度，该制度包含对客户身份进行查验，或依照规定对运输、寄递物品进行安全检查或者开封验视等安全检验行为。

行业现状。近年来随着我国物流寄递业的高速发展，利用物流寄递渠道的各类违法犯罪行为亦呈现高发态势，通过物流寄递渠道从事贩运毒品、枪支弹药、危险化学品、管制刀具等犯罪活动不断增多，平均每年全国破获的物流寄递渠道毒品犯罪案件都达数百起，缴获各类毒品数千公斤。物流寄递方式已成为犯罪分子从事贩运毒品、枪支等违禁品犯罪活动的主要渠道之一，不法分子利用物流寄递渠道“不实名”、“不验视”的管理漏洞从事毒品、枪支弹药、管制刀具、爆炸物运输与实施危害社会公共安全的恶性事件时有发生，几乎达到“暂时失控”或“无效控制”的态势：广东省自2006年以来，共发现利用物流寄递渠道运输毒品的案件和线索2000多起，缴获各类毒品超过9吨；2013年12月24日圆通速递因违规快递毒包裹，发生人员死亡的“夺命快件”案件；2014年，深圳市公安机关破获物流寄递行业毒品案件160宗，缴获毒品近150公斤；2014年，全国通过公开查缉方式缴获各类毒品10.3吨。仅2014年上半年全国就有货就收查获邮包运毒案623起，缴获毒品超过1吨；2015年9月30日广西柳城造成10人死亡、50多人受伤的17起邮包爆炸案再次敲响了加强物流、寄递渠道安全监管的警钟。

法律推动。全国政策方面，2015年12月27日，第十二届全国人民代表大会常务委员会第十八次会议通过《反恐怖主义法》，法案的第85条规定：“铁路、公路、水上、航空的货运和邮政、快递等物流运营单位未实行安全查验制度，对客户身份进行查验，或者未依照规定对运输、寄递物品进行安全检查或者开封验视、未实行运输、寄递客户身份和物品信息登记制度的进行处罚”。2015年10月22日中央综治办、公安部、工信部、安监总局等15部门召开的电视电话会议精神，从即日起至2016年3月底，在全国范围内集中开展危爆物品、寄递物流清理整顿和矛盾纠纷排查化解专项行动。要求寄递物流行业全面落实寄运物品先验视后封箱、寄递物流活动实名登记、邮件快件X光机安检3项制度，还将开展危爆物品清查整治。要求推行寄运物品100%先验视后封箱、寄递活动100%实名制、邮件快件100%通过X光机安检的“三个100%”制度，从源头上防范利用寄递物流渠道实施违法犯罪。

地方政策方面，2015年12月3日，广东省十二届人大常委会第21次会议表决通过了《广东省禁毒条例》，该条例明确规定寄递实名制与验视。寄递实名制在广东有了地方性法规的支持与依据。

第十章　社会丑恶现象查禁

【案例导引】

王某某租房重大赌博案

2017年2月12日下午1时许，某区公安分局治安大队接群众匿名举报："某区一镇辖自然村王某某的租房内最近经常有人聚众赌博，一些外来务工人员春节未回家赌博输了许多钱。"接报后，某区分局高度重视，立即成立专案组开展调查工作。专案组通过迅速摸清赌博地点方位、房屋结构、进出口和参赌人数等基础上，组织优势力量快速行动，在某区一镇辖自然村王某某的租房内一举抓获包某等22名涉赌人员，并当场查获包某等人持有的涉嫌赌资33010元及共同赌资3650元。后经大量询问查证和外围走访调查工作，发现周某某、陈某、刘某、吴某4人已涉嫌赌博犯罪，某区公安分局于2017年3月12日依法对该周某某等四人刑事拘留，同年3月21日该周某某等四人被某区人民检察院顺利批准逮捕，其余18人分别因赌博、为赌博提供条件行为先后被某区公安分局治安处罚。

问题：

1. 查处有组织的赌博行为时，应做好哪些前期准备工作？
2. 赌博行为如何认定？

【学习目标】 了解社会丑恶现象的现状和危害，掌握主要几类社会丑恶现象的认定和查处方法。

【教学重点】 查禁涉黄、涉赌和涉毒行为的基本方法和措施。

【教学难点】 学会查处涉黄、涉赌和涉毒行为和人员物品等处理的一般方法。

第一部分　基础知识

党的十九大报告中多次提到全面依法治国以及社会综合治理，打造共建共治共享的社会治理格局，不仅要加强社会治理制度建设，完善党委领导、政府负责、社会协同、公众参与、法治保障的社会治理体制，加强预防和化解社会矛盾机制建设，正确处理人民内部矛盾，同时要加快社会治安防控体系建设，依法打击和惩治黄赌毒黑拐骗等违法犯罪活动，保护人民人身权、财产权、人格权，由此可见黄赌毒黑拐骗等违法犯罪活动对社会治安、公共安全和人民群众合法权益的严重危害，是我国在深化依法治国实践过程中要着力解决的社会治安问题。

本章所称的社会丑恶现象，是指与国家的法律法规、主流意识文化、社会的善良习俗及传统文明习惯相悖，由国家法律法规明令禁止的行为，具体包括“黄、赌、毒”等行为以及拐卖妇女儿童、封建迷信活动等。在这里，我们主要探讨社会丑恶现象中的“黄、赌、毒”。其中“黄”，主要指的是涉及淫秽物品、淫秽表演和卖淫嫖娼等违法犯罪行为；“赌”指法律、法规明令禁止的各种赌博行为；“毒”是指与毒品及毒品原植物相关的违法犯罪行为。以“黄赌毒”为典型的社会丑恶现象毒化社会风气，诱发各种违法犯罪，历来是政府和公安机关严厉打击、重点整治的对象。治安部门在日常治安秩序管理中，要采取有针对性措施积极防范，同时严格依法及时处理此类社会丑恶现象，加强对有关场所、行业监督检查，确保场所行业正常合法的经营活动和健康有序发展。

一、几类主要社会丑恶现象的现状和危害

（一）涉黄行为的现状和危害

社会丑恶现象中的“黄”，主要指的是涉及淫秽物品、淫秽表演和卖淫嫖娼等违法犯罪行为。

1. 淫秽物品与淫秽表演

根据有关法律、法规的规定，淫秽物品是指具体描写性行为或露骨宣扬色情淫荡形象的录像带、录音带、影片、电视片、幻灯片、照片、图画、书籍、报刊、抄本，印有这类图照的玩具、用品以及淫秽游戏软件。近年来，淫秽物品违法犯罪波及区域和行业越来越广泛，涉案人员成分复杂。淫秽表演是指通过表演者直接的语言、动作等进行淫秽形体展示、描绘性行为或露骨宣扬色情淫荡内容的演出活动。主要包括性交表演、手淫、口淫表演、淫秽性的裸体和脱衣舞表演等。淫秽表演作为当前社会中存在的突出治安问题，当前，随着互联网的发展，特别是社交网站、微博、微信、博客、论坛、播客等社交媒体以及网络视听节目、聊天室、网络直播等互联网新技术、新应用的发展，网上组织淫秽色情表演、传播网络淫秽色情等有害信息有蔓延之势。

淫秽表演具有一定的组织性和营利性，表演形式与内容多样。近年来，网络淫秽表演相对传统淫秽表演更加隐蔽，手法更易获得经营空间和生存空间，网上淫秽表演的泛滥，严重污染了网络环境，毒害人们思想，败坏社会风气。

2. 卖淫嫖娼行为

卖淫嫖娼是指以金钱或财物为媒介，在不特定的异性或者同性之间发生的不正当性关系的行为。随着改革开放的不断深入，服务行业和场所发展迅速，无论是城市还是农村，无论是夜总会、宾馆、发廊、茶座，还是各类出租房、饮食店，甚至出租车、公园等地，都可以作为卖淫嫖娼活动的场所。一些经营者为了牟取暴利非法经营、容留和介绍卖淫嫖娼；一些专门从事介绍卖淫嫖娼的违法犯罪人员也应运而生，甚至个别地方又出现了带黑社会性质的卖淫犯罪集团，他们以组织卖淫为主业，同时兼营敲诈、盗窃、抢劫、杀人等犯罪活动；卖淫嫖娼活动涉及的地区广、人员成分复杂，相当部分卖淫者在追求金钱与物质的同时，还把卖淫作为寻求庇护、拉关系、走后门等手段，一些公司、企业为了“拉关系”和“通关节”，拓展业务，笼络客户，安排公关小姐或卖淫女提供色情服务，为本单位捞取利益，使卖淫嫖娼成为权力与肉体、关系与肉体、利益与肉体的交换，从而使卖淫嫖娼这种丑恶现象又与社会上的不正之风相互交织和感染。另外，卖淫嫖娼活动借助互联网的广泛应用，使信息传播更快，范围更广，影响更深。

（二）涉赌行为

涉赌行为是指法律、法规明令禁止的各种赌博行为，主要有赌博、为赌博提供条件等。赌博是指以营利为目的，用财物作赌注，两人以上以共同认可的方式比输赢，达到非法转移财物所有权的一种行为。当前赌博活动呈现出形式多样化的特点，不仅有麻将、扑克牌、赌赛马、赌赛狗、轮盘赌、打老虎机、跑马机等传统赌博方式，又先后出现了利用电子遥控装置的“红绿灯”、电子游艺机、网络赌博等赌博方式，许多网络赌博采用提供境外赌场实况、进行网络投注、信用卡交割赌资等方法进行，可实现境内外同步操作。六合彩、地下私彩违法犯罪活动猖獗，给地区经济发展造成严重阻碍，也对国家彩票发行造成严重冲击；赌博趋于专业化、巨额化与有组织化，参赌者众多，官员赌博以及公款境外赌博现象严重，公款境外赌博，每年腐蚀着大批的党员干部和广大群众，且造成巨额资金流失，影响了社会稳定和经济发展，直接危害人民群众的切身利益。

（三）涉毒行为

涉毒行为是指与毒品及毒品原植物相关的违法犯罪行为。毒品的含义有广义和狭义之分。广义的毒品是指一切进入肌体后对肌体造成损伤、引起功能性障碍，甚至死亡的物质。这里研究的是狭义的毒品含义，特指进入肌体后能够使人形成瘾癖的麻醉药品和精神药品的总称。《刑法》第357条规定，鸦片、海洛因、甲基苯丙胺（冰毒）、吗啡、大麻、可卡因以及国家规定管制的其他能够使人形成瘾癖的麻醉药品和精神药品都属于毒品。另外，毒品原植物也是治安管理查禁的物品范围。

毒品是全人类的公害。新型毒品问题来势迅猛，所谓新型毒品主要指人工合成的精神类毒品，是由国际禁毒公约和我国法律法规所规定管制的、能够直接作用于人的中枢神经系统，使人兴奋或抑制，连续使用能使人产生依赖性的药品（毒品）。新型毒品大部分是通过人工合成的化学合成类毒品，比较有代表性的为冰毒、摇头丸、“K粉”、三唑仑、麻古等。当前一些地方吸食新型毒品人数已超过传统毒品人数，歌舞娱乐场所已成为新型毒品蔓延的温床；受境外易制毒化学品需求和毒品暴利刺激，易制毒化学品走私出境情况仍屡禁不止。

“黄、赌、毒”等社会丑恶现象严重败坏社会风气，极容易引发盗窃、抢劫、伤害、杀人等刑事犯罪案件，例如卖淫嫖娼诱发或伴随偷窃、诈骗、敲诈勒索、抢劫、拐卖妇女、伤害、强奸等伴生；淫秽物品往往对青少年产生极大的诱惑，成为青少年强奸、卖淫、盗窃、抢劫等犯罪活动的诱发因素；因赌博导致盗窃、抢劫、伤害、杀人、贪污的也屡见不鲜；毒品问题严重影响社会治安稳定，是诱发其他刑事犯罪和社会治安问题的温床。吸毒人员以贩养吸、以盗养吸、以抢养吸、以骗养吸、以娼养吸现象严重。“黄、赌、毒”丑恶现象的泛滥，直接破坏的是社会主义精神文明建设，危害人的身心健康，给社会治安特别是青少年健康成长带来严重危害，影响经济建设和社会安定，干扰场所行业的正常经营秩序，诱发一些企业之间的不正当竞争，造成虚假“繁荣”。同时，也损坏了社会主义中国改革开放的形象，破坏投资环境，影响正常的经济秩序。

二、卖淫嫖娼及相关违法行为的认定与处理

（一）卖淫嫖娼行为的认定

卖淫嫖娼是我国法律严厉禁止的行为，从我国法律及卖淫嫖娼行为概念、构成可以看出，对卖淫者、嫖娼者没有严格规定性别限制，凡是以获取财物为目的，自愿与不特定他人发生性行为的，都是卖淫者。卖淫、嫖娼行为一般包含四个要素：营利性、发生性关系行

为、不特定性和违法性。因此，认定卖淫、嫖娼应从以下几方面进行：

1. 营利性。营利性指卖淫者为了获取金钱或财物，与嫖娼者发生性关系。卖淫者与嫖娼者发生性关系，不是以感情为基础，也不是纯粹为了满足性需求，而是为了获取金钱或财物。

在这里，要注意区分卖淫嫖娼行为与“一夜情”的区别。“一夜情”一般是指男女双方为满足性需求而发生的性关系行为。在当前现实社会中，一些人为寻求一种寄托和刺激，或出于满足生理需要，而并非以感情为出发点发生的性行为，虽具有不特定性，但不以营利为目的，不能以卖淫嫖娼论处。当然，实践中对以“一夜情”为幌子进行的卖淫嫖娼行为，应当进行查处。

2. 发生性关系行为。这里所说的性关系行为，是指双方自愿进行的性器官的接触，即为发生了性关系行为，可能是双方性器官的接触，也可能仅有一方性器官的接触。根据2001年公安部《关于对同性之间以钱财为媒介的性行为定性处理问题的批复》（公复字〔2001〕4号）的规定，不特定的异性之间或者同性之间以金钱、财物为媒介发生不正当性关系的行为，包括口淫、手淫、鸡奸等行为，都属于卖淫嫖娼行为，对行为人应当依法处理。因此，性关系行为包括性交，也包括口淫、手淫、鸡奸以及一方以身体的其他部位或用具刺激对方性器官的行为。发生性关系、有性器官的接触（不论是否接触到一方性器官或双方性器官），是认定卖淫嫖娼的关键，如果双方行为的目的不是以发生性关系为目的，则不能认定为卖淫嫖娼。

在这里，要注意区分卖淫嫖娼行为与一般色情活动、营利性陪侍活动的区别。在娱乐场所进行色情表演和观看色情表演的行为，虽然有“营利”，但没有性关系的发生，因而不是卖淫嫖娼行为；饮食服务业、文化娱乐业等一些场所，为了招揽生意，引诱、组织一些服务人员，以陪酒、陪舞、陪唱、陪聊等形式从事的陪侍行为，虽然活动中包含有相互间的搂抱或亲吻、展示裸体或身体隐私部位、触摸身体隐私部位等情形，但并未发生性关系行为，不能以卖淫嫖娼论处。

3. 不特定性。不特定性指卖淫者与嫖娼者之间大多数为陌生关系，没有感情基础，并且经常变换发生性关系的对象。实践中，一些嫖娼者在相对固定的场所实施嫖娼行为，可能认识一些卖淫者，建立了所谓的“熟客”关系，甚至进行所谓的“包月”服务，只要符合卖淫嫖娼行为的构成，应以卖淫嫖娼行为认定。

在这里，要注意区分卖淫嫖娼行为与通奸行为的区别。我国法律虽未对通奸行为明令禁止，但其性关系的行为是基于一定的情感基础而建立的，通奸双方是特定对象，其间虽伴随着金钱或财物关系，也是以情感为基础，非以营利为目的。因此，通奸行为不能以卖淫嫖娼论处，仅仅是道德的调整范畴。

（二）与卖淫嫖娼相关违法行为的认定

1. 公共场所拉客招嫖行为的认定。公共场所拉客招嫖，是指本人在公共场所，主动拉拢、引诱或者反复纠缠来往行人等意图招嫖的行为。公共场所、拉客、招嫖这三个条件需同时具备，才构成拉客招嫖的违反治安管理行为。

（1）公共场所，主要是指街道两侧、宾馆、饭店、娱乐场所等公共场所，但也包括在网络聊天室等虚拟的公共场所。

（2）拉客，是指通过语言、动作等各种方式，拉拢、引诱他人的行为。这里要正确理解“拉”的含义，“拉”必须有主动的语言、动作，或者是反复纠缠的行为。对第三者替代卖淫者招徕嫖娼者进行的拉客行为，应认定为介绍他人卖淫行为。

（3）招嫖，是指招引嫖娼、意图卖淫行为。意图卖淫，也就是本人通过拉拢、引诱等方法，与他人搭识、谈价，表达卖淫之目的。

需要明确的是，拉客招嫖者若是已经实施了卖淫嫖娼行为。根据行为吸收原则，则其应当以卖淫嫖娼行为处罚，不能以“拉客招嫖”与“卖淫嫖娼”两种行为进行处罚。

2. 引诱、容留、介绍他人卖淫行为的认定。引诱他人卖淫是指行为人为达到某种目的，以金钱诱惑等手段，诱使没有卖淫习性的人从事卖淫活动的行为；容留他人卖淫，是指行为人故意为他人的卖淫活动提供场所的行为；介绍他人卖淫，是指为卖淫人员与嫖客寻找对象，并在两者之间穿针引线、牵线搭桥的行为。

3. 传播性病行为的认定。传播性病行为是指明知自己患有梅毒、淋病等严重性病而又卖淫、嫖娼的行为。传播性病行为是行为犯，只要行为人在明知自己患有严重性病的情况下，故意实施了卖淫、嫖娼行为，即构成本行为。至于实际上是否已造成将性病传染给他人的结果，不影响本行为的成立。行为人虽患有严重性病，也实施了卖淫、嫖娼行为，但不是出于自愿，而是被强迫的，由于主观上没有犯罪故意，也不构成传播性病行为。

4. 嫖宿幼女行为的认定。嫖宿幼女行为是指嫖宿不满 14 周岁的幼女的行为。只要行为人知道被害人是或者可能是不满 14 周岁幼女而嫖宿的，都构成本行为。

5. 聚众淫乱活动行为的认定。聚众淫乱，是指在首要分子的组织、纠集下，3 名或者 3 名以上男女聚集在一起进行群奸群宿或者进行其他淫乱活动。对召集、唆使、首倡聚众淫乱活动的首要分子和参加 3 次以上聚众淫乱活动的人员，应予以刑事处罚；其他偶尔参加聚众淫乱活动的，应依《治安管理处罚法》的规定追究责任，不以犯罪论处。

（三）处理卖淫嫖娼行为的法律规定

1. 构成犯罪的情形

根据《刑法》的规定，以下几种情形可以构成犯罪：

（1）《刑法》第 358 条规定：“组织他人卖淫或者强迫他人卖淫的，处 5 年以上 10 年以下有期徒刑，并处罚金。”

（2）《刑法》第 359 条规定：“引诱、容留、介绍他人卖淫的，处 5 年以下有期徒刑、拘役或者管制，并处罚金；情节严重的，处 5 年以上有期徒刑，并处罚金。”

（3）《刑法》第 360 条规定：“明知自己患有梅毒、淋病等严重性病卖淫、嫖娼的处 5 年以下有期徒刑、拘役或者管制，并处罚金。嫖宿不满 14 周岁的幼女的，处 5 年以上有期徒刑，并处罚金。”

（4）《刑法》第 361 条规定：“旅馆业、饮食服务业、文化娱乐业、出租汽车业等单位的人员，利用本单位的条件，组织、强迫、引诱、容留、介绍他人卖淫的，依照本法第 358 条、第 359 条的规定定罪处罚。”

（5）《刑法》第 362 条规定：“旅馆业、饮食服务业、文化娱乐业、出租汽车业等单位的人员，在公安机关查处卖淫、嫖娼活动时，为违法犯罪分子通风报信，情节严重的，依照本法第 310 条的规定定罪处罚。”

2. 应予治安管理处罚的情形

根据《治安管理处罚法》的规定，以下几种情形应予治安管理处罚：

（1）《治安管理处罚法》第 66 条规定“卖淫、嫖娼的，处 10 日以上 15 日以下拘留，可以并处 5000 元以下罚款；情节较轻的，处 5 日以下拘留或者 500 元以下罚款。在公共场所拉客招嫖的，处5日以下拘留或者500元以下罚款。”

(2)《治安管理处罚法》第67条规定：“引诱、容留、介绍他人卖淫的，处10日以上15日以下拘留，可以并处5000元以下罚款；情节较轻的，处5日以下拘留或者500元以下罚款。”

3. 可以采取强制性教育措施的情形

(1) 1991年全国人民代表大会常务委员会《关于严禁卖淫嫖娼的决定》第4条规定：“对卖淫、嫖娼的，可以由公安机关会同有关部门强制集中进行法律、道德教育和生产劳动，使之改掉恶习。期限为六个月至二年。”根据1993年国务院公布《卖淫嫖娼人员收容教育办法》，由公安机关执行对卖淫嫖娼人员的强制集中教育。

(2)《治安管理处罚法》第76条规定：“有……第67条……的行为，屡教不改的，可以按照国家规定采取强制性教育措施。”

二、赌博、为赌博提供条件行为的认定和处理

(一) 赌博、为赌博提供条件行为的认定

赌博是以营利为目的的违法犯罪活动，赌博参与者必须要有营利的目的。如果赌博参与者不是以营利为目的参与赌博的，则不构成法律意义上的赌博行为。根据2005年公安部《关于办理赌博违法案件适用法律若干问题的通知》（公通字〔2005〕30号）规定，下列行为不能认定为赌博行为：一是不以营利为目的，亲属之间进行带有财物输赢的打麻将、玩扑克等娱乐活动；二是亲属之外的其他人之间进行带有少量财物输赢的打麻将、玩扑克等娱乐活动。

为赌博提供条件行为，是指以营利为目的，为他人进行赌博提供便利条件的。不以营利为目的，不能认定为为赌博提供条件。为赌博提供条件的行为包括：提供赌具、提供赌博场所、提供赌资、提供交通工具、为赌博提供其他便利的条件（如为赌博人员提供洗牌、配钱等条件的）等。根据2005年最高人民法院、最高人民检察院《关于办理赌博刑事案件具体应用法律若干问题的解释》（法释（2005）3号）的规定，提供棋牌室等娱乐场所只收取正常的场所和服务费用的经营行为等，不能认定为为赌博提供条件的行为。

根据公安部《关于办理赌博违法案件适用法律若干问题的通知》规定，具有下列情形之一的，应认定为赌博或为赌博提供条件行为：一是以营利为目的聚众赌博、开设赌场或者以赌博为业的；二是参与计算机赌博、电子游戏机赌博，或者到赌场赌博的；三是采取不报经国家批准，擅自发行、销售彩票的方式，为赌博提供条件的；四是明知他人实施赌博违法犯罪活动，而为其提供资金、场所、交通工具、通信工具、赌博工具、经营管理、网络接人、服务器托管、网络存储空间、通信传输通道、费用结算等条件，或者为赌博场所、赌博人员充当保镖，为赌博放哨、通风报信的；五是明知他人从事赌博活动而向其销售具有赌博功能的游戏机的。

(二) 处理赌博行为的法律规定

1. 构成犯罪的情形

《刑法》第303条规定：“以营利为目的，聚众赌博或者以赌博为业的，处3年以下有期徒刑、拘役或者管制，并处罚金。开设赌场的，处3年以下有期徒刑、拘役或者管制，并处罚金；情节严重的，处3年以上10年以下有期徒刑，并处罚金。”

2. 应予治安管理处罚的情形

《治安管理处罚法》第70条规定："以营利为目的，为赌博提供条件的，或者参与赌博赌资较大的，处5日以下拘留或者500元以下罚款；情节严重的，处10日以上15日以下拘留，并处500元以上3000元以下罚款。"

3. 可以采取强制性教育措施的情形

《治安管理处罚法》第76条规定："有本法……第70条的行为，屡教不改的，可以按照国家规定采取强制性教育措施。"

三、吸食、注射毒品行为的处理

（一）吸食、注射毒品行为的认定

1. 吸毒、吸毒成瘾、吸毒成瘾严重的认定

根据有关规定，吸毒、吸毒成瘾、吸毒成瘾严重的认定标准如下：

（1）吸毒的认定。据公安部的规定，涉嫌吸毒人员具有下列情形之一的，可以认定为吸毒：一是被公安机关现场查获，当场缴获毒品或吸食、注射毒品的器具且本人供认的；二是有举报，本人供认且有其他旁证材料能够相互印证的；三是本人供认且其临床表现经县级以上公安机关委托指定的县级以上医院具有相关知识的医生认定符合吸毒人员特征，并出具相应证明材料的；四是本人供认且其尿样经检测含毒反应呈阳性的；五是本人不供认，但经尿样检测含毒反应呈阳性，并有其他旁证材料印证的；六是本人不供认，但经尿样检测含毒反应呈阳性，且用其他检测手段（如注射"催瘾针"等）检测证明当事人有毒瘾症状反应的。

（2）吸毒成瘾品的认定。根据2011年公安部、卫生部颁布的《吸毒成瘾认定办法》第7条规定，吸毒人员同时具备以下情形的，公安机关认定其吸毒成瘾：一是经人体生物样本检测证明其体内含有毒品成分；二是有证据证明其有使用毒品行为；三是有戒断症状或者有证据证明吸毒史，包括曾经因使用毒品被公安机关查处或者曾经进行自愿戒毒等情形。戒断症状的具体情形，参照卫生部制定的《阿片类药物依赖诊断治疗指导原则》和《苯丙胺类药物依赖诊断治疗指导原则》确定。

（3）吸毒成瘾严重的认定。根据2011年公安部、卫生部颁布的《吸毒成瘾认定办法》第8条规定，吸毒成瘾人员具有下列情形之一的，公安机关认定其吸毒成瘾严重：一是曾经被责令社区戒毒、强制隔离戒毒、社区康复或者参加过戒毒药物维持治疗，再次吸食、注射毒品的；二是有证据证明其采取注射方式使用毒品或者多次使用两类以上毒品的；三是有证据证明其使用毒品后伴有聚众淫乱、自伤自残或者暴力侵犯他人人身、财产安全等行为的。

（二）公安机关吸毒检测的程序

依照2009年公安部制定的《吸毒检测程序规定》，对吸毒者实施人体生物样本检测，分为现场检测、实验室检测、实验室复检三种。现场检测由县级以上公安机关或者其派出机构进行。样本的采集应当使用专用器材；拒绝接受检测的，经所以上领导批准，可以强制检测；采集、送检、检测样本，由两名以上工作人员进行；采集女性被检测人尿液检测样本，应当由女性工作人员进行；采集的检测样本经现场检测结果为阳性的，应当分别保存在A，B两个样本专用器材中并编号，由采集人和被采集人共同签字封存，在低温条件下保存，保存期为2个月；现场检测应当出具检测报告，由检测人签名，并加盖检测的公安机关或者其派出机构的印章；现场检测结果应当当场告知被检测人，并由被检测人在检测报告上签名；对现场检测结果有异议的，可以在3日内提出实验室检测申请；对实验室检测结果有异议

的，可以在3日内，提出实验室复检申请。

（三）处理吸食、注射毒品行为的法律规定

1. 构成犯罪的情形

根据《刑法》的规定，以下几种情形可以构成犯罪：

（1）《刑法》第353条规定："引诱、教唆、欺骗他人吸食、注射毒品的，处3年以下有期徒刑、拘役或者管制，并处罚金；情节严重的，处3年以上7年以下有期徒刑，并处罚金。强迫他人吸食、并处罚金。引诱、教唆、欺骗或者强迫未成年人吸食、注射毒品的，从重处罚。"

（2）《刑法》第354条规定："容留他人吸食、注射毒品的，处3年以下有期徒刑、拘役或者管制，并处罚金。"

2. 应予治安管理处罚的情形

根据相关法律的规定，以下几种行为应予治安管理处罚：

（1）《治安管理处罚法》第72条规定："有下列行为之一的，处10日以上15日以下拘留，可以并处2000元以下罚款，情节较轻的，处5日以下拘留或者500元以下罚款：……（三）吸食、注射毒品的；……

（2）《治安管理处罚法》第73条规定："教唆、引诱、欺骗他人吸食、注射毒品的，处10日以上15日以下拘留，并处500元以上2000元以下罚款。"

（3）《禁毒法》第61条规定："容留他人吸食、注射毒品或者介绍买卖毒品，构成犯罪的，依法追究刑事责任；尚不构成犯罪的，由公安机关处10日以上15日以下拘留，可以并处3000元以下罚款；情节较轻的，处5日以下拘留或者500元以下罚款。"

3. 应当采取戒毒措施的情形

根据《禁毒法》，以下情形应当对吸毒者采取戒毒措施：

（1）《禁毒法》第31条："……吸毒成瘾人员应当进行戒毒治疗。"第33条规定："对吸毒成瘾人员，公安机关可以责令其接受社区戒毒，同时通知吸毒人员户籍所在地或者现居住地的城市街道办事处、乡镇人民政府。社区戒毒的期限为3年。"

（2）《禁毒法》第38条规定："吸毒成瘾人员有下列情形之一的，由县级以上人民政府公安机关作出强制隔离戒毒的决定：（一）拒绝接受社区戒毒的；（二）在社区戒毒期间吸食、注射毒品的；（三）严重违反社区戒毒协议的；（四）经社区戒毒、强制隔离戒毒后再次吸食、注射毒品的。对于吸毒成瘾严重，通过社区戒毒难以戒除毒瘾的人员，公安机关可以直接作出强制隔离戒毒的决定。"

对吸毒者采取戒毒措施，应当按照2011年国务院《戒毒条例》的有关规定执行。

第二部分　典型案例评析

一、从一起"零口供"卖淫嫖娼案看证据的审查与认定

（一）简要案情

2017年4月24日下午，民警根据举报线索在张家港市杨舍镇某宾馆外的道路上抓获一名涉嫌嫖娼的男子钱某，经询问，其承认刚刚在该宾馆710房间内嫖宿了一名女子。后民警对该宾馆710房间进行检查，当场查获一名女子胡某和一名男子陈某，胡某衣着暴露，陈某

衣着完整。经审查，陈某称“刚进入房间准备嫖娼，因女子长相与照片不符遂未达成一致，随后即被查获”；胡某拒不交代卖淫违法行为。

（二）办案经过

1. 快速确定调查方向。三名涉案人员传唤到案后，经初步审查得知：陈某通过微信搜索至胡某所在的宾馆房间欲进行嫖娼，因胡某本人长相与微信照片不符遂未达成一致。因此办案人员排除了陈某与胡某发生卖淫嫖娼行为的嫌疑，将调查重点锁定为：胡某是否向钱某卖淫？

2. 仔细发掘重要线索。钱某、胡某二人并非当场抓获，胡某所在的宾馆房间已被打扫收拾，办案人员未提取到有价值的涉案物品，且钱某、胡某两人手机中的聊天记录均已删除，胡某拒不交代卖淫行为，仅有钱某一人的供述，证据线索较为单薄，案件办理曾陷入困境。办案人员梳理思路后，以钱某交代的“微信支付”线索为突破口，在钱某和胡某手机内“微信支付”模块中发现了一条“面对面支付400元”的交易记录，至此打开了一道攻破案件的突破口。

3. 全面收集定案证据。根据交易记录显示的精确支付时间，民警调取了该宾馆内多段监控录像，发现一男一女正好在上述时间进入该宾馆710房间，十余分钟后二人一同离开房间。根据监控中显示的两人体貌和穿着，办案人员分别拍摄了钱、胡二人的正面、背面和侧面全身照片，锁定了监控画面人员就是本案钱某和胡某。在案证据一致指向钱、胡二人卖淫嫖娼的事实，关键时候，办案民警反复对胡某进行了审讯，在步步紧逼的追问下，胡某仍拒绝交代违法行为，声称“整个下午无人进入我的房间”，其申辩理由与在案证据完全不符。

（三）证据的审查认定

本案收集了以下证据：

第一组：抓获经过、检查笔录和现场执法录像，证明案件来源以及现场查处情况；

第二组：钱某的陈述和申辩、辨认笔录，证明其与胡某搭讪、谈价、发生性关系以及手机支付的完整经过；

第三组：手机检查照片和提取笔录，证明在线交易时间、交易金额以及交易主体的身份；

第四组：宾馆监控录像以及涉案人员体貌照片，证明两人进出宾馆房间的时间段和经过；

第五组：陈某的陈述和申辩，证明与胡某搭讪、商谈的经过；

第六组：胡某的陈述和申辩，证明其对在案证据无法提出合理辩解。

1. 证据分析

（1）钱某的陈述和申辩包含了卖淫嫖娼行为的全部构成要素，符合社会一般认识，证据本身具有较高的可信性。

（2）钱某的陈述材料与其他证据能够形成相互印证：第一，钱某通过微信搜索至特定房间嫖娼的行为，与紧随其后的第二位嫖客陈某具有一致性，钱某、陈某均能印证胡某具有卖淫的目的且有具体情节予以支持；第二，钱某陈述的事实与手机微信支付记录、宾馆监控录像等实物证据彼此印证，形成了相对牢固的证据链。

（3）实物证据之间亦能形成相互印证。微信“面对面支付”本身即能证明交易是“当面进行”而非“远程进行”；钱某付款时间和胡某收款时间分秒不差（16时38分18秒）且能显示对方的微信名称，对照宾馆监控录像，微信支付时间恰好处于两人进出房间（15

分钟）的时间段内，足以证明钱某在上述时段向胡某当面微信支付400元价款的事实。

（4）直接证据相对不足，必须依靠涉案双方的充分陈述与申辩。虽然以上证据在很大程度上指向胡某向钱某卖淫的事实，但对于两人是否发生性接触问题，直接证据仍然只有钱某的单方陈述，尚未排除两人发生“按摩敲背”等非性行为的可能性，一旦胡某以此为主张，则上述实物证据将失去证明意义，在胡某与钱某各执一词且没有补强证据的情况下，案件事实将难以认定。

（5）胡某对待证事实予以否认，但无法提出合理辩解，甚至辩解的事实与客观证据完全不符，理应承担不利后果。在询问审查时，胡某声称“整个下午无人进入我的房间”、“手机一直是我在使用”、“不清楚为什么会收到400元转账”，显然与监控录像不一致。《最高人民法院关于行政诉讼证据若干问题的规定》第67条规定：“在不受外力影响的情况下，一方当事人提供的证据，对方当事人明确表示认可的，可以认定该证据的证明效力；对方当事人予以否认，但不能提供充分的证据进行反驳的，可以综合全案情况审查认定该证据的证明效力。”胡某对于种种证据指向的卖淫事实，提出了与客观事实相悖的辩解，使公安机关否定其陈述和申辩、采纳对方证据的理由更加充分。

2. 事实认定

根据相关规定，我国民事案件依据待证事实的不同分别适用“优势证明标准”、“高度可能性”证明标准和“排除合理怀疑”证明标准；刑事案件一律适用“排除合理怀疑”的证明标准；但行政案件未作明确规定，有观点认为：对于限制人身自由的重大行政处罚案件应适用严格的审查标准，即“排除合理怀疑”证明标准。《治安管理处罚法》第93条规定，公安机关查处治安案件，对没有本人陈述，但其他证据能够证明案件事实的，可以作出治安管理处罚决定。但是，只有本人陈述，没有其他证据证明的，不能作出治安管理处罚决定。本案中，对于待证事实，在案证据已能够形成完整的证据锁链，并且公安机关已通过询问、告知等程序充分听取了涉案双方的陈述和申辩，充分保障了当事人提出合理辩解的权利。在此基础上，即使没有胡某的“自认”，所证事实亦能排除合理怀疑，使一般人产生信服。

（四）案件处理

2017年4月25日，我局依法对胡某和钱某卖淫嫖娼的行为处以行政拘留处罚并追缴胡某违法所得400元。

二、利用赌博机开设赌场案件

（一）基本案情

2017年5月19日凌晨，某局桃源派出所民警在检查过程中发现桃源镇××游戏房内多人以捕鱼机的形式进行赌博。后经进一步调查发现，该案嫌疑人陈某某在位于苏州市吴江区桃源镇××社区民主街412号开设××游戏房，并在游戏房内分别放置一台标记为“海洋之星2”的游戏机（经鉴定，认定为8台具有赌博功能的电子游戏机）、三台标记为“水浒机”游戏机（经鉴定，认定为3台具有赌博功能的电子游戏机）供他人用于赌博，并从中获利。

（二）案件评析

赌博机是具有赌博功能的游戏机机型、机种，最初发展的时候大多具有娱乐性，后期经演变具有了违法性，经营者通过让赌博人员购买的分值（点）、选定赔率、以小博大，得到高额物质或经济奖励来刺激赌徒的投机心理，使其上当并获取利益。近年来随着经济的发展，利用具有赌博功能的电子游戏设施设备开设赌场的犯罪活动日益猖獗，为了更好地打击此类案件，最高人民法院、最高人民检察院和公安部也联合出台了《关于办理利用赌博机开设赌场案件适用法律若干问题的意见》，结合利用赌博机开设赌场案件的特点，对该类案件的取证要点如下：

1. 要关注赌资以及违法所得的认定。根据《意见》的规定“赌资数额累计达到5万元以上”，“违法所得累计达到5000元以上的”可构成开设赌场罪，而要准确地确定案件所涉及的赌资和违法所得，办案民警在一开始查获时就必须在开机状态下读取机内数据，并通过检查或现场勘验笔录、拍照等方式进行固定，后续可根据机器内的点数换算成实际代表的金额，如果涉案人员查获时尚还持有代币卡、有价证券等物件时，必须及时清点、扣押，并将游戏房的换算规则在案件材料中予以完整的体现。

2. 要关注赌博机的认定。民警从现场查获赌博机起，取证的重点就必须要有针对性，要关注游戏设备是否具有赌博机的相关特征，如游戏设备是否具有退币功能或上分、扣分、加分等荧屏计分功能以及选定倍率、以小博大等设置。办案民警在电子游戏机经营场所就应该采取拍照、摄像等方式对查获的赌博机进行固定，并对相应情况在制作相关笔录时予以着重的印证和固定，为后续赌博机检验鉴定做好前期准备。另外针对《意见》中所提到的是否为“在中小学附近设置赌博机”、“容留未成年进行赌博”以及“联机游戏机中，赌博机的台数按照能够独立供一人进行赌博活动的操作基本单元的数量认定”等情况要充分给予重视，因为不同的情况面临够罪的台数标准不一样，所以办案人员必须在嫌疑人供述和辩解、证人证言、现场勘查笔录等证据中进行明确。

3. 要关注利用赌博机开设赌场共犯的认定。根据《意见》规定明知他人利用赌博机开设赌场，而为经营者提供赌博机、资金、场地等服务，或受雇参与赌场经营管理并分成，或为赌场组织客源，收取回扣、手续费，或是参与赌场管理并领取高额固定工资的都应认定为利用赌博机开设赌场的共同犯罪，所以在办理此类案件时，对于涉案人员是否为一般的工作人员，还是可以认定为开设赌场行为共犯就必须进行仔细而又准确的甄别。办案人员在取证的过程中，要有针对性地对于工作人员与经营者之间是否有特殊关系，是否参与分成、是否领取高额工资等情况，进行一一明确，有的时候嫌疑人会以各种借口来模糊案件的真实情况，办案人员更应当从案件细节之处着手取证，充分利用案件逻辑中的不合理处，或者口供中的出入点，及时转变审讯技巧，展开相关调查。

（三）法律规定

（1）《中华人民共和国刑法》第303条：以营利为目的，聚众赌博或者以赌博为业的，处3年以下有期徒刑、拘役或者管制，并处罚金。

开设赌场的，处3年以下有期徒刑、拘役或者管制，并处罚金；情节严重的，处3年以上10年以下有期徒刑，并处罚金。

（2）《关于办理利用赌博机开设赌场案件适用法律若干问题的意见》

第三部分　实训教学设计

一、实训设计思路

通过对查处黄赌毒实训案例的模拟演练，使学生综合运用对社会丑恶现象进行预防和打击查处的相关法律知识，有效提高学生理论联系实际，分析和解决实际治安管理工作问题的能力。

二、实训指导

（一）实训目的

通过实训，使学生了解对“黄赌毒”查处的相关法律规定，明确对相关违法行为的认定方法，掌握查处涉黄、涉赌和涉毒行为的措施和对相关人员进行处理。

（二）实训内容

1. 对吸毒行为的认定和对行为人的处理；
2. 对赌博行为的认定和处理；
3. 对卖淫嫖娼行为的认定和处理。

（三）相关知识点

《治安管理处罚法》第66、67、72、73、74条相关规定；《公安机关办理行政案件程序规定》及《刑事案件立案追诉标准（一）》相关规定。

（四）实训课时

2课时

（五）实训保障

1. 有关物品：场景所需必要道具；
2. 有关文书：治安询问笔录、受案登记表、行政处罚决定书等；
3. 场地：实训场、宿舍、办公室、道路等一切可利用的设施内。

（六）实训步骤

1. 学生复习巩固基础知识内容；
2. 教师拟定并给出实训场景；
3. 学生根据场景设计进行分组和角色分工；
4. 学生做好相关物品和道具准备；
5. 根据角色分工，按照“实训场景”的框架和要求演绎“实训场景”；
6. 学生自评；
7. 教师点评；
8. 学生和老师分别写出《实训报告》（学生用）和《实训报告》（老师用）。

（七）考核评分标准

实训考核成绩按照优、良、中、及格、不及格五级记分制评定，从以下方面考核记分：对有关法律规范的理解和掌握程度20%，案情设计10%，法律文书的制作25%；参与各方角色表现10%；组织纪律性、团结协作精神15%；法律适用20%。实训结束后，实训学生按照实训要求写出实训报告，实训指导老师根据学生分组实训情况和实训报告完成质量情况给出实训小组成绩，由实训小组长在实训指导老师的监督下会同本小组成员商量后，根据本小组成员在实训中的贡献大小、表现情况等，在实训指导老师给出的实训小组成绩基础上上下浮动后给出本小组成员的个人成绩，浮动幅度为10%。

三、实训场景设计

（一）吸食毒品案

场景设计：甲男与乙女经他人介绍相识，二人相处了三个月。甲是个瘾君子，有时还会在乙面前吸毒，但其从未被公安机关查处过。乙经常劝说甲不要再吸毒，但毫无作用。一日，甲约了朋友丙一起到乙家中喝酒。喝到正酣时，丙趁乙到厨房端菜之际向甲提出弄点“好货”大家尝尝，甲拿出几粒小药丸对丙说这是刚刚买到的新型毒品，并和丙商量等下骗乙服下。乙过来后，甲和丙说这是最新型的醒酒药，醒酒效果非常好。乙误以为真，便和甲、乙一同服下，后甲和丙告诉了乙真相，乙埋怨了二人几句后未再吱声。不久，乙的小姐妹丁也来到乙家中一同喝酒。期间，甲又拿出药丸和丙一起对丁说这是醒酒药，丁听信后也服下，乙在一旁未予制止。次日，乙认为该事不妥当，遂到其所在地W市×区公安分局报案，除将昨晚之事全部讲清楚外，还指控甲在前几日两次注射了海洛因。×区公安分局受案调查，甲、丙、丁三人均如实陈述了整个过程，甲还承认了乙指控其注射海洛因一事。经尿检，乙、丙、丁三人呈甲基安非他明阳性，甲呈吗啡和甲基安非他明阳性。

实训要点：

1. 对甲的行为认定和处理；

2. 对乙的行为认定和处理；

虽然甲本次没有采用注射方式吸毒，但因为有证据证明其前几日注射海洛因的事实，故能认定其吸毒成瘾严重，甲符合强制隔离戒毒条件；乙构成容留吸毒的违法行为，乙向公安机关主动投案、如实陈述，并指控甲注射海洛因的事实，对乙可以不予行政处罚。

（二）KTV歌厅容留吸食毒品案

场景设计：某甲在某市某区开设一家KTV歌厅，共有包厢20间。某天深夜包厢服务员A、B偷偷告诉歌厅老板某甲包厢内2名客人和4名陪侍小姐在一起吸冰毒，某甲得知后以敬酒名义进入该包厢发现里面确实有4人在吸食冰毒。为怕影响歌厅生意，某甲给了包厢服务员A、B各100元钱，叮嘱不要声张。服务员B还是瞒着某甲偷偷打电话给公安机关举报了KTV歌厅包厢里有人聚众吸毒的情况。

实训要点：

1. 甲作为娱乐场所经营者，其行为的认定和处理；

2. A和B作为娱乐场所从业人员，其行为的认定和处理。

娱乐场所经营管理人员明知场所内发生聚众吸食、注射毒品或者贩毒活动，不向公安机关报告的，构成犯罪的，依法追究刑事责任；尚不构成犯罪的，依照有关法律、行政法规的规定给予处罚。本案某甲系娱乐场所经营管理人员，容留4人吸毒，构成犯罪。

（三）卖淫嫖娼案

场景设计：甲系一小吃店业主，一日到店隔壁的浴室洗澡，浴室小姐张某问其是否要“敲大背”，甲回答身上没有钱，张某因熟悉甲，便说可以先欠着，但未具体说多少钱，后二人发生了性关系。数日后，张某向甲要钱，甲不给，还对张某说：“其实当时我根本就不想给你钱，骗你的。”

实训要点：

对甲和张某行为的认定。

因甲与张某发生性关系前，双方都清楚发生性行为是以甲付钱为前提，因此可以认定“金钱、财物为媒介”，是否实际支付金钱、支付多少，并不妨碍认定卖淫嫖娼的性质，故甲构成嫖娼，张某构成卖淫。

◎ 本章小结

通过本章的学习和实训练习，简要了解当前以“黄赌毒”为代表的社会丑恶现象的现状、危害和主要特点，初步掌握对涉黄、涉赌和涉毒违法犯罪行为的认定方法，明确查处的相关法律依据，重点掌握查处过程中的证据固定以及对相关人员、物品的处理方法，提高打击和查处严重影响社会治安秩序行为的能力。

◎ 思考与练习

1. 在声势浩大的东莞扫黄之后，有人说打击“黄赌毒”不能仅停留于运动式执法，请谈一下自己的理解和看法？
2. 为什么“黄赌毒”等社会丑恶现象总是屡禁不止？
3. 查处卖淫嫖娼行为时，依法对行为人应作如何处理？
4. 查处赌博行为时，如何进行现场证据的固定？
5. 查处吸毒行为时，应如何注意保护办案民警的自身安全？对吸毒行为人应如何处理？

◎ 拓展阅读

对容留他人吸毒罪疑难问题的探讨

容留他人吸毒罪本是刑法中一个不起眼的罪名，但随着明星涉毒丑闻的连续曝光以及禁毒战役的持续深入，该罪逐渐成为社会公众关注的焦点。“自己吸毒不是罪，叫上他人一起吸就是罪”、“自己家也是容留场所”等说法表明了公众对容留他人吸毒罪的初步认识。为了保证该罪名适用的正确性，提高禁毒教育水平，有必要对容留他人吸毒罪进行梳理，为解决实践中疑难问题提供有益思路。

容留他人吸毒罪争议问题：间接故意是否构成容留他人吸毒罪？

主要参考标准是行为人是否具有法定的义务

【案例 1】张某和李某合租一套公寓，二人平常交往不多。一天，张某带着 3 个朋友来到合租房聚众吸毒，李某下班回家后看到张某房间里的情形，打了个招呼径直走进自己房间。事后案发，张某和李某涉嫌容留他人吸毒罪被拘留。

【案例 2】王某和宋某系好友，王某为庆贺宋某 20 岁生日，在本市 KTV 包下一包间，邀请 10 名朋友前来“玩耍”，其间，王某拿出一包毒品供众人享用。在吸食过程中，KTV 经理路过发现包房内有吸毒行为，推开门后未予阻止，只说了句“注意点，别被发现了”，并安排两名 KTV 服务生在门口通风报信。

【解析】上述两个案例都涉及间接故意容留他人吸毒的行为，所谓间接故意容留他人吸毒，是指明知为他人吸毒提供了容留等便利条件，而对他人吸毒的行为持放任的心理态度。常见的有出租车司机放任乘客在车上吸毒、合租者放任租友吸毒、娱乐场所发现有人在包房吸毒后不制止等情形。

对于放任型的容留他人吸毒行为，是否要进行刑法评价，要具体问题具体分析。主要参考标准是行为人是否具有法定的义务，也就是说要看行为人是否具有法律法规赋予的制止义务，有制止义务，则容留他人吸毒罪成立，无义务则排除责任。案例1中，合租者李某并没有法定的制止义务，苛求其阻止租友吸毒也并不现实，其主观上没有主动实施容留行为，客观上的“不作为”也未达到刑事处理的要求，因此从刑法谦抑性的角度，不应认定李某构成容留他人吸毒罪；而对于案例2而言，娱乐场所工作人员对于违法犯罪活动具有举报和阻止的法律义务，其必须要依法履行相应义务，KTV经理发现有人聚众吸毒的行为，应及时报告当地公安机关，但他的默认、放任行为违反了法律规定，也造成了一定的社会危害，因此案例2中应认定娱乐场所的KTV经理构成容留他人吸毒罪。

“容留场所”界定问题：建议对“场所”进行广义理解和扩张解释

【案例】王某系电脑爱好者，2011年在玩电脑过程中发现网络吸毒者的帖子，于是利用电脑技术，开设多个网络视频聊天室供吸毒者在网上交流吸毒感受。每个聊天室有单独的登录密码，王某有权添加或删除成员，成员需缴纳一定的“会费”才能进入。

【解析】容留场所的界定问题，在司法实践中存在不少争议。有人认为场所应限定于行为人具有支配控制权的空间，如自用住宅、长期租住的房屋等；有人认为临时支配的空间也符合“场所”的要求，例如钟点房、KTV包房等。目前随着网络技术的发展，网上开设聊天室供人吸毒的行为也成为“时尚”，网络空间是否也符合容留他人吸毒罪的“场所”要求？在理论和实践中存在不同声音。

科学地界定“场所”，要从容留他人吸毒罪的立法本意和现实毒情综合考虑。之所以将容留他人吸毒行为规定为罪，主要是考虑容留行为纵容吸毒行为，有扩大吸毒危害性，致使毒情进一步恶化的危险性。就我国现实毒情而言，容留他人吸毒的行为呈上升趋势，并且往往伴随着贩毒、制毒等犯罪行为。为此建议对“场所”进行广义理解和扩张解释，即只要行为人提供的空间能够给吸毒者带来一定的隐蔽和方便，使吸毒者比较放心地吸食毒品，就足以满足“场所”的要求，租用他人的房间、隐蔽的帐篷、钟点房等都是此类“场所”。

上述案例中，利用网络开设聊天室供他人吸毒的行为，其行为本质并未变化，只是涉及容留场所的转移。就网络聊天室而言，其也是通过加密手段且只有限定人才能进入，符合“给吸毒者带来一定的隐蔽和方便”的要求。基于其泛滥程度和危害性，应适时将网络空间认定为容留他人吸毒罪的“场所”，这样有利于打击网络涉毒违法犯罪活动。案例3中，对王某以容留他人吸毒罪定罪处罚并不违反罪刑法定的原则，是比较妥当的处理方式。

共同吸毒与容留他人吸毒的区分：正确区分二者应从行为人主观认识、行为作用程度、客观行为表现等方面入手

【案例】某大学宿舍中，6名同学皆为“瘾君子”，一日在微信群中一同学提议去校外宾馆吸毒，大家一拍即合。随后其中3人负责购买毒品，另外3人负责订宾馆，6人在宾馆内聚众吸毒，最后毒品费用与房费由6人平摊。

【解析】该案例中的情形在司法实践中比较常见：多人相约吸毒，一般没有明确的召集人，费用实行AA制。针对这种情况，是否可以按照容留他人吸毒罪定罪处理，存在不同意见，有人认为可以将提供身份证开房者或者第一召集人按照容留他人吸毒罪处理，也有人认为此种行为本质上是共同吸毒，属于行政处罚范畴。

上述问题的争议焦点可以归结为共同吸毒与容留他人吸毒行为如何区分？正确地区分二者应从行为人主观认识、行为作用程度、客观行为表现等方面入手。主观认识上，共同吸毒行为人主观认识是参与吸毒，容留他人吸毒则对“容留”存在认识，行为人提供吸毒便利场所的意识也比较明显；行为作用上，共同吸毒人在吸毒过程中起的作用较为平均，而容留他人吸毒行为中各行为人所起的作用一般具有主次之分；此外，共同吸毒行为与容留他人吸毒行为最为明显的区分还表现在“为他人提供场所”这一客观要件上，单纯共同吸毒并无此要求，容留他人吸毒则符合“为他人提供场所”的要求。

基于上述分析，如果在共同吸毒过程中，有人发挥了主要的作用，如逐个召集、在家设局、自掏腰包支付房费等，对他人吸毒提供了隐蔽和便利，那么可以按照容留他人吸毒罪定罪量刑；但如果各个行为人AA制，聚到一起吸毒，各个行为人所起的作用相当，不存在“为他人提供场所”的特征，此种情形不宜追究吸毒人员的刑事责任。本案例中对6人给予行政处罚即可，不能以容留他人吸毒罪追究各自的刑事责任。

第十一章　危险物品管理

2017 年以来，江西省各级公安机关全力开展缉枪治爆专项行动，收缴、打击、整治、管控、查缉五条战线整体发力。江西省公安厅制定下发了《群众举报涉枪涉爆违法犯罪线索奖励标准》，动员、敦促主动上缴非法枪爆物品，发动检举揭发涉枪涉爆违法犯罪线索，组织各地公安机关围绕重点地区和领域最大限度地减压社会非法枪爆物品存量。截至 7 月 12 日，全省共收缴各类枪支 3777 支（其中非法自制枪支 3767 支、制式枪支 10 支）、子弹 27 万余发（含气枪子弹、铅弹）、炸药（含过期报废）2.4 万余公斤、雷管（含过期报废）22 万发、仿真枪 670 支、管制刀具 3492 把，弓弩 363 把。江西共破获涉枪涉爆违法犯罪案件 343 起，抓获违法犯罪嫌疑人 434 名，其中侦破重大非法买卖枪支案 3 起、非法制贩爆炸物品案件 2 起，捣毁非法制枪窝点 8 个，制爆窝点 2 个。专项行动取得了明显成效，有力维护了社会治安大局持续稳定。

【学习目标】熟悉危险物品的概念、分类、危险特性以及公安机关关于危险物品管理的范围、职责、措施；理解并熟练掌握各类危险物品生产、销售、储存、购买、使用等环节管理要求。

【教学重点】爆炸物品管理、枪支弹药管理、管制器具管理、剧毒化学品管理。

【教学难点】危险物品的分类、危险特性、识别、认定；危险物品安全管理的法律法规。

第一部分　基础知识

一、危险物品管理概述

（一）危险物品的概念

广义地讲，对人体及其他生命机体健康、社会、环境能构成威胁和破坏的物品都可以称为危险物品。根据法律法规列入公安机关治安管理的危险物品是指具有杀伤、爆炸、易燃、毒害、腐蚀、放射射线等性质，在生产、销售、储存、运输、使用及销毁等过程中能引起破坏性事故、事件，造成人身伤亡，使国家和人民群众财产受到损毁，危害公共安全及造成环境污染而需要特别防护或管制的物品。

（二）危险物品的特性

1. 利害两重性。危险物品对人类社会生产、经济发展具有重要作用。同时危险物品又具有破坏作用，由于操作不当、管理不善等原因容易造成灾害事故。危险物品还能够被用于进行违法犯罪活动和恐怖活动。不论是危险物品引发的灾害事故还是利用危险物品进行的违法犯罪活动或恐怖活动，都会造成人员伤亡、财产损失，危害公共安全，扰乱社会正常秩序，影响社会稳定。

2. 具有强大的杀伤、破坏能力。不论是枪支、弹药、管制刀具，还是易燃易爆、剧毒、放射性危险物品，虽然危险性不同但都具有强大的杀伤、破坏能力。有些危险物品以微小的量或在很短的作用时间就可造成严重后果。例如，几十毫克氰化钾就可使人中毒死亡；几十千克的 TNT 炸药瞬间即可造成严重的人员伤亡及建筑物倒塌；枪支弹药瞬间就能使人丧失反抗能力甚至死亡。

3. 具有多重的危险性。危险物品的危险性主要表现在爆炸性、易燃性、射穿性、腐蚀性、毒害性、放射性等。而且某种危险物品除具有一种主要的危险特性外，常兼有其他的危险特性。例如，磷化锌既有遇湿易燃性，又有相当的毒害性；硝酸既有强烈的腐蚀性，又有强烈的氧化性；硝酸铀既有很强的放射性，又有很强的易燃性。对其实施管理、管制和特别防护时，应充分考虑物质所兼有的危险性。

4. 便于携带，使用方便。很多危险物品都具有便于携带、使用方便的特点。例如，剧毒化学品体积小、用量小，投毒过程也不需要专业知识。还有一些危险物品外观和日常用品相似，不易识别。例如，黑索金、泰安等炸药为白色粉末，与面粉、白糖相似，便于携带、隐藏。再加上危险物品的强大杀伤和破坏能力，危险物品为犯罪分子制造暴力犯罪活动提供了极大方便。

（三）危险物品管理

1. 危险物品管理的概念

危险物品管理包括从业单位的自我管理和政府有关部门的监督管理。本章所指的危险物品管理，是指以公安机关为主体的行政监督管理。危险物品管理，是指公安机关为了保障危险物品的安全，根据国家法律、法规的规定对危险物品的生产、储存、购销、运输、使用、销毁等环节实施的审批发证、登记备案、监督指导、安全检查、查处事故案件等一系列治安行政管理活动。危险物品管理是治安管理的重要内容。

2. 危险物品的管理范围

根据现行法律法规，纳入公安机关管理的危险物品主要有以下几类：

（1）民用爆炸物品。《民用爆炸物品安全管理条例》（2006 年 5 月 10 日国务院令第 466 号公布，自 2006 年 9 月 1 日起施行，根据 2014 年 7 月 29 日国务院令第 653 号公布并施行的《国务院关于修改部分行政法规的决定》修正）规定公安机关负责民用爆炸物品公共安全管理和民用爆炸物品购买、运输、爆破作业的安全监督管理，监控民用爆炸物品流向。公安机关和其他管理部门按照职责分工，负责组织查处非法生产、销售、购买、储存、运输、邮寄、使用民用爆炸物品的行为。

（2）烟花爆竹。《烟花爆竹安全管理条例》（2006 年 1 月 21 日国务院令第 455 号公布，根据 2016 年 2 月 6 日发布的国务院令第 666 号《国务院关于修改部分行政法规的决定》修正）规定公安部门负责烟花爆竹的公共安全管理。公安部门和其他管理部门按照职责分工，组织查处非法生产、经营、储存、运输、邮寄烟花爆竹以及非法燃放烟花爆竹的行为。

（3）枪支、弹药。《中华人民共和国枪支管理法》（1996 年 7 月 5 日第八届全国人民代表大会常务委员会第十二次会议通过，根据 2015 年 4 月 24 日第十二届全国人民代表大会常务委员会第十四次会议《全国人民代表大会常务委员会关于修改〈中华人民共和国港口法〉

等七部法律的决定》修正，下称《枪支管理法》）规定国务院公安部门主管全国的枪支管理工作。县级以上地方各级人民政府公安机关主管本行政区域内的枪支管理工作。

（4）管制器具。根据《中华人民共和国治安管理处罚法》（2005 年 8 月 28 日第十届全国人民代表大会常务委员会第十七次会议通过，自 2006 年 3 月 1 日起施行，根据 2012 年 10 月 26 日第十一届全国人民代表大会常务委员会第二十九次会议通过自 2013 年 1 月 1 日起施行的《全国人民代表大会常务委员会关于修改〈中华人民共和国治安管理处罚法〉的决定》修正，下称《治安管理处罚法》）、《对部分刀具实行管制的暂行规定》（1983 年 3 月 12 日公安部公发［治］31 号）和公安部《关于停止生产销售电击、强光、催泪等保安防卫器械的通知》（〔89〕公〔治〕字16 号）、公安部《关于进一步加强弩治安管理的通知》（2010 年 7 月 10 日公安部发布），管制刀具、弩、电击器等杀伤性大的器具也列入治安管理范畴。

（5）危险化学品、剧毒化学品、易制爆危险化学品。《危险化学品安全管理条例》（2002 年 1 月 26 日国务院令第 344 号公布，根据 2013 年 12 月 7 日国务院令第 645 号公布自 2013 年 12 月 7 日起施行的《国务院关于修改部分行政法规的决定》第二次修正）规定公安机关负责危险化学品的公共安全管理，核发剧毒化学品购买许可证、剧毒化学品道路运输通行证，并负责危险化学品运输车辆的道路交通安全管理。公安机关还负责对易制爆化学品的流向进行监管。

（6）放射性物品。《放射性同位素与射线装置安全和防护条例》（2005 年 9 月 14 日国务院令第 449 号公布，自 2005 年 12 月 1 日起施行，根据 2014 年 7 月 29 日国务院令第 653 号公布施行的《国务院关于修改部分行政法规的决定》修正）规定国务院公安、卫生等部门按职责分工和条例的规定，对有关放射性同位素、射线装置的安全工作实施监督管理。

3. 危险物品管理的任务

（1）保障合法生产、经营、使用，促进经济建设发展。危险物品的生产、储存、运输、经营和使用必须进行严格监督管理。公安机关依据有关法规，对危险物品正当合法的生产、经营、使用予以保障和支持，并及时查处和打击非法生产、经营、储存、使用等涉及危险物品的违法犯罪活动，以保障和促进经济建设发展。

（2）严密管理制度，预防和减少治安灾害事故发生。危险物品灾害事故的发生，大多是因为从业人员违反了技术操作规程和管理制度。因此，制定严格的操作规程和管理制度，设置专职的管理机构和人员，进行认真的监督检查，可以减少或避免事故的发生。公安机关的任务是运用治安行政管理的职能和手段，制定和发布有关危险物品安全管理的法规、制度、措施、办法等，制止违反操作规程和管理制度的行为，尽量杜绝灾害事故的发生。

（3）防止丢失、被盗、被抢，减少恶性事件的发生。危险物品如果落入一些不懂得危险物品特性和使用技术的人员手中，极易被滥用、误用造成人员伤亡；如果落入犯罪分子手中，将给国家和人民群众造成更加严重的危害和损失。公安机关和从业单位要采取有效的防范措施，制定严格的规章制度，严防危险物品被盗、被抢、丢失事件的发生。对危险物品被盗、被抢案件要迅速破案并追回危险物品；对流散于社会的危险物品要认真做好社会调查，组织人员收缴。

4. 公安机关的管理职责

（1）审批许可，登记备案。公安机关根据法律法规的规定，对危险物品的生产、储存、购销、运输、使用和销毁等环节进行审批许可和登记备案，这是危险物品管理的基础工作。通过审批许可和登记备案可以保证危险物品的生产、购销、使用、运输等情况处于公安机关的有效监督之下。

（2）监督检查和指导。公安机关应对危险物品的从业单位及人员是否遵守国家法律、法规、规章和安全管理制度及规程进行检查、监督、指导。通过监督检查，公安机关可纠正违反安全管理的行为或隐患，督促指导单位严格遵守法律、法规的规定，建立健全各项管理制度。公安机关对违反法律、法规的行为应责令改正，并依法实施处罚。监督检查时，可以依法查看现场、查阅和复制有关资料、记录有关情况、扣押相关的证据材料和违法物品；必要时，可以临时查封有关场所。

（3）审查、考核、培训从业人员。在危险物品管理中，规章制度的落实需要通过训练有素的管理人员和从业人员去贯彻执行。审查、考核、培训危险物品的管理人员和从业人员，使其达到应有的政治素质和业务素质是危险物品安全管理的重要内容。

（4）收缴散失的危险物品。危险物品在生产、储存、经营、运输、使用、销毁过程中，由于管理不善可能会发生丢失、转让、租借、盗窃、私藏等现象。非法生产、买卖危险物品等行为也会造成危险物品散失在社会上。清查、收缴散失在社会上的各类危险物品是公安机关的重要职责。收缴或接收的危险物品由公安机关实施销毁或交由政府其他部门或专业单位统一处理。

（5）查处涉及危险物品的事故和案件。由于从业单位和人员违反操作规程和安全管理制度造成的灾害性事故以及涉及危险物品的刑事案件一旦发生，公安机关必须立即赶赴现场，与有关部门和单位密切配合，参与应急处置并调查事故原因、进行善后处置。调查和处置应遵循“四不放过”原则，即事故原因未查清不放过，事故责任未追究不放过，责任者和群众未受教育不放过，安全措施未落实不放过。

（6）进行宣传教育。危险物品宣传教育工作包含两个方面：一是对从业单位和从业人员进行教育；二是通过各种媒体、网络等对人民群众做普及性宣传教育，使广大群众了解国家相关法律法规，认识危险物品的种类、危险特性、注意事项，增强安全意识，并积极主动协助公安机关发现安全隐患、收缴散失危险物品、举报利用危险物品的违法犯罪行为。

二、爆炸物品管理

（一）爆炸物品的概念

爆炸物品，是指在外界作用下（如受热、撞击等），能发生剧烈的化学反应，瞬时产生大量的气体和热量，使周围压力急剧上升，发生爆炸，对周围环境造成破坏的物质和物品，也包括无整体爆炸危险，但具有燃烧、抛射及较小爆炸危险，或仅产生热、光、音响或烟雾等一种或几种作用的烟火物品。爆炸物品一旦失控，能够以极快的速度把其内部所含有的能量释放出来，转变成机械功和光、热等能量形态，会产生巨大的破坏作用。公安机关实施治安管理的爆炸物品分为民用爆炸物品和烟花爆竹两大类。

（二）民用爆炸物品管理

公安机关负责民用爆炸物品公共安全管理和民用爆炸物品购买、运输、爆破作业的安全监督管理，监控民用爆炸物品的流向。

1. 民用爆炸物品的管理范围

民用爆炸物品，是指用于非军事目的、列入《民用爆炸物品品名表》的各类火药、炸药及其制品和雷管、导火索等点火、起爆器材。《民用爆炸物品品名表》将民用爆炸物品分为五大类59种。

（1）工业炸药。工业炸药包括硝酸甘油炸药、铵梯类炸药、多孔粒状铵油炸药、改性铵油炸药、膨化硝铵炸药、其他铵油类炸药、水胶炸药、乳化炸药（胶状）、粉状乳化炸药、乳化粒状铵油炸药、黏性炸药、含退役火药炸药、其他工业炸药、震源药柱、震源弹、人工影响天气用燃爆器材、矿岩破碎器材、中继起爆具、爆炸加工器材、油气井用起爆器、聚能射孔弹、复合射孔器、聚能切割弹、高能气体压裂弹、点火药盒、其他油气井用爆破器材、其他炸药制品。

（2）工业雷管。工业雷管包括工业火雷管、工业电雷管、导爆管雷管、半导体桥电雷管、电子雷管、磁电雷管、油气井用电雷管、地震勘探电雷管、继爆管、其他工业雷管。

（3）工业索类火工品。工业索类火工品包括工业导火索、工业导爆索、切割索、塑料导爆管、引火线。

（4）其他民用爆炸物品。其他民用爆炸物品包括安全气囊用点火具、其他特殊用途点火具、特殊用途烟火制品、其他点火器材、海上救生烟火信号。

（5）原材料。原材料包括梯恩梯（TNT）/2，4，6-三硝基甲苯、工业黑索金（RDX）/环三亚甲基三硝胺、苦味酸/2，4，6-三硝基苯酚、民用推进剂、泰安（PETN）/季戊四醇四硝酸酯、奥克托今（HMX）、其他单质猛炸药、黑火药、起爆药、延期器材、硝酸铵以及国防科工委、公安部认为需要管理的其他民用爆炸物品。

2. 生产管理

从事民用爆炸物品生产的企业及民用爆炸物品生产企业进行改建、扩建的，应当经国务院民用爆炸物品行业主管部门审查，取得《民用爆炸物品生产许可证》。民用爆炸物品生产企业持《民用爆炸物品生产许可证》到工商行政管理部门办理工商登记，并在办理工商登记后3日内，向所在地县级人民政府公安机关备案。取得《民用爆炸物品生产许可证》的企业应当在基本建设完成后，向省、自治区、直辖市人民政府民用爆炸物品行业主管部门申请安全生产许可。省、自治区、直辖市人民政府民用爆炸物品行业主管部门应当依照《安全生产许可证条例》的规定对其进行查验，对符合条件的，核发《民用爆炸物品安全生产许可证》。民用爆炸物品生产企业取得《民用爆炸物品安全生产许可证》后，方可生产民用爆炸物品。

3. 销售管理

从事民用爆炸物品销售的企业，应当经所在地省、自治区、直辖市人民政府民用爆炸物品行业主管部门审查及对销售场所和专用仓库等经营设施进行查验后，取得《民用爆炸物品销售许可证》。民用爆炸物品销售企业持《民用爆炸物品销售许可证》到工商行政管理部门办理工商登记后，方可销售民用爆炸物品。民用爆炸物品销售企业应当在办理工商登记后3日内，向所在地县级人民政府公安机关备案。民用爆炸物品生产企业凭《民用爆炸物品生产许可证》，可以销售本企业生产的民用爆炸物品。

4. 购买管理

民用爆炸物品使用单位申请购买民用爆炸物品的，应当向所在地县级人民政府公安机关提出购买申请，并提交下列有关材料：工商营业执照或者事业单位法人证书；《爆破作业单位许可证》或者其他合法使用的证明；购买单位的名称、地址、银行账户；购买的品种、数量和用途说明。

受理申请的公安机关应当自受理申请之日起5日内对提交的有关材料进行审查，对符合条件的，核发《民用爆炸物品购买许可证》；对不符合条件的，不予核发《民用爆炸物品购买许可证》，书面向申请人说明理由。《民用爆炸物品购买许可证》应当载明许可购买的品种、数量、购买单位以及许可的有效期限。

民用爆炸物品生产企业凭《民用爆炸物品生产许可证》购买属于民用爆炸物品的原料，民用爆炸物品销售企业凭《民用爆炸物品销售许可证》向民用爆炸物品生产企业购买民用爆炸物品，民用爆炸物品使用单位凭《民用爆炸物品购买许可证》购买民用爆炸物品，还应当提供经办人的身份证明。销售、购买民用爆炸物品，应当通过银行账户进行交易，不得使用现金或者实物进行交易。销售民用爆炸物品的企业，应当将购买单位的许可证、银行账户转账凭证、经办人的身份证明复印件保存 2 年备查。

销售民用爆炸物品的企业，应当自民用爆炸物品买卖成交之日起 3 日内，将销售的品种、数量和购买单位向所在地省、自治区、直辖市人民政府民用爆炸物品行业主管部门和所在地县级人民政府公安机关备案。购买民用爆炸物品的单位，应当自民用爆炸物品买卖成交之日起 3 日内，将购买的品种、数量向所在地县级人民政府公安机关备案。

进出口民用爆炸物品，应当经国务院民用爆炸物品行业主管部门审批。进出口单位应当将进出口的民用爆炸物品的品种、数量向收货地或者出境口岸所在地县级人民政府公安机关备案。

5. 运输管理

运输民用爆炸物品，收货单位应当向运达地县级人民政府公安机关提出申请，并提交包括下列内容的材料：民用爆炸物品生产企业、销售企业、使用单位以及进出口单位分别提供的《民用爆炸物品生产许可证》、《民用爆炸物品销售许可证》、《民用爆炸物品购买许可证》或者进出口批准证明；运输民用爆炸物品的品种、数量、包装材料和包装方式；运输民用爆炸物品的特性、出现险情的应急处置方法；运输时间、起始地点、运输路线、经停地点。

受理申请的公安机关应当自受理申请之日起 3 日内对提交的有关材料进行审查，对符合条件的，核发《民用爆炸物品运输许可证》；对不符合条件的，不予核发《民用爆炸物品运输许可证》，书面向申请人说明理由。《民用爆炸物品运输许可证》应当载明收货单位、销售企业、承运人，一次性运输有效期限、起始地点、运输路线、经停地点，民用爆炸物品的品种、数量。

运输民用爆炸物品的，应当凭《民用爆炸物品运输许可证》，按照许可的品种、数量运输。经由道路运输民用爆炸物品的，应当遵守下列规定：携带《民用爆炸物品运输许可证》；民用爆炸物品的装载符合国家有关标准和规范，车厢内不得载人；运输车辆安全技术状况应当符合国家有关安全技术标准的要求，并按照规定悬挂或者安装符合国家标准的易燃易爆危险物品警示标志；运输民用爆炸物品的车辆应当保持安全车速；按照规定的路线行驶，途中经停应当有专人看守，并远离建筑设施和人口稠密的地方，不得在许可以外的地点经停；按照安全操作规程装卸民用爆炸物品，并在装卸现场设置警戒，禁止无关人员进入；出现危险情况立即采取必要的应急处置措施，并报告当地公安机关。

民用爆炸物品运达目的地，收货单位应当进行验收后在《民用爆炸物品运输许可证》上签注，并在 3 日内将《民用爆炸物品运输许可证》交回发证机关核销。

禁止携带民用爆炸物品搭乘公共交通工具或者进入公共场所。禁止邮寄民用爆炸物品，禁止在托运的货物、行李、包裹、邮件中夹带民用爆炸物品。

6. 爆破作业管理

申请从事爆破作业的单位，应当按照国务院公安部门的规定，向有关人民政府公安机关提出申请，并提供能够证明其符合规定条件的有关材料。受理申请的公安机关应当自受理申请之日起20日内进行审查，对符合条件的，核发《爆破作业单位许可证》；对不符合条件的，不予核发《爆破作业单位许可证》，书面向申请人说明理由。

营业性爆破作业单位持《爆破作业单位许可证》到工商行政管理部门办理工商登记后，方可从事营业性爆破作业活动。爆破作业单位应当在办理工商登记后3日内，向所在地县级人民政府公安机关备案。

爆破作业单位应当对本单位的爆破作业人员、安全管理人员、仓库管理人员进行专业技术培训。爆破作业人员应当经设区的市级人民政府公安机关考核合格，取得《爆破作业人员许可证》后，方可从事爆破作业。

爆破作业单位应当按照其资质等级承接爆破作业项目，爆破作业人员应当按照其资格等级从事爆破作业。

在城市、风景名胜区和重要工程设施附近实施爆破作业的，应当向爆破作业所在地设区的市级人民政府公安机关提出申请，提交《爆破作业单位许可证》和具有相应资质的安全评估企业出具的爆破设计、施工方案评估报告。受理申请的公安机关应当自受理申请之日起20日内对提交的有关材料进行审查，对符合条件的，作出批准的决定；对不符合条件的，作出不予批准的决定，并书面向申请人说明理由。该项爆破作业，应当由具有相应资质的安全监理企业进行监理，由爆破作业所在地县级人民政府公安机关负责组织实施安全警戒。

爆破作业单位跨省、自治区、直辖市行政区域从事爆破作业的，应当事先将爆破作业项目的有关情况向爆破作业所在地县级人民政府公安机关报告。

爆破作业单位应当如实记载领取、发放民用爆炸物品的品种、数量、编号以及领取、发放人员姓名。领取民用爆炸物品的数量不得超过当班用量，作业后剩余的民用爆炸物品必须当班清退回库。爆破作业单位应当将领取、发放民用爆炸物品的原始记录保存2年备查。

实施爆破作业，应当遵守国家有关标准和规范，在安全距离以外设置警示标志并安排警戒人员，防止无关人员进入；爆破作业结束后应当及时检查、排除未引爆的民用爆炸物品。爆破作业单位不再使用民用爆炸物品时，应当将剩余的民用爆炸物品登记造册，报所在地县级人民政府公安机关组织监督销毁。

7. 储存管理

公安机关负责使用、运输环节的民用爆炸物品储存安全管理。民用爆炸物品应当储存在专用仓库内，并按照国家规定设置技术防范设施。储存民用爆炸物品应当遵守下列规定：建立出入库检查、登记制度，收存和发放民用爆炸物品必须进行登记，做到账目清楚，账物相符；储存的民用爆炸物品数量不得超过储存设计容量，对性质相抵触的民用爆炸物品必须分库储存，严禁在库房内存放其他物品；专用仓库应当指定专人管理、看护，严禁无关人员进入仓库区内，严禁在仓库区内吸烟和用火，严禁把其他容易引起燃烧、爆炸的物品带入仓库区内，严禁在库房内住宿和进行其他活动；民用爆炸物品丢失、被盗、被抢，应当立即报告当地公安机关。

在爆破作业现场临时存放民用爆炸物品的，应当具备临时存放民用爆炸物品的条件，并设专人管理、看护，不得在不具备安全存放条件的场所存放民用爆炸物品。民用爆炸物品变质和过期失效的，应当及时清理出库，并予以销毁。销毁前应当登记造册，提出销毁实施方案，报省、自治区、直辖市人民政府国防科技工业主管部门、所在地县级人民政府公安机关组织监督销毁。

8. 从业单位安全保卫

公安机关负责对民用爆炸物品从业单位的安全保卫工作进行监督指导。公安机关应当指导民用爆炸物品从业单位制定、完善内部治安保卫制度，落实治安防范措施，指导治安保卫人员队伍建设和治安保卫机构建设，制定事故应急预案。对于有违反《企业事业单位内部治安保卫条例》（2004 年 9 月 27 日国务院令第 421 号公布，自 2004 年 12 月 1 日起施行）的行为或隐患，公安机关要及时责令限期整改。民用爆炸物品从业单位内部发生治安案件或涉嫌刑事犯罪案件时，应及时出警并依法处置。

（三）烟花爆竹管理

1. 烟花爆竹的管理范围

烟花爆竹包括烟花和爆竹两大类。烟花，是指燃放时能形成色彩、图案、产生音响效果并以视觉效果为主的产品。爆竹，是指燃烧时主体爆炸能产生爆音、闪光效果并以听觉效果为主的产品。《烟花爆竹安全管理条例》所称的烟花爆竹，是指烟花爆竹制品和用于生产烟花爆竹的民用黑火药、烟火药、引火线等物品。由于烟花爆竹制品及其原料具有极大危险性，应当对烟花爆竹的生产、经营、运输和燃放采取严格的管理措施。

2. 生产、经营管理

生产烟花爆竹的企业应当经省、自治区、直辖市人民政府安全生产监督管理部门审查并核发《烟花爆竹安全生产许可证》；生产烟花爆竹的企业，持《烟花爆竹安全生产许可证》到工商行政管理部门办理登记手续后，方可从事烟花爆竹生产活动。生产烟花爆竹的企业，应当对黑火药、烟火药、引火线的保管采取必要的安全技术措施，建立购买、领用、销售登记制度，防止黑火药、烟火药、引火线丢失。黑火药、烟火药、引火线丢失的，企业应当立即向当地安全生产监督管理部门和公安部门报告。

从事烟花爆竹批发的企业，应当经所在地设区的市人民政府安全生产监督管理部门审查，核发《烟花爆竹经营（批发）许可证》；从事烟花爆竹零售的经营者，应当经所在地县级人民政府安全生产监督管理部门审查，核发《烟花爆竹经营（零售）许可证》。

3. 运输管理

经由道路运输烟花爆竹的，应当经公安部门许可。托运人应当向运达地县级人民政府公安部门提出申请，并提交下列有关材料：承运人从事危险货物运输的资质证明；驾驶员、押运员从事危险货物运输的资格证明；危险货物运输车辆的道路运输证明；托运人从事烟花爆竹生产、经营的资质证明；烟花爆竹的购销合同及运输烟花爆竹的种类、规格、数量；烟花爆竹的产品质量和包装合格证明；运输车辆牌号、运输时间、起始地点、行驶路线、经停地点。

受理申请的公安部门对符合条件的，核发《烟花爆竹道路运输许可证》。《烟花爆竹道路运输许可证》应当载明托运人、承运人、一次性运输有效期限、起始地点、行驶路线、经停地点，以及烟花爆竹的种类、规格和数量。

经由道路运输烟花爆竹的，除应当遵守《道路交通安全法》外，还应当遵守下列规定：随车携带《烟花爆竹道路运输许可证》；不得违反运输许可事项；运输车辆悬挂或者安装符合国家标准的易燃易爆危险物品警示标志；烟花爆竹的装载符合国家有关标准和规范；装载烟花爆竹的车厢不得载人；运输车辆限速行驶，途中经停必须有专人看守；出现危险情况立即采取必要的措施，并报告当地公安部门。烟花爆竹运达目的地后，收货人应当在 3 日内将

《烟花爆竹道路运输许可证》交回发证机关核销。

禁止携带烟花爆竹搭乘公共交通工具。禁止邮寄烟花爆竹，禁止在托运的行李、包裹、邮件中夹带烟花爆竹。

4. 燃放管理

申请举办焰火晚会以及其他大型焰火燃放活动，主办单位应当按照分级管理的规定，向有关人民政府公安部门提出申请，并提交下列有关材料：举办焰火晚会以及其他大型焰火燃放活动的时间、地点、环境、活动的性质、规模；燃放烟花爆竹的种类、规格、数量；燃放作业方案；燃放作业单位、作业人员符合行业标准规定条件的证明。受理申请的公安部门应当自受理申请之日起20日内对提交的有关材料进行审查，对符合条件的，核发《焰火燃放许可证》；对不符合条件的，应当说明理由。焰火晚会以及其他大型焰火燃放活动燃放作业单位和作业人员，应当按照焰火燃放安全规程和经许可的燃放作业方案进行燃放作业。公安部门应当加强对危险等级较高的焰火晚会以及其他大型焰火燃放活动的监督检查。

对于单位和个人燃放烟花爆竹，县级以上地方人民政府可以根据本行政区域的实际情况，确定限制或者禁止燃放烟花爆竹的时间、地点和品种规格，并向社会公布。禁止在以下地点燃放烟花爆竹：文物保护单位；车站、码头、飞机场等交通枢纽以及铁路线路安全保护区内；易燃易爆物品生产、储存单位；输变电设施安全保护区内；医疗机构、幼儿园、中小学校、敬老院；山林、草原等重点防火区。

三、枪支、弹药管理

（一）枪支、弹药的管理范围

枪支是以火药或者压缩气体等为动力，利用管状器具发射金属弹丸或者其他物质，足以致人伤亡或者丧失知觉的各种枪支。根据《枪支管理法》的规定，除中国人民解放军、中国人民武装警察部队和民兵装备枪支，由国务院、中央军事委员会另作规定实行管理外，中华人民共和国境内的枪支管理工作，由公安机关主管。公安机关枪支管理范围主要有以下几个方面：

1. 公务用枪。公务用枪，是指由于依法履行职务需要，经主管公安机关依法核准配备的枪支。

2. 民用枪支。民用枪支，是指企事业单位或公民个人，因为生产、经营、工作、科研、生活等必需，经主管公安机关依法核准配置的枪支。民用枪支配置的品种为射击运动枪支、猎枪、气枪和麻醉注射枪等。

3. 非制式枪支。非制式枪支，是指国家规定标准之外，禁止制造、买卖和持有的其他各种类、性能和样式、规格的枪支。

4. 各种枪支主要零部件和用于枪支的弹药。

5. 仿真枪。

（二）枪支的配备与配置

1. 公务用枪的配备和审批

公安机关、国家安全机关、监狱、劳动教养机关的人民警察，人民法院的司法警察，人民检察院的司法警察和担负案件侦查任务的检察人员，海关的缉私人员，在依法履行职责时确有必要使用枪支的，可以配备公务用枪。

国家重要的军工、金融、仓储、科研等单位的专职守护、押运人员在执行守护、押运任务时确有必要使用枪支的，可以配备公务用枪。

公安、国家安全、司法行政、人民法院、人民检察院以及海关缉私系统的教学、科研和鉴定机构，可以配置少量教学、科研、鉴定工作所必需的教学用枪和样品枪。

配备公务用枪，由国务院公安部门或者省级人民政府公安机关审批。配备公务用枪时，由国务院公安部门或者省级人民政府公安机关发给公务用枪持枪证件。

2. 民用枪支的配置和审批

（1）射击运动枪支的配置及审批。①经省级人民政府体育行政主管部门批准专门从事射击竞技体育运动的单位，可以配置射击运动枪支。专门从事射击竞技体育运动的单位配置射击运动枪支，由国务院体育行政主管部门提出，由国务院公安部门审批，并由省级公安机关核发民用枪支持枪证件。②经省级人民政府公安机关批准的营业性射击场，可以配置射击运动枪支。营业性射击场配置射击运动枪支，由省级人民政府公安机关报国务院公安部门批准，并由省级公安机关核发民用枪支持枪证件。

（2）猎枪的配置及审批。①经省级以上人民政府林业行政主管部门批准的狩猎场，只能配置猎枪。狩猎场配置猎枪，凭省级以上人民政府林业行政主管部门的批准文件，报省级以上人民政府公安机关审批，由设区的市级人民政府公安机关核发民用枪支配购证件。②野生动物保护、饲养、科研单位因业务需要，可以配置猎枪、麻醉注射枪。野生动物保护、饲养、科研单位申请配置猎枪、麻醉注射枪的，应当凭其所在地的县级人民政府野生动物行政主管部门核发的狩猎证或者特许猎捕证和单位营业执照，向所在地的县级人民政府公安机关提出；受理申请的公安机关审查批准后，应当报请设区的市级人民政府公安机关核发民用枪支配购证件。③经省级人民政府划定的猎区、牧区的猎民、牧民，可以申请配置猎枪。猎民申请配置猎枪的，应当凭其所在地的县级人民政府野生动物行政主管部门核发的狩猎证和个人身份证件，向所在地的县级人民政府公安机关提出；牧民申请配置猎枪的，应当凭个人身份证件，向所在地的县级人民政府公安机关提出。受理申请的公安机关审查批准后，应当报请设区的市级人民政府公安机关核发民用枪支配购证件。④配购猎枪、麻醉注射枪的单位和个人，必须在配购枪支后30日内向核发民用枪支配购证件的公安机关申请领取民用枪支持枪证件。

（3）单位和个人为开展游艺活动，可以配置口径不超过4.5毫米的气步枪。

（三）枪支的制造和民用枪支配售管理

1. 许可制度

国家对枪支的制造、配售实行特别许可制度。未经许可，任何单位或者个人不得制造、买卖枪支。公务用枪，由国家指定的企业制造。制造民用枪支的企业，由国务院有关主管部门提出，由国务院公安部门确定并核发民用枪支制造许可证件。配售民用枪支的企业，由省级人民政府公安机关确定并核发民用枪支配售许可证件。民用枪支制造许可证件、民用枪支配售许可证件的有效期为3年；有效期届满，需要继续制造、配售民用枪支的，应当重新申请领取许可证件。

禁止制造、销售仿真枪。

2. 限额管理

制造民用枪支的年度限额，由国务院林业、体育等有关主管部门和省级人民政府公安机关提出，由国务院公安部门确定并统一编制民用枪支序号，下达到民用枪支制造企业。制造民用枪支的企业不得超过限额制造民用枪支，所制造的民用枪支必须全部交由指定的民用枪支配售企业配售，不得自行销售。制造民用枪支的企业，必须严格按照国家规定的技术标准制造民用枪支，不得改变民用枪支的性能和结构；必须在民用枪支指定部位铸印制造厂的厂名、枪种代码和国务院公安部门统一编制的枪支序号，不得制造无号、重号、假号的民用枪支。制造民用枪支的企业必须实行封闭式管理，采取必要的安全保卫措施，防止民用枪支以及民用枪支零部件丢失。

配售民用枪支的年度限额，由国务院林业、体育等有关主管部门、省级人民政府公安机关提出，由国务院公安部门确定并下达到民用枪支配售企业。配售民用枪支的企业应当在配售限额内，配售指定的企业制造的民用枪支。配售民用枪支，必须核对配购证件，严格按照配购证件载明的品种、型号和数量配售；配售弹药，必须核对持枪证件。民用枪支配售企业必须按照国务院公安部门的规定建立配售账册，长期保管备查。

3. 监督检查

公安机关对制造、配售民用枪支的企业制造、配售、储存和账册登记等情况，必须进行定期检查；必要时，可以派专人驻厂对制造企业进行监督、检查。公安机关通过检查督促企业按照公安部年度限额生产，严格执行国家技术标准和代码、编号要求，严格枪支及其零部件管理，做到账册清晰、账物相符、流向合法，不生产、销售仿真枪。

（四）枪支的日常管理

1. 枪支保管

配备、配置枪支的单位和个人必须妥善保管枪支，确保枪支安全。配备、配置枪支的单位，必须明确枪支管理责任，指定专人负责，应当有牢固的专用保管设施，枪支、弹药应当分开存放。对交由个人使用的枪支，必须建立严格的枪支登记、交接、检查、保养等管理制度，使用完毕，及时收回。配备、配置给个人使用的枪支，必须采取有效措施，严防被盗、被抢、丢失或者发生其他事故。为了维护社会治安秩序的特殊需要，经国务院公安部门批准，县级以上地方各级人民政府公安机关可以对局部地区合法配备、配置的枪支采取集中保管等特别管制措施。

2. 枪支使用

使用枪支人员要经过专门教育、训练、熟悉枪支性能，掌握射击要领，遵守枪支使用的有关规定，保证枪支的合法、安全使用。所有持枪单位都必须建立枪支的安全使用制度，并严格执行。使用公务用枪的人员，必须经过专门培训合格。

3. 枪支携带

持枪人员携带枪支外出，必须随身携带持枪证件备查，携带枪支的枪型、枪号必须与持枪证登记内容一致。未携带持枪证件的，由公安机关扣留枪支。

不得在禁止携带枪支的区域、场所携带枪支。禁止携带枪支的区域、场所包括大型体育场馆、机场、公园等公共场所；民航班机、客轮等公共交通工具；设区的市级以上人民政府公安机关确定禁止携带枪支的区域、场所；北京市。

营业性射击场、狩猎场配置的民用枪支不得携带出营业性射击场、狩猎场。猎民、牧民配置的猎枪不得携带出猎区、牧区。

枪支被盗、被抢或丢失的，立即报告公安机关。

4. 枪支的查验

国家对枪支实行查验制度。持有枪支的单位和个人，应当在公安机关指定的时间、地点接受查验。公安机关在查验时，必须严格审查持枪单位和个人是否符合法律规定的条件，检查枪支状况及使用情况。对违法使用枪支、不符合持枪条件或者枪支应当报废的，必须收缴枪支和持枪证件。拒不接受查验的，枪支和持枪证件由公安机关收缴。

5. 枪支的收回、报废、销毁

配备公务用枪的人员不再符合持枪条件时，由所在单位收回枪支和持枪证件。配置民用枪支的单位和个人不再符合持枪条件时，必须及时将枪支连同持枪证件上缴核发持枪证件的公安机关；未及时上缴的，由公安机关收缴。

不符合国家技术标准、不能安全使用的枪支，应当及时报废。配备、持有枪支的单位和个人应当将报废的枪支连同持枪证件上缴核发持枪证件的公安机关；未及时上缴的，由公安机关收缴。

报废和收缴的枪支应及时销毁。枪支的销毁，由省级人民政府公安机关负责组织实施。其具体程序是：由公安机关编报《销毁枪支移交清单》和待销毁的枪支一并逐级交地市公安机关；再由地市公安机关将需销毁的枪支及清单报送省级公安机关审批。经审批后，由省级公安机关监督销毁。

实施销毁前，要逐枪检验、排除枪弹、登记造册、毁型处理。需销毁的枪支运达销毁现场后，要加强看管，防止零部件的流失；工人操作销毁时，公安机关要派人到场监督，以确保销毁工作的顺利进行。

6. 枪支的收缴

各级公安机关除加强对枪支的日常管理，还应根据当地枪支管理实际，适时组织清理非法枪支、整顿枪支管理秩序的专项治理，坚持经常性地收缴散失在社会上的非法枪支、弹药的工作，及时扣留不符合携带或使用规定的枪支。

（五）枪支的运输管理

任何单位或者个人未经许可，不得运输枪支。需要运输枪支的，必须向公安机关如实申报运输枪支的品种、数量和运输的路线、方式，领取枪支运输许可证件。在本省、自治区、直辖市内运输的，向运往地设区的市级人民政府公安机关申请领取枪支运输许可证件；跨省、自治区、直辖市运输的，向运往地省级人民政府公安机关申请领取枪支运输许可证件。没有枪支运输许可证件的，任何单位和个人都不得承运，并应当立即报告所在地公安机关。公安机关对没有枪支运输许可证件或者没有按照枪支运输许可证件的规定运输枪支的，应当扣留运输的枪支。

运输枪支必须依照规定使用安全可靠的封闭式运输设备，由专人押运；途中停留住宿的，必须报告当地公安机关。运输枪支、弹药必须依照规定分开运输。严禁邮寄枪支，或者在邮寄的物品中夹带枪支。

（六）枪支的入境和出境管理

国家严格管理枪支的入境和出境，任何单位或者个人未经许可，不得私自携带枪支入境、出境。外国驻华外交代表机构、领事机构的人员携带枪支入境，必须事先报经中华人民共和国外交部批准。携带枪支出境，应当事先照会中华人民共和国外交部，办理有关手续。外国体育代表团入境参加射击竞技体育活动，或者中国体育代表团出境参加射击竞技体育活动，需要携带射击运动枪支入境、出境的，必须经国务院体育行政主管部门批准。除上述外交人员和入、出境参加射击竞技体育活动的体育代表团外，其他人员携带枪支入境、出境，应当事先经国务院公安部门批准。

经批准携带枪支入境的，入境前应当凭批准文件在入境地边防检查站办理枪支登记，申请领取枪支携运许可证件向海关申报，海关凭枪支携运许可证放行；到达目的地后，凭枪支携运许可证件向该区的市级人民政府公安机关申请换发持枪证件。经批准携带枪支出境的，出境时，应当凭批准文件向出境地海关申报，边防检查站凭批准文件放行。

外国交通运输工具携带枪支入境或过境的，交通运输工具负责人必须向边防检查站申报，由边防检查站加封，交通运输工具出境时予以启封。

四、管制器具管理

（一）管制器具的管理范围

管制器具，是指对社会治安秩序和公共安全构成潜在危害，需要强制性管理的各类器材、械具。关于管制器具在我国的法律法规中并没有明确界定，只是在《治安管理处罚法》中将弩、匕首确定为管制器具，并对非法携带管制器具行为的治安处罚作出规定。一般认为对管制器具的界定应包括以下两大类。1. 根据法律法规和国务院公安部门已经明确作出规定需要进行严格管理的管制刀具、弩。2. 对公共安全和社会秩序有较大危害程度的器具、械具，如电击器、催泪器、射网枪、射钉枪、发令枪等。本章只讨论管制刀具和弩的管理。

（二）管制刀具的管理

1. 管制刀具的认定标准

国家对管制器具的管理始于对管制刀具的管理。公安部于 1983 年 3 月颁布的《对部分刀具实行管制的暂行规定》中规定，管制刀具管理的范围包括匕首、三棱刀（包括机械加工用的三棱刮刀）、带有自锁装置的弹簧刀（跳刀）以及其他类似的单刃、双刃、三棱尖刀。管制刀具的认定标准具体如下（参看公安部2007 年 1 月 14 日颁布实施的《管制刀具认定标准》）。

（1）凡符合下列标准之一的，可以认定为管制刀具。匕首：带有刀柄、刀格和血槽，刀尖角度小于60 度的单刃、双刃或多刃尖刀；三棱刮刀：具有三个刀刃的机械加工用刀具；带有自锁装置的弹簧刀（跳刀）：刀身展开或弹出后，可被刀柄内的弹簧或卡锁固定自锁的折叠刀具；其他相类似的单刃、双刃、三棱尖刀：刀尖角度小于 60 度，刀身长度超过 150 毫米的各类单刃、双刃和多刃刀具；其他刀尖角度大于 60 度，刀身长度超过 220 毫米的各类单刃、双刃和多刃刀具。

（2）未开刀刃且刀尖倒角半径 R 大于 2.5 毫米的各类武术、工艺、礼品等刀具不属于管制刀具范畴。

（3）少数民族使用的藏刀、腰刀、靴刀、马刀等刀具的管制范围认定标准，由少数民族自治区（自治州、自治县）人民政府公安机关参照认定标准制定。

2. 管制刀具的管理制度

（1）管制刀具的制造与经销。

制造管制刀具的工厂、作坊应经县、市以上主管部门审查同意，并将制造的刀具样品及说明（包括刀具名称、规格、型号、用途、产量）送交所在地县、市公安局备案。生产的刀具必须有明显的标志。经销管制刀具应对购销管制刀具的情况建立登记制度，以备公安机关查验。制造、经销管制刀具的工厂、作坊、单位要建立安全制度，防止丢失、被盗、被抢。

（2）管制刀具的使用保管。

使用管制刀具的单位应建立安全使用制度，确保用途合理，防止丢失、被盗、被抢。佩带匕首必须并将匕首妥善保管，不得随意赠送、转借他人使用。机械加工使用的三棱刮刀应由保管人员妥善保管，只限于工作人员在工作场所使用，不得随意带出工作场所或乱丢乱放。不能使用的或已报废的必须交旧领新，办理领用登记手续。

(3) 管制刀具的携带。

严禁非法携带管制刀具进入车站、码头、机场、公园、商店、影剧院、展览馆或其他公共场所和乘坐火车、飞机、公共汽车、电车、轮船。严禁携带管制刀具进入县级以上人民政府公安机关确定的限制区域。

少数民族使用的藏刀、腰刀、靴刀等民族刀具只能在民族自治地区内佩带、销售和使用。少数民族人员在非民族自治地区携带管制刀具的按相应规定进行管理。

3. 公安机关的管理措施

(1) 检查收缴非法携带的管制刀具。

发现非法携带管制刀具进入车站、码头、机场、公园、商场等公共场所和乘坐火车、汽车、轮船和飞机等公共交通工具的人员，没收其刀具，并根据《治安管理处罚法》给予相关当事人治安管理处罚。情节严重触犯刑律的追究刑事责任。

(2) 加强监督检查。

公安机关应加强对制造、销售、使用管制刀具的单位和个人进行监督检查。在定期进行全面检查或重点抽查中，发现执行制度不严、使用保管责任制不落实等情况及时进行批评教育，令其立即改正。对于违反规定，非法制造、销售管制刀具的应一律取缔，没收其刀具，并按照《治安管理处罚法》的有关条款予以治安管理处罚。

(三) 弩的管理

弩是一种攻击性、杀伤力都很强的器具，具有便于携带、射程远、精度高等特点。弩具有手枪式、步枪式、冲锋枪式等多种式样。弩具有枪支、管制刀具的部分功能和特性，如不严加控制和管理，极易被犯罪分子利用，危害公共安全。

1. 公安机关管理职责

公安机关要掌握弩的生产、销售、进口情况和营业性弩射活动情况，监督制造、销售、进口、使用弩的企业和单位在生产、运输、保管、使用等环节要落实安全防范措施，实行规范化管理，建立完善的规章制度，严防弩丢失、被盗、被抢及发生安全事故事件。

2. 弩的管理制度

制造、销售弩或营业性射击场开设弩射项目必须经省、自治区、直辖市公安厅、局批准，工商行政管理部门凭公安厅、局的批准文件办理登记注册。各类运动会设置弩射项目须由主办单位向运动会举办地所在的省级公安厅、局申请，获得批准后方可进行。弩的进口由省级公安厅、局审批，严格限制品种和数量。除经批准的弩制造、进口企业，其他任何单位和个人不得经营、销售弩。弩制造企业须在产品及其包装上标明企业名称、地址、联系电话及产品编号。

企业和单位购买弩须持有营业执照和省级公安厅、局开具的购买证明。销售单位必须在查验有关手续后方可售出。严禁将弩销售给个人。弩的携带和运输须持有营业执照副本和省级公安厅、局开具的携运证明。

制造、销售、进口、使用弩的企业和单位须使用计算机管理，将弩的品种、数量、编号、进货和销售情况定期向省级公安厅、局备案。

省级公安厅、局和工商行政管理局分别对制造、销售、进口、使用弩的企业和单位实行年度审验。

3. 违反弩的管理规定的行为的查处

对非法制造、销售、运输、进口弩或者非法从事营业性弩射活动的单位以及个人持有的弩，一律由公安机关登记收缴；对因经营管理不善致使弩流失社会，被违法犯罪分子利用实施违法犯罪活动的，取消有关企业和单位经营资格并追究其负责人及直接责任人员的责任。

五、危险化学品管理

（一）危险化学品的管理范围

危险化学品，是指具有毒害、腐蚀、爆炸、燃烧、助燃等性质，对人体、设施、环境具有危害的剧毒化学品和其他化学品。危险化学品主要有爆炸品、气体（包括易燃气体、非易燃无毒气体和有毒气体）、易燃液体、易燃固体、易于自燃物质和遇水放出易燃气体的物质、氧化性物质和有机过氧化物、毒性物质和感染性物质、腐蚀性物质8类。《危险化学品目录》列出了危险化学品安全管理的物品。《危险货物品名表》（GB12268）、《易制爆危险化学品目录》、《剧毒化学品目录》分别列出了需要进行专门安全管理的危险化学品。

（二）危险化学品治安管理

危险化学品的管理工作涉及多个部门。公安部门负责危险化学品的公共安全管理，负责发放剧毒化学品的购买凭证和准购证，负责审查核发剧毒化学品的公路运输通行证，对危险化学品道路运输安全实施监督，并负责前述事项的监督检查。剧毒化学品和易制爆危险化学品单独讨论，这里只说明所有危险化学品都适用的管理。

1. 许可证颁发情况向公安机关通报

危险化学品生产企业进行生产前，应按要求取得危险化学品安全生产许可证和取得工业产品生产许可证。负责颁发危险化学品安全生产许可证、工业产品生产许可证的部门，应当将其颁发许可证的情况及时向同级公安机关通报。使用危险化学品从事生产并且使用量达到规定数量的化工企业的，应当向所在地设区的市级人民政府安全生产监督管理部门申请颁发危险化学品安全使用许可证。安全生产监督管理部门应当将其颁发危险化学品安全使用许可证的情况及时向同级公安机关通报。

2. 备案

生产、储存、使用危险化学品的单位转产、停产、停业或者解散的，应当采取有效措施，及时、妥善处置其危险化学品生产装置、储存设施以及库存的危险化学品，不得丢弃危险化学品；处置方案应当报所在地县级人民政府安全生产监督管理部门、工业和信息化主管部门、环境保护主管部门和公安机关备案。安全生产监督管理部门应当会同环境保护主管部门和公安机关对处置情况进行监督检查，发现未依照规定处置的，应当责令其立即处置。

3. 危险化学品运输

未经公安机关批准，运输危险化学品的车辆不得进入危险化学品运输车辆限制通行的区域。危险化学品运输车辆限制通行的区域由县级人民政府公安机关划定，并设置明显的标志。通过公路运输危险化学品，确需进入禁止通行区域的，应当事先向当地公安部门报告，由公安部门为其指定行车时间和路线，运输车辆必须遵守公安部门规定的行车时间和路线。危险化学品运输车辆禁止通行区域，由设区的市级人民政府公安部门划定。

任何单位和个人不得邮寄或者在邮件内夹带危险化学品，不得将危险化学品匿报或者谎报为普通物品邮寄。

4. 散失危险化学品的管理

公众发现、捡拾的无主危险化学品，由公安机关接收。公安机关接收或者有关部门依法没收的危险化学品，需要进行无害化处理的，交由环境保护主管部门组织其认定的专业单位进行处理，或者交由有关危险化学品生产企业进行处理。

六、易制爆危险化学品的治安管理

易制爆危险化学品可以作为原料或辅料制成爆炸物品。因此除按一般危险化学品对其进行管理外，公安机关还应掌握辖区从业单位的安全管理情况和易制爆危险化学品的数量、流向，督促从业单位严格执行安全管理制度，防止丢失、被盗、被抢等非法流失现象。

1. 易制爆危险化学品的界定

国务院公安部门规定的可用于制造爆炸物品的危险化学品简称易制爆危险化学品。易制爆危险化学品包括酸类、硝酸盐类、氯酸盐类、高氯酸盐类、重铬酸盐类、过氧化物和超氧化物类、易燃物还原剂类、硝基化合物类和其他类共九类。具体品名参看公安部公布的《易制爆危险化学品名录》（2017 年版）。

2. 易制爆危险化学品生产、储存管理

生产、储存易制爆危险化学品的单位，应当如实记录其生产、储存的易制爆危险化学品的数量、流向，并采取必要的安全防范措施，防止易制爆危险化学品丢失或者被盗；发现易制爆危险化学品丢失或者被盗的，应当立即向当地公安机关报告。生产、储存易制爆危险化学品的单位，应当设置治安保卫机构，配备专职治安保卫人员。储存易制爆危险化学品的专用仓库，应当按照国家有关规定设置相应的技术防范设施。

3. 易制爆危险化学品销售、购买管理

从事易制爆危险化学品经营的企业，由设区的市级人民政府安全生产监督管理部门审查颁发危险化学品经营许可证并及时向同级公安机关通报。

依法取得危险化学品安全生产许可证、危险化学品安全使用许可证、危险化学品经营许可证的企业，凭相应的许可证件购买易制爆危险化学品。民用爆炸物品生产企业凭民用爆炸物品生产许可证购买易制爆危险化学品。其他单位购买易制爆危险化学品的，应当持本单位出具的合法用途说明。个人不得购买易制爆危险化学品。

危险化学品生产企业、经营企业销售易制爆危险化学品，应当查验相关许可证件或者证明文件，不得向不具有相关许可证件或者证明文件的单位销售易制爆危险化学品。禁止向个人销售易制爆危险化学品。

危险化学品生产企业、经营企业销售易制爆危险化学品，应当如实记录购买单位的名称、地址、经办人的姓名、身份证号码以及所购买的易制爆危险化学品的品种、数量、用途。销售记录以及经办人的身份证明复印件、相关许可证件复印件或者证明文件的保存期限不得少于 1 年。

易制爆危险化学品的销售企业、购买单位应当在销售、购买后 5 日内，将所销售、购买的易制爆危险化学品的品种、数量以及流向信息报所在地县级人民政府公安机关备案，并输入计算机系统。

4. 易制爆危险化学品运输管理

通过道路运输易制爆危险化学品的，应当配备押运人员，并保证所运输的危险化学品处于押运人员的监控之下。运输易制爆危险化学品的途中因住宿或者发生影响正常运输的情况，需要较长时间停车的，驾驶人员、押运人员应当采取相应的安全防范措施，还应当向当地公安机关报告。

易制爆危险化学品在道路运输途中丢失、被盗、被抢或者出现流散、泄漏等情况的，驾驶人员、押运人员应当立即采取相应的警示措施和安全措施，并向当地公安机关报告。公安机关接到报告后，应当根据实际情况立即向安全生产监督管理部门、环境保护主管部门、卫生主管部门通报。有关部门应当采取必要的应急处置措施。

七、剧毒化学品管理

（一）剧毒化学品的界定

剧毒化学品是指具有剧烈急性毒性危害的化学品，包括人工合成的化学品及其混合物和天然毒素，还包括具有急性毒性易造成公共安全危害的化学品。剧烈急性毒性判定界限为满足下列条件之一：大鼠实验，经口 LD50≤5mg/kg，经皮 LD50≤50mg/kg，吸入（4h）LC50≤100ml/m^3（气体）或 0.5mg/L（蒸气）或 0.05mg/L（尘、雾）。目前剧毒化学品管理范围主要是《危险化学品目录》（2015 年版）所列的 148 种剧毒化学品。

（二）剧毒化学品的危险特性

剧毒化学品毒性极强，微小的量即可造成中毒死亡。储存在专用钢瓶中的剧毒气体，如果在生产、运输、装卸、使用等过程中处置不当发生爆炸或泄漏，气体的扩散性会造成大范围危害。许多剧毒化学品还有易燃、易爆、腐蚀等危险性。一些剧毒化学品和其他物质能发生剧烈化学反应，甚至可引发爆炸。

（三）剧毒化学品的治安管理

剧毒化学品是危险化学品中的一类，因此危险化学品安全管理的规定也适用于剧毒化学品的管理。剧毒化学品被误用或被用于违法犯罪将对公共安全造成巨大危害，因此公安机关还应按照法律法规对其进行严格治安管理。公安机关依法履行对生产、经销、购买、运输、储存、使用剧毒物品的单位进行监督的职责。

1. 销售与购买管理

从事剧毒化学品经营的企业，应当向所在地设区的市级人民政府安全生产监督管理部门申请，经过审查合格后取得危险化学品经营许可证。设区的市级人民政府安全生产监督管理部门应当将其颁发危险化学品经营许可证的情况及时向同级公安机关通报。

依法取得危险化学品安全生产许可证、危险化学品安全使用许可证、危险化学品经营许可证的企业，凭相应的许可证件购买剧毒化学品。规定以外的单位购买剧毒化学品的，应当向所在地县级人民政府公安机关申请取得剧毒化学品购买许可证。个人不得购买剧毒化学品（属于剧毒化学品的农药除外）。

申请取得剧毒化学品购买许可证，申请人应当向所在地县级人民政府公安机关提交下列材料：营业执照或者法人证书（登记证书）的复印件；拟购买的剧毒化学品品种、数量的说明；购买剧毒化学品用途的说明；经办人的身份证明。县级人民政府公安机关应当自收到规定的材料之日起 3 日内，作出批准或者不予批准的决定。予以批准的，颁发剧毒化学品购买许可证；不予批准的，书面通知申请人并说明理由。剧毒化学品购买许可证不得伪造、变造、买卖、出借或者以其他方式转让，不得使用作废的剧毒化学品购买许可证。

危险化学品生产企业、经营企业销售剧毒化学品，应当查验规定的相关许可证件或者证明文件，不得向不具有相关许可证件或者证明文件的单位销售剧毒化学品。对持剧毒化学品购买许可证购买剧毒化学品的，应当按照许可证载明的品种、数量销售。禁止向个人销售剧毒化学品（属于剧毒化学品的农药除外）和易制爆危险化学品。

危险化学品生产企业、经营企业销售剧毒化学品应当如实记录购买单位的名称、地址、经办人的姓名、身份证号码以及所购买的剧毒化学品的品种、数量、用途。销售记录以及经办人的身份证明复印件、相关许可证件复印件或者证明文件的保存期限不得少于1年。

剧毒化学品的销售企业、购买单位应当在销售、购买后5日内，将所销售、购买的剧毒化学品的品种、数量以及流向信息报所在地县级人民政府公安机关备案，并输入计算机系统。

使用剧毒化学品的单位不得出借、转让其购买的剧毒化学品、易制爆危险化学品；因转产、停产、搬迁、关闭等确需转让的，应当向具有规定的相关许可证件或者证明文件的单位转让，并在转让后将有关情况及时向所在地县级人民政府公安机关报告。

剧毒化学品经营企业销售剧毒化学品，应当记录购买单位的名称、地址和购买人员的姓名、身份证号码及所购剧毒化学品的品名、数量、用途。记录应当至少保存1年。剧毒化学品经营企业应当每天核对剧毒化学品的销售情况；发现被盗、丢失、误售等情况时，必须立即向当地公安部门报告。

2. 储存管理

生产、储存剧毒化学品的单位，应当如实记录其生产、储存的剧毒化学品的数量、流向，并采取必要的安全防范措施，防止剧毒化学品丢失或者被盗；发现剧毒化学品、易制爆危险化学品丢失或者被盗的，应当立即向当地公安机关报告。生产、储存剧毒化学品的单位，应当设置治安保卫机构，配备专职治安保卫人员。

剧毒化学品应当在专用仓库内单独存放，并实行双人收发、双人保管制度。

对剧毒化学品储存单位应当将其储存数量、储存地点以及管理人员的情况，报所在地县级人民政府安全生产监督管理部门（在港区内储存的，报港口行政管理部门）和公安机关备案。

储存剧毒化学品专用仓库应当符合国家标准、行业标准的要求，并设置明显的标志。应当按照国家有关规定设置相应的技术防范设施。储存危险化学品的单位应当对其危险化学品专用仓库的安全设施、设备定期进行检测、检验。

3. 运输管理

禁止利用内河以及其他封闭水域等航运渠道运输剧毒化学品。通过道路运输剧毒化学品的，托运人应当向运输始发地或者目的地县级人民政府公安机关申请剧毒化学品道路运输通行证。

申请剧毒化学品道路运输通行证，托运人应当向县级人民政府公安机关提交下列材料：拟运输的剧毒化学品品种、数量的说明；运输始发地、目的地、运输时间和运输路线的说明；承运人取得危险货物道路运输许可、运输车辆取得营运证以及驾驶人员、押运人员取得上岗资格的证明文件；购买剧毒化学品的相关许可证件，或者海关出具的进出口证明文件。县级人民政府公安机关应当自收到前款规定的材料之日起7日内，作出批准或者不予批准的决定。予以批准的，颁发剧毒化学品道路运输通行证；不予批准的，书面通知申请人并说明理由。

运输危险化学品途中因住宿或者发生影响正常运输的情况，需要较长时间停车的，驾驶人员、押运人员应当采取相应的安全防范措施；运输剧毒化学品或者易制爆危险化学品的，还应当向当地公安机关报告。剧毒化学品、易制爆危险化学品在道路运输途中丢失、被盗、被抢或者出现流散、泄漏等情况的，驾驶人员、押运人员应当立即采取相应的警示措施和安全措施，并向当地公安机关报告。公安机关接到报告后，应当根据实际情况立即向安全生产监督管理部门、环境保护主管部门、卫生主管部门通报。有关部门应当采取必要的应急处置措施。

第二部分　典型案例评析

一、案件概况

2017年8月10日11时57分，湛江火车站内执勤民警发现进站旅客队伍中有一名中年男子神色慌张，在安检口徘徊了好一会儿不进站。手检员在对该男子进行手检时，发现其左脚的袜子内藏有物品，但该男子不配合检查，不愿意拿出来看是什么东西。在民警到来后男子才配合检查。安检员从他的袜子里查获3枚电子雷管，后将该男子交给执勤民警处置。经查，该男子姓关，河南人，在广东省化州市一家石场打工。据关某交代，他在石场主要负责运输炸药，交给爆破工炸石头。2017年7月底，爆破工将爆破用剩下的3枚电子雷管交给关某送还给石场的仓库，而关某却将其放到了自己的腰包，准备乘坐火车拿回河南老家炸石头用。

二、案例分析

1. 关于铁路旅客运输安全检查的规定

为了保障铁路运输安全和旅客生命财产安全，加强和规范铁路旅客运输安全检查工作，交通运输部根据《中华人民共和国铁路法》、《铁路安全管理条例》等法律、行政法规和国家有关规定，制定了《铁路旅客运输安全检查管理办法》（2015年1月1日起施行）。铁路旅客运输安全检查是指铁路运输企业在车站、列车对旅客及其随身携带、托运的行李物品进行危险物品检查的活动。危险物品是指易燃易爆物品、危险化学品、放射性物品和传染病病原体及枪支弹药、管制器具等可能危及生命财产安全的器械、物品。禁止或者限制携带物品的种类及其数量由国家铁路局会同公安部规定并发布。铁路运输企业可以采取多种方式检查旅客及其随身携带或者托运的物品。对旅客进行人身检查时，应当依法保障旅客人身权利不受侵害。旅客应当接受并配合铁路运输企业的安全检查工作。拒绝配合的，铁路运输企业应当拒绝其进站乘车和托运行李物品。安全检查中发现携带枪支弹药、管制器具、爆炸物品等危险物品，或者旅客声称本人随身携带枪支弹药、管制器具、爆炸物品等危险物品的，铁路运输企业应当交由公安机关处理，并采取必要的先期处置措施。

2. 关某有哪些违法行为？

关某的行为违反了《中华人民共和国治安管理处罚法》第30条“违反国家规定，制造、买卖、储存、运输、邮寄、携带、使用、提供、处置爆炸性、毒害性、放射性、腐蚀性物质或者传染病病原体等危险物质的”的规定。

3. 铁路公安机关应该对关某如何进行处置？

铁路公安机关应根据《中华人民共和国治安管理处罚法》第30条“处10日以上15日以下拘留；情节较轻的，处5日以上10日以下拘留”的规定对关某进行处罚。

4. 铁路公安机关对 3 枚电子雷管应如何处置？

根据《中华人民共和国治安管理处罚法》第 11 条，铁路公安机关应对 3 枚电子雷管进行收缴。收缴的爆炸性危险物品交由公安局、处统一负责交所在省（市、自治区）公安部门的专业单位处理，必须有交接清单、接受单位签字和印章。不具备存放条件的应及时处理并做好登记。

5. 铁路公安机关是否发现还有其他违法行为？应如何处理？

关某所在采石场，违反了《民用爆炸物品安全管理条例》第 37 条“领取民用爆炸物品的数量不得超过当班用量，作业后剩余的民用爆炸物品必须当班清退回库”的规定。铁路公安机关应根据《公安机关接处警规范》的要求将发现的问题告知对采石场具有管辖权的公安机关，由其进行进一步调查处理。

第三部分　实训教学设计

一、实训设计思路

通过“危险物品的识别”实训教学，将危险物品理论与实际紧密联系在一起。实训中利用各种危险物品实物与图片引发学生学习兴趣和积极性。学生对现实中危险品进行分析讨论，掌握关于危险物品分类、危险特性、识别方法、认定标准、处置方法等相关知识，把专业理论有效转化为实际操作能力，有效增强学生对危险物品的正确认识。

二、实训指导

（一）实训目的

使学生了解常见的危险物品的种类、危险特性、识别方法，提高学生对危险物品的识别能力。

（二）实训内容

根据实物和图片识别危险物品种类及危险特性。

（三）相关知识点

《危险货物品名表》《危险化学品目录》《易制爆化学品目录》《剧毒化学品目录》、管制刀具认定标准、枪支和仿真枪认定标准、危险物品管理的法律法规等。

（四）实训课时

2 课时

（五）实训要求

1. 引导学生正确界定危险物品。

2. 训练学生对各类危险物品的包装、标志、外观、特征等观察和识别。

（六）实训保障

准备各种危险物品实物、图片、视频等。

（七）实训步骤

1. 将学生按每组 6 人分组并选出组长，由组长负责实训中的组织工作。

2. 要求学生提前熟悉各种危险物品的相关资料，明确实训的内容、目的、重点。

3. 组织学生对各类危险物品进行识别，并能指出危险物品的种类和识别方法。要确保每个学生都参与到实训中。

4. 讨论各种危险物品的危险特性、公安机关的管理职责、发现危险物品后的处置方法。

5. 学生进行实训训小结，教师给予点评，指出实训过程中的优点及不足。

（八）考核评分标准

实训考核成绩按照优、良、中、及格、不及格五级记分制评定，从以下方面考核记分：对危险物品的认识和掌握程度40%，对危险物品管理法律法规的熟悉程度20%；在实训中的参与程度20%；组织纪律性、团结协作精神20%。实训结束后，实训学生按照实训要求写出实训报告，实训指导老师根据学生分组实训情况和实训报告完成质量情况给出实训小组成绩，由实训小组长在实训指导老师的监督下会同本小组成员商量后，根据本小组成员在实训中的贡献大小、表现情况等，在实训指导老师给出的实训小组成绩基础上给出本小组成员的个人成绩。

◎ 本章小结

危险物品对国家经济建设和社会发展具有重要意义，但如果使用或处置不当，危险物品的危险特性又有可能危及人民群众生命财产安全及公共安全，对社会秩序造成威胁。危险物品被用于暴力犯罪或恐怖活动带来的后果则更加严重。因此，在我国对危险物品除了进行严格的技术管理，还要进行政府行政管理，其中包括公安机关的治安管理。公安机关作为危险物品的行政监管部门应明确危险物品管理工作的重要性，熟悉危险物品管理法律法规，掌握各类危险物品的危险特性、公安机关的管理措施与手段，在法律权限内切实履行监管职责。

◎ 思考与练习

1. 公安机关危险物品管理的职责有哪些？
2. 违反民用爆炸品安全管理的行为有哪些？应承担哪些法律责任？
3. 人民警察公务枪支管理的规定有哪些？
4. 管制器具的管理范围是什么？公安机关对管制器具有哪些管理措施？
5. 公安机关发现非法携带危险化学品的行为应如何处置？

◎ 拓展阅读

仿真枪管理的争议

一、社会背景

近几年我国和仿真枪有关的案件频发。许多涉案人员都是普通人，如学生、工人、公司职员甚至还有公务员和警察。这些案件的调查与审判引起了社会的广泛关注和争议。

2004年10月7日，晋江市公安局安海分局接到群众举报，称××玩具公司正在生产大批塑料枪支。民警迅速出击，扣押了该公司生产的6种不同类型的塑料枪支14万支，半成品1万余支以及零配件材料8780公斤。翌日，晋江市公安局立即从扣押的塑料枪支中抽样，先后送泉州市公安局、福建省公安厅进行鉴定，结论均为“送检的枪支均为仿真枪，不具有杀伤力”。2005年7月25日，晋江市公安局作出对陈××“行政拘留15天，处罚30万元，没收扣押的仿真枪支及零配件”的行政处罚决定。陈××不服，先后向泉州市公安局提起行政复议，向晋江市法院提起行政诉讼，后又上诉至泉州市中级法院。

2013年7月23日，冯××从深圳皇岗口岸入境时，被海关从其手提袋内查获可组成10支仿真枪的配件。经鉴定，这10支仿真枪的枪口比动能超过1.8焦耳/平方厘米，被认定为真枪。冯××还交代了从2010年3月至2013年7月21日期间他走私入境仿真枪的情况，其中24支枪口比动能超过1.8焦耳/平方厘米。2014年8月11日，深圳中院一审以走私武器罪，判处冯××有期徒刑8年。本案4年来进行了6次审理。

2016年8月至10月间，赵××在天津市河北区李公祠大街海河亲水平台附近摆设射击摊位进行营利活动。同年10月12日22时许，赵××被公安机关巡查人员查获，当场收缴枪形物9支及配件等物。经天津市公安局物证鉴定中心鉴定，涉案9支枪形物中的6支为能正常发射、以压缩气体为动力的枪支。赵××于2016年12月27日被天津市河北区人民法院以非法持有枪支罪判处有期徒刑3年6个月。2017年1月26日上午，天津市第一中级人民法院公开开庭审理了赵××非法持有枪支上诉一案，以非法持有枪支罪判处上诉人赵××有期徒刑3年，缓刑3年。

二、仿真枪认定标准

认定涉案枪支是玩具枪、仿真枪还是枪支，其依据主要是公安部的仿真枪认定标准。根据公安部《仿真枪认定标准》凡符合以下条件之一的，可以认定为仿真枪：

1. 符合《中华人民共和国枪支管理法》规定的枪支构成要件，所发射金属弹丸或其他物质的枪口比动能小于1.8焦耳/平方厘米（不含本数）、大于0.16焦耳/平方厘米（不含本数）的；

2. 具备枪支外形特征，并且具有与制式枪支材质和功能相似的枪管、枪机、机匣或者击发等机构之一的；

3. 外形、颜色与制式枪支相同或者近似，并且外形长度尺寸介于相应制式枪支全枪长度尺寸的二分之一与一倍之间的。

枪口比动能的计算，按照《枪支致伤力的法庭科学鉴定判据》规定的计算方法执行。

三、两会代表委员呼吁加快仿真枪管理立法：当务之急是修改标准

2017年两会，全国政协委员、天津财经大学法学院教授侯欣一呼吁，将枪支认定标准提高到一个科学合理的水平。侯欣一已准备就此建议提交提案。而全国人大代表、湖北律师蔡学恩也在3月3日接受媒体专访时表示，他会就仿真枪管理提出加快立法的建议。去年两会，全国政协委员、全国律协副会长朱征夫也提出公安部枪支鉴定标准过于宽泛的问题，建议公安部重新审查1.8焦耳/平方厘米枪支认定标准。

侯欣一教授还建议，对枪支进行分级管理，根据杀伤力的大小，将枪支分为：非限制类枪支；限制类枪支；禁止类枪支。并相对于每一类枪支，从持有人的资质、购置、储存、使用等方面进行详尽的规定，既防治杀伤力强大的枪支流入社会，又保障了公民玩耍和游戏的权利，增强操作性。

第十二章　治安危机管理

中国公安机关是国家应急管理体系中的一支重要力量，不仅在应对重大自然灾害、事故灾难和公共卫生事件中担负着维护治安秩序、参加应急救援的职责，而且直接承担着打击恐怖等重大暴力犯罪活动和处置重特大道路交通事故、火灾、自然灾害事故等社会安全事件的责任。中国公安机关积极适应动态化、信息化快速反应的新形势，主动顺应人民群众新期待，秉承以人为本、执政为民的理念，在国家应急管理体系的框架下，认真履行《宪法》和法律赋予的职责，不断加强和创新应急管理工作。先后积极参与了四川汶川地震、青海玉树地震、甘肃泥石流和南方部分地区低温雨雪冰冻等一系列重大自然灾害应急救援，有效处置了侵害小学生、幼儿园儿童系列案、苏湘持枪系列杀人案等突发事件。成功应对了2010年上海世博会和2012年中秋国庆节实施高速公路免费政策带来大客流、大车流的挑战，为促进经济社会发展、维护社会和谐稳定、保障人民群众生命财产安全，作出了重要的贡献。

"我们注重不断总结经验，每次重大突发事件发生后，都要进行一次认真的总结、反思，坚持既认真总结经验，又反思问题，从中研究把握重特大突发事件的规律特点，不断完善预案健全机制，丰富手段，及时改进工作，堵塞漏洞，弥补不足，不断提高我们的应对能力和水平。"

——公安部副部长黄明出席"2012年应急管理国际研讨会"的讲话

【学习目标】熟悉危机定义与特性、治安危机管理的概念与流程、危机管理组织；明确公安机关在我国应急管理体系中的位置、职能、任务；掌握并正确运用关于危机预防、准备、预警、突发事件应急处置的基本理论与方法。

【教学重点】危机预防措施；应急预案制定与演练；突发事件应急处置。

【教学难点】危机和治安危机管理的预防、预警等基本理论；应急管理体系。

第一部分　基础知识

一、危机概述

(一) 危机

1. 危机

个人、群体或组织（如企业、政府）都可能会面临利益受到威胁或损害的情形，如个人面对疾病、意外、自然灾害，政府面对地震、洪水、恐怖活动、环境恶化、社会动乱。我们一般会称之为灾难、突发事件、紧急状况或危机。在《现代汉语词典》里关于危机的解释为“危险的根由；严重困难的关头”。

国内外学者关于危机的定义非常多。赫尔曼（Hermann）认为“危机是指一种情境状态，在这种形势中，其决策主体的根本目标受到威胁且作出决策的反应时间很有限，其发生也出乎决策主体的意料之外”。罗森塔尔和皮恩伯格（Rosterhal and Pijnenburg）认为“危机是对一个社会系统的基本价值和行为架构产生严重威胁，并且在时间性和不确定性很强的情况下必须对其作出关键性决策的事件”。国内学者把危机的定义总结为“危机是指个人、群体或组织由于突发事件的出现，受到破坏而严重威胁到其正常生存与发展的状态”。“实质上我们把危机界定为一种决策形势。在此情境中，决策者（政府）认定的社会基本价值和行为准则框架结构面临严重威胁，突发紧急事件以及不确定前景造成高度紧张和压力，为使组织在危机中生存并，并将危机所造成的损害降至最低，决策者必须在相当有限的时间内作出关键性决策和具体的危机应对措施。”

2. 危机

危机影响的可能是个人、家庭、某个群体、组织、地区甚至国家。需要说明的是本章讨论的危机特指在治安工作中涉及公共安全领域的或者发生后能够危害社会治安的危机。

公共安全是指不特定的或多数人的安全，包括人的生命健康、公私财产和生存生活环境的安全。公共安全关注个人的安全，是对普遍个体生命的关怀。公共安全也可以理解为一种有序的社会状态。涉及公共安全的危机是指危害社会秩序，危及公民生命健康、财产和环境安全，需要管理机构立即决策并采取应对措施把损失降到最低的事件或情境。在治安工作中危机则特指在公安工作中涉及的危害公共安全，同时又可能会影响社会治安，需要公安机关立即采取措施应对的事件或情境。治安中的危机是相对于常规治安秩序的一种非常态的情境。

3. 突发事件

“突发”就是突如其来，出乎人们预料发生的。“事件”在《辞海》里解释为历史或社会上发生的大事情。突发事件表现形式多样，涉及面很广。但是《中华人民共和国突发事件应对法》（以下称《突发事件应对法》）和《国家突发公共事件总体应急预案》里对突发事件进行了明确的定义。所以在我国，没有特别说明的情况下突发（公共）事件是指突然发生，造成或者可能造成重大人员伤亡、财产损失、生态环境破坏和严重社会危害，危及公共安全，需要采取应急处置措施予以应对紧急事件。

4. 危机和突发事件的关系

危机通常和突发事件联系在一起的。从危机的定义中的逻辑来说，危机必定是突发事件，突发事件未必是危机。“突发”强调事件的突发性即发生的不可预测性；“危机”强调事件危险性、严重性。由于突发事件的不确定性，决策者如果没有及时作出正确决策并采取应对措施，就会产生严重后果发展成危机。

（二）危机的特性

1. 具有突发性，需要紧急处理

危机发生的具体时间、实际规模、具体形态、影响深度难以预测。事件发生时公众没有思想准备，来不及对事件作出正确判断，人们往往会不知所措。危机的发生是突然的，发展也是迅速的。随着事件发展、演变造成的损失可能会越来越大。对事件反应越快、决策越准确，损失越小。由于事件的紧迫性，对时间的把握在很大程度上决定了危机管理的有效性。

2. 具有偶然性和必然性

必然性是事物的本质联系和确定不移的发展趋势，是由事物内部的矛盾决定的。偶然性是事物的非本质联系和发展过程中的不稳定现象，可以发生、可以不发生，可以这样发生也可以那样发生，由事物外部原因决定。危机是集聚的各种矛盾的爆发，通过偶然的契机、以偶然形式发生，难以预料。危机虽然以偶然性形式表现出来，但反应的是必然性内容。

3. 具有公共性和损失性

治安工作中的危机都是公共安全范畴的危机，影响和涉及的主体具有公共性。有时危机直接涉及的范围不一定在广泛的公共领域，但事件会因为迅速传播引起公众关注，造成公众心理恐慌和社会秩序混乱。事态的严重性促使政府必须通过调动相当的公共资源，进行有序的公共组织协调才能妥善予以解决。不论危机的性质和规模如何，都会不同程度给国家政治、经济、文化等方面造成损失和破坏，给人民生命、财产、精神带来损失和损害。危机都是负面事件，不带来任何损失和破坏的事件不能称之为危机。

4. 具有复杂性和连带性

危机的原因复杂，有纯自然因素的、有人为因素的、也有共同作用的。治安危机的状态和结果是复杂的，可能随着时间快速发展变化，难以预测、把握，增大了公众的恐慌并扩大危害范围和程度。事件之间可能会相互影响、诱发，如产生次生灾害、衍生灾害。孤立事件处理不当，就会引发一系列新的事件，直至形成大范围的紧急状态和尖锐矛盾。地方性的突发事件演变为区域性的突发事件，甚至演变成国际性的突发事件。非政治性事件演变成政治性事件，自然性事件演变成社会性事件。

5. 具有可控性

就整个人类社会而言，危机事件从来没有停止过，任何国家、意识形态、经济与社会发展状况下都不可能完全避免。但是随着科技的发展，人类对自然性突发事件的应对能力及程度不断提高，能够把损失控制在最低点。在人为因素造成的危机事件中，危机管理者可以影响突发事件是否发生，发生规模大小、持续时间长短，危害损失和负面影响的程度等。

（三）危机的分类

在治安工作中，危机根据不同分类标准有很多分类方式。参考《突发事件应对法》，根据发生过程、性质和机理，危机可以分为以下四类：

（1）自然灾害，主要包括水旱灾害，气象灾害，地震灾害，地质灾害，海洋灾害，生物灾害和森林草原火灾等。

（2）事故灾难，主要包括工矿商贸等企业的各类安全事故，民航、铁路、公路、轨道交通灯运输事故，公共设施和设备事故，环境污染和生态破坏事件等。

（3）公共卫生事件，主要包括传染病疫情，群体性不明原因疾病，食品安全和职业危害，动物疫情，以及其他严重影响公众健康和生命安全的事件。

（4）社会安全事件，主要包括恐怖袭击事件，群体性事件、刑事犯罪、经济安全事件和涉外突发事件等。

自然灾害、事故灾难和公共卫生事件不但直接严重威胁人的生命、健康和财产安全，对社会治安影响也非常大。在灾害发展应对的过程中可能会发生严重的治安问题，甚至造成社会动荡。而社会安全事件更是和社会治安密切相关。

二、治安危机管理

（一）治安危机管理

危机管理的任务是尽可能控制事态，在危机事件中把损失控制在一定范围内，在事态失控后要争取重新控制住。虽然危机可能会影响个人、群体或组织的利益，但危机管理的研究主要是针对组织的生存、日常运作和良性发展展开的。不同领域、不同的危机管理者对危机管理有不同的理解和认知。如在危机的处理中政府和企业的出发点、目标及手段是不同的。对于危机管理这个概念，本书讨论的是以政府（包括公安机关）和其他公共部门为管理者的治安危机管理。所以治安危机管理可以理解为是公安机关实施的一种有组织、有计划、持续动态的管理过程。公安机关和政府的其他部门或其他社会公共组织一起，通过监测、预警、预防、应急处置、评估、恢复等措施，预防可能发生的危机，处理已经发生的危机，以减少损失，甚至将危险转化为机会，维护良好的社会治安秩序，保护公民的人身和财产安全，从而确保社会和国家的安全。

（二）危机管理的周期

从逻辑上来讲，危机管理是涉及事件发生前、事件发生中、事件发生后的全过程管理。国内外学者提出了很多关于危机管理的模型。其中最为大家接受的是预防（Prevention）/（减除 mitigation）→准备 Preparedness→应对 Response→恢复 Recovery 四阶段模型。实际操作中的四个阶段并没有明显界限，各阶段间的内容相互关联、相互渗透，常常有交叉重叠的地方。

（三）危机管理组织

组织就是指人们为实现一定的目标，互相协作结合，按照一定的形式编制而成的集体或团体。组织通过组织、制度、法律使每个人有效发挥自己的观念、知识、技能的作用并互相协作，更高效地实现管理的目标。治安危机管理是社会化的工作，需要在政府（包括公安机关）的主导下，各种类型组织共同发挥作用。

1. 政府

政府是在特定地区、特定人口内掌握了公共权力并因此负责社会公共事务的最大公共组织，具有公共性、全局性、政治性特征。作为最大的公共组织，政府在维持社会稳定、保护社会公平、促进社会发展等方面应该担负职责和发挥功能。因此，进行公共安全危机管理，保护公民的人身与财产安全，保卫国家安全是政府义不容辞的责任，属于基本职能。治安危机管理是由公安机关和其他众多政府部门共同决策并组织实施完成的。我国各级政府都有专职和非专职的公共安全应急管理部门。在各级、各类应急预案中对相关部门的职责都有明确的规定。

2. 企事业单位和社会组织

我国企事业单位众多。有些单位性质重要或具有一定数量危险源，本身易产生公共安全问题。发生突发事件的单位不但要承受损失和承担责任，还必须在第一时间开展先期处置工作及时控制灾害的发展扩大。还有些企、事业单位在应急处置过程中需要提供人力、物资、设备、技术等保障条件，发挥重要作用。

3. 其他社会组织

还有其他一些社会组织作为政府应急体系的辅助力量发挥重要作用，能够帮助政府承担部分应急工作，有效缓解政府资源不足的问题。目前，志愿者组织发挥着日益重要的作用，尤其是受过专门训练的城市救灾队伍能有效参与应急处置。如专业性民间志愿公益救援机构蓝天救援队定位为政府应急体系的辅助力量，其任务是协助配合政府应急体系展开防灾、减灾教育培训，参与各种灾害事故救援行动，减少灾害和事故造成的财产和生命损失。

4. 武装力量

《突发事件应对法》第14条规定："中国人民解放军、中国人民武装警察部队和民兵组织依照本法和其他有关法律、行政法规、军事法规的规定以及国务院、中央军事委员会的命令，参加突发事件的应急救援和处置工作。"武装力量在应急救援和处置中可以为大面积搜救、清理废墟、打通救援通道提供大量的人力、特殊的装备与技术，还可以协助人民警察维护治安秩序。

5. 国际援助

《突发事件应对法》第15条规定："中华人民共和国政府在突发事件的预防、监测与预警、应急处置与救援、事后恢复与重建等方面，同外国政府和有关国际组织开展合作与交流。"目前国际社会的援助主要有食品、药品、设备器材及应急专门人员等。

（四）公安机关在治安危机管理中的职责

治安危机管理是全过程的管理，一个复杂的系统工程，涉及包括警务工作在内的广泛的社会领域。公安机关是在众多共同承担治安危机管理责任的政府职能部门中一个关键而重要的部门，是维护社会稳定和从事治安危机管理的重要力量。在危机的不同阶段，根据管理目标不同公安机关承担着不同的责任。公安机关的责任可以根据社会状态简单分为社会处于常态（事件发生前）和非常态（事件发生后）两个方面。具体职责见表1。

表1　**公安机关在危机管理中的职责**

社会状态	公安机关的职责
常态（事件发生前）	1. 风险防控。具有关于公共安全和社会治安的风险意识和风险管理的能力，能够及时识别风险、评估风险、消除控制风险或减少风险的制造。 2. 安全监管。在职责范围内进行监督管理，使全社会严格遵守安全法律法规，避免或减少危害公共安全和社会治安的事件的发生。 3. 监测与预警。监测风险，及时、准确判定治安形势，进行预警。 4. 准备。制定应急预案，进行应急演练，为处置应对危机事件做好思想、物质、人员组织准备。
非常态（事件发生后）	依据法定职责积极参与危机事件的应急处置，维护社会秩序，减少人员伤亡、财产损失。做好善后工作，参与或组织调查、恢复、重建等。

三、应急管理体系

自2003年"非典"事件以来中国政府就不断加强以"一案三制"为核心的应急管理体系建设，使得中国的危机管理工作取得了显著的成就。公安机关根据法律法规承担应急管理职责，在应对突发事件的治安危机管理中不断总结实践经验，完善工作机制，提高了危机应对能力和水平。

(一) 应急管理体制

应急管理体制是各级应急管理机构组织制度的总称，主要包括各层次应急机构的设置、组织形式、法律地位、权力和职能职责的分配等。《突发事件应对法》规定"国家建立统一领导、综合协调、分类管理、分级负责、属地管理为主的应急管理体制"。

1. 统一领导

应急管理过程中，在纵向上中央级、省级、市级、县级应急管理机构，实行垂直领导，下级服从上级；在横向上相关政府部门、企事业单位、社会组织、武装力量等相互配合、行动一致、目标明确、形成应急处置合力。在我国政府的应急办系列组织结构中，国务院是突发事件应急管理工作的最高行政领导机构；地方各级人民政府是本行政区域突发事件应急管理工作的行政领导机构，负责本行政区域内各类突发事件应对工作；各级应急管理机构建立各类专业人才库，根据实际需要聘请专家组成专家组，为应急管理提供决策建议，必要时参加应急处置工作。

2. 综合协调

危机管理的主体包括政府及其相关部门、企事业单位、社会组织、公民个人、武装力量和国际救援力量等。突发事件应对是多个部门、组织以及不同层级机构的联合工作，所以必须在统一领导下正确处理各种关系，综合协调各部门的工作，创造良好的条件和环境，以实现应急处置的目标。综合协调还体现在政府对人力、物力、财力、技术、信息保障等应急资源的统一调度。

3. 分类管理

各类突发事件在发生原因、表现方式、涉及范围、发展规律、应急重点方面各有不同，应急处置所需的专业知识、应急力量要求也不同。每一类突发事件都由相应的部门实施管理，建立一定形式的统一指挥体系，在统一指挥、综合协调的体制下开展应急管理工作。四类事件的管辖权属于政府不同管理部门或不同的政府领导人。日常管理中，不同类型突发事件分类主管部门负责突发事件的信息收集、分析报告等工作，并为政府决策指挥机构提供有价值的决策咨询和建议。社会安全事件由公安部门管辖。

4. 分级负责

根据《突发事件应对法》，各类突发公共事件按照其性质、严重程度、可控性和影响范围等因素，一般分为四级：Ⅰ级（特别重大）、Ⅱ级（重大）、Ⅲ级（较大）和Ⅳ级（一般）。分级负责明确了各级政府在应对突发事件中的责任。不同级别突发事件由不同级别政府部门负责进行信息收集、分析工作，定期向上级部门报告，对可能出现的突发事件作出预测和预警。突发事件发生时，根据级别启动相应级别应急预案，调动合理的资源开展有效地应急处置。分级负责避免了反应不足或反应过度的问题，保证突发事件得到恰当处置。

5. 属地管理为主

县级人民政府对本行政区域内突发事件的应对工作负责。突发事件的紧迫性决定了事件刚发生时的处置工作具有关键性作用。属地管理要求事件发生地的单位、社区、基层政府是应急处置的第一行动力量、第一责任人。事件发生后，发生地县级人民政府应当立即采取措施控制事态发展，组织开展应急救援和处置工作，当事态严重，超出地方政府应对能力，可按规定及时向上级部门报告，必要时可越级上报。属地管理不排除上级政府和相关部门的指导，也不能免除发生地其他部门的协同义务。

（二）应急管理机制

应急管理机制是国家建立专门的长设行政机构，通过有效利用社会资源进行预防和控制突发事件而形成的一整套机制的总和，是有关管理部门为了更好地应对各种突发事件而建立起来的一套行之有效的处置办法和制度安排。

应急机制和普通行政体制相比更加强调效率，具有一定强制性，要实现“反应灵敏、协调有序、运转高效”。目前我国应急管理机制主要有监测预警机制、应急信息沟通机制、应急指挥决策与协调机制、分级负责与响应机制、恢复与评估机制、社会动员机制、应急保障机制、奖惩机制、国际合作机制等。

（三）应急管理法制

狭义的应急管理法制是指应急管理法律、法规和规章。法律手段是应急管理最基本、最主要的手段。应急管理应依法开展应急管理工作，努力使应急管理工作规范化、制度化、法制化，明确政府和公民在突发事件中的权利、责任、义务，保障公共管理机构或社会组织在突发事件发生时的紧急权力，使紧急权力有法可依，在维护国家利益和公共利益的同时，使公民基本权益得到最大保障。目前我国已经形成了由突发事件应对法律、行政法规、部门规章、规范性文件组成国家应急管理法规体系。《突发事件应对法》是我国应急管理的基本法律。

（四）应急预案

1. 应急预案概念

应急预案是为了迅速、有序、有效地开展突发事件应对行动而事先制定的行动计划或方案。应急预案要求在辨识和评估潜在的重大危险和事故类型、发生的可能性、发生的过程、事故后果及影响严重程度的基础上，对应急管理机构与职责、人员、技术、装备、设施、物资、救援行动及其指挥与协调等预先作出的具体安排，用以明确事前、事发、事中和事后各个进程中，谁来做、怎么做、何时做以及相应的资源和策略等。制订应急预案必须依据国家的法律法规、历史经验教训等实际情况，按照突发事件爆发的规模、程度、等级，确定相应的处置方式、程序，避免处置的盲目性和决策的不科学性，使应急管理更加科学化、合理化。

2. 国家突发公共事件应急预案体系

应急预案按照制定主体划分，分为政府及其部门应急预案、单位和基层组织应急预案两大类。政府及其部门应急预案包括总体应急预案、专项应急预案、部门应急预案等。

（1）国家突发公共事件总体应急预案。总体应急预案是全国应急预案体系的总纲，是国务院应对特别重大突发公共事件的规范性文件。

（2）突发公共事件专项应急预案。专项应急预案主要是国务院及其有关部门为应对某一类型或某几种类型突发公共事件而制定的应急预案。

（3）突发公共事件部门应急预案。部门应急预案是国务院有关部门根据总体应急预案、专项应急预案和部门职责为应对突发公共事件制定的预案。

（4）突发公共事件地方应急预案。具体包括：省级人民政府的突发公共事件总体应急预案、专项应急预案和部门应急预案；各市（地）、县（市）人民政府及其基层政权组织的突发公共事件应急预案。上述预案在省级人民政府的领导下，按照分类管理、分级负责的原则，由地方人民政府及其有关部门分别制定。

（5）企事业单位根据有关法律法规制定的应急预案。

（6）举办大型会展和文化体育等重大活动，主办单位应当制订应急预案。

四、危机预防与准备

（一）预防

1. 预防的含义

在汉语里预防的意思是“事先防备”。在危机管理中预防是指通过有效的行动削减风险降低突发事件发生的概率或减轻突发事件发生后造成的影响和损失。危机的发生涉及自然的、技术的、社会的、经济的、政治的诸多因素。但所有的因素都可被划分为自然的和人为的两大类。其中“人为的危机可能来源于技术控制手段的缺失或可以确认的人为的错误，也包括可能对现有社会政治体制的蓄意破坏”。自然灾害一般是由自然因素引发的，但人为因素也会影响自然灾害的发生和发展，如乱砍滥伐导致的水土流失。事故灾难主要是由人的失误或管理方面的缺陷造成的，但自然因素也可能引发事故灾难，如雷击引发的油罐起火爆炸。

自然因素引发的危机不可完全避免，但通过预测、预警、降低承灾体的脆弱性可实现缩减，将损失降低。对于人为因素引发的危机，如果能把握灾害发生的规律，避免人的失误、管理的缺陷，自觉遵守法律法规、规范、规章制度，就可避免或减少灾害事故的发生。如治安工作中通过公安机关严格的消防管理和危险物品管理就能够大大减少火灾事故和危险物品引发的事故事件。社会安全事件中，及时化解矛盾、纠纷、处理好改革、发展、稳定之间的关系，多考虑民生问题，减少社会矛盾，就可减少社会事件发生。

2. 预防的措施

（1）风险评估与防控。风险评估是以保障安全为目的，按照科学的程序和方法，从系统的角度出发，对特定的对象存在的潜在危险进行预先识别、分析和评价。通过风险评估能够识别危险的种类、危害的程度和可能性，分析灾害中人、财产、环境的脆弱性，为制定应急管理具体措施和管理决策提供依据。各级人民政府对本行政区域内容易引发自然灾害、事故灾难和公共卫生事件的危险源、危险区域进行调查、登记、风险评估，定期进行检查、监控，并责令有关单位采取安全防范措施。县级人民政府及其有关部门、乡级人民政府、街道办事处、居民委员会、村民委员会应当及时调解处理可能引发社会安全事件的矛盾纠纷。

（2）加强管理、消除隐患。在风险评估的基础上，矿山、建筑施工单位和易燃易爆物品、危险化学品、放射性物品等危险物品的生产、经营、储运、使用单位，应当制定具体应急预案，并对生产经营场所、有危险物品的建筑物、构筑物及周边环境开展隐患排查，及时采取措施消除隐患，防止发生突发事件。所有单位应当建立健全安全管理制度，定期检查本单位各项安全防范措施的落实情况，及时消除事故隐患；掌握并及时处理本单位存在的可能引发社会安全事件的问题，防止矛盾激化和事态扩大；对本单位可能发生的突发事件和采取安全防范措施的情况，应当按照规定及时向所在地人民政府或者人民政府有关部门报告。

（3）宣传教育。突发事件的应对需要政府组织和领导也需要各类单位、组织和个人积极参与如自救、互助。各级人民政府及其有关部门定期应当组织开展应急知识的宣传普及活动。居民委员会、村民委员会、企业事业单位应当根据所在地人民政府的要求，结合各自的实际情况，开展有关突发事件应急知识的宣传普及活动。新闻媒体应当无偿开展突发事件预防与应急、自救与互救知识的公益宣传。各级各类学校应当把应急知识教育纳入教学内容，对学生进行应急知识教育，培养学生的安全意识和自救与互救能力。通过宣传教育培养公众的风险意识、掌握科学的应急知识与能力，提高应对危机的能力，从而降低危机中发生损失的可能性。

（4）保险。一方面通过保险可以进行风险分散和转移。另一方面，在经济利益的驱动下，保险公司会大力宣传有关预防的知识，监督预防行动。

（二）准备

1. 编制应急预案

应急预案主要是预先确定突发事件应对工作的组织架构、安排具体应对工作的流程，做好应对工作各项保障、明确各相关主体的职责。编制应急预案要按照突发事件应对过程进行全面考虑，包括预防、准备、应对、恢复的所有环节。

风险是长期存在的，预案制定与管理是政府和各类组织的长期行为，而不是临时措施。在风险评估的基础上，应急预案应该在事件大概原因、可能发展方向、可能动用的资源，可采取的措施等方面方面具有一定预见性，预案中的措施应具有主动性，以提高组织管理效率。编制预案还要结合环境和资源的实际情况、具备可操作性。一般的应急预案框架结构及要求如表 2。

表 2　　**应急预案要素**

项目		内容及要求
总　则	编制目的	目的明确，简明扼要。
	编制依据	1. 引用的法规合法有效。 2. 明确相衔接的上级预案，不得越级引用应急预案。
	应急预案体系*	1. 能够清晰表述各级应急预案组成和衔接关系（推荐使用图表）。 2. 能够覆盖可能发生的突发事件类型与级别。
	应急工作原则	1. 符合国家有关规定和要求。 2. 结合应急工作实际。
适用范围*		范围明确，适用的突发事件类型和响应级别合理。
危险源辨识与风险分析*		1. 能够客观分析存在的危险源及危险程度。 2. 能够客观分析可能引发突发事件的诱因、影响范围及后果。
组织机构及职责*	应急组织体系	1. 能够清晰描述应急组织体系（推荐使用图表）。 2. 明确应急组织成员日常及应急状态下的工作职责。
	指挥机构及职责	1. 清晰表述应急指挥体系。 2. 应急指挥部门职责明确。 3. 各应急救援小组设置合理，应急工作明确。

续表

项目		内容及要求
预防与预警	预防管理	1. 明确预防和管理措施。 2. 明确相应的应急处置措施。
	预警行动	1. 明确预警信息发布的方式、内容和流程。 2. 预警级别与采取的预警措施科学合理。
	信息报告与处置*	1. 明确24小时应急值守电话。 2. 明确内部信息报告的方式、要求与处置流程。 3. 明确事故信息上报的部门、通信方式和内容时限。 4. 明确向事故相关单位通告、报警的方式和内容。 5. 明确向请求支援的方式和内容。 6. 明确与新闻舆论信息沟通的责任人以及具体方式。
应急响应	响应分级*	1. 分级清晰，且与上级应急预案响应分级衔接。 2. 能够体现突发事件紧急和危害程度。 3. 明确紧急情况下应急响应决策的原则。
	响应程序*	1. 立足于控制事态发展，减少事故损失。 2. 明确救援过程中各专项应急功能的实施程序。 3. 明确扩大应急的基本条件及原则。 4. 能够辅以图表直观表述应急响应程序。
	应急结束	1. 明确应急救援行动结束的条件和相关后续事宜。 2. 明确发布应急终止命令的组织机构和程序。 3. 明确事故应急救援结束后负责工作总结部门。
后期处置		1. 明确突发事件发生后，污染物处理、生产恢复、善后赔偿等内容。 2. 明确应急处置能力评估及应急预案的修订等要求。
保障措施*		1. 明确相关单位或人员的通信方式，确保应急期间信息通畅。 2. 明确应急装备、设施和器材及其存放位置清单，以及保证其有效性的措施。 3. 明确各类应急资源，包括专业应急救援队伍、兼职应急队伍的组织机构以及联系方式。 4. 明确应急工作经费保障方案。
培训与演练*		1. 明确开展应急管理培训的计划和方式方法。 2. 明确应急宣传教育工作。 3. 明确应急演练的方式、频次、范围、内容、组织、评估、总结等内容。

续表

项目		内容及要求
附　则	应急预案备案	1. 明确本预案应报备的有关部门和有关抄送单位。 2. 符合国家关于预案备案的相关要求。
	制定与修订	1. 明确负责制定与解释应急预案的部门。 2. 明确应急预案修订的具体条件和时限。

2. 应急预案管理

（1）应急预案的审批。预案编制工作小组或牵头单位应当将预案送审稿及各相关单位意见采纳情况说明、编制工作说明等有关材料报送应急预案审批单位。国家总体应急预案报国务院审批；专项应急预案报国务院审批；部门应急预案由部门有关会议审议决定。地方各级人民政府总体应急预案应当经本级人民政府常务会议审议；专项应急预案应当经本级人民政府审批；部门应急预案应当经部门有关会议审议。单位和基层组织应急预案须经本单位或基层组织主要负责人或分管负责人签发。

（2）应急预案培训。为了确保参与部门和人员能够正确启动、实施，预案还需要进行相应的培训。各级人民政府应当建立健全突发事件应急管理培训制度，对人民政府及其有关部门负有处置突发事件职责的工作人员定期进行培训。培训内容应该具有针对性。专业救援人员的培训主要是救援设备的应用、伤员的现场紧急处理、通信设备的使用、特殊情况（爆炸、传染病、放射性污染等）的处理等技术以及和其他救援组织、人员的协作等。应急管理人员和政府公务员主要培训应急常识、应急管理专业知识、应急法律法规，还应培训应急预案涉及的内容如各部门的职责、部门间的合作、各类事件的处置要点、信息的收集报送等。

（3）应急预案的演练。应急预案的演练是检验应急预案是否完整、有效、具有可操作性，从而发现不足的有效方法。通过演练还可以检查培训效果，使应急部门和人员熟悉应急处置的程序并明确职责，提高应对突发事件的实战能力。应急预案编制单位应当建立应急演练制度，根据实际情况采取实战演练、桌面推演等方式，组织开展人员广泛参与、处置联动性强、形式多样、节约高效的应急演练。

（4）应急预案的评估。应急预案的评估包括编制评估、演练评估和实施评估。各阶段评估都有相应的标准。通过各阶段的评估及时发现预案的规范性、完整性、科学性、可操作性的缺陷。评估还可以检验指挥机构的应急决策能力、各部门的准备情况和执行情况、人员对应急过程的熟悉程度、各部门分工协作的情况、应急资源是否充分，及时总结经验、吸取教训，解决应急处置中存在的具体问题。

（5）应急预案的修订。应急预案应进行动态优化。以下情形应当及时修订应急预案：有关法律、行政法规、规章、标准、上位预案中的有关规定发生变化的；应急指挥机构及其职责发生重大调整的；面临的风险发生重大变化的；重要应急资源发生重大变化的；预案中的其他重要信息发生变化的；在突发事件实际应对和应急演练中发现问题需要作出重大调整的等。

3. 应急处置保障

有关部门应根据应急预案切实做好应对突发公共事件的人力、财力、物资、交通运输、医疗卫生、治安、人员防护、公共设施、通信保障等工作，保证应急救援工作的需要和灾区群众的基本生活，以及恢复重建工作的顺利进行。

公安机关应为突发事件处置提供治安保障，加强对重点地区、重点场所、重点人群、重要物资和设备的安全保护，依法严厉打击违法犯罪活动。必要时，依法采取有效管制措施，控制事态，维护社会秩序。根据应急处置需要，对现场及相关通道实行交通管制，开设应急救援“绿色通道”，保证应急救援工作的顺利开展。

五、危机预警

（一）预警的概念

危机预警是指根据危机事件过去和现在的数据、情报、资料，应用逻辑推理和科学预测的方法和技术，对某些危机现象出现的约束性条件、未来发展趋势和演变规律等作出估计和推断，并发出确切的警示信号或信息，使政府和民众提前了解事态发展状况，以便及时采取应对策略，防止或消除不利后果的一系列程序、标准和原则。

（二）预警的实施

广义的预警包括信息监测、预测、预警决策和发出预警警报等一系列活动。预警是一种特殊的信息交流方式，包括信息收集、信息加工、决策、警报、咨询。

1. 信息监测

（1）危机信息。

危机信息也可以称为突发事件信息，是指突发事件发生前后，从发生、发展到消亡过程中所产生的与突发事件原因、性质、状况、程度以及应对行为等相关的信息，贯穿于危机管理的预防、准备、响应、恢复整个周期。危机信息可以来自个人、社会组织、政府或媒体，涉及政治、经济、社会、地理、自然等多个方面。

（2）信息监测制度。

县级以上人民政府及其有关部门应当根据自然灾害、事故灾难和公共卫生事件的种类和特点，建立健全基础信息数据库，完善监测网络，划分监测区域，确定监测点，明确监测项目，提供必要的设备、设施，配备专职或者兼职人员，对可能发生的突发事件进行监测。

（3）信息系统。

国务院建立全国统一的突发事件信息系统。县级以上地方各级人民政府建立或者确定本地区统一的突发事件信息系统，汇集、储存、分析、传输有关突发事件的信息，并与上级人民政府及其有关部门、下级人民政府及其有关部门、专业机构和监测网点的突发事件信息系统实现互联互通，加强跨部门、跨地区的信息交流与情报合作。

①信息收集

政府部门是突发事件信息收集的最重要的主体。负有信息监测职责的人民政府及其有关部门、专业机构通过多种途径收集突发事件信息，并建立公开的信息收集平台。县级人民政府在居民委员会、村民委员会和有关单位建立专职或者兼职信息报告员制度，可以第一时间掌握突发事件信息。获悉突发事件信息的公民、法人或者其他组织，应当立即向所在地人民政府、有关主管部门或者指定的专业机构报告。危机管理部门还可以通过报纸、杂志、电视、网络等渠道广泛收集信息。

②信息传递

地方各级人民政府应当按照国家有关规定向上级人民政府报送突发事件信息。县级以上人民政府有关主管部门应当向本级人民政府相关部门通报突发事件信息。专业机构、监测网点和信息报告员应当及时向所在地人民政府及其有关主管部门报告突发事件信息。有关单位和人员报送、报告突发事件信息，应当做到及时、客观、真实，不得迟报、谎报、瞒报、漏报。

2. 预测

县级以上地方各级人民政府应当及时汇总分析突发事件隐患和预警信息，必要时组织相关部门、专业技术人员、专家学者进行会商，对发生突发事件的可能性及其可能造成的影响进行评估。评估一般从事件的相关性、相似性和共同性进行。根据突发事件的分类我国有许多专业的预测机构，如气象、地震、地质等自然灾害预测机构。社会安全事件预测由地方党委、政府和公安机关进行。预测应及时、准确、全面。

3. 预警

根据预测结果，突发事件即将发生或者发生的可能性增大时，县级以上地方各级人民政府应当根据有关法律、行政法规和国务院规定的权限和程序，发布相应级别的警报，决定并宣布有关地区进入预警期同时向上一级人民政府报告。突发事件的预警级别，按照事件发生的紧急程度、发展势态和可能造成的危害程度分为一级、二级、三级和四级，分别用红色、橙色、黄色和蓝色标示，一级为最高级别。发布突发事件警报的人民政府应当根据事态的发展，按照有关规定适时调整预警级别并重新发布。

（三）预警后的应对措施

发布一级、二级警报，宣布进入预警期后，县级以上地方各级人民政府应当：（1）启动应急预案；（2）责令有关部门、专业机构、监测网点和负有特定职责的人员及时收集、报告有关信息，向社会公布反映突发事件信息的渠道，加强对突发事件发生、发展情况的监测、预报和预警工作；（3）组织有关部门和机构、专业技术人员、有关专家学者，随时对突发事件信息进行分析评估，预测发生突发事件可能性的大小、影响范围和强度以及可能发生的突发事件的级别；（4）定时向社会发布与公众有关的突发事件预测信息和分析评估结果，并对相关信息的报道工作进行管理；（5）及时按照有关规定向社会发布可能受到突发事件危害的警告，宣传避免、减轻危害的常识，公布咨询电话。

发布一级、二级警报，宣布进入预警期后，县级以上地方各级人民政府除采取前面的措施外，还应当：（1）责令应急救援队伍、负有特定职责的人员进入待命状态，并动员后备人员做好参加应急救援和处置工作的准备；（2）调集应急救援所需物资、设备、工具，准备应急设施和避难场所，并确保其处于良好状态、随时可以投入正常使用；（3）加强对重点单位、重要部位和重要基础设施的安全保卫，维护社会治安秩序；（4）采取必要措施，确保交通、通信、供水、排水、供电、供气、供热等公共设施的安全和正常运行；（5）及时向社会发布有关采取特定措施避免或者减轻危害的建议、劝告；（6）转移、疏散或者撤离易受突发事件危害的人员并予以妥善安置，转移重要财产；（7）关闭或者限制使用易受突发事件危害的场所，控制或者限制容易导致危害扩大的公共场所的活动；（8）法律、法规、规章规定的其他必要的防范性、保护性措施。

六、突发事件应急处置

（一）应急处置原则

突发事件形式种类多样，发生发展的规律不同，处置也各不相同，没有固定的模式。但是政府部门或社会组织处置突发事件有一些基本原则。

1. 以人为本，安全第一

突发事件发生会造成多种损失，但是我们应坚持“以人为本，安全第一”的原则，把保护人的生命安全放在第一位。应急处置应把减少人员伤亡作为第一目标。这里包括公众的安全也包括应急处置人员的安全。

2. 积极主动，快速反应

突发事件具有破坏性的紧迫性、连带性，应急处置和救援必须快速、及时，避免灾害事故扩大蔓延甚至产生次生灾害和衍生灾害，造成更大的损失。发生突发事件的单位，应当立即组织本单位应急救援队伍和工作人员采取防止危害扩大的必要措施，同时向所在地县级人民政府报告。突发事件发生后，无论事件的性质和责任如何，政府部门都应积极主动承担应急处置责任，快速决策、快速处置，掌握事件处置和舆论引导的主动权。

3. 依法处置

依法处置是突发事件应急处置的基本原则。突发事件发生后政府需要快速决策、迅速控制事态以减少损失。为了提高处置效率需要行使应急管理权，可能会简化程序、采取一些必要的应急措施。为了保障公民的合法权益，防止滥用或误用应急管理权力，我国已经制定并实施了许多适用于危机管理的法律法规。应急管理部门应明确在应急管理中的权力、职责和义务，在应急处置过程中必须遵守法律法规。

（二）应急处置流程

1. 接警和信息研判

公众或单位在突发事件发生后应第一时间报警。各级政府的应急管理部门及其工作人员在接到报警后应详细询问清楚突发事件的时间、地点、性质、规模、人员伤亡和财产损失情况。接警后相关部门和人员应立刻对事件的严重性和管辖进行研判。

2. 先期处置

根据属地管理的应急管理体制，突发事件发生后，发生地县级人民政府应当针对事件性质、特点和危害程度，立即组织有关部门，调动应急救援队伍和社会力量，组织开展应急救援和处置工作，采取措施控制事态发展。处置过程中应及时把最新信息传递给应急管理部门。

3. 信息报告

发生地政府在开展先期处置工作的同时应立即向上一级人民政府报告，必要时可以越级上报。突发事件发生地县级人民政府不能消除或者不能有效控制突发事件引起的严重社会危害的，应当及时向上级人民政府报告。特别重大或者重大突发公共事件发生后，各地区、各部门要立即报告，最迟不得超过4小时，报告至国务院。应急处置过程中，要及时续报有关情况。

4. 应急响应

对于先期处置未能有效控制事态的突发公共事件，要根据现场评估和信息研判确定响应级别并启动相关预案，成立现场应急指挥机构统一指挥或指导有关地区、部门开展处置工作负责现场的应急处置工作。应急指挥机构应及时组织专家组，调动应急救援队伍和救援物资参与救援与处置。需要多个相关部门共同参与处置的突发公共事件，由该类突发公共事件的业务主管部门牵头，其他部门予以协助。

5. 应急结束

突发公共事件应急处置工作结束，或者相关危险因素消除后，现场应急指挥机构予以撤销。

（三）应急处置措施

不同类别的突发事件由于发生的原因、发展的规律、危害性有很大不同，应急力量和处置措施也有很大的区别。社会安全事件中的群体性事件处置在本书第十三章中有专门描述。

1. 自然灾害、事故灾难或者公共卫生事件应急处置措施

（1）组织营救和救治受害人员，疏散、撤离并妥善安置受到威胁的人员以及采取其他救助措施；

（2）迅速控制危险源，标明危险区域，封锁危险场所，划定警戒区，实行交通管制以及其他控制措施；

（3）立即抢修被损坏的交通、通信、供水、排水、供电、供气、供热等公共设施，向受到危害的人员提供避难场所和生活必需品，实施医疗救护和卫生防疫以及其他保障措施；

（4）禁止或者限制使用有关设备、设施，关闭或者限制使用有关场所，中止人员密集的活动或者可能导致危害扩大的生产经营活动以及采取其他保护措施；

（5）启用本级人民政府设置的财政预备费和储备的应急救援物资，必要时调用其他急需物资、设备、设施、工具；

（6）组织公民参加应急救援和处置工作，要求具有特定专长的人员提供服务；

（7）保障食品、饮用水、燃料等基本生活必需品的供应；

（8）依法从严惩处囤积居奇、哄抬物价、制假售假等扰乱市场秩序的行为，稳定市场价格，维护市场秩序；

（9）依法从严惩处哄抢财物、干扰破坏应急处置工作等扰乱社会秩序的行为，维护社会治安；

（10）采取防止发生次生、衍生事件的必要措施。

2. 社会安全事件应急处置措施

（1）强制隔离使用器械相互对抗或者以暴力行为参与冲突的当事人，妥善解决现场纠纷和争端，控制事态发展；

（2）对特定区域内的建筑物、交通工具、设备、设施以及燃料、燃气、电力、水的供应进行控制；

（3）封锁有关场所、道路，查验现场人员的身份证件，限制有关公共场所内的活动；

（4）加强对易受冲击的核心机关和单位的警卫，在国家机关、军事机关、国家通信社、广播电台、电视台、外国驻华使领馆等单位附近设置临时警戒线；

（5）法律、行政法规和国务院规定的其他必要措施。

严重危害社会治安秩序的事件发生时，公安机关应当立即依法出动警力，根据现场情况依法采取相应的强制性措施，尽快使社会秩序恢复正常。

（四）公安机关在应急处置中的职责

1. 公安机关参与应急处置的必要性

突发事件不仅会造成人员伤亡、财产损失、环境破坏，还可能产生广泛的社会影响，滋生违法犯罪行为，破坏社会治安秩序，甚至引发社会秩序的混乱。根据《突发事件应对法》、《中华人民共和国警察法》等法律法规，公安机关参与突发事件应急处置是法定的职责和义务。另一方面，公安机关组织化程度高，有严明纪律和工作作风，反应快速，能够提

高应急处置效率。

(1) 公安机关在应急处置中的职责。组织疏散群众。突发事件中组织人员疏散是减少人员伤亡的最重要的措施。根据我国相关法律，公共场所和企事业单位发生突发事件由在场的工作人员和应急组织负责组织疏散，其他场所人员疏散并没有明确规定。在实际应急处置工作中，突发事件中由于能够在第一时间到达现场，以及所具有的权威性和专业性，应急疏散一般由警察和消防人员组织实施或。

(2) 实施警戒、交通管制。在应急处置中出于人员安全和保护现场的需要，公安机关应根据危险性和事件影响范围划定警戒区，进行警戒。另一方面，应急处置中有大量人员、车辆、设备需要进出现场。公安机关根据应急处置需要，对现场及相关通道实行交通管制，开设应急救援“绿色通道”，确保抢险救灾物资和人员能够及时、安全送达，保证应急救援工作的顺利开展。

(3) 打击违法犯罪、维护治安秩序。突发事件中，特别是在严重的自然灾害和社会安全事件中，控制现场、维护治安秩序尤其重要。公安机关要加强对重点地区、重点场所、重点人群、重要物资和设备的安全保护，依法严厉打击违法犯罪活动。公安机关应及时对盗窃、抢劫、破坏救灾行动、哄抬物价、制造传播谣言、煽动群众不满情绪等违法犯罪行为依法作出处理。必要时，依法采取有效管制措施，控制事态，维护社会秩序。

(4) 组织保护现场、适时展开调查。突发事件可能是制度或管理缺陷造成的，也可能是人的失误、错误行为、违法犯罪或恐怖袭击造成的，必须对突发公共事件的起因、性质、影响、责任、进行调查分析。公安机关应采取措施保护现场，及时收集证据，和相关部门一起适时展开调查。

(5) 对新闻媒体及信息进行管理。在突发事件处置中，新闻媒体的人员、车辆、设备大量聚集，大量信息发布。另一方面，谣言流言的传播会对事件的处置、社会秩序稳定和公众的心理产生直接或间接影响。公安机关应对媒体及各种信息进行管理，确保真实可靠的应急信息广泛传播，维护媒体的监督权，从而提高政府的应急处置效率和公信力。

第二部分　典型案例评析

一、事件概况

2014 年 12 月 31 日晚，上海外滩风景区大量市民游客涌向外滩观景平台，呈现人员逐步聚集态势。23 时 35 分外滩陈毅广场东南角北侧人行通道阶梯处有人失衡跌倒，继而引发多人摔倒、叠压，致使拥挤踩踏事件发生，造成 36 人死亡，49 人受伤。

二、事件分析

(一) “12 · 31” 外滩陈毅广场拥挤踩踏事件性质

这是一起对群众性活动预防准备不足、现场管理不力、应对处置不当而引发的拥挤踩踏并造成重大伤亡和严重后果的公共安全责任事件。

(二) “12 · 31” 外滩陈毅广场拥挤踩踏事件发生的原因

1. 对新年倒计时活动变更风险未作评估

大量市民游客认为外滩风景区会举办新年倒计时活动，南京路商业街和黄浦江对岸的上海中心、东方明珠等举办的相关活动吸引了部分市民游客专门至此观看。对此，黄浦区政府在新年倒计时活动变更时，未对可能的人员聚集安全风险予以高度重视，没有进行评估，缺乏应有认知，导致判断失误。

2. 新年倒计时活动变更信息宣传严重不到位

新年倒计时活动变更后，主办单位应当提前向社会充分告知活动信息。但是，直至12月30日，黄浦区旅游局才对外正式发布了新年倒计时活动信息，对“外滩”与“外滩源”的区别没有特别提醒和广泛宣传，信息公告不及时、不到位、不充分。

3. 预防准备严重缺失

黄浦公安分局在编制的新年倒计时活动安全保卫工作方案中，仅对外滩源新年倒计时活动进行了安全评估，未对外滩风景区安全风险进行专门评估。安保人员配置严重不足。

4. 对监测人员流量变化情况未及时研判、预警，未发布提示信息

黄浦公安分局指挥中心未严格落实上海市公安局指挥中心每半小时上报人员流量监测情况的工作要求，也未及时向黄浦区委区政府总值班室报告。黄浦公安分局对各时段人员流量快速递增的变动情况未及时采取有效措施，未报请黄浦区政府发布预警，控制事态发展。对上海市公安局多次提醒的形势研判要求，未作响应。

5. 应对处置不当

针对事发当晚持续增加的人员流量，在现场现有警力配备明显不足的情况下，黄浦公安分局只对警力部署作了部分调整，没有采取其他有效措施，一直未向黄浦区政府和上海市公安局报告，未向上海市公安局提出增援需求，也未落实上海市公安局相关指令，处置措施不当。上海市公安局对黄浦公安分局处置措施不当指导监督不到位。黄浦区政府未及时向市政府报送事件信息。

（三）上海市公安局有关工作情况

2014年12月19—28日，上海市公安局多次召开党委会议和各公安分局领导专题会议，专题研究部署元旦春节安保维稳工作，就做好元旦春节安保维稳工作提出明确要求。12月30日，上海市公安局主要领导在安保维稳工作动员部署视频会上强调，上海中心的亮灯和灯光秀仪式可能造成陆家嘴、外滩等相关区域短时间内游客大量聚集，要按照“一活动一方案”、“一点一方案”的要求，制定周密的安保工作方案和应急处置预案，加强活动现场警力配置。

1. 外滩风景区人员流量监测和报告情况

20时12分，上海市公安局指挥中心要求黄浦公安分局指挥中心整点上报外滩风景区和南京路步行街人员流量情况。

21时27分，上海市公安局指挥中心要求黄浦公安分局指挥中心每半小时上报外滩风景区和南京路步行街人员流量情况。

2. 黄浦公安分局警力调配情况

21时13分，黄浦公安分局调集辖区5家派出所40名警力增援南京路沿线，22时左右到岗；21时18分，通知警训队20名警力增援外滩分指挥部，21时44分，警训队20名警力到岗。

21时20分，指挥中心指挥员俞磊带领40名警力到达外滩分指挥部增援。

21时27分，黄浦公安分局局长周正要求采取“铁马”措施，每隔10米安排1名警力；外滩风景区观景平台入口设立单向通行警戒带。此后，黄浦公安分局根据人员流量情况，对

现有警力部署进行调整。

22时44分，周正要求南京路沿线警力设置拦截线减缓人群往外滩方向流动。

截至23时30分，黄浦公安分局在外滩风景区、南京路沿线共布置警力510名，其中陈毅广场80名（阶梯处13名），南京路沿线150名。

3. 上海市公安局指令和警力增援情况

22时12分，上海市公安局指挥中心指令培训三部、培训四部、静安公安分局、虹口公安分局、闸北公安分局共500名警力增援黄浦公安分局。23时10分，虹口公安分局增援警力到达中山东一路、滇池路口，任务是负责中山东一路（南京东路至北京东路）沿线警戒和人群疏导；23时30分，闸北公安分局增援力量到达陈毅广场北侧观光隧道入口，任务是引导和疏散观景平台人群。23时35分，培训三部、培训四部增援警力分别位于中山东一路福州路路口、中山东一路北京东路路口。

23时24分，上海市公安局指挥中心致电黄浦公安分局指挥中心，建议在外滩风景区沿线的中山东一路两端对机动车进行改道分流，实施交通临时管制措施。黄浦公安分局指挥中心回复，继续保持交通畅通，否则老百姓会认为外滩风景区有大型活动。

（四）事件发生和应急处置及救援情况

1. 现场救援情况

拥挤踩踏事件发生后，在现场维持秩序的民警试图与市民游客一起将临近的摔倒人员拉出，但因跌倒人员仍被上方的人流挤压，多次尝试均未成功。此后，阶梯处多位市民游客在他人帮助下翻越扶手，阶梯上方人流在民警和热心的市民游客指挥下开始后退，上方人员密度逐步减小，民警和市民游客开始将被拥挤踩踏的人员移至平地进行抢救。许多市民游客自发用身体围成人墙，辟出一条宽约三米的救护通道。现场市民游客中的医生、护士都自发加入了抢救工作，对有生命体征的受伤人员进行紧急抢救。

23时49分起，先后有19辆救护车抵达陈毅广场，第一时间开展现场救治和伤员转运。上海市公安局及黄浦公安分局迅速开辟应急通道，调集警用、公交及其他社会车辆，将受伤市民游客就近送至瑞金医院、长征医院、上海市第一人民医院和黄浦区中心医院抢救。同时，迅速组织力量千方百计收集伤亡人员信息，及时联系伤亡人员所在单位和家属。

2. 事发后应急处置与善后情况

事件发生后，市委、市政府主要领导迅速赶赴现场指挥应急处置工作，并分别赶往医院看望慰问受伤人员和伤亡人员家属。同时，连夜召开紧急会议，决定成立医疗救治、善后处置等专项工作组和联合调查组，各组当即开展工作。

调动全市优质医疗资源全力以赴救治伤员。通过多种途径尽快确认伤亡人员身份，及时向社会公布遇难者名单，并对出院伤者进行随访。指派专人全力做好伤亡人员家属的接待、安抚，组织专业人士对受伤人员和伤亡人员家属进行心理疏导。

通过组织集体采访、书面发布、“上海发布”政务微博及微信等形式，及时向媒体和社会发布相关信息。

（五）公安机关的责任

1. 黄浦公安分局对事件负有直接管理责任

黄浦公安分局负责本行政区域内重大节庆、重要人员密集场所的安全保卫工作方案和专项安全保卫应急预案的制定与实施。未落实黄浦区政府常务会议提出的具体要求，未研究制定专门的应对方案；对12月31日监测到的人员流量变化情况风险评估不足，未及时提出预警；应对处置措施不到位；未及时向本级政府和上级主管部门报送突发事件信息；对上级主管部门的要求执行不力。

2. 上海市公安局对事件负有指导监督管理责任

上海市公安局负责全市范围内公共场所安全保卫工作的指导监督管理。对黄浦公安分局落实上海市公安局"'一点一方案'，制定周密的安保工作方案和应急处置预案，加强活动现场警力配置"的要求监督检查不到位；对黄浦公安分局 12 月 31 日外滩风景区安全保障工作的检查指导督促不够。

第三部分　实训教学设计

一、实训设计思路

通过"制订应急预案"实训教学，将危机管理中的抽象理论与实践紧密联系在一起。学生通过制定一份完整的应急预案，对存在风险进行识别，收集、整理、加工、编排、运用和突发事件预防与应对相关的各种信息，融合危机管理中预防、准备、处置和恢复的相关知识，把专业理论有效转化为实际操作能力，形成对危机管理更深入的理解认识。

二、实训指导

（一）实训目的

通过实训使学生理解应急预案的作用，掌握应急预案的内容、制定原则和方法。

（二）实训内容

学生对我校存在的风险进行分析并选择一类突发事件，制订应急预案。

（三）相关知识点

《突发事件应对法》《国家突发公共事件总体应急预案》中关于应急预案的知识。

（四）实训课时

2 课时

（五）实训要求

1. 引导学生正确认识公共安全风险。
2. 引导学生掌握应急预案的制定方法、步骤。
3. 引导学生理解应急预案的作用和制定要求。
4. 引导学生按照应急预案的规范、要素完成应急预案的制订。

（六）实训保障

准备制订应急预案所需电脑及纸、笔等工具。

（七）实训步骤

1. 学生按每组 6 人分组并选出组长，由组长负责实训的组织工作。要确保每个学生都参与到实训中。

2. 学生根据所学理论知识，明确实训的目的、内容、重点并制定实施方案。

3. 学生对我校可能发生的突发事件进行分析调查、搜集资料。

4. 学生制定一份应急预案。要求预案的格式规范、结构完整，预案具有合理性和可操作性。实训中注意分工合作，严禁互相抄袭。

5. 根据制定的应急预案制作 PPT，进行讲解说明。教师给予点评，指出实训过程中的优点及不足。

6. 学生和老师分别写出《实训报告》（学生用）和《实训报告》（老师用）。

（八）考核评分标准

实训考核成绩按照优、良、中、及格、不及格五级记分制评定，从以下方面考核记分：对突发事件的正确认识 20%，应急预案的格式规范 25%；应急预案的完整性、合理性、可操作性 25%；组织纪律性、团结协作精神 30%。实训结束后，实训学生按照实训要求写出实训报告，实训指导老师根据学生分组实训情况和实训报告完成质量情况给出实训小组成绩，由实训小组长在实训指导老师的监督下会同本小组成员商量后，根据本小组成员在实训中的贡献大小、表现情况等，在实训指导老师给出的实训小组成绩基础上给出本小组成员的个人成绩。

◎ 本章小结

自然灾害、事故灾难、公共卫生事件、社会安全事件等各类危机事件会危害公共安全和社会秩序稳定。参与危机管理、科学有效应对突发事件是公安机关的法定职责。公安机关通过危机管理的理论学习和实践不断提高危机管理水平。公安机关应正确认识所面临的风险、对风险进行识别和评估，在日常工作中通过各种手段和措施消除隐患预防减少突发事件的发生及可能造成的危害，在通过信息监测和研判，准确预警的同时制订应急预案、做好培训演练等准备工作、依法积极参与应急处置与救援。

◎ 思考与练习

1. 分析在治安工作中可能存在危机事件的种类和特征。
2. 突发事件预防的基本措施有哪些？
3. 一份完整的应急预案应该包括哪些内容？
4. 在突发事件现场中，公安机关如何做好处置工作？
5. 在突发事件应急处置中公安机关如何做好治安保障？

◎ 拓展阅读

风　险

风险在人类社会中一直存在。“风险”最早出现在 16 和 17 世纪，表示在航行到未知区域时遇到危险或触礁，后来成为商业行为和金融投资中的常用概念。之后风险研究又进入到流行病学、工程学、经济学、医学等领域。20 世纪 70 年代后，随着核工业和化工业的污染事故不断发生，社会学家使用“风险”这一术语来指涉及技术和社会发展的灾难性后果。“风险”本身并不是“危险”或“灾难”，而是发生危险和灾难的可能性。风险的本质是损失性和不确定性。风险普遍存在，无处不在，无时不在。风险的存在具有客观性，不以人的意志为转移，只能通过改变其存在和发生的条件，降低发生的可能性和减少损失程度。

从风险产生的原因来看风险可分为自然风险和人为风险。自然风险是由于自然界不可抗力而引起的自然灾害所导致，如地震、洪水、台风等。人为风险是由于人们的行为及各种政治经济活动引起的。个人或组织的不当、过失或故意行为如生产事故、故意破坏、恐怖袭击等可能给社会造成损失。科学技术如网络、基因技术、核技术发展带来的副作用可能给社会造成损失。

随着现代社会的演进，中国社会除了传统风险，如自然灾害、传染病等对人们的生产、生活和社会安全构成威胁外，在现代化进程中技术性安全事故等风险都处于高发势头。另一方面，经济高速增长的背后正隐藏着种种复杂多变的不稳定风险。社会深层次矛盾日益凸显和激化，许多不稳定因素与纠纷极易诱发和放大为社会危机。五大矛盾正处于从潜在风险向公共危机转化的临界点上：一是贫富差距正在进一步扩大；二是社会深层次矛盾日益凸显并有激化的趋势；三是社会治安形势严峻，无直接利益关系的群体事件或恶性事件呈现上升趋势；四是仇富、仇官、仇权的社会心态问题日渐突出，极易借助现代传播媒介迅速放大为社会危机；五是非传统安全危机正成为公共安全的主要威胁。征地纠纷、拆迁纠纷、物业纠纷、改制纠纷、医患纠纷、劳资纠纷、污染纠纷、借贷纠纷；食品安全、药品安全、医疗安全、生产安全、网络安全已经成为引发社会矛盾最敏感的“导火索”，造成突发性事件。同时，由于风险的全球化，现代风险的影响已超越国家疆界，如国际金融风险、环境风险、技术风险、生物入侵等随时可能对我们的安全造成威胁。

我们必须把防风险摆在突出位置，“图之于未萌，虑之于未有”，力争不出现重大风险或在出现重大风险时扛得住、过得去。需要注意的是，各种风险往往不是孤立出现的，很可能是相互交织并形成一个风险综合体。对可能发生的各种风险，各级党委和政府要增强责任感和自觉性，把自己职责范围内的风险防控好，不能把防风险的责任都推给上面，也不能把防风险的责任都留给后面，更不能在工作中不负责任地制造风险。要加强对各种风险源的调查研判，提高动态监测、实时预警能力，推进风险防控工作科学化、精细化，对各种可能的风险及其原因都要心中有数、对症下药、综合施策，出手及时有力，力争把风险化解在源头，不让小风险演化为大风险，不让个别风险演化为综合风险，不让局部风险演化为区域性或系统性风险，不让经济风险演化为社会政治风险，不让国际风险演化为国内风险。

第十三章 群体性事件预防与处置

【学习目标】了解群体性事件的概念和范畴，理解掌握群体性治安事件成因和特点，明确公安机关在群体性事件处置中的位置和作用，正确理解和运用群体性事件的处置原则，正确理解、熟练掌握和灵活运用群体性事件的现场处置步骤和处置方法。

【教学重点】群体性治安事件的成因及其特点，群体性治安事件的处置原则及方法。群体性事件现场处置机制的科学建构，群体性事件现场处置方法的理解和应用。

【教学难点】群体性事件现场处置方法的准确适用。

第一部分 基础知识

一、群体性事件界定

（一）群体性事件的含义

关于“群体性事件”的称谓，说法不一，从20世纪50—70年代的“群众闹事”，80年代初到80年代中后期的“治安事件”，80年代末期的“突发事件、治安突发事件、突发性治安事件”，90年代的“紧急治安事件”等，直至现今所使用的“群体性治安事件”或“群体性事件”。

所谓“事件”，《现代汉语词典》解释为：“历史上或社会上发生的不平常的大事。”所谓“治安事件”，《中国公安百科全书》中解释为：“群体或个人为满足某种需要，在特定环境实施危害社会行为并导致事态加剧、扩大，扰乱和破坏社会治安秩序的事件。”2000年4月5日公安部颁布实施的《公安机关处置群体性治安事件规定》界定为：“聚众共同实施的违反国家法律、法规、规章，扰乱社会秩序，危害公共安全，侵犯公民人身安全和公私财产安全的行为。”2008年12月9日公安部颁布实施《公安机关处置群体性事件规定》，取代了《公安机关处置群体性治安事件规定》，明确规定了不同情形下群体性事件处置的不同要求。

结合有关著述，本书认为，无论哪种称谓，其含义基本上是一致的，只不过在不同的社会环境和时代背景下有不同的表述而已。群体性事件即是指部分社会成员为满足某种需要而结成违规群体，在特定的时间和环境下针对特定对象和目标，实施过激或暴力行为，造成了严重后果或政治影响的事件。其认定要综合考虑事件主体的多元性、主体主观方面的目的性、实施时空环境的特定性、事件后果的危害性等方面。

1. 事件主体的多元性

群体性事件的主体是为了达到某种个人目的、满足某种需要而在特定环境下集结的社会群体。从已发群体性事件的主体看，包括工人、农民、教师、学生、干部、个体户、无业游民等各类不同的群体，甚至一种群体性事件就有多种不同社会身份的人参加。既有由某种共同动因或由姻缘、血缘、业缘、地缘关系构成的群体，也有由于偶然因素而临时聚集起来的群体。

2. 主观方面的目的性

组织或参与群体性事件的人员，其行为总是围绕一定的目的而进行的。解决某些问题、满足某种需要是引发事件的基本动因。相当数量的群体性事件在酝酿之初就成立了组织，对事件举行的时间和地点、采取的行为方式、事后结果等都事先做了精心策划和周密安排，其目的指向非常明确。

3. 时空环境的特定性

群体性事件都是在一定的时间和空间发生的，时空环境与事件的发生存在某些间接关系，与某些类型事件的升降有着一定的关系。特定环境的利用，更有利于事件主体目的的达成。如选择重要的节假日、特定的历史时间、交通要道、党政军机关门前等。其影响更大、后果更严重、更容易引起有关部门重视，所以，往往被事件主体所选择利用。

4. 事件后果的危害性

群体性事件的组织或参与主体为达到其目的，在事件的实施过程中往往采取过激或暴力行为，甚至在情绪激动扩张的情况下不顾危害后果而实施犯罪行为，其大多抱着“不闹不解决、小闹小解决、大闹大解决”的不良心态，追求尽可能大的社会影响，其结果毫无例外都造成严重的社会危害。当然，其造成的社会危害在表现形式上具有多样性，既可以是有形的、具体的、可视的物质性危害结果，也可以是无形、看不见、无法测量和确定损害程度的非物质性危害结果。我国近年来群体性事件日趋严重，已经成为影响社会政治稳定和社会治安秩序的重大隐患。

（二）群体性事件范围的界定

结合有关法律规范规定，我国现阶段的群体性治安事件主要有以下几种：

1. 人数较多的非法集会、游行、示威；

2. 集会、游行、示威和集体上访活动中出现的严重扰乱社会秩序或者危害公共安全的行为；

3. 严重影响社会稳定的罢工、罢课、罢市；

4. 非法组织和邪教等组织的较大规模聚集活动；

5. 聚众围堵、冲击党政机关、司法机关、军事机关、重要警卫目标、广播电台、电视台、通信枢纽、外国驻华使馆、领馆以及其他要害部位或者单位；

6. 聚众堵塞公共交通枢纽、交通干线、破坏公共交通秩序或者非法占据公共场所；

7. 在大型体育比赛、文娱、商贸、庆典等活动中出现的聚众滋事或者骚乱；

8. 聚众哄抢国家仓库、重点工程物资以及其他公私财产；

9. 较大规模的聚众械斗；

10. 严重危害公共安全、社会秩序的其他群体性行为。

二、当前群体性事件发生的原因

群体性事件是社会一定发展阶段政治、经济、文化等社会问题的一定反映，往往是多种因素综合作用的结果，如改革的阵痛，分配不公、贫富差距拉大，干群矛盾、官僚作风、干部腐败，转型期的价值冲突、文化冲突，民族与宗教问题交织，管理不善，诉求表达机制不畅等。

原因一，社会转型引发矛盾聚集是群体性事件产生的社会根源。

具体的利益冲突成了引发群体性事件的导火索。改革开放以来，我国经济、政治体制改革带来了社会的大发展，但社会政治进步、经济繁荣并不必然或自动导致社会的公平、公正与社会稳定。而改革的阵痛往往带来社会矛盾的聚集。在社会转型期，社会关系日趋多样、社会结构日趋复杂，无论是社会秩序的建立还是维持和更新，都有别于以往社会。而社会转型意味着社会由传统社会向现代社会的一种发展与成长过程。

中国人民公安大学宫志刚教授用“转型”特别指社会的结构性变动。他认为社会转型对社会秩序产生了深刻影响，在一定意义上社会转型就是社会秩序的转型，而这一转型也就意味着社会控制机制的转型。其特殊性引起了社会秩序的剧烈变化，深刻地影响了人们之间的关系和社会的整个控制机制，出现了严重的社会失序现象。而且引起社会控制真空，必然伴随社会控制机制的失效。①

当前，由利益冲突引发的群体性事件主要有：对政府出台的某些政策、措施不满而引发的群体性事件。如有的地方在出台关系群众切身利益的重大决策时，决策过程封闭，工作方法简单，不征求群众意见，不进行科学论证，往往好事没办好，导致群众产生对立情绪而引发群体性事件；企业经营亏损、破产、转制，相关企业职工的工作安排和生活保障问题得不到妥善解决而引发的群体性事件；征地搬迁，当土地被征用后，土地征用补偿、征地后劳动力的就业和安置等相关政策不落实不配套，影响了村民的切身利益而引发群体性事件；政治效能不佳，不能依法行政，如部分干部中的官僚主义、形式主义作风和腐败现象严重，干群关系紧张，某些领导干部的权钱交易，暗箱操作，为了维护个人的既得利益或攫取将来利益，而混淆是非，甚至无中生有，严重损害了许多相关或无辜群众的利益，引起了人们不满的积压而引发群体性事件；环境污染问题引发群体性事件等。

原因二，利益诉求通道和司法救济渠道不畅是群体性事件产生的法律根源。

利益诉求通道和司法救济渠道不畅使人们由合法表达转而寻求“以闹造影响解决”。以信访为例，过去上访的群众大多情绪比较温和，而现在则多是集体上访、越级上访，数量明显递增，规模日益扩大。中国农民问题实证研究学者于建嵘套用毛泽东论长征的话给出了自己的“上访论”：“上访是宣传队，农民在上访途中获悉对他们有用的中央政策和文件，并转而把这些文件变成与地方政府抗争的武器；上访是加速器，农民因为上访屡遭挫折，进而意识到必须提出更高的政治要求；上访是大学校，农民在上访中看尽各级政府官员的脸色，认识到自己在现实生活中的政治地位；上访是联络站，上访代表们在上访中实现跨村、跨乡、跨县的横向联合；上访是催生婆，农民在上访中得出上访是死胡同的结论，从而转向组织集体抗争；上访还是农民领袖的摇篮，很多农民起初上访是为个人，在上访过程中意识到还要发动和组织群众。”②

从我国近些年来发生的群体性事件来看，绝大多数事件都属于人民内部矛盾，参与者大多数是由于其利益受到损害的个体或群体，他们在初始阶段提出的要求都是请求党委、政府或职能部门解决某一问题。但由于一些领导者或职能部门对待群众的情绪、请求，采取漠不关心、放任自流，或作出的承诺不去兑现、推诿扯皮，或对暂时解决不了的问题不去深入细致地做好疏导工作，群众的要求得不到圆满的解决，就有可能从不满形成对抗。如果每一次

① 宫志刚．社会转型与秩序重建［M］．中国人民公安大学出版社，2004：13-14.

② 李广深，贾国勇．检察风云，2005（7）.

的努力都失败，所反映的问题都不能解决或暂时不能解决，事件的主体就会选择其他途径加以解决，甚至选择偏离法律规定的方式或方向，持续不断地制造偏激的事件，谋求问题的解决，而且，每一次的选择都会使事态进一步扩大和升级。

三、新形势下群体性事件的特点

当前我国正处于社会转型期，在这一特殊社会时期，群体性事件也呈现出其与时代相衔接的特点，如事件数量急剧上升、对抗冲突程度持续加大、事件处理难度不断增加等。

（一）群体性

群体性事件往往是由不同利益群体之间的群体性矛盾引发的，即使是以个体性矛盾的激化为导火索，个体性矛盾最终也必然转化为群体性矛盾，这就使群体性事件具有鲜明的群体性特征。参与群体性事件的群众往往在某种程度或某个范围有共同的思想情绪或者一定的共同利益，思想、语言比较容易沟通，情感上较易接近，其动机、目的比较一致。

（二）突发性

群体性事件是在既有动机支配下有目的、有计划、有方向的行为。当事人一旦形成动机，就会围绕动机选择不同的方式来达到目标，而这个过程又是由内隐向外露逐步显现的过程，虽然在形成结果之前有一些征兆，但公安机关对事件的爆发时间、地点、以何种形式、何种借口发生并没有准确地把握。所以，一旦事件发生，由于处置准备不足或其他各方面原因的互相作用，事态往往很快发生变化或恶化。有些事件的组织者为了达到不可告人的目的，往往采取隐蔽活动、秘密串联、暗中准备的手段，一旦他们认为时机成熟，就会在我们没有准备的情况下，突然发难，制造暴力犯罪或直接危害社会治安秩序和公共安全的重大事件，以胁迫党和政府。

（三）组织性

社会转型期的群体性事件逐渐由结构松散、组织程度化低的状态向结构严密、组织化程度高的方向发展。组织分工越来越严密，一般既有幕后的策划者、组织者，也有前台的鼓动者和串联者，还有信息情报的传递者，有的甚至还有专门的组织机构，不同角色分工明确，各司其职。而且群体性事件的目的性、计划性和步骤性越来越强。尤其是一些参与人数多、持续时间长、规模较大的群体性事件，往往事先经过周密策划，目标明确、行动统一，组织程度明显提高，甚至出现跨地区、跨行业的串联活动。

（四）对抗性

矛盾的尖锐性决定了事件的剧烈性。规模越来越大，当前一些事件动辄则数百人、上千人，有的甚至跨行业、跨地域、跨单位，呈现“连锁反应”，造成社会局部混乱。对抗越来越加剧，许多群体性事件参与群众情绪激烈，行为极端，动辄封桥堵路、冲击党政机关、要挟党委和政府，甚至出现打、砸、抢、烧等犯罪行为，危害越来越严重。一旦处理不当或不及时，就会使矛盾加剧、对抗强化、冲突升级，导致事态愈发恶性发展。群体性事件的发生，直接干扰了正常的工作、生产、生活秩序，有的甚至直接严重破坏公私财产，造成人员伤亡。

（五）公开性

群体性事件的行为人为了尽可能制造社会影响，一般对其行为意图都不隐瞒。甚至对其主张进行公开的宣传，有的还要公开召集会议，试图通过演讲、贴标语、呼口号、散发传单等方式，造成强烈的声势、压力和社会影响，借以达到其指向的目的，有的公然使用暴力或以暴力相威胁。同时，行为人的行为实施地点多选择在公共场所和要害部位，以期通过向政府和有关部门施压的方法，满足特定群体的某种需要。

（六）互动性

群体性事件的参与者之间由于利益共性而存在相互关系，事件主体互相壮胆、互相感染、互相帮助，产生一种整体大于部分之和的系统力量。群体性事件的原因一般带有一定感染力，具有广泛的扩展性，往往能够引起利益相关者心理共鸣，互相感染。同情或共鸣则会吸引更多的人员加入进来，或围观或助威或哄闹，常常促使事件行为人产生应激效应，不断反复，事件就会越演越烈，变得不好控制，甚至远远超出当事人的预期，事件主体失去对局势的控制。互动性的催化作用，强化了事件参与者的行为，使原来与事件无关的群众卷入事件中，使所有卷入事件的行为人的互动更为加剧，事态扩大，造成极其严重的危害后果和重大影响。

（七）复杂性

群体性事件往往是多种因素综合作用的结果。其发生直接原因可能是单一的，但其影响因素是多方面的。许多利益矛盾都是相当长一段时间积累的结果，有的事件年复一年持续，有的事件源头可追溯至若干年前。而且，参与人身份多元化，包罗万象，合理要求和不合理要求、合法要求和不合法要求、正当要求和非正当要求交织混杂，其有效处置也往往需要多部门、多环节共同努力，综合处理。同时，转型期的社会是个多元化的社会，在该时期大多缺乏强有力的统治性的思想制约形式，而社会信仰缺失的结果就是社会认同感的降低和行为自制力的减退，也造成了部分社会公众对法律的怀疑、对社会管理者的怀疑继而影响到其对执法警察的信任和理解，影响到其遵纪守法的理念。这进一步增加了群体性事件的处置难度。

四、群体性事件现场处置要求

（一）公安机关在群体性事件处置中的位置和作用

群体性事件是一个复杂的社会问题，有着深刻的政治、经济原因，是各种社会矛盾的一种显性表现形式。现阶段的群体性事件，更是经济社会发展情况下社会问题的一种表现形式，是社会结构转型过程中人民内部利益关系多元化、复杂化的集中反映。尽管近年来发生的群体性事件呈现出某些对抗性的倾向，但从总体上看，绝大多数是人民内部矛盾引起的。矛盾是推动事物发展的动力和源泉，毛泽东同志在《关于正确处理人民内部矛盾的问题》这部重要著作中，明确指出：社会主义社会是一个充满矛盾的社会，只要解决得及时和得当，矛盾不仅不会构成严重的政治危机，而且有利于社会主义制度的巩固和发展。江泽民同志在党的十四届二中全会上曾强调指出：“应当理解，人民内部矛盾是在人民根本利益一致基础上的矛盾，处理得好，可以增强人民的团结，促进我们的事业兴旺发达。处理不好，使矛盾激化，小事会变成大事，甚至酿成乱子，就会给我们的社会稳定和事业带来不应有的损害。历史经验还告诉我们，敌对势力往往是利用我们在处理人民内部矛盾方面的失误，兴风作浪。”

公安机关应当正确认识现阶段的群体性事件的性质和特点，既不能片面夸大也不能忽视其存在。而且，群体性事件处置工作涉及面广、政策性强，必须依靠深化改革、发展经济，通过党和政府调整完善政策，才能从源头上解决。仅靠公安机关是远远不够的，关键在于群体性事件发生的深层次原因对于公安机关而言绝大部分都是无法解决的。所以，在群体性事件的处置中，应当明确：党委、政府是组织、指挥和决策者，是主角，公安机关是参与、参谋和执行者，是配角。在依法治国的执政理念下，警察权力的有效运行、社会治安的依法治理，需要公安机关只能做自己应当做的事情，履行自己的法定职责，而不能擅越雷池。必须要戒除治安管理权力泛行政化的管理情结和管理行为。

在处置群体性事件中，公安机关必须牢固树立依靠党政领导、服务党政领导、服从党政领导的观念。在及时向党委、政府提供预警性、行动性、内幕性情报信息，出谋划策和请示汇报的同时，应尽量减少和避免动用警力。公安机关动用警力介入群体性事件，主要是维护现场治安秩序、交通秩序，保护党政机关、重点单位、要害部位的安全。只有当群体性事件衍变为聚众冲击党政机关、阻塞交通、挟持人质、实施打砸抢烧等违法犯罪活动时，公安机关才好依法处置。《公安机关处置群体性事件规定》第4条明确规定，公安机关处置群体性事件的主要任务是：

1. 掌握社会不稳定情况和群体性事件动态，迅速向党委、政府和上级公安机关报告，并及时通报涉事单位及其主管部门；

2. 深入了解事件起因、规模、人员构成、发生区域、表现形式、激烈程度和群众的要求等具体情况，准确研判事件性质、发展态势和处置时机，提出相应的处置意见和建议，报告党委、政府决策；

3. 维护现场治安秩序和交通秩序，保护党政机关等重点部位及现场人员的安全，协助有关部门做好疏导化解工作；

4. 适时依法采取相应的强制处置措施，控制局势，平息事态，恢复正常秩序；

5. 掌握事件中涉嫌违法犯罪人员和非法组织以及敌对分子插手情况，及时固定证据，依法适时打击处理。

（二）群体性事件现场处置的原则

群体性事件现场处置的原则是公安机关在现场处置群体性事件时所依据的基本法则和行为标准，是公安机关制定处置方案、对策和处理现场各种实际问题的基础。

1. 党委、政府领导下统一协调的原则

正确处置群体性事件必须自觉把群体性事件处置工作置于党委、政府的直接领导下。处置人民内部矛盾引发的治安事件是一项涉及全局的工作。群体性事件的发生，必然涉及一定的单位和部门，涉及不同层次的人群。故对具有相当规模的群体性治安事件的处置，往往需要调动相应的社会力量开展工作，需要有关部门的协调配合。群众提出的问题和要求，只有在党委、政府的统一领导下，由有关部门密切配合才能解决。群体性治安事件发生后，公安机关要积极建议党政领导和主管部门领导亲临现场，做好矛盾化解工作。要维护好现场秩序，保护党政机关等重点部位及现场工作人员的安全，维护正常的交通秩序。群体性事件原则上由当地党委、政府负责处置，引发事件的问题由有关单位及其主管部门负责解决。公安机关要根据党委、政府的决定，根据自身的职责，积极协助相关部门依法处置。

2. 快速反应、力争主动的原则

群体性事件的处置要求快速反应、及早处置。不管何种类型群体性事件，都决不能容许其恶性蔓延。要求公安机关掌握情报信息要快，警力的机动性要强。一旦发生群体性事件，警力能够迅速赶赴现场，及时采取各种有效措施，实现快速控制。在其酝酿阶段或小规模聚集阶段即进行处置，就能争取主动，快速取胜。要防止不稳定事态的扩大和蔓延，力争把群体性事件的不良影响和危害减少到最低限度。而群体性事件一旦爆发、恶化，往往难以控制。需要付出更大的代价，才能有效处置、平息群体性事件。快速反应，争取主动的核心是“快”。要发现快、反应快、处置快，不能拖延。面对群体性事件，公安机关要在有限的时间内，最大限度的进行情报、信息综合，正确分析面临的形势，迅速作出科学、合理的决策，迅速下达处置命令，使全体作战人员能够正确的贯彻执行。

3. 防止矛盾激化的原则

防止矛盾激化的原则，就是对参与群体性事件的人员，要坚持“可散不可聚、可解不可结、可顺不可激”，以教育疏导为主，努力减少矛盾、缓解矛盾、化解矛盾，最大程度防止事态恶化、矛盾激化。所谓“可散不可聚”，是指在处置群体性事件的过程中，要注意将事件消极的群体性意识形态，采取各种有效措施逐步分解为个体意识形态，使这些个体退出群体范围，实现制止事态发展的目的；所谓“可解不可结”，是指在处置群体性事件的过程中，要善于正视矛盾，妥善解决矛盾，而不是回避矛盾，更不是制造新矛盾；所谓“可顺不可激”，是指在处置群体性事件的过程中，先要顺着事件参与主体成员的“思路”和“脉络”去找出矛盾所在，及时发现问题，抓住有利时机及时疏导化解引发事件的主观因素，避免形成僵持对立局面或在矛盾和问题尚不明确的情况下盲目采取高压政策去激化矛盾。当然，在处置群体性事件的过程中，也要注意掌握分寸，不能在原则问题上让步，更不能退缩、软弱。

4. 慎用警力和强制措施的原则

慎用警力和强制措施的原则，就是指公安机关在处置群体性事件的过程中，要根据群体性事件的性质、起因、规模等来决定是否使用、使用多少和如何使用警力，要严格按照有关规定办事，并切实执行调动警力的批准权限。凡动用警力处置重大群体性事件的，都必须向上级公安机关备案；调动使用武警的，应严格执行相关规定。同时要根据事态发展情况决定如何采取强制措施。不能随意盲目动用警力和强制手段。当然，“慎用不是不用”，警力和强制措施的运用，既要防止使用不慎激化矛盾，又要防止当用不用造成事态扩大、处置不力。根据《公安机关处置群体性治安事件规定》，调动警力 50（含）人以下的，须报经县（市、区）公安机关批准；调动警力 50 人以上 200（含）人以下的，须报经地（市）公安机关批准；调动警力 200 人以上的，须报经省级公安机关批准；跨地区调动的，应当报共同的上级公安机关批准。批准机关和调动机关应当分别及时把批准情况和警力调动部署情况向各自的上级机关报告。情况特别紧急，不及时调动警力采取果断措施难以控制事态时，可以边出警处置、边迅速向上级机关报告；调动使用武装警察部队参与处置治安事件时，应当严格执行《中共中央办公厅、国务院办公厅、中央军委办公厅关于印发〈关于中国人民武装警察部队部署和兵力调动使用批准权限的规定〉和〈关于北京地区中国人民武装警察部队部署和兵力调动使用批准权限的规定〉的通知》，以及《公安部转发〈关于加强武警部队在处置严重社会治安事件中组织工作的规定〉的通知》的规定。对于集体上访尚未影响社会治安和公共交通秩序的和发生在校园、单位内部的罢课、罢工事件，尚未发生行凶伤人或者打砸抢烧行为以及其他由人民内部矛盾引起、矛盾尚未激化、可以化解的群体性行为等尚未危害人民群众生命财产安全和社会治安秩序的群体性行为，不得动用警力直接处置，不得使用警械和采取强制措施，但可以派少量警力去现场掌握情况，维持秩序，配合党政领导和有关主管部门做好化解矛盾的工作，并做好随时出警处置的准备，工作中要讲究策略、注意方法，避免与群众发生直接冲突，现场动态应及时报告。

5. 慎用警械武器的原则

所谓慎用警械武器，是指公安机关在现场处置群体性事件的过程中，必须严格依照国家有关法律规定携带、使用警械武器。坚持慎用警械武器，既是为了保证人民警察依法有效履行职责、及时处置和平息事件，也是依法保护现场公众合法权利的必需。在出警处置由人民内部矛盾引发的群体性事件时，一线民警一般不得携带枪支，为防止不测而携带的非杀伤性警械，也要慎重使用。二线民警可持枪待命。具体地说，由治安警、巡警、交警等组成现场处置组，可携带必要的警械装备，但不得携带武器。其主要任务是疏散现场无关人员，维护现场正常的交通秩序和治安秩序，并配合党委、政府和有关责任部门做好群众的思想教育、劝导工作；由防暴警、武警等组成机动应急组，配备一定数量的警械武器，在距离现场较近的隐蔽处集结待命。一旦事态恶化，如现场出现打砸抢等暴力犯罪时，接到命令后迅速行动，采取强制措施驱散人群，将为首人员带离现场处理。使用警械和武器，应当严格依照《人民警察使用警械和武器条例》的规定。使用催泪弹和武器须经现场指挥批准。

6. 因事施策、区别对待的原则

所谓因事施策、区别对待，就是区别现场不同情况、实施相应的处置对策。因为群体性事件引发的原因是多方面的，危害也各有不同，其往往和其他社会问题交织在一起，变化复杂。如果一律实行一种政策去处理，就达不到正确、妥善处置的目的，处理不好还会把问题造成矛盾激化。要求指挥员根据事件现场的实际情况选择和决定处置方法，要求参战的公安民警针对现场具体情况，灵活机动地实施处置方法，避免因适用处置方法不当而导致现场局势恶化。要严禁冒险冒进而导致现场矛盾激化，发生人员伤亡及重大财产损失的后果。坚持因事施策、区别对待的原则要求公安机关在现场处置群体性事件的过程中，要弄清群体性事件的性质、人员构成、危害结果，根据不同情况实施不同的策略加以处理。对煽动闹事的为首分子、组织策划者、打砸抢分子和其他刑事犯罪分子，要及时抓获、依法惩处；对一般闹事者和附和者，则要疏导教育，晓之以理，告之以法，教育他们正确行使权利，规范与约束他们的行为。要贯彻“区分性质、讲究策略、把握时机、严格执法、冷静稳妥”的基本要求，做到早发现、早报告、早控制、早解决，以维护公共安全和社会秩序。

《公安机关处置群体性事件规定》明确规定了不同情形下的群体性事件处置要求，其第6条规定：遇有下列群体性事件，公安机关不得动用警力直接处置，但可派出便装警察或者少量着装警察到现场掌握情况，维持秩序，及时报告现场动态，配合党委、政府和有关主管部门做好矛盾化解工作，并做好随时出警处置的准备。

（1）集会、游行、示威活动发生在校园、单位内部，尚未发生行凶伤人、非法拘禁或者打砸抢烧行为的；

（2）聚众上访尚未发生堵门、堵路、拦截车辆、围攻殴打国家机关工作人员或者其他严重违法行为的；

（3）对因征地拆迁、企业改制、拖欠工资或者养老金、环境污染、非法集资等与群众切身利益密切相关的群体性事件，聚众现场尚未严重危害交通和治安秩序的；

（4）其他人民内部矛盾尚未激化、可以由有关主管部门化解的群体性事件。

其第7条规定：遇有下列群体性事件，公安机关应当根据党委、政府的决定并在其统一领导下，迅速调集警力赶到现场，依法采取措施妥善处置。

（1）未经许可或者未按照许可进行的集会、游行、示威活动；集会、游行、示威活动中出现严重扰乱社会秩序或者危害公共安全的行为；

（2）聚众上访活动中出现严重扰乱社会秩序或者危害公共安全的行为；

(3) 邪教等非法组织组织的较大规模聚集活动；

(4) 聚众围堵、冲击党政机关、司法机关、军事机关、重要警卫目标、广播电台、电视台、通信枢纽、外国驻华使（领）馆以及其他要害部位或者单位，聚众堵塞公共交通枢纽、交通干线、对外开放口岸、破坏公共交通秩序或者非法占据公共场所；

(5) 其他严重扰乱社会秩序或者危害公共安全的群体性事件。

7. 依法果断处置的原则

所谓依法果断处置，是指公安机关在现场处置群体性事件的过程中，要抓住时机，坚决依照有关法律规范的规定果断做出处理，以便及时有效控制局势，尽快平息事态，防止事态蔓延扩大。尤其对围堵、冲击党政机关、卧轨拦车、阻断交通、骚乱以及打砸抢烧等违法犯罪活动，要抓住时机，坚决依法果断处置。在现场处置时，公安机关无论采用何种战术方法，均应符合法律规定的条件，只能在法律规定的范围内选择适当的战术方法，并且要严格遵循法定程序，只有依法施策，才能保证现场处置战术方法的合法和法律震慑力，才能保证公安机关合法实施警务，不至于授人以柄，陷于被动。坚持依法果断处置的原则，既要求在现场处置中及时根据事件的性质、起因、危害程度和事态发展决定相应的处置方案，又要求严格按照法律规定，切忌感情用事，严禁超越法定权限滥用强制措施，泛化警察权力，坚决杜绝任何侵犯公民合法权益的非法行为。采取紧急处置措施时既要慎重使用，避免使用不当，适得其反，又要在关键时刻当机立断，切忌优柔寡断。“当断不断，反受其乱”，要选准时机，迅速决断，策略得当，依法处理。

五、群体性事件现场处置机制建设

合理有效的群体性事件处置机制是有效处置群体性事件的保障。公安机关应当根据本地群体性事件的实际状况，强化群体性事件现场处置机制建设。

（一）建立灵敏的预警机制

凡事预则立，不预则废。灵敏高效的预警机制，有助于管理者和决策者及时掌握相关的信息，针对性采取有效应对措施。群体性事件一朝发生，却往往要历经萌生、酝酿、发生、演变、扩展、激化等过程，在此过程中，不可避免要显露一些事件迹象。而做好预警就是要求公安机关强化事前、事中、事后三个环节的情报信息收集和应对准备工作。要培养警察职业敏感性，建构敏锐的治安信息意识，按照全面、及时、准确、有效的要求，由派出所和个体民警分层次建立灵敏高效的治安信息网络，认真落实情况报告、分析、反馈制度，切实做到早发现、早报告、早控制、早解决。日常工作中要密切关注社会动态，努力获取预警性、关联性、内幕性的情报信息；要关注社会热点、重大事件和重要时间节点，注重发现和掌握各种可能引发治安事件和违法犯罪行为的苗头、迹象，及时收集社会公众的相关反映，对显露出来的迹象、苗头和公众反映要及时甄别分析，强调与治安和安全的关联性。要重视信息的有用性，严防为数据而数据、为录入而录入的“虚数据化”现象，造成海量数据下的数据垃圾，影响信息预警效能。要注重信息的准确性，尽可能掌握第一手信息，避免信息收集传递过程中的“牛鞭效应①”，要注意二手信息、二手数据、转手信息、转手数据来源的可靠性和现时现地现人的契合性，确保及时掌握最新、最全、最准确的治安信息。

---

① “牛鞭效应”即福雷斯特（Forrester）教授对于需求在信息传导过程中变异放大现象的命名，其意味着信息链越长，信息传递的层级越多，信息被人处理的机会越多，信息的偏差也越大。

（二）建立统一高效的组织指挥机制

指挥效能是决定群体性事件能否快速妥善处置的关键。在处置群体性事件的实践中，多头指挥、协调不好、配合不够等问题严重存在，直接影响处置的效能，有时还出现个别党政领导有悖法律规定随意指挥、滥用警力和警械武器的情况。要确保指挥统一、指挥得当，要在对群体性事件认真分析、准确定性基础上及时下达可行性处置命令。定性分析是处置的前提条件，只有定性准确，才能处置得当。毛泽东同志在《中国革命战争的战略问题》中即明确指出："指挥员的正确部署来源于正确的决心，正确的决心来源于正确的判断，正确的判断来源于周到的和必要的侦察，和对于各种侦察材料的连贯起来的思索。"① 要根据《公安机关处置群体性治安事件的规定》，设立高效、简洁、灵敏、实用的指挥决策机构，指挥决策必须在党委政府的统一领导下，并根据现场的实际情况各负其责。组织指挥机制一般包括三个层次。即指挥中心、现场指挥部、现场指挥部下设战斗实体。指挥中心一般设在指挥畅通、调度有力的市、县公安指挥中心，由当地党委和政府部门领导挂帅，公安、国家安全部门、武警、有关职能部门及有关责任部门人员参加；现场指挥部一般设在离现场较近的民房、机关事业办公场所或拥有车载台的流动警车上，根据指挥中心的指令和授权，组织实施现场的处置工作，是现场处置群体性事件的必要组织形式和保证。

根据《公安机关处置群体性事件规定》第5条的规定：群体性事件的现场处置工作由事件发生地的县级公安机关负责；上级公安机关可以派人到现场指导或者直接负责现场处置工作。跨地区发生的群体性事件的现场处置工作，由共同的上一级公安机关负责，也可以由上级公安机关指定的公安机关负责。现场指挥部下设战斗实体一般由通信联络组、现场警戒组、现场证据调查组、现场宣传教育组、后勤保障组、机动力量组等组成。其职责为按照分工，负责现场指挥部各项命令的组织落实。"在最一般意义上说，突发公共事件应急处置的各项环节中，决策始终是一个关键环节，而在决策这个环节中，信息优势是关键中的关键。决策者能不能获得及时、准确、足够、全面的信息，是能不能作出正确识别的关键。"② 决策指挥部门作为群体性事件处置指挥系统的核心，要做出正确的决策，必须有强大的信息传递系统，将各种分散于各部门的零散信息汇集到一个信息处理平台，只有各个部门的信息实现了最大程度的共享，才有可能在应对危机时共同行动。

（三）建立强有力的保障机制

古人云：兵马未动，粮草先行。警务保障是公安机关职能作用得以充分发挥的物质基础，是保证积极预防和妥善处置群体性事件的必要条件。要求建立完善现场处置的警力保障、装备保障、指挥保障、信息保障、后勤保障等。为了增强处置群体性事件的威慑力量，必须加大对现场处置群体性事件工作的投入，装备配有高音喇叭、车载台和远射灯的现场处置专用指挥车、运兵车，配备防暴钢盔、盾牌等标准的民警防护装备。运送警力的车辆应集中停放在现场附近的开阔地带，不宜停放在中心现场。参与处置的人员必须携带通信工具，确保通信畅通。还应该研究在现场混乱、环境复杂的情况下，如何进行联系沟通的方法，以确保指挥顺畅，步调一致。

（四）建立高效率的现场处置机制

群体性事件的现场处置机制要立足于事态控制，严防事态升级，在控制的基础上逐步平

① 毛泽东选集（第1卷）．人民出版社，1991：179.

② 高小平等：关键环节：突发事件应急处置的重要视角，中国应急管理，2008年第2期。

息和消解。首先，要制定、演练群体性事件的可行性处置预案。要求公安机关事先根据已发群体性事件的成因、特点、规模及处置经验，结合本地治安实际情况，针对未来可能发生的群体性事件制定出可行的科学处置方案，并按照预案规定进行演练，做到有备无患；其次，要建立诸警种联动的快速反应机制，及时通告信息，迅速作出决策，立即布置警力，快速出警，快速反应，果断应对；再次，要建立快速有效的现场控制机制。要根据现场实际情况，做好警力分配与布局，做好事件原因和现场情势的调查分析工作，做好有关法律规范、方针政策的宣传教育工作、人群的疏散工作，做好有关人员的分化瓦解和事件极端个体的抓捕工作，做好事发现场重点目标、重点人员和要害部位的保护工作，做好机动力量的调配和后备支援工作等。要采取各种措施尽量减少群体性事件规模，将事件危害降到最低，防止事态恶化。

（五）建立科学的评估机制

科学评估是总结群体性事件应对和处置工作得失，为后发群体性事件提供预防和处置借鉴，全面提升预防和处置群体性事件能力的必要工作。群体性事件处置工作结束后，应当及时对事件的预警情况、组织指挥效能和现场处置效果进行分析和评判。分析事件发生前后相关信息的收集和研判情况，是否存在事件发生的苗头和迹象，是否预先发现了事件发生的苗头和迹象，事件相关信息的采集是否到位，研判是否有效，是否采取了相关措施，采取的相关应对措施是否及时有效等；分析事件发生过程中应对举措的及时性和有效性，如接处警的速度是否达到规定要求，决策的作出与下达是否正确及时，现场警力的布局是否合理，保障是否充分等；分析事件危害与处置代价相比的恰当度，是否以最小的处置代价有效地控制了事态，是否将事件危害降到了最低程度，具体事件的处置过程中有没有疏漏的地方，有无值得商榷的地方，有无预警能力和处置能力提升的空间，如何提升群体性事件有效应对空间等；分析党委和政府的满意度，群体性事件的处置效能是否符合相关法律规范规定，是否达到了党委和政府的要求；分析社会反响度和有关群众的满意度，事件现场处置是否使有关群众合理接受、社会反响是否正面、积极等。通过对具体群体性事件应对与处置的客观总结和翔实评估，进一步改进、完善处置对策，为以后群体性事件现场处置工作提供借鉴。

六、群体性事件现场处置策略

公安机关应当正确认识现阶段群体性事件的性质、原因、特点，以发现得早、控制得住、处置得好为目标，坚持预防为主与妥善处置相结合，坚持依法办事、按政策办事，坚持理性、规范、适时、有效处置，坚决维护人民群众的合法权益，有效维护公共安全和社会稳定。

（一）群体性事件现场处置的步骤

1. 获取信息，接受指令，快速准备，赶赴现场

为了有效地控制和平息群体性事件，维护社会治安秩序，公安机关要及时有效地做好信息的采集分析工作。随着现代社会的快速发展，信息作为一种资源在社会生活中的地位和作用越来越突出。谁占有的信息多，谁就能先发制人，赢得主动，立于不败之地。公安机关应当把“早发现，早控制、早疏导”和“把问题解决在内部、解决在基层、解决在萌芽状态”作为处置群体性事件的指导思想，深入重点区域、重点单位，深入到基层，广泛收集掌握群体性事件的信息，努力把工作做在前头。在分析信息的基础上，判明事件性质，并迅速派出警力先期进行处置，同时，向公安机关的指挥中心、本单位上级领导报告情况。对指挥中心

下达的处置指令，必须坚决服从、迅速执行，不得推诿和延误。其重心在于及时接警、迅速出警和建立反馈制度。

快速准备则主要包括以下几个方面的内容：（1）指挥员紧急会议。一是对治安事件的情况及其趋势作出分析判断，统一认识；二是明确上级的指挥意图和本级的任务、分工；三是对处置队伍的组合及如何动员作出决定；四是提出与处置任务相适应的处置方案。（2）进行组织动员。包括人员的挑选，事件情况的介绍，发展态势、预测和对策，交代任务、现场环境情况，明确队伍出发时间、路线和路程，进行动员教育和政策、组织纪律教育，确定机动力量。动员工作要重在激发队伍的热情，同时，让大家出谋献策。（3）做好交通、通信、警械、饮食、医药等后勤保障。交通、通信工具和警械武器的性能必须保持良好状态，限时可以投入使用，要求责任明确、具体，落实到人。同时，还要作好出征之前的综合检查，做到万无一失。（4）机动力量的准备。现场处置过程中，警力的调整或某些环境必须随时增援，这些主要依靠机动力量去补充。因此，机动人员必须精干，有较强的应变能力，做到招之即来、来之能战、战之能胜。赶赴现场后，要根据现场实际状况，抢占有利地形。现场处置队伍进入现场，要根据事件发展态势和现场处置需要，利用执行职务的优势条件，因地施策，及时抢占各种有利地形，占据优势，实施全空间控制。

2. 警力编组，控制现场，保护要害，制止危害

处置不同的群体性事件，应当根据其类型、规模、特点的不同，按出警程序，将现场处置队伍编成现场处置组、情报收集组、交通管制组、取证审查组、宣传教育组、通信后勤保障组、应急机动组等若干个任务组，并报上级机关批准。现场处置队伍进入事件现场后，要根据事件的类型、规模和发展状况，采取强制的或非强制的或者交叉使用各种措施和手段，迅速控制现场。要通过显示警力和震慑作用，将事件控制在原有范围，不使其蔓延扩大，并引导事件向缓解、平息方向发展；要注重对要害部位和重点区域的保护，许多群体性事件以党政军首脑机关所在地和新闻广播、交通、通信枢纽及企业要害部位为指向目标。事件主体或示威、静坐、围堵、绝食于这些单位，或在要害部位扰乱正常的秩序，侵害人身权利，造成这些地方运转瘫痪，带来严重的后果。故事件的要害部位和重点区域，往往就是事件的现场中心，现场指挥员应集中使用警力，迅速、果断的采取各种措施，切断事件主体与要害部位的接触。对已冲入要害部位的闹事群众，要采取疏导、宣传动员、强制带出等措施，坚决、果断清除出来，要害部位的安全。对于个体或群体违法犯罪行为引起政权机关权力运作和行政管理出现混乱，尤其对于打、砸、抢、烧等行为，要迅速出击，抓捕主犯，及时、有效地制止严重危害行为。

3. 维持秩序，开展调查，排查矛盾，避免反复

群体性事件一旦发生，就会给社会和人民生命财产带来不可避免的重大损失。群体性事件的后续处置，应当尽量迅速消除危害影响和后果，尤其防止其死灰复燃，重复发生。因此，现场处置人员在有效控制住现场并平息后，要留有部分警力转入维持现场及周边地区的秩序，随时查处二次紧急状态的出现。主要工作为：留守人员协助交通民警疏导行人和车辆；加强现场周边的机动巡逻，处置各种偶发事件；设置多层维护秩序的控制圈。同时，要开展调查，查清事件的全貌，掌握群体性事件的特点及变化规律，进一步发现日常治安防范工作中的隐患和漏洞，进一步做好人民内部矛盾排查、调解工作，排除隐患、堵塞漏洞，减少和防止群体性事件的发生。调查一般围绕以下几个方面进行：事件主体。即人员构成，所在单位、地区，引发治安事件的动机、目的，行为能力和应对事件所承担的责任；事件起

因。即引发事件的直接因素和潜在因素，是否存在合理因素；事件规模、类型和表现形式。即事件引发后各阶段卷入的人数、活动范围，事件属于何种类型及其表现形式；事件防范措施。即事件发生前有无前兆，所属单位、地区的领导是否针对重点人员采取劝阻、调解、监控措施；事件危害后果。即事件的直接危害和间接危害，社会对事件的评价；未来事件预测。即对事件主体的处理结果，事后的发展可能性分析，等等。要协调各方面的关系，排查矛盾，做好善后工作。首先要抓住矛盾产生的原因，控本清源，减少和缓解矛盾；其次要抓住缓解矛盾的重点。涉案单位对本单位内部的重点人员，特别是扬言闹事、矛盾激化、有铤而走险可能的、多次参加闹事行动的、多次越级上访告状的，要明确责任单位和责任人，深入细致地做好疏导工作。对其提出的问题，凡是符合国家规定和有关政策的，要尽快加以解决，不得推诿、拖延，只有这样，才能有利于尖锐的矛盾、重点、难点问题的解决。对于历史遗留问题或暂时解决不了的问题，必须商请党委、政府或有关单位出面，说服动员，专门研究解决，并做好劝解工作，以利于事件彻底平息；再次要分清责任、依法处置事件当事人。对策划、组织、指挥治安事件的犯罪分子，对聚众闹事，煽动打、砸、抢、烧等妨碍法律实施的犯罪分子，应适时揭露，依法惩处；对确属无理取闹，滋事生非，扰乱治安秩序，劝告无效的，要依法给予治安管理行政处罚，构成犯罪的，要依法追究刑事责任；对属于思想认识问题和确有困难等正当理由而未能得到及时解决，从而产生过激行为的，要坚持教育疏导的原则，做细致的思想工作，通过合法渠道解决问题；对于不明真相而卷入事件的人员，只要没有触犯法律，要采取批判教育的方法，对于有过错的行为人，可以建议其所在单位给予行政处分；因民间纠纷激化引发的治安事件，应通过调解的形式加以解决，调解无效的，商请当事人双方通过诉讼解决问题；对于由于渎职、腐败和其他非法行为引起群众强烈不满，而引发的治安事件，在党委、政府统一领导下，按照管辖进行查处以平民愤；利用传播媒体进行正面宣传，公布治安事件的真相和调查处理情况，消除公众的思想混乱和心理恐慌，并在全社会各方面的共同努力之下，完全恢复正常的社会稳定和社会秩序。群体性事件平息后，各地区、各部门要继续做好群众工作，特别是对承诺解决的问题，必须尽快兑现。对可能导致再次发生的不安定因素，要保持高度警觉，切实做好矛盾化解工作。要定期深入有关部门和单位，做好回访工作，了解曾经参与群众性事件的人员的态度和反映，了解已采取措施的实际效果，及时发现新的矛盾和问题，不断调整工作措施，妥善予以解决。对已经发生的群体性事件，要认真总结，完善预案，改进措施，提高依法办事、依法行政的能力，提高预防和处置群体性事件的水平。

（二）警察现场管制措施的运用

公安机关处置群体性事件，可以根据现场情况，经现场指挥批准，依法采取下列管制措施：

1. 封闭现场和相关区域；
2. 设置警戒带、隔离设施等，划定警戒区和新闻采访区，隔离围观人员；
3. 实施区域性交通管制；
4. 守护重点目标；
5. 查验现场人员身份证件和随身携带的物品。

（三）警察现场强制措施的运用

公安机关处置群体性事件，可以根据现场情况，经现场指挥批准，依法采取下列强制性措施：

1. 发布命令或者通告，责令围观人员立即离开现场，责令聚众组织者立即解散人群，责令聚集的人员在限定时间内迅速疏散；

2. 对超过限定时间仍滞留现场或者袭击人民警察、强行冲越警戒线的人员，经警告无效的，可以根据现场情况，依法使用警棍、盾牌、催泪弹、高压水枪、防暴枪等必要的驱逐性或者制服性警械强行驱散。使用警械前，现场民警应当以广播、举牌等方式明确告知聚集群众，并将告知方式以适当形式记录在案；使用警械处置群体性事件，应当以制止违法犯罪行为为限度，当违法犯罪行为得到制止时，应当立即停止使用；

3. 对经强行驱散仍拒不离去的人员或者进行煽动的人员，应当选择有利时机将其强行带离现场或者予以拘留；

4. 对冲击党政机关和重点要害单位、卧轨拦截列车、阻断交通干线、聚众滋事、械斗等情况以及发生打砸抢烧等严重违法犯罪行为的，应当采取果断措施立即制止，并选择有利时机将首要分子和骨干人员强行带离现场或者予以拘留；

5. 对非法携带的武器、管制刀具、易燃易爆等危险物品和用于非法宣传、煽动的工具、标语、传单等物品，予以收缴，并处理有关责任人员。

（四）群体性事件现场处置的方法

不同类型的群体性事件，其引发原因、性质、特点、规模等各不相同，处置的方法也有所不同，要求根据事发现场的具体情况，根据事件的发生、发展和变化，灵活选用有效的处置方法，对不同性质事件和事件的不同阶段，采取不同的工作方法，讲究处置的策略。所谓“上兵伐谋，不战而胜”，英国警察在处理聚众肇事与国内治安事件中经常采用一个特殊战术可供参考，即“形败实胜”，或称“以表面形式上的失败换取胜利”战术。其做法是：警察在聚众肇事的现场保持克制态度，同时选派几个经过特殊训练，身强力壮的青年警察组成“被打小分队”，冲入人群，故意让聚众者打伤，一般只是轻伤，如脸被打破、流鼻血等等，再让小分队迅速撤回。这时，潜伏在警察队伍中的录像录音人员突然出现，拍摄并现场直播警察被打伤的“悲惨场面”。尔后，充分利用媒体广为报道，以此制造舆论引起社会同情，从心理上驱散人群。

常见的群体性事件处置方法主要有以下几种：

1. 封控隔离

封控隔离是控制现场局势的主要方法。在群体性事件现场，围观群众较多，交通堵塞较严重，秩序相对混乱。要求迅速调集警力占领、扼守事发现场周边的重要路口和制高点，对重点要害部位进行守护，对事件现场外围实行一定区域的交通和治安管制，封锁现场，阻入疏出，防止无关人员进入现场，造成群体的进一步扩大，把负面影响减小到最低限度。要将参与事件的群众与围观人员隔开，劝请或责令无关人员离开，疏散聚众人群。要首先依靠事件的主体单位和部门来组织人员进行劝阻，劝阻无效时，应对事件主体可能经过的路线、围攻的目标提前进行设防，并占据有利地形，在交通路口设卡、设哨，准备车辆路障等实施多路拦截。公安民警可编成有效队形，设置人墙，将事件主体分割。对于事件主体所指向的对象，如党政机关、军事机关、外国驻华使领馆、广播电台电视台、国家通讯社、邮电通信枢纽、机场火车站港口等重点单位和要害部位，必须加强护卫。要迅速果断地采取各种措施，切断事件主体与首脑要害部位的接触，在首脑要害部位周围划定警戒线，设定警戒标志，使事件主体与要害部位保持安全距离，并加强机动巡逻，及时发现和拦阻企图冲入首脑要害部位的闹事者，对于已冲入者要果断采取强制措施将其带离现场。对于事件主体的外围也应设置警戒线，封锁事件现场，将事件主体与尚未卷入事件的人群隔开，切断事件现场与外界的联系，防止事态扩展蔓延。这样既减少了外界对事件主体的刺激诱导因素，同时使事件主体陷于孤立境地，产生畏惧心理，促其分化瓦解。

2. 说服教育

有效解决群体性事件，说服教育工作必不可少。要善于、敢于同事件主体面对面地交流、谈心，耐心细致地做群其思想工作，当劝则劝，把他们引导到遵守国家法律法规，理解和支持党和政府的工作上来。尤其对于一般的参与群体和围观群体，要通过摆事实、讲道理，宣传党的政策和法律，说服教育，缓解对立情绪，争取他们的理解和支持，要使他们自觉地认识到哪些行为是合法的，哪些行为是不合法的，哪些事情可以做，哪些事情不可以做，哪种方式和手段是允许的，哪种方式和手段是不允许的。要把思想政治工作和其他相应的工作做到前面去，做细做实，使群众感到人情人理，感到党和政府是真心诚意维护群众利益、关心群众疾苦的。通过做思想工作来争取多数，孤立极少数，只要矛盾的主要方面把握住了，主动权就有了。开展思想政治工作要高举维护社会稳定、维护人民根本利益、维护法制的旗帜，破除部分参与群众“法不责众”的错误观念，教育群众不参加非法组织，不参与危害社会稳定的活动。对重点人物更要加强教育，讲明政策，说清利害，制止其煽动闹事的不法行为。同时，要宣传合理合法的问题解决途径，要建立合理有效的意见表达畅通机制，使上访者在国家允许或规定的意见倾诉机制中看到希望，对党和政府充满信心，对法律和执法机关充满信心，对于合法解决问题充满信心。那么，非法的利益要求表达方式自然减少，由合法前提转为非法结果的危害社会治安行为必将大大减少，毕竟，守法是每个公民的首要选择，谁都不会或不愿意随意冒“天下之大不韪”。

3. 强警威慑

强警威慑是在群体性事件参与人群面前展示强大威慑警力，通过对现场处置力量的显示、宣传的攻势、威严的阵势造成而声势和震慑效果，使群体性事件参与者望而生畏继而终止违法犯罪活动的一种策略方法。在进行教育疏导的同时，将相当数量全副武装的公安民警，以威严的警姿，严明的纪律，快速开进现场。警灯闪烁，警笛长鸣，以此显示法律的尊严和警力的威严，使参与者产生恐慌心理，阻止其进一步聚集，或促使已在现场的人员离开，瓦解参与人员，防止事态恶性发展，以最小的代价换取最大的胜利，达到不战而胜人之兵的效果。实施强警威慑的步骤：快速集结，视情造势。接到处置命令后，快速赶赴现场，以整体队形进入现场。在进入现场时以警力开道，警灯警笛加上全副武装，形成重兵集结、大兵压境的威慑氛围；整体推进，悍警扼守。到达现场后，按预案快速到岗。用主要警力控制重点地区、集中优势警力对重点目标、主要交通枢纽和重要场所实施强警扼守；武装巡逻，严密监控。向事发地区派出巡逻队，穿梭巡逻，部署公开与秘密力量深入现场取证，对重点人员进监控，给事件组织者和其他参与人群以威慑。

4. 掐尖打头

在群体性事件的现场处置中，要分化瓦解和打击极少数，争取团结大多数，做到先礼后兵。根据现场情况，正确区分事件性质，把握时机，及时果断采取强制措施，区别对待处置事件群体人员。对于严重危害治安秩序，影响稳定的群体性事件，迅速平息事态的重要方法就是在充分掌握少数人违法犯罪事实的基础上，尽快将骨干分子绳之以法，用掐尖打头之术，迅速抓捕带离。在处置中，要把大多数群众与个别为首组织煽动者区别开来，把大多数人的过激行为与少数人的违法犯罪区别开来。对不明真相参与事件的群众宜宽不宜严，宜轻不宜重；对为首煽动、组织、策划事件，以及可能混在人群中搞打砸抢的违法犯罪分子，绝不姑息放纵，坚持揭露和打击，震慑违法活动的嚣张气焰。在对少数人采取行动时，要审时度势，选择好时机，以奇制胜，避免当场激化矛盾，尽量避免与多数人发生冲突。对强行带离现场的人，要甄别情况作出处理，避免被人利用扩大事态。同时，在对少数骨干分子采取强制措施以后，应有选择地向社会或有关人员公布案情，揭露他们的违法犯罪事实和阴谋，进一步稳定其他参与者的情绪。

5. 强制平息

强制平息是处置群体性事件的一种特殊手段，是在疏导制止、说服教育前提下不能够控制事态，或事件性质已由人民内部矛盾转化为敌我矛盾，或事件态势迅猛发展恶化，且有扩大的趋势，不采取强制手段会造成更大的危害后果时而采取的运用强力手段平息事件的方法。其适用范围一般为：遇有事件冲突双方群体发生暴力对抗、殴打、械斗、枪战行为；参与事件人员进行打、砸、抢、烧等暴力犯罪活动；发生堵塞铁路、主要交通干线和拦截国家领导人、外宾车队等拒不撤离的；非法占据、冲击党政军机关，冲击重要会场和要害部位等，拒不听从教育规劝，拒不服从解散命令，存在引发局部地区社会秩序混乱危险等紧急情形等。现场指挥人员应当果断发布通告，限定时间撤离。必要时，应当采取各种强制手段，将事件群体逐出事件现场，分散、瓦解事件群体，迅速恢复秩序。如在聚众械斗事件处置中，施放催泪弹强行驱散，既能够有效保护了执勤民警的安全，又可以迅速平息事态。

在群体性事件现场处置中，强制平息主要由现场驱散组担负执行任务，一般由特警和武警携带驱逐性、制服性警械组成。主要任务是根据指挥部的指令，使用驱逐性、制服性警械，采取各种方法驱逐、分散集聚的人群，分化瓦解事件群体。在实施强行平息前应先采取命令解散的方法，命令参与事件人员在限定时间内离开事件现场。要通过高音喇叭等音响设施下达解散命令，使在场每一个人都能听到，命令应明确表示警察权威的不容置疑性，明确在规定时间内不撤离现场的人员将被抓捕。当命令解散无效时，经批准可采用强行驱散措施。强制平息要求准备充分、审时度势、坚决果断、一举成功。

6. 遏制反弹

遏制“反弹”，是在平息事态后，为保持稳定局面，恢复正常的社会秩序而采取的方法。其适用于驱散行动完成时。此时，指挥人员应指挥警戒或封控人员，迅速清理现场，恢复现场正常的社会秩序，并警戒现场，防止事件群体再次集结引发新的事件。

（1）重警驻守，保持威慑。

事态平息后，警队不要急于撤离，应部署足够警力驻扎在闹事地区，形成镇守之势，以防止闹事分子卷土重来，重新聚集。

（2）加强警戒，控制要害。

在闹事地区附近的重要目标，通往外界的主要路口和车站、机场、码头，配置执勤警力，设置检查点，对进出控制区域的人员、车辆、物品进行检查。

（3）武装巡逻，维持秩序。

对闹事地区采取乘车、徒步和乘车与徒步相结合的方式，实施武装巡逻，打击违法犯罪活动，维护社会秩序。

（4）伺机抓捕，斩断乱源。

在事态基本平息，局势基本控制，时机基本成熟时，往往要对严重扰乱社会秩序和危害公共安全的闹事为首分子和骨干分子实施抓捕行动。抓捕时应制定完善的行动方案，并事先勘察地形，运用灵活、隐蔽手段，秘密（夜间）接近，闪电出击，机动策应，快抓快撤，确保抓捕行动一举成功，彻底斩断乱源，消除反弹。

第二部分　典型案例评析

一、五民警守尸说法化解宗族械斗

事件介绍①：

由命案尸体引发的火药味

“阮姓家族的兄弟们，血债要用血来还，我们一定把尸体抬到吴家的厅堂去祭祖宗……”

“父老乡亲们，我们吴家人是不好惹的，谁把尸体抬进我们吴家宗族的厅堂，进来一个砍一个，进来两个砍一双……”

2005 年 12 月 26 日至 28 日，广西宁明县北江乡北明村北明屯一场宗族械斗即将发生！

导火索是一起命案

12 月 26 日晚，家住北明屯的吴某与村里的刘某等几个兄弟喝酒。期间，该屯的“包仔”阮甲因欠刘某 10 元钱不还，二人发生口角并撕扯，吴某见状即上前劝架。“包仔”以为吴某为对方助阵即跑回家与父亲阮乙各持禾叉和尖刀冲进吴家，踢断门闩，踢烂门板，将吴砍伤，吴某则持刀将阮乙捅伤。阮乙被捅后跑出吴家约 50 米即倒地死亡。吴某连夜逃出家门。

远比命案复杂的闹尸事件

命案发生后，崇左市公安局副局长李光芬带领刑侦支队长许胜武赶到现场协调宁明县组织侦破命案。在民警开展工作时，死者家属提出过高的埋葬费、精神赔偿费、子女抚养费等，否则就把尸体抬进吴家的厅堂里祭祖宗，谁敢阻拦就拿谁来垫尸体！而吴姓家族也不示弱，表明赔偿等费用问题听从政法机关的处理，谁胆敢把尸体抬到吴家厅堂，就搞个鱼死网破！

宁明县公安局局长罗超心里非常清楚，该屯共有 678 户 2753 人，有 10 余个姓氏，其中阮姓是大家族，吴姓在屯里只属于小族，显然，这起命案成了一个火药桶，如果处理不当，会引发宗族械斗，后果不堪设想！

李光芬听了罗超的汇报，顿感事态严重，当即与许胜武支队长、宁明县公安局黄勇、黄品忠、黄武荣、吕海昌等四名副局长分头做双方的思想工作。面对苦口婆心的说服教育，死者家族代表答应听从公安机关的处理，不会利用尸体来闹事。但待公安局领导带领民警外出追捕吴某后，阮姓家族的一些青年又起哄要把阮乙的尸体抬到吴家厅堂去。械斗的气氛顿时在北明村上空浓重起来。

五民警守尸说法

听说尸体风波再起，率员外出正在追捕途中的罗超电话指令北江派出所副所长黄志强立即带领民警全力以赴做好双方工作，坚决把可能引发的宗族械斗消灭在萌芽状态。同时要将情况向北江乡党委政府汇报，争取支持。

---

① 刘文杰．五民警守尸说法化解宗族械斗，人民公安报，2006 年 1 月 7 日。

“公安局长呢？”就在黄志强指挥民警分头开展工作时，三名中年妇女冲到他面前，其中一个年纪较大的村妇指了指他警服的臂章说：“你们先拿两万块钱来，否则我们就把尸体抬进吴家厅堂！”

“我是从县公安局刚来到北江派出所任职的副所长，”黄志强向村民表明自己的身份后，说：“我们局长已带队去追捕命案在逃者了，你有什么事？”

“不给赔偿费我们就扒他家的房子，拉走他家的财产！”

“你们也清楚吴某家里穷得叮当响，哪来两万块钱？我们尽量做工作让他们先垫支安葬费，但把尸体抬进吴姓家族的厅堂示众是违法行为，扒房子、拉财产更是犯罪行为。”

“人都被捅死了，抬尸体怕什么？”村妇强词夺理：“你们派出所能守尸几天？尸体腐臭了你们走不走？就是腐化成一堆尸骨我们也决意放进吴家厅堂去。”

看到阮姓家族的人情绪比较激动，黄志强带领全所五名民警一面守住尸体，一面分头做阮姓家族的思想工作，避免了事态进一步恶化。

17 名乡村干部协助民警“严防死守”

接到情况通报的北江乡党委书记张儒聪意识到“抬尸”事件的严重性，立即带领 12 名乡干部赶到北明屯配合民警工作，同时迅速请北明村党支书兼村委会主任黄世芳等五名村干部到场，协助派出所五名民警严防死守不让“抬尸”事件发生。

民警和乡村干部一面耐心向死者家族宣传有关法律知识，一面联系与阮家有亲戚关系的朋友说服他们。黄志强悄悄动员吴某妻子赶快带两个未成年儿子到娘家避风头，并与一民警连夜将其送到安全地点。

五名民警在守好尸体的同时，轮流与乡、村干部分头找阮姓家族中较有威望的村民做思想工作，从乡亲说到亲情，从为人讲到人性，晓之以理、动之以情的耐心说服教育，深深打动了阮姓家族的父老乡亲，他们也意识到死者冲进别人家里打人不合法也不合理，表示按照公安机关的要求处理死者后事，决不用“抬尸”的过激行为闹事，要通过正常的法律途径来解决问题。

此时，外逃一天一夜的吴某到公安机关投案自首。这两个昼夜，守尸说法的五位民警每人只吃了两碗粥和四个面包，尽管又冷又饿，但他（她）们紧绷了两个昼夜的脸上终于露出了笑容。

事件评析：

该起群体性事件是典型的利用尸体为要挟的“闹丧事件”，带有浓厚的宗族色彩。在本起案例中，杀人凶手逃亡是导火索，但群众宗族意识浓厚、法制观念淡薄则是事件促成的深层次原因。若处置不当，不仅可能引发宗族械斗，造成经济损失，还会损害公安机关管理权威，造成一定的政治影响。

该起群体性事件的处置是成功的，其成功处置得益于公安机关对于现场情况的准确了解和分析，得益于公安机关卓有成效的说服教育工作，得益于当地党委、政府的支持，得益于现场处置方法得当。领导指挥到位，处置人员沉着冷静、处变不惊，说话有礼有节，办事公道正直。命案发生后，宁明县公安局局长罗超即非常清楚阮姓、吴姓两个宗族的情况以及事件的后果，随即与几名副局长分头做双方的思想工作，使事态得以初步缓解。在风波又起后，当地派出所领导带领全所五名民警守住尸体，将情况向当地党委、政府汇报，争取支持。并分头做阮姓家族的思想工作，避免了事态进一步恶化。同时，将行凶者家属转移，避开矛盾焦点。当地党委、政府比较重视，带领乡干部、村干部协助做好工作。在守好尸体的同时，干警与乡、村干部分头找阮姓家族中较有威望的村民做思想工作，动之以情、晓之以理，分化瓦解闹事群体。

二、某地聚众阻塞国道案

事件介绍：

某日上午10时，某乡派出所接到报警称：位于该乡的某焦化厂铲车司机施工时碾死一小孩。接到案件报警后，派出所民警迅速赶赴现场，对现场进行控制，进行现场访问和案件侦破工作，同时报告区公安分局，区公安分局局长亲自带领民警会同乡政府干部做死者家属的工作，组织将伤者送往医院抢救，防止引发新的矛盾。犯罪嫌疑人石某于11时到派出所投案自首。经查，石某系某焦化厂铲车司机，在焦化厂内施工时。当地村民刘某以焦化厂建厂征地拆迁时补偿费没有给付清为由，带着孙子朱某（3岁半）到工地阻止施工，石某在倒车时不慎将朱某压死。

在查处案件的过程中，引来围观群众上百人，少数人借机生事，说是厂方有人指使铲车司机故意压死阻工人员，引起群情激愤。下午1时许，家属在少数人的煽动下，抬来木材，在该乡某国道设置路障，阻塞交通。分局及时调集70名警力赶赴现场做好疏散、劝解和强行驱散的准备工作，防止冲击该厂要害部位，防止打、砸、抢情况的发生，防止该厂因断电引发爆炸、中毒等事故的发生，防止冲击邻近加油站等情况的发生，同时向区委、区政府报告。区委书记、区长等赶到现场，成立现场指挥部，按照处置群体性事件工作预案，开展对事件的处置工作，并调集救护车辆赶赴到现场。在劝阻与疏导过程中，围观群众越来越多。

下午3时许，在劝阻无效的情况下，指挥部决定强行驱散阻塞国道人员，疏导交通。交警则继续组织将车辆进行分流。未导致车辆大面积的滞留。但死者家属和群众在少数人的煽动下，不但不听劝阻，反而借机闹事，投掷石块，围攻殴打民警及政府工作人员，强行驱散被迫暂停。区公安局向市公安局报告现场处置情况。

市公安局指挥中心接到警情后，当即向市委、市政府领导报告。市委常委、市公安局长等领导赶到现场组织指挥事件的处置工作。一面指挥民警和政府干部做群众和死者家属的工作，一面做好强行驱散的各项准备工作。调集公安民警300人，2辆消防车、2辆救护车、防暴枪、头盔、盾牌、警棍等防暴器材准备强行驱散。

晚上9时许，劝阻工作无效，指挥部决定强行驱散，公安民警冒着石块、火把、刀、耙子、锄头、石灰包、木棍等的袭击，占据制高点，利用盾牌等防暴器材驱散，导致多名民警受伤，其中3名民警伤情较重，驱散再次受阻。指挥部遂决定利用高压水枪、催泪瓦斯等防暴器材再一次实行强行驱散。

晚上10时10分，闹事人员被驱散，五名为首分子被公安机关抓获，某国道恢复通车。

事发原因调查：

据调查了解，该群体性事件引发的深层次原因是征地拆迁补偿矛盾。该焦化厂是该乡招商引资企业，坐落在该乡某国道旁，占地面积约100亩，涉及征地拆迁的有约一百户村民，该乡政府决定由政府统一征地。政府在征地拆迁过程中，少数干部工作不到位，工作方法粗暴简单，加之拆迁补偿费未能及时发到群众手中，导致群众对政府产生意见。同时村民以征地款少、征地款未能及时到位、招工指标、出入路、用电等问题已多次与厂方发生纠纷。据不完全统计，自该厂兴建以来，周边村民就因以上各种问题到该厂阻止施工大的达五次之多。该厂在与村民发生矛盾的时候，不是求助于有关部门解决，而是自行从社会上请来社会闲杂人员与村民对着干，甚至还将村民家物件砸烂。此事虽经当地派出所妥善处理，但在群众中产生了较坏的影响。所有这些问题都没有得到及时有效地解决，致使村民积怨较深，从而引发该群体性事件。

事件处置主要经验分析：

1. 领导重视、准备充分。领导重视是成功处置该起群体性事件的先决条件，合理有效的预案是成功处置该起群体性治安事件的重要条件。在案件发生之初，区委常委、公安局长即及时赶到现场，对防止因普通刑事案件引发群体性事件高度重视。堵塞国道事件一发生，各分管市委领导都能在第一时间赶到现场坐镇指挥，使之指挥能与实情相结合，做到了有的放矢，及时而迅速。在处置该群体性事件过程中，市各部门均能按预案要求进入临战状态，临阵不乱，各司其职。政府工作人员注意以做说服劝阻工作为主要职责，公安民警一面加强对案件的侦破，一面加强对重要部位的警戒、现场秩序的维护，并做好了强行驱散的准备。卫生医疗部门积极配合，做好受伤人员的救护工作。消防官兵一面做好各类爆炸事故的灭火抢险准备，一面做好了强行驱散闹事人群的准备。交通管理部门及时做好了车辆分流疏堵工作，保障了交通畅通，并为处置事件各类车辆通行提供了保障。

2. 信息灵、情况明。信息灵通是成功处置该起群体性事件的重要前提。在处理案件之初，派出所获取信息，死者家属有可能闹事，不准将伤者送往医院救治，以此作为闹事的要挟手段，并准备了棍棒、刀、石灰包等工具，事态有可能进一步恶化。派出所即及时将信息反馈到分局，使分局及时掌握到了家属的思想动态。在处置过程中，处置干警及时了解到少部分人扬言准备了汽油弹等爆炸物准备搞破坏，认为只有把事情闹大才能引起上级的重视。这些信息的即时反馈为指挥决策提供了依据。公安机关因此注意把邻近的加油站及厂房风机房等重要部位进行控制，防止了引发爆炸等恶性事故的发生。

3. 方法灵活、措施果断。方法灵活、措施果断是成功处置该起群体性事件的关键因素。国道堵塞后，交警部门能及时对经过某国道的车辆进行分流，防止大面积的机动车辆滞留在境内，减少围观人员。在做家属及群众工作过程中，注意请来在当地说话有一定分量的知名人士进行说服劝阻工作，劝离了部分群众，做通了部分亲属的工作。在少数人造谣公安机关不追捕犯罪嫌疑人借机煽动群众闹事的时候，公安机关及时将关押犯罪嫌疑人情况进行通报，并请死者家属到公安机关面见犯罪嫌疑人，使少数人的谣言不攻自破，防止了授人以柄。鉴于大部分群众思想做不通，继续堵塞国道，严重扰乱社会秩序，事情有可能进一步恶化，即及时采取了使用非杀伤性武器的决策，对部分闹事人员进行了驱散，果断处置了事件，未导致人员死亡恶果及各种爆炸事件的发生。

事件教训分析：

该群体性事件处置总体上讲是成功的，成功得益于领导的重视、各部门的通力合作，得益于公安机关灵通的信息工作，得益于现场处置的灵活与果断。但其教训也很深刻，也有很多地方值得深思，特别是暴露出来的深层次原因要引起各级党政领导的重视。

1. 基层干部队伍执政能力亟待提高

该群体性事件主因是征地拆迁补偿费用没有及时足额发到群众手中而引发的。按国家的有关规定，征地拆迁款应一次性付到被征地拆迁人手中。但乡政府对该厂的征地拆迁补偿费用实行三年分期付款的做法，且没有及时到位，致使村民对政府意见增多。而且政府在征地拆迁过程中，少数干部工作不到位，工作方法粗暴简单，以致当地的干群矛盾深化。该厂在征地拆迁建设中，多次发生村民与厂方之间的纠纷，特别是因出入路涉及五千余人的问题，政府重视不够，使大多数村民对政府失去信任，积怨在心。一旦引发群体性事件，群众对抗性加剧，政府处置缺乏权威性，难度增大。在社会转型期，干部队伍如何提高自身的执政能力至关重要，做到群众利益无小事，切实把群众利益放在第一位、想群众所想，利为民所谋、权为民所用、情为民所系是解决当前基层政权机关与群众关系紧张的关键。

2. 信息反馈不及时，贻误战机

当地基层党委、政府基于想把问题解决在基层、解决在当地的缘故，迟迟不把情况及时上报。加之基层党委、政府对事件的严重性预计不足，信息反馈不及时，导致群众堵塞国道时间加长，影响扩大，极大增加了后期处置事件的难度。

3. 处置防护器材不足，民警安全缺乏保障

在处置该事件过程中，公安民警面对生与死的考验时均能将生死置之度外，勇往直前，值得高度赞许，但缺乏防护器材也是处置不力的主要原因之一。在接到堵塞国道的信息报告后，分局调集了70名警力到现场进行处置，但整个分局也只有6顶钢盔，没有一块盾牌，当获知闹事人群有可能拥有火药枪的时候，也只有6名民警有防弹衣，大部分民警可以说是无任何防护器材，生命安全得不到有效保护。前两次的强行驱散，多名民警受伤，但都没有获得成功，就是未能用上防暴器材而导致民警大面积受伤的。在第三次驱散过程中，指挥部果断决策，利用非杀伤性武器才成功将事件处置。

第三部分 实训教学设计

一、实训设计思路

通过“群体性事件的现场处置”实训教学，将群体性事件处置的抽象理论与生动现实紧密联系在一起，通过群体性事件的“场景设计”与“场景运作”提高学生学习兴趣和积极性。学生自觉置于特定群体性事件场景中，通过相关群体性事件发生、发展环境分析群体性事件处置相关资料的收集、甄别、整理、加工、编排、运用，使学生融合群体性事件处置相关知识，把专业理论有效转化为实际操作能力，有效提高学生群体性事件处置工作技巧和综合运用能力。

二、实训指导

（一）实训目的

通过实训教学，使学生了解群体性事件发生、发展的规律和特点；加深对群体性事件处置理论的理解；掌握群体性事件的处置预案制作和现场处置对策，使学生初步具备开展群体性事件现场处置工作能力。

（二）实训内容

1. 群体性事件预案的制作；
2. 接处警；
3. 群体性事件的认定；
4. 群体性事件的预警及现场处置；

5. 群体性事件的善后处理。

（三）相关知识点

《中华人民共和国突发公共事件应对法》《中华人民共和国突发公共事件总体应急预案》

（四）实训课时

3 课时

（五）实训要求

1. 引导学生完成群体性事件的现场处置程序，正确界定群体性事件范围，掌握群体性事件处置方法，完成证据的收集与固定；

2. 训练学生按照群体性事件的有关法律规范要求，灵活运用群体性事件处置方法进行群体性事件的处置；

3. 引导学生正确制作群体性事件的预案；

4. 引导学生完成群体性事件的跟进工作和善后处理。

（六）实训保障

1. 有关物品：场景所需必要道具，实训器材装备包括执法记录仪、警戒带、对讲机、话筒、警棍、催泪弹、高压水枪、特种防暴枪以及救援设备等；

2. 有关文书：现场访问笔录、群体性事件参考预案等；

3. 场地：群体性事件发生地安排在校内学生宿舍区、操场、招待所、办公楼、交通道路等一切可利用的设施内；群体性事件善后处理地安排在模拟派出所。

（七）实训步骤

1. 学生复习有关群体性事件的界定、现场处置程序规定的相关知识点；

2. 教师拟定并给出“实训场景”；如：某日，保级形势严峻的某中超足球队在主场省体育馆迎战另一支保级形势严峻的中超足球队，现场气氛紧张热烈，火药味十足，终场前裁判判给对方一个有争议的点球，双方球迷发生冲突，体育馆内秩序极为混乱；

3. 学生根据给定的实训场景制作该类群体性事件的处置预案；

4. 学生分组并进行角色分工：一般一区队为一组，15 人为民警，25 人为群体性事件组织者及积极参与人，20 人为旁观者；

5. 学生做相关物品和道具的简要准备；

6. 冲突各方当事人根据角色分工，按照“实训场景”的框架和要求演绎“实训场景”；

7. 公安民警演绎群体性事件的现场处置的相关过程和程序：及时宣传疏导，稳定观众情绪；迅速调集警力，分割、驱散闹事球迷；依法强行制止闹事暴行；

8. 公安民警演绎善后处理工作；

9. 学生自评；

10. 教师点评；

11. 学生和老师分别写出《实训报告》（学生用）和《实训报告》（老师用）。

（八）考核评分标准

本次实训考核成绩按照优、良、中、及格、不及格五级记分制评定，从以下方面考核记分：对群体性事件有关法律规范的理解和掌握程度 20%，案情设计 10%，现场处置方式方法的运用 25%；参与各方角色表现 10%；组织纪律性、团结协作精神 15%；法律适用 20%。实训结束后，实训学生按照实训要求写出实训报告，实训指导老师根据学生分组实训情况和实训报告完成质量情况给出实训小组成绩，由实训小组长在实训指导老师的监督下会同本小组成员商量后，根据本小组成员在实训中的贡献大小、表现情况等，在实训指导老师给出的实训小组成绩基础上上下浮动后给出本小组成员的个人成绩，浮动幅度为10%。

三、实训场景设计

（一）百余村民与木业公司冲突案

场景设计：某日晚10时许，某县某公司护林员的车辆在过该县木材检查站时，因检查站的人员未及时打开护栏，某公司护林人员十余人当即砸开检查站的栏杆锁，并打砸了该检查站的办公室，双方由此引发冲突。检查站所在村村民获悉后越聚越多，某公司护林员也打电话叫来三十多名社会闲杂人员携带砍刀、铁棍等凶器前来支援。当地派出所五名民警、镇长等镇干部以及某公司的一名副总也赶到现场。在镇干部等人的劝解下，事态逐步平息。此时，某公司一名护林员说："我们就这样走了，太没面子了"，话音刚落，某公司一护林负责人大声喊道："给我打，给我杀！"于是，某公司请来的"援兵"用砍刀、石头、铁棍等凶器对毫无戒备的村民发动突然袭击，打伤包括镇长在内共计十一人，其中三人重伤，一名村民的耳朵被削掉一只，手段极其残忍。第二天上午，该村一百五十多人前往县政府讨说法，途径某公司时，民众发起了对该公司的抢砸事件。警方从周边县市急调百余民警前来维持秩序。此时现场人员加上围观者，某公司周边聚集了上千人，有民众向维持秩序的警察投掷石块、木头，造成三名警员受伤，其中一名警察被击中胸部，生命垂危，后转至省城医院抢救。

据调查，当地2004年引进木材加工企业某公司，根据当时市场价格在某县购买流转人工林7万亩作为原材料加工基地。随着集体林权制度改革的深入，林业税费大幅减免，而木材价格大幅上涨，林农觉得当初签订的合同不合理，这是引发此起群体事件的主要原因。而某公司雇佣的护林人员多为社会闲杂人员，曾多次以"偷盗木材"为由采取非法拘留、审讯等手段对付当地村民。应当说，当地村民与某公司可谓积怨已久，此次群体性事件是个总爆发。截至晚上，涉案的某公司人员中大部分已被警方刑拘，当地警方通过电视台、网络、公告等形式敦促其余在逃涉案人员自首，事件已平息。

实训要点：

1. 群体性事件的现场处置；
2. 群体性事件的现场调查；
3. 警力的合理调配；
4. 群众工作的开展。

（二）电动车司机聚众闹事案

场景设计：某日上午8时左右，某区70余名电动车司机以该区运输装卸服务大队没有权利稽查电动车并非法收取费用为由，先是聚集在该区运管所门口进行闹事，尔后赶到该区运输装卸服务大队办公地点，掀翻办公桌，并聚众闹事。派出所民警接警后迅速到达现场，一面了解情况，一面做疏导工作，10时许，现场聚集人员被疏散。据调查，该区运输装卸服务大队自2001年成立以来，服务对象就是在该区进行营运的电动车，大队属于双重管理，既归该区某街道办管理，又归该区运管所管理，主要向电瓶车服务的事项是建立档案、成立工会、处置交通事故等，由此每年向每辆电动车收取520元的管理费。而进行电动车营运的司机认为：运输装卸服务大队不属于国家的行政单位，没有稽查车子的权利，更没有权利扣押人和车辆，国家也没有这项收费。这些电动车司机扬言，如果再被拦截、扣押车辆，就要聚集该区和周边区县3000余名电动车司机一起闹事。

实训要点：

1. 群体性事件的现场处置要求；

2. 群体性事件的处置方法。

◎ 本章小结

当前我国正处在社会转型期，社会关系日趋多样、社会结构日趋复杂，无论是社会秩序的建立还是维持和更新，都有别于以往社会。而群体性事件的增多和愈演愈烈与我国现阶段经济和社会发展中存在的突出问题和矛盾密不可分。尤其是一些涉及面广、突发性强、行为剧烈、后果严重的群体性事件直接影响着社会治安稳定、加剧着社会动荡。新形势下的群体性事件具有群体性、突发性、组织性、对抗性、公开性、互动性、复杂性等特点，公安机关处置群体性事件的难度持续加大。公安机关应当正确认识现阶段的群体性事件的性质和特点，既不能片面夸大也不能忽视其存在。在群体性事件的处置中，应当明确：党委、政府是组织、指挥和决策者，是主角，公安机关是参与、参谋和执行者，是配角。公安机关应当坚持党委、政府领导下统一协调的原则，快速反应、力争主动的原则，防止矛盾激化的原则，慎用警力和强制措施的原则，慎用警械武器的原则，因事施策、区别对待的原则，依法果断处置的原则等，根据本地群体性事件的实际状况，强化群体性事件现场处置机制建设。在具体群体性事件现场处置中，其步骤依次为：获取信息，接受指令，快速准备，赶赴现场；警力编组，控制现场，保护要害，制止危害；维持秩序，开展调查，排查矛盾，避免反复。常见的群体性事件处置方法主要有封控隔离、说服教育、强警威慑、掐尖打头、强制平息、遏制反弹等，但不同类型的群体性事件，其引发原因、性质、特点、规模等各不相同，处置的方法也有所不同，要求根据事发现场的具体情况，根据事件的发生、发展和变化，灵活选用有效的处置方法，对不同性质事件和事件的不同阶段，采取不同的工作方法，讲究处置的策略。

◎ 思考与练习

1. 分析公安机关在群体性事件处置中的位置和作用，举例说明群体性事件现场处置的原则？

2. 分析以下瓮安“6·28”事件①的发生发展过程，思考该群体性事件现场处置的不足之处及正确有效的处置策略？

2008年6月22日凌晨0时27分，瓮安县公安局110指挥中心接到报警称，在县西门河大堰桥处有人跳河。雍阳镇派出所接到110指挥中心指令后，迅速派值班民警赶赴现场，民警赶到现场立即开展救捞，于凌晨3时许将溺水女孩李××打捞上岸后，急救人员证实其已死亡。

瓮安县公安局根据调查结果，认为李××死亡一事系自己跳河身亡，属自杀，并将调查处理意见及时告诉了死者家属。死者家属不能接受。2008年6月25日下午，黔南州公安局派出法医赶到瓮安对死者进行复检，系溺水死亡。死者家属当时表示认可，但不安葬死者。

2008年6月28日约下午4点，死者亲属邀约多人打着横幅在瓮安县城游行，游行队伍

① http://www.baike.com/wiki/瓮安事件。

从瓮安县城西门河边出发，朝着县政府奔去。一路上，人越来越多。路线是经环城路文峰大道到瓮安三中门口，再前往县政府。

七星村是瓮安县城边上水库移民居住比较集中的村，游行队伍出发时，部分村民跟在后面看热闹。

从当时在场的人了解到，游行队伍一路上边走边有人加入，在经过李××生前所在的瓮安三中时，加入学生较多，队伍规模已在200人以上。

游行的消息传开后，瓮安县城此前在政府征地、城市拆迁等行为中利益受损的一些失地农民和市民等，各自怀着自己的不满和愤怒，纷纷跟在后面一起往县政府走。

最终游行队伍抵达县政府时，已达上千人的规模。

当天是星期六，县政府没人上班，请愿者在县政府门前表达诉求后，又转到距县政府100米左右的公安局大楼。

到16时30分左右县公安局民警与请愿者发生冲突时，围观人群已有上万人。

当天下午14时50分，事件发生前，副县长肖松、县委书记王勤、县政府办主任宋辉等人正在县电信局参加“全国处理信访突出问题”电视电话会议。

16时许，游行队伍从李××死亡的大堰桥出发。收到信息的玉华乡政法委书记李安平、派出所所长陈甚学立即向肖松、周国祥等人报告了这一情况。

16时30分左右，周国祥分别向肖松、罗来平、申贵荣作了汇报，肖松接到报告后，立即向会场内的王勤作了汇报，并按王勤安排赶赴现场，王勤继续参加会议。

期间，宋辉接到县政府值班人员电话后，离开会场赶到县政府大楼劝说学生离开，并于16时40分左右电话报告了县长王海平。

肖松率黄亚平等人驱车赶到县公安局后，向王勤汇报现场小青年比较多，王勤立即打电话给县教育局局长张世德，要求其通知各校校长带教师到现场去劝散学生。接到指示的张世德立即通知各校校长安排老师到现场疏散学生。但此时聚集围观的人越来越多，警戒线已开始受到冲击，并有人冲进一楼开始打砸。此时，肖松将情况向王勤汇报，同时上楼召开会议，研究对策。

17时50分左右，结束了电视电话会议的王勤再次接到肖松报告后，安排工作人员通知县四家班子领导到电信局集中商量对策。

18时20分左右，县长王海平从都匀赶到瓮安县电信局临时指挥部。罗来平也从都匀赶到瓮安，并组织外围民警到县武警中队集中，由于没有防暴装备，无法开展工作，后接到州公安局负责人指示，要求由州里统一指挥。申贵荣赶回瓮安后，要求公安干警全部穿警服，并让35岁以下干警穿上防暴服后，由州统一指挥。

18时30分左右，电信局工作人员担心遭受围攻，临时指挥部转移到离现场更远的县武装部。

19时许，黔南州公安局负责人赶到现场，在外围转了一圈，未采取措施。

20时许，“等不来一个领导说话”的人群向县政府转移。

与此同时，黔南州委组织召开了处置瓮安事件专题会议。会后，原州委一位负责人赶往瓮安县城，在外围“转了又转”，等候从省里赶来的领导。

23时左右，与县政府大楼相邻的县委大楼被点燃，并且因为是木质结构，最后全被烧毁。

据当晚一直在县政府大楼上守着的瓮安县副县长郑毅说，晚上20时10分左右，瓮安县政府才开始遭打、砸、抢、烧，但当时实际冲入县政府楼内行动的人只有十多个，基本没有学生。当时集结待命的公安和武警已有200多名，如果“处置得当”，至少县委大楼是完全可以不被烧毁的。

激烈的冲突过后，据有关部门统计，事件中，直接参与打砸烧的人员超过300人，现场围观群众在20000人以上，事件持续时间7个小时以上。

3. 结合具体群体性事件案例，分析现阶段群体性事件发生的原因和特点。

◎ 拓展阅读

“瓮安事件”三细节决定处置之失①

破解“瓮安事件”背后的难题，不仅需要我们找准民众利益的落脚点，更需要我们及时呼应民众的法律诉求甚至是质疑。

“瓮安事件”已经过去十多天了，当地的社会秩序逐步恢复正常，善后事宜正在有条不紊地进行中，相关责任人也依法受到了处理。但“瓮安事件”中暴露出来的问题，仍然值得我们不断反思并继续寻求解决的思路。

破解“瓮安事件”背后的难题，不仅需要我们找准民众利益的落脚点，更需要我们及时呼应民众的法律诉求甚至是质疑。从目前调查的结果看，“瓮安事件”的起因并不复杂，就是当地一位少女溺水死亡的鉴定结果得不到家属的认可。但由于警方的处置方式不当，缺乏说服力，致使谣言越来越多，最终被一些黑社会势力利用，一发不可收拾，酝酿成大规模的群体性事件。

县城是一个特殊的行政区划，与大城市相比比较封闭，仍然是个熟人社会；与边远农村相比又相对开放，民众的权利意识较强。因此，在县城中，最为引人注目的事件，恐怕就是公民的非正常死亡。民众天然地具有警惕强权、同情弱者的善良心态，一旦获知公民的非正常死亡可能涉及到官员家属子女，可能发生纵容包庇、销毁证据、推脱责任，必然会作出过激的反映。目前不少地方发生的群体性事件，与此种心态都有直接或间接的关联。因此，如何在法律层面上积极应对，是我们应当思考的。

未正确对待公众的知情权。

必须强力推动信息公开。自古以来，但凡流言，都是见光即死的。最大程度地进行信息公开，一则可以将内部的猫腻减少到最小，再则可以使流言的伤害减少到最小。只有在民众的知情权得到充分满足的前提下，对此类事件的处理才能妥善、稳当，避免引发其他矛盾和不安情绪。政府信息公开条例实施之后，不少民众都发现，可以公开信息的范围仍然过小，对于一些敏感的信息，尤其是涉及政府决策的信息，获知的法律渠道仍然偏窄。因此，笔者认为，一方面要加大上级政府的监督义务和督促责任，对于下级政府应当公布而未公布的，应当顺应民众的要求，及时强力推动信息公开，避免引发社会的负面情绪和揣测。另一方面，要继续强化政府部门这样一个理念：公开是原则，保密是例外，既不能为了公开而公开，也不能擅自缩小公开的范围。

未告知家属案件进展情况。

---

① 胡子敬，“瓮安事件”三细节决定处置之失，法制日报，2008年7月10日。

加强群体性事件处置过程中政府部门与普通民众的沟通机制。决策过程、执行过程的不透明引发的谣言必然导致胡乱的揣测和极度的不信任，如果没有完善的沟通机制，不仅加大群体性事件的处置难度，更容易引发社会的不安定因素。比如，对于公民非正常死亡的案件，民众最担心的就是有人恃强凌弱，有人草菅人命，这也是对民众自身安全感最大的伤害。因此，警方介入事件之后，就不能一律以保密为名对民众封锁消息，并将民众可能有些“胡乱”的揣测一律斥为无理取闹。尽管根据有关法律，在侦查阶段，警方并没有尽到告知受害人家属进展情况并解释相关误解的义务，但从社会稳定和民众权利的角度看，这种及时诚恳的沟通会打消民众的疑虑和担心，消除不安定因素的隐患，也为后续工作的顺利开展铺平道路。

质疑未产生应有的法律回避。

程序上既要合法，也要合情、合理，用程序正义避免民众的质疑，增强处置结果的正当性和权威性。“瓮安事件”中，民众质疑警方与事件的内在关联，但警方没有及时回应，也没有让相关人员回避，进一步加深了民众的质疑情绪。虽然在《刑事诉讼法》第28条中，列明了自行回避和申请回避的四种条件，但兜底条款即“与本案当事人有其他关系，可能影响公正处理案件的”却很少被适用。在不少群体性事件的处置中，民众首先质疑的往往是某些办案人员与该事件当事人之间千丝万缕的关联，但以这种质疑回避申请并不符合其他三种条件而往往被驳回。这种简单的处理方式加深了民众的疑虑，也不利于处理结果被广泛信服和接受。此外，鉴定程序也是引发民众质疑的关键环节，能否允许具有公信力的第三方对鉴定过程进行现场见证，能否尊重受害人家属要求“补充鉴定”或“重新鉴定”的诉求，将直接决定鉴定结果的可接受度。“瓮安事件”发生后，对死者的尸体进行了第三次鉴定，同时也允许家人在场、部分群众现场见证，如果这一事后的对鉴定的处理方式能提前一些，恐怕一些所谓的谣言早就不攻自破了。

第十四章　重点领域矛盾化解

【案例导引】

广东肇庆千余人抗议建垃圾焚烧发电项目 ①

2016年7月3日9时许，约有200名群众陆续到321国道禄步镇天桥附近聚集，部分群众在街道两旁围观。至10时，现场聚集及围观人数约1300人，导致现场交通短暂堵塞。经处置，10时15分，聚集群众向道路两旁散去，交通恢复正常。至14时30分，在镇政府前面聚集的群众全部散去。事件处置过程中未发生过激行为，公安机关在现场将21名涉嫌违法人员带离审查，目前社会秩序平稳正常。

据肇庆市环保局官网2016年7月1日的发文显示，肇庆市环保能源发电项目是广东省重点环保项目之一，项目规划选址于高要区禄步镇禄镇围村委岗仔头村民小组早熟田坑，建设总规模为1500吨/天，其中一期为1000吨/天。该项目采用BOT模式运作，经公开招投标，由专业的垃圾处理公司进行建设和运营管理，服务范围为肇庆市端州区、鼎湖区、高要区及德庆县部分乡镇，服务人口约160万人。建成后的垃圾焚烧发电厂一期年焚烧垃圾36.5万吨，同时利用垃圾焚烧的热量资源进行发电，年总供电量可达9400多万度。

2016年7月2日，高要区委宣传部官方微博发布公告，宣布停止对肇庆环保能源发电项目在江（岗）仔头村的征地工作。同日，肇庆市网信办官方微信公众号"今日肇庆"转发了当地电视台采访肇庆市公安局高要分局副局长黄文锋的报道，黄文锋在采访中宣讲了中国法律法规中有关集会游行示威的相关具体规定和处罚。

该报道称："为了经济社会的加快发展，高要区委区政府抢抓政策机遇。超前谋划，积极争取谋划了一批重大项目，这些项目的建设将大力地推动高要区经济的跨越发展。但由于各种原因，个别群众在项目建设和征地拆迁中，阻挠干扰项目施工建设，严重影响发展大局。"

2016年7月3日，澎湃新闻曾报道，广东省肇庆市官方发布消息称，在肇庆市环保能源发电项目处置现场，部分滋事分子带领不明真相的群众冲击高要禄步镇政府，并使用暴力对现场执勤民警进行人身攻击，造成部分民警受伤。

肇庆市委宣传部官方微博也在当天辟谣称，目前在网上和微信圈中出现所谓高要禄步镇警民冲突、打死人的视频，经核查，这些都是以往外地事故的截图。是一些别有用心的人在混淆视听、挑动事端，请广大网民明辨是非，不信谣、不传谣。

---

① http://www.jiemian.com/article/727170.html，2017年11月1日浏览。

问：

1. 引发上述事件的原因有哪些？

2. 广东省肇庆市公安机关在事件现场处置过程中采取了哪些措施？

3. 公安机关采取上述处置措施的法律依据都有哪些？

【学习目标】 通过本章的学习，使学生理解重点领域矛盾的含义、重点领域矛盾的主要类型、重点领域矛盾化解的政策法律规定等知识，掌握环保领域、劳资领域等重点领域矛盾化解的相关知识，基本具备重点领域矛盾化解的初步能力。

【教学重点】 重点领域矛盾化解的政策法律规定、环保领域劳资领域等重点领域矛盾化解的方法。

【教学难点】 重点领域矛盾化解的政策法律规定、环保领域劳资领域等重点领域矛盾化解的方法。

第一部分　基 础 知 识

一、重点领域矛盾的含义

改革开放三十多年，中国奇迹令世界惊叹。然而，在无数个举世瞩目的成就背后，发展不平衡、不协调、不可持续的问题逐渐显现，教育、就业、生态环境、食品药品安全等关系群众切身利益的问题较多，社会矛盾更趋复杂，形式主义、官僚主义等问题突出，前所未有的新矛盾、新问题交织在一起。2013 年 4 月，中央政治局决定改革从三个方面进行突破，集中解决制度性的问题、集中解决社会矛盾比较尖锐的问题、集中解决群众反映比较强烈的问题。

党的十九大报告指出，中国特色社会主义事业总体布局是“五位一体”，即经济建设、政治建设、文化建设、社会建设、生态文明建设“五位一体”。“五位一体”总体布局是一个有机整体，其中经济建设是根本，政治建设是保证，文化建设是灵魂，社会建设是条件，生态文明建设是基础。

因此，重点领域矛盾是指在社会建设方面存在的与保障和改善民生有关的、与加强和创新社会管理有关的、社会矛盾比较尖锐群众反映比较强烈并且给和谐社会建设带来不利影响的矛盾纠纷。比如在教育、医疗、劳资、生态环境、食品药品安全等方面产生的矛盾纠纷问题。

二、重点领域矛盾的主要类型

当前，重点领域的矛盾主要表现为以下几种类型：

（一）医疗领域矛盾纠纷

近年来，医患关系矛盾愈演愈烈，患者辱骂、殴打、伤害医生的事件几乎每天都在发生，事件的发生频率令人咋舌。据中国医院协会的一项调查显示，我国每所医院平均每年发生的暴力伤医事件高达 27 次。仅在某媒体统计的 2016 年十大伤医事件中就有 5 名医生被暴力伤害致死、3 名医生受重伤。①

① 数据来自搜狐网，http：//www.sohu.com/a/121291377_408203。

医闹事件的频繁发生，将医患关系推上了风口浪尖，这不仅影响到其他患者正常就医，而且对社会的影响也是致命的。据媒体公布的最新医师执业状况调查，中国78%的医生不希望子女从医。大量医生逃离医疗行业，弥漫的暴戾之气，既伤害了医务人员的感情，也令社会各界深感忧虑。

中国医院协会副秘书长王玲玲表示，诊疗结果和期待落差大成为暴力伤医的导火索。比如患者对治疗效果不满意，怀疑因检查治疗产生不良后果，医患沟通不到位等。而医患纠纷暴力伤医根本原因是社会矛盾积累过多，特别是医疗供求矛盾比较突出。遇到医疗纠纷，患者最怕找谁谁不见，而越躲避，越会激发患方情绪。

（二）教育领域矛盾纠纷

教育领域矛盾纠纷集中表现在高考招生问题上。2016 年 5 月，教育部、国家发展改革委发布《关于做好 2016 年普通高等教育招生计划编制和管理工作的通知》。通知中透露湖北、江苏等地调出高考招生计划支援中西部考生，其中江苏 2016 年调出 3.8 万个招生计划。

尽管多省教育厅已发布声明解释此事，称预计录取率不会降，但大量高考考生家长并不满意，依然到当地省、市级教育部门表达诉求。

5 月 11 日起，江苏、湖北两省的部分高考学生家长分别在两省的教育厅门口大规模聚集，表达对高考生的省内录取率——尤其是一本录取率的担忧。2017 年 5 月 14 日，近千名学生家长聚集在南京市北京西路 11 号江苏省教育厅门前，呼喊着口号，不少人手持写有“反对减招，教育公平。还我 985，还我 211”字样的标语，表达对高招政策的不满。

一些家长称，他们拥护向西部倾斜的教育政策，但希望有关部门能平衡好两者之间的关系，保障高考考生的平等受教育权利。

（三）环保领域矛盾纠纷

环保领域矛盾纠纷的突出表现就是各地在上马垃圾焚烧项目过程中引发的群众集会、示威和抗议活动，即“邻避运动”。

“邻避”来自英文“Not In My Back Yard”。自 2006 年公众反对北京六里屯垃圾焚烧厂以来，“邻避运动”在中国已经持续了 11 年。2009 年的北京阿苏卫和广州番禺案例更是将“邻避运动”推至高潮。仅仅在 2016 年，上海青浦、浙江海盐、海南万宁、江西赣州等地在上马垃圾焚烧项目的过程中都相继引发了群众的抗议事件。

2016 年 4 月 12 日，浙江嘉兴市海盐县政府发布建造垃圾焚烧发电厂的公示时指出，海盐县日均生活垃圾量超过 450 吨，现有的垃圾填埋厂已基本饱和，垃圾处理基本靠外运为主。和很多项目一样，随之而来的是“邻避运动”，一些群众上街聚集，抗议垃圾焚烧项目的规划选址问题。4 月 21 日晚，海盐县政府宣布项目已停止。

事实上“邻避运动”并未起到作用。在此起彼伏的抗议声中，诸多企业纷纷进军垃圾焚烧发电业“跑马圈地”。

新形势下多发的“邻避”问题，其实质是群众对发展权、环境权的深度关切，解决之道关键在于找准经济发展与环境保护、公共利益与个体利益的平衡点。

（四）劳资领域矛盾纠纷

劳资领域矛盾纠纷主要是各地发生的欠薪、讨薪问题。近年来，受宏观经济增速下滑、经济下行压力加大的影响，一些地方的建筑业、交通运输业、工程建设领域等劳动密集型行业因为经营资金紧张、企业内部管理不善，加之一些地方的劳动保障监察部门执法不力，导致拖欠务工人员工资问题时有发生。务工人员为了讨薪，往往不得不采取聚众上访、非法集会示威、跳楼、跳塔吊等极端方式给建设单位施压，给社会制造影响。

三、重点领域矛盾化解的相关政策

（一）党的十九大报告的规定

党的十九大报告指出，全党要深刻领会新时代中国特色社会主义思想的精神实质和丰富内涵，在各项工作中全面准确贯彻落实。

中国特色社会主义进入新时代，我国社会主要矛盾已经转化为人民日益增长的美好生活需要和不平衡不充分的发展之间的矛盾。我国稳定解决了十几亿人的温饱问题，总体上实现小康，不久将全面建成小康社会，人民美好生活需要日益广泛，不仅对物质文化生活提出了更高要求，而且在民主、法治、公平、正义、安全、环境等方面的要求日益增长。

必须认识到，我国社会主要矛盾的变化是关系全局的历史性变化，对党和国家工作提出了许多新要求。我们要在继续推动发展的基础上，着力解决好发展不平衡不充分问题，大力提升发展质量和效益，更好满足人民在经济、政治、文化、社会、生态等方面日益增长的需要，更好推动人的全面发展、社会全面进步。

社会是在矛盾运动中前进的，有矛盾就会有斗争。我们党要团结带领人民有效应对重大挑战、抵御重大风险、克服重大阻力、解决重大矛盾，必须进行具有许多新的历史特点的伟大斗争，任何贪图享受、消极懈怠、回避矛盾的思想和行为都是错误的。全党要更加自觉地维护人民利益，坚决反对一切损害人民利益、脱离群众的行为；更加自觉地防范各种风险，坚决战胜一切在政治、经济、文化、社会等领域和自然界出现的困难和挑战。

必须坚持人民主体地位，坚持立党为公、执政为民，践行全心全意为人民服务的根本宗旨，把党的群众路线贯彻到治国理政全部活动之中，把人民对美好生活的向往作为奋斗目标，依靠人民创造历史伟业。必须坚持以人民为中心的发展思想，不断促进人的全面发展。

增进民生福祉是发展的根本目的。必须多谋民生之利、多解民生之忧，在发展中补齐民生短板、促进社会公平正义，在幼有所育、学有所教、劳有所得、病有所医、老有所养、住有所居、弱有所扶上不断取得新进展，保证全体人民在共建共享发展中有更多获得感，不断促进人的全面发展、全体人民共同富裕。建设平安中国，加强和创新社会治理，维护社会和谐稳定，确保国家长治久安、人民安居乐业。

全面依法治国是中国特色社会主义的本质要求和重要保障。坚持依法治国、依法执政、依法行政共同推进，坚持法治国家、法治政府、法治社会一体建设。

加强社会治理制度建设，完善党委领导、政府负责、社会协同、公众参与、法治保障的社会治理体制，提高社会治理社会化、法治化、智能化、专业化水平。加强预防和化解社会矛盾机制建设，正确处理人民内部矛盾。

（二）习近平总书记的重要论述

党的十八大以来，习近平总书记着眼于进行具有许多新的历史特点的伟大斗争，提出并形成了一系列治国理政新理念新思想新战略，推动党和国家事业开创了新局面。习近平总书记对政法工作高度重视，作出一系列重要指示，深刻阐明了事关政法工作全局和长远发展的重要方针政策。一是深刻指出了政法工作做得怎么样，关系“两个一百年”奋斗目标和中华民族伟大复兴中国梦的实现，要求我们把政法工作摆到党和国家工作大局中谋划，肩负起中国特色社会主义事业建设者、捍卫者的职责使命。二是深刻指出了维护社会大局稳定是政法工作的基本任务，促进社会公平正义是政法工作的核心价值追求，保障人民安居乐业是政法工作的根本目标，要求我们全力推进平安中国、法治中国、过硬队伍建设，确保中国特色社会主义事业在和谐稳定的社会环境中顺利推进。三是深刻指出了创新社会治理体制是我国社会主义社会发展规律的客观要求，强调推进系统治理、综合治理、依法治理、源头治理，提高预测预警预防各类风险能力，建设更高水平的平安中国，增强人民群众安全感。

党的十八大以来，习近平总书记对平安建设高度重视，提出了建设平安中国的战略目标，明确了坚持系统治理、依法治理、综合治理、源头治理的总体思路，对深入推进平安建设提出了新要求。

习近平总书记在党的十八届四中全会上指出，“法律是治国之重器，法治是国家治理体系和治理能力的重要依托”，要求各级党组织和党员领导干部带头厉行法治，不断提高运用法治思维和法治方式深化改革、推动发展、化解矛盾、维护稳定能力。

习近平总书记指出，解决制约持续健康发展的种种问题，都需要密织法律之网、强化法治之力。法治思维作为权利与义务相一致的思维，越是复杂疑难问题，越要用法律事实分清是非，用权利义务思维分清对错，让当事人在法律框架内主张权利、确定义务。如果以牺牲法律权威为代价，求得问题一时解决，不但难以持久，还可能引发新矛盾。我们不仅要做守法的模范，而且要做用法的“行家”，不断增强平安建设实效。

习近平总书记明确指出，在全面推进依法治国方面，必须抓住领导干部这个“关键少数”。政法综治干部要带头学法遵法守法用法护法，带头崇尚法治、坚守法治，做依法办事的表率。

习近平总书记在庆祝中国人民政治协商会议成立65周年大会上明确指出，社会主义协商民主，是中国社会主义民主政治的特有形式和独特优势，要求坚持有事多商量，遇事多商量，做事多商量，商量得越多越深入越好。近年来，有的地方对公共政策实行公开听证、专家咨询论证等制度；有的定期举行民主恳谈会、民主议事会，广泛听取群众意见建议，减少了因决策不当引发的社会矛盾。我们要围绕涉及群众切身利益的事项，按照协商于民、协商为民原则，推动有关部门、单位遇事多同群众商量，确保各项工作更好地顺乎民意，预防减少社会矛盾。

2017年1月10日，习近平总书记就政法工作作出重要指示：“近年来，政法战线认真贯彻党中央决策部署，一手抓当前、一手谋长远，深入推进平安中国、法治中国、过硬队伍建设，为维护国家安全和社会稳定、服务经济社会发展作出了重要贡献。2017年是我们党和国家历史上具有特殊重要意义的一年。全国政法机关要强化忧患意识，提高政治警觉，增强工作预见性，不断创新理念思路、体制机制、方法手段，全面提升防范应对各类风险挑战的水平，确保国家长治久安、人民安居乐业。要把维护国家政治安全特别是政权安全、制度安全放在第一位，提高对各种矛盾问题预测预警预防能力，为党的十九大召开营造安全稳定的社会环境。”

（三）重点领域矛盾化解的其他相关政策

2013年10月11日，纪念毛泽东同志批示“枫桥经验”50周年大会在浙江杭州召开。时任中央政法委书记孟建柱在会上强调，要积极创新社会治理方式，提升预防化解社会矛盾的水平。只有让广大群众从党和政府的方针政策中获得实惠，才能赢得广大群众发自内心的认同和拥护。要牢固树立把改革发展成果更多惠及百姓的理念，统筹协调、妥善处理好各方面利益关系，多干群众急需的事，多干群众受益的事，多干打基础的事，多干长远起作用的事，努力使广大群众从深化改革、推动发展中得到实实在在的好处。要坚持科学、民主决策，充分发挥协商民主的优势，对直接关系群众切身利益的重大事项做到应评尽评，努力使社会稳定风险评估过程成为倾听民意、化解民忧、赢得群众理解支持的过程，提高评估科学性和公信力。要把源头治理、动态管理、应急处置结合起来，完善矛盾纠纷排查、预警、化解、处置机制，努力掌握预防化解社会矛盾主动权。要完善人民调解、行政调解、司法调解联动的工作体系，加强专业性、行业性人民调解组织建设，及时调解矛盾纠纷。要按照依法治国、依法执政、依法行政共同推进，法治国家、法治政府、法治社会一体建设的总要求，积极营造办事依法、遇事找法、解决问题用法、化解矛盾靠法的法治环境，努力把社会矛盾预防化解纳入法治轨道。各级干部要把依法办事作为一项重要的基本功，带头学法、尊法、守法，做到有权必有责、用权受监督、违法要问责。要把法治作为化解社会矛盾的重要方式，努力实现定纷止争。要引导群众自觉把法律作为指导和规范自身活动的基本行为准则，依靠法律手段解决纷争，运用法律武器维护权益。对因民事、经济交往引发的利益矛盾纠纷，要引导鼓励当事人通过正当法律程序去解决。

当今世界已进入风险社会。各级政法机关要把政治优势与技术优势结合起来，把专项治理与系统治理、综合治理、依法治理、源头治理结合起来，不断提高对各类矛盾风险发现、防范、化解、管控能力，全力做好各类矛盾风险防范化解管控工作，切实维护社会大局稳定。要坚持问题导向、底线思维，深入研究各类矛盾风险演变趋势，立足于预测预警预防，提高维护社会大局稳定的能力。

坚持维稳与维权相统一，筑牢社会和谐稳定的民心基础。对因维权引发的维稳问题，首先把群众合理诉求解决好。要坚持把维护群众合法权益放在首位，推动解决保障和改善民生的突出问题，依法查处食品药品安全、环境保护等领域的犯罪，完善社会稳定风险评估机制，筑牢社会和谐稳定的民心基础。要坚持维护群众权益与维护信访秩序相结合，学习和推广“枫桥经验”，畅通信访渠道，探索动员社会力量参与信访工作，建立依法有序表达诉求、及时就地解决群众合法合理诉求的机制，推动信访步入良性轨道。要坚持常态治理与应急处置相结合，依托基层组织，整合资源力量，形成党政动手、依靠群众、源头预防、依法治理、综合施策的化解矛盾新格局，提升预防化解社会矛盾的能力和效果。

社会治理是一门大学问，重在协调好利益关系，要在稳人心、得民心。解决好部分群众合理诉求，是维护社会和谐稳定的现实需要，更是坚持以人民为中心的发展思想、实现共享发展的内在要求。我们要坚持以人民忧乐为忧乐、以人民甘苦为甘苦，把维稳与维权、解困结合起来，积极稳妥解决部分群众合理诉求，让他们从党和政府方针政策中得到实惠，以有利于从根本上维护社会和谐稳定。

健全落实社会矛盾排查化解机制，预防减少突发事件发生。社会矛盾往往有一个从萌芽到成势的过程。我们要善于运用大数据对社会矛盾进行研判、预警，努力做到发现在早、防范在先、处置在小。坚持专群结合、善用众力众智，通过加强综治中心建设，统筹好政法、综治、维稳、信访等部门力量，运用好企事业单位、社会组织等资源，进一步拓宽人大代表、政协委员、律师、法学和法律工作者等第三方参与社会矛盾化解的制度化渠道，构建调解、仲裁、行政裁决、行政复议、诉讼等有机衔接、相互协调的多元化纠纷解决体系，增强化解社会矛盾的实效。

把依法办事作为基本要求，努力实现保障人民权益与维护社会秩序相统一。保障人民权益、维护社会秩序，是法治的基本价值，也是平安建设的基本目标。法律作为衡量是非的标准和规范行为的准则，只有依法办事，才能实现保障人民权益与维护社会秩序相统一。我们要坚持教育引导、典型引领、实践养成相结合，努力使政法综治干部把法治内植于心、外践于行。要建立重大决策合法性审查机制和责任倒查机制，防止因超越法定权限、违反法定程序引发矛盾和问题。对群众反映强烈的问题，要敢于担当，妥善协调各种关系，依法维护群众合法权益，维护正常社会秩序。要引导群众认识到法律既是保障自身权利的有力武器，也是必须遵守的行为规范，自觉通过法律渠道表达诉求，运用法律武器维护权益。

社会矛盾往往有一个从萌芽到成势、从量变到质变的过程。检验平安建设成效，很重要的一个方面就是看能否有效预防化解社会矛盾。各地要对本地影响社会和谐稳定的矛盾进行滚动排查，做到心中有数，并逐一落实责任，采取有效措施加以防范化解。目前，社会矛盾大多属于利益诉求，预防化解这些矛盾，关键是要维护好群众合法权益。只有这样，才能赢得广大群众发自内心的认同和拥护，为社会和谐稳定奠定坚实基础。我们要坚持以百姓之心为心，始终把维护群众合法权益放在第一位，从源头上预防减少社会矛盾。

开展重大决策社会稳定风险评估，是科学民主决策的推进器、社会稳定的减压阀。要抓好决策前风险评估、实施中风险管控和决策过错责任追究等操作程序的落实。要建立重大决策终身责任追究制度及责任倒查机制，对未经评估或无视风险作出决策，造成重大损失、恶劣影响的，要严格追究责任。

矛盾纠纷化解过程实质也是社会协商过程。要把社会主义协商民主创造性地运用于社会矛盾化解中，完善人民调解、行政调解、司法调解联动工作体系，重点推动在征地拆迁、环境保护、劳动保障、医疗卫生、交通事故、物业管理等领域建立专业性、行业性调解组织，建立人大代表、政协委员、法学专家、公益律师和人民团体、社会组织等第三方参与的矛盾调处机制，提高化解社会矛盾的效果。要完善劳动争议调解制度，健全协调劳动关系三方机制，构建和谐劳动关系。对医患纠纷，要借鉴一些地方建立医疗纠纷人民调解委员会、引入医疗责任保险等做法，建立包括医患双方、主管部门、医疗专家、专业志愿者在内的多方协商、依法调解机制，构建和谐医患关系。

能否在法治轨道上解决矛盾和问题，是善不善于运用法治思维和法治方式的试金石。要健全社会矛盾预警、协商沟通、救济救助机制，完善调解、行政裁决、行政复议、诉讼等有机衔接的多元化纠纷解决机制，强化法律在维护群众权益、化解社会矛盾中的权威地位。对已经进入法律渠道的社会矛盾，要严格依据事实、法律公正处理，让当事人感受到依法律按程序就能公正有效解决问题。

新形势下多发的“邻避”问题，实质是群众对发展权、环境权的深度关切，解决之道关键在于找准经济发展与环境保护、公共利益与个体利益的平衡点。我们要推动在政府、企业、群众间搭建沟通协商平台，完善利益补偿机制，从源头上预防减少“邻避”问题。

第二部分　典型案例评析

一、环保领域矛盾典型案例

（一）案情介绍

案例一：

湖北仙桃民众抗议垃圾焚烧发电厂建设 市长宣布停建①

2016年6月25日，湖北省仙桃市居民为抗议垃圾焚烧发电厂建设，走上街头。

仙桃市生活垃圾焚烧发电厂（下称垃圾焚烧发电厂），其主要功能是消纳仙桃市区和周

① http://blog.sina.com.cn/s/blog_158f19ce40102x39q.html，2017年11月1日浏览。

边乡镇的生活垃圾。项目位于仙桃市干河办事处郑仁口村。

参加抗议的居民认为，仙桃市政府刻意隐瞒垃圾焚烧发电厂建设，从选址到招标和建设已超过两年，除官方在网上公示，更多居民无从知情。该垃圾焚烧发电厂在建设施工中也未打标语，其用途附近居民甚至都不知晓。

在与上街居民对话中，仙桃官方试图说服市民，建垃圾焚烧发电厂对仙桃市具有显著的经济效益、社会效益和环境效益。仙桃市长周文霞曾亲自走到街头与抗议居民对话。然而，最终，仙桃市人民政府新闻办公室不得不通过官方微博发布通告称，2016年6月26日12时，经市委市政府研究，决定停止"生活垃圾焚烧发电项目"。

一位现场居民告诉《财经》记者，警方在6月27日凌晨放了被抓的抗议群众后，抗议人群才散去。

仙桃市垃圾围城现象日益严重。仙桃市城乡每日平均产生各类生活垃圾750吨，全部为卫生填埋方式处理，但仙桃市唯一的卫生填埋场3年内将达到饱和。这一垃圾焚烧发电厂建设规模为日处理生活垃圾500吨。可见，即便这个焚烧厂建成，也不能完全处理当地产生的生活垃圾。

这次事件不过是近年来频现的垃圾焚烧项目遭抵制的又一个缩影，此前有秦皇岛西部生活垃圾焚烧发电厂、武汉锅顶山生活垃圾焚烧厂等，这一次再次暴露出如不能及早打破僵局以及重塑有效的环评体系和诚信，将加大重大投资项目的"流产"风险。

令当地居民不满的是，未有有效的环评公示，垃圾焚烧发电厂距离居民区太近，垃圾臭味噪音会影响正常生活，他们也担心会诱发疾病。

仙桃市环保局官网称，垃圾焚烧发电厂早在2012年5月就进行过环评公示，这也是仙桃市首家垃圾发电厂。但居民们表示，并不知道之前的环评，也不知道那个垃圾发电厂是焚烧垃圾发电，只听说那里要建电厂。

仙桃市官方在2016年6月26日的通报中称，垃圾焚烧发电厂于2013年4月获得湖北省环境保护厅核发《省环保厅关于仙桃市生活垃圾焚烧发电厂环境影响报告书的批复》，在2013年8月获湖北省发改委批准立项。

垃圾焚烧发电厂附近的满庭春小区居民称，直到最近有人见过往车辆运垃圾到发电厂，才知道是用垃圾焚烧发电。

按《环境影响评价法》第11条规定，"专项规划的编制机关对可能造成不良环境影响并直接涉及公众环境权益的规划，应当在该规划草案报送审批前，举行论证会、听证会"，当地居民认为政府必须要听取公众对环境影响的意见。

抗议者还表示，圾焚烧发电厂距离市中心不到3公里，距最近小区的直线距离不到1公里，他们担心垃圾焚烧发电厂会带来污染，影响健康。

垃圾焚烧发电厂距仙桃境内最大的河流通顺河不远，其灰尘掩埋点也在通顺河附近。通顺河是仙桃市区的居民用水取水点，当地民众也担心水源也会受到影响。

更让抗议者不安的是，就算垃圾焚烧发电厂真没有污染，那也需要按严格的环保标准执行，后续谁来监督圾焚烧发电厂对周边环境的影响?

仙桃市委、市政府在2016年6月26日承诺，将充分听取和征求群众意见，加强对项目建设及运行的监管力度，确保严格按国家标准达标排放，保证广大群众的知情权和参与权。

仙桃市官方强调，通过设置完善的尾气处理工艺和管控系统，能保证尾气各项污染排放指标优于国家标准。垃圾焚烧发电厂建成后，年发电量6000万千瓦时，每年可节省垃圾填埋占地近30亩，垃圾焚烧发电厂设计年限为20年，总投资估算为2.56亿元、占地120亩，预计2016年建成并网发电。

仙桃市环保局局长闵银华在早前接受《仙桃日报》采访时表示，仙桃市生活垃圾焚烧发电项目的焚烧及烟气治理技术是可行的。研究表明，当烟气温度在220℃~400℃时，最易产生二噁英，当温度高于800℃时，极短时间内即可使烟气中的二噁英分解。

仙桃市垃圾发电项目采用德国机械炉排炉焚烧技术，超高温大于850℃，充分的燃烧时间大于2秒，确保燃烧完全。同时，采用布袋除尘器、活性炭吸附等措施，能够满足烟气中二噁英排放达到国家规定的排放标准。

按官方说法，垃圾焚烧发电厂采用来自德国先进的机械炉排炉焚烧技术和来自美国的烟气净化处理技术升级版，设置完善的尾气处理工艺，从设备到技术都是根据中国垃圾特点研究改进的，适合于中国城市生活垃圾含水量高、热值低的特点。可实现完全燃烧，保证尾气各项污染排放指标优于国家标准，二噁英排放指标甚至优于世界上最严格的欧洲标准，比日常家庭炒菜、烧烤和汽车尾气产生的二噁英含量还要低。

然而，在中国环境科学研究院研究员赵章元看来，仙桃市垃圾焚烧发电厂采用的技术从理论上存在这种可能。但所有焚烧炉的污染风险很难排除，即便在焚烧过程中能让二噁英达标，“这也需要严格按操作流程到位才行，这里面有花钱多少的问题”。赵章元对《财经》记者分析。

仙桃市人民政府网站显示，2016年6月25日晚，市委、市政府举行生活垃圾焚烧发电项目新闻通气会。市委副秘书长王中林、市城管局局长刘行兵、市环保局局长闵银华、市公安局副局长刘名超就市民所关心的有关问题进行解答。

王中林介绍了我市生活垃圾焚烧发电项目相关情况。该项目位于干河办事处郑仁口村。概算投资2.5908亿元，占地120亩，由绿色东方投资控股有限公司投资，以BOT模式与市政府合作兴建。建设总规模9MW，一期建设日处理500吨的生活垃圾焚烧炉，采用具有国际先进水平的逆推式、倾斜多级炉排的机械炉排炉技术，其中二噁英排放指标优于国内排放标准，达到了世界最严格的欧盟II标准。

王中林呼吁广大市民理性对待生活垃圾焚烧发电项目，不传谣、不信谣，市民朋友们如有疑惑和诉求，请通过合理渠道表达，市委、市政府工作专班和有关专家将随时为大家答疑解惑。希望广大市民共同维护全市来之不易的经济社会发展良好态势。

刘行兵介绍了我市建设生活垃圾焚烧发电项目的必要性。他说，我市城区面积已经达到近70平方公里，人口近50万人，日产生活垃圾近500吨。与此同时，实行城乡清洁工程“一把扫帚扫到底”后，全市每天清运垃圾达750吨，高峰时节每天超过1000吨。我市目前仅有一座规范的生活垃圾填埋场，日处理量仅为500吨，已严重超负荷运行，剩余库容仅可坚持三年，迫切需要更先进的垃圾处理系统。如果不及时建设垃圾处理设施，届时我市城乡居民生活垃圾将无处可运、无处可填，造成“垃圾围城”“垃圾围村”的严重后果，势必严重影响全市人民生产生活。

闵银华介绍了我市生活垃圾焚烧发电项目环评审批情况。他说，我市生活垃圾焚烧发电项目的焚烧及烟气治理技术是可行的。我市垃圾发电项目采用德国先进的机械炉排炉焚烧技术，超高温大于850℃，充分的燃烧时间大于2秒，确保燃烧完全。同时采用布袋除尘器、活性炭吸附等措施，能够满足烟气中二噁英排放达到国家规定的排放标准。

刘名超说，根据我国法律，公民举行集会、游行、示威活动，应当严格依照法律规定向公安机关提出申请并获得许可，听从公安民警的指挥和引导，在指定的路线和区域内进行。严禁未经许可举行任何形式的集会、游行、示威活动，法律规定不需要申请许可的除外；严禁利用手机短信、微信、互联网等方式煽动组织非法集会、游行、示威活动。

案例二：

湖南隆回县垃圾焚烧发电项目遭民众抗议 县政府回应暂不启动①

2017 年 7 月 27 日上午，针对部分群众反对在向家村地区建设垃圾发电站，隆回县人民政府发出公告，因多数群众不同意，项目暂不启动建设，隆回县将积极处理部分群众因垃圾焚烧发电项目选址诉求。

公告内容显示，近日隆回县有部分群众到县人民政府集中反映反对垃圾焚烧发电项目拟选址岩口镇向家村。在县领导耐心细致解疑释惑后，参加反映诉求的群众当天已基本返回。

为了稳妥推进垃圾焚烧发电项目，县委县政府采取了一系列措施，先后组织召开了岩口镇、荷香桥镇镇干部会、村干部会和全县领导干部等系列会议，统一思想，形成共识。充分利用县电视台、新闻网以及手机报、微信公众号等媒体，宣传垃圾焚烧发电项目相关常识，在岩口镇、荷香桥镇发放了宣传手册，向广大村民广泛宣传垃圾焚烧发电的科学知识，努力消除群众的顾虑。项目指挥部组织向家村及周边村的 145 名群众代表到广东惠州实地考察了同类型垃圾焚烧发电厂。随后，又组织岩口镇、荷香桥镇籍在县内工作的副科级以上干部赴实地考察，参与考察的干部和群众大多数表示认可该项目。但是根据环保部门调查，项目拟选址村周边村群众多数表示了不支持的意见。

根据这一情况，县委县人民政府分管领导现场答复了集访群众，明确表态在多数群众不同意的情况下，该项目不启动建设。同时，要求上访群众通过合法途径反映诉求，对借机寻衅滋事、扰乱社会秩序的行为，公安机关将依法打击。

案例三：

湖南宁乡民众抗议垃圾焚烧项目 多人被指煽动集会②

宁乡县公安局关于 6.27 集访事件查处情况通告

公安机关现已查明，张某龙（男，现年 26 岁，宁乡县坝塘镇人）、欧某江（男，现年 29 岁，宁乡县坝塘镇人，有吸贩毒前科）通过其所建微信群编辑和转发文字信息煽动群内人员，参与 6 月 27 日上午县政府前坪的非法集会。张某龙、欧某江均已涉嫌组织非法集会、游行、示威罪被公安机关依法刑事拘留。另初步查明，6 月 27 日下午 14 时许，钟某（女，现年 32 岁，宁乡县白马桥人，目前在逃，公安机关正在全力抓捕）通过微信群编辑和转发文字信息煽动群内人员，到宁乡县白马桥街道爱琴湾小区门口非法集会；6 月 27 日下午周某波（男，现年 28 岁，宁乡县夏铎铺人，目前在逃，公安机关正在全力抓捕）通过其所建的微信群编辑和转发文字信息煽动群内人员，欲于 6 月 28 日上午 7 时到宁乡县人民路步行

---

① http://toutiao.chinaso.com/kj/leader_detail/20170728/1000200032976301501252898524305899_1.html,2017 年 11 月 1 日浏览。

② http://news.sohu.com/20160628/n456671507.shtml，2017 年 11 月 1 日浏览。

街口再次非法集会、游行、示威。

上述人员以反对垃圾焚烧项目的名义，采取非法方式反映诉求，蛊惑、策划、煽动不明真相的群众非法集会、游行、示威，已严重扰乱社会秩序，损害宁乡形象。此外，部分人员通过PS手段截取不完整、不实视频和图片，散布不实信息，公安机关正在进一步严密侦查中。这些都是典型的扰乱社会秩序行为，希望广大人民群众不信谣，不传谣，并主动与这些违法人员作坚决的斗争。

宁乡县公安局

2016年6月28日

（二）案例分析

1. 环保领域矛盾纠纷产生的主要原因

环保领域矛盾纠纷产生的主要原因可以归纳为三个方面，即政府方面的、企业方面的和群众方面的。

（1）政府方面的原因。

一些地方政府没有认真贯彻以人民为中心的发展理念，在上马垃圾焚烧项目时违反相关法律规定，选址之前未吸收公众参与，环评、建设等环节不公开、不透明，侵犯了群众的知情权、表达权、参与权、监督权。此外，一些地方政府在上马垃圾焚烧项目时没有邀请人大代表、政协委员、公益律师、专家学者、环保组织等第三方参与，未建立、未严格执行社会稳定风险评估机制。上述两个因素是引发环保领域矛盾纠纷产生的主要原因。

在上述案例中，湖北省仙桃市的垃圾焚烧发电厂虽然早在2012年5月就进行过环评公示，也在2013年8月获得了湖北省发改委批准立项，但在此过程中当地政府并未吸收公众参与环评，也没有邀请人大代表、政协委员、公益律师、专家学者、环保组织等第三方参与，未建立、未严格执行社会稳定风险评估机制，项目建设过程不公开、不透明，侵犯了群众的知情权、表达权、参与权、监督权，是引发此次环保领域矛盾纠纷产生的主要原因。

《环境影响评价法》第8条规定："国务院有关部门、设区的市级以上地方人民政府及其有关部门，对其组织编制的工业、农业、畜牧业、林业、能源、水利、交通、城市建设、旅游、自然资源开发的有关专项规划（以下简称专项规划），应当在该专项规划草案上报审批前，组织进行环境影响评价，并向审批该专项规划的机关提出环境影响报告书。"第11条规定："专项规划的编制机关对可能造成不良环境影响并直接涉及公众环境权益的规划，应当在该规划草案报送审批前，举行论证会、听证会。或者采取其他形式，征求有关单位、专家和公众对环境影响报告书草案的意见。编制机关应当认真考虑有关单位、专家和公众对环境影响报告书草案的意见，并应当在报送审查的环境影响报告书中附具对意见采纳或者不采纳的说明。"第21条规定："除国家规定需要保密的情形外，对环境可能造成重大影响、应当编制环境影响报告书的建设项目，建设单位应当在报批建设项目环境影响报告书前，举行论证会、听证会，或者采取其他形式，征求有关单位、专家和公众的意见。建设单位报批的环境影响报告书应当附具对有关单位、专家和公众的意见采纳或者不采纳的说明。"

《行政许可法》第5条规定："设定和实施行政许可，应当遵循公开、公平、公正的原则。行政许可的实施和结果，除涉及国家秘密、商业秘密或者个人隐私的外，应当公开。"第46条规定："法律、法规、规章规定实施行政许可应当听证的事项，或者行政机关认为需要听证的其他涉及公共利益的重大行政许可事项，行政机关应当向社会公告，并举行听证。”第47条规定：“行政许可直接涉及申请人与他人之间重大利益关系的，行政机关在作出行政许可决定前，应当告知申请人、利害关系人享有要求听证的权利。”

《政府信息公开条例》第9条规定：“行政机关对符合下列基本要求之一的政府信息应当主动公开：（1）涉及公民、法人或者其他组织切身利益的；（2）需要社会公众广泛知晓或者参与的。”第10条规定：县级以上各级人民政府及其部门应当依照本条例第九条的规定，在各自职责范围内确定主动公开的政府信息的具体内容，并重点公开下列政府信息：……（8）重大建设项目的批准和实施情况……（11）环境保护、公共卫生、安全生产、食品药品、产品质量的监督检查情况。第11条规定：“设区的市级人民政府、县级人民政府及其部门重点公开的政府信息还应当包括下列内容：（1）城乡建设和管理的重大事项……”

（2）企业方面的原因。

部分垃圾处理企业采用的垃圾处理技术标准较低、处理运营过程不规范、处理后排放不达标，部分垃圾焚烧发电项目的环境影响评价过程不规范，在建设过程中缺乏透明公开的项目信息、平等有效的沟通机制和公平合理的补偿机制。这些因素是引发环保领域矛盾纠纷产生的重要原因。

2016年1月1日，我国正式开始实施《生活垃圾焚烧污染控制标准》（GB 18485—2014），该标准与国际最严格的欧盟2000接近。但是事实上，环保组织芜湖生态中心在2015年年底开展了一项调查，结果显示，2015年12月浙江省22座垃圾焚烧厂污染物频超新标准，3座无在线监测数据，其中一家的烟尘超新标324次，二氧化硫超新标396次，氮氧化物超新标74次。因此，芜湖生态中心呼吁，强制全国所有已运行的垃圾焚烧发电厂必须通过各省市或企业自行监测平台进行信息公开，便于公众监督。

（3）群众方面的原因。

部分群众在其知情权、表达权、参与权、监督权失去保障后，没有依照国务院信访条例的有关规定依法、理性向政府信访部门、环境保护行政主管部门等部门表达利益诉求，而是选择了通过非法集会、游行、示威的方式去“维权”、通过制造聚众围堵、冲击党政机关等群体性事件的方式给党委政府施压，这一因素也是引发环保领域矛盾纠纷产生的重要原因。

在上述案例中，湖南省宁乡县的张某龙、欧某江等人以反对垃圾焚烧项目的名义，采取非法方式反映诉求，蛊惑、策划、煽动不明真相的群众非法集会、游行、示威，已严重扰乱社会秩序，涉嫌组织非法集会、游行、示威罪。

2. 环保领域矛盾纠纷化解的方法

（1）环保领域矛盾纠纷萌芽阶段的化解方法。

①收集、上报环保领域矛盾纠纷的有关信息。

根据《公安派出所正规化建设规范》第2条、第12条的规定，收集、掌握、报告影响社会政治稳定和治安稳定的情报信息既是公安派出所的主要职责，也是社区（农村）警务工作岗位的职责所在。第18条也规定，社区和驻村民警的主要工作内容是掌握社情民意，及时收集、上报涉及社会政治稳定和治安稳定的各类信息，定期排查、分析社情动态和突出治安问题。第49条规定，公安派出所负责收集可能引发群体性事件的线索、情报信息。

《公安机关处置群体性事件规定》第3条规定，公安机关应当加强情报信息工作，建立和完善维护社会稳定的预警工作机制，对可能影响稳定的问题和群体性事件苗头，做到早发现、早报告、早控制、早解决，最大限度地把不稳定因素解决在初始阶段。

由此可见，在环保领域矛盾纠纷的萌芽阶段，公安机关及其民警负有主动收集、掌握、上报矛盾纠纷有关信息的法定职责。公安派出所民警在日常工作中、在对有关社区和单位的走访调查中要善于主动发现、收集环保领域矛盾纠纷的有关线索、情报信息，并按照规定及时上报。

②参与排查调处环保领域矛盾纠纷。

《公安派出所正规化建设规范》第18条规定，社区和驻村民警的主要工作内容是深入群众之中，倾听群众意见，了解群众疾苦，尽力为群众排忧解难。积极参与排查调处民间矛盾纠纷，努力把不稳定因素化解在基层、化解在萌芽状态。

因此，公安派出所民警如果在日常工作中发现了环保领域的矛盾纠纷，就应当积极参与到街道办事处、乡镇人民政府、社区等基层政府组织的民间矛盾纠纷排查调处工作中，努力把环保领域的矛盾纠纷、把不稳定因素化解在基层、化解在萌芽状态。

（2）环保领域矛盾纠纷激化阶段的化解方法。

大量事实表明，环保领域的矛盾纠纷如果不能在萌芽阶段得到有效化解，一旦激化，往往会演变成群众的非法集会、游行、示威，甚至会引发聚众围堵、冲击党政机关等大规模的群体性事件，给公共安全、社会治安秩序带来巨大的冲击和危害。所以，在环保领域矛盾纠纷的激化阶段，公安机关应当在党委、政府的统一领导下，严格遵循"慎用警力、慎用强制措施、慎用武器警械"和教育疏导、依法果断处置等原则，根据《人民警察法》《突发事件应对法》《公安派出所正规化建设规范》《公安机关处置群体性事件规定》等有关法律、法规、规章、规范性文件的规定，根据矛盾纠纷激化阶段的不同情形采取相应措施妥善处置，既依法维护社会秩序、平息事态，又协助有关部门做好群众工作，努力化解矛盾。

在上述案例中，湖南省宁乡县的张某龙、欧某江等人以反对垃圾焚烧项目的名义，采取非法方式反映诉求，蛊惑、策划、煽动不明真相的群众非法集会、游行、示威，已严重扰乱社会秩序，涉嫌组织非法集会、游行、示威罪，公安机关将张某龙、欧某江等人依法带离事件现场，并依法采取了刑事拘留措施。

①了解现场情况，并迅速向上级报告。

因环保领域的矛盾纠纷激化引发的非法集会、游行、示威，或者聚众围堵、冲击党政机关等群体性事件发生后，公安机关应当迅速启动有关处置预案，派出少量着装警察到现场维持秩序、掌握情况，并迅速向党委、政府和上级公安机关报告现场动态，建议党委、政府领导或者有关部门负责人到现场与群众对话、解释有关问题，配合党委、政府和信访、环保等有关部门做好矛盾化解工作。

②设置警戒线，维持现场秩序，疏导围观人员。

因环保领域的矛盾纠纷激化引发的非法集会、游行、示威，或者聚众围堵、冲击党政机关等群体性事件发生后，公安机关应当根据现场情况依法采取封闭现场和相关区域、设置警戒带和隔离设施、隔离围观人员等措施。经现场指挥批准，实施区域性交通管制，加强对国家机关、军事机关、国家通信社、广播电台、电视台、外国驻华使领馆等重点单位的守护。在严重危害社会治安秩序的突发事件发生后，经上级公安机关和同级人民政府批准，可以根据情况实行现场管制，查验现场人员身份证件和随身携带的物品。

经现场指挥批准，发布命令或通告，责令围观人员立即离开现场、责令聚众组织者立即解散人群、责令聚集的人员在限定时间内迅速疏散。对超过限定时间仍然滞留现场或者强行穿越警戒线、袭击人民警察的人员，经警告无效的，可以依法使用警棍、盾牌、催泪弹、高压水枪、防暴枪等必要的驱逐性警械、制服性警械强行驱散。

③教育说服群众，防止事态扩大。

如前文所述，环保领域矛盾纠纷激化的根源往往不在群众、不在当地居民，而在于当地政府。所以，公安机关在事件处置过程中应当始终注意讲究政策、讲究策略、讲究方法，将宣传教育疏导工作贯穿整个处置过程中，对现场群众以法制宣传、教育疏导为主。公安机关应当通过现场广播、印发通告等方式宣传有关法律法规和政策，教育群众依法维护自身权益，引导群众合法、理性表达诉求，防止矛盾激化、防止事态扩大、防止发生流血冲突，并建议当地党委、政府领导或者环保部门负责人到现场与群众对话，解释有关问题。

处置过程中既要防止使用警力和强制性措施不当而激化矛盾，又要防止贻误战机、使事态扩大。处置群体性事件的一线民警禁止携带、使用致命性武器。

对聚众现场尚未严重危害交通和治安秩序的群体性事件，公安机关不得动用警力直接处置，但可以派出少量着装警察到现场维持秩序、掌握情况，及时报告现场动态，配合党委、政府和有关部门做好矛盾化解工作。

④掌握现场动态，控制重点人员。

在环保领域矛盾纠纷激化引发的非法集会、游行、示威，或者聚众围堵、冲击党政机关等群体性事件现场，公安机关对经过强行驱散仍拒不离去的人员和进行煽动的人员，应当选择有利时机将其强行带离现场或者予以拘留。对冲击党政机关和重点要害单位、阻断交通干线、聚众滋事等情况以及发生打砸抢烧等严重违法犯罪行为的，应当采取果断措施立即制止，并选择有利时机将首要分子、骨干分子强行带离现场或者予以拘留。

对事件现场非法携带的武器、管制刀具、易燃易爆等危险物品和用于非法宣传、煽动的工具、标语、传单等物品，应当立即予以收缴，并追究有关人员的法律责任。

二、劳资领域矛盾典型案例

（一）案情介绍

江西农民工河南讨薪被打断肋骨①

吃过早饭，29岁的江西农民工丁飞龙躺在昏暗的出租屋内，直愣愣盯着上铺的床板。揭开棉被，他光着上身，腰部缠着土灰色固定支具，“我现在腰很疼”。

2016年10月2日，丁飞龙和工友在河南省焦作市下辖的县级市孟州讨薪时，这位“一家八口的顶梁柱”被打断肋骨，警方当月28日的鉴定结果显示，构成轻伤。

2016年11月14日，澎湃新闻（www. thepaper. cn）随丁飞龙家属到孟州市公安局西虢派出所咨询，派出所负责人承认“没有抓人”。家属询问如果是对方受伤是否抓人，该负责人称“有可能”、“因为你们是外地人”。其进一步解释称，“如果不控制，害怕失控；他们失控不了”。丁飞龙家人认为，这句话的意思是“如果（你们把对方打伤）不控制，害怕（你们）失控；（他们打伤你们不控制），（因为）他们（是本地人）失控不了”。

次日（2016年11月15日），孟州市公安局宣传人员告诉澎湃新闻，经分管局领导批示，工作人员连夜加班，完善犯罪嫌疑人相关手续材料，当日安排抓捕工作，有最新进展再沟通。然而，近两个月之后，截至发稿，澎湃新闻尚未收到回复。

---

① https：//news. qq. com/a/20170112/006730. htm，2017年11月7日浏览。

丁飞龙的包工头阮柳华说，澎湃新闻采访后，警方抓获两名嫌犯，随后，欠薪并指示员工殴打他们的老板开始与他们协商。最终，丁飞龙获10万元赔偿并出具谅解书，他拿到20万元工程款，剩余10万元工程款暂由一辆车抵押。目前，丁飞龙已回老家养伤。不过，警方未向澎湃新闻证实已经抓获两名嫌犯的说法。

讨薪被打断肋骨

2015年10月1日，河南惠平意诺节能门窗有限公司（下称“惠平门窗”）与包工头阮柳华签订《塑钢门窗安装工程承包合同》，工程为“郑州市高新区郭村安置房A地块门窗项目”。承包合同约定，付款按进度进行。

阮柳华2016年5月28日填写的《工程付款申请单》显示，计划工程款总金额64万元（注：计算错误，实为60.8万元）。其中，“完成工程量”栏写明“按合同要求，应付至合同款80%，部分未完成，先付至60%”，扣减以前累计批的25.2万元，应付11.28万元。该《工程付款申请单》有工程部、工程副总、检查审计组、财务主管、总经理逐级签字。惠平门窗老板李庚戌向澎湃新闻确认了该申请单。

“申请单批了，但后来一直没拿到钱。”阮柳华说。

眼看工程将收尾，2016年10月2日上午9点多，阮柳华、丁飞龙等5名江西修水籍农民工到位于孟州市产业聚集区的惠平门窗，找李庚戌讨薪。阮柳华和李庚戌均向澎湃新闻证实，两人合作三四年，2014年一个项目中，丁飞龙被欠薪4000多元。

2016年11月14日，多名农民工回忆说，在李庚戌的办公室，丁飞龙说如果不把他的4000多元结清他就不走了；丁脸色不好看，没说脏话，但惹恼了李，李一把抓住丁说“小伙子你别走”，农民工饶三发就过去抓住李的胳膊说“怎么想打架”。随后，李打了一个电话，其司机、保安、工厂员工先后赶到，对他们拳打脚踢，农民工丁彦念、卢军伟被打倒躺在地上，饶三发蹲在墙角，不敢起来。

照片显示，丁彦念低头坐在地上，地上有一滩血迹。

蹲在墙角的饶三发偷拍了一段视频。视频中，一男子（被指是李庚戌）嘴里说着听不清楚的方言，走过去挥起右手猛击丁飞龙一下，丁和身边的制服保安开始撕扯，随后，丁被拳打脚踢。视频中，至少可以看到4人殴打了丁。

视频中，阮柳华上前劝止，被一男子一把险些推倒，他只能大喊“干嘛啊这样打，不能这样子，要打死人啊”，但未起效；殴打过后，李庚戌喊着方言，丁飞龙说“我没动手啊”，李庚戌质问“你骂我没?!”

2016年12月6日，李庚戌对澎湃新闻说，建筑商拖欠工程款才导致现在“私交变这样”。李庚戌称，当时，办公室只他一个人，他说建筑商的钱一直没付，希望克服一下，“阮柳华底下的工人说，他们这个钱不能等，不给钱把办公室砸了，还把我水杯摔了。我推了他一下，他们把我打了一顿，我打电话喊司机过来，他们又把司机打了一顿。我又给项目部的人打电话，让过来结算一下，他们又把项目部的人打了一顿，这一打都恼了，就失手了”。

提起丁飞龙被殴打的视频，李庚戌说，当时情况混乱，他也想不清楚了。澎湃新闻把视频发给他，李庚戌回复“我看下”后，再无回复。

对李庚戌的说法，阮柳华说：“我们要有那么强大就好了。他现在也是无赖。我们没那个本事，也根本没那回事（殴打对方）。”

“连夜加班办案”已近3个月

阮柳华告诉澎湃新闻，报警后，孟州市公安局西虢派出所警察赶到现场，将饶三发带走，他和另3名农民工被送医，后丁飞龙、丁彦念住院。

丁飞龙被孟州市二院诊断为多发软组织损伤、腰3右侧横突骨折。2016年10月27日的孟州市公安局《鉴定意见通知书》显示，丁飞龙的身体损伤程度鉴定意见是“轻伤二级”。丁彦念被孟州市二院诊断为多发软组织损伤、鼻骨骨折、左侧上颌骨裂纹骨折。丁彦念对澎湃新闻说，警察说他被鉴定为轻微伤。

阮柳华说，案发后，他们将丁飞龙被殴打视频交给警察，警察也做了笔录，后经多次催促，警方2016年10月中旬给丁飞龙、丁彦念做了伤情鉴定。

“我多次问，为什么不抓人，警察说还在调查。”阮柳华说，他想不通，就问警方如果是对方受伤是否会抓人，“警察说‘是’，我问为什么，他说我们是外地人。”

2016年11月14日，西虢派出所韩副所长对澎湃新闻说，自己在外出差，不清楚案件进展。澎湃新闻致电经办此案的毕姓警官，后者以需经上级同意为由拒绝了采访。

丁飞龙的家属和阮柳华到西虢派出所咨询负责人，后者表示，案件已经转为刑事案件，但还没有抓人，“得有个程序”、“报批了，准备采取强制措施”。

当家属询问如果是对方受伤是否会抓人，该负责人称“有可能”、“因为你们是外地人”。家属追问，该负责人进一步解释称，“如果不控制，害怕失控；他们失控不了”。丁飞龙家人认为，这句话的意思是“如果（你们把对方打伤）不控制，害怕（你们）失控；（他们打伤你们不控制），（因为）他们（是本地人）失控不了”。

当天，惠平门窗一名门卫对澎湃新闻说，自己案发当天也动了手，被西虢派出所叫去两三次，“有两个人这段时间没上班”、“抓走了还是开除了不知道”。

对该门卫的说法，前述西虢派出所负责人说，“跑了可以上网追逃”。

当晚，澎湃新闻到孟州市公安局采访，宣传人员表示，案件正在调查中。次日（2016年11月15日）早上，该宣传人员致电澎湃新闻说，局里很重视，分管局领导批示，工作人员连夜加班，完善犯罪嫌疑人的相关手续材料，当日将安排抓捕。该宣传人员称，案件快马加鞭往前走，有最新进展再沟通。

不过，近3个月后，截至发稿，澎湃新闻未获回复。其间，澎湃新闻多次致电韩副所长、毕警官，询问案件进展，均未获回复。

双方达成谅解

澎湃新闻在惠平门窗看到，该厂规模颇大。该公司宣称，公司是由洛阳惠平建材有限公司投资建设，占地200余亩，5个标准化车间，每个8000多平方米。

工商资料显示，惠平门窗注册资本500万元，李庚戌占股90%。

阮柳华告诉澎湃新闻，因为李庚戌欠工程款，30多名农民工的工资没有结清，自从接这个项目后，他很痛苦。有时，有农民工急着用钱，却一次次被推。

阮柳华说，2015年底，他们加班加点干到腊月二十七，原本李庚戌答应年底再给一笔钱，但到腊月二十八号他打电话，李庚戌关机了，农民工们只得回家。

“为何卖血汗赚苦力钱还挨打？”阮柳华说，他想不通。

李庚戌告诉澎湃新闻，案发后，他已垫付医药费等20000多元。

“之前我们去了（派出所）多次，（警察）一直在落实情况。”李庚戌说，2016年11月14日晚，其公司两名参与殴打丁飞龙的员工李某某和张某，被警察带走。

“(除被抓的两个人外) 好像有两个人跑了。”对于自己为何没被采取强制措施，李庚戌未正面回应，只称“你把视频发过来我看看”、“动手肯定有动手，有人咬住我胳膊不放”。

不过，“(除被抓的两个人外) 有两个人跑了”的消息未获警方证实。

29岁的丁飞龙是家中独子，有个80岁的奶奶，父母身体不好，妻子在老家照顾两个女儿，妹妹还在读书，他是全家八口的“顶梁柱”。在孟州市二院住院一段时间后，他被转院到郑州，后转回江西修水老家住院养伤。

丁飞龙说，医生要他至少再住院休养半个月，他已勉强能走路，但至少一两年不能干重活，如果修养不好，可能还会落下后遗症。

2016年12月6日，李庚戌说，两名员工被抓后，他已联系阮柳华方协调工程款和赔偿丁飞龙问题。最终，嫌犯李某某赔偿丁飞龙10万元，获得谅解。

2017年1月10日，阮柳华告诉澎湃新闻，李庚戌已给付工程款20万元，剩余的12多万元暂由一辆汽车放在他这里作抵押。

“辛辛苦苦干活拿不到工钱，还被打一顿，让人太寒心。”阮柳华说，他曾非常绝望，“我们不奢求过多赔偿，只希望拿到自已的工钱”。

阮柳华说，他们也不希望对方有人被判刑，他不了解最新案件进展。

对警察被指未及时对打伤丁飞龙的一方采取强制措施，河南豫龙律师事务所律师付健向澎湃新闻表示，按照法律，如果伤情鉴定造成轻伤及以上，公安机关应该立即立案，并对犯罪嫌疑人实施抓捕羁押等措施；公安机关没有及时抓人，如果在这过程中造成犯罪嫌疑人逃脱、逃跑，公安机关要承担相应的责任。

(二) 案例分析

1. 劳资领域矛盾纠纷产生的主要原因

劳资领域矛盾纠纷产生的主要原因可以归纳为三个方面，即政府方面的、用工企业方面的和农民工等劳动者方面的。

(1) 政府方面的原因。

部分地方政府没有认真贯彻以人民为中心的发展理念，工程立项审批制度执行不严，缺资建设、垫资施工等情况多发。建筑市场秩序不规范，工程总承包制度不落实，挂靠承包、层层转包、违法分包等违法行为普遍。建设资金监管措施不到位，工程款拖欠情况普遍。农民工工资保证金制度、政府欠薪应急周转金制度形同虚设，欠薪举报投诉渠道、农民工等劳动者维权渠道不畅通。一些地方的人力资源和社会保障部门、劳动监察部门不作为、慢作为，不依法履行对用工企业的监督检查等法定职责。此外，一些地方没有建立重大欠薪行为社会公布制度，克扣、无故拖欠农民工工资报酬的失信用工企业没有受到应有的联合信用惩戒。上述因素是导致工程建设领域欠薪问题多发、劳资领域矛盾纠纷产生的主要原因。

在上述案例中，郑州市高新区郭村安置房的建设方拖欠河南惠平意诺节能门窗有限公司的工程款，暴露出工程项目所在地政府的建设工程主管部门对该项目的建设资金监管不力，暴露出工程项目所在地政府的农民工工资保证金制度、政府欠薪应急周转金制度形同虚设，还暴露出工程项目所在地政府的劳动监察部门没有依法履行对用工企业的监督检查法定职责等有关问题。

(2) 用工企业方面的原因。

用工企业主要负责人缺乏应有的法制观念，与招用的农民工等劳动者不依法签订劳动合同，或者在签订劳动合同等合同后不按照合同约定内容全面、适当履行。工程建设领域施工总承包企业没有在工程项目部配备劳资专管员、没有在银行建立工资专用账户、没有执行农民工工资与其他工程款分账管理制度。用工企业的上述违法违规行为也是导致工程建设领域欠薪问题多发、劳资领域矛盾纠纷产生的主要原因。

在上述案例中，按照河南惠平意诺节能门窗有限公司与包工头阮柳华签订的塑钢门窗安装工程承包合同的约定，用工方河南惠平意诺节能门窗有限公司应当在2016年5月28日给付包工头阮柳华剩余工程款，但该款项被用工方河南惠平意诺节能门窗有限公司一直拖欠到2017年1月10日也没有完全给付。而且，用工方河南惠平意诺节能门窗有限公司还拖欠农民工丁飞龙劳动报酬长达两年之久。

不仅如此，2016年10月2日上午9点多，阮柳华、丁飞龙等5名江西修水籍农民工到位于河南省孟州市产业聚集区的河南惠平意诺节能门窗有限公司李庚戌讨薪时，该公司负责人李庚戌还指使其公司的司机、保安及其他员工对农民工丁飞龙、丁彦念、卢军伟等人进行殴打，致使丁飞龙腰3右侧横突骨折、身体损伤构成"轻伤二级"，致使丁彦念鼻骨骨折、左侧上颌骨裂纹骨折，构成轻微伤。从上述案例不难看出，一些用工企业的主要负责人已经不仅仅是法制观念淡漠的问题，而且是在公然藐视法律、践踏法治社会。

(3) 农民工等劳动者方面的原因。

在劳资领域矛盾纠纷中，农民工等劳动者本属于社会弱势群体成员，但部分农民工等劳动者在其工资等劳动报酬被用工企业克扣、无故拖欠后，不是依法、理性地向政府信访部门、劳动监察部门等部门表达利益诉求，或者依法向人民法院提起民事诉讼，而是选择了通过聚众围堵施工工地、破坏正常生产，在上述案例中，系选择了通过非法集会、游行、示威的方式去"维权"，这一因素也是引发劳资领域矛盾纠纷产生的不可忽视的原因。

2. 劳资领域矛盾纠纷化解的方法

(1) 劳资领域矛盾纠纷萌芽阶段的化解方法。

①收集、上报劳资领域矛盾纠纷的有关信息。

根据《公安派出所正规化建设规范》第2条、第12条的规定，收集、掌握、报告影响社会政治稳定和治安稳定的情报信息既是公安派出所的主要职责，也是社区（农村）警务工作岗位的职责所在。第18条也规定，社区和驻村民警的主要工作内容是掌握社情民意，及时收集、上报涉及社会政治稳定和治安稳定的各类信息，定期排查、分析社情动态和突出治安问题。第49条规定，公安派出所负责收集可能引发群体性事件的线索、情报信息。《公安机关处置群体性事件规定》第3条规定，公安机关应当加强情报信息工作，建立和完善维护社会稳定的预警工作机制，对可能影响稳定的问题和群体性事件苗头，做到早发现、早报告、早控制、早解决，最大限度地把不稳定因素解决在初始阶段。

由此可见，在劳资领域矛盾纠纷的萌芽阶段，公安机关及其民警负有主动收集、掌握、上报矛盾纠纷有关信息的法定职责。公安派出所民警在日常工作中、在对有关社区和单位的走访调查中要善于主动发现、收集劳资领域矛盾纠纷的有关线索、情报信息，并按照规定及时上报。

②参与排查调处劳资领域矛盾纠纷。

《公安派出所正规化建设规范》第18条规定，社区和驻村民警的主要工作内容是深入群众之中，倾听群众意见，了解群众疾苦，尽力为群众排忧解难。积极参与排查调处民间矛盾纠纷，努力把不稳定因素化解在基层、化解在萌芽状态。

因此，公安派出所民警如果在日常工作中、在走访调查中发现了用工企业拖欠农民工工资等劳资领域的矛盾纠纷，就应当积极参与到乡镇人民政府、街道办事处、社区、劳动监察等部门组织的民间矛盾纠纷排查调处工作中，努力把劳资领域的矛盾纠纷、把不稳定因素化解在基层、化解在萌芽状态。

（2）劳资领域矛盾纠纷激化阶段的化解方法。

劳资领域矛盾纠纷激化后往往表现为农民工等劳动者围堵建设工程施工工地、破坏正常生产秩序，有时还表现为劳动者非法集会、示威的群体性事件，以及劳动者跳楼、跳塔吊等个人极端事件。同时也表现在一些用工单位拖欠农民工工资、拒不支付劳动报酬情节严重，涉嫌拒不支付劳动报酬犯罪，或者一些用工单位的负责人、工作人员对前来讨薪的农民工等劳动者实施殴打，从而涉嫌故意伤害犯罪。因此，在这一阶段公安机关应当区别矛盾纠纷的不同情形，依法采取相应措施，妥善化解矛盾纠纷。

①因用工单位拖欠工资违法行为引发农民工等劳动者非法集会、示威等群体性事件。

因用工单位拖欠工资违法行为引发农民工等劳动者非法集会、示威的群体性事件发生后，公安机关应当迅速启动有关处置预案，派出少量着装警察到现场维持秩序、掌握情况，并迅速向党委、政府和上级公安机关报告现场动态，建议党委、政府领导或者劳动监察部门负责人到现场与群众对话、解释有关问题，配合党委、政府和信访、劳动监察等有关部门做好矛盾化解工作。

在非法集会、示威的群体性事件处置现场，公安机关应当坚持教育、说服农民工等劳动者，防止事态扩大。公安机关在处置事件过程中应当始终注意讲究政策、讲究策略、讲究方法，将宣传、教育、疏导工作贯穿整个处置过程中，对现场的农民工等劳动者以法制宣传、教育疏导为主，向农民工等劳动者宣传有关法律法规和政策，教育农民工等劳动者依法维护自身权益，引导农民工等劳动者合法、理性表达诉求，防止矛盾激化、防止事态扩大、防止发生流血冲突。

如果聚众现场没有严重危害交通和治安秩序，公安机关不得动用警力直接处置。处置事件的一线民警禁止携带、使用致命性武器。

②用工单位涉嫌拒不支付劳动报酬犯罪。

用工单位以转移财产、逃匿等方法逃避支付劳动者的劳动报酬或者有能力支付而不支付劳动者的劳动报酬，数额较大，经人力资源社会保障部门或者政府其他有关部门依法以限期整改指令书、行政处理决定书等文书责令支付劳动者的劳动报酬后，在指定的期限内仍不支付的，公安机关应当依照刑法第 276 条和最高人民法院关于审理拒不支付劳动报酬刑事案件适用法律若干问题的解释、有关高级人民法院的规定等规定，追究有关人员、用工单位的刑事责任。

③用工单位的负责人、工作人员涉嫌故意伤害等犯罪。

如果用工单位的负责人、工作人员对前来讨薪的农民工等劳动者实施殴打，涉嫌故意伤害犯罪的，公安机关应当依照刑法、刑事诉讼法的有关规定，和最高人民检察院、公安部关于依法适用逮捕措施有关问题的规定对用工单位的负责人、工作人员依法采取刑事拘留、逮捕等强制措施，追究其相关法律责任。

在上述案例中，2016 年 10 月 2 日，阮柳华、丁飞龙等 5 名江西修水籍农民工找李庚戌讨薪时，李庚戌指使其公司的司机、保安及其他员工对农民工丁飞龙、丁彦念、卢军伟等人进行殴打，致使丁飞龙构成“轻伤二级”，致使丁彦念鼻骨骨折、左侧上颌骨裂纹骨折，构成轻微伤。案发后，阮柳华等人将丁飞龙被殴打的视频资料交给了河南省孟州市公安局西虢派出所民警，但是后来经过阮柳华等人多次催促，河南省孟州市公安局西虢派出所才在2016年10月中旬委托鉴定部门给丁飞龙、丁彦念做了伤情鉴定，河南省孟州市公安局西虢派出所此举明显不当。

其次，2016年10月27日，孟州市公安局《鉴定意见通知书》显示，丁飞龙的身体损伤程度鉴定意见是“轻伤二级”、丁彦念鼻骨左侧等处骨折构成轻微伤，但是一直到2016年11月14日晚，河南省孟州市公安局西虢派出所才把参与殴打丁飞龙的犯罪嫌疑人李某某和张某“带走”。

再次，在针对丁飞龙的家属和阮柳华询问为什么没有抓人时，河南省孟州市公安局西虢派出所给出的理由竟然是“因为你们是外地人”、“如果不控制，害怕失控；他们失控不了”。

最后一个问题也是最大的问题所在，那就是在澎湃新闻2016年11月15日采访之后的近两个月时间内，河南省孟州市公安局西虢派出所虽然表示：“局里很重视，分管局领导批示，工作人员连夜加班，完善犯罪嫌疑人的相关手续材料，当日将安排抓捕。案件快马加鞭往前走”，但实际上并未依法对涉嫌故意伤害罪的主要犯罪嫌疑人李庚戌采取刑事拘留强制措施，并且导致另外两名同案犯罪嫌疑人脱逃。

综上所述，本案办案单位河南省孟州市公安局西虢派出所漠视被害人合法权益，执法观念不端正，诸多行为明显违反刑法、刑事诉讼法和公安部的有关规定。

第三部分　实训教学设计

一、实训设计思路

通过“重点领域矛盾化解”实训教学，将重点领域矛盾化解的有关理论知识与实际工作紧密结合起来，通过重点领域矛盾纠纷化解的“场景设计”与“场景运作”来提高学生学习的兴趣和积极性。学生自觉置于特定重点领域矛盾纠纷场景中，通过相关纠纷发生、发展的条件分析，重点领域矛盾纠纷相关资料的收集、整理、加工、运用，使学生把有关专业理论知识有效转化为实际操作能力。

二、实训指导

（一）实训目的

通过实训，使学生理解重点领域矛盾纠纷的含义、重点领域矛盾纠纷的主要类型、重点领域矛盾纠纷化解的政策法律规定等知识，掌握环保领域、劳资领域等重点领域矛盾纠纷化解的相关知识，基本具备重点领域矛盾纠纷化解的初步能力。

（二）实训内容

1. 接处警；
2. 了解现场情况，并迅速向上级报告；
3. 设置警戒线，疏散围观人员，维持现场秩序；
4. 教育疏导群众，防止事态扩大；
5. 依法强行驱散，控制重点人员。

（三）相关知识点

《人民警察法》《突发事件应对法》《集会游行示威法》《集会游行示威法实施条例》《公安派出所正规化建设规范》和《公安机关处置群体性事件规定》的有关规定。

（四）实训课时

2 课时

（五）实训要求

1. 引导学生掌握重点领域矛盾纠纷激化阶段化解的现场处置方法；

2. 训练学生按照人民警察法、突发事件应对法、公安派出所正规化建设规范、公安机关处置群体性事件规定的有关规定，依法、灵活、有效进行重点领域矛盾纠纷激化阶段的现场处置。

（六）实训保障

1. 物品装备条件：场景所需必要物品及装备，如警戒带、隔离设施、警棍、盾牌、手铐、手持扩音器、高压水枪、防暴枪等物品装备。

2. 场地设施条件：重点领域矛盾纠纷发生地可选择安排在校内操场、学校办公楼、校园内部道路等一切可利用的场地设施内。

（七）实训步骤

1. 学生复习有关重点领域矛盾纠纷激化阶段现场处置的相关知识点；

2. 学生分组并进行角色分工：一般 10 人为民警（含公安机关负责人、交警、巡警、派出所民警等），5~10 人为纠纷当事人，5~10 人为围观人员，5~10 人为党委政府领导、环保劳动监察等部门负责人。

3. 教师拟定并给出“实训场景”；如：因对该县即将在 Y 镇 Z 村境内兴建垃圾焚烧发电厂一事不满，X 县 Y 镇 Z 村村民数十人打着若干块白色条幅（条幅上有“我要绿水青山、不要金山银山”、“拒绝二噁英”等内容的黑色字样），静坐在 X 县政府大门口两侧，引起县政府门前大量群众围观，导致城市道路交通拥堵，围观群众拨打 110 报警，X 县公安局报警服务台接警后指令民警赶赴现场。

4. 学生做相关物品和道具的简要准备；

5. 纠纷当事人根据角色分工，按照“实训场景”的框架和要求演绎“实训场景”；

6. 民警接到报警介入；

7. 民警演绎重点领域矛盾纠纷激化阶段现场处置的相关过程和程序；

8. 学生自评；

9. 教师点评；

10. 学生和老师分别写出《实训报告》（学生用）和《实训报告》（老师用）。

（八）考核评分标准

实训考核成绩按照优、良、中、及格、不及格五级记分制评定，从以下方面考核记分：对重点领域矛盾纠纷激化阶段现场处置相关法律规范的理解和掌握程度 30%，案情设计合理性 30%，现场表现 30%；组织纪律性 10%。实训结束后，实训学生按照实训要求写出实训报告，实训指导老师根据学生分组实训情况和实训报告完成质量情况给出实训小组成绩，由实训小组长在实训指导老师的监督下会同本小组成员商量后，根据本小组成员在实训中的贡献大小、表现情况等，在实训指导老师给出的实训小组成绩基础上上下浮动后给出本小组成员的个人成绩，浮动幅度为 10%。

三、实训场景设计

（一）东部某省X县居民抗议当地建设垃圾焚烧发电项目事件

场景设计：2017年9月某日（星期日）上午十时许，东部某省X县县城县政府所在地，因对该县即将在Y镇Z村境内兴建垃圾焚烧发电厂一事不满，Y镇Z村村民张某、王某、李某、赵某带领本村村民男女老幼共三十三人，打着若干块白色条幅（条幅上有"我要绿水青山、不要金山银山"、"拒绝二噁英"、"远离癌症"等内容的黑色字样），静坐在该县政府大门口两侧，引起县政府门前大量群众围观，导致县政府门前的城市主干道"长江路"路段短暂、轻微交通拥堵。有围观群众拨打110报警，该县公安局报警服务台接警后指令民警赶赴现场。

实训要点：

1. 了解现场情况，并迅速向上级报告；
2. 设置警戒线，疏散围观人员，维持现场秩序；
3. 协助党委政府领导及政府有关工作部门负责人教育疏导群众，依法化解矛盾纠纷，防止事态扩大。

（二）中西部某省Z市某建筑工地农民工占据城市道路静坐事件

场景设计：2018年12月底某日（星期日）上午十时许，中西部某省Z市，名为"上流社会贵族天地"的房地产楼盘建筑工地，因受"房子是用来住的，不是用来炒的"国策、金融机构停止向房地产开发商发放贷款以及Z市"限购、限贷、限售"房地产调控政策等因素叠加的影响，该"上流社会贵族天地"楼盘的开发商Z市X房地产开发建设有限公司（为Z市本土房地产开发企业）资金链终于断裂，导致拖欠承揽该楼盘1号楼、3号楼、5号楼及6号楼外墙保温层施工（该楼盘共有六栋商品住宅楼，其中2号楼、4号楼外墙保温层施工由农民工王某等十人承揽）的农民工施工队张某等十一人的工程款工资长达一年之久。无奈，农民工施工队张某等十一人在前一日来到工地讨薪，但遭到开发商Z市X房地产开发建设有限公司雇佣的五十余名"黑衣人"殴打，其中张某等五人伤势较重。当日，张某等十一人及其亲属共计三十余人打着若干块白色条幅（条幅上有"Z市X房地产公司是黑社会"、"还我活命钱"、"还有王法吗"等内容的黑色字样），静坐在该楼盘南侧的城市次干道交叉路口，导致该路段短暂、轻微交通拥堵。有围观群众拨打110报警，公安机关接警后指令民警赶赴现场。

实训要点：

1. 了解现场情况，并迅速向上级报告；
2. 设置警戒线，疏散围观人员，维持现场秩序；
3. 协助党委政府领导及政府有关工作部门负责人教育疏导群众，依法化解矛盾纠纷，防止事态扩大。

◎ 本章小结

重点领域矛盾是指在社会建设方面存在的与保障和改善民生有关的、与加强和创新社会管理有关的、社会矛盾比较尖锐群众反映比较强烈并且对和谐社会建设产生影响的矛盾纠纷。比如在教育、医疗、劳资、生态环境、食品药品安全等方面产生的矛盾纠纷问题。重点领域矛盾的化解工作必须坚持人民主体地位，必须坚持以人民为中心的发展思想，坚持立党为公、执政为民，践行全心全意为人民服务的根本宗旨。要更加自觉地维护人民利益，坚决反对一切损害人民利益、脱离群众的行为。必须始终把人民利益摆在至高无上的地位，让改革发展成果更多更公平惠及全体人民。

在重点领域矛盾的萌芽阶段，公安机关应当加强情报信息工作，建立和完善维护社会稳定的预警工作机制，对可能影响稳定的问题和群体性事件苗头，做到早发现、早报告、早控制、早解决，最大限度地把不稳定因素解决在初始阶段。在重点领域矛盾的激化阶段，公安机关应当在党委、政府的统一领导下，严格遵循“慎用警力、慎用强制措施、慎用武器警械”和教育疏导、依法果断处置等原则，根据《人民警察法》、《突发事件应对法》等有关法律、法规、规章、规范性文件的规定，根据矛盾纠纷激化阶段的不同情形采取相应措施妥善处置，既依法维护社会秩序、平息事态，又协助有关部门做好群众工作，努力化解矛盾。

◎ 思考与练习

1. 如何理解重点领域矛盾的含义？
2. 现阶段重点领域矛盾有哪些类型？
3. 引发环保领域矛盾纠纷的原因是什么？
4. 公安机关应当如何化解环保领域的矛盾纠纷？
5. 引发劳资领域矛盾纠纷的原因是什么？
6. 公安机关应当如何化解劳资领域的矛盾纠纷？
7. 假如你是社区民警，请谈一谈在日常工作中应当如何收集重点领域矛盾纠纷方面的信息？在参与重点领域矛盾纠纷的调处时应当做好哪些工作？

◎ 拓展阅读

1. 党的十九大报告中有关重点领域矛盾纠纷化解的论述；
2. 习近平总书记有关重点领域矛盾纠纷化解的论述；
3. 党中央、国务院有关重点领域矛盾纠纷化解的规定；
4. 人民警察法有关规定；
5. 突发事件应对法有关规定；
6. 集会游行示威法及实施条例有关规定；
7. 公安机关处置群体性事件规定；
8. 公安派出所正规化建设规范有关规定。

第十五章　公安派出所消防管理

2015 年 5 月 17 日上午在河南省郑州市某小区内，一户居民家中从窗户向外冒出滚滚浓烟，火势已经蔓延到相邻业主的家中，不时有破碎的玻璃从高空跌落，砸在小区地面和车辆上。消防官兵正在逐层入户排查、疏散群众。楼下许多市民围观，民警设置了多道警戒线。多名业主反映，该小区长期存在车辆阻碍消防通道的问题，一些道路两侧因为车辆停放，变得非常狭窄。参与灭火的区消防大队的消防战士表示，该小区的消防通道确实太窄，大型的消防车开不进去。在小区物业管理中心，房屋业主王女士表示是自家发生了火灾，但是以当时的火势，如果楼道内的消火栓可以正常使用，就可以迅速扑灭的。由于消火栓压根起不到作用，最后火才越来越大。物业前台一名女工作人员称，火灾发生后，物业方面迅速关闭了燃气管道等设施，并迅速配合消防等部门灭火。此次火灾事故反映了在消防管理中常见的问题。

【学习目标】理解消防工作的重要性，明确消防工作是公安机关治安管理的重要内容；熟悉我国消防工作的方针、原则，消防法规体系，火灾预防措施，消防监督管理的组织与职责，派出所消防工作的职责；掌握消防监督检查的含义、形式、一般程序、方法；能够完成派出所消防监督检查、消防宣传教育、消防指导、火灾事故初期处置等消防安全管理工作。

【教学重点】派出所消防工作的主要内容；派出所消防监督检查的管辖、程序、主要内容、问题处理；派出所消防宣传教育、消防指导及火灾事故先期处置。

【教学难点】派出所消防监督检查的主要内容、问题处理、法律文书制作。

第一部分　基础知识

一、消防工作概述

火在人们的生产和生活中必不可少，但它也能够引发火灾，造成人员伤亡、财产损失及生态环境破坏。随着我国经济的快速发展，火灾的形势也愈加严峻。政治、经济、科学技术的发展及社会活动方式的改变，大大增加了火灾问题的广泛性和复杂性。只有高度重视并切实做好消防管理工作，减少火灾的危害，才能保护公共财产、公民人身和财产的安全，创造良好的生活和生产环境，维护社会安定。消防工作作为同火灾作斗争的一项专门工作，是国家长治久安的重要保障。

（一）消防工作的方针和原则

1. 消防工作的方针

消防工作贯彻预防为主、防消结合的方针。火灾预防是消防工作的基础和前提，而火灾预防的中心环节和主要内容在于通过法律和制度的设置与执行消除火灾隐患，使火灾不发生或者少发生。防消结合是在充分做好火灾预防工作的基础上，不放松做好火灾扑救工作的准备，努力使已经发生的火灾的损害减少到最低程度。

2. 消防工作的原则

消防工作按照政府统一领导、部门依法监管、单位全面负责、公民积极参与的原则，实行消防安全责任制，建立健全社会化的消防工作网络。确立消防工作的原则的目的是发挥各方面作用，调动公民积极性，从而有效预防火灾和减少火灾的危害。

“政府统一领导”，是指各级人民政府组织开展消防工作，统筹协调、研究解决消防工作中的重大问题，统一领导各个部门、各个单位的消防工作。“部门依法监管”，是指依法负责消防监督管理工作的部门在法定职责范围内依照法定程序对消防安全工作实施监督管理。“单位全面负责”，是指各机关、团体、企业、事业单位对本单位消防安全的各个方面、各个环节承担责任，认真履行法定消防安全职责，建立健全消防安全制度，落实消防安全措施，确保本单位消防安全。“公民积极参与”，是指中华人民共和国全体公民都应积极参与到消防工作中，发现和消除火灾隐患，保护消防设施、报告火警、举报和制止消防安全违法行为，维护消防安全。消防工作实行消防安全责任制。单位的主要负责人是本单位的消防安全责任人，对本单位的消防安全负责。消防安全责任制是贯彻预防为主方针的重要措施，也是预防火灾、确保单位消防安全的有效制度。消防工作具有很强的社会性，它必须依靠社会的各个领域，建立健全社会化的消防工作网络，提高全社会的防控火灾意识和能力才能有效预防和减少火灾事故的发生。

（二）消防管理

1. 消防管理的概念

消防管理，是指依照消防法律、法规及规章制度，遵循火灾发生、发展的规律及国民经济发展的规律，运用管理科学的原理和方法，通过各种消防管理职能，合理有效地利用各种管理资源，为实现消防安全目标所进行的各种活动的总和。

2. 消防管理方式

（1）国家权力机关（人民代表大会及其常务委员会）以消防立法形式进行管理。

（2）国家行政机关（人民政府）以消防行政立法和宏观的消防行政规划决策形式进行消防行政管理。各级人民政府应当把消防工作纳入国民经济和社会发展规划，保障消防工作与经济建设和社会发展相适应。

（3）政府各有关部门依法进行消防安全管理。国务院公安部门对全国的消防工作实施监督管理。县级以上人民政府公安机关对本行政区域内的消防工作实施监督管理，由本级人民政府公安机关消防机构依法具体负责实施。县级以上人民政府其他部门如安全生产监管、建设、产品质量监督、工商、文化等其他部门按照《中华人民共和国消防法》（以下简称《消防法》）和其他相关法律法规，在各自职责范围内开展消防管理工作。

（4）社会各单位内部的消防安全管理。社会上一切组织（包括各类企事业单位、社会团体、群众组织以及国家机关等）和个人自觉遵守消防法规，各负其责地对本单位内部的消防安全工作进行管理。

（三）消防监督管理

1. 消防监督管理概念

消防监督管理是指公安机关及其工作人员，依照消防法律、法规和规章，对社会各单位、部门的消防管理活动以及公民的消防行为是否合法、有效实施监察和督导。一方面，公安机关对消防监督管理的对象采取限制的行为，令其承担一定的义务，保证国家有关消防法律、法规、技术标准、规范得以落实。另一方面，公安机关对监督管理对象进行消防宣传、教育，督促、指导和协助有关单位做好消防安全管理工作。

2. 消防监督管理组织及职责

消防监督管理实行政府统一领导下的分级监督管理体制。

（1）公安部消防局。公安部消防局是全国公安消防管理工作的领导机构。其主要职责是负责研究起草公安消防管理法规、规章，规划部署和指导全国公安消防监督管理工作。

（2）省级公安消防管理局或消防总队。各省、自治区、直辖市公安消防管理局或消防总队是省级公安机关的公安消防管理部门，同时受公安部消防局的业务指导，是地方公安消防管理工作的领导机构。其主要职责是负责研究起草本省（自治区、直辖市）公安消防管理的地方法规、规章，规划部署和指导本省（自治区、直辖市）公安消防监督管理工作，组织指挥重大行动，统计报告消防信息等。

（3）市级公安消防管理局（处）或消防支队。各市、地、州、盟公安消防管理局（处）或消防支队是市级公安机关的公安消防管理部门，同时受省级公安机关消防局（处）或消防支队的业务指导，是所辖地方公安消防管理的领导、综合协调和执行机构。其主要职责是规划、部署和指导本市（地、州、盟）公安消防监督管理工作，协调政府相关部门、行业、单位的消防管理，组织指挥重大行动，按照公安消防分级管理的管辖分工监督管理相关单位、企业，统计报告消防信息等。

（4）县级公安消防科或消防大队。各县、市（县级）、区、旗公安局（分局）下设消防科或消防大队，是所辖地方公安消防管理的具体执行机构。其主要职责是研究制定消防监督计划和方案，依法实施消防监督管理，调查处理火灾案件，组织指导防火工作，统计报告消防信息等。

（5）公安派出所。公安派出所是县、市（县级）、区、旗公安局（分局）派驻辖区各地维护治安的派出机构。预防火灾是公安派出所的重点基础工作之一。其主要职责是依法履行辖区消防监督管理工作，如进行消防安全宣传和教育，组织指导群众性自治消防组织工作，防火检查及督促消除火灾隐患，组织群众扑救火灾，协助调查火灾事故及案件。

二、消防法规体系

消防法规体系是由我国现行的各类及不同层次的消防法律、法规、规章、消防技术标准所构成的有机的统一整体。

（一）法律

消防管理工作必须以法律为依据，目前消防方面的法律主要有《消防法》《中华人民共和国刑法》《中华人民共和国产品质量法》《中华人民共和国行政处罚法》等。

（二）法规

1. 行政法规。如《危险化学品安全管理条例》《森林防火条例》《草原防火条例》等。

2. 地方性法规。如《河南省消防条例》《上海市消防条例》等。地方性法规具有很强的可操作性，是公安机关进行消防监督管理的重要依据。

（三）规章

1. 部门规章。公安部规章主要有《机关、团体、企业、事业单位消防安全管理规定》《消防监督检查规定》《公共娱乐场所消防安全管理规定》等。

地方政府规章。例如《河南省高层建筑消防安全管理办法》《上海市住宅物业消防安全管理办法》等。

（四）消防技术标准

消防技术标准是由国务院主管部门或者由主管部门与有关部门联合制定颁布的，用以规范消防技术领域中人与自然、科学技术的关系的准则或标准。它同样具有法律效力，是消防行政执法的标准和依据。常用的工程建设消防技术标准有《建筑设计防火规范》《自动喷水灭火系统设计规范》《火灾自动报警系统设计规范》《建筑灭火器配置设计规范》等。

三、火灾预防基本措施

消防管理工作的重点是火灾预防。预防火灾应根据火灾隐患存在的根源对涉及消防安全的各个方面进行规范管理。

1. 消防规划

地方各级人民政府应当将包括消防安全布局、消防站、消防供水、消防通信、消防车通道、消防装备等内容的消防规划纳入城乡规划，并负责组织实施。城乡消防安全布局不符合消防安全要求的，应当调整、完善；公共消防设施、消防装备不足或者不适应实际需要的，应当增建、改建、配置或者进行技术改造。

2. 建设工程的消防设计、施工、验收

建设工程的消防设计、施工必须符合国家工程建设消防技术标准。建设、设计、施工、工程监理等单位依法对建设工程的消防设计、施工质量负责。

按照国家工程建设消防技术标准需要进行消防设计的建设工程，建设单位应当自依法取得施工许可之日起7个工作日内，将消防设计文件报公安机关消防机构备案，公安机关消防机构应当进行抽查；经依法抽查不合格的，应当停止施工。建设单位在验收后应当报公安机关消防机构备案，公安机关消防机构应当进行抽查；经依法抽查不合格的，应当停止使用。

国务院公安部门规定的大型的人员密集场所和其他特殊建设工程，建设单位应当将消防设计文件报送公安机关消防机构审核；未经依法审核或者审核不合格的，负责审批该工程施工许可的部门不得给予施工许可，建设单位、施工单位不得施工；建设单位应当向公安机关消防机构申请消防验收；未经消防验收或者消防验收不合格的，禁止投入使用。

3. 公众聚集场所在投入使用、营业前应当申请消防检查

公众聚集场所在投入使用、营业前，建设单位或者使用单位应当向场所所在地的县级以上地方人民政府公安机关消防机构申请消防安全检查。未经消防安全检查或者经检查不符合消防安全要求的，不得投入使用、营业。

4. 机关、团体、企业、事业等单位的消防安全职责

落实消防安全责任制，制定本单位的消防安全制度、消防安全操作规程，制定灭火和应急疏散预案；按照国家标准、行业标准配置消防设施、器材，设置消防安全标志，并定期组织检验、维修，确保完好有效；对建筑消防设施每年至少进行一次全面检测，确保完好有效，检测记录应当完整准确，存档备查；保障疏散通道、安全出口、消防车通道畅通，保证防火防烟分区、防火间距符合消防技术标准；组织防火检查，及时消除火灾隐患；组织进行

有针对性的消防演练；法律、法规规定的其他消防安全职责。

5. 消防安全重点单位的消防安全职责

消防安全重点单位除上述的职责外，还应当履行下列消防安全职责：确定消防安全管理人，组织实施本单位的消防安全管理工作；建立消防档案，确定消防安全重点部位，设置防火标志，实行严格管理；实行每日防火巡查，并建立巡查记录；对职工进行岗前消防安全培训，定期组织消防安全培训和消防演练。

同一建筑物由两个以上单位管理或者使用的，应当明确各方的消防安全责任，并确定责任人对共用的疏散通道、安全出口、建筑消防设施和消防车通道进行统一管理。住宅区的物业服务企业应当对管理区域内的共用消防设施进行维护管理，提供消防安全防范服务。

6. 生产、储存、经营易燃易爆危险品的场所

生产、储存、经营易燃易爆危险品的场所不得与居住场所设置在同一建筑物内，并应当与居住场所保持安全距离。生产、储存、经营其他物品的场所与居住场所设置在同一建筑物内的，应当符合国家工程建设消防技术标准。

7. 举办大型群众性活动

举办大型群众性活动，承办人应当依法向公安机关申请安全许可，制定灭火和应急疏散预案并组织演练，明确消防安全责任分工，确定消防安全管理人员，保持消防设施和消防器材配置齐全、完好有效，保证疏散通道、安全出口、疏散指示标志、应急照明和消防车通道符合消防技术标准和管理规定。

8. 具有火灾、爆炸危险的场所

禁止在具有火灾、爆炸危险的场所吸烟、使用明火。因施工等特殊情况需要使用明火作业的，应当按照规定事先办理审批手续，采取相应的消防安全措施；作业人员应当遵守消防安全规定。进行电焊、气焊等具有火灾危险作业的人员和自动消防系统的操作人员，必须持证上岗，并遵守消防安全操作规程。

生产、储存、装卸易燃易爆危险品的工厂、仓库和专用车站、码头的设置，应当符合消防技术标准。易燃易爆气体和液体的充装站、供应站、调压站，应当设置在符合消防安全要求的位置，并符合防火防爆要求。已经设置的生产、储存、装卸易燃易爆危险品的工厂、仓库和专用车站、码头，易燃易爆气体和液体的充装站、供应站、调压站，不再符合规定的，地方人民政府应当组织、协调有关部门、单位限期解决，消除安全隐患。

生产、储存、运输、销售、使用、销毁易燃易爆危险品，必须执行消防技术标准和管理规定。进入生产、储存易燃易爆危险品的场所，必须执行消防安全规定。

储存可燃物资仓库的管理，必须执行消防技术标准和管理规定。

禁止非法携带易燃易爆危险品进入公共场所或者乘坐公共交通工具。

9. 消防产品

消防产品必须符合国家标准；没有国家标准的，必须符合行业标准。禁止生产、销售或者使用不合格的消防产品以及国家明令淘汰的消防产品。依法实行强制性产品认证的消防产品，由具有法定资质的认证机构按照国家标准、行业标准的强制性要求认证合格后，方可生产、销售、使用。新研制的尚未制定国家标准、行业标准的消防产品，经技术鉴定符合消防安全要求的，方可生产、销售、使用。

10. 建筑构件、建筑材料和室内装修、装饰材料

建筑构件、建筑材料和室内装修、装饰材料的防火性能必须符合国家标准；没有国家标

准的，必须符合行业标准。人员密集场所室内装修、装饰，应当按照消防技术标准的要求使用不燃、难燃材料。

11. 电器产品、燃气用具的产品

电器产品、燃气用具的产品标准，应当符合消防安全的要求。电器产品、燃气用具的安装、使用及其线路、管路的设计、敷设、维护保养、检测，必须符合消防技术标准和管理规定。

12. 消防设施、器材

任何单位、个人不得损坏、挪用或者擅自拆除、停用消防设施、器材，不得埋压、圈占、遮挡消火栓或者占用防火间距，不得占用、堵塞、封闭疏散通道、安全出口、消防车通道。人员密集场所的门窗不得设置影响逃生和灭火救援的障碍物。

负责公共消防设施维护管理的单位，应当保持消防供水、消防通信、消防车通道等公共消防设施的完好有效。在修建道路以及停电、停水、截断通信线路时有可能影响消防队灭火救援的，有关单位必须事先通知当地公安机关消防机构。

13. 村消防安全工作

地方各级人民政府应当加强对农村消防工作的领导，采取措施加强公共消防设施建设，组织建立和督促落实消防安全责任制。在农业收获季节、森林和草原防火期间、重大节假日期间以及火灾多发季节，地方各级人民政府应当组织开展有针对性的消防宣传教育，采取防火措施，进行消防安全检查。乡镇人民政府、城市街道办事处应当指导、支持和帮助村民委员会、居民委员会开展群众性的消防工作。村民委员会、居民委员会应当确定消防安全管理人，组织制定防火安全公约，进行防火安全检查。

14. 火灾公众责任保险

国家鼓励、引导公众聚集场所和生产、储存、运输、销售易燃易爆危险品的企业投保火灾公众责任保险，鼓励保险公司承保火灾公众责任保险。

15. 消防技术服务

消防产品质量认证、消防设施检测、消防安全监测等消防技术服务机构和执业人员，应当依法获得相应的资质、资格；依照法律、行政法规、国家标准、行业标准和执业准则，接受委托提供消防技术服务，并对服务质量负责。

四、公安派出所消防监督检查

（一）消防监督检查的概念

消防监督检查是公安机关依法对相对人遵守消防法规的情况进行监督检查的执法行为，是消防管理的基本方法。公安机关及其管理人员通过消防监督检查对机关、团体、企业、事业单位及个人遵守消防法律法规和执行有关消防安全管理规定、技术标准的情况强制性了解，从而及时发现消除火灾隐患、责令改正处罚违反消防法的行为，预防火灾的发生，减少火灾发生造成的人员伤亡及财产损失。

（二）消防监督检查的特点

（1）具有权威性。公安消防监督检查是法律赋予公安消防机构和公安派出所的职责，其执法依据是国家和地方消防法律、法规。消防法律、法规对公民、法人、组织具有普遍约束力。

（2）具有强制性。消防监督检查是依职权的行为，不需要相对人的申请，而且任何单位都必须接受公安机关的消防监督检查，不得拒绝。公安机关对机关、团体、企业、事业单位的消防监督检查不受时间和场所的限制，不管被监督者是否愿意接受，监督检查具有强制作用。

(3) 具有普遍性。消防监督检查的对象是社会单位，包括机关、团体、企业、事业单位，包括具有固定经营场所且具有一定规模的个体工商户。居民住宅区的物业服务企业、居民委员会、村民委员会也被纳入消防监督检查的范围。

(三) 消防监督检查的管辖

为了加强和规范公安机关消防机构和公安派出所的消防监督检查工作，督促机关、团体、企业、事业等单位（以下简称单位）履行消防安全职责，公安部依据《消防法》制定了《消防监督检查规定》(公安部第120号令)。

直辖市、市（地区、州、盟)、县（市辖区、县级市、旗）公安机关消防机构具体实施消防监督检查，确定本辖区内的消防安全重点单位并由所属公安机关报本级人民政府备案。上级公安机关消防机构应当对下级公安机关消防机构实施消防监督检查的情况进行指导和监督。

公安派出所可以对居民住宅区的物业服务企业、居民委员会、村民委员会履行消防安全职责的情况和上级公安机关确定的单位实施日常消防监督检查。公安派出所日常消防监督检查的单位范围由省级公安机关消防机构、公安派出所工作主管部门共同研究拟定，报省级公安机关确定。公安机关消防机构应当与公安派出所共同做好辖区消防监督工作，并对公安派出所开展日常消防监督检查工作进行指导，定期对公安派出所民警进行消防监督业务培训。

(四) 消防监督检查的形式

公安机关的消防监督检查共有以下五种形式。其中公安派出所负责第2、3、4种形式的消防监督检查。

1. 对公众聚集场所在投入使用、营业前的消防安全检查

公安机关消防机构依据申请，按照行政许可的有关规定受理并对公众聚集场所在投入使用、营业前进行消防安全检查。

2. 对单位履行法定消防安全职责情况的监督抽查

公安机关根据本地区火灾规律、特点等消防安全需要组织监督抽查；在火灾多发季节，重大节日、重大活动前或者期间，应当组织监督抽查。

消防安全重点单位应当作为监督抽查的重点，非消防安全重点单位必须在监督抽查的单位数量中占有一定比例。对属于人员密集场所的消防安全重点单位每年至少监督检查一次。

3. 对举报投诉的消防安全违法行为的核查

对群众举报投诉的消防安全违法行为，公安机关应及时受理并查处。核查处理情况应当告知举报人、投诉人；无法告知的应在消防违法行为举报、投诉查处情况记录上注明。

4. 对大型群众性活动举办前的消防安全检查

在大型群众性活动举办前消防机构应对活动现场进行消防安全检查。

5. 根据需要进行的其他消防监督检查

(1) 重点时段的监督检查。在火灾多发季节，重大节日、重大活动前或者期间，各地公安机关消防机构和公安派出所通常根据火灾特点组织相应的消防安全检查。

(2) 专项监督检查。根据火灾形势和消防安全的薄弱环节，公安消防部门在当地政府的领导和部署下，可组织开展某一方面的专项监督检查。

（3）对大型的人员密集场所和其他特殊建设工程的施工工地进行消防监督检查。

（五）消防监督检查的一般要求

1. 表明身份。实施消防监督检查时，检查人员不得少于两人，并出示执法身份证件，表明自己具有合法监督检查主体身份。

2. 说明理由。为了保证监督检查中双方当事人的权利和义务，消防监督检查人员应向检查对象说明检查的原因和根据。该程序有利于表明消防行政执法人员在监督检查过程中的监督检查权，也可防止消防行政执法人员滥用职权。另外，还可取得检查对象的理解和支持，依法承担相应的义务，接受、服从并协助监督检查。

3. 提取证据。消防监督检查人员在检查过程中应收集能证明检查对象是否违法的事实。提取证据必须通过合法手段，遵守合法程序。

4. 告知监督检查结果和权力。消防监督检查不论以何种方式进行，都应将检查结果告知相对人，以便相对人对不利于自己的监督检查结果进行申辩。另外，还必须告知相对人有关权利，主要包括异议权、陈述权、申辩权、复议权、诉讼权以及赔偿请求权等。

5. 填发法律文书。在履行消防监督检查程序的各个步骤的过程中，应按规定填发相应的法律文书。例如，消防监督检查应当填写检查记录，如实记录检查情况，检查完毕交被检查单位主管人员阅后签名。对有异议或拒绝签名的，消防监督检查人员应注明情况。

（六）公安派出所日常消防监督检查

1. 日常消防监督检查的频率

公安派出所对其日常监督检查范围的单位，应当每年至少进行一次日常消防监督检查。公安派出所对群众举报投诉的消防安全违法行为，应当及时受理，依法处理。

2. 日常消防监督检查的内容

（1）对单位进行日常消防监督检查

公安派出所对单位进行日常消防监督检查，应当检查下列内容：建筑物或者场所是否依法通过消防验收或者进行消防竣工验收备案，公众聚集场所是否依法通过投入使用、营业前的消防安全检查；是否制定消防安全制度；是否组织防火检查、消防安全宣传教育培训、灭火和应急疏散演练；消防车通道、疏散通道、安全出口是否畅通，室内消火栓、疏散指示标志、应急照明、灭火器是否完好有效；生产、储存、经营易燃易爆危险品的场所是否与居住场所设置在同一建筑物内。

对设有消防设施的单位，公安派出所还应当检查单位是否每年对建筑消防设施至少进行一次全面检测。

对居民住宅区的物业服务企业进行日常消防监督检查，公安派出所除检查上述内容外，还应当检查物业服务企业对管理区域内共用消防设施是否进行维护管理。

（2）对居民委员会、村民委员会进行日常消防监督检查

公安派出所对居民委员会、村民委员会进行日常消防监督检查，应当检查下列内容：消防安全管理人是否确定；消防安全工作制度、村（居）民防火安全公约是否制定；是否开展消防宣传教育、防火安全检查；是否对社区、村庄消防水源（消火栓）、消防车通道、消防器材进行维护管理；是否建立志愿消防队等多种形式的消防组织。

3. 日常消防监督检查中发现问题的处理

公安派出所民警进行日常消防监督检查时对发现的问题应及时进行处理并填写检查记录，如实记录检查情况、发现的消防安全违法行为及责令改正的情况。派出所消防监督检查

记录表格式和填写注意事项见表1，责令改正通知书格式和填写注意事项见表2。

处理方式一：责令依法改正。

公安派出所民警在日常消防监督检查时，发现被检查单位有下列行为之一的，应当责令依法改正。

(1) 未制定消防安全制度、未组织防火检查和消防安全教育培训、消防演练的；

(2) 占用、堵塞、封闭疏散通道、安全出口的；

(3) 占用、堵塞、封闭消防车通道，妨碍消防车通行的；

(4) 埋压、圈占、遮挡消火栓或者占用防火间距的；

(5) 室内消火栓、灭火器、疏散指示标志和应急照明未保持完好有效的；

(6) 人员密集场所在门窗上设置影响逃生和灭火救援的障碍物的；

(7) 违反消防安全规定进入生产、储存易燃易爆危险品场所的；

(8) 违反规定使用明火作业或者在具有火灾、爆炸危险的场所吸烟、使用明火的；

(9) 生产、储存和经营易燃易爆危险品的场所与居住场所设置在同一建筑物内的；

(10) 未对建筑消防设施定期进行全面检测的。

处理方式二：移交和移送。

公安派出所发现被检查单位的建筑物未依法通过消防验收，或者进行消防竣工验收备案，擅自投入使用的；公众聚集场所未依法通过使用、营业前的消防安全检查，擅自使用、营业的，应当在检查之日起5个工作日内书面移交公安机关消防机构处理。

公安派出所对群众举报投诉的消防安全违法行为应当及时受理，依法处理。对于属于公安机关消防机构管辖的，应当依照《公安机关办理行政案件程序规定》在受理后及时移送公安机关消防机构处理。

处理方式三：报告。

公安派出所在日常消防监督检查中，发现存在严重威胁公共安全的火灾隐患，应当在责令改正的同时书面报告乡镇人民政府或者街道办事处和公安机关消防机构。

严重威胁公共安全的火灾隐患是指违反消防法律法规，可能导致火灾发生或火灾危害增大，并由此可能造成严重的火灾事故后果和社会影响的各类潜在不安全因素。在公安派出所日常消防监督检查中常见的严重威胁公共安全的火灾隐患有以下情形。

(1) 严重影响人员安全疏散或者灭火救援行动且不能立即改正的。如建筑物的安全出口数量不符合规定，或被封堵；按规定设置独立的安全出口、疏散楼梯；未按规定设置疏散指示标志、应急照明；人员密集场所的疏散走道、楼梯间、疏散门或安全出口设置栅栏、卷帘门；除首层外，设有人员密集场所的建筑既有外窗被封堵或被广告牌等遮挡，影响灭火救援；高层建筑的举高消防车作业场地被占用，影响消防扑救作业等。

(2) 未按规定设置消防设施或未保持完好有效，严重影响防火灭火功能的。如未按规定设置室内消火栓系统，或已设置但不能正常使用；旅馆、公共娱乐场所、商店、地下人员密集场所未按规定设置自动喷水灭火系统或火灾自动报警系统；人员密集场所未按规定设置防烟排烟设施，或已设置但不能正常使用或运行。

(3) 擅自改变原有防火分区，造成防火分区面积严重超过规定的；防火门、防火卷帘等防火分隔设施损坏严重的。

(4) 在人员密集场所、住宅、宿舍等建筑内违反消防安全规定，使用、储存易燃易爆危险品，不能立即改正的。

（5）未按规定设置消防车道或消防车道被堵塞、占用；建筑之间的既有防火间距被占用不能立即改正的。托儿所、幼儿园的儿童用房及儿童游乐厅等儿童活动场所，老年人建筑，等与其他建筑合建时，所在楼层位置不符合规定的。

（6）违反规定，在可燃材料或可燃构件上直接敷设电气线路或安装电气设备；在公共场所使用可燃材料装修。

（七）消防监督检查的方法

1. 询问法

通过询问被检查单位的法定代表人或消防安全管理负责人，可了解单位消防工作的开展以及领导对消防工作是否熟悉及重视。对工作人员询问可了解单位消防安全管理制度执行情况和消防宣传教育情况。对工作人员的询问采用随机抽查方式。

2. 查阅资料文件

查阅被检查单位的防火档案（有关消防安全的文件、资料）时应注意以下方面：消防安全文件、资料是否全面，并符合相关法律、法规的要求；制定的消防安全制度和操作规程是否符合法律、法规、技术标准的要求及符合实际需要；各种检查记录、值班记录是否按规定认真填写；重点单位制定的火灾应急预案是否具有合理性和可操作性。

3. 查看消防设施、设备外观

在检查过程中，应根据消防技术规范对被检查单位的消防设施、设备的外观及运行现状进行检查。外观检查，是指在不使用专业检测工具的情况下，通过眼看、耳听、手摸等方法进行抽样性检查，判断该系统是否处于准工作状态，系统组件是否完整、有无损坏，组件、阀门、开关等是否按要求处于启闭位置，各种仪表显示是否处于正常允许范围。发现问题应及时要求被检查单位整改。

4. 抽查测试消防设施功能

测试消防设施功能需要专业技术，消防监督检查人员应熟悉各种消防设施的基本特性、操作方法及检查测试方法。常规消防设施功能测试有：室内外消火栓压力测试、消防电梯强制停靠测试、消火栓远程启泵测试、火灾探测报警器、防火门、防火卷帘开启关闭、消防水泵启动测试等。

5. 检查灭火、疏散预案等操作情况

消防重点单位及公众聚集场所，应当结合自身火灾特点制定灭火和应急疏散预案，并定期演练修订。公安消防机构在监督检查时，除检查是否制定灭火和疏散应急预案外，还应抽查单位防火负责人及工作人员对预案是否熟悉掌握，条件允许的话还可进行实地演练。

五、公安派出所日常消防安全管理工作

（一）消防安全宣传教育

1. 公安派出所消防安全宣传教育的含义

《消防法》第6条规定："公安机关及其消防机构应当加强消防法律、法规的宣传，并督促、指导、协助有关单位做好消防宣传教育工作。村民委员会、居民委员会应当协助人民政府以及公安机关等部门，加强消防宣传教育。"公安派出所的消防宣传工作是公安消防管理工作的一部分，也是派出所重要的基础工作。

公安派出所消防宣传教育是指，公安派出所根据辖区的特点面向辖区单位及公民，利用各种手段依法对消防工作的方针、政策、法律法规、技术规范、消防安全文化等进行告知、

传播和弘扬，以使辖区单位及公民了解和掌握消防法律法规及知识，规范消防行为，预防火灾发生，提高抗御火灾能力的消防安全管理行为。一方面公安派出所开展消防宣传教育不仅能提高辖区公民的消防安全意识和防火自救能力以减少火灾的发生和人员伤亡、财产损失。另一方面，通过宣传教育能够使辖区单位和公民理解、配合和支持派出所的消防管理工作，推进消防工作社会化，使辖区单位和公民自觉履行消防安全责任和义务。

2. 公安派出所消防安全宣传教育的内容与方式

消防宣传教育的主要内容包括消防法律法规和技术标准；火灾预防、火灾扑救、报警、火场自救等消防知识；消防英雄人物事迹；火灾案例及启示等。开展宣传教育时应注意对象不同如单位、居民小区、学校、娱乐场所，重点内容和方式也应有所不同。

派出所的开展宣传教育可以利用网络、电视报刊、短信等媒体，也可利用单位电子屏、小区广告栏、传单。除日常宣传教育外还可以充分利用“119”消防日全国范围集中开展全民消防宣传教育的有利时机。有条件的派出所还可以组织到消防站参观和开展灭火疏散演习等活动，让群众亲身体验火灾的危险性和掌握扑救火灾的正确方法。宣传教育中还应注意专业知识与通俗易懂的消防常识相结合，进单位、进社区、进家庭，提高公众的参与度。

（二）消防指导

派出所消防指导工作主要包括对单位灭火和疏散应急预案的制定与演练的指导；对单位消防档案的建立的指导；对志愿消防队等多种形式的消防组织建立的指导。

1. 单位灭火和应急疏散预案的制定与演练

根据《消防法》等法律法规，机关、团体、企业、事业等单位应当组织制定符合本单位实际的灭火和应急疏散预案并组织进行有针对性的消防演练。消防安全重点单位应当按照灭火和应急疏散预案，至少每半年进行一次演练，并结合实际，不断完善预案。其他单位应当结合本单位实际，参照制定相应的应急方案，至少每年组织一次演练。

消防安全重点单位制定的灭火和应急疏散预案应当包括下列内容：组织机构，包括灭火行动组、通信联络组、疏散引导组、安全防护救护组；报警和接警处置程序；应急疏散的组织程序和措施；扑救初起火灾的程序和措施；通信联络、安全防护救护的程序和措施。

2. 单位消防档案

一般单位应当将本单位的基本概况、公安消防机构填发的各种法律文书、与消防工作有关的材料和记录等统一保管备查。

消防安全重点单位应当建立健全消防档案。消防档案应当包括消防安全基本情况和消防安全管理情况。消防档案应当详实，全面反映单位消防工作的基本情况，并附有必要的图表，根据情况变化及时更新。单位应当对消防档案统一保管、备查。

消防安全基本情况应当包括以下内容：单位基本概况和消防安全重点部位情况；建筑物或者场所施工、使用或者开业前的消防设计审核、消防验收以及消防安全检查的文件、资料；消防管理组织机构和各级消防安全责任人；消防安全制度；消防设施、灭火器材情况；专职消防队、义务消防队人员及其消防装备配备情况；与消防安全有关的重点工种人员情况；新增消防产品、防火材料的合格证明材料；灭火和应急疏散预案。

消防安全管理情况应当包括以下内容：公安消防机构填发的各种法律文书；消防设施定

期检查记录、自动消防设施全面检查测试的报告以及维修保养的记录；火灾隐患及其整改情况记录；防火检查、巡查记录；有关燃气、电气设备检测（包括防雷、防静电）等记录资料；消防安全培训记录；灭火和应急疏散预案的演练记录；火灾情况记录；消防奖惩情况记录。各项检查记录，应当记明检查的人员、时间、部位、内容、发现的火灾隐患以及处理措施等；培训记录，应当记明培训的时间、参加人员、内容等；演练记录，应当记明演练的时间、地点、内容、参加部门以及人员等。

3. 志愿消防队等多种形式的消防组织

志愿消防队是机关、团体、企业、事业等单位以及村民委员会、居民委员会根据需要建立的开展群众性自防自救工作的消防组织。志愿消防队根据本单位和本地区防火自救的需要，由职工或者村民、居民等志愿人员组成，主要承担本单位、本地区防火、扑救火灾工作。火灾危险性较大的单位、人员密集的公共娱乐场所等，应当要求全体职工都参加志愿消防队。志愿消防队平时开展防火宣传和检查，定期接受消防训练，发生火灾时能够实施灭火和应急疏散预案，扑救初期火灾、组织疏散人员，引导消防队到现场，协助保护火灾现场的消防组织。

公安派出所应当定期对本辖区的志愿消防队伍进行检查指导，帮助解决实际困难，定期组织开展志愿消防队伍业务竞赛和考核评比。

村（居）民委员会、一般单位和个人组建志愿消防队后，应当向当地公安派出所或乡镇消防安全管理机构申报备案。申报材料包括志愿消防队的组织章程、各项制度、人员名册、站房装备清单；有关情况变化的，应当及时补充申报。志愿消防队应当每年向备案部门上交志愿服务总结。

公安派出所对于组织章程符合志愿服务宗旨且达到相关标准要求的志愿消防队，应当及时予以备案，录入志愿消防队和志愿者队伍建设网上信息平台。公安消防部门应定期将备案的志愿消防队及其人员名册和志愿服务记录信息提供给当地民政、财政、人力资源社会保障等部门。对于背离志愿服务宗旨、不履行志愿服务承诺、达不到有关标准要求的志愿消防队，应取消备案。

（三）火灾事故应急处置

由于自身的工作特性，在日常工作中派出所民警往往能第一时间发现火情或先于消防队到达火灾现场。由于工作职责以及群众对民警的信任，民警必须及时、科学、高效地进行先期处置，把火灾损失降到最低。派出所应针对辖区实际情况制定火灾事故应急预案，并对民警定期进行培训演练，以避免现场产生恐慌。

1. 及时组织报警

发现火情后民警应立即组织起火单位负责人、工作人员，社区群众、物业管理部门等通过“119”或“110”专线电话报警。任何单位、个人都应当无偿为报警提供便利，不得以任何理由阻拦报警。

2. 组织人员疏散

根据救人第一的原则，火灾发生后必须在第一时间疏散人员，抢救人的生命。机关、团体和企事业单位按照单位火灾事故应急预案进行疏散。人员密集场所发生火灾时，该场所的现场工作人员应当立即组织、引导在场人员按照应急预案及日常演练有秩序地疏散。以上两种情况民警应协助维持秩序。居民住宅火灾中民警要承担起指挥和组织疏散的任务。疏散中要尽量避免混乱发生，还应积极寻找和抢救被困人员。疏散过程中要阻止任何人员回到火场。火灾初起阶段有效的疏散能大大减少人员伤亡。

3. 积极组织扑救火灾

火灾发生的初起阶段，着火的可燃物少，燃烧面积小，火势蔓延速度慢，易于扑救。因此发生火灾后如果能够及时控制和扑救，就可大大减少火灾造成的损失。任何人发现火灾后应迅速利用身边的灭火器材灭火。不能立即扑灭的火灾要先控制火势不继续蔓延扩大，同时要防止泄漏、爆炸等重大危险情况的发生。在火灾彻底被扑灭之前始终要采取一定的控制措施，防止复燃爆炸的发生。扑救火灾时就整个火场而言，应先救人再救物；先抢救贵重物资和有易燃性、爆炸性及毒害性的物资；先保护要害部位、可燃物集中的部位；重点控制火势蔓延猛烈的部位及下风方向等。

4. 协助维护现场秩序、保护现场、搜集火灾信息

根据《火灾事故调查规定》（公安部第121号令），“公安派出所应当协助公安机关火灾事故调查部门维护火灾现场秩序，保护现场，控制火灾肇事嫌疑人”。在公安消防队开展救火战斗时，民警应做好维护现场秩序工作。民警在现场应根据火势大小、火灾范围划定警戒区、设置警戒带，避免无关人员进入现场造成人员伤亡、破坏现场或干扰灭火救援工作。民警在维护现场秩序的同时，应注意观察围观人群、搜集火灾信息、甄别火灾肇事嫌疑人。在火灾扑救结束后，公安机关消防机构认为需要封闭现场的应当填写《封闭火灾现场公告》，对封闭范围、时间和要求予以公示。公安派出所应划定警戒区安排值班人员对现场的尸体、痕迹、物品等证据进行保护。

表1

公安派出所日常消防监督检查记录

编号：[　年] 第　顺序号　号

单位名称	以营业执照为依据			主要负责人	消防安全责任人（法人代表或非法人单位的主要负责人）
地　址	以营业执照为依据；和实际地址不符的填写实际地址并注明。			单位性质	单位的使用性质，如医院、学校、宾馆、商场、公共娱乐场所、托儿所、生产企业等
建筑面积	实际使用的建筑面积	建筑层数	单位使用的建筑楼层序号	建筑高度	所在建筑总体高度
监督检查人员（签名）	二人或二人以上	单位主管人员（签名）	实施和组织单位消防安全工作的主管人员签名；拒绝签名的应注明	检查日期	检查当天公历日期

续表

<table>
<tr><th colspan="3">检查内容和情况记录</th></tr>
<tr><td rowspan="4">单位履行消防安全职责情况</td><td>合法性</td><td>1. 建筑物是否通过消防验收：
□否 □是 文号________
2. 建筑物是否进行消防竣工验收备案：
□否 □是 备案号________
3. 公众聚集场所是否通过投入使用、营业前消防安全检查：
□否 □是 文号________</td></tr>
<tr><td>消防安全管理</td><td>1. 消防安全制度： □有 □无 □不全
2. 员工消防安全教育培训：□组织开展 □未组织开展
3. 防火检查： □组织开展 □未组织开展
4. 灭火和应急疏散预案： □有且组织演练 □有，未演练
□无且未演练 □无，组织演练
5. 生产、储存、经营易燃易爆危险品的场所与居住场所设置在同一建筑物内：
□是 □否
6. 其他情况：</td></tr>
<tr><td>建筑防火</td><td>1. 消防车通道： □无 □畅通 □被堵塞、占用
2. 疏散通道、安全出口：□畅通 □堵塞 □锁闭
3. 防火门：□完好有效 □常闭式防火门常开 □损坏
4. 疏散指示标志： □完好有效 □损坏 □缺少
5. 应急照明： □完好有效 □损坏 □缺少
6. 其他情况：</td></tr>
<tr><td>消防设施</td><td>1. 室内消火栓：□未设置 □完好有效 □损坏 □无水 □配件不齐
2. 灭火器： □未配置 □完好有效 □失效
3. 建筑消防设施：□定期检测并记录 □未定期检测 □无记录
4. 物业服务企业对管理区域内共用消防设施是否维护管理：□是 □否</td></tr>
<tr><td colspan="2">村（居）民委员会履行消防安全职责情况</td><td>1. 消防安全管理人： □确定 □未确定
2. 消防安全工作制度： □有 □无 □不全
3. 防火安全公约： □有 □无 □不全
4. 消防宣传教育： □开展 □未开展
5. 防火安全检查： □开展 □未开展
6. 消防水源、消防车通道、消防器材：□维护管理 □未维护管理
7. 多种形式消防组织： □建立 □未建立</td></tr>
<tr><td colspan="2">责令改正情况</td><td>下发《责令改正通知书》编号：应与下发的《责令改正通知书》编号一致</td></tr>
</table>

续表

移送消防机构处理的内容	发现的下列第对应项目的序号项消防安全违法行为，移送公安机关消防机构依法处理： □1. 建筑物未依法通过公安机关消防机构消防验收，擅自投入使用； □2. 建筑物未进行竣工验收备案，擅自投入使用； □3. 公众聚集场所未依法通过使用、营业前消防安全检查，擅自投入使用、营业。
备　　注	可以当场改正的情形；表中未尽事宜

一式两份，一份交被检查单位或村（居）民委员会，一份存档。

表 2

（此处印制公安派出所名称）

责令改正通知书

编号：[年] 第　顺序编号　号

责令改正单位名称：

根据《中华人民共和国消防法》第五十三条的规定，我公安派出所名称于____年____月____日（应与《公安派出所消防监督检查记录》一致）对你单位进行消防监督检查，发现你单位有下列第对应项目序号项消防安全违法行为，责令你单位予以改正：

□1. 未制定消防安全制度；

□2. 未组织防火检查；

□3. 未组织消防安全教育培训；

□4. 未组织消防演练；

□5. □占用、□堵塞、□封闭疏散通道、安全出口；

□6. □占用、□堵塞、□封闭消防车通道，妨碍消防车通行；

□7. □埋压、□圈占、□遮挡消火栓或者占用防火间距；

□8. 单位室内消火栓、灭火器、疏散指示标志和应急照明未保持完好有效；

□9. 人员密集场所在门窗上设置影响逃生和灭火救援的障碍物；

□10. 违反消防安全规定进入生产、储存易燃易爆危险品场所；

□11. 违章使用明火作业或者在具有火灾、爆炸危险的场所吸烟、使用明火；

□12. 生产、储存和经营易燃易爆危险品的场所与居住场所设置在同一建筑物内的；

□13. 单位未对建筑消防设施定期进行全面检测。

（公安派出所印章）

年　　月　　日

被检查单位负责人（签名）：由法人代表或单位的主要负责人签名；不能签名的可以捺指印；拒绝签名的应当注明。　　年　　月　　日

检查民警（签名）：二人或二人以上　　　　年　　月　　日

一式两份，一份交被检查单位，一份存档。

第二部分 典型案例评析

一、事件概况

2015年5月25日19时30分许，河南省平顶山市鲁山县康乐园老年公寓发生特别重大火灾事故，造成39人死亡、6人受伤，过火面积745.8平方米，直接经济损失2064.5万元。

二、火灾原因

火灾的直接原因是老年公寓不能自理区西北角房间西墙及其对应吊顶内，给电视机供电的电器线路接触不良发热，高温引燃周围的电线绝缘层、聚苯乙烯泡沫、吊顶木龙骨等易燃可燃材料，造成火灾。造成火势迅速蔓延和重大人员伤亡的主要原因是建筑物大量使用聚苯乙烯夹芯彩钢板（聚苯乙烯夹芯材料燃烧的滴落物具有引燃性），且吊顶空间整体贯通，加剧火势迅速蔓延并猛烈燃烧，导致整体建筑短时间内垮塌损毁；不能自理区老人无自主活动能力，无法及时自救造成重大人员伤亡。

三、消防管理中存在问题分析

（一）康乐园老年公寓违规建设运营，管理不规范，安全隐患长期存在

1. 违法违规建设、运营。康乐园老年公寓发生火灾建筑没有经过规划、立项、设计、审批、验收，使用无资质施工队；违规使用聚苯乙烯夹芯彩钢板、不合格电器电线。

2. 日常管理不规范，消防安全防范意识淡薄。康乐园老年公寓日常管理不规范，没有建立相应的消防安全组织和消防制度，没有制定消防应急预案，没有组织员工进行应急演练和消防安全培训教育；员工对消防法律法规不熟悉、不掌握，消防安全知识匮乏。

（二）地方公安机关落实消防法规政策不到位，消防监管不力

1. 鲁山县公安局董周派出所落实消防法规政策不到位，消防日常监管不力。没有认真贯彻执行消防安全重点单位界定标准要求，未准确上报康乐园老年公寓相关信息，导致鲁山县公安消防大队将应定为二级消防安全重点单位管理的康乐园老年公寓错定为三级管理。没有认真履行消防日常监管职责，没有扎实开展针对养老院的消防安全专项整治活动，未能及时发现和纠正康乐园老年公寓违规彩钢板建筑物的消防安全隐患。

2. 鲁山县公安消防大队执行消防法规政策不严格，日常监管有漏洞。一是未严格执行《平顶山市消防安全重点单位界定标准》，错将二级消防安全重点管理单位康乐园老年公寓列为三级管理；对鲁山县公安局董周派出所日常消防监督检查、培训指导不到位。二是对康乐园老年公寓消防监督检查缺失。自康乐园老年公寓注册以来，鲁山县公安消防大队从未对其进行过检查，对康乐园老年公寓的有关信息掌握不准，底数不清。三是消防安全专项治理行动不扎实，没有及时排查出康乐园老年公寓存在的重大消防安全隐患。

3. 鲁山县公安局对鲁山县公安消防大队和董周派出所消防安全工作指导督促不到位。一是对辖区内针对养老院开展的消防安全专项治理工作督导不力，流于形式。二是对鲁山县公安消防大队错误划定康乐园老年公寓的消防安全重点单位等级未能及时发现。三是对董周派出所消防安全监管工作疏于指导督促。

4. 平顶山市公安消防支队指导下级开展工作、督促工作落实不到位。一是未能及时发现并予以纠正鲁山县公安消防大队对康乐园老年公寓监管缺失以及错误划定康乐园老年公寓的消防安全重点单位等级的问题。二是消防监管工作重部署、轻落实。平顶山市消防安全重点单位界定工作，虽下发了《平顶山市消防安全重点单位界定标准》，但对如何申报、怎样界定消防安全重点单位等级以及消防安全重点单位界定登记工作中，没有明确市公安消防支队与派出所、县公安消防大队之间如何无缝对接等要求。2013 年以来多次开展的养老院消防安全专项整治活动目标不具体、检查不彻底。

5. 平顶山市公安局开展消防安全专项行动不力，指导检查消防工作不实。一是对鲁山县公安局开展的针对养老院火灾隐患排查治理工作，指导督促不得力。二是对消防安全重点单位界定工作指导不力。三是对鲁山县公安局及其消防大队开展的消防安全监管工作疏于监督检查。

6. 河南省公安消防总队对下级落实有关消防安全法律法规督促落实不到位。对平顶山市公安消防支队的消防监管工作指导不力，落实公安部《关于进一步加强彩钢板建筑消防安全监督管理的通知》（公消〔2012〕303 号）、“九九”消防平安行动、重大火灾隐患专项整治、清剿火患战役等消防专项检查工作督促落实不到位。

第三部分　实训教学设计

一、实训设计思路

通过“模拟派出所消防监督检查”实训教学，将公安派出所消防监督管理理论与实践紧密联系在一起。通过对实际单位和建筑的消防监督检查，把学生置于特定场景中，在检查、处理发现的问题的过程中，把专业理论有效转化为实际操作能力，有效增强学生对消防监督管理工作所需要的法律法规、消防技术标准等知识的掌握和题解，提高综合运用能力。

二、实训指导

（一）实训目的

通过实训使学生掌握派出所消防监督检查的一般程序和方法及问题处理方法。

（二）实训内容

1. 按照消防监督检查的程序和方法对指定建筑或单位进行消防监督检查。

2. 对检查中发现的问题给出处理方法，并提出关于火灾预防工作的建议。

3. 制作消防法律文书。.

（三）相关知识点

公安派出所消防监督检查的管辖。公安派出所消防监督检查的程序、主要内容。公安派出所消防监督检查的方法。公安派出所消防监督检查仪器设备的使用。法律文书的制作。

（四）实训课时

2 课时

（五）实训要求

1. 训练学生按照有关法律规范要求，灵活运用各种方法进行消防监督检查。

2. 训练学生正确理解和运用消防技术规范。

3. 引导学生正确处理消防监督检查中各类问题。

4. 训练学生正确制作法律文书。

（六）实训保障

1. 选择并联系适合模拟消防监督检查的建筑或单位。

2. 准备《公安派出所日常消防监督检查记录》、《责令改正通知书》（派出所用）。

3. 准备消防监督检查所需装备及纸、笔等记录工具。

（七）实训步骤

1. 学生按每组6人分组并选出组长，由组长负责实训的组织工作。要确保每个学生都参与到实训中。

2. 学生提前熟悉各种相关资料，明确实训的内容、目的、重点并制定消防监督检查实施方案。

3. 学生依据《消防监督检查规定》熟悉消防监督检查的程序、检查内容及问题处理方法。

4. 学生依据《建筑设计防火规范》、《建筑灭火器配置验收及检查规范》等消防技术规范确定检查对象相应的消防安全检查的技术标准。

5. 学生对指定建筑或单位进行综合消防安全检查，得出检查结果。

6. 根据检查情况制作消防监督检查记录、责令改正通知书等消防法律文书，并提出关于火灾预防工作的建议。

7. 学生进行实训汇报，教师给予点评，指出实训过程中的优点及不足。

（八）考核评分标准

实训考核成绩按照优、良、中、及格、不及格五级记分制评定，从以下方面考核记分：对消防监督检查有关法律法规和技术规范的理解和应用40%，法律文书的制作25%；学生参与度25%；组织纪律性、团结协作精神10%。实训结束后，实训学生按照实训要求写出实训报告，实训指导老师根据学生分组实训情况和实训报告完成质量情况给出实训小组成绩，由实训小组长在实训指导老师的监督下会同本小组成员商量后，根据本小组成员在实训中的贡献大小、表现情况等，在实训指导老师给出小组成员的个人成绩。

◎ 本章小结

消防工作关系到人民群众生命财产安全和社会秩序稳定。消防管理是治安工作的一项重要内容，是公安派出所的重要职能。公安派出所应认识到消防工作的重要性，熟悉消防法律法规，掌握必要的消防知识与技能，充分发挥点多、面广和对辖区人熟、地熟、情况熟的优势，切实履行消防安全监管职责。公安派出所应依法开展消防监督检查，及时发现消防违法行为和火灾隐患，依法下达法律文书，督促整改，有效预防火灾的发生。派出所还应积极开展宣传教育、进行消防安全指导，发动广大群众和机关、团体、企业事业单位参与消防工作，实现公共安全的目标。

◎ 思考与练习

1. 哪些行为是消防安全违法行为？单位和个人应承担什么法律责任？

2. 消防管理和消防监督管理有什么不同？

3. 分析人员密集场所如宾馆、饭店、商场、娱乐场所、中小学等各种类型场所的消防监督检查要点。

4. 公安派出所如何做好消防安全管理工作?
5. 公安派出所民警对于火灾事故应如何进行先期处置?

◎ 拓展阅读

消防监督管理中关于场所、单位的几个重要概念

一、人员密集场所

根据《消防法》，人员密集场所，是指公众聚集场所，医院的门诊楼、病房楼，学校的教学楼、图书馆、食堂和集体宿舍，养老院，福利院，托儿所，幼儿园，公共图书馆的阅览室，公共展览馆、博物馆的展示厅，劳动密集型企业的生产加工车间和员工集体宿舍，旅游、宗教活动场所等。

二、公众聚集场所

根据《消防法》，公众聚集场所，是指宾馆、饭店、商场、集贸市场、客运车站候车室、客运码头候船厅、民用机场航站楼、体育场馆、会堂以及公共娱乐场所等。

三、公共娱乐场所

根据《公共娱乐场所消防安全管理规定》《互联网上网服务营业场所管理条例》《娱乐场所管理条例》《建筑设计防火规范》等法律法规和技术标准，公共娱乐场所，是指具有文化娱乐、健身休闲功能并向公众开放的下列室内场所：

(一) 影剧院、录像厅、礼堂等演出、放映场所；
(二) 舞厅、卡拉OK厅等歌舞娱乐场所；
(三) 具有娱乐功能的夜总会、音乐茶座、酒吧和餐饮场所；
(四) 游艺、游乐场所；
(五) 保龄球馆、旱冰场、桑拿浴室等营业性健身、休闲场所；
(六) 互联网上网服务营业场所。

四、消防安全重点单位

根据《消防法》，县级以上地方人民政府公安机关消防机构应当将发生火灾可能性较大以及发生火灾可能造成重大的人身伤亡或者财产损失的单位，确定为本行政区域内的消防安全重点单位，并由公安机关报本级人民政府备案。

为了正确实施《机关、团体、企业、事业单位消防安全管理规定》(公安部61号令)，科学、准确地界定消防安全重点单位，公安部提出了消防安全重点单位的界定标准：

(一) 商场(市场)、宾馆(饭店)、体育场(馆)、会堂、公共娱乐场所等公众聚集场所

1. 建筑面积在$1000m^2$(含本数，下同)以上且经营可燃商品的商场(商店、市场)；
2. 客房数在50间以上的(旅馆、饭店)；
3. 公共的体育场(馆)、会堂；
4. 建筑面积在$200m^2$以上的公共娱乐场所，公共娱乐场所是指向公众开放的下列室内场所，主要包括：

(1) 影剧院、录像厅、礼堂等演出、放映场所；
(2) 舞厅、卡拉OK等歌舞娱乐场所；
(3) 具有娱乐功能的夜总会、音乐茶座和餐饮场所；

（4）游艺、游乐场所；
（5）保龄球馆、旱冰场、桑拿浴室等营业性健身、休闲场所。
（二）医院、养老院和寄宿制的学校、托儿所、幼儿园
1. 住院床位在50张以上的医院；
2. 老人住宿床位在50张以上的养老院；
3. 学生住宿床位在100张以上的学校；
4. 幼儿住宿床位在50张以上的托儿所、幼儿园。
（三）国家机关
1. 县级以上的党委、人大、政府、政协；
2. 人民检察院、人民法院；
3. 中央和国务院各部委；
4. 共青团中央、全国总工会、全国妇联的办事机关。
（四）广播、电视和邮政、通信枢纽
1. 广播电台、电视台；
2. 城镇的邮政和通信枢纽单位。
（五）客运车站、码头、民用机场
1. 候车厅、候船厅的建筑面积在500m^2以上的客运车站和客运码头；
2. 民用机场。
（六）公共图书馆、展览馆、博物馆、档案馆以及具有火灾危险性的文物保护单位
1. 建筑面积在2000m^2以上的公共图书馆、展览馆；
2. 博物馆、档案馆；
3. 具有火灾危险性的县级以上文物保护单位。
（七）发电厂（站）和电网经营企业
（八）易燃易爆化学物品的生产、充装、储存、供应、销售单位
1. 生产易燃易爆化学物品的工厂；
2. 易燃易爆气体和液体的灌装站、调压站；
3. 储存易燃易爆化学物品的专用仓库（堆场、储罐场所）；
4. 易燃易爆化学物品的专业运输单位；
5. 营业性汽车加油站、加气站，液化石油气供应站（换瓶站）；
6. 经营易燃易爆化学物品的化工商店（其界定标准，以及其他需要界定的易燃易爆化学物品性质的单位及其标准，由省级公安机关消防机构根据实际情况确定）。
（九）劳动密集型生产、加工企业
生产车间员工在100人以上的服装、鞋帽、玩具等劳动密集型企业
（十）重要的科研单位
界定标准由省级公安机关消防机构根据实际情况确定。
（十一）高层公共建筑、地下铁道、地下观光隧道，粮、棉、木材、百货等物资仓库和堆场，重点工程的施工现场
1. 高层公共建筑的办公楼（写字楼）、公寓楼等；
2. 城市地下铁道、地下观光隧道等地下公共建筑和城市重要的交通隧道；
3. 国家储备粮库、总储备量在10000吨以上的其他粮库；

4. 总储量在500吨以上的棉库；

5. 总储量在10000m^{3}以上的木材堆场；

6. 总储存价值在1000万元以上的可燃物品仓库、堆场；

7. 国家和省级等重点工程的施工现场。

（十二）其他发生火灾可能性较大以及一旦发生火灾可能造成人身重大伤亡或者财产重大损失的单位。界定标准由省级公安机关消防机构根据实际情况确定。

第十六章　治安案件查处

治安案件涉及生活的方方面面，涉案人员形形色色，治安案件从人民警察接警开始便处在一个动态变化的过程，这就要求公安机关办案的人民警察具备良好的执法理念和较高的业务素质，以及良好的处理问题的能力，而这些能力的获得源于对法律的精准把握和日常的执法实践。

【学习目标】 理解掌握治安案件的基本理论，熟知办理治安案件的法律依据，执法办案的基本原则及办理治安案件的基本程序，掌握相关法律文书的制作。

【教学重点】 治安案件查处的法律依据及治安案件办理的基本程序。

【教学难点】 树立良好的执法理念，具备处理各类治安案件的综合素质，把握治安案件的办案程序。

第一部分　基础知识

一、治安案件的含义

治安案件，是指公安机关依据《中华人民共和国治安管理处罚法》（以下简称《治安管理处罚法》）以及有关法律、法规的规定，对违反治安管理行为受理调查并对行为人予以治安处罚的法律事实。

依据上述定义，构成治安案件应具备以下两个方面的要件：一是存在违反治安管理的行为或者行为嫌疑发生，这是构成治安案件的实体要件；必须强调的是，本章研究的违反治安管理行为是指《治安管理处罚法》所设定的违法治安管理行为。所谓存在违反治安管理行为或者行为嫌疑发生，是指客观上已经存在违反治安管理的行为事实或行为嫌疑事实，而不论这种事实通过什么途径被确认，只要有一定的证据证明，即可认定客观上已经存在违反治安管理行为或者行为嫌疑事实。二是公安机关通过法定程序予以受理调查并对行为人实施治安处罚，这是构成治安案件的程序要件。上述构成治安案件的两个要件必须同时具备，缺一不可。

二、治安案件查处的含义

治安案件查处，是治安案件的调查取证与依法作出行政处罚决定的简称，具体指公安机关根据《治安管理处罚法》及其他有关治安管理法律、法规，对违反治安管理行为受理、调查取证后，对行为人予以治安管理处罚的具体行政执法行为。

依据上述定义，我们应当从以下几个方面加以理解：1. 治安案件查处工作的主体是公安机关；2. 治安案件查处必须遵守法定原则，必须有法可依；3. 治安案件查处必须符合法定程序。

三、查处治安案件的原则

治安案件查处原则，是指公安机关在查处违反治安管理行为时所应遵循的基本行为准则。它贯穿于治安案件查处的全过程，是人民警察良好执法理念形成的思想基础，对治安案件查处活动具有普遍的指导意义。

治安案件查处原则包括调查取证原则及治安管理处罚原则。调查原则详见调查取证部分，在此不赘述。治安管理处罚原则的依据是《行政处罚法》与《治安管理处罚法》的相关规定。

《治安管理处罚法》第5条：治安管理处罚必须以事实为依据，与违反治安管理行为的性质、情节以及社会危害程度相当。实施治安管理处罚，应当公开、公正，实施治安管理处罚，应当尊重和保障人权，保护公民的人格尊严。办理治安案件应当坚持教育与处罚相结合的原则。

依据《行政处罚法》、《治安管理处罚法》及相关法律所体现的立法精神和基本价值观念，查处治安案件应当遵循以下基本原则：

一是行为与处罚法定原则。《行政处罚法》第3条第2款规定：没有法律依据或者不遵守法定程序的，行政处罚无效。原则含义有两个方面：第一，凡是法律没有规定的行为，不能按违反治安管理行为定性，凡是法律没有规定的处罚，不能对违反治安管理行为人适用。第二，行为与处罚法定原则表明，不能适用类推。坚持行为与处罚法定原则，必须做到：实施治安管理处罚的依据法定。法无禁止行为不为过；法无明文规定不处罚；给予违反治安管理行为人的处罚必须有法律依据，否则无效。实施治安管理处罚的主体法定。实施治安管理处罚的程序法定。治安管理处罚的设定法定。治安管理处罚的设定必须根据立法规定，不能随意制定一部法规，即作为实施处罚的依据。

二是过罚相当原则。设定和实施行政处罚必须以事实为依据，与违法行为的事实、性质、情节以及社会危害程度相当。遵循这一原则应当做到：第一，努力查清案件事实，使案件事实都通过证据体现出来。第二，在裁决决定作出时，应当根据违反治安管理行为性质、情节以及社会危害程度，依据法律法规的具体规定，作出相当的处罚决定，绝不能随意裁决，或畸轻畸重。

三是公开、公正原则。公开原则的含义是指对违法行为给予行政处罚的规定必须公布；未经公布的，不得作为行政处罚的依据。查处治安案件不仅处罚依据要公开，处罚的过程即处罚程序也必须公开，除了涉及国家秘密、商业秘密或个人隐私应当保密外，都应当公开进行。处罚公开的目的是对公正的保障，是对公安机关合法、合理行使国家权力的有效控制，同时执法机关及其人员行使权力的外部控制机制必须完善，确保法律赋予公安机关的权利在阳光下运行，提高执法公信力和权威性，以维护社会的公平正义，促进社会的稳定与和谐。公正原则，是指公平正直，没有偏私。公安机关在实施治安管理处罚时应作到：第一，平等地对待各方当事人，不以当事人的身份为实施处罚轻重的标准。第二，所给予的治安管理处罚与违反治安管理行为的社会危害性程度相适应，正确行使自由裁量权。所谓自由裁量权，是指法律赋予公安机关在实施治安管理处罚时，根据具体情况在法定范围内自行决定处罚的程序、处罚的种类和幅度的权力。自由裁量权在治安管理处罚的体现主要表现为：第一，处理方式的选择。即普通程序、当场处罚程序及治安调解方式的选择。第二，处罚种类、幅度的选择。第三，认定从重、从轻和减轻处罚、不予处罚情节的自由裁量。

正确行使自由裁量权，必须在法律授权的范围内，合法是自由裁量权行使的基础，合理是正确行使自由裁量权的核心，它要求实施自由裁量者没有偏私，理由合理，符合授权的目的，具体实施的处罚与违法行为相当。

四是尊重和保障人权原则。在我国，人权是必须通过宪法和法律予以确认并加以保障的。保护公民的人格尊严是尊重和保障人权的重要内容，公民的人格尊严不受侵犯是公民享有的基本权利。《宪法》第33条规定：凡具有中华人民共和国国籍的人都是中华人民共和国公民。中华人民共和国公民在法律面前一律平等。国家尊重和保障人权。人权的核心理念是人人相互尊重、相互平等，在法定义务之外即为自由。《宪法》第38条规定：中华人民共和国公民的人格尊严不受侵犯。禁止用任何方法对公民进行侮辱、诽谤和诬告陷害。

人格尊严是一种绝对价值，对于实施违法犯罪行为的人可以限制其人身自由，甚至剥夺其生命，但是不能侮辱其人格。尊重人格尊严没有例外，任何人在任何情况下都具有完全相同的人格尊严。从某种程度上讲，看得见的刑讯逼供和看不见的人格贬损，都是对人格尊严的践踏，都是与现代民主法制的精神格格不入的。在尊重和保障人权意识日渐深入人心的今天，从法律制度上确认并保护公民的人格尊严，有着十分重要的现实意义。在治安案件办理中既要尊重和保障守法公民的合法权益；也要保障违反治安管理行为人的合法权益；如个人隐私、身体健康权、人格名誉权、陈述、申辩权；申请复议权，提起行政诉讼权；要求国家赔偿权等。尊重和保障人权原则是查处治安案件过程中的一个重要的原则，也是公安机关人民警察在职务行为中必须遵守的行为准则。

五是教育与处罚相结合原则。这一原则是我们在执法过程中必须始终如一坚持的最重要的原则之一，他体现的是执法者的执法理念和执法境界，更是一个执法者社会责任感的具体体现。作为执法者我们必须明确制定法律，完善法律体系，最终的目的不是惩罚人，而是规范和引领人们在社会生活中的行为，因此，法律的最高宗旨是教育人，以促进人的社会化进程。因此，在治安案件办理过程中，对违反治安管理行为人的处罚不是目的，而是一种特殊的教育手段。公安机关在对违反治安管理行为人实施处罚的同时应对其进行道德和法制的教育，使其真正认识到自己行为的社会危害性，能够真诚认错，用心悔过，避免再犯，这是实施治安管理处罚的最高目标。

总之，教育和处罚相辅相成，始终贯穿于治安案件查处始末。切记不可以罚代管，以罚代教，草草执法，使被处罚人心存抵触，为社会的安定埋下隐患；同时也不可片面强调教育挽救而忽视处罚，对违反治安管理的行为人要约之以理，裁之以法，作到罚当其责，宽严适度。最终实现增强被处罚者和其他公民法制观念的教育目的。

四、违反治安管理行为的概念及特点

违反治安管理行为是构成治安案件的实体要件，把握违反治安管理行为的含义，对于准确认定治安案件具有重要意义。

依据《治安管理处罚法》第二条规定：扰乱公共秩序，妨害公共安全，侵犯人身权利、财产权利，妨害社会管理，具有社会危害性，依照《中华人民共和国刑法》的规定构成犯罪的，依法追究刑事责任；尚不够刑事处罚的，由公安机关依照本法给予治安管理处罚的行为。

由此我们可以归纳出违反治安管理行为的特征包括以下几个方面：一是具有社会危害性。社会危害性是违反治安管理行为的最基本特征。不同的国家、不同的政权性质、不同的社会历史发展阶段，对社会危害性的认识是不同的。违反治安管理行为的社会危害性程度较轻，并未达到犯罪的程度。对违反治安管理行为的社会危害性的理解，既要认识到行为的现实危害性也要认识到行为潜在的危害性。二是具有治安行政违法性。广义的违法包括：犯罪和狭义的违法即未达到犯罪；狭义违法行为包括行政违法（治安行政违法、其他行政违法）及民事违法行为。治安行政违法性是违反治安管理行为的社会危害性在法律上的表现。违反治安管理的行为必须是治安管理法律、法规所禁止的行为。我国治安管理法律、法规对各种违反治安管理行为作了明确规定。因此，治安行政违法性是违反治安管理行为的一个法律特征。三是应受治安管理处罚性。任何违法行为都要承担相应的法律后果。违法行为承担相应的法律责任，是由法的强制性决定的。应受治安管理处罚性也是违反治安管理行为具有社会危害性与治安行政违法性的必然结果。这一特征也是违反治安管理行为区别于犯罪、民事违法行为和其他行政违法行为的一个重要标志。上述三个特征是违反治安管理行为的基本特征，三者紧密联系，不可分割。

五、违反治安管理的行为及处罚

依据《治安管理处罚法》第三章规定，违反治安管理行为包括：扰乱公共秩序行为、妨害公安安全的行为、侵犯人身、财产权利的行为、妨害社会理的行为。作为基层办理治安案件的人民警察，必须熟记《治安管理处罚法》中规定的各种违反治安管理行为及其处罚，把握每一种违反治安管理行为的行为构成特征，只有这样才能在接处警时第一时间判断现场所发事件的性质，提高办案效率和履职能力。依据《治安管理处罚法》第三章及公安部《违反公安行政管理行为的名称及适用意见》的规定，各类违反治安管理行为构成的特征及其处罚如下：

（一）扰乱公共秩序的行为和处罚

公共秩序是人们在长期的社会生活中形成的由法律、社会公共生活准则以及道德所维护的有序的社会状态。扰乱公共秩序行为，是指违反国家对社会公共秩序的正常管理，破坏公共秩序的活动。扰乱公共秩序行为的构成特征：

1. 扰乱公共秩序行为侵犯的客体是社会公共秩序。社会公共秩序是社会稳定和谐，人民群众生活安宁，经济建设稳步发展的根本，任何扰乱公共秩序的行为，都是对社会稳定的破坏，必须受到法律制裁。

2. 扰乱公共秩序行为在客观方面的表现是使用各种手段和方法破坏社会公共秩序，并造成一定的危害后果，但尚未造成严重后果，不足以构成犯罪，否则必然受到刑事处罚。

3. 扰乱公共秩序行为的主体是达到责任年龄，具有责任能力的自然人。对于构成各种聚众扰乱公共秩序行为的主体要件必须是聚众者。

4. 扰乱公共秩序行为的主观方面只能由故意构成。

5. 扰乱公共秩序行为的种类及处罚。《治安管理处罚法》第 23 至 29 条共规定了 29 种不同的扰乱公共秩序行为。具体行为名称及处罚如下：

（1）扰乱单位秩序；扰乱公共场所秩序；扰乱公共交通工具上的秩序；妨碍交通工具正常行驶；破坏选举秩序；聚众扰乱单位秩序；聚众扰乱公共场所秩序；聚众扰乱公共交通工具上的秩序；聚众妨碍交通工具正常行驶；聚众破坏选举秩序行为。依据《治安管理处罚法》第23条规定，对前述各种扰乱公共秩序行为的处罚是：警告或者200元以下罚款；情节较重的，处5日以上10日以下拘留，可以并处500元以下罚款：聚众扰乱单位秩序、聚众扰乱公共场所秩序；聚众扰乱公共交通工具上的秩序；聚众破坏选举秩序的，对首要分子处10日以上15日以下拘留，可以并处1000元以下罚款。

（2）强行进入大型活动场内；违规在大型活动场内燃放物品；在大型活动场内展示侮辱性物品；围攻大型活动工作人员；向大型活动场内投掷杂物及其他扰乱大型活动秩序的行为。依据《治安管理处罚法》第24条规定，对前述行为的处罚是：警告或者200元以下罚款；情节严重的，处5日以上10日以下拘留，可以并处500元以下罚款：因扰乱体育比赛秩序被处以拘留处罚的，可以同时责令其12个月内不得进入体育场馆观看同类比赛；违反规定进入体育场馆的，强行带离现场。

（3）虚构事实扰乱公共秩序；投放虚假危险物质扰乱公共秩序；扬言实施放火、爆炸、投放危险物质等扰乱公共秩序。依据《治安管理处罚法》第25条规定，对前述行为处5日以上10日以下拘留，可以并处500元以下罚款；情节较轻的，处5日以下拘留或者500元以下罚款。

（4）寻衅滋事行为。依据《治安管理处罚法》第26条规定，处5日以上10日以下的拘留，可以并处500元以下罚款；情节较重的，处10日以上15日以下拘留，可以并处1000元以下罚款。

（5）组织、教唆、胁迫、诱骗、煽动从事邪教、会道门活动；利用邪教、会道门、迷信活动，危害社会；冒用宗教、气功名义危害社会。依据《治安管理处罚法》第27条规定，对前述行为处10日以上15日以下拘留，可以并处1000元以下罚款；情节较轻的，处5日以上10日以下拘留，可以并处500元以下罚款。

（6）故意干扰无线电业务正常进行；拒不消除对无线电台（站）的有害干扰。依据《治安管理处罚法》第28条规定：处5日以上10日以下拘留；情节严重的，处10日以上15日以下拘留。

（7）非法侵入计算机信息系统；非法改变计算机信息系统功；非法改变计算机信息系统数据和应用程序；故意制作、传播计算机破坏性程序。依据《治安管理处罚法》第29条规定：对前述行为处5日以下拘留；情节较重的，处5日以上10日以下拘留。

（二）妨害公共安全的行为和处罚

公共安全是指不特定的多数人的生命、健康，公私财产以及社会生产、工作和公共生活的安全。妨害公共安全行为，是指违反治安管理法律、法规，实施的危害或者可能危害不特定多数人的人身和公私财产安全的活动。妨害公共安全行为的构成特征如下：

1. 妨害公共安全行为侵犯的客体是社会公共安全，是不特定的多数人的生命、健康、重大公私财产以及社会生产、工作和公共生活的安全。

2. 妨害公共安全行为在客观方面表现为使用各种手段妨害公共安全，构成本行为一般不要求对公共安全造成实际的危害后果，一旦造成实际的危害结果，常常构成犯罪，并受到刑事处罚。

3. 妨害公共安全行为的主体是自然人，即达到责任年龄、具有责任能力，能够承担违反治安管理责任的自然人。

4. 妨害公共安全行为的主观方面由故意或者过失构成均可。主观态度上只要不是意外事件造成的，都应当处罚。

《治安管理处罚法》第30条至第39条共规定了24种不同的妨害公共安全的行为。具体行为名称及处罚如下：

（1）非法制造、买卖、储存、运输、邮寄、携带、使用、提供、处置危险物质。依据《治安管理处罚法》第30条规定，处10日以上15日以下拘留；情节较轻的，处5日以上10日以下拘留。

（2）危险物质被盗、被抢或者丢失不按规定报告，依据《治安管理处罚法》第31条规定，处5日以下拘留；故意隐瞒不报的，处5日以上10日以下拘留。

（3）非法携带枪支、弹药、管制器具。依据《治安管理处罚法》第32条规定，处5日以下拘留，可以并处500元以下罚款；情节较轻的，处警告或者200元以下罚款。非法携带枪支、弹药或者弩、匕首等国家规定的管制器具进入公共场所或者公共交通工具的，处5日以上10日以下拘留，可以并处500元以下罚款。

（4）盗窃、损毁公共设施；移动、损毁边境、领土、领海标志设施；非法进行影响国（边）界线走向活动；非法修建有碍国（边）境管理的设施。依据《治安管理处罚法》第33条规定，对前述行为处10日以上15日以下拘留：

（5）盗窃、损坏、擅自移动航空设施；强行进入航空器驾驶舱。依据《治安管理处罚法》第34条第1款规定，对前述行为处10日以上15日以下拘留。

（6）在航空器上非法使用器具、工具。依据《治安管理处罚法》第34条第2款规定，处5日以下拘留或者500元以下罚款。

（7）盗窃、损毁、擅自移动铁路设施、设备、机车车辆配件、安全标志；在铁路线路上放置障碍物；故意向列车投掷物品；在铁路沿线非法挖掘坑穴、采石取沙；在铁路线路上私设道口、平交过道。依据《治安管理处罚法》第35条规定，对前述行为处5日以上10日以下拘留，可以并处500元以下罚款；情节较轻的，处5日以下拘留或者500元以下罚款。

（8）擅自进入铁路防护网；违法在铁路线上行坐卧、抢越铁路。依据《治安管理处罚法》第36条规定，处警告或者200元以下罚款。

（9）擅自安装、使用电网；安装、使用电网不符合安全规定；道路施工不设置安全防护设施；故意损毁、移动道路施工安全防护设施；盗窃、损毁路面公共设施。依据《治安管理处罚法》第37条规定，对前述行为处5日以下拘留或者500元以下罚款；情节严重的，处5日以上10日以下拘留，可以并处500元以下罚款。

（10）违反规定举办大型活动，依据《治安管理处罚法》第38条规定，违反有关规定，有发生安全事故危险的，责令停止活动，立即疏散；对组织者处5日以上10日以下拘留，并处200元以上500元以下罚款；情节较轻的，处5日以下拘留或者500元以下罚款。

（11）公共场所经营管理人员违反安全规定。依据《治安管理处罚法》第39条规定，处5日以下拘留。

（三）侵犯人身权利的行为和处罚

人身权利，是指与公民人身密不可分的权利，如生命权、健康权、人身自由权、人格权、名誉权等。人身权利是公民的基本权利之一，其受宪法和法律保护，不可随意剥夺和侵犯。

侵犯人身权利的行为，是指违反治安管理法律、法规，实施的侵犯他人人身权利的活动。侵犯公民人身权利行为的构成特征如下：

1. 侵犯人身权利行为侵犯的客体，是法律所所保护的公民的人身权利和与人身相关的权利。《治安管理处罚法》直接保护的人身权利有健康权、自由权、人格名誉权、家庭成员之间的平等权利等。

2. 侵犯人身权利行为的客观方面表现为有的造成实际危害结果，有的没有实际危害结果。即有的行为表现为实际的物质危害结果，如殴打、虐待行为；有的表现为非实际的物质危害结果，而是对他人的精神造成损害，如侮辱、诽谤行为。

3. 侵犯人身权利的主体是自然人。由侵犯人身权利行为的特性决定，主体只能是自然人。

4. 侵犯人身权利的主观方面均由故意构成。侵犯人身权利主观方面的动机虽然多种多样，但不论行为的动机和目的如何，其主观方面只能是出于故意。

依据《治安管理处罚法》第40条至第48条的规定，侵犯人身权利的行为具体有23种。具体的行为名称及处罚如下：

（1）组织、胁迫、诱骗进行恐怖、残忍表演；强迫劳动；非法限制人身自由；非法侵入住宅；非法搜查身体。依据《治安管理处罚法》第40条规定，对前述行为处10日以上15日以下拘留，并处500元以上1000元以下罚款；情节较轻的，处5日以上10日以下拘留，并处200元以上500元以下罚款。

（2）胁迫、诱骗、利用他人乞讨。依据《治安管理处罚法》第41条第一款处10日以上15日以下拘留，可以并处1000元以下罚款。

（3）以滋扰他人的方式乞讨。依据《治安管理处罚法》第41条第2款的规定，处5日以下拘留或者警告。

（4）威胁人身安全；侮辱；诽谤；诬告陷害；威胁、侮辱、殴打、打击报复证人及其近亲属；发送信息干扰正常生活；侵犯隐私。依据《治安管理处罚法》第42条规定，对前述行为处5日以下拘留或者500元以下罚款；情节较重的，处5日以上10日以下拘留，可以并处500元以下罚款：

（5）殴打他人；故意伤害。依据《治安管理处罚法》第43条规定，对前述行为处5日以上10日以下拘留，并处200元以上500元以下罚款；情节较轻的，处5日以下拘留或者500元以下罚款。具有结伙殴打、伤害他人的；殴打、伤害残疾人、孕妇、不满14周岁的人或者60周岁以上的人的；多次殴打、伤害他人或者一次殴打、伤害多人等情形之一的，处10日以上15日以下拘留，并处500元以上1000元以下罚款。

（6）猥亵；在公共场所故意裸露身体，依据《治安管理处罚法》第44条规定对前述行为处5日以上10日以下拘留；猥亵智力残疾人、精神病人、不满14周岁的人或者有其他严重情节的，处10日以上15日以下拘留。

（7）虐待；遗弃，依据《治安管理处罚法》第45条规定对前述行为处5日以下拘留或者警告。

（8）强迫交易，依据《治安管理处罚法》第46条规定，处5日以上10日以下拘留，并处200元以上500元以下罚款；情节较轻的，处5日以下拘留或者500元以下罚款。

（9）煽动民族仇恨、民族歧视；刊载民族歧视、侮辱内容，依据《治安管理处罚法》第47条处10日以上15日以下拘留，可以并处1000元以下罚款。

（10）冒领、隐匿、毁弃、私自开拆、非法检查他人邮件。依据《治安管理处罚法》第48条规定，对前述行为处5日以下拘留或者500元以下罚款。

(四)侵犯财产权利行为和处罚

财产权利，是指公共财产和公民私人所有的合法财产受法律保护的权利。侵犯财产权利行为，实质上是侵犯了财产的所有权。侵犯财产权利行为，是指违反治安管理法律、法规，实施的危害或者可能危害公私财产的活动。其行为的构成特征如下：

1. 侵犯财产权利行为侵犯的客体是公私财产的所有权和使用权。侵犯财产权利行为侵害的对象是具体的公私财产，而其侵害的客体却是财产的所有权。即占有、使用、收益和处置的权利。需要明确的是侵犯财产权利行为所侵害的对象，既有生产资料、生活资料等具体财物，也有电力、煤气、天然气、重要技术成果等无形财物，还有货币和其他有价证券、有价票证，如股票、汇款单、信用卡等有价证券，以及车票、船票、邮票、提货单等有价票证。

2. 侵犯财产权利行为在客观方面表现为实施各种侵犯财产权利行为，侵犯数额不大或情节较轻，造成的危害尚不够刑事处罚。侵犯财产权利行为有两种情况：一是非法占有，即永久改变财产所有关系的，将公私财物据为己有或转归他人所有；二是故意非法损坏，即通过改变财物的自然属性的方式，直接使财物丧失、减少价值。

3. 侵犯财产权利的行为主体必须是年满14周岁具有责任能力的自然人。

4. 侵犯财产权利的主观方面必须是出于行为人的直接故意行为。

依据《治安管理处罚法》第49条规定，侵犯财产权利行为共有6种。具体的行为名称及处罚包括：盗窃、诈骗、哄抢、抢夺、敲诈勒索、故意损毁财物。依据《治安管理处罚法》第49条规定，对前述行为处5日以上10日以下拘留，可以并处500元以下罚款；情节较重的，处10日以上15日以下拘留，可以并处1000元以下罚款。

(五)妨害社会管理的行为和处罚

妨害社会管理，是对社会管理秩序的一种侵犯，其行为方式多种多样。国家对社会正常的管理秩序，主要包括公共管理秩序、司法管理秩序、国（边）境管理秩序、历史文物管理秩序和社会善良风俗等。

妨害社会管理行为，是指违反国家对社会秩序的正常管理，妨害社会管理秩序的活动。妨害社会管理行为的构成特征如下：

1. 妨害社会管理行为侵犯的客体是国家对社会的管理秩序。社会管理秩序是国家行政机关管理社会生活所维护的秩序。妨害社会管理秩序行为的实质，就是违反了国家管理社会生活的法律、法规，妨害了国家行政管理活动，破坏了社会管理秩序。

2. 妨害社会管理行为在客观方面表现为使用各种手段妨害社会管理秩序，并造成一定的危害后果，或者对社会造成一定的影响，但尚不够刑事处罚。

3. 妨害社会管理秩序行为的主体是自然人，即达到法定年龄、具有责任能力的自然人。同时，有些行为的主体还要符合特定条件。

4. 妨害社会管理秩序行为的主观方面一般由故意构成。

依据《治安管理处罚法》第50至76条规定，妨害社会管理秩序行为有68种。具体行为名称及处罚如下：

（1）拒不执行紧急状态下的决定、命令的；阻碍执行职务；阻碍特种车辆通行；冲闯警戒带、警戒区。依据《治安管理处罚法》第50条规定，对前述行为处警告或者200元以下罚款；情节严重的，处5日以上10日以下拘留，可以并处500元以下罚款。阻碍人民警察依法执行职务的，从重处罚。

（2）招摇撞骗。依据《治安管理处罚法》第51条规定，处5日以上10日以下拘留，可以并处500元以下罚款；情节较轻的，处5日以下拘留或者500元以下罚款。冒充军警人员招摇撞骗的，从重处罚。

（3）伪造、变造、买卖公文、证件、证明文件、印章；买卖、使用伪造、变造的公文、证件、证明文件；伪造、变造、倒卖有价票证、凭证；伪造、变造船舶户牌；买卖、使用伪造、变造的船舶户牌；涂改船舶发动机号码。依据《治安管理处罚法》第52条规定，对前述行为处10日以上15日以下拘留，可以并处1000元以下罚款；情节较轻的，处5日以上10日以下拘留，可以并处500元以下罚款：

（4）驾船擅自进入、停靠国家管制水域、岛屿。依据《治安管理处罚法》第53条规定，对船舶负责人及有关责任人员处500元以上1000元以下罚款；情节严重的，处5日以下拘留，并处500元以上1000元以下罚款。

（5）非法以社团名义活动；被撤销登记的社团继续活动；擅自经营需公安机关许可的行业。依据《治安管理处罚法》第54条规定，处10日以上15日以下拘留，并处500元以上1000元以下罚款；情节较轻的，处5日以下拘留或者500元以下罚款。取得公安机关许可的经营者，违反国家有关管理规定，情节严重的，公安机关可以吊销许可证。

（6）煽动、策划非法集会、游行、示威。依据《治安管理处罚法》第55条的规定，不听劝阻的，处10日以上15日以下拘留。

（7）不按规定登记住宿旅客信息；不制止住宿旅客带入危险物质。依据《治安管理处罚法》第56条第1款规定，处200元以上500元以下罚款。

（8）明知住宿的旅客是犯罪嫌疑人员不报告。依据《治安管理处罚法》第56条第2款规定，处200元以上500元以下罚款；情节严重的，处5日以下拘留，可以并处500元以下罚款。

（9）将房屋出租给无证人居住；不登记承租人信息。依据《治安管理处罚法》第57条第1款规定，处200元以上500元以下罚款。

（10）发现承租人犯罪不报告。依据《治安管理处罚法》第57条第2款规定，处200元以上500元以下罚款；情节严重的，处5日以下拘留，可以并处500元以下罚款。

（11）制造噪声干扰他人正常生活。依据《治安管理处罚法》第58条规定，处警告；警告后不改正的，处200元以上500元以下罚款。

（12）违法承接典当物品；典当工作人员发现违法犯罪嫌疑人不报告的；违法收购废旧专用器材；收购赃物、有赃物嫌疑的物品；收购国家禁止收购的其他物品。依据《治安管理处罚法》第59条规定，处500元以上1000元以下罚款；情节严重的，处5日以上10日以下拘留，并处500元以上1000元以下罚款。

（13）隐藏、转移、变卖、损毁扣押、查封、冻结的财物；伪造、隐匿、毁灭证据；提供虚假证言；谎报案情；窝藏、转移、代销赃物；违反监管理规。依据《治安管理处罚法》第60条规定，对前述行为处5日以上10日以下拘留，并处200元以上500元以下罚款。

（14）协助组织、运送他人偷越国（边）境。依据《治安管理处罚法》第61条规定，对前述行为处10日以上15日以下拘留，并处1000元以上5000元以下罚款。

（15）为偷越国（边）境人员提供条件。依据《治安管理处罚法》第62条第1款规定，处5日以上10日以下拘留，并处500元以上2000元以下罚款。

（16）偷越国（边）境。依据《治安管理处罚法》第62条第2款规定，处5日以下拘留或者500元以下罚款。

（17）故意损坏文物、名胜古迹的；违法进行爆破、挖掘等危及文物安全活动行为。依据《治安管理处罚法》第63条规定，对前述行为处警告或者200元以下罚款；情节较重的，处5日以上10日以下拘留，并处200元以上500元以下罚款。

（18）偷开他人机动车的；无证驾驶、偷开他人航空器、机动船舶行。依据《治安管理处罚法》第64条规定，对前述行为处500元以上1000元以下罚款；情节严重的，处10日以上15日以下拘留，并处500元以上1000元以下罚款。

（19）破坏、污损坟墓；毁坏、丢弃他人尸骨、骨灰；违法停放尸体。依据《治安管理处罚法》第65条规定，对前述行为处5日以上10日以下拘留；情节严重的，处10日以上15日以下拘留，可以并处1000元以下罚款；

（20）卖淫；嫖娼。依据《治安管理处罚法》第66条第1款规定，处10日以上15日以下拘留，可以并处5000元以下罚款；情节较轻的，处5日以下拘留或者500元以下罚款。

（21）拉客招嫖。依据《治安管理处罚法》第66条第2款规定，处5日以下拘留或者500元以下罚款。

（22）引诱、容留、介绍他人卖淫。依据《治安管理处罚法》第67条规定，处10日以上15日以下拘留，可以并处5000元以下罚款；情节较轻的，处5日以下拘留或者500元以下罚款。

（23）制作、运输、复制、出售、出租淫秽物品；传播淫秽信息。依据《治安管理处罚法》第68条规定，对前述行为处10日以上15日以下拘留，可以并处3000元以下罚款；情节较轻的，处5日以下拘留或者500元以下罚款。

（24）组织播放淫秽音像；组织、进行淫秽表演；参与聚众淫乱；为从事淫秽活动提供条件。依据《治安管理处罚法》第69条规定，处10日以上15日以下拘留，并处500元以上1000元以下罚款。

（25）为赌博提供条件；参与赌博。依据《治安管理处罚法》第70条规定，对前述行为处5日以下拘留或者500元以下罚款；情节严重的，处10日以上15日以下拘留，并处500元以上3000元以下罚款。

（26）非法种植毒品原植物；非法买卖、运输、携带、持有少量毒品原植物种苗；非法运输、买卖、储存、使用少量罂粟壳。依据《治安管理处罚法》第71条规定，对前述行为处10日以上15日以下拘留，可以并处3000元以下罚款；情节较轻的，处5日以下拘留或者500元以下罚款；在毒品原植物成熟前自行铲除的，不予处罚。

（27）非法持有少量毒品；向他人提供毒品；吸毒；胁迫、欺骗开具麻醉药品、精神药品。依据《治安管理处罚法》第72条规定，对前述行为处10日以上15日以下拘留，可以并处2000元以下罚款；情节较轻的，处5日以下拘留或者500元以下罚款。

（28）教唆、引诱、欺骗他人吸毒。依据《治安管理处罚法》第73条规定，处10日以上15日以下拘留，并处500元以上2000元以下罚款。

（29）为吸毒、赌博、卖淫、嫖娼违法犯罪人员通风报信。依据《治安管理处罚法》第74条规定，对前述行为处10日以上15日以下拘留。

（30）饲养动物干扰他人正常生活。依据《治安管理处罚法》第75条第1款规定，处警告；警告后不改正的，处200元以上500元以下罚款。

（31）放任动物恐吓他人。依据《治安管理处罚法》第75条第1款规定，处200元以上 500 元以下罚款。驱使动物伤害他人的，依照本法第 43 条第 1 款的规定处罚。

六、治安案件查处程序

（一）普通程序

普通程序是指公安机关依法对违反治安管理案件，经过受理、调查取证、告知并听取当事人的陈述和申辩，作出处理决定的执法过程。

1. 治安案件的管辖。案件的管辖，是指公安机关在受理、调查、处理治安案件时的权限分工。

依据《行政处罚法》、《治安管理处罚法》、《公安机关办理行政案件程序规定》的规定，可以将案件的管辖分为四类：地域管辖（又称区域管辖）、级别管辖、指定管辖、专属管辖。

地域管辖，是指各级公安机关对发生在自己管辖行政区域内的治安案件有调查取证和作出处罚的权利。

《行政处罚法》第 20 条规定：行政处罚由违法行为发生地的县级以上地方人民政府具有行政处罚权的行政机关管辖。法律、行政法规另有规定的除外。

《行政处罚法》第 21 条规定：对管辖发生争议的，报请共同的上一级行政机关指定管辖。

《公安机关办理行政案件程序规定》（以下简称《程序规定》）第 9 条规定：行政案件由违法行为地的公安机关管辖。由违法行为人居住地公安机关管辖更为适宜的，可以由违法行为人居住地公安机关管辖，但是涉及卖淫、嫖娼、赌博、毒品的案件除外。

移交违法行为人居住地公安机关管辖的行政案件，违法行为地公安机关在移交前应当及时收集证据，并配合违法行为人居住地公安机关开展调查取证工作。

违法行为地包括违法行为发生地、违法行为结果地、销赃地等与违法活动有关的一切场所。违法行为有继续或持续状态的，则违法行为继续或者持续的地方都属于违法行为地。违法行为属于“状态犯”的，则状态持续的地方都属于违法行为发生地。如吸食注射毒品行为，发现地的公安机关就可以按照违法行为地原则管辖。《程序规定》第 10 条规定：几个公安机关都有权管辖的行政案件，由最初受理的公安机关管辖。必要时，可以由主要违法行为地公安机关管辖。

指定管辖，是指在发生管辖争议时，上级公安机关以决定的方式指定下一级公安机关对某一治安案件行使管辖权的制度。《程序规定》第 11 条规定：对管辖权发生争议的，报请共同的上级公安机关指定管辖。对于重大、复杂的案件，上级公安机关可以直接办理或者指定管辖。上级公安机关直接办理或者指定管辖的，应当书面通知被指定管辖的公安机关和其他有关的公安机关。原受理案件的公安机关自收到上级公安机关书面通知之日起不再行使管辖权，并立即将案卷材料移送被指定管辖的公安机关或者办理的上级公安机关，及时书面通知当事人。对于因管辖权争议引起的指定管辖，必须依法进行，即依申请的指定管辖也必须符合本规定确定的管辖原则。

级别管辖，是指公安机关在查处治安案件时从行政级别上来划分管辖权限。它主要解决不同级别的公安机关分别管辖哪些违反治安管理行为的处罚问题。

《治安管理处罚法》第 91 条规定，治安管理处罚由县级以上人民政府公安机关决定；其中警告、500 元以下的罚款可以由公安派出所决定。按照本条规定，县级以上公安机关对所有治安案件都有处罚权。《程序规定》第 224 条规定：外国人具有下列情形之一的，经县级以上公安机关或者出入境边防检查机关决定，可以限期出境：

（一）违反治安管理的；

（二）从事与停留居留事由不相符的活动的；

（三）违反中国法律、法规规定，不适宜在中国境内继续停留居留的。

《程序规定》第 225 条规定：外国人违反治安管理或者出境入境管理，情节严重，尚不构成犯罪的，承办的公安机关可以层报公安部处以驱逐出境。公安部作出的驱逐出境决定为最终决定，由承办机关宣布并执行。

专属管辖。《程序规定》第 12 条规定：铁路公安机关管辖列车上，火车站工作区域内，铁路系统的机关、厂、段、所、队等单位内发生的行政案件，以及在铁路线上放置障碍物或者损毁、移动铁路设施等可能影响铁路运输安全、盗窃铁路设施的行政案件。

交通公安机关管辖港航管理机构管理的轮船上、港口、码头工作区域内和港航系统的机关、厂、所、队等单位内发生的行政案件。

民航公安机关管辖民航管理机构管理的机场工作区域以及民航系统的机关、厂、所、队等单位内和民航飞机上发生的行政案件。

国有林区的森林公安机关管辖林区内发生的行政案件。

海关缉私机构管辖阻碍海关缉私警察依法执行职务的治安案件。

2. 治安案件受案。受案是指公安机关对于各种来源的违法案件表示接受并进行登记、审理的法律活动，是查处治安案件法律程序的首要环节。

《治安管理处罚法》第 77 条规定：公安机关对报案、控告、举报或者违反治安管理行为人主动投案，以及其他行政主管部门、司法机关移送的违反治安管理案件，应当及时受理，并进行登记。《治安管理处罚法》第 78 条规定：公安机关受理报案、控告、举报、投案后，认为属于违反治安管理行为的，应当立即进行调查；认为不属于违反治安管理行为的，应当告知报案人、控告人、举报人、投案人，并说明理由。

《程序规定》第 47 条规定：公安机关对报案、控告、举报、群众扭送或者违法嫌疑人投案，以及其他行政主管部门、司法机关移送的案件，应当及时受理，制作《受案登记表》，并分别作出以下处理：

（1）对属于本单位管辖范围内的事项，应当及时调查处理；

（2）对属于公安机关职责范围，但不属于本单位管辖的，应当在受理后的 24 小时内移送有管辖权的单位处理，并告知报案人、控告人、举报人、扭送人、投案人；

（3）对不属于公安机关职责范围内的事项，书面告知报案人、控告人、举报人、扭送人、投案人向其他有关主管机关报案或者投案。

公安机关接受案件时，应当制作《受案回执》单一式二份，一份交报案人、控告人、举报人、扭送人，一份附卷。

《公安部关于改革完善受案立案制度的意见》中规定：健全接报案登记。各省级公安机关依托警务信息综合应用平台，建立完善全省区市统一的接报案、受案立案功能模块。对于群众报案、控告、举报、扭送，违法犯罪嫌疑人投案，以及上级机关交办案件或者其他机关移送的案件，属于公安机关管辖的，各办案警种、部门都必须接受并依照有关规定办理，不得推诿。对于上述接受的案件以及工作中发现的案件，除性质和事实涉及国家秘密的以外，都必须进行网上登记。涉嫌犯罪的，按照刑事案件进行立案审查；涉嫌行政违法的，按照行政案件进行受案审查。群众上门报案的，应当当场进行接报案登记，当场接受证据材料，当场出具接报案回执并告知查询案件进展情况的方式和途径。对明显不属于公安机关职责范围的报案事项，应当立即告知报案人向其他有关主管机关报案。对重复报案、案件正在办理或者已经办结的，应当向报案人作出解释，不再重复接报案登记。及时审查办理。接报案件后，应当立即进行受案立案审查。对于违法犯罪事实清楚的案件，公安机关各办案警种、部门应当即受即立即办，不得推诿拖延。行政案件受案审查期限原则上不超过 24 小时，疑难复杂案件受案审查期限不超过 3 日。依据《程序规定》第 48 条，属于公安机关职责范围但不属于本单位管辖的案件，具有下列情形之一的，受理案件或者发现案件的公安机关及其人民警察应当依法先行采取必要的强制措施或者其他处置措施，再移送有管辖权的单位处理：（1）违法嫌疑人正在实施危害行为的；（2）正在实施违法行为或者违法后即时被发现的现行犯被扭送至公安机关的；（3）在逃的违法嫌疑人已被抓获或者被发现的；（4）有人员伤亡，需要立即采取救治措施的；（5）其他应当采取紧急措施的情形。行政案件移送管辖的，询问查证时间和扣押等措施的期限重新计算。依据《程序规定》的规定，报案人不愿意公开自己的姓名和报案行为的，公安机关应当在受案登记时注明，并为其保密。对报案人、控告人、举报人、扭送人、投案人提供的有关证据材料、物品等应当登记，出具《接受证据清单》，并妥善保管。必要时，应当拍照、录音、录像。移送案件时，应当将有关证据材料和物品一并移交。对发现或者受理的案件暂时无法确定为刑事案件或者行政案件的，可以按照行政案件的程序办理。在办理过程中，认为涉嫌构成犯罪的，应当按照《公安机关办理刑事案件程序规定》办理。

3. 回避。回避是指办理行政案件的公安机关负责人、办案人民警察同案件或案件的当事人有利害关系或者其他关系，可能影响案件公正处理时，退出该案办理的一项程序性工作制度。

《治安管理处罚法》第 81 条规定：人民警察在办理治安案件过程中，遇有下列情形之一的，应当回避；违反治安管理行为人、被侵害人或者其法定代理人也有权要求他们回避：

（1）是本案当事人或者当事人的近亲属的；

（2）本人或者其近亲属与本案有利害关系的；

（3）与本案当事人有其他关系，可能影响案件公正处理的。

人民警察的回避，由其所属的公安机关决定；公安机关负责人的回避，由上一级的公安机关决定。

依据《程序规定》的规定：公安机关负责人、办案人民警察提出回避申请的，应当说明理由。办案人民警察的回避，由其所属的公安机关决定；公安机关负责人的回避，由上一级公安机关决定。当事人及其法定代理人要求公安机关负责人、办案人民警察回避的，应当提出申请，并说明理由。口头提出申请的，公安机关应当记录在案。对当事人及其法定代理人提出的回避申请，公安机关应当在收到申请之日起二日内作出决定并通知申请人。公安机关负责人、办案人民警察具有应当回避的情形之一，本人没有申请回避，当事人及其法定代理人也没有申请其回避的，有权决定其回避的公安机关可以指令其回避。在行政案件调查过程中，鉴定人、翻译人员的回避，由指派或者聘请的公安机关决定。在公安机关作出回避决定前，办案人民警察不得停止对行政案件的调查。作出回避决定后，公安机关负责人、办案人民警察不得再参与该行政案件的调查和审核、审批工作。被决定回避的公安机关负责人、办案人民警察、鉴定人和翻译人员，在回避决定作出前所进行的与案件有关的活动是否有效，由作出回避决定的公安机关根据案件情况决定。

4. 治安案件调查取证。调查是指公安机关为了查明受理的治安案件的事实情况，依法对有关事实进行了解、询问、核查等法律活动。

（1）治安案件调查原则。依据《程序规定》的规定：对行政案件进行调查时，应当合法、及时、客观、全面地收集、调取证据材料，并予以审查、核实。公安机关调查取证时，应当防止泄露工作秘密。在调查取证时，人民警察不得少于二人，并表明执法身份。

（2）治安案件需要调查的案件事实。依据《程序规定》的相关规定，需要调查的案件事实包括：违法嫌疑人的基本情况；违法行为是否存在；违法行为是否为违法嫌疑人实施；实施违法行为的时间、地点、手段、后果以及其他情节；违法嫌疑人有无法定从重、从轻、减轻以及不予行政处罚的情形；与案件有关的其他事实。

（3）治安案件调查中的安全检查。依据《程序规定》的规定：对查获或者到案的违法嫌疑人应当进行安全检查，发现违禁品或者管制器具、武器、易燃易爆等危险品以及与案件有关的需要作为证据的物品的，应当立即扣押；对违法嫌疑人随身携带的与案件无关的物品，应当按照有关规定予以登记、保管、退还。安全检查不需要开具检查证。

（4）治安案件调查中的强制措施。依据《程序规定》的规定：办理行政案件时，可以依法采取对物品、设施、场所采取扣押、扣留、临时查封、查封、先行登记保存、抽样取证等强制措施；对违法嫌疑人采取保护性约束措施、继续盘问、强制传唤、强制检测、拘留审查、限制活动范围等强制措施。

实施行政强制措施应当遵守的程序规定。实施强制措施前须依法向公安机关负责人报告并经批准；通知当事人到场，当场告知当事人采取行政强制措施的理由、依据以及当事人依法享有的权利、救济途径。当事人不到场的，邀请见证人到场，并在现场笔录中注明；（依据现行公安执法细则规定，如果找不到适合的见证人，应对现场进行不间断的录音录像）听取当事人的陈述和申辩；制作现场笔录，由当事人和办案人民警察签名或者盖章，当事人拒绝的，在笔录中注明。当事人不在场的，由见证人和办案人民警察在笔录上签名或者盖章。

实施限制公民人身自由的行政强制措施的程序规定。在实施限制公民人身自由的强制措施时，应当当场告知当事人家属实施强制措施的公安机关、理由、地点和期限；无法当场告知的，应当在实施强制措施后立即通过电话、短信、传真等方式通知；身份不明、拒不提供家属联系方式或者因自然灾害等不可抗力导致无法通知的，可以不予通知。告知、通知家属情况或者无法通知家属的原因应当在询问笔录中注明。

在实施治安检查时实施行政强制措施的规定。制作检查笔录，不再制作现场笔录。情况紧急，当场实施行政强制措施的，办案人民警察应当在24小时内依法向其所属的公安机关负责人报告，并补办批准手续。当场实施限制公民人身自由的行政强制措施的，办案人民警察应当在返回单位后立即报告，并补办批准手续。公安机关负责人认为不应当采取行政强制措施的，应当立即解除。

（5）继续盘问的适用规定。《程序规定》第45条规定：为维护社会秩序，人民警察对有违法嫌疑的人员，经表明执法身份后，可以当场盘问、检查。对当场盘问、检查后，不能排除其违法嫌疑，依法可以适用继续盘问的，可以将其带至公安机关，经公安派出所负责人批准，对其继续盘问。对违反出境入境管理的嫌疑人依法适用继续盘问的，应当经县级以上公安机关或者出入境边防检查机关负责人批准。

继续盘问的时限一般为12小时；对在12小时以内确实难以证实或者排除其违法犯罪嫌疑的，可以延长至24小时；对不讲真实姓名、住址、身份，且在24小时以内仍不能证实或者排除其违法犯罪嫌疑的，可以延长至48小时。关于继续盘问的规定及现场处置，详见《公安机关适用继续盘问规定》及《公安机关人民警察盘查规范》的相关规定。

（6）约束措施的适用规定。《人民警察法》第14条规定公安机关的人民警察对严重危害公共安全或者他人人身安全的精神病人，可以采取保护性约束措施。需要送往指定的单位、场所以监护的，应当报请县级以上人民政府公安机关批准，并及时通知其监护人。《治安管理处罚法》第15条规定：醉酒的人违反治安管理的，应当给予处罚。醉酒的人在醉酒状态中，对本人有危险或者对他人的人身、财产或者公共安全有威胁的，应当对其采取保护性措施约束至酒醒。《程序规定》第46条规定：违法嫌疑人在醉酒状态中，对本人有危险或者对他人的人身、财产或者公共安全有威胁的，可以对其采取保护性措施约束至酒醒，也可以通知其家属、亲友或者所属单位将其领回看管，必要时，应当送医院醒酒。对行为举止失控的醉酒人，可以使用约束带或者警绳等进行约束，但是不得使用手铐、脚镣等警械。

约束过程中，应当指定专人严加看护。确认醉酒人酒醒后，应当立即解除约束，并进行询问。约束时间不计算在询问查证时间内。约束是针对人身自由所实施的行政强制措施，因此，必须由法律加以规定。

（7）传唤。传唤是指公安机关为了查明案件事实，依法责令违反治安管理嫌疑人于指定的时间到达指定地点接受询问的行政措施。《治安管理处罚法》第82条规定：需要传唤违反治安管理行为人接受调查的，经公安机关办案部门负责人批准，使用传唤证传唤。对现场发现的违反治安管理行为人，人民警察经出示工作证件，可以口头传唤，但应当在询问笔录中注明。公安机关应当将传唤的原因和依据告知被传唤人。对无正当理由不接受传唤或者逃避传唤的人，可以强制传唤。《治安管理处罚法》第83条规定对违反治安管理行为人，公安机关传唤后应当及时询问查证，询问查证的时间不得超过8小时；情况复杂、依照本法规定可能适用行政拘留处罚的，询问查证的时间不得超过24小时。公安机关应当及时将传唤的原因和处所通知被传唤人家属。《程序规定》第53条规定需要传唤违法嫌疑人接受调查的，经公安派出所、县级以上公安机关办案部门或者出入境边防检查机关负责人批准，使用传唤证传唤。对现场发现的违法嫌疑人，人民警察经出示工作证件，可以口头传唤，并在询问笔录中注明违法嫌疑人到案经过、到案时间和离开时间。单位违反公安行政管理规定，需要传唤其直接负责的主管人员和其他直接责任人员的，适用前款规定。对无正当理由不接受传唤或者逃避传唤的违反治安管理、消防安全管理、出境入境管理的嫌疑人以及法律规定可以强制传唤的其他违法嫌疑人，经公安派出所、县级以上公安机关办案部门或者出入境边防检查机关负责人批准，可以强制传唤。强制传唤时，可以依法使用手铐、警绳等约束性警械。公安机关应当将传唤的原因和依据告知被传唤人，并通知其家属。《程序规定》第54条规定：使用传唤证传唤的，违法嫌疑人被传唤到案后和询问查证结束后，应当由其在传唤证上填写到案和离开时间并签名。拒绝填写或者签名的，办案人民警察应当在传唤证上注明。《程序规定》第55条规定：对被传唤的违法嫌疑人，应当及时询问查证，询问查证的时间不得超过8小时；案情复杂，违法行为依法可能适用行政拘留处罚的，询问查证的时间不得超过24小时。不得以连续传唤的形式变相拘禁违法嫌疑人。依据《公安机关执行〈中华人民共和国治安管理处罚法〉有关问题的解释》第8条的规定，公安机关或者办案部门负责人在审批书面传唤证时，可以一并审批询问查证时间。

（8）治安询问。询问是指公安机关为查明案件事实，依法对违反治安管理嫌疑人、被侵害人和证人进行了解、查问的法律活动。《治安管理处罚法》第85条规定：人民警察询问被侵害人或者其他证人，可以到其所在单位或者住处进行；必要时，也可以通知其到公安机关提供证言。人民警察在公安机关以外询问被侵害人或者其他证人，应当出示工作证件。《程序规定》第52条规定：询问违法嫌疑人，可以到违法嫌疑人住处或者单位进行，也可以将违法嫌疑人传唤到其所在市、县内的指定地点进行。对于投案自首或者群众扭送的违法嫌疑人，公安机关应当立即进行询问查证，并在询问笔录中记明违法嫌疑人到案经过、到案和离开时间。对于投案自首或者群众扭送的违法嫌疑人，公安机关应当依据法律规定通知其家属。

询问违法嫌疑人，应当在公安机关的办案场所进行。询问查证期间应当保证违法嫌疑人的饮食和必要的休息时间，并在询问笔录中注明。在询问查证的间隙期间，可以将违法嫌疑人送入候问室，并按照候问室的管理规定执行。《程序规定》第58条规定询问违法嫌疑人、被侵害人或者其他证人，应当个别进行。首次询问违法嫌疑人时，应当问明违法嫌疑人的姓名、出生日期、户籍所在地、现住址、身份证件种类及号码，是否为各级人民代表大会代表，是否受过刑事处罚或者行政拘留、劳动教养、收容教育、强制隔离戒毒、社区戒毒、收容教养等情况。必要时，还应当问明其家庭主要成员、工作单位、文化程度、民族、身体状况等情况。违法嫌疑人为外国人的，首次询问时还应当问明其国籍、出入境证件种类及号码、签证种类、入境时间、入境事由等情况。必要时，还应当问明其在华关系人等情况。询问时，应当告知被询问人必须如实提供证据、证言和故意作伪证或者隐匿证据应负的法律责任，对与本案无关的问题有拒绝回答的权利。询问未成年人时，应当通知其父母或者其他监护人到场，其父母或者其他监护人不能到场的，也可以通知未成年人的其他成年亲属，所在学校、单位、居住地基层组织或者未成年人保护组织的代表到场，并将有关情况记录在案。确实无法通知或者通知后未到场的，应当在询问笔录中注明。询问聋哑人，应当有通晓手语的人提供帮助，并在询问笔录中注明被询问人的聋哑情况以及翻译人员的姓名、住址、工作单位和联系方式。对不通晓当地通用的语言文字的被询问人，应当为其配备翻译人员，并在询问笔录中注明翻译人员的姓名、住址、工作单位和联系方式。询问笔录应当交被询问人核对，对没有阅读能力的，应当向其宣读。记录有误或者遗漏的，应当允许被询问人更正或者补充，并要求其在修改处捺指印。被询问人确认笔录无误后，应当在询问笔录上逐页签名或者捺指印。拒绝签名和捺指印的，办案人民警察应当在询问笔录中注明。办案人民警察应当在询问笔录上签名，翻译人员应当在询问笔录的结尾处签名。询问时，可以全程录音、录像，并保持录音、录像资料的完整性。违法嫌疑人、被侵害人或者其他证人请求自行提供书面材料的，应当准许。必要时，办案人民警察也可以要求违法嫌疑人、被侵害人或者其他证人自行书写。违法嫌疑人、被侵害人或者其他证人应当在其提供的书面材料的结尾处签名或者捺指印。对打印的书面材料，违法嫌疑人、被侵害人或者其他证人应当逐页签名或者捺指印。办案人民警察收到书面材料后，应当在首页注明收到日期，并签名。询问违法嫌疑人时，应当听取违法嫌疑人的陈述和申辩。对违法嫌疑人的陈述和申辩，应当核查。询问被侵害人、其他证人或者其他与案件有关的人，可以在现场进行，也可以到其单位、学校、住所、其居住地居（村）民委员会或者其提出的地点进行。必要时，也可以书面、电话或者当场通知其到公安机关提供证言。在现场询问的，办案人民警察应当出示工作证件。询问前，应当了解被询问人的身份以及其与被侵害人、其他证人、违法嫌疑人之间的关系。

(9) 治安案件勘验、检查。勘验，是指对案件现场的勘查、检验与调查等的法律活动。检查是指对与违反治安管理行为有关的场所、物品、人身进行查验的法律活动。《程序规定》第67条规定对于违法行为案发现场，必要时应当进行勘验，提取与案件有关的证据材料，判断案件性质，确定调查方向和范围。现场勘验参照刑事案件现场勘验的有关规定执行。《治安管理处罚法》第87条规定：公安机关对与违反治安管理行为有关的场所、物品、人身可以进行检查。检查时，人民警察不得少于2人，并应当出示工作证件和县级以上人民政府公安机关开具的检查证明文件。对确有必要立即进行检查的，人民警察经出示工作证件，可以当场检查，但检查公民住所应当出示县级以上人民政府公安机关开具的检查证明文件。检查妇女的身体，应当由女性工作人员进行。《治安管理处罚法》第88条规定：检查的情况应当制作检查笔录，由检查人、被检查人和见证人签名或者盖章；被检查人拒绝签名的，人民警察应当在笔录上注明。《程序规定》第68条规定：对与违法行为有关的场所、物品、人身可以进行检查。检查时，人民警察不得少于二人，并应当出示工作证件和县级以上公安机关开具的检查证。对确有必要立即进行检查的，人民警察经出示工作证件，可以当场检查；但检查公民住所的，必须有证据表明或者有群众报警公民住所内正在发生危害公共安全或者公民人身安全的案（事）件，或者违法存放危险物质，不立即检查可能会对公共安全或者公民人身、财产安全造成重大危害。对机关、团体、企业、事业单位或者公共场所进行日常执法监督检查，依照有关法律、法规和规章执行，不适用前款规定。《程序规定》第69条规定：对违法嫌疑人进行检查时，应当尊重被检查人的人格尊严，不得以有损人格尊严的方式进行检查。检查妇女的身体，应当由女性工作人员进行。依法对卖淫、嫖娼人员进行性病检查，应当由医生进行。《程序规定》第70条规定：检查场所或者物品时，应当注意避免对物品造成不必要的损坏。检查场所时，应当有被检查人或者见证人在场。检查情况应当制作检查笔录。检查笔录由检查人员、被检查人或者见证人签名；被检查人不在场或者拒绝签名的，办案人民警察应当在检查笔录中注明。

(10) 治安案件鉴定（检测）。鉴定是指受公安机关指派或聘请具有鉴定资格的专门知识人员，运用科学技术知识和技能对违法案件涉及的专门性问题进行鉴别、分析、判断、评定的法律活动。《治安管理处罚法》第90条规定：为了查明案情，需要解决案件中有争议的专门性问题的，应当指派或者聘请具有专门知识的人员进行鉴定；鉴定人鉴定后，应当写出鉴定意见，并且签名。依据《程序规定》，为了查明案情，需要对专门性技术问题进行鉴定的，应当指派或者聘请具有专门知识的人员进行。需要聘请本公安机关以外的人进行鉴定的，应当经公安机关办案部门负责人批准后，制作鉴定聘请书。公安机关应当为鉴定提供必要的条件，及时送交有关检材和比对样本等原始材料，介绍与鉴定有关的情况，并且明确提出要求鉴定解决的问题。办案人民警察应当做好检材的保管和送检工作，并注明检材送检环节的责任人，确保检材在流转环节中的同一性和不被污染。禁止强迫或者暗示鉴定人作出某种鉴定意见。对人身伤害的鉴定由法医进行。卫生行政主管部门许可的医疗机构具有执业资格的医生出具的诊断证明，可以作为公安机关认定人身伤害程度的依据，但具有本规定第75条规定情形的除外。对精神病的鉴定，由有精神病鉴定资格的鉴定机构进行。《程序规定》第75条规定，案件具有受伤程度较重，可能构成轻伤以上伤害程度的；被侵害人要求作伤情鉴定的；违法嫌疑人、被侵害人对伤害程度有争议的情形之一的；公安机关应当进行伤情鉴定。对需要进行伤情鉴定的案件，被侵害人拒绝提供诊断证明或者拒绝进行伤情鉴定的，公安机关应当将有关情况记录在案，并可以根据已认定的事实作出处理决定。经公安机关通知，被侵害人无正当理由未在公安机关确定的时间内作伤情鉴定的，视为拒绝鉴定。涉案物品价值不明或者难以确定的，公安机关应当委托价格鉴证机构估价。根据当事人提供的购买发票等票据能够认定价值的涉案物品，或者价值明显不够刑事立案标准的涉案物品，公安机关可以不进行价格鉴证。对涉嫌吸毒的人员，应当进行吸毒检测，被检测人员应当配合；对拒绝接受检测的，经县级以上公安机关或者其派出机构负责人批准，可以强制检测。采集女性被检测人检测样本，应当由女性工作人员进行。对涉嫌服用国家管制的精神药品、麻醉药品驾驶机动车的人员，可以对其进行体内国家管制的精神药品、麻醉药品含量检验。《程序规定》第79条规定：对有酒后驾驶机动车嫌疑的人，应当对其进行呼气酒精测试。当事人对呼气酒精测试结果有异议的；拒绝配合呼气酒精测试的；涉嫌醉酒驾驶机动车的；涉嫌饮酒后驾驶机动车发生交通事故的，应当立即提取血样，检验血液酒精含量。当事人对呼气酒精测试结果无异议的，应当签字确认。事后提出异议的，不予采纳。《程序规定》第80条规定：鉴定人鉴定后，应当出具鉴定意见。鉴定意见应当载明委托人、委托鉴定的事项、提交鉴定的相关材料、鉴定的时间、依据和结论性意见等内容，并由鉴定人签名或者盖章。通过分析得出鉴定意见的，应当有分析过程的说明。鉴定意见应当附有鉴定机构和鉴定人的资质证明或者其他证明文件。鉴定人对鉴定意见负责，不受任何机关、团体、企业、事业单位和个人的干涉。多人参加鉴定，对鉴定意见有不同意见的，应当注明。鉴定人故意作虚假鉴定的，应当承担法律责任。办案人民警察应当对鉴定意见进行审查。对经审查作为证据使用的鉴定意见，公安机关应当在收到鉴定意见之日起5日内将鉴定意见复印件送达违法嫌疑人和被侵害人。医疗机构出具的诊断证明作为公安机关认定人身伤害程度的依据的，应当将诊断证明结论书面告知违法嫌疑人和被侵害人。违法嫌疑人或者被侵害人对鉴定意见有异议的，可以在收到鉴定意见复印件之日起3日内提出重新鉴定的申请，经县级以上公安机关批准后，进行重新鉴定。同一行政案件的同一事项重新鉴定以一次为限。当事人是否申请重新鉴定，不影响案件的正常办理。公安机关认为必要时，也可以直接决定重新鉴定。依据《程序规定》第85条规定，应当进行重新鉴定的情形包括：鉴定程序违法或者违反相关专业技术要求，可能影响鉴定意见正确性的；鉴定机构、鉴定人不具备鉴定资质和条件的；鉴定意见明显依据不足的；鉴定人故意作虚假鉴定的；鉴定人应当回避而没有回避的；检材虚假或者被损坏的。不符合重新鉴定规定的情形的，经县级以上公安机关负责人批准，作出不准予重新鉴定的决定，并在作出决定之日起的3日以内书面通知申请人。重新鉴定，公安机关应当另行指派或者聘请鉴定人。鉴定费用由公安机关承担，但当事人自行鉴定的除外。

（11）辨认。辨认是指对违法嫌疑人或者与违法行为有关的物品、场所进行辨别、确认的调查活动。《程序规定》第85条规定，为了查明案情，办案人民警察可以让违法嫌疑人、被侵害人或者其他证人对与违法行为有关的物品、场所或者违法嫌疑人进行辨认。辨认由二名以上办案人民警察主持。组织辨认前，应当向辨认人详细询问辨认对象的具体特征，并避免辨认人见到辨认对象。多名辨认人对同一辨认对象或者一名辨认人对多名辨认对象进行辨认时，应当个别进行。辨认时，应当将辨认对象混杂在特征相类似的其他对象中，不得给辨认人任何暗示。辨认违法嫌疑人时，被辨认的人数不得少于7人；对违法嫌疑人照片进行辨认的，不得少于10人的照片。辨认每一件物品时，混杂的同类物品不得少于5件。同一辨认人对与同一案件有关的辨认对象进行多组辨认的，不得重复使用陪衬照片或者陪衬人。辨认人不愿意暴露身份的，对违法嫌疑人的辨认可以在不暴露辨认人的情况下进行，公安机关及其人民警察应当为其保守秘密。辨认经过和结果，应当制作辨认笔录，由办案人民警察和辨认人签名或者捺指印。必要时，应当对辨认过程进行录音、录像。

（12）证据保全。《治安管理处罚法》第 89 条规定：公安机关办理治安案件，对与案件有关的需要作为证据的物品，可以扣押；对被侵害人或者善意第三人合法占有的财产，不得扣押，应当予以登记。对与案件无关的物品，不得扣押。对扣押的物品，应当会同在场见证人和被扣押物品持有人查点清楚，当场开列清单一式二份，由调查人员、见证人和持有人签名或者盖章，一份交给持有人，另一份附卷备查。对扣押的物品，应当妥善保管，不得挪作他用；对不宜长期保存的物品，按照有关规定处理。经查明与案件无关的，应当及时退还；经核实属于他人合法财产的，应当登记后立即退还；满 6 个月无人对该财产主张权利或者无法查清权利人的，应当公开拍卖或者按照国家有关规定处理，所得款项上缴国库。

《程序规定》第 91 条规定：对下列物品，经公安机关负责人批准，可以依法扣押或者扣留：

（1）与治安案件、违反出境入境管理的案件有关的需要作为证据的物品；

（2）道路交通安全法律、法规规定适用扣留的车辆、机动车驾驶证；

（3）其他法律、法规规定适用扣押或者扣留的物品。

对下列物品，不得扣押或者扣留：

（1）与案件无关的物品；

（2）公民个人及其所扶养家属的生活必需品；

（3）被侵害人或者善意第三人合法占有的财产。

对具有本条第 2 款第 2 项、第 3 项情形的，应当予以登记，写明登记财物的名称、规格、数量、特征，并由占有人签名或者捺指印。必要时，可以进行拍照。但是，与案件有关必须鉴定的，可以依法扣押，结束后应当立即解除。

依据《程序规定》的相关规定，办理擅自经营按照国家规定需要由公安机关许可的行业的；依照《娱乐场所管理条例》可以由公安机关采取取缔措施的案件时，对专门用于从事无证经营活动的场所、设施、物品，经公安机关负责人批准，可以依法查封。对有关单位或者个人经通知不及时消除消防安全隐患可能严重威胁公共安全的，公安机关消防机构应当对危险部位或者场所采取临时查封措施。场所、设施、物品已被其他国家机关依法查封的，不得重复查封。

《程序规定》第 93 条规定：收集证据时，经公安机关办案部门负责人批准，可以采取抽样取证的方法。抽样取证应当采取随机的方式，抽取样品的数量以能够认定本品的品质特征为限。抽样取证时，应当对抽样取证的现场、被抽样物品及被抽取的样品进行拍照或者对抽样过程进行录像。对抽取的样品应当及时进行检验。经检验，能够作为证据使用的，应当依法扣押、先行登记保存或者登记；不属于证据的，应当及时返还样品。样品有减损的，应当予以补偿。

《程序规定》第 94 条规定：在证据可能灭失或者以后难以取得的情况下，经公安机关办案部门负责人批准，可以先行登记保存。先行登记保存期间，证据持有人及其他人员不得损毁或者转移证据。对先行登记保存的证据，应当在 7 日内作出处理决定。逾期不作出处理决定的，视为自动解除。(《行政处罚法》第 37 条第 2 款)

《程序规定》第 95 条规定：实施扣押、扣留、查封、抽样取证、先行登记保存等证据保全措施时，应当会同当事人查点清楚，制作并当场交付《证据保全决定书》。必要时，应当对采取证据保全措施的证据进行拍照或者对采取证据保全的过程进行录像。证据保全决定书应当载明的事项包括：当事人的姓名或者名称、地址；抽样取证、先行登记保存、扣押、扣留、查封的理由、依据和期限；申请行政复议或者提起行政诉讼的途径和期限；作出决定的公安机关的名称、印章和日期。证据保全决定书应当附清单，载明被采取证据保全措施的场所、设施、物品的名称、规格、数量、特征等，由办案人民警察和当事人签名后，一份交当事人，一份附卷。有见证人的，还应当由见证人签名。当事人或者见证人拒绝签名的，办案人民警察应当在证据保全清单上注明。对可以作为证据使用的录音带、录像带、电子数据存储介质，在扣押时应当予以检查，记明案由、内容以及录取和复制的时间、地点等，并妥为保管。扣押、扣留、查封期限为30日，情况复杂的，经县级以上公安机关负责人批准，可以延长30日；法律、行政法规另有规定的除外。延长扣押、扣留、查封期限的，应当及时书面告知当事人，并说明理由。对物品需要进行鉴定的，鉴定期间不计入扣押、扣留、查封期间，但应当将鉴定的期间书面告知当事人。依据《程序规定》的相关规定，当事人没有违法行为的；被采取证据保全的场所、设施、物品与违法行为无关的；已经作出处理决定，不再需要采取证据保全措施的；采取证据保全措施的期限已经届满的；被临时查封的危险部位和场所的火灾隐患已经消除的；公安机关应当及时作出解除证据保全决定：解除证据保全措施的，应当立即退还财物，并由当事人签名确认。

5. 治安管理处罚决定。治安管理处罚是指公安机关以国家的名义，依法强制剥夺违反治安管理行为人的人身自由、名誉、财产或其他权益的行政处罚。

（1）治安管理处罚的种类。依据《治安管理处罚法》第10条规定，治安管理处罚的种类分为：警告；罚款；行政拘留；吊销公安机关发放的许可证。对违反治安管理的外国人，可以附加适用限期出境或者驱逐出境。

（2）治安管理处罚的适用。《程序规定》第130条规定：违反治安管理行为在6个月内没有被公安机关发现，其他违法行为在2年内没有被公安机关发现的，不再给予行政处罚。期限从违法行为发生之日起计算，违法行为有连续、继续或者持续状态的，从行为终了之日起计算。被侵害人在违法行为追究时效内向公安机关控告，公安机关应当受理而不受理的，不受本条规定的追究时效的限制。对违法行为人的同一个违法行为，不得给予两次以上罚款的行政处罚。

（3）不予处罚、从轻处罚或者减轻处罚的法定条件。《程序规定》第133条规定，不满14周岁的人有违法行为的，不予行政处罚，但是应当责令其监护人严加管教，并在不予行政处罚决定书中载明。已满14周岁不满18周岁的人有违法行为的，从轻或者减轻行政处罚。《程序规定》第134条规定，精神病人在不能辨认或者不能控制自己行为时有违法行为的，不予行政处罚，但应当责令其监护人严加看管和治疗，并在不予行政处罚决定书中载明。间歇性精神病人在精神正常时有违法行为的，应当给予行政处罚。尚未完全丧失辨认或者控制自己行为能力的精神病人有违法行为的，应当予以行政处罚，但可以从轻或者减轻行政处罚。

《程序规定》第135条规定：违法行为人有下列情形之一的，应当从轻、减轻处罚或者不予行政处罚：主动消除或者减轻违法行为危害后果，并取得被侵害人谅解的；受他人胁迫或者诱骗的；有立功表现的；主动投案，向公安机关如实陈述自己的违法行为的；其他依法应当从轻、减轻或者不予行政处罚的。违法行为轻微并及时纠正，没有造成危害后果的，不予行政处罚。盲人或者又聋又哑的人违反治安管理的，可以从轻、减轻或者不予行政处罚；醉酒的人违反治安管理的，应当给予处罚。依据《公安机关执行〈中华人民共和国治安管理处罚法〉有关问题的解释（二）》的规定，为了免受正在进行的违反治安管理行为的侵害而采取的制止违法侵害行为，不属于违反治安管理行为。行为人为实施违反治安管理行为准备工具、制造条件的，不予处罚。行为人自动放弃实施违反治安管理行为，或者自动有效地防止违反治安管理行为的结果发生，没有造成损害的，不予处罚；造成损害的，应当减轻处罚。行为人已经着手开始实施违反治安管理行为，但由于本人意志以外的原因而未得逞的，应当从轻、减轻或者不予处罚。

（4）从重处罚的法定情形。《程序规定》第136条规定：违法行为人有下列情形之一的，应当从重处罚：有较严重后果的；教唆、胁迫、诱骗他人实施违法行为的；对报案人、控告人、举报人、证人等打击报复的；6个月内曾受过治安管理处罚或者一年内因同类违法行为受到两次以上公安行政处罚的；刑罚执行完毕、劳动教养解除3年内，或者在缓刑期间，违反治安管理的。

（5）作出治安管理处罚决定的相关规定。《程序规定》第137条规定，一人有两种以上违法行为的，分别决定，合并执行，可以制作一份决定书，分别写明对每种违法行为的处理内容和合并执行的内容。一个案件有多个违法行为人的，分别决定，可以制作一式多份决定书，写明给予每个人的处理决定，分别送达每一个违法行为人。行政拘留处罚合并执行的，最长不超过20日。行政拘留处罚执行完毕前，发现违法行为人有其他违法行为，公安机关依法作出行政拘留决定的，不与正在执行的行政拘留合并执行。对决定给予行政拘留处罚的人，在处罚前因同一行为已经被采取强制措施限制人身自由的时间应当折抵。限制人身自由一日，折抵执行行政拘留一日。询问查证和继续盘问时间不予折抵。被采取强制措施限制人身自由的时间超过决定的行政拘留期限的，行政拘留决定不再执行。

（6）不执行行政拘留处罚的法定情形。《程序规定》第140条规定，违法行为人具有下列情形之一，依法应当给予行政拘留处罚的，应当作出处罚决定，但不送拘留所执行：已满14周岁不满16周岁的；已满16岁不满18周岁，初次违反治安管理或者其他公安行政管理的。但是，曾被收容教养、被行政拘留依法不执行行政拘留或者曾因实施扰乱公共秩序，妨害公共安全，侵犯人身权利、财产权利，妨害社会管理的行为被人民法院判决有罪的除外；70周岁以上的；孕妇或者正在哺乳自己婴儿的妇女。

6. 处罚决定作出前的告知、听证及作出处罚决定。告知，是指公安机关在作出治安管理处罚决定前，将拟作出的治安管理处罚决定的事实、理由和依据以及违反治安管理行为人依法享有的权利，告诉违反治安管理行为人的法律活动。

依据《行政处罚法》和《治安管理处罚法》的相关规定，《程序规定》第143条规定，在作出行政处罚决定前，应当告知违法嫌疑人拟作出行政处罚决定的事实、理由及依据，并告知违法嫌疑人依法享有陈述权和申辩权。单位违法的，应当告知其法定代表人、主要负责人或者其授权的人员。适用一般程序作出行政处罚决定的，采用书面形式或者笔录形式告知。对违法行为事实清楚，证据确实充分，依法应当予以行政处罚，因违法行为人逃跑等原因无法履行告知义务的，公安机关可以采取公告方式予以告知。自公告之日起7日内，违法嫌疑人未提出申辩的，可以依法作出行政处罚决定。

听证，是指在公安机关作出行政处罚决定之前，由公安机关指派专人主持听取案件调查人员和当事人就案件事实及其证据进行陈述、质证、辩论的法定程序。根据《治安管理处罚法》和《程序规定》，公安机关在作出下列行政处罚决定之前，应当告知违法嫌疑人有要求举行听证的权利：责令停产停业；吊销许可证或者执照；较大数额罚款。即对个人处以

2000元以上罚款，对单位处以1万元上罚款；对违反边防出境入境管理法律、法规和规章的个人处以6000元以上罚款。

听证的告知、申请和受理。依据《程序规定》的规定，对适用听证程序的行政案件，办案部门在提出处罚意见后，应当告知违法嫌疑人拟作出的行政处罚和有要求举行听证的权利。违法嫌疑人要求听证的，应当在公安机关告知后3日内提出申请。违法嫌疑人放弃听证或者撤回听证要求后，处罚决定作出前，又提出听证要求的，只要在听证申请有效期限内，应当允许。公安机关收到听证申请后，应当在2日内决定是否受理。认为听证申请人的要求不符合听证条件，决定不予受理的，应当制作不予受理听证通知书，告知听证申请人。逾期不通知听证申请人的，视为受理。公安机关受理听证后，应当在举行听证的7日前将举行听证通知书送达听证申请人，并将举行听证的时间、地点通知其他听证参加人。听证应当在公安机关收到听证申请之日起10日内举行。除涉及国家秘密、商业秘密、个人隐私的行政案件外，听证应当公开举行。举行听证会的具体流程，参照《行政处罚法》及《程序规定》的相关规定，在此不再赘述。

7. 治安管理处罚审批。依据《程序规定》第146条规定，对行政案件进行审核、审批时，应当审查下列内容：违法嫌疑人的基本情况；案件事实是否清楚，证据是否确实充分；案件定性是否准确；适用法律、法规和规章是否正确；办案程序是否合法；拟作出的处理决定是否适当。治安案件的审批程序，法律、法规中没有明确规定，根据公安机关办案实践，治安案件的审批程序主要包括以下环节：办案民警填写《公安行政处罚审批表》，提出处理意见，由办案民警所在单位审核，报处罚决定机关法制科审核后，报主管领导审批。

8. 作出治安管理处罚决定。《程序规定》第145条规定，违法嫌疑人有权进行陈述和申辩。对违法嫌疑人提出的新的事实、理由和证据，公安机关应当进行复核。公安机关不得因违法嫌疑人申辩而加重处罚。公安机关办理治安案件的期限，自受理之日起不得超过30日；案情重大、复杂的，经上一级公安机关批准，可以延长30日。办理其他行政案件，有法定办案期限的，按照相关法律规定办理。为了查明案情进行鉴定的期间，不计入办案期限。对因违反治安管理行为人逃跑等客观原因造成案件在法定期限内无法作出行政处理决定的，公安机关应当继续进行调查取证，并向被侵害人说明情况，及时依法作出处理决定。违法嫌疑人不讲真实姓名、住址，身份不明，但只要违法事实清楚、证据确实充分的，可以按其自报的姓名、贴附照片作出处理决定，并在相关法律文书中注明。公安机关根据行政案件的不同情况分别作出下列处理决定：确有违法行为，应当给予行政处罚的，根据其情节和危害后果的轻重，作出行政处罚决定；确有违法行为，但有依法不予行政处罚情形的，作出不予行政处罚决定；有违法所得和非法财物、违禁品、管制器具的，应当予以追缴或者收缴；违法事实不能成立的，作出不予行政处罚决定；对需要给予社区戒毒、强制隔离戒毒、收容教育、收容教养等处理的，依法作出决定；违法行为涉嫌构成犯罪的，转为刑事案件办理或者移送有权处理的主管机关、部门办理，无需撤销行政案件。公安机关已经作出行政处理决定的，应当附卷；《行政处罚法》第28条规定：违法行为构成犯罪，人民法院判处拘役或者有期徒刑时，行政机关已经给予当事人行政拘留的，应当依法折抵相应刑期。违法行为构成犯罪，人民法院判处罚金时，行政机关已给予当事人罚款的，应当折抵相应罚金。发现违法行为人有其他违法行为的，在依法作出行政处理决定的同时，通知有关行政主管部门处理。治安案件有被侵害人的，公安机关应当在作出处罚决定之日起2日内将决定书复印件送达被侵害人。无法送达的，应当注明。行政拘留处罚由县级以上公安机关或者出入境边防检查机关决定。依法应当对违法行为人予以行政拘留的，公安派出所、依法具有独立执法主体资格的公安机关业务部门应当报其所属的县级以上公安机关决定。对县级以上的各级人民代表大会代表予以行政拘留的，作出处罚决定前应当经该级人民代表大会主席团或者人民代表大会常务委员会许可。对乡、民族乡、镇的人民代表大会代表予以行政拘留的，作出决定的公安机关应当立即报告乡、民族乡、镇的人民代表大会。

作出行政处罚决定的，应当制作《行政处罚决定书》。决定书应当载明下列内容：被处罚人的姓名、性别、出生日期、身份证件种类及号码、户籍所在地、现住址、工作单位、违法经历以及被处罚单位的名称、地址和法定代表人；违法事实和证据以及从重、从轻、减轻等情节；处罚的种类、幅度和法律依据；处罚的执行方式和期限；对涉案财物的处理结果及对被处罚人的其他处理情况；对处罚决定不服，申请行政复议、提起行政诉讼的途径和期限；作出决定的公安机关的名称、印章和日期。作出罚款处罚的，行政处罚决定书应当载明逾期不缴纳罚款依法加处罚款的标准和最高限额；对涉案财物作出处理的，行政处罚决定书应当附没收、收缴、追缴物品清单。作出行政拘留处罚决定的，应当及时将处罚情况和执行场所或者依法不执行的情况通知被处罚人家属。作出社区戒毒决定的，应当通知被决定人户籍所在地或者现居住地的城市街道办事处、乡镇人民政府。作出强制隔离戒毒、收容教育、收容教养决定的，应当在法定期限内通知被决定人的家属、所在单位、户籍所在地公安派出所。被处理人拒不提供家属联系方式或者不讲真实姓名、住址，身份不明的，可以不予通知，但应当在附卷的决定书中注明。公安机关办理的刑事案件，尚不够刑事处罚，依法应当给予公安行政处理的，经县级以上公安机关负责人批准，依照本章规定作出处理决定。

9. 涉案财物处理。对于依法扣押、扣留、查封、抽样取证、追缴、收缴的财物以及由公安机关负责保管的先行登记保存的财物，公安机关应当妥善保管，不得使用、挪用、调换或者损毁。造成损失的，应当承担赔偿责任。涉案财物的保管费用由作出决定的公安机关承担。对涉案财物应当统一管理，有条件的公安机关办案部门应当指定不承担具体办案工作的民警负责本部门涉案财物的接收、保管、移交等管理工作。公安机关可以建立专门的涉案财物保管场所、账户，并指定其内设部门负责对办案部门保管的涉案财物进行集中统一管理。对查封的场所、设施、财物，可以委托第三人保管，第三人不得损毁或者擅自转移、处置。因第三人的原因造成的损失，公安机关先行赔付后，有权向第三人追偿。公安机关涉案财物管理部门和办案部门应当建立电子台账，对涉案财物逐一编号登记，载明案由、来源、保管状态、场所和去向。办案人民警察应当在依法提取涉案财物后的 24 小时内将财物移交涉案财物管理人员，并办理移交手续。对查封、先行登记保存的涉案财物，应当在采取措施后的 24 四小时内，将法律文书复印件及涉案财物的情况送交涉案财物管理人员予以登记。在异地或者在偏远、交通不便地区提取涉案财物的，办案人民警察应当在返回单位后的 24 小时内移交。对情况紧急，需要在提取涉案财物后的 24 小时内进行鉴定、辨认的，经办案部门负责人批准，可以在完成鉴定、辨认后的 24 小时内移交。在提取涉案财物后的 24 小时内已将涉案财物处理完毕的，不再移交。因询问、鉴定、辨认、检验等办案需要，经办案部门负责人批准，办案人民警察可以调用涉案财物，并及时归还。对容易腐烂变质及其他不易保管的物品、危险物品，经公安机关负责人批准，在拍照或者录像后依法变卖或者拍卖，变卖或者拍卖的价款暂予保存，待结案后按有关规定处理。对易燃、易爆、毒害性、放射性等危险物品应当存放在符合危险物品存放条件的专门场所。对属于被侵害人或者善意第三人合法占有的财物，应当在登记、拍照或者录像、估价后及时返还，并在案卷中注明返还的理由，将原物照片、清单和领取手续存卷备查。对不宜入卷的物证，应当拍照入卷，原物在结案后按照有关规定处理。在作出行政处理决定时，应当对涉案财物一并作出处理。对在办理行政案件中查获的毒品、淫秽物品等违禁品；赌具和赌资；吸食、注射毒品的用具；伪造、变造的公文、证件、证明文件、票证、印章等；倒卖的车船票、文艺演出票、体育比赛入场券等有价票证；主要用于实施违法行为的本人所有的工具以及直接用于实施毒品违法行为的资金等物品应当依法收缴：违法所得应当依法予以追缴或者没收。多名违法行为人共同实施违法行为，违法所得或者非法财物无法分清所有人的，作为共同违法所得或者非法财物予以处理。收缴由县级以上公安机关决定。但是，违禁品，管制器具，吸食、注射毒品的用具以及非法财物价值在五百元以下且当事人对财物价值无异议的，公安派出所可以收缴。追缴由县级以上公安机关决定。但是，追缴的财物应当退还被侵害人的，公安派出所可以追缴。对收缴和追缴的财物，经原决定机关负责人批准，按照规定分别处理：属于被侵害人或者善意第三人的合法财物，应当及时返还；没有被侵害人的，登记造册，按照规定上缴国库或者依法变卖、拍卖后，将所得款项上缴国库；违禁品、没有价值的物品，或者价值轻微，无法变卖、拍卖的物品，统一登记造册后销毁；对无法变卖或者拍卖的危险物品，由县级以上公安机关主管部门组织销毁或者交有关厂家回收。对应当退还原主或者当事人的财物，通知原主或者当事人在6个月内来领取；原主不明确的，应当采取公告方式告知原主认领。在通知原主、当事人或者公告后6个月内，无人认领的，按无主财物处理，登记后上缴国库，或者依法变卖或者拍卖后，将所得款项上缴国库。遇有特殊情况的，可酌情延期处理，延长期限最长不超过3个月。

10. 处罚决定的执行。（1）强制执行的相关规定。依据《程序规定》相关规定，公安机关依法作出行政处理决定后，被处理人应当在行政处理决定的期限内予以履行。逾期不履行的，作出行政处理决定的公安机关可以依法强制执行或者申请人民法院强制执行。公安机关在依法作出强制执行决定或者申请人民法院强制执行前，应当事先催告被处理人履行行政处理决定。催告以书面形式作出，并直接送达。催告书应当载明下列事项：履行行政处理决定的期限和方式；涉及金钱给付的，应当有明确的金额和给付方式；被处理人依法享有的陈述权和申辩权。被处理人收到催告书后有权进行陈述和申辩。公安机关应当充分听取并记录、复核。被处理人提出的事实、理由或者证据成立的，公安机关应当采纳。经催告，被处理人无正当理由逾期仍不履行行政处理决定，法律规定由公安机关强制执行的，公安机关可以依法作出强制执行决定。在催告期间，对有证据证明有转移或者隐匿财物迹象的，公安机关可以作出立即强制执行决定。强制执行决定应当以书面形式作出，并载明下列事项：被处理人的姓名或者名称、地址；强制执行的理由和依据；强制执行的方式和时间；申请行政复议或者提起行政诉讼的途径和期限；作出决定的公安机关名称、印章和日期。根据《行政强制法》的相关规定，行政机关不得在夜间或者法定节假日实施强制执行。但是，情况紧急的除外。不得对居民生活采取停止供水、供电、供热、供燃气等方式迫使当事人履行相关行政决定。实施行政强制执行，公安机关可以在不损害公共利益和他人合法权益的情况下，与当事人达成执行协议。执行协议可以约定分阶段履行；当事人采取补救措施的，可以减免加处的罚款。执行协议应当履行。被处罚人不履行执行协议的，公安机关应当恢复强制执行。当事人在法定期限内不申请行政复议或者提起行政诉讼，又不履行行政处理决定的，法律没有规定公安机关强制执行的，作出行政处理决定的公安机关可以自期限届满之日起3个月内，向所在地有管辖权的人民法院申请强制执行。因情况紧急，为保障公共安全，公安机关可以申请人民法院立即执行。强制执行的费用由被执行人承担。申请人民法院强制执行前，公安机关应当催告被处理人履行义务，催告书送达10日后被处理人仍未履行义务的，公安机关可以向人民法院申请强制执行。公安机关对人民法院不予受理强制执行申请、不予强制执行的裁定有异议的，可以在15日内向上一级人民法院申请复议。在执行中或者执行完毕后，据以执行的行政处理决定被撤销、变更，或者执行错误，应当恢复原状或者退还财物；不能恢复原状或者退还财物的，依法给予赔偿。（2）警告的执行。警告自警告处罚决定书送达之时，即执行。（3）罚款的执行。公安机关作出罚款决定，被处罚人应当自收到行政处罚决定书之日起15日内，到指定的银行缴纳罚款。对违反治安管理行为人处50元以下罚款和对违反交通管理的行人、乘车人和非机动车驾驶人处罚款，被处罚人没有异议的；对违反治安管理、交通管理以外的违法行为人当场处20元以下罚款的；在边远、水上、交通不便地区、旅客列车上或者口岸，被处罚人向指定银行缴纳罚款确有困难，经被处罚人提出的；被处罚人在当地没有固定住所，不当场收缴事后难以执行的公安机关及其办案人民警察可以当场收缴罚款，办案人民警察视具体情况，应当要求被处罚人签名确认。公安机关及其人民警察当场收缴罚款的，应当出具省级或者国家财政部门统一制发的罚款收据。对不出具省级或者国家财政部门统一制发的罚款收据的，被处罚人有权拒绝缴纳罚款。人民警察应当自收缴罚款之日起2日内，将当场收缴的罚款交至其所属公安机关；在水上当场收缴的罚款，应当自抵岸之日起2日内将当场收缴的罚款交至其所属公安机关；在旅客列车上当场收缴的罚款，应当自返回之日起2日内将当场收缴的罚款交至其所属公安机关。公安机关应当自收到罚款之日起2日内将罚款缴付指定的银行。被处罚人未在规定的期限内缴纳罚款的，作出行政处罚决定的公安机关可以采取：将依法查封、扣押的被处罚人的财物拍卖或者变卖抵缴罚款。拍卖或者变卖的价款超过罚款数额的，余额部分应当及时退还被处罚人；不能采取前一措施的，每日按罚款数额的3%加处罚款，加处罚款总额不得超出罚款数额。拍卖财物，由公安机关委托拍卖机构依法办理。被处罚人确有经济困难，经被处罚人申请和作出处罚决定的公安机关批准，可以暂缓或者分期缴纳罚款。依法加处罚款超过30日，经催告被处罚人仍不履行的，作出行政处罚决定的公安机关可以按照法律的相关规定向所在地有管辖权的人民法院申请强制执行。（4）行政拘留的执行。对被决定行政拘留的人，由作出决定的公安机关送达拘留所执行。对抗拒执行的，可以使用约束性警械。对被决定行政拘留的人，在异地被抓获或者具有其他有必要在异地拘留所执行情形的，经异地拘留所主管公安机关批准，可以在异地执行。对同时被决定行政拘留和社区戒毒或者强制隔离戒毒的人员，应当先执行行政拘留，行政拘留的期限不计入社区戒毒或者强制隔离戒毒的期限。拘留所不具备戒毒治疗条件的，可由公安机关管理的强制隔离戒毒所代为执行行政拘留。被处罚人不服行政拘留处罚决定，申请行政复议或者提起行政诉讼的，可以向作出行政拘留决定的公安机关提出暂缓执行行政拘留的申请；口头提出申请的，公安机关人民警察应当予以记录，并由申请人签名或者捺指印。被处罚人在行政拘留执行期间，提出暂缓执行行政拘留申请的，拘留所应当立即将申请转交作出行政拘留决定的公安机关。公安机关应当在收到被处罚人提出暂缓执行行政拘留申请之时起24小时内作出决定。公安机关认为暂缓执行行政拘留不致发生社会危险，且被处罚人或者其近亲属提出符合条件的担保人，或者按每日行政拘留200元的标准交纳保证金的，应当作出暂缓执行行政拘留的决定。对同一被处罚人，不得同时责令其提出保证人和交纳保证金。被处罚人已送达拘留所执行的，公安机关应当立即将暂缓执行行政拘留决定送达拘留所，拘留所应当立即释放被处罚人。被处罚人具有暂缓执行行政拘留后可能逃跑的；有其他违法犯罪嫌疑，正在被调查或者侦查的；不宜暂缓执行行政拘留的其他情形的法定情形，公安机关应当作出不暂缓执行行政拘留的决定，并告知申请人。行政拘留并处罚款的，罚款不因暂缓执行行政拘留而暂缓执行。在暂缓执行行政拘留期间，被处罚人应当遵守的规定包括：未经决定机关批准不得离开所居住的市、县；住址、工作单位和联系方式发生变动的，在24小时以内向决定机关报告；在行政复议和行政诉讼中不得干扰证人作证、伪造证据或者串供；不得逃避、拒绝或者阻碍处罚的执行。在暂缓执行行政拘留期间，公安机关不得妨碍被处罚人依法行使行政复议和行政诉讼权利。暂缓执行行政拘留的担保人应当符合的条件包括：与本案无牵连；享有政治权利，人身自由未受到限制或者剥夺；在当地有常住户口和固定住所；有能力履行担保义务。公安机关经过审查认为暂缓执行行政拘留的担保人符合条件的，由担保人出具保证书，并到公安机关将被担保人领回。暂缓执行行政拘留的担保人应当履行的义务包括：保证被担保人遵守本规定第200条的规定；发现被担保人伪造证据、串供或者逃跑的，及时向公安机关报告。暂缓执行行政拘留的担保人不履行担保义务，致使被担保人逃避行政拘留处罚执行的，公安机关可以对担保人处以3000元以下罚款，并对被担保人恢复执行行政拘留。暂缓执行行政拘留的担保人履行了担保义务，但被担保人仍逃避行政拘留处罚执行的，或者被处罚人逃跑后，担保人积极帮助公安机关抓获被处罚人的，可以从轻或者不予行政处罚。暂缓执行行政拘留的担保人在暂缓执行行政拘留期间，不愿继续担保或者丧失担保条件的，行政拘留的决定机关应当责令被处罚人重新提出担保人或者交纳保证金。不提出担保人又不交纳保证金的，行政拘留的决定机关应当将被处罚人送拘留所执行。保证金应当由银行代收。在银行非营业时间，公安机关可以先行收取，并在收到保证金后的3日内存入指定的银行账户。公安机关应当指定办案部门以外的法制、装备财务等部门负责管理保证金。严禁截留、坐支、挪用或者以其他任何形式侵吞保证金。行政拘留处罚被撤销或者开始执行时，公安机关应当将保证金退还交纳人。被决定行政拘留的人逃避行政拘留处罚执行的，由决定行政拘留的公安机关作出没收或者部分没收保证金的决定，行政拘留的决定机关应当将被处罚人送拘留所执行。被处罚人对公安机关没收保证金的决定不服的，可以依法申请行政复议或者提起行政诉讼。（5）作出吊销公安机关发放的许可证或者执照处罚的，应当在被吊销的许可证或者执照上加盖吊销印章后收缴。被处罚人拒不缴销证件的，公安机关可以公告宣布作废。吊销许可证或者执照的机关不是发证机关的，作出决定的机关应当在处罚决定生效后及时通知发证机关。（6）依据《治安管理处罚法》第54条规定，未经许可，擅自经营按照国家规定需要由公安机关许可的行业的，由公安机关予以取缔。作出取缔决定的，可以采取在经营场所张贴公告等方式予以公告，责令被取缔者立即停止经营活动；有违法所得的，依法予以没收或者追缴。拒不停止经营活动的，公安机关可以依法没收或者收缴其专门用于从事非法经营活动的工具、设备。已经取得营业执照的，公安机关应当通知工商行政管理部门依法撤销其营业执照。（7）对拒不执行公安机关依法作出的责令停产停业决定的，公安机关可以依法强制执行或者申请人民法院强制执行。（8）对被决定强制隔离戒毒、收容教育、收容教养的人员，由作出决定的公安机关送强制隔离戒毒场所、收容教育场所、收容教养场所执行。对被决定社区戒毒的人员，公安机关应当责令其到户籍所在地接受社区戒毒，在户籍所在地以外的现居住地有固定住所的，可以责令其在现居住地接受社区戒毒。

11. 案件终结及终止调查。（1）案件终结。案件终结是指结束治安案件调查、处理的法律活动。治安行政案件应当予以结案的法定情形包括：作出不予行政处罚决定的；适用调解程序的案件达成协议并已履行的；作出行政处罚等处理决定，且已执行的；违法行为涉嫌构成犯罪，转为刑事案件办理的；作出处理决定后，因执行对象灭失、死亡等客观原因导致无法执行或者无需执行的。(2) 终止调查。是指因特定情况的出现，使得继续查处案件的调查活动不可能或没有意义，因而终止治安案件调查活动。依据法律相关规定，经过调查，发现治安行政案件具有：没有违法事实的；违法行为已过追究时效的；违法嫌疑人死亡等情形之一的，公安机关应当终止调查。终止调查时，违法嫌疑人已被采取行政强制措施的，应当立即解除。经公安派出所、县级公安机关办案部门或者出入境边防检查机关以上负责人批准，终止调查。

12. 建立案卷。依据《程序规定》的相关规定，对在办理行政案件过程中形成的文书材料，应当按照一案一卷原则建立案卷，并按照有关规定在结案或者终止案件调查后将案卷移交档案部门保管或者自行保管。行政案件的案卷应当包括：受案登记表或者其他发现案件的记录；证据材料；决定文书；在办理案件中形成的其他法律文书等。行政案件的法律文书及定性依据材料应当齐全完整，不得损毁、伪造。

（二）简易程序

简易程序也称当场处罚程序，是指公安机关人民警察对当场发现的违反治安管理事实清楚，情节简单，因果关系明确，处罚较轻的违反治安管理行为，当场作出处罚决定的执法活动。

1. 当场处罚的法律依据。《治安管理处罚法》第 100 条规定：违反治安管理行为事实清楚、证据确凿，处警告或者 200 元以下罚款的，可以当场作出治安管理处罚决定。《治安管理处罚法》第 101 条规定：当场作出治安管理处罚决定的，人民警察应当向违反治安管理行为人出示工作证件，并填写处罚决定书。处罚决定书应当当场交付被处罚人；有被侵害人的，并将决定书副本抄送被侵害人。处罚决定书，应当载明被处罚人的姓名、违法行为、处罚依据、罚款数额、时间、地点以及公安机关名称，并由经办的人民警察签名或者盖章。当场作出治安管理处罚决定的，经办的人民警察应当在 24 小时内报所属公安机关备案。

《程序规定》第 34 条规定：违法事实确凿，且具有下列情形之一的，人民警察可以当场作出处罚决定，有违禁品的，可以当场收缴：

(1) 对违反治安管理行为人或者道路交通违法行为人处 200 元以下罚款或者警告的；

(2) 出入境边防检查机关对违反出境入境管理行为人处 500 元以下罚款或者警告的；

(3) 对有其他违法行为的个人处 50 元以下罚款或者警告、对单位处 1000 元以下罚款或者警告的；

(4) 法律规定可以当场处罚的其他情形。

涉及卖淫、嫖娼、赌博、毒品的案件，不适用当场处罚。

2. 当场处罚的适用程序规定。《程序规定》第 35 条规定：当场处罚，应当按照下列程序实施：向违法行为人表明执法身份；收集证据；口头告知违法行为人拟作出行政处罚决定的事实、理由和依据，并告知违法行为人依法享有的陈述权和申辩权；充分听取违法行为人的陈述和申辩。违法行为人提出的事实、理由或者证据成立的，应当采纳；填写当场处罚决定书并当场交付被处罚人；当场收缴罚款的，同时填写罚款收据，交付被处罚人；未当场收缴罚款的，应当告知被处罚人在规定期限内到指定的银行缴纳罚款。适用简易程序处罚的，可以由人民警察一人作出行政处罚决定。人民警察当场作出行政处罚决定的，应当于作出决定后的 24 小时内将当场处罚决定书报所属公安机关备案。交通警察应当于作出决定后的 2

日内报所属公安机关交通管理部门备案。在旅客列车、民航飞机、水上作出行政处罚决定的，应当在返回后的24小时内报所属公安机关备案。

第二部分 典型案例评析

一、违法与犯罪行为的界定

场景设计：2016年3月，李某，男，32岁，张某，男28岁（系李某表弟）。路某，女（29岁，系李某妻子）。杨某，男（30岁，系路某网友）。李某无意中发现妻子路某与其网友杨某的聊天记录，发现两人存在不正当的男女关系，于是大发雷霆，将妻子路某暴打一顿，路某声称自己本来想结束与杨某的不正当关系，但怎奈杨某以手机中存放有二人约会时的不雅视频相威胁，故不敢与其断绝来往。李某非常气愤决定教训一下杨某。他命令路某给杨某发微信，约其次日在某家酒店门口见面。路某按其命令发出约会短信，李某打电话叫来表弟张某，说明情况决定一同前往教训杨某。

次日，二人开一面包车一同前往某酒店，在酒店门口看到等人的杨某后，二人下车乘其不备用事先预备好的编织袋套在杨某的头上将杨某强行拽上汽车，然后开车向郊区驶去。车辆行驶一个多小时后，停在市郊的一个空地，二人停下车，将杨某从车上拉下，并对杨某拳打脚踢，并从杨某身上找到手机并将手机拿走，然后二人开车扬长而去。杨某在回到市区后选择了向宾馆所在辖区的派出所报警。

评析：

该案件如何定性决定着案件的走向，是启动行政案件的程序还是刑事案件的程序，需要围绕着行为构成的要件进行调查取证，以确认行为的最终性质和适用的办案程序。

1. 该案是否构成刑事案件？

该案件构成刑事案件的关键是行为人在现场将被侵害人的手机拿走，因此，该行为涉嫌抢劫。能否构成抢劫罪，还要从构成抢劫行为的构成要件来分析。依据《中华人民共和国刑法》第263条规定，抢劫罪是指以非法占有为目的，当场使用暴力、胁迫或者其他方法，使他人不能反抗，不敢反抗或者不知反抗，强行劫取他人财物或者逼迫他人交付财物的行为。简言之，就是必须明确构成抢劫罪，主体必须是已满14周岁，具有刑事责任能力的人，主观方面必须表现为故意，并且以非法占有为目的。客观上实施的暴力、胁迫行为必须以主观目的一致。否则不能构成抢劫罪。因此，本案的行为人是否构成抢劫罪的关键是要调查行为人将手机拿走的真实目的，这是案件的关键。在本案中提到行为人的妻子路某曾想和被侵害人结束不正当的男女关系，但是由于对方说手机中存放有二人的不雅视频和照片，因此不敢轻易说分手。这是案件的关键，应该围绕这个实质性的问题进行取证。如果调查结果能够证明李某拿走手机不是为了据为己有而是要删除手机中的视频和照片，那么就不能构成抢劫罪。案件就应该走行政案件的办案程序，追究行为人的行政违法责任。

2. 办案人员应该如何展开调查取证工作？

根据本案的情况，作为办案人员，应该充分进行调查取证，分别对李某、路某、杨某进行询问，询问的关键是围绕手机里是否存放有不雅视频和照片以及李某在现场拿走手机的真实想法，拿走手机后如何处理，手机最后的去处。只有将这些关键的问题调查清楚，才能够决定本案件最终的适用程序。

通过本案例，应该明确的问题是，案件在受理的初期必须进行充分的调查，不能轻易给案件定性，不能随意启动案件的程序，让事实说话，让证据决定，只有这样我们才能做到不走弯路，不枉不纵，提高办案效率和执法公信力。

二、王某酒后在售票处被打案

场景设计：2016年6月，某火车站售票处，王某酒后来到售票处准备买票，因为喝酒的缘故比较兴奋，嘴里嘟嘟囔囔的来到排队购票的人群前，他试图插队未果，结果开始破口大骂。吵闹声引来了在售票处执勤的民警，民警来到王某面前，见他喝醉了，于是对站在队伍里买票的人说："这个旅客看来是喝多了，已经涉嫌扰乱公共场所秩序，我将对其依法带离，请各位旅客给我做个证明。"话音刚落，从队伍里冲出一人，二话没说将喝多的王某打倒在地，然后又照着他的面部砸了两拳，起身后又对着王某的大腿部狠踹两脚，便扬长而去。执勤民警和买票的旅客还没回过神来，打人的人已经不知去向。被打的王某吃了亏，从地上爬起来拽住执勤民警的胳膊死活不松手，嘴里还一直嚷嚷："警察打人啦，警察打人啦！"执勤民警赶紧通过对讲机叫来带班所长，询问事情如何处理，最后带班所长和执勤民警一起将王某送到附近医院检查处理伤情。最后为王某支付了检查处理费用共计500多元。王某第二天酒醒后仍不依不饶，来到车长派出所找到所领导闹事，所领导无奈找来了当晚执勤的民警和带班所长，要求他们自行处理该事件，最后，执勤民警和带班所长一起拿出1500元钱交给王某，王某才满意地离开了派出所。

分析：该案件的处理是否妥当？

这类问题在我们日常接处警工作中经常会遇到类似的问题。在该案件的处理上，我们认为存在以下问题值得借鉴。首先，现场执勤民警的现场处置是存在问题的，当发现有闹事的醉酒人应该第一时间要求增援，当增援力量未到时不应轻易出手，尤其是看到有人对违法行为人实施侵害时应第一时间上前制止，不应轻易让其离开现场。其次，应明确告知王某的行为构成扰乱公共场所秩序的违法行为以及依据《中华人民共和国治安管理处罚法》其应承担的法律责任。再次，无论是执勤民警、带班所长及派出所领导都没有很好地把握法律的精髓，单纯的怕当事人把事情闹大引起舆论效应，影响公安机关声誉，怕受上级领导批评，致使王某的违法行为没有得到及时的处理，反而让其无理取闹成功，助长了他的气焰，实际造成的社会影响很坏，让有些人似乎看到了执法者的软肋。这是执法者的屈辱和悲哀。我们把这个真实的案例拿出来就是警醒执法者，不论到任何时刻，对法律精准的理解和运用，就是我们处理任何违法行为的利剑。

第三部分 实训教学设计

一、实训设计思路

查处治安案件就是办理治安案件，它不是一个简单的静态过程，而是一个动态的、连续的执法过程。从案件的接警到现场出警，现场处置，到案件受理、调查取证、处罚决定的作出及执行，每一个环节都是对办案人员的一种考验。对千姿百态的案情处理，是对办案人员素质的综合考量，因此，在精准把握法律规定的基础上，千锤百炼的业务实践是提高综合素质最好的途径，我们就是想通过一系列的实训，强化受训人对法律知识的理解和把握，在受训过程中提高对问题的应对能力，熟练掌握办理治安案件的办案流程以及相关法律文书的制作要求。具备办理治安案件的能力。

二、实训指导

（一）实训目的

通过实训，精准把握法律的相关规定，提高现场解决问题的能力，初步具备办理治安案件的能力。

（二）实训内容

1. 接处警；
2. 现场处置；
3. 各种调查取证方法和强制措施的适用；
4. 熟悉办理治安案件的法定程序；
5. 制作完整的案卷。

（三）相关知识点

《中华人民共和国治安管理处罚法》、《公安机关办理行政案件程序规定》等相关法律法规的内容。

（四）实训课时

2 课时

（五）实训要求

1. 参训学生依据实训案例设计查处治安案件的基本思路；
2. 参训学生根据实训案例选择收集证据的方法及相关强制措施；
3. 制作相关法律文书；
4. 根据实训案例制作完整的案卷。

（六）实训保障

1. 物品：场景所需必要道具；
2. 文书：依据实训案例的办案要求准备相关法律文书；
3. 场地：符合要求的办案场所。

（七）实训步骤

1. 给出实训案例，指导教师给出指导意见和提出具体的要求；
2. 将受训学生分组并进行角色分工：一般每 10 名学生为一组，根据实训案例安排不同的角色，并进行必要的彩排；
3. 根据办案需求学生准备相关材料和装备；
4. 一组学员进行实训，其他组学员进行观摩；
5. 一组学员实训结束，请其他组同学代表点评；
6. 实训小组学生自评；
7. 指导教师点评；
8. 提交《实训报告》及案卷。

（八）考核评分标准

实训考核成绩按照优、良、中、及格、不及格五级记分制评定。成绩的给出由教师根据实训学生的现场表现以及提交的实训报告内容和案卷制作质量给出一个总体的评价，并根据每组学员的自评和实训小组组长的意见进行适度调整。

三、实训场景设计

（一）许某盗窃案

场景设计：许某，男，1980年11月6日出生。（2016年2月7日因故意伤害被某县公安局行政拘留5日）。李某，某典当行店主。男，1970年5月6日出生，无违法犯罪经历。2016年6月9日晚10时45分，许某在某超市门口用随身携带的钢丝钳撬盗一辆自行车时，被经过此地的赵某（男，55岁，退休工人）发现，赵某上前准备抓住许某，但被许某挣脱并骑车逃离。赵某与许某的父母比较熟悉，所以认识许某，于是报警。经查许某骑上盗得的自行车逃离现场后，于当晚11时将车以50元的价格卖给当地某典当行店主李某。李某未按规定登记许某的身份信息，也没有查验许某购车的发票，发现自行车是赃物后，也没有按照规定向公安机关报告。邓某系被盗自行车车主，发现自行车被盗后，于2016年6月10日上午9时到派出所报案。经查被盗自行车是邓某于2016年3月20日花630元购买的，并保存有购买时的发票。当日因去超市购物后将自行车忘在超市门口，当想起来去超市门口骑车时发现自行车被盗走。

问题：办案民警如何处理此案。

实训要点：

1. 根据案情制定案件的调查计划；
2. 选择适当的强制措施和方法调查收集证据；
3. 制作相关法律文书；
4. 形成完整的案卷。

（二）李某殴打他人案

场景设计：李某，女，29岁，张某，男，35岁，二人通过网络平台，认识并交往。2016年6月10日，晚，19时30分，二人在某市区一烧烤大排档吃饭聊天，当两人聊得正开心的时候，李某的丈夫王某和其弟弟王某某骑着电摩赶到，二人将车停好转眼来到李某和张某面前，不由分说将张某拉了起来，开始对张某拳打脚踢，转眼张某被打得鼻青脸肿，打完后二人骑着电摩扬长而去。张某报警，并强烈要求办案民警严格依法办案，主持公道，拒绝和解。

问题：办案人员如何处理此案？

实训要点：

1. 依据实训案例制定调查计划；
2. 根据案件实际考查办案民警的办案实力；
3. 注意伤害类案件出警时的取证环节；
4. 选择处理该案件的程序；
5. 制作相关法律文书，提交案卷。

（三）董某损毁公私财物案

场景设计：2017年年关将至，某市一青年男子董某（22岁）回顾近一年事事不顺，一无所获，便满腔怨气。醉酒之后回到小区，因发现电梯故障，于是情绪失控，为发泄自己内心不满的情绪，对小区内的公私财物进行肆意损毁。2017年1月15日22时许，派出所民警接到110指令称：某小区内发生一起醉酒人员损毁公私财物事件。接到指令后，值班民警立即驱车赶往现场，在现场民警看到一名醉酒男子正在对单元楼内的消防栓及安全通道指示牌拳打脚踢，楼内居民停放的电动车、自行车全部被横七竖八的踢倒在地，现场一片狼藉。

问题：派出所民警如何处理此案？

实训要点：

1. 接警后的到达现场的具体处置方法；
2. 如何开展案件的调查取证工作；
3. 调查取证强制措施的适用。

◎ 本章小结

本章的重点是熟记《中华人民共和国治安管理处罚法》、《公安机关办理行政案件程序规定》及与查处治安案件相关的法律、法规。查处治安案件是公安机关的一项重要的业务工作。在处理治安案件过程中，办案人民警察身处群众之中，言行随时受到监督和制约，稍有不慎就会引发媒体热议，加之遇到的治安问题纷繁复杂，对人民警察是个严峻的考验。因此，作为公安机关的人民警察必须熟悉法律，精通业务，具备良好的职业素养，真正做到为民执法，文明执法，规范执法，通过自身的执法行为赢得人民群众的信任和支持，从而提高公安机关的执法公信力。

◎ 思考与练习

一、案例1：2012年8月20日晚23时15分。赵某某伙同崔某预谋后，携带凶器锥子、弹弓、钢子等作案物品，驾驶一辆红色无牌照摩托车窜至某市某区的一小区门口，在寻找车辆准备盗窃车内物品时，被某公安派出所巡逻民警发现并当场将二人抓获。

案例2：2015年8月19日凌晨1点多，郑某某窜至某区白坡村林某刚盖好正在装修的房子中，在三楼将装修工人许某的长虹牌直板手机和许某衣服内的19元盗走。当日凌晨2时许，郑某又窜至该区的陈村张某家，翻墙进入二楼吴某等民工集体租住的房子内，将吴某挂在屋内绳子上的裤子里的107元盗走。准备离开时，被吴某发现，被众民工围住，郑某因怕挨打自己拨打了110，当地派出所接警后，将郑某传唤至派出所接受调查。

问题一：上述两个案例如何界定案件的性质？说明理由。

问题二：通过上述案例分析，违反治安管理行为与犯罪有何区别？

二、2016年5月18日晚22点10分许，某高中学生，赵某、李某、张某（三人均为17周岁），三人在学校没有上晚自习而是早早溜出学校，在附近的饭店吃饭，酒足饭饱后走出饭店，便顺着马路往家走，三人边走边嬉戏打闹，当看到路旁摆放的垃圾箱时，便上前用脚狠踹，共损坏3个垃圾箱。三人的行为被路边监控全景记录。后经群众报警，三人被出警的民警带回派出所接受调查。

问题一：该案件是否构成治安案件？说明理由？

问题二：对三名学生的行为如何定性？说明理由。

问题三：作为办案民警如何处理本案件？

问题四：在办理该案件时应注意哪些问题？

问题五：该案件结案后，案卷中应存放哪些法律文书？

◎ 拓展阅读

一、我国历史上的违警罚制度

自从维持公共秩序、保护社会安全、防止一切危害为主要任务的近代警察出现以来，即有了警察罚，即违反警察管理社会的上述义务时要受到处罚，也叫违警罚。

（一）清末《违警律》的创制

我国近代意义上的"警察"创立于清朝末年。1898年"戊戌变法"期间，改良人士在长沙创办"湖南保卫局"，其功能类似于警察的作用，警察设置渐入中国，及至"戊戌变法失败"，湖南保卫局夭折，警察创建亦遭中挫。1900年（光绪二十六年），八国联军入侵北京后，划管区设立"安民公所"，执行管区内的行政事务，所长及事务官之下设置宪兵，宪兵监督下雇佣华人充任巡捕，掌理警察及修缮道路等事务。1901年（光绪二十七年），联军退出北京，安民公所也随之撤销，但受变乱之害，清廷愈加感到维持地方治安的重要，沿袭安民公所的设置，设"善后协巡营"，后又改为"工巡总局"，掌理警察事务，维持北京的社会安宁秩序。这是我国近代意义上的"警察"的开始。工巡总局的职权有六项，其中一项即为处罚权，即"被处以杖以下罪的，可以决定"，"杖以下的罪"为可以即结的轻微刑事案件。尽管如此，在当时警察机构并不健全，警察职权任务不明确，警察法令亦概况简陋，更未有规范处罚违反社会秩序行为的"违警罚法"。

1906年（光绪三十二年），清廷仿照日本旧刑法第四编违警罪的体制，制定颁布了《违警罪章程》，共5条，规定了26种违警罪行为，此为我国违警罚法的先河，且在世界上首创制定独立于刑法外的"违警罚法"法典，此后"违警罚法"的制定，均保留了这一传统。由于1906年以前，是清末警察立法的初期，虽然对警察立法已有所重视，但立法技术比较低下，警察机构自己制定法规，但缺乏足够的警察学知识和立法知识，为应急东拼西凑，草率立法，因此，制定出的法规常常缺乏逻辑，内容芜杂，不合时势，《违警罪章程》即是如此。

1907年（光绪三十三年），鉴于《违警罪章程》不适应社会形势的需要，同时，中国警政正待扩充，也需要订立专门的法律以规范，违警处罚方面欲拟定新的《违警律》。此时，清末立法已经逐渐成熟，步入正轨，在拟定《违警律草案》时，清廷民政部注重借鉴东西方各国警察立法经验，曾广泛参照法国、德国、奥地利、匈牙利、意大利等国法律，归纳出编纂《违警律》体例的三种方法：一是融汇于刑法中，不设违警名目；二是以刑罚轻重将违警罪分类，如法兰西、德国等；三是以违警罪的性质，将违警罪分类，如澳大利亚、匈牙利、意大利等。最后，清朝《违警律》的编纂，采用了第三种方法。一是因为世界各国多采用此方法；二是以"性质"划分，最容易区分各种违警行为。1908年（光绪三十四年）宪政编查馆核定《违警律草案》，内容有所修改，共计10章，45条。同年颁布实施，是我国近代警察史上第一部完整意义上的违警罚法规。该《违警律》共计10章，45条。从体例、结构看，分为章、条和项，第一章为总则，共20条。如：违警处罚的种类包括5种：拘留（15日以下，1日以上）、罚金（15元以下，1角以上）、充公、停业及勒令歇业。数罪并罚时，拘留期限至30日，罚金至30元。第二章至第九章为分则，共规定了86种违警罪行为，内容的涵盖比较适当，处罚等级规定比较详密，对涉及社会公共秩序方面的违警罪处罚最重。第十章附条，规定各直省督抚可根据地方情形酌定违警章程，变通办理，但不得与本律相抵触。

清末在拟定《违警律》时，能够审慎研究各国有关立法，值得称道。在当时，世界上制定类似法典的国家并不多，《违警律》作为单行的违警罚法典的制定颁布，在当时世界上是处于先进的地位。

（二）民国、北洋政府时期的《违警罚法》

1911年，有识之士倡导民主，以政治革命，推翻清政府，废除帝制，于1912年1月1日，建立中华民国，成立南京临时政府，进行了一系列资产阶级民主主义性质的改革，警政建设也是其中一个重要方面，但未及改建，后社会形势变迁，至北洋政府时期，拟修改清末的《违警律》，于民国四年（1915年），北洋政府政事堂法制局起草了“违警罚法案”，移交北京内务部，并令各省警察机关提供意见，从事修订，提交参政院决议，改称《违警罚法》，于1915年11月7日公布。

《违警罚法》共计九章和附则。总则一章，共计31条。如违警罚体系更加完备，分主罚及从罚。主罚3种：拘留，15日以下，1日以上；罚金，15元以下，1角以上；训诫。从罚3种：没收，没收范围是供违警所用之物和因违警所得之物；停止营业，10日以下；勒令歇业。分则8章，自第二章至第九章共53条。为具体的违警行为及罚则。

《违警罚法》突出与《刑律》调整对象的不同，强调违警行为的性质是违反社会秩序，将妨害安宁和妨害秩序的违警行为列在首位，处罚达最重；妨害身体和妨害财产的违警行为合为一章，将不属于犯罪的侵犯人身和财产的其他行为归在一起，处罚也达最重。

该《违警罚法》将“律”改“法”，不仅是法律名称的变化，同时首开不以“违警”为罪称，明确犯罪行为和违反警察行政权力维护社会治安秩序行为性质的不同，其借鉴、吸纳西方的进步观念，值得称道。

（三）国民党统治时期的《违警罚法》

1927年4月18日，蒋介石集团窃取北伐成果，在南京成立了国民党政府。其警察制度是在间接继承清末和直接继承北洋政府警察制度的基础上建立和发展起来的。就本质而言，这三者一脉相承并没有本质的不同。

1928年，修改后的《中华民国刑法》公布，此时《违警罚法》与刑法有诸多相抵触之处，同年5月即从事整理修改，7月21日公布施行，名称仍为《违警罚法》，其体例和条文数目也与北洋时期的《违警罚法》完全一致。仅将与刑法有抵触的地方及违反国民党党义的地方予以修改。

1935年，《中华民国刑法》修改公布施行，刑法的修改参考多个国家最新的立法和学说理论，从结构到内容进步甚多，《违警罚法》受其影响，务须修改。内政部于1936年春着手草拟修正草案，于1937年春完成初稿，因抗日战争爆发，修改工作搁置。1941年，重理原案，于1943年9月由国民政府公布，同年10月1日施行，名称仍为《违警罚法》。1946年6月19日和1947年7月16日，国民党政府对《违警罚法》作了两次修正，但修正多属词句的增改修订。

1947年7月16日修改后的《违警罚法》在体例、结构上分为总则、分则两编。各编划分章、节、条和项，单独排序。较之以前变化甚大，立法技巧也有了一定的提高。第一编总则，包括五章，共计53条。各章分别是：第一章法例；第二章违警责任；第三章违警罚；第四章违警罚之加减，第五章处罚程序。其中违警罚体系主要由三部分组成：主罚、从罚和保安处分。

主罚包括：拘留，拘留的期限是4小时以上，7日以下。遇有依法加重时，合计不得逾14日。罚锾，处罚幅度是1元以上，50元以下；将罚金改称罚锾，以区别于刑罚的罚金。

罚锾可易处拘留。以10元易处拘留1日。罚役，规定罚役期限为2小时以上，8小时以下，并且规定罚役可以易处拘留。以4小时易处1日。申诫，将原设的训诫改为申诫，以区别刑罚的训诫。

从罚包括：没入；勒令歇业；停止营业（期间为10日以下）。

保安处分包括：(1) 对未满14周岁人以及14周岁以上未满18周岁人的保安处分，有两种措施：一是管束；二是教育。(2) 心神丧失人精神衰弱或喑哑人的保安处分，有两种措施：一是管束；二是监护或疗养。(3) 因游荡或懒惰而有违警行为之习惯者的保安处分，有两种措施：一是矫正；二是强制学习生活技能。

《违警罚法》的处罚程序分四节，共22条。内容包括：管辖、侦讯、裁决、执行。

该《违警罚法》是我国近代警察史上一部比较成熟的违警罚法规，对后来影响较大。1949年10月1日中华人民共和国成立，国民党盘踞台湾，仍沿用该版本的《违警罚法》，直至1991年重新整理修改为"社会秩序维护法"。

关于《违警罚法》、"社会秩序维护法"的详细内容，同学们可以查阅相关资料进行深入学习和比较，相信结合目前学习的《中华人民共和国治安管理处罚法》，一定会有所收获。

二、国外有关规范违反社会秩序行为的法律制度

类似我国治安管理处罚，在国外，一般称违反社会秩序罚、违警罚等。国外有关规范违反社会秩序行为的法律（又称违警罚法），是各国保障其社会治安秩序的重要工具，在许多国家，它既是行政处罚的重要组成部分，又具有刑罚的强制手段。目前，世界上多数国家根据自己国家的特点，制定了比较完善、规范违反社会秩序行为的法律制度。其特点如下：

（一）关于立法形式

违反社会秩序的行为，各国最早是作为犯罪规定在刑法中，诸如刑法中的违警罪、轻（微）罪等。但到了20世纪初，奥地利颁布了《行政罚法》，并于1950年重新修订公布。单行的包括违反社会秩序处罚在内的行政处罚立法受到关注。如德国1992年颁布的《违反秩序法》就是将《德国刑法》中的违警罪分离出来独立而成。概言之，目前关于违反社会秩序处罚的立法形式有以下两种：一是用统一的法典式制定处罚法。如德国的《违反秩序法》、奥地利的《行政罚法》、原苏联及各加盟共和国的《行政违法行为立法纲要》和《行政违法行为法典》，以及纳入犯罪而又单独立法的日本《轻犯罪法》和韩国的《轻犯罪处罚法》。二是组成刑法典的一部分。有的在刑法典中单列一编"违警罪"或"轻罪"，如《法国刑法典》、《意大利刑法典》、《瑞士刑法》、《泰国刑法》等；有的散见在刑法典中，以处罚的刑期长短来区分为轻罪和一般刑事犯罪，如美国刑法规定，判处一年以下拘禁的为轻罪。

（二）关于基本原则

"无法不罚原则"是一项保障人权的世界性原则，最早是在刑法中为反对封建社会的罪刑擅断提出来的，目前已成为世界各国制定各类法律，而不仅仅是刑法中所普遍确认的基本原则。如德国《违反秩序法》第3条规定："一项行为，只有在其实施之前，其可处罚性已经由法律予以规定，方可将其作为违反秩序行为处罚。"

第十七章　治安纠纷调解

“如果一个纠纷未得到根本解决，那么社会机体就可能产生溃烂的伤口；如果纠纷是以不适当的和不公正的方式解决的，那么社会机体就会留下一个创伤，而且这种创伤的增多，又有可能严重危及对令人满意的社会秩序的维护。”

——埃德加·博登海默

纠纷之解决，尤以调解办法最为彻底，既可和解当事人的争执，复可使当事人恢复旧感，重归于好，无芥蒂横亘于其胸，无十年不能忘却之仇恨，使调解纠纷办法，不仅减少人民诉累一端，且含有不少教育感化的意义在内。①

【学习目标】 理解掌握治安调解的概念和适用条件，正确理解和运用治安调解的适用原则和适用范围，正确理解、熟练掌握和灵活运用治安调解的程序、调解方法和技巧。

【教学重点】 治安调解的适用条件和适用范围，治安调解程序和调解方法。

【教学难点】 治安调解技巧的灵活运用。

第一部分　基础知识

一、治安纠纷调解的概念

调解是指在第三方的主持下，纠纷当事人双方自愿妥协、合意解决纠纷的活动。而所谓纠纷即“争执的事情”，② 是一种社会主体间的利益对抗状态，隐含着对现存秩序的破坏。纠纷是存在着多个关系人之间的利益对立，他们各自主张自己的利益，处于相互之间没有达成妥协的状态。③ 我国自古就重视纠纷调解，有确切记载的纠纷调解制度最早可追溯至西周，《周礼·地官》中就有所谓“调人”的官名记载，即专门负责调解事务的官员，其作用是“掌司万民之难而谐和之”。经过几千年的发展，中国的调解制度日趋完善，成为一门容情、理、法为一体的“化干戈为玉帛”的艺术，被西方国家誉为“东方经验”并广泛借鉴。当前，我国的调解已形成了由人民调解、司法调解、行政调解等构成一个完整体系，在化解纠纷、妥善解决“人民内部矛盾”、创造和谐的社会环境方面起着至关重要的作用。

而治安纠纷调解，作为行政调解的重要门类，是指对于因民间纠纷引起的打架斗殴或者

---

① 摘自 1943 年 12 月 20 日陕甘宁边区高等法院发布的《注意调解诉讼纠纷》的指示信。

② 现代汉语辞典［M］. 北京：商务印书馆，1982.

③ 高见泽磨著，何勤华等译. 现代中国的纠纷与法［M］. 北京：法律出版社，2003.

损毁他人财物等违反治安管理、情节较轻的治安案件，在公安机关的主持下，以国家治安法律规范为依据，在查清事实、分清责任的基础上，劝说、教育并促使双方交换意见，达成协议，对治安案件做出处理的活动。我国《治安管理处罚法》《公安机关办理行政案件程序规定》《公安机关治安调解工作规范》等法律规范都对治安调解作了明确规定。《治安管理处罚法》第9条规定：对于因民间纠纷引起的打架斗殴或者损毁他人财物等违反治安管理行为，情节较轻的，公安机关可以调解处理。经公安机关调解，当事人达成协议的，不予处罚。经调解未达成协议或者达成协议后不履行的，公安机关应当依照本法的规定对违反治安管理行为人给予处罚，并告知当事人可以就民事争议依法向人民法院提起民事诉讼。

二、治安调解的适用条件

（一）起因条件

治安纠纷调解的案件起因是民间纠纷。所谓民间纠纷，是指公民之间、公民和单位之间，在生活、工作、生产经营等活动中产生的纠纷。常见的纠纷类型主要有：婚姻家庭类纠纷，包括夫妻之间、家庭成员之间涉及家庭暴力、财产分配、老人赡养、子女抚养等；债权债务纠纷，包括所有权纠纷、使用权纠纷、借贷纠纷、合同纠纷、劳资纠纷、租赁纠纷等，往往属于纯粹经济纠纷，一般不属于公安机关管辖范围，但如果在解决纠纷的过程中引发违反治安管理的行为，则公安机关需要介入平息现场事态；损害赔偿纠纷，包括因殴打他人、故意伤害、毁坏财物赔偿纠纷等；邻里物业纠纷，包括饲养宠物、乱丢乱放垃圾、噪音污染、物业管理纠纷等。当然，对不构成违反治安管理行为的民间纠纷，应当告知当事人向人民法院或者人民调解组织申请处理。

（二）行为条件

引发的违法行为是殴打他人或故意损毁他人财物以及其他违反治安管理行为，即《公安机关治安调解工作规范》第3条规定的殴打他人、故意伤害、侮辱、诽谤、诬告陷害、故意损毁财物、干扰他人正常生活、侵犯隐私等违反治安管理行为。属于有关法律规范规定的治安调解范围的治安案件，公安机关才可以进行治安调解。法律规定不适用治安调解的案件如雇凶伤人、结伙斗殴等则不能进行治安调解，其他纠纷案件或不构成违反治安管理行为的案件，公安机关依法不适用调解，但应当提供帮助。

（三）性质条件

适用治安调解的纠纷都是根据治安管理处罚法的规定已构成应受治安处罚的违反治安管理行为，对不构成违反治安管理行为的民间纠纷，应当告知当事人向人民法院、人民调解组织或其他有关行政调解组织等申请处理。

（四）情节条件

适用治安调解的治安纠纷都是违反治安管理行为情节较轻的纠纷。“情节较轻”是治安调解适用的必要条件。违反治安管理行为有情节轻重之分，必须是情节较轻的，公安机关才能调解处理。而所谓情节较轻是指违反治安管理行为的性质较轻、手段不恶劣、后果不严重、危害较小、次数少等。如《治安管理处罚法》关于殴打他人、故意伤害行为的规定。其第43条规定：殴打他人的，或者故意伤害他人身体的，处5日以上10日以下拘留，并处200元以上500元以下罚款；情节较轻的，处5日以下拘留或者500元以下罚款。有下列情形之一的，处10日以上15日以下拘留，并处500元以上1000元以下罚款：（一）结伙殴打、伤害他人的；（二）殴打、伤害残疾人、孕妇、不满14周岁的人或者60周岁以上的人的；（三）多次殴打、伤害他人或者一次殴打、伤害多人的。该条款中，即规定了殴打他人、故意伤害行为等违反治安管理行为的情节要件，即情节较轻的、一般情节、情节较重的三类，其中，显然只有情节较轻的情形才可以适用治安调解。而涉及结伙殴打的、多次殴打的、殴打多人的以及殴打残疾人、孕妇等特殊人群的，则属于情节较重的情形，依法不适用治安调解。而关于“结伙”、“多次”、“多人”等的认定问题，《公安机关执行〈中华人民共和国治安管理处罚法〉有关问题的解释（二）》（2007年1月8日公通字［2007］1号印发）则给出了明确解释，其第8条关于“结伙”、“多次”、“多人”的认定问题规定：《治安管理处罚法》中规定的“结伙”是指两人（含两人）以上；“多次”是指三次（含三次）以上、“多人”是指三人（含三人）以上。

（五）意愿条件

合意是治安调解程序启动的先决条件，也是治安调解顺利完成的必然要求。治安调解必须是双方当事人均同意调解，而是否同意调解完全取决于当事人的主观意愿。在治安纠纷发生后，公安机关可以引导、劝说当事人进行调解，积极化解矛盾纠纷。但是否启动调解、是否接受调解等完全取决于当事人的意愿，公安机关可以尽可能促成调解的启动和完成，但不能强制调解。

（六）自决条件

自决条件即公安机关对于治安纠纷的判定条件，只有公安机关认为可以调解处理的才能调解处理。即公安机关可以综合具体违反治安管理行为的影响因素，综合考量危害后果、行为人态度、一贯表现、悔改程度、社会影响等情形，最终衡量该治安案件是否适宜治安调解。对于不符合治安调解范围的治安案件不适用治安调解，对于符合调解条件的治安案件是否适用调解处理，要充分考虑案件的调解处理是否有利于双方当事人消除矛盾、是否有利于当事人的生产生活、是否有利于社会稳定等因素综合衡量。

一般而言，纯粹民事纠纷不是公安机关的处置范围，如合同纠纷、债权债务纠纷等。但当前纠纷的日益复杂化使得治安纠纷与民事纠纷往往交织在一起、错综复杂，有些所谓“治安纠纷”往往是由民事纠纷引发、升级而成，某些纠纷当事人在解决纠纷过程中行为过激，超出法律规定限度而造成违反治安管理行为甚至犯罪行为，或者为达到让公安机关介入解决自己纠纷的目的而刻意制造治安问题。公安机关要明确纠纷性质，合理界定治安调解的适用，尤其对于不属于治安调解范围的应当及时移交其他相应的纠纷调解机构。一般来说，应当进行治安调解的不得适用人民调解，而只要不构成违反治安管理行为的民间纠纷都应当由人民调解委员会或者法院调解。

三、治安纠纷调解的原则

1. 合法原则。治安调解应当按照法律规定的程序进行，双方当事人达成的协议必须符合法律规定。

2. 公正原则。治安调解必须以事实为依据，以法律为准绳。调解要做到合情、合理、合法，必须在查清事实、取得证据、分清责任的基础上依法调解。要实事求是地提出调解意见，不得偏袒一方。

3. 公开原则。除涉及国家机密、商业秘密或者个人隐私，以及双方当事人都要求不公开的治安案件外，治安纠纷调解应当公开进行。

4. 自愿原则。治安调解必须以当事人各方自愿为调解处理的前提条件，公安机关不能以行政强制的手段强迫双方当事人接受调解。达成协议的内容，必须是双方当事人真实意思表示。

5. 及时原则。治安调解应当及时进行，使当事人尽快达成协议，解决纠纷。对治安调解不成的，应当在法定的办案期限内及时依法予以治安处罚，不得久拖不决。

6. 教育原则。治安调解应当通过查清事实，讲明道理，指出当事人的错误和违法之处，教育当事人自觉守法并通过合法途径解决纠纷。

四、治安调解范围的具体适用

《治安管理处罚法》、《公安机关办理行政案件程序规定》、《公安机关治安调解工作规范》等法律规范明确规定了治安调解的范围。《公安机关办理行政案件程序规定》第153条规定：对于因民间纠纷引起的殴打他人、故意伤害、侮辱、诽谤、诬告陷害、故意损毁财物、干扰他人正常生活、侵犯隐私、非法侵入住宅等违反治安管理行为，情节较轻，且具有下列情形之一的，可以调解处理：

（1）亲友、邻里、同事、在校学生之间因琐事发生纠纷引起的；

（2）行为人的侵害行为系由被侵害人事前的过错行为引起的；

（3）其他适用调解处理更易化解矛盾的。

对不构成违反治安管理行为的民间纠纷，应当告知当事人向人民法院或者人民调解组织申请处理。

《公安机关办理行政案件程序规定》第154条规定，具有下列情形之一的，不适用调解处理：

（1）雇凶伤害他人的；

（2）结伙斗殴或者其他寻衅滋事的；

（3）多次实施违反治安管理行为的；

（4）当事人明确表示不愿意调解处理的；

（5）当事人在治安调解过程中又针对对方实施违反治安管理行为的；

（6）调解过程中，违法嫌疑人逃跑的；

（7）其他不宜调解处理的。

故治安调解的适用选择可以分为“可以”、“不适用”“适宜”等三种选择情形。

（一）“可以”为选择处理

“可以”为选择处理，即对于符合治安调解范围的治安案件，公安机关可以选择治安调解处理，也可以选择治安处罚。《治安管理处罚法》等法律规范以列举式规定了可以适用治安调解的情形，凡符合规定情形的治安案件均可以适用治安调解，即因民间纠纷引起的殴打他人、故意伤害、侮辱、诽谤、诬告陷害、故意损毁财物、干扰他人正常生活（含制造噪声干扰他人正常生活、发送信息干扰他人正常生活、饲养动物干扰他人正常生活等）、放任动物恐吓他人、侵犯隐私、非法侵入他人住宅以及偷开机动车等治安案件。公安民警在办理这些治安案件时可以依法选择适用治安调解。

（二）“不适用”为否定性选择处理

“不适用”为否定性选择处理，即对于该种情形的治安案件，公安机关不可以选择治安调解处理，只能依法进行治安处罚；《公安机关办理行政案件程序规定》和《公安机关治安调解工作规范》以列举式规定了不适用治安调解的情形，凡符合规定情形的治安案件均不能适用治安调解，即雇凶伤害他人的、结伙斗殴的、寻衅滋事的、多次实施违反治安管理行为的、当事人在治安调解过程中又挑起事端的、其他不宜治安调解的。公安民警在办理这些治安案件时只能依法进行治安处罚，不能适用治安调解。如殴打快递员者被处行政拘留案：2016年4月17日上午，快递员小冯（男，27岁，河北人，半年前来京做快递员）在北京市东城区某小区外驾驶电动三轮车送快递时与李某（男，57岁，本市人）驾驶的机动车发生剐蹭，事发时小冯曾鸣笛示意司机，要通过时，司机再倒车发生剐蹭。司机李某随即借故对小冯殴打辱骂，连续掌掴，称“见你一次，打你一次”。小冯被打的过程前后持续了5分钟，在这个过程中，他一直都是忍让，没有还手。小冯担心延误快递，决定私了赔司机400元。小冯说，“心里特委屈，打工嘛，都是这样……”事发后，在快递公司员工陪同下，小冯去附近派出所报了案。21时许，东城公安分局东花市派出所接事主报警称与人发生纠纷并被掌掴，警方迅速开展案件查处工作。普仁医院外科急诊出具的诊断报告显示，小冯头部受外伤、软组织挫伤。后有目击者拍下视频并上传到社交网络，引发了网友的关注和愤慨。案件调查终结，东城警方以“寻衅滋事”行为对李某依法处以行政拘留十日的处罚。该案不以殴打他人行为定性量罚，而认定为寻衅滋事行为，原因在于其行为形式上以殴打他人来表现，但行为实质在于“借故生事”。属于借“偶发矛盾纠纷”发泄情绪、逞强耍横。其辱骂的具体言语、殴打的具体动作、行为延续过程相结合，则明显突破了“殴打”的显性表现，不仅仅表现出打人者的愤怒，更表现出打人者的嚣张与戾气，打人者对双方关系的错位认识，对他人的权益不尊重，对他人人格尊严的蓄意践踏，对法律敬畏心的缺乏，完全以“上位”欺辱人的心态和架势显现，完全符合了“寻衅滋事”的认定要件。该案自然不属于治安调解的范围，不符合治安纠纷调解的要件，不能适用治安调解，当然，对于案件当事人所涉及医疗费用等赔偿，可由当事人协商解决，也可由民警协调双方解决，协商不成，可向当地法院依法提起诉讼来解决。

（三）“适宜与否”应当成为治安调解选择适用的最终衡量因素

符合调解条件的治安案件是否调解处理，要充分考虑法律的规定，充分考虑案件的调解处理是否有利于双方当事人消除矛盾，是否更有利于当事人合法利益的维护，是否更有利于社会稳定。实践中许多案件起因复杂，双方当事人矛盾较深，往往双方都有过错，为了缓和矛盾，防止矛盾激化，公安民警在办理这些治安案件时应当设法做好双方的思想工作，“能调则调”，帮助他们沟通思想，握手言和，最终调解结案。如果在双方不同意调解时轻易放弃调解工作，轻率采用治安处罚手段结案，往往会加深或激化矛盾，甚至可能诱发刑事案件。相反，切忌滥用治安调解，对不适用治安调解的案件，即使当事人同意调解，公安民警也不应调解处理。对不适宜治安调解的案件进行治安调解必然对违法行为人打击不力，同时也会导致社会公众对法律的曲解，认为只要赔了钱，就可以不受法律追究。对法律的权威乃至警察执法权威产生极其不利的影响。治安案件是否适宜调解应当综合有关法律规范的规定、违反治安管理行为的危害后果、违反治安管理行为人的态度、一贯表现、悔改程度、社会影响等情形作通盘考量。

五、治安调解程序

治安调解的程序有两种：普通程序与简易程序。普通程序是调解治安纠纷的一般程序，适用于一般治安纠纷调解，实践中大部分治安纠纷的调解适用普通程序。而简易程序又称现场调解程序，适用于事实清楚、双方当事人同意现场调解并当场履行的符合治安调解条件的治安纠纷。

（一）普通调解程序

普通调解程序的流程一般为受案——调查取证——教育调停——达成协议——履行协议——结案或者为受案——调查取证——教育调停——达不成协议——进行治安处罚——结案。普通调解程序较为规范并附属于一般治安案件调查程序，其运用的程序要件基本等同于一般治安案件办理程序要件。具体包括以下几个步骤：

1. 受理案件

受理案件是普通调解程序的第一个环节。公安机关接到治安案件时对有关案情材料进行审查，如果查明该案属于治安调解范围，公安机关认为可以调解处理，当事人也愿意在公安机关主持下进行调解，则经过受案手续，批准作为治安调解案件进行办理。治安调解案件的受理案件和一般治安案件的受理案件一样，应当严格按管辖权和审批权的要求进行。受理案件时要注意做好对当事人的教育疏导工作。公安机关受理案件时当事人之间的矛盾纠纷可能尚存在甚至仍在激烈进行着，对此公安机关要做好的第一项工作就是教育疏导。通过教育疏导使当事人之间的纠纷冲突停止下来，情绪平静下来。为后面的调解工作打好基础。也只有这样，后面的工作才能开展。

2. 调查取证

调查取证是普通调解程序的基础环节。公安机关治安调解应在查明案情，明确是非责任的基础上进行，这样才能有针对性地对当事人进行有效的教育疏导。如果当取证未取证或当及时取证未及时取证往往造成证据的灭失，而取证困难极可能导致调解时处于被动局面，一旦调解不成功进行治安处罚也于法无据，从而使办案民警陷入尴尬境地。调查取证的对象主要是当事人、旁观者及其他知情人。要对损害情况及时取证并进行证据固定：对当事人的伤势程度及伤势具体表现、损毁的财物都要进行记录并拍照加以固定；要及时对当事人、证人制作笔录：在固定证据后，及时对报案人、受害人和目击证人制作笔录，对于不能当场制作笔录取证的，必须对其工作单位、住址和联系方式进行核实后登记；要收集归档有关医疗证明材料：对需要进行伤害鉴定的，依法进行伤害鉴定，不需要伤害鉴定的，双方或一方当事人的病历、发票和住院治疗的出院小结等有关医疗证明材料都要依法收集归档。

3. 教育调停

教育调停是普通调解程序的关键环节。公安机关进行治安调解，能否最终促使当事人达成并履行调解协议，关键在于教育调停工作。教育调停工作做得好，当事人才能主动地达成并履行调解协议。在教育调停中，公安机关一方面要对当事人的打架斗殴或损毁他人财物等违反治安管理行为进行法制教育，使其认识到其行为的性质和危害，教育其不再继续或重新违反治安管理，另一方面又要对当事人之间的矛盾纠纷、人身伤害或财物损失的赔偿等进行调停，使当事人之间自愿达成合情合理、公正合法的调解协议，两个方面都要做好，避免取此舍彼或一手强一手弱。教育调停应当注重教育疏导，化解矛盾，注意方式方法的恰当使用，要注重化解矛盾、缓解情绪，不急于下结论，在调解失败后处罚时宜从轻处罚避免激化矛盾。

4. 达成协议

达成协议是治安调解的中心环节。公安机关进行治安调解，直接的目的就是教育调停当事人，促使当事人自愿达成调解协议，达成协议的应制作《治安调解协议书》。《治安调解协议书》是前面几个步骤的结晶，又是后面协议履行程序的依据。

5. 协议履行

协议履行是治安调解协议的落实程序。《治安调解协议书》不履行便等于一纸空文。在调解协议的履行上需要明确两个问题：一是治安调解协议书的法律效力；二是治安调解协议的具体执行方式。治安调解协议书只要是依法制作，且经双方当事人签字或盖章认可，就具有法律效力，公安机关不能随意更改，双方当事人也应当自觉履行协议所确定的内容。但协议达成后一方或者双方当事人反悔拒不履行调解协议的，公安机关应当改用治安处罚程序办理案件，对违反治安管理行为人依法作出治安管理处罚决定。

6. 结案

治安调解协议履行完毕后，该治安案件即终结，公安机关应当予以结案，同时制作案卷归档。而经治安调解未达成协议或者达成协议后不履行的，公安机关应当依法对违反治安管理行为人给予治安管理处罚，并告知当事人可以就民事争议依法向人民法院提起民事诉讼。而治安管理处罚决定书作出并履行完毕，该治安案件终结，公安机关应当予以结案，同时制作案卷归档。

其特殊要求为：

1. “委托调解”要求。被侵害人可以亲自参加治安调解，也可以委托其他人参加治安调解。委托他人参加治安调解的，应当向公安机关提交委托书，并注明委托权限。

2. “邀请委托”要求。公安机关进行治安调解时，可以邀请当地居（村）民委员会的人员或者双方当事人熟悉的人员参加。当事人中有不满十六周岁未成年人的，调解时应当通知其父母或者其他监护人到场。

3. “调解次数”要求。治安调解一般为一次，必要时可以增加一次。

4. “调解期限”要求。对明显不构成轻伤、不需要伤情鉴定以及损毁财物价值不大，不需要进行价值认定的治安案件，应当在受理案件后的3个工作日内完成调解；对需要伤情鉴定或者价值认定的治安案件，应当在伤情鉴定文书和价值认定结论出具后的3个工作日内完成调解。对一次调解不成，有必要再次调解的，应当在第一次调解后的7个工作日内完成。

5. “调解协议”要求。治安调解达成协议的，在公安机关主持下制作《治安调解协议书》，《治安调解协议书》一式三份，双方当事人各执一份，治安调解机关留存一份备查。双方当事人应当在协议书上签名，并履行协议。《治安调解协议书》应当包括以下内容：

（1）治安调解机关名称，主持人、双方当事人和其他在场人员的基本情况；

（2）案件发生时间、地点、人员、起因、经过、情节、结果等情况；

（3）协议内容、履行期限和方式；

（4）治安调解机关印章、主持人、双方当事人及其他参加人签名、印章（捺指印）。

6. “调解协议跟踪履行”要求。治安调解协议履行期满三日内，办案民警应当了解协议履行情况。对已经履行调解协议的，应当及时结案，对没有履行协议的，应当及时了解情况，查清原因。对无正当理由不履行协议的，依法对违反治安管理行为人予以处罚，并告知当事人可以就民事争议依法向人民法院提起民事诉讼。

7. “治安调解案件办案期限”要求。治安调解案件的办案期限从未达成协议或者达成协议不履行之日起开始计算。

（二）现场治安调解程序

现场治安调解程序的流程相对简单，一般没有固定的法律程序，主要根据纠纷现场实际情况，由现场处理民警自主决定。通常为制止纷争和疏散群众——调查——训诫、教育——责令自行协商——提出纠纷解决方案——纠纷解决——结案。《公安机关治安调解工作规范》第14条规定：公安机关对情节轻微，事实清楚，因果关系明确、不涉及医疗费用、物品损失或者双方当事人对医疗费用和物品损失的赔付无争议，符合治安调解条件，双方当事人同意现场调解并当场履行的治安案件，可以进行现场调解。现场调解达成协议的，应当制作《现场治安调解协议书》，由双方当事人签名。对于现场治安调解结案的治安案件，可以不制作卷宗，但办案部门应当将《现场治安调解协议书》按编号装订存档。

1. 开启执法记录仪等视音频记录设备

公安民警到达纠纷现场后，应当立即开启执法记录仪等视音频记录设备，对处警过程进行视音频记录。视音频记录设备重点摄录纠纷现场环境、现场有关人员（违反治安管理行为人、被侵害人、证人等）的体貌特征和言行举止、重要涉案物品及其主要特征、有关证据材料、现场治安调解民警现场调解和双方协商情况、现场治安强制措施的采取情况等。摄录时间从到达现场开始处理纠纷开始，到纠纷调解结束停止，要进行全程不间断记录。如果现场治安调解失败，须将有关人员带回公安机关，则摄录直至将有关人员带至公安机关办案区为止。

2. 表明执法身份

表明执法身份既是现场治安调解的法定程序，也是执法规范化的要求。到达纠纷现场的警察要向纠纷当事人出示执法身份证件以表明自己是合法的执法人员，有权实施行政处罚。当然警察身着制服巡逻时或接到上级指令到达纠纷现场时可不必出示执法身份证件，因为执勤民警着装就表明其身份。但当事人要求民警出示执法证件的，民警应当出示。

3. 制止纷争和疏散群众

吵闹甚至打砸是纠纷发生的显性表现，现场调解的民警首先要尽量控制现场事态，制止当事人的吵闹行为，平复当事人情绪，防止矛盾激化，事态升级并蔓延扩大。在控制现场的过程中，要尽可能疏散围观群众，防止群众言行影响当事人情绪。如果现场局势恶化，民警应当准确判断现场情势，适时适度采取治安行政强制措施制止纷争，必要时可依法使用警械武器保护被侵害人和警察自身安全。

4. 调查

现场调解的民警到达现场后要迅速调查了解案情，充分听取纠纷当事人的陈述和申辩，弄清楚纠纷当事人个人的基本情况，纠纷的起因、经过、结果等案件事实情况，如有证据，要及时收集固定证据，必要时可向周边知情人员了解情况。如果纠纷当事人一方或双方有不满16周岁未成年人、聋哑人或者不通晓当地通用的语言文字的人如少数民族人员、外国人等的，则一般不适用于现场治安调解。

（1）不满16周岁未成年人。如果纠纷当事人一方或双方有不满16周岁未成年人且其父母或者其他监护人在场，则征求其意愿后可以现场治安调解。如其父母或者其他监护人不在场，则不适用于现场治安调解。《治安管理处罚法》第84条第3款明确规定：询问不满16周岁的违反治安管理行为人，应当通知其父母或者其他监护人到场。

（2）聋哑人。如果纠纷当事人一方或双方是聋哑人，则现场应当有通晓手语的人提供帮助，否则不适用现场治安调解。《治安管理处罚法》第86条第1款明确规定：询问聋哑的违反治安管理行为人、被侵害人或者其他证人，应当有通晓手语的人提供帮助，并在笔录上注明。当然，如果当事人出具书面声明明确表示不需要有通晓手语的人提供帮助即可自行沟通，则可以适用现场治安调解。

（3）不通晓当地通用的语言文字的人。如果纠纷当事人一方或双方是不通晓当地通用的语言文字的人如少数民族人员、外国人等的，则现场应当有通晓当地通用的语言文字的人提供翻译，否则不适用现场治安调解。《治安管理处罚法》第 86 条第 2 款明确规定：询问不通晓当地通用的语言文字的违反治安管理行为人、被侵害人或者其他证人，应当配备翻译人员，并在笔录上注明。当然，如果当事人出具书面声明明确表示不需要有通晓当地通用的语言文字的人提供翻译即可自行沟通，则可以适用现场治安调解。

5. 训诫、教育

对于情绪过激或违反治安管理行为比较明显的当事人，现场调解的民警要及时安抚当事人情绪、制止其过激行为，并适时予以训诫、指出当事人违反治安管理行为表现，教育当事人遵纪守法，询问当事人问题解决意愿，适时提出纠纷解决建议。现场治安调解的纠纷往往属于临时发生，多数不涉及财产利益，当事人往往只求得到一个“说法”，论个谁是谁非，即使涉及赔偿纠纷，涉及的款项数额也不大，现场调解的实际作用无异于对双方的思想教育和心理疏导。现场调解的民警要了解纠纷当事人心态，把控现场局势，说服教育纠纷当事人互相妥协，接受纠纷解决建议。

6. 责令自行协商与提出纠纷解决方案

现场调解的民警要及时询问当事人问题解决意愿，责令当事人自行协商，通过协商达成解决意见，在双方协商未果的情况下，现场调解的民警可根据调查的情况提出纠纷解决建议供双方参考。

7. 履行调解协议、纠纷解决

在自行协商和民警纠纷解决建议的基础上双方达成调解协议并当场履行，则现场治安调解宣告成功，否则现场调解的民警即应当将纠纷当事人带回公安机关处理。

六、治安调解结果的适用

治安调解与人民调解、司法调解等其他类型纠纷调解在类型本质上具有同一性，只不过其限定于警察居中调处，限定为民间纠纷中的违反治安管理行为，否则即适用于人民调解或其他调解形式。治安调解本质上是以“调解”消解“处罚”，同人民调解等调解形式实质上异曲同工，均为化解矛盾、追求和谐。而治安调解不成的，则往往启动治安处罚程序甚至诉讼程序，发挥治安惩戒的社会稳定作用。《治安管理处罚法》第 9 条明确规定：对于因民间纠纷引起的打架斗殴或者损毁他人财物等违反治安管理行为，情节较轻的，公安机关可以调解处理。经公安机关调解，当事人达成协议的，不予处罚。经调解未达成协议或者达成协议后不履行的，公安机关应当依照本法的规定对违反治安管理行为人给予处罚，并告知当事人可以就民事争议依法向人民法院提起民事诉讼。显然，纠纷类型不同，处置要求不同，处理结果也有显著差异，一般有治安纠纷调解达成调解协议并履行、治安纠纷调解未达成协议或者达成协议后不履行、自行和解并履行和解协议、不属于警察管辖范围的民间纠纷、刑事和解等情形。

七、治安调解的方法

在治安纠纷调解过程中，民警要在全面了解情况、分析案情的情况下，灵活适用调解方法，要结合纠纷现场实际状况，注意时机的把握，注意场合和注意当事人的状况，做到何时应当说何话，何时能够说何话，何时不能说何话。要注意语气、语调的把握，何时宜轻，何时宜重，何时宜缓，何时宜急，要恰到好处。但要依照法律有关规定，做到立场坚定、是非分明、观点正确，要表现出法律的庄重、威严和威慑力。同时要注意把握纠纷涉及问题解决的先后秩序，要注意纠纷涉及问题的“轻、重、缓、急、难、易”，无论“冷处理法”、“热处理法”，还是“快刀斩乱麻法”、“说理法”等常见调解方法，都需根据纠纷实际情况、根据当事人个体具体状况而具体选用。可根据抓主要矛盾和先重后轻、先急后缓、先易后难的原则来决定。尤其对待不同案件、不同年龄、性别、气质和经历的当事人，所要采取的策略应当有所不同，灵活处理，方能取得调解的高成功率。

（一）了解情况，理解想法

民警要及时了解当事人双方情况，如年龄、性格、受教育程度、家庭背景、个人经历等，了解纠纷发生的原因、过程及结果，了解当事人的心理承受能力。每一起纠纷的产生都有一定的原因。调解纠纷不能被表象所蒙蔽，不能被人际关系所左右，切忌先入为主、主观臆断。而不论是什么性质的纠纷，不论双方当事人的情绪、态度、言语如何，都应该认真听取当事人把纠纷的前因后果陈述完毕，对不清楚的问题进行详细询问。在询问的过程中，尽可能理解双方当事人的真实想法，如当事人行为的情感以及其发生纠纷和纠纷后的心理，包括对违反治安管理一方的违法心理和情感的理解，对受到侵害一方的情感的理解等。

（二）换位思考，分析情感

民警要重视换位思考在治安纠纷调解中的重要作用，包括民警与当事人的换位思考和当事人之间的换位思考。在纠纷调解中，民警应当站在当事人的角度揣摩当事人的心理态度，而后引导当事人之间进行换位思考，推己及人，积极为当事人交流沟通创造机会、搭建平台，使双方当事人在考虑自己利益的同时，其能够站在对方角度上设身处地想问题，即也要设想对方是怎样考虑他的利益，因而在决定和解之前，就要互相“相让”和“想到”，才能促成最大程度上保证双方利益，促使纠纷尽快得到解决。而在事实清楚、想法明确的情况下，对当事人进行情感分析，分析“情、理、法”，讲人之常情，讲邻里交情，讲宽容谅解他人之情。尤其强调要根据当事人之间的不同关系进行分析，如邻里间相互关照的交往之情，兄弟姐妹的手足之情，血浓于水的养育之情，引起当事人感情上的共鸣，达到当事人与民警之间、当事人与当事人之间感情融洽、情感相容的目的。再通过说服教育，劝解双方当事人互相谅解，从而消除隔阂，息事宁人，握手言和。

（三）找准症结，解开疙瘩

在调解过程中民警应当注意察言观色，对每一个细节都要谨小慎微，不轻易放过。要根据不同的对象和案情，找准纠纷症结所在，有针对性的解除当事人的顾虑，耐心疏导，以人们普遍认同的社会公理、必须遵守的法理、合乎风土人情的情理等解开当事人的“疙瘩”。同时要确保信息渠道畅通，向当事人及时通报有关信息，及时回应当事人关切，防止疑虑和无端猜忌的产生，进而影响当事人对调解警察的信任，影响到调解的进程和调解结果。如及时看望受伤当事人，及时做调查取证，及时开具伤情鉴定书和财产损失评价书，当伤情鉴定等结果没有及时做出时，要及时对当事人及其亲属作出解释。当当事人有疑问时，要耐心及时对当事人作出合理解释。

（四）拓宽思路，寻找平衡

在全面弄清纠纷事实的基础上，寻找当事人双方利益的平衡点。从中找出纠纷的“焦点、难点、弱点和结合点”。焦点是纠纷双方争议最大的问题，难点是纠纷一方或双方难以解开或者难以接受问题，弱点是纠纷一方或双方不愿意让对方知晓的问题，结合点是纠纷双方都能认同和接受的问题。要掌握所需要调解案件的案情，搞清楚双方责任过错与承担责任的比例，抓住当事人在纠纷中“软肋”，“暗示”当事人，使双方都能互谅互让，达成和解。

八、治安调解技巧的运用

民警调处治安纠纷时应当把法律的规范要求、个体的客观需求以及社会的现有情理有机结合，注重执法艺术、技巧、策略和执法语言的运用，掌握执法语言使用技巧，做到准确、规范、简洁；合理运用执法态度，做到言之成理、以理服人。要培养和提高观察能力，时刻注意现场环境的变化，因时、因地、因人，及时调整应对策略，做到公平公正、有礼有节、无懈可击。

（一）理念要求：以民为本，人权至上

讲究调解技巧运用首先要求理念要端正，要正确认识与处理严格执法和人性化执法的关系，真正做到严格执法与人性化执法的统一。应当体现“宽容精神”，倡导“理性执法”。但应当说人性化执法并不排斥严格执法，不是要放弃法律和执法原则，人性化执法也是在法律规定框架内讲究人性化，是在法定的尺度内体现“人性”的光辉。作为办案民警，首要问题在于适应新时期社会发展要求，明确执法理念，平衡执法心态，以“服务执法”取代“管理行政”，以“依法行政”取代“依法行政”。明确自体执法的中立地位，建立“管理负责制”，在法律基础上保证“政治负责制”。而现代“法治”观念要求以“人”为中心开展工作，注重人格尊重、人心相融、人文关怀，注重体谅民心、体察民情、体恤民伤。要求端正执法思想，树立人权观念。

（二）素质要求：综合全面，一专多能

调解技巧运用对于办案民警的素质要求较高，尤其从现代社会治安的特点和社会发展趋势来看，应当更重视民警综合素质的培养，使其具有更强的适应性和创造力。如“六尺巷”故事在纠纷调解中的运用：清朝康熙年间大学士张英一天收到家信，说家人为了争三尺宽的宅基地，与邻居发生纠纷，要他用职权疏通关系，打赢这场官司。张英阅信后坦然一笑，挥笔写了一封信，并附诗一首：千里修书只为墙，让他三尺又何妨？万里长城今犹在，不见当年秦始皇。家人接信后，让出三尺宅基地。邻居见了，也主动相让，结果成了六尺巷。水无定势，法无常法，在执法活动中所面临的治安纠纷是纷繁复杂、千变万化的。要求民警综合掌握和运用经济学、法学、心理学、社会学、伦理学、风俗学等的相关知识，具备丰富的阅历、敏锐的观察能力、灵活的应变本领、良好的语言表达能力。

（三）心态要求：宠辱不惊，达观面对

所谓“草不谢荣于春风，木不怨落于秋天”。办案民警在纠纷调解过程中一定要把握好心态，不能把生活等工作之外的事情带入工作过程中，影响工作心态。即使工作中遭遇诸多不如意，也不怨天尤人，以达观的心态面对工作。要“怒不变容，喜不失节”，受辱不冲动，修身养性，“内正其心，外正其容”，热情但不失威严，灵活但不失庄重，耐心但不失果断，坚定中不失柔韧，干练中不失细腻，言谈举止得体。

（四）环境要求：因景施策，区别对待

调解要考虑人性，要结合中国的现实状况，国人的整体法治化水平和可接受程度，要因时、因地、因人而异，但一切都应归于“法治”理念下。执法要充分考虑人性，因为人性与法律是相同的。

（五）语言运用要求：礼貌适度，巧妙运用

语言运用能力是民警的基本功之一，其语言运用能力的高低，直接关系到调解工作的质量和效率。语言技巧是提高表达效果，增强语言可接受性的润滑剂。合理、巧妙运用调解语言，对于警察顺利开展执法工作不无裨益。

1. 语言运用的针对性

纠纷当事人各种各样，性格特点各有不同。办案民警的语言运用也要有针对性，符合警察调解工作的特定目的——妥善解决纠纷，防止矛盾激化。那么，其语言的运用就要针对治安调解目的、针对引发纠纷的原因、针对纠纷各方的性格特点展开。要求“有的放矢”，根据对象的不同个性特点选择合适的语言和语言表达方式。

2. 语言运用的礼貌性

文明执法是人民警察的职业道德规范，要求民警语言运用一定要礼貌。要使用健康、庄重的语言，杜绝粗俗、贬斥、挖苦、讽刺的语言。调解用语的权威性来自法的力量而不是来自生硬、粗暴、蛮横的表现形式。如果不懂得运用文明礼貌的调解语言，就会造成不良的社会效果。办案民警在调解纠纷时所使用的礼貌用语，包括得体的招呼称谓以及程式化的执法用语等。其具体要求是做到：说话和气、文雅、谦逊。

3. 语言运用的得体性

调解语言的运用要得体，要尽量使用规范词语，不用俚俗词语，尽量做到准确、简练、朴实、真诚，注意措辞得体和恰当。老子说：“信言不美，美言不信。”即是说语言要实在，不必追求华美，而华美的语言往往不实在，容易引起不同的理解，产生歧义。

4. 语言运用的灵活性

治安纠纷状况变化多端，要求调解语言的运用适应复杂多变的治安环境。要求办案民警具备灵活的口语应变能力，语言的运用要与时间、地点、双方的心情、身份、经历、处境等因素保持灵活的适应性。

5. 语言运用的合作性

理解当事人、体谅当事人，语言的运用结合“换位思考”进行，有利于合理运用语言，得到当事人的理解和支持以及当事人之间互相的理解与支持使其认同民警的调解行为从而迅速达成一致。美国语言哲学家格赖斯（H. P. Grice）认为，人们的言语交际总是互相合作的，谈话双方都怀着一个共同的愿望，双方话语都能互相理解，共同配合，因此，他们都遵守着某些合作的原则，以求实现这个愿望。合作原则包括四个范畴，每个范畴又包括一条准则和一些次准则，即：量的准则（所说的话应包含交谈目的所需要的信息，而不应超出）；质的准则：努力使你说的话是真实的（不要说自知是虚假的话和缺乏足够证据的话）；关系准则：要有关联；方式准则：要清楚明白（避免晦涩、歧义、罗嗦，要井井有条）。

6. 非言语行为的运用：目光专注，态度平和

在调解过程中，除了有意识的言语沟通外，更多的反应来自于潜意识层面的非言语沟通，即非言语行为。主要包括目光注视、面部表情、肢体动作、空间距离等。调解中警察应重视把自己正确的非言语行为融入适当的言语表达中去。一般而言，调解中正确的做法是：保持目光专注、平静，面部表情自然，保持放松和前倾的坐姿，适当的距离；不正确的做法是：目光游移不定或盯视对方，皱眉头、耸肩膀、抖动腿脚或僵直坐立，身体距离过近或过远等。

第二部分　典型案例评析

一、互殴同被拘案

场景设计：某小区保安刘某领工资时发现少发了200元钱，会计称是小区物业经理张某扣了他200元钱。刘某找张某理论，张某表示刘某损坏了物业办公室的凳子，按照公司规定须扣200元作为赔偿。刘某不服，认为是工作使用中损坏，不应赔偿，双方争吵起来，继而厮打在一起，周围有群众报警，辖区派出所民警随即赶赴现场。经查，二人外伤无大碍，但怨气较重，互不服气。民警将二人带回派出所，先进行治安调解，但反复劝说，两人均拒绝接受调解，要求公安机关依法处罚。派出所依法对刘某和张某分别做出治安拘留5日和治安拘留3日的治安管理处罚。

评析：

刘某和张某二人为了200元钱产生纠纷而大打出手，最终受到治安拘留处罚，有些不值得。但这是双方互不理解、互不相让，自己甘愿接受的结果。既不利于矛盾的最终解决，也不利于双方最大权益的维护。

1. 该案是否属于治安调解范围？

纳入治安调解范围的违法治安管理行为均为违反治安管理尚不够刑事处罚而应当受到治安处罚的行为。刘某和张某二人的矛盾源于劳资纠纷，一般劳资纠纷是纯粹的民事纠纷，不属于治安调解范围。但两人由劳资纠纷引发厮打，造成一定伤害后果，则属于违反治安管理行为，符合《治安管理处罚法》第9条所规定的治安案件调解范围，公安机关可以进行治安调解。

2. 公安机关对两人予以治安处罚是否正确？

考虑该违反治安管理行为发生在同事之间、引发纠纷的矛盾点较为简单、危害后果较轻等因素，该案最好的处理结果是化解纠纷、调解结案。而受案派出所民警也进行了长时间的调解工作。但治安调解强调遵循“意识自治”，是否接受以治安调解的方式解决纠纷是当事人的权利，完全取决于当事人的主观意愿，当事人有权接受或拒绝调解。而治安调解过程的进行也由当事人自主决定，即便启动了调解程序，是否要将调解程序进行到底，也完全取决于当事人双方，公安机关不能强制调解。而当当事人一方或双方执意选择治安处罚时，公安机关必须依法作出相应处理。本案中当事人拒绝治安调解，公安机关理应根据《治安管理处罚法》作出相应治安处罚决定。

二、狗咬兔命案

场景设计：陈女士系南京市秦淮区建康路某小区居民，每天都喜欢牵着狗外出散步。某日中午11时许，陈女士牵着狗外出散步至一家饭店门前时，狗挣脱牵引将饭店老板刘某在门口散养的一只大白兔咬死了。“也不知什么原因，我家狗每次见到大白兔就特别凶狠，冲上去又扑又咬。还好每次刘老板都及时把兔子抱走或是把狗赶走，这次刘老板不在，狗挣脱我的牵引把大白兔给咬死了。”陈女士说。兔子被咬死后刘老板的几个朋友从饭店里跑出来，要她赔兔子，她掏出100元钱丢下走了。回家后和女儿一说，女儿认为这么多人在欺负她，就跑到饭店讨说法。饭店刘老板见状火冒三丈，认为大白兔系自己五岁儿子的宠物，要求拿狗偿命，“你还觉得给100元钱吃亏了？告诉你，这件事不是钱能够摆平的，杀人偿命天经地义，你家狗咬死我家兔子也要偿命。你家的狗也太霸道了，兔子养门口碍你家狗什么事啦？每次都是冲过来又扑又咬，一次次都忍了。”双方各不相让。陈女士女儿认为刘老板要求太过分，遂拨打110报警。

现实场景回放：

特巡警110赶到现场后，对双方激烈的争吵行为进行了制止，劝他们要冷静对待。后建康路派出所民警介入调查调解。但刘老板的态度非常坚决，不要陈女士赔钱，只要把狗打死偿命，而陈女士认为其饲养的狗是哈士奇狗，是名犬，和普通大白兔根本没有可比性，而且“打死狗偿兔命”要求十分过分，双方各不让步，愈吵愈烈，甚至于拳脚相加，警方耐心调解，历时近2个小时终于调停争端。案件处理结果为：警方认为陈女士带宠物狗出来逛街，没有做好牵引、看管义务，导致狗狂吠乱跑并咬死兔子，使市民蒙受损失，违反了《南京市养犬管理条例》，依据条例，要赔偿相关损失并作出精神安抚。要求陈女士买只大白兔送给刘老板儿子，双方握手言和。刘老板也对陈女士表示：“你们赶快去夫子庙宠物市场买一只大白兔回来，把我儿子安抚好就算了，大家都是邻居，每天低头不见抬头见。”陈女士认为条件不算苛刻就同意了，立即去夫子庙宠物市场花了30元钱买了一只大白兔回来，当时给的100元钱就当表示歉意，还买了几包零食给刘老板的儿子吃，对已哭了半天的孩子表示安慰。见儿子开心，刘老板也和陈女士握手言和。

三、游客商贩冲突案

场景设计①： 2012年11月的某日，来昆明旅游的山东人郑先生和女友小谢因购买香烟沟通不畅同商贩董女士发生冲突，郑先生报警后，当地派出所民警魏警官等二人到现场处警进行调解，当双方各不相让，调解过程中又发生争执，附近商贩也加入进来，围观人群也越来越多，并有人抓挠警察，事态趋于恶化，魏警官为控制事态对商贩使用了催泪瓦斯，引发商贩不满并投诉魏警官。当事各方各执一词：

商贩：顾客抽烟没给钱

“我要向其他媒体和督察继续投诉这件事情。”昨晚7点10分，在景星街做生意的董女士提起下午发生的事情依旧气愤。她说昨天下午5点左右，有一对男女来她店铺上买东西。男子问她春城烟怎么卖，她说要50元一条。

男子看到旁边有一包已拆开的烟，没经过她允许，就点了一支来抽。看到男子抽烟，董女士以为他要买，就用塑料袋装了一条，等着对方付钱。可这时女子却阻止男子购买，于是她就和两人争执了起来。

争吵中男子打110报了警，几分钟后，护国派出所来了一名警察和一名协警，开始调解。董女士提出，让男子赔偿已经抽了的香烟，而男子则提出让董女士给其女友道歉。在民警现场调解中，双方又发生了争执，附近的商贩都出来了。

这时，民警拿出催泪瓦斯对着她和另外几名商贩就喷，“脸上火辣辣的，眼泪和鼻涕都出来了。”董女士说，民警使用催泪瓦斯后，场面比较混乱，那两名购物的男女也不见了。她认为民警的这种调解方式欠妥。

游客：商贩强买强卖

昨晚8点半，在护国派出所的值班室，记者见到了正做笔录的男子郑先生和女友小谢。说起事发时的情景，这个来自山东的游客觉得特别委屈。

---

① 游客购物与商贩起冲突 民警调解无效喷催泪瓦斯，人民网，2012年11月06日。

“我们一直躲在民警后边，没有受伤，不过那个民警被他们抓到脖子了。”郑先生说，昨天下午他和女友看到董女士摊位上的香烟，想着以前有朋友买过这种，看到摊位上还有开过包的香烟，他就抽了一支。

“朋友买的才2元一包，她要50元一条。”郑先生说，女朋友觉得贵，让他不要买。他当时还价30元一条，可摊主嗓门很大，还骂她女朋友，有强买强卖的意思，于是就发生了纠纷。

民警来了之后开始调解，可并没成功。郑先生说，他愿意赔偿摊主，但摊主不愿道歉，还继续骂他女友，旁边还出来3个女的帮着一起骂，还想冲过来打人，吓得他和女友赶紧躲在了民警旁边。

出勤的民警当时一直站在当事人双方中间，一直喊着冷静，可对方还在往前冲，试图抓他和女友，被警察挡住了。郑先生说他和女友两人都没有受伤，不过挡在前面的民警脖子被抓了一下，还留有印记。

紧接着，他们外边围了二三十个人，场面变得很混乱，出勤的民警掏出催泪瓦斯朝摊主方向喷了一下。“才喷完她们就叫‘警察打摊主’了。”郑先生说，这本来是他和摊主之间的矛盾，结果摊主这么一叫，矛盾直接转到警察那去了。

五华公安：已介入调查

“开始调解不了，我要求双方来派出所处理，摊主不愿意来。”昨晚，出警的魏警官接受采访时说，正在调解时旁边又跑来几名女商贩对报警人谩骂，还试图打报警人，而报警人小郑和女友小谢又在请求保护，他只好用自己的身体将双方隔开，并一再要求双方冷静。

“我口头上说了几次你们要冷静，否则采取进一步措施，可当时没人听。”魏警官说，这时一名女子抓向他的脖子，而围观的人群越来越多，导致整条街道都很拥堵，担心事态扩大，他赶紧使用了催泪瓦斯。

评析：

本案是由消费纠纷引发的违反治安管理行为，摊主涉嫌强买强卖、殴打消费者。买卖消费纠纷属于纯粹民事纠纷，不属于公安机关管辖范围，但摊主涉嫌强买强卖，消费者难以摆脱困境而报警求助，则警察有义务帮助被害人。警察到达现场后应当了解情况，告知双方遵纪守法，告知其正确的解决问题的路径，告知其冷静，严防事态扩大升级。并有义务采取措施保护被侵害人不受非法侵害。当事各方有义务遵从警察命令，积极协商解决问题，现场调解不成则应带回公安机关解决。如有阻挠警察执行职务甚至袭击警察的，警察有权力采取强制措施保护警察正当执法权。《中华人民共和国人民警察法》第35条明确规定，拒绝或者阻碍人民警察依法执行职务，有下列行为之一的，给予治安管理处罚：（1）公然侮辱正在执行职务的人民警察的；（2）阻碍人民警察调查取证的；（3）拒绝或者阻碍人民警察执行追捕、搜查、救险等任务进入有关住所、场所的；（4）对执行救人、救险、追捕、警卫等紧急任务的警车故意设置障碍的；（5）有拒绝或者阻碍人民警察执行职务的其他行为的。以暴力、威胁方法实施前款规定的行为，构成犯罪的，依法追究刑事责任。《中华人民共和国人民警察使用警械和武器条例》第5条明确规定：人民警察依法使用警械和武器的行为，受法律保护。第七条规定，人民警察遇有下列情形之一，经警告无效的，可以使用警棍、催泪弹、高压水枪、特种防暴枪等驱逐性、制服性警械……（5）以暴力方法抗拒或者阻碍人民警察依法履行职责的；（6）袭击人民警察的；（7）危害公共安全、社会秩序和公民人身安全的其他行为，需要当场制止的；（8）法律、行政法规规定可以使用警械的其他情形。

人民警察依照前款规定使用警械，应当以制止违法犯罪行为为限度；当违法犯罪行为得到制止时，应当立即停止使用。本案中，摊主依仗人多势众，不服从警察命令，伙同他人辱骂殴打消费者，当警察制止时抓伤警察，警察为保护被侵害人和自身安全，防止局势进一步恶化，迫于无奈使用催泪瓦斯，其警械的使用合法合理，摊主等人应当以妨碍警察执行公务受到治安管理处罚。

四、派出所七天化解意外死亡案

场景设计①：2011年1月14日早上，成都温江区公平镇一出租屋里，来自陕西勉县的张安忠和王琳夫妇，躺在床上没了气息。住在隔壁房间的绵阳安县人张宗平，也没了生命迹象。经公安机关和当地安监局调查，这是一起煤气中毒导致死亡的意外事件，但死者亲属却并不认同。一夜之间，两个家庭失去3位亲人。张安忠和王琳的儿子还未成年，张宗平也是上有老下有小。不到两天，这两个家庭的30多名亲属，挤进公平派出所的办公室。

误解随着悲痛和愤怒越积越深。房东舒守军几天不敢出门，借债赔偿无路，打算一走了之。昨天，在派出所会议室，张安忠的家人和舒守军在调解协议书上，签下了自己的名字。张宗平的家人已回到老家，开始筹备打官司。

在事发后的7天里，将心比心的人情温暖，将派出所和3个陷入困境的家庭连在了一起。

一起事故，一夜3人死亡，意外还是凶案

14日早上，舒守军打开出租屋房门，发现厨房里的热水器哧哧作响，顶层外壳已被熏黑。他马上敲打主卧房门，可没有回应。打开房门后，他发现前一天住进来的租客张安忠和王琳夫妇口吐白沫，住在隔壁房间的租客张宗平已停止了呼吸。接到报警后，公平镇派出所民警赶到现场，发现房屋内没有打斗痕迹。张安忠夫妇居住的主卧内窗户紧闭，浴室的淋浴蓬头放在水桶里，一直在喷水。民警初步判断，3人的死因是煤气中毒。综合法医判断，警方认定，因为张安忠夫妇睡觉时，热水器和淋浴蓬头均没有关闭，加上两个卧室门窗紧闭，导致房屋内一氧化碳不断聚集，引发3人死亡。

不过，这起事故并不是没疑点。

经警方调查　排除他杀可能

“还有一个男的也住在房子里，早上我来时已经走了。”原来，在头天晚上，出租屋内住了4个人，除3名死者，还有一名20多岁的男子。他住在另一间小卧室内。警方找到这名住客。经调查，该男子不认识3名死者，他头天住进出租房后，晚上感觉胸闷，特地把窗子打开一小半，这才躲过了一劫。第二天起床时，因为没有发现异常，他又交过房租，所以就离开了。经过现场核对和调查走访，该名男子的犯罪嫌疑被排除。综合再次调查的情况来看，热水器一夜未关的原因只有一个：张安忠夫妇洗完澡后，蓬头被放入水桶，因为没有水声，所以两人并未注意。这起事件，最终被认定为意外。但是这起意外事件，却险些惹出大麻烦。

一个矛盾，家属到场不相信是民事案

14日下午，张宗平的20多名亲属，从绵阳赶到成都。15日，张安忠夫妇的7名亲属也从陕西赶到。面对突然传来的噩耗，没有一个人相信派出所的说法。张安忠的哥哥张安明甚至怀疑这是一起谋杀案。

① 肖翔．出租屋3人意外死亡　派出所调解7天终化解事端．华西都市报，2011年1月22日．

为防止发生过激事件，派出所长陈晓林指派民警陪护家属，自己赶到两家人居住的旅馆，进行调解。"当时我们把所有证据摆出来，但已经劝不住他们了。"陈晓林说。16日早上，经过一昼夜劝说，死者的家属们最终相信这不是一起刑事案件，但仍然认为调解的责任应由公平派出所来承担。张安忠的家人更是表示，他们人生地不熟，在成都接触的第一个部门就是派出所。

面对赔偿房东想外出暂避

17日，矛盾转移到赔偿上，房东家里也炸开了锅。舒守军除到派出所接受调解外，躲在家里不敢露面。舒家家境不宽裕，靠着前几年拆迁得来的房子，出租为生，而死者亲属提出了总计100多万的赔偿。事后，舒家人已借不到钱了，舒守军开始和放高利贷的人联系，希望能尽快凑上几十万，解燃眉之急。同时收拾行装，准备到外地暂避。

一次调解，15个暖手炉温情赢得转机

从死者亲属赶到温江那天起，派出所就帮着联系住宿，妥善安置死者遗体，每天调解到深夜。陈晓林说："像这样的事，光靠道理是讲不通的。中国是人情社会，将心比心，其实都不容易。"事情的转机终于在冲突最激烈的时候出现了。17日傍晚，看到天气突然变冷，陈晓林带着15个暖手炉，走进了旅馆。这大大出乎死者家属的意料。"你们给我们送东西，再不听劝，我们自己都觉得不好意思了。"张安忠的哥哥拉着陈晓林的手，连说感谢。又谈了一夜，死者家属的情绪平静了下来，情况出现了转机。

房东出6万借给张家打官司

18日，派出所再次找到舒守军，敦促他承担责任，并告诫他不要沾染高利贷，警方愿意帮他联系银行抵押贷款。舒守军放弃了逃到外地的打算，开始积极筹款赔偿。

当晚，舒守军和死者亲属三方坐到一起。由于赔偿金额问题协调不下来，张宗平的家人最终同意走正常的司法途径维权。为安抚他们的情绪，陈晓林和舒守军商量，由舒家拿出6万多元，借给张宗平的家人打官司。第二天，张宗平的20多名亲属回到老家，开始筹备官司。这两方的问题由此走上正轨。

派出所捐款签订调解协议

但张安忠夫妇的亲属，却并不愿意打官司。每天的生活费用加上遗体安放费用，他们身上的钱已不多，而家里的老人又无人照料，他们希望能马上解决赔偿问题。在金额问题上，张家人要求的赔偿金额是70多万元，而舒家只筹到25万元。"派出所捐了4000元。"派出所民警提出给张家捐钱，张家人感动了，连他们请来的律师也大感意外。因为事情到了这一步，派出所已没有任何义务，即使调解也应走司法程序。陈晓林说，那时，他们不站出来，前几天的努力就可能白费。张家远在陕西，到成都来打官司，单是路费就承担不起。另一方面，对舒家来说，这25万元已是一个极限。而且马上要面临官司，不能因为调解赔偿，让这一家人也流离失所。18日晚上，张安忠的哥哥张安明和儿子终于同意接受25万元赔偿金额。在派出所会议室里，调解双方签订了协议书。

派出所帮张安忠的亲属联系好了火车。张安明含泪向派出所民警鞠躬感谢，舒守军也决定再找找工作，准备打工凑足官司费用和可能面临的另一笔赔偿。

事后，陈晓林说："想起这件事，我们还是很有成就感，虽然花了不少工夫，但问题也算妥善解决了。现在正开展开门评警，老百姓的事情一点不敢马虎。"

评析：

该案是警方充分运用真情和道理，切实考虑双方实际情况，巧妙解决纠纷，有效维护社会稳定的典型案例，是个体的客观需求和社会现有情理的有机结合，正如派出所长陈晓林说："像这样的事，光靠道理是讲不通的。中国是人情社会，将心比心，其实都不容易。"而派出所对于受害方的关心备至、贴心考虑也有效地安抚了受害方的过激情绪，对于事件的平息起了至关重要的作用，亦如受害方家属所言："你们给我们送东西，再不听劝，我们自己都觉得不好意思了。"而英国法社会学家科特威尔指出："调解并不试图运用现有的法律规范来解决双方的冲突，而是针对冲突双方提出的观点和要求策划一种妥协与和解的办法；调解人力求提出明智的、冲突双方都能接受的解决冲突的建议，避免使双方中任何一方认为这一建议是完全错误的，并使双方都对结果感到满意。在解决冲突的若干不同效果中，调解所追求的仅是冲突和对抗的消弥。"

但该案是一起因煤气中毒导致死亡的意外事件，既不属于刑事案件，也不属于治安案件，故不属于治安调解范围。《治安管理处罚法》第9条明确规定：对于因民间纠纷引起的打架斗殴或者损毁他人财物等违反治安管理行为，情节较轻的，公安机关可以调解处理。而该案实际属于房屋租赁引发的人身权益受损案件，属于纯粹民事纠纷范畴，当事人既可以寻求人民调解，也可以诉至法院由法院进行司法调解或民事判决以维护自身合法权益。但当事人请求公安机关解决，则公安机关就有义务依法作出相应处理。《中华人民共和国人民警察法》第3条规定：人民警察必须依靠人民的支持，保持同人民的密切联系，倾听人民的意见和建议，接受人民的监督，维护人民的利益，全心全意为人民服务。尤其第21条规定：人民警察遇到公民人身、财产安全受到侵犯或者处于其他危难情形，应当立即救助；对公民提出解决纠纷的要求，应当给予帮助；对公民的报警案件，应当及时查处。故该案件虽然不属于公安机关治安调解范围，但公民求助于公安机关，既表明了其对公安机关的信任，也表明了其希望公安机关主持解决问题的态度，公安机关应当依法予以解决。本案中派出所即是考虑"客观实际"、"社会稳定"、"当事人权益维护"等因素出发，主持调解达成了这一妥协性的解决方案。

需要强调的是，虽然在派出所会议室里调解双方签订了协议书，但该调解协议书明显不属于治安调解协议书，而应当属于人民调解协议书，其一旦签署，即具有民事合同性质。公安机关在调解时应当告知双方纠纷解决的途径和法律效果，由当事人自主选择。虽然派出所成功调解该案，但如果派出所能同辖区所在地人民调解委员会共同调解该案，则更契合法律本意。

第三部分　实训教学设计

一、实训设计思路

通过"治安纠纷调解"实训教学，将治安纠纷调解抽象理论与生动现实紧密联系在一起，通过治安纠纷调解的"场景设计"与"场景运作"提高学生学习兴趣和积极性。学生自觉置于特定治安纠纷场景中，通过相关纠纷发生、发展环境分析，治安纠纷相关资料的收集、甄别、整理、加工、编排、运用，使学生融合治安纠纷调解相关知识，把专业理论有效转化为实际操作能力，有效提高学生治安纠纷调解工作技巧和综合运用能力。

二、实训指导

（一）实训目的

通过实训，使学生理解治安调解在治安管理中的重要作用，掌握治安调解的适用范围、适用条件、调解方法、调解程序。

（二）实训内容

1. 接处警；

2. 治安调解范围界定；

3. 治安证据的收集与固定；

4. 治安调解方法；

5. 治安调解协议书的制作与跟进。

（三）相关知识点

《治安管理处罚法》第9条以及《公安机关执行〈中华人民共和国治安管理处罚法〉有关问题的解释》的规定；《公安机关办理行政案件程序规定》第153条、154条的规定；《公安机关治安调解工作规范》的规定。

（四）实训课时

2课时

（五）实训要求

1. 引导学生完成治安调解程序，正确界定治安调解范围，掌握治安纠纷现场处置方法，完成治安证据的收集与固定；

2. 训练学生按照治安调解的有关法律规范要求，灵活运用治安调解方法进行纠纷的调解；

3. 引导学生正确制作治安调解协议书；

4. 引导学生完成治安调解协议的跟进工作。

（六）实训保障

1. 有关物品：场景所需必要道具；

2. 有关文书：治安询问笔录、治安调解协议书等；

3. 场地：纠纷发生地安排在校内学生宿舍区、操场、招待所、办公楼、交通道路等一切可利用的设施内；治安调解地安排在治安调解实训室。

（七）实训步骤

1. 学生复习有关治安调解的适用范围、适用条件和调解程序规定的相关知识点；

2. 学生分组并进行角色分工：一般每10位学生一组，2人为民警，2~4人为纠纷当事人，2~4人为旁观者；

3. 教师拟定并给出“实训场景”；如：梁某某的侄女与汪某某的堂弟结婚，梁某某与其他亲戚到汪某某的堂弟家做客，汪某某也在，饭后谈话期间，讲到婚嫁财物，话不投机，双方拉扯起来，汪某某不分青红皂白，用手中的茶碗向梁某某头上砸去，将梁某某头部砸伤，经鉴定系轻微伤，区公安分局对梁某某和汪某某进行调解，汪某某蛮横不讲理，双方争执不下；

4. 学生做相关物品和道具的简要准备；

5. 纠纷当事人根据角色分工，按照“实训场景”的框架和要求演绎“实训场景”；

6. 民警接到报警介入；

7. 民警演绎治安调解的相关过程和程序；

8. 学生自评；

9. 教师点评；

10. 学生和老师分别写出《实训报告》(学生用)和《实训报告》(老师用)。

(八)考核评分标准

实训考核成绩按照优、良、中、及格、不及格五级记分制评定,从以下方面考核记分:对治安调解有关法律规范的理解和掌握程度20%,案情设计10%,法律文书的制作25%;参与各方角色表现10%;组织纪律性、团结协作精神15%;法律适用20%。实训结束后,实训学生按照实训要求写出实训报告,实训指导老师根据学生分组实训情况和实训报告完成质量情况给出实训小组成绩,由实训小组长在实训指导老师的监督下会同本小组成员商量后,根据本小组成员在实训中的贡献大小、表现情况等,在实训指导老师给出的实训小组成绩基础上上下浮动后给出本小组成员的个人成绩,浮动幅度为10%。

三、实训场景设计

(一)女子不满警方调解爬至派出所楼顶欲跳楼案

场景设计:成某,女,30岁,贵州人,在某市莲花五村一餐厅做服务员。因为无法适应工作,她提出辞职,但老板拒付工资。2016年7月28日晚,她回到餐厅内,因琐事与老板娘发生口角,双方互有拉扯,成某被老板娘的侄儿打伤腰部。成某随即报警,当地嘉莲派出所接警后,当天即展开了调查,调查后,办案民警要求老板娘支付成某被拖欠的工资。之后,派出所先后3次组织双方就医药费问题进行调解,均未成功。2016年8月6日下午,民警组织双方进行第四次调解。由于对医疗费的调解不满意,成某突然窜至派出所顶楼五楼,威胁要跳楼,引发群众围观,造成交通堵塞。现场围观的一名男子说:"她在5楼上站了快1个小时,后来消防战士赶到,从后面把她抱住,救了回去。"成某威胁跳楼的举动影响派出所正常办公长达45分钟之久。警方认为,群众的诉求都必须通过合法的途径提出,采取这种极端方式相威胁,干扰民警的正常案件处理,扰乱派出所的正常办公秩序,已经违反相关的法律法规,将依法对其进行行政处罚。

实训要点:

1. 治安调解的要求;
2. 治安调解的技巧与方法;
3. 现场紧急情况的处置。

(二)快递员被殴打案

场景设计:2016年4月17日上午,快递员小冯(男,27岁,河北人,半年前来京做快递员)在北京市东城区某小区外驾驶电动三轮车送快递时与李某(男,57岁,本市人)驾驶的机动车发生剐蹭,事发时小冯曾鸣笛示意司机,要通过时,司机再倒车发成剐蹭。司机李某随即借故对小冯殴打辱骂,连续掌掴,称"见你一次,打你一次"。小冯被打的过程前后持续了5分钟,在这个过程中,他一直都是忍让,没有还手。小冯担心延误快递,决定私了赔司机400元。小冯说,"心里特委屈,打工嘛,都是这样……"。事发后,在快递公司员工陪同下,小冯去附近派出所报了案。

实训要点:

1. 治安传唤的正确适用;
2. 治安调解范围的正确认定;
3. 案件性质的认定与处理;
4. 治安调解的正确适用。

（三）晚稻收割安排引发的纠纷案

场景设计：2016年10月中下旬正值晚稻收割季节，江西某市田间到处是一片忙碌景象。10月26日，安徽籍收割机主梁某来到某市某村收割晚稻，当天天气较好，急于收割的村民比较多，大家争先恐后的来找梁某，都希望先行安排收割。而村民刘某优先安排的要求被拒绝后，随即拦在收割机前不让走。急于收割的梁某要求刘某让开，刘某置之不理，梁某无奈强行推开刘某，双方为此扭打起来，扭打中刘某被打伤右眼，刘某的亲友因此将收割机扣下并报警。派出所民警接警后及时赶到现场，将当事人带回派出所调查处理，后经法医鉴定刘某伤势为轻微伤。

实训要点：

1. 治安传唤的正确适用；
2. 治安调解范围的正确认定；
3. 案件性质的认定与处理；
4. 治安调解的正确适用。

（四）黄牛群殴他人获刑案

场景设计：2017年3月16日上午6时许，某肿瘤医院后门附近聚集了不少等待挂号的人，前来挂专家门诊的夏某也在其中，排在了前几位，这时，王某、李某等十多人拿着牌子直接插在了夏某前面，夏某很生气，怒斥这些人不要插队，但没人理睬他，于是夏某拿起手机对着插队人员拍照。王某发现夏某拍照后，便要求夏某停止拍摄，并扬言再拍就对其不客气。双方发生争吵并引发肢体冲突，王某用手推了夏某头颈部位，李某从侧面上来直接对夏某的裆部踢了两脚，另有两名黄牛见状也加入到殴斗中。夏某随即打110报警。警方先后将王某、李某等四人抓获。后经鉴定，被打者夏某左胸壁软组织挫伤面积达到15平方厘米以上、睾丸及阴茎挫伤，构成轻微伤。据查，王某四人均为职业黄牛，在医院帮人插队收费为50元，帮人挂号收费为100元，有时为了方便排队还专门雇了小工在晚间代为排队，再将所得与之分成。殴打夏某是不满自己被手机拍摄。

实训要点：

1. 治安调解范围的正确认定；
2. 案件性质的认定与处理。

（五）邻里宅基地纠纷案

场景设计：某日，戚某因宅基地纠纷与邻居郑某发生争吵，遭到郑某破口大骂。次日，戚某叫上自己弟弟到郑某家中，将郑某院中水缸、门窗玻璃等共计450余元的东西砸毁。派出所民警接报案后赶到郑某家中将戚某抓获。后经双方当事人同意，对本案进行了调解。经调解，二人达成协议，约定郑某向戚某赔礼道歉，戚某赔偿郑某损失400元整，三日内交付。但是三日过后，戚某并未实际履行。郑某催促时，他却向郑某宣称是不会赔偿的，且派出所已经处理过了，没有权力再管了。

实训要点：

1. 治安调解范围的界定；
2. 治安调解方法的运用；
3. 治安调解协议的履行与跟进。

×××公安局

治安调解协议书

编号：

主持人____________单位及职务____________调解地点____________________

当事人——————性别________年龄________身份证件及号码____________

工作单位及职业____________________家庭住址__________________________

当事人________性别________年龄________身份证件及号码________________

工作单位及职业____________________家庭住址__________________________

调解见证人姓名____________家庭住址____________联系方式______________

主要事实（包括案件发生时间、地点、人员、起因、经过、情节、结果等）：

经调解，双方自愿达成如下协议（包括协议内容、履行方式和期限等）：

本协议自双方签字之时起生效。对已履行协议的，公安机关对违反治安管理行为人不予处罚；对不履行协议的，公安机关依法对违反治安管理行为人给予治安管理处罚，被侵害人可以就民事争议依法向人民法院提起民事诉讼。

本协议书一式三份，双方当事人各执一份，调解机关留存一份备查。

当事人意见：　　　　　　　签名（盖章）：

当事人意见：　　　　　　　签名（盖章）：

主持人签名：

见证人签名：

（公安机关印章）

年　　月　　日

×××公安局

现场治安调解协议书

编号：

当事人____________性别________年龄________身份证件及号码__________________

工作单位及职业__________________________家庭住址___________________________

当事人____________性别________年龄________身份证件及号码__________________

工作单位及职业____________________家庭住址____________________

主要事实：

经调解，双方自愿达成如下协议：

本协议自双方签字之时起生效，并当场履行，公安机关对违反治安管理行为人不予处罚。

当事人（签名）：

当事人（签名）：

办案民警：

（公安机关印章）

年　　月　　日

◎ 本章小结

调解，既是一门科学，也是一门艺术，中国的调解被西方称之为“东方经验”并广泛借鉴，其容情、理、法为一体，强调止纷定争，追求“化干戈为玉帛”，妥善解决矛盾纠纷，最大限度地增加和谐因素，最大限度地减少不和谐因素，创造“和谐社会环境”，堪称“依法治国”与“以德治国”有机结合、和谐统一的治安治理之道。治安调解作为行政调解的重要门类，是指对于因民间纠纷引起的打架斗殴或者损毁他人财物等违反治安管理、情节较轻的治安案件，在公安机关的主持下，以国家治安法律规范为依据，在查清事实、分清责任的基础上，劝说、教育并促使双方交换意见，达成协议，对治安案件作出处理的活动。《治安管理处罚法》等法律规范规定因民间纠纷引起的殴打他人、故意伤害、侮辱、诽谤、诬告陷害、故意损毁财物、干扰他人正常生活、侵犯隐私、非法侵入住宅等违反治安管理行为可以适用治安调解。治安调解的适用应当准确界定治安案件性质，确定治安纠纷调解范围，秉承治安调解原则，遵循治安调解程序，注重治安调解方法，灵活运用治安纠纷调解技巧，情理法相结合，有效化解治安纠纷。

◎ 思考与练习

1. 分析治安调解的适用条件，思考现阶段治安调解范围的确定？

2. 比较人民调解协议书和治安调解协议书效力的差别，思考现阶段如何做到治安调解和人民调解的有效衔接？

3. 毛泽东同志曾强调指出：射箭要看靶子、弹琴要看听众，写文章做演说倒可以不看读者不看听众么？我们和无论什么人做朋友，如果不懂得彼此的心，不知道彼此心里面想些什么东西，能够做成知心朋友吗？做宣传工作的人，对于自己的宣传对象没有调查，没有研究，没有分析，乱讲一顿，是万万不行的。思考这段话的内涵，分析治安纠纷调解过程中应当如何运用语言艺术？

4. “六尺巷的故事”广为流传：清朝康熙年间大学士张英一天收到家信，说家人为了争三尺宽的宅基地，与邻居发生纠纷，要他用职权疏通关系，打赢这场官司。张英阅信后坦然一笑，挥笔写了一封信，并附诗一首：千里修书只为墙，让他三尺又何妨？万里长城今犹在，不见当年秦始皇。家人接信后，让出三尺宅基地。邻居见了，也主动相让，结果成了六尺巷。思考“六尺巷故事”的深远意义，分析纠纷调解技巧在治安纠纷调解过程中的灵活运用？

◎ 拓展阅读

借鉴区域经验，构筑适应区域实际的纠纷调解衔接新机制

“他山之石，可以攻玉”，借鉴区域在纠纷调解衔接新机制建设方面的典型做法，结合本地实际情况选择使用，必将对区域纠纷的有效化解和社会公共安全的实现起到有效促进作用。

1. 江苏南通：创新建立社会矛盾纠纷大调解体系

江苏省南通市的大调解体系建立的比较早，发展的也比较完善，在化解矛盾纠纷方面起到了引领作用。早在2003年4月，南通市即在全国率先建立了社会矛盾纠纷大调解体系，集人民调解、行政调解、司法调解于一体，通过构建与公安、检察、法院、司法等部门的对

接机制和医患、劳资、环保、拆迁、交通事故、物价、消费等专业调处机制，有效地整合了司法资源、行政资源和社会资源。成立市、县、乡（镇）三级调处中心，将各类行政性、专业性以及疑难复杂、有重大社会影响的矛盾纠纷纳入统一管理和调处体系。同时核定调处中心机构级别和编制，为大调解机制的实际有效运行奠定了良好的基础。经过不断探索实践和创新发展，南通市已建立了科学高效的纠纷大调解组织运行体系，收到良好的效果。在工作机制上，建立党委政府统一领导、政法综治牵头协调、调处中心具体负责、司法部门业务指导、职能部门共同参与、社会各方整体联动的组织运行机制；在组织网络上，全市构建了市大调解指导委、县调处中心、乡调处中心、村（社区）调处站、十户调解小组和基层调解信息员的大调解工作六级网络；在机构设置上，县级调处中心按正科级事业单位单独列编，编制核定8—10名，由党委分管领导担任主任，配备常务副主任1名，专职副主任2-3名。乡镇（街道）调处中心主任由党委分管领导兼任，配备不少于2名专职调解员，其中县城镇和人口超过5万人的重点乡镇（街道）不少于3名。在村（居）、园区依托村级公共服务中心设立调处站，由村居支部书记担任主任，配备不少于2名以老干部为主体的专职调解员；在调处职责上，县、乡两级调处中心将辖区范围内涉及不同主体、不同领域、不同性质的民事争议、行政争议等纳入调处范畴，做到一个窗口对外和“一站式”服务，遵循免费咨询、免费调解、免费服务的“三免”原则，实行“统一受理、集中梳理、归口管理、依法处理、限期办理”的“五理”工作机制，真正做到有案必受、有受必理、有理必果、有果必公。县、乡两级党委政府授予调处中心矛盾纠纷分流指派、调处调度、调处督办、“一票否决”建议和渎职责任追究“五大职权”，为调处中心搭建好服务平台、组织平台、职责平台“三大平台”，做到有责有权，调处工作更有权威。通过夯实县、乡、村（居）三级调解组织体系，有效提升了基层调解组织调处能力，从矛盾纠纷调处结构来看，80%左右的矛盾纠纷在村居化解、15%左右的矛盾纠纷在乡镇化解、5%左右的涉及跨行业、跨地区、行政争议的矛盾纠纷在县（市、区）级化解，由原来出现矛盾纠纷就往上跑、向上缴的倒金字塔结构变为现在的正金字塔形式，真正做到了把矛盾纠纷解决在基层，化解在一线。①

2015年10月，南通市政府下发《关于加快推进行政调解规范化建设的实施意见》（通政办发〔2015〕148号），为南通市探索多元化矛盾纠纷解决机制、构建行政调解与人民调解、司法调解的衔接联动格局进行积极尝试。《实施意见》规定了行政调解工作程序、联动衔接、领导机制等，确保行政调解工作的规范运行，保障了大调解机制的运行效果。其明确建立由政府总负责、政府法制办牵头、各职能部门为主体的行政调解工作体制。在同级政府领导下，由政府法制部门会同宣传、司法、公安、编制、信访、财政、人社、规划、国土、房管、建设、农业、卫计、民政、国资等部门建立工作协调机制，共同研究部署本地区行政调解工作的总体安排，统筹协调跨地区、跨部门重大矛盾纠纷的行政调解工作，监督考核各行政机关开展行政调解工作情况。各级政府法制部门承担行政调解工作有关事项的统筹协调、信息交流、联络及督查考核等日常工作。其要求各级行政部门对法律规定可以调解的行政争议以及与行政管理有直接或间接的民事纠纷，要积极调解，努力化解在行政程序中；对依法应当由行政机关裁决、调处的民事纠纷，行政机关要积极联合当地司法行政、大调解中心、基层组织等单位部门组织调解，努力促成各方当事人达成协议；对行政诉讼案件较多的

① 南通创新建立社会矛盾纠纷大调解体系［N］. http：//www.ntpeace.org.cn/default.php？mod=article&do=detail&tid=187056。

行政机关，要积极配合人民法院做好行政案件诉前、诉中的协调工作，对人民法院在立案阶段提出的协调意见，要积极履行，对人民法院指出的执法问题，要立即核实、主动改正。政府法制部门负责对涉诉行政争议化解工作的统筹协调，做好涉诉行政争议化解工作。①

2. 山东平阴：在公安派出所设立“联合调解工作办公室”

山东省平阴县安城派出所在所内设立“联合调解工作办公室”，联合调解工作办公室由镇纪委书记为组长，司法、民政、综治办、派出所等部门负责人为副组长，由安城镇司法所向安城派出所派驻人民调解员、律师调解员，辅助民警共同负责对派出所受理的案件中能够依法调解的矛盾纠纷开展调解工作。“联合调解工作办公室”由派出所所长主要负责调解工作的运行。建立了严格的联合调解工作责任制，确保各个环节、各项工作有人抓、有人管、有人负责。按照“首次接访、全程跟踪、负责到底”的原则，随时掌握工作进度，及时了解调处结果。严格遵守“先调查，后调解”原则，按照治安案件的处理规程，调查取证，在查清事实的基础上，根据当事人的个人意愿，审查并决定是否移交联合调解工作室进行调解，避免了推诿责任、浪费资源的现象发生。在实际工作中，安城派出所联合其他部门坚持“早、情、恒、法、和”五字工作法，法德并用、约谈恳谈，同时发动组建“五老”说和团，充分利用社会资源。突出一个“早”字，治安查体、主动摸排、小病早治；利用一个“情”字，深入群众、体察民情、倾听民意；坚持一个“恒”字，坚定信心、持之以恒、锲而不舍；依靠一个“法”字，专家会诊、准确定性、对症施策；落实一个“和”字，化解矛盾、破解难题、平安和谐。2016 年，安城派出所纠纷类接处警 198 起，其中派出所独立调解 114 起，移交联调办公室联合调解 84 起，及时排查化解了矛盾纠纷，防止了重大群体性事件、恶性事件和集体上访事件发生。②

3. 河北衡水：建立联合调解工作机制

河北省衡水市建立了人民调解与治安调解的联合调解工作机制，在公安派出所成立联合调解工作室，由乡、镇（街道、社区）人民调解委员会（社会矛盾纠纷调处中心）人民调解员派驻公安派出所，与派出所专职、值班民警在联合调解工作室合署办公，共同接待群众报警和来访，对受理的矛盾纠纷依照各自职责进行分流和调处。联合调解工作机制重点解决群众在生活、工作、生产经营等活动中产生的民间纠纷、因民间纠纷引发的治安行政案件、因民间纠纷引起的轻伤害案件等轻微刑事案件等方面的内容。衡水市公安局和衡水市司法局 2011 年 1 月 14 日专门制定出台《关于实行人民调解委员会与公安机关联合调解工作机制的意见（试行）》（衡公法制〔2011〕1 号），有效保障了人民调解与治安调解的有效衔接。《关于实行人民调解委员会与公安机关联合调解工作机制的意见（试行）》明确规定：乡、镇（街道、社区）人民调解委员会（社会矛盾纠纷调处中心）在公安派出所设立的调解工作室全称为“乡、镇（街道、社区）人民调解委员会（社会矛盾纠纷调处中心）驻××公安派出所社会矛盾纠纷调解工作室（人民调解工作室）”，简称派驻“××所人民调解工作室”；联合调解工作室原则上与公安派出所治安调解室实行一体化运作。联合调解工作室由派出所负责日常管理，乡、镇（街道、社区）司法所负责指导民间纠纷调解工作，公安派

① 南通市政府发文：加快推进行政调解规范化建设［N］. http：//www. ntpeace. org. cn/default. php?mod = article&do = detail&tid = 200982。

② 平阴：2016 年“大调解”机制化解基层矛盾 114 起［N］. http：//news. 163. com/17/0106/15/CA40CIJU00018AOP. html。

出所长兼任联合调解室主任，司法所长兼任副主任；对外公示联合调解工作室的地址、电话，增设便民指示标志，在联合调解工作室内公示联合调解室工作流程、公安机关调解治安纠纷规定、人民调解委员会调解民间纠纷规定等；依据司法部《人民调解工作若干规定》等规定制作协议，联合调解工作室出具的人民调解协议统一加盖人民调解委员会印章；公安机关接报民间纠纷警情后应当先期处警，开展调查取证和现场调解，能当场化解的及时化解。先期处警时，可视情要求派驻人民调解工作室人民调解员赶赴现场，参与现场调解；对受理的一时难以调解的纠纷由公安派出所值班领导进行甄别、分类，将不同性质的纠纷分别交由联合调解工作室的民警和人民调解员进行处理；对违反《治安管理处罚法》情节较轻，依法可以调解处理的案件，由联合调解工作室民警或人民调解员在双方当事人自愿的原则下进行调解，不同意调解或调解不成的由公安机关依法给予行政处罚；对属于民间纠纷的由联合调解工作室人民调解员负责受理，人民调解员不能当场处理的，告知当事人由乡、镇（街道、社区）人民调解委员会（社会矛盾纠纷调处中心）解决；对于不能当场调解或法律法规规定应由其他专门机关解决的矛盾纠纷，及时以书面形式告知当事人合法解决途径或直接分流到相关部门处理；建立健全调解保障机制。各级公安机关和司法行政部门要积极争取当地党委和政府的支持，把调解工作经费纳入财政预算，加大对调解工作的经费投入。要争取专项经费支持，为参与调解的民警和人民调解员提供经费保障，对在调解工作中成绩突出的民警和人民调解员，要予以表彰和奖励。

4. 福建莆田：在虚拟空间化解现实矛盾

2017 年 6 月 15 日，福建省莆田市成立了“莆田市网上大调解中心”，开发了网页版、APP 版、微信公众号版三个端口，构建网上调解、部门调解、行业调解、商会调解、协会调解等联调联处的纠纷多元调处工作机制。网上大调解中心与现实中的部门调解、行业调解、商会调解等多种调解渠道无缝对接，当事人通过网络提交调解申请后，网上大调解中心按照矛盾类别自动将调解任务分配到相应调解组织，调解组织和各方当事人约定时间共同上线，在视频对话中完成矛盾调解。① 网上大调解为市民找到了一条经济、方便、快捷、有效解决矛盾纠纷的途径，有效化解全区各类矛盾纠纷。

① 在虚拟空间化解现实矛盾［N］. http：//news. 163. com/17/0809/09/CRCSKHBJ000187VF. html.

第十八章　单位治安保卫

中国共产党领导下的单位治安保卫工作，历时半个多世纪的发展，在经济文化建设领域发挥了重要作用。在经济体制改革和建立社会主义市场经济的影响下，单位治安保卫工作适时调整了自己的工作部署、工作方针，在《人民警察法》《企业事业单位治安保卫条例》及《公安机关监督检查企业事业单位内部治安保卫工作规定》等法律的规范下，不断丰富、完善事故对策、重点单位保卫等保卫专门业务，切实履行对单位保卫工作的指导监督职责，为保卫社会主义经济文化建设事业、维护国家的安全与稳定作出重要贡献。

【学习目标】 理解掌握单位治安保卫概念及其基础理论，明晰公安机关在单位治安保卫工作中的主要职责，正确把握公安机关对单位内部保卫工作的指导监督工作，熟悉重点单位保卫、事故对策等保卫业务，为有效实施对单位尤其是对重点单位的保卫服务。

【教学重点】 单位治安保卫基础理论；监督检查的程序和方法；重点单位确定；事故预防和追查。

【教学难点】 监督检查方法的灵活运用；事故发生原理的讲解及事故处置。

第一部分　基 础 知 识

一、单位治安保卫的概念和特点

单位治安保卫是指公安机关、保卫组织和群众力量依据有关法律、法规，围绕机关、团体、企业、事业单位内部安全而开展的安全管理、安全预测、安全防范和案件查处等行为，也称为经济文化保卫工作或内部单位保卫工作。其主要特点如下：

（一）阵地的广泛性

单位治安保卫工作的范围有别于其他公安工作。其工作阵地主要是为数众多的机关、团体、企业、事业单位，管理对象包括单位内的人、事、物。可以说单位治安保卫工作涉及面广、管理面宽，情况复杂。这种特点给保卫工作增加了难度，要求公安机关保卫部门必须在确保重点的前提下，统筹兼顾，全面做好保卫工作。

（二）内容的综合性

我国保卫工作的内容十分丰富。为保障单位各项活动的正常进行，保卫工作既要保护单位和职工群众的生命财产安全，又要维护内部治安秩序；既要处理人民内部矛盾，又要与敌对势力、敌对分子作斗争；既要管人，又要管物；既要做公开性的防范工作；又要开展公安保卫方面的专门工作；既要做好日常各项安全管理工作，又要协同有关部门做好社会治安综合治理工作……这就要求保卫部门既要了解公安保卫工作的专门业务知识，又要了解和掌握单位的生产、科研知识，有针对性地预防和消除安全隐患。

（三）主体的多元性

正是由于单位治安保卫工作内容的综合性，决定了其主体的多元性。为有效地完成单位治安保卫各项任务，保卫工作由公安机关和单位共同进行。在公安机关，其业务涉及公安机关的诸如内保、侦查、治安、国保等职能部门。在单位，日常的安全管理工作，更多的由单位治安保卫机构进行。同时，单位治安保卫工作也离不开广大职工群众及单位党政领导的支持与参与。因此，目前单位内部开展治安保卫工作的力量主要由单位治安保卫机构、保安服务力量、治安保卫委员会、护厂（校）队等组成。这就要求必须建立并完善一系列的治安保卫制度，加强对单位治安保卫机构建设的指导，以适应新时期单位治安保卫工作的需要。

（四）任务的艰巨性

机关、团体、企业、事业单位点多、线长、面广，各具特色。单位内部秘密集中、财富集中、人才集中，危险物品、危害因素多、犯罪侵害单位的渠道多，极大地增加了单位治安保卫工作的难度。现代化的大生产过程中，单位机械化自动化程度大大提高，生产环节环环相扣，人员规模日益加大，任何环节、任何部位、任何产品留下隐患或出现问题，均有可能影响到经济文化建设进程，甚至威胁职工群众生命财产安全甚至是社会稳定。随着社会治安形势的日益严峻，违法犯罪分子更是把侵害的目标指向了重点单位和重要部位，保卫工作面临严峻的考验。显而易见，单位治安保卫工作任务艰巨，责任重大，来不得半点松懈。

二、单位治安保卫的方针

单位治安保卫的方针是在党和国家总方针指导下为达到保卫的目标而确定的指导原则。单位治安保卫的现行方针是：预防为主、单位负责、突出重点、保障安全。

（一）预防为主

“预防”即预见、防范的意思。预防为主就是把防止和减少案件、事故的发生放在单位内部治安保卫各项工作的主要位置。这是单位治安保卫的重要指导思想。具体说，就是要在工作中采取各种有效的防范措施，及时发现和消除违法犯罪可以利用的漏洞和工作、生产、经营活动中的不安全因素，预防各种刑事案件、治安案件的发生，预防各种治安灾害事故，维护单位内的正常秩序，保障单位内部的安全。《条例》中的许多规定都体现出了预防为主的方针。

公安机关、行业其他政府监管部门、行业协会、各类单位都应在《条例》的指导下，制定不同行业的分类标准、防范要求和工作预案，落实具体的防范措施，增强防范工作的针对性。

（二）单位负责

单位负责是指县级以上地方各级人民政府、公安机关、单位上级主管部门对单位内部治安保卫工作负有指导、监督、监管、检查的职责，企事业单位内部的安全保卫工作的组织、管理、实施，由本单位自主承担，单位的主要负责人对本单位的内部治安保卫工作负责。这就要求企事业单位的党政领导应充分认识到单位保卫工作的重要性，摆脱长期以来保卫工作依靠政府部门的观念，以我为主，落实单位治安保卫责任制，把保卫工作纳入企业管理或行政管理之中去。企事业单位要按《条例》要求，在公安机关保卫部门的监督指导下，合理设置保卫机构，精心选配保卫人员，采取适当的保卫工作形式，制定内部保卫工作制度，推行完善各种保卫工作措施，积极开展保卫工作。要协调好单位内部及单位外有关部门，特别是辖区公安机关的关系，使单位治安保卫工作能够得到相关部门的支持，保护公民人身、财产安全和公共财产安全，确保单位工作、生产、经营、教学和科研秩序的正常进行。

（三）突出重点

突出重点是指把重点单位和重要部位放在重要位置上，确保重点单位和重要部位的安全。这是单位治安保卫的重要手段和斗争策略。单位治安保卫工作点多、线长、面广，而保卫力量、资金、精力相对有限，不可能“眉毛胡子一把抓”；同时，重点单位在不同地区乃至整个国民经济的发展中地位较之一般单位更为重要，发生事故、案件后后果趋于严重，且容易成为袭击、破坏的目标。因此，单位治安保卫工作必须讲究斗争策略，讲究斗争艺术，区分轻重缓急，突出地抓好主要矛盾，抓好重点单位的保卫。

由于重点单位的重要部位对一个单位的工作、生产、经营、教学和科研具有至关重要的作用，因此，还要把主要力量和精力投入到单位重点要害部位的安全上来，要动用各种措施和手段，确保重点要害部位的安全。

（四）保障安全

保障安全是单位治安保卫的出发点和归宿。是指单位治安保卫工作活动过程自始至终应保障社会主义经济文化建设事业的安全，保障机关、团体、企业、事业单位的财产安全、职工生命财产安全和单位工作、生产、经营、教学、科研活动的正常进行。由于社会上大量危害因素的存在，单位治安保障安全的任务十分艰巨。公安机关，单位主管部门，行业协会，单位自身必须各司其职，通力协作，减少违法犯罪和治安灾害事故的发生。当违法犯罪和治安灾害事故已经发生，并造成现实危害时，应立即采取措施排除危险，防止蔓延扩大，将损失降到最低限度。

单位职工是企事业单位的基础，是单位的工作、生产、经营、教学和科研的主体，因此，保护职工人身安全是单位治安保卫工作的重中之重，保卫部门必须把它放在工作的第一位。

三、单位治安保卫工作职责及机构建设

（一）公安机关单位治安保卫部门

在市场经济条件下，单位治安保卫的业务范围进一步拓展。但是，在我国经济发展状况不同的地区存在着的保卫需求数量和质量上的较为明显差异，因此公安机关单位治安保卫机构的设置在我国不同地区亦存在差异。但总体来说，现阶段公安机关单位治安保卫工作职责体现为以下几个方面：

1. 公安机关对单位内部治安保卫工作的指导监督；
2. 公安机关对危害单位安全案件的查处；
3. 公安机关对危害单位安全事故的查处；
4. 公安机关对单位不安定事端的处置；
5. 公安机关对单位周边治安环境的整治。

（二）单位治安保卫机构

单位治安保卫机构是负责本单位治安保卫工作的职能部门，在本单位党政领导下进行工作，在业务上接受公安机关的指导和监督。单位治安保卫机构及治安保卫人员主要职责如下：

1. 开展治安防范宣传教育，并落实本单位的内部治安保卫制度和治安防范措施。

2. 根据需要，检查进入本单位人员的证件，登记出入的物品和车辆。

3. 在本单位范围内进行治安防范巡逻和检查，建立巡逻、检查和治安隐患整改记录。

4. 维护单位内部的治安秩序，制止发生在本单位的违法行为，对难以制止的违法行为以及发生的治安案件、涉嫌刑事案件应当立即报警，并采取措施保护现场，配合公安机关的侦查、处置工作。

5. 督促落实单位内部治安防范设施的建设和维护。

四、公安机关对单位治安保卫工作的监督检查

公安机关对单位治安保卫工作日常更多体现在对单位治安保卫工作的指导监督中。公安机关对单位治安保卫指导监督，是公安机关依法对应负治安责任的机关、团体、企业、事业单位（简称单位，下同）履行治安责任、预防治安灾害事故、保障人身安全所进行的指导、监督、检查等行政管理活动行为的总称。它包括两方面内容：一是公安机关对单位治安保卫工作的指导，简称公安机关指导（下同）；另一方面是公安机关对单位治安保卫工作的监督检查，简称公安机关监督检查（下同）。此处着重介绍公安机关对单位治安保卫工作的监督检查。

（一）公安机关监督检查的概念

公安机关监督检查是指公安机关依据法定职权，对内部单位遵守法律、法规，执行规章制度、行政命令等情况进行监察、督导、检查等行政行为。

（二）公安机关对单位内部治安保卫工作监督检查的内容

公安机关对单位内部治安保卫工作监督检查的内容分为对每个单位监督检查的内容和对重点单位监督检查的内容两个部分。

1. 公安机关对每个单位内部治安保卫工作监督检查的内容

《公安机关监督检查企业事业单位内部治安保卫工作规定》第 4 条对公安机关监督检查的内容作出了明确的规定：

（1）单位按照《条例》规定制定和落实内部治安保卫制度情况；

（2）单位主要负责人落实内部治安保卫工作责任制情况；

（3）单位设置治安保卫机构和配备专职、兼职治安保卫人员情况；

（4）单位落实出入登记、守卫看护、巡逻检查、重要部位重点保护、治安隐患排查处理等内部治安保卫措施情况；

（5）单位治安防范设施的建设、使用和维护情况；

（6）单位内部治安保卫机构、治安保卫人员依法履行职责情况；

（7）单位管理范围内的人员遵守单位内部治安保卫制度情况；

（8）单位内部治安保卫人员接受有关法律知识和治安保卫业务、技能以及相关专业知识培训、考核情况；

（9）其他依法应当监督检查的内容。

2. 公安机关对治安保卫重点单位监督检查的特别内容

《公安机关监督检查企业事业单位内部治安保卫工作规定》第 5 条规定，公安机关监督检查治安保卫重点单位，除执行本规定第 4 条规定外，还应当对下列事项进行监督检查：

（1）治安保卫机构设置和人员配备报主管公安机关备案情况；

（2）治安保卫重要部位确定情况；

（3）按照国家有关标准对治安保卫重要部位设置必要的安全技术防范设施，并实施重点保护情况；

（4）制定单位内部治安突发事件处置预案及组织演练情况；

（5）其他依法应当监督检查的内容。

（三）公安机关对单位治安保卫工作监督检查的方式方法

由于监督的范围广、内容多，因而公安机关对单位治安保卫工作监督检查的方法也多种多样。根据《公安机关监督检查企业事业单位内部治安保卫工作规定》第6条规定，公安机关监督检查的方法有：

1. 要求单位治安保卫工作负责人和其他工作人员对检查事项作出说明；

2. 查阅、调取、复制与治安保卫工作有关的文件、资料；

3. 实地查看单位治安保卫制度、措施的制定和落实情况，查看单位物防、技防等治安防范设施的设置和运行情况；

4. 利用监控设备检查单位内部治安保卫工作的落实情况；

5. 根据需要采取的其他监督检查方法。

（四）公安机关对单位治安保卫工作监督检查的程序

《公安机关监督检查企业事业单位内部治安保卫工作规定》（下文简称《规定》）对公安机关监督检查的程序作了相应的规定：

1. 确定人员

《规定》第6条规定，公安机关在进行监督检查时，检查民警不得少于两人。这是现代法治社会对各项行政监督的普遍要求，也是确保监督公平公正进行的前提。由于公安民警在实施监督检查过程中，要对单位内部治安保卫工作进行全面的考核，要指出存在的不足和隐患，要对监督检查的情况作出满意或不满意、合格或不合格的总体评价，其结果将直接影响单位的权益。因此，公安民警不得单独进行监督检查。在监督检查前，应该确定对单位内部治安保卫工作进行检查的人员。

2. 证明身份

《规定》第6条规定，公安机关在进行监督检查时，检查民警“应当向被检查单位负责人或者其他有关人员出示工作证件”。因此，检查民警在实施监督检查前，应佩带公务标志，带好检查证和工作证等相关证件，到单位后向被检查单位负责人或者其他有关人员出示，以表明自己有权执法的身份。

3. 邀请单位派员参与

公开性是公安机关监督检查行为的最大特点。公安机关对单位治安保卫工作的监督除法律、法规另有规定外，应当邀请单位派员到场参与，公开进行。单位参与能保障监督检查的过程和结果公正属实，有利于公安民警随时对相关情况提问，单位及时作出解释；也有利于公安民警指出错误，单位当场改正，乃至采取其他治安行政措施。

4. 听取陈述和申辩，制作检查笔录

《规定》第7条规定：“监督检查应当制作《检查笔录》，如实记录监督检查情况和发现的治安隐患，并交被检查单位负责人或者陪同检查人员核对签名。被检查单位负责人或者陪同检查人员对记录有异议的，应当允许其说明；拒绝签名的，检查民警应当在《检查笔录》上注明。”因此，检查民警监督检查终结时，应当制作《检查笔录》，作出结论，但在作出不利于单位的监督检查结论之前要允许单位陈述和申辩，然后向被检查单位负责人或者陪同检查人员说明作出监督检查结论的理由，并请被检查单位负责人或者陪同检查人员核对签名；拒绝签名的，检查民警应当在《检查笔录》上注明。

5. 责令整改隐患

根据《条例》第19条和《规定》第8条规定，公安机关对单位违反《条例》规定，存在治安隐患，应当责令其限期整改。

6. 复查

（1）期限届满复查。

《规定》第10条规定，对责令限期整改或者同意延期整改治安隐患的，公安机关应当自责令整改期限或者延期整改期限届满次日起三个工作日内对治安隐患整改情况进行复查，自复查之日起三个工作日内制作并送达《复查意见告知书》。

（2）提前复查。

《规定》第10条规定，单位在规定整改期限届满前，认为已将公安机关责令限期整改或者同意延期整改的治安隐患提前整改完毕的，可以向公安机关提出提前复查治安隐患整改情况的申请，公安机关应当自收到单位申请次日起三个工作日内对整改情况进行复查，自复查之日起三个工作日内制作并送达《复查意见告知书》。

7. 处罚

根据《条例》和《规定》的规定，单位违反《条例》规定，存在治安隐患的，公安机关应当责令限期整改，并处警告。经复查，存在安全隐患，严重威胁公民人身安全、公私财产安全或者公共安全的，或者已经造成损失的，公安机关应当及时报告当地人民政府或者通报单位上一级主管部门协调解决，除依据各该条规定给予处罚外，还可建议有关组织对单位主要负责人和其他直接责任人员依法给予行政处分；情节严重，构成犯罪的，依法追究刑事责任。

五、重点单位治安保卫

（一）治安保卫重点单位的范围

根据《企业事业单位内部治安保卫条例》第13条规定，治安保卫重点单位，是指关系全国或者所在地区国计民生、国家安全和公共安全的单位。

治安保卫重点单位的范围，是治安保卫重点单位的具体类型，是县级以上地方各级人民政府及公安机关确定具体治安保卫重点单位的直接法律依据。

《条例》第14条规定，治安保卫重点单位的具体范围有以下十一类：

1. 广播电台、电视台、通讯社等重要新闻单位；
2. 机场、港口、大型车站等重要交通枢纽；
3. 国防科技工业重要产品的研制、生产单位；
4. 电信、邮政、金融单位；
5. 大型能源动力设施、水利设施和城市水、电、燃气、热力供应设施；
6. 大型物资储备单位和大型商贸中心；
7. 教育、科研、医疗单位和大型文化、体育场所；
8. 博物馆、档案馆和重点文物保护单位；
9. 研制、生产、销售、储存危险物品或者实验、保藏传染性菌种、毒种的单位；

10. 国家重点建设工程单位；

11. 其他需要列为治安保卫重点的单位。

（二）公安机关在重点单位治安保卫工作的特定职责

由于重点单位的特殊地位，《条例》规定了公安机关对治安保卫重点单位的有别于一般单位的特定职责。

1. 建立备案制度，对治安保卫重点单位的治安保卫机构的设置和人员的配备情况进行备案

《条例》第 6 条第 2 款规定，主管公安机关应当对治安保卫重点单位的治安保卫机构的设置和人员的配备情况进行备案。这规定了治安保卫重点单位治安保卫机构设置和人员配备情况的备案制度，即要求治安保卫重点单位必须将治安保卫机构的设置和人员的配备情况报主管公安机关备案。治安保卫机构的设置情况包括机构的名称、级别、组织结构、具体职责等；人员的配备情况包括负责人的情况和成员的情况，主要是人员的数量、姓名、性别、工作经历、政治表现、所学专业和学历等。

2. 提出确定治安保卫重点单位的方案，报本级人民政府确定

治安保卫重点单位的确定准确与否直接关系到治安保卫重点单位保卫的成败。治安保卫重点单位的确定是一道复杂的工序。

为了保证治安保卫重点单位确定的严肃性，《条例》第 13 条对治安保卫重点单位的确定程序做了原则性规定：治安保卫重点单位由县级以上地方各级人民政府公安机关按照《条例》第 13 条规定的范围提出，报本级人民政府确定。根据《条例》第 13 条规定，结合全国各省、直辖市、自治区治安保卫重点单位确定的经验做法，治安保卫重点单位的确定步骤和方法一般如下：

（1）宣传动员；

（2）基础调查；

（3）提出方案；

（4）上报审核；

（5）建立档案。

3. 指导治安保卫重点单位制定单位内部治安突发事件处置预案，并定期演练

单位内部治安突发事件预案是治安保卫工作预案的基础和重要的组成部分，科学合理的预案能在应对突发事件的过程中起到临危不乱，处变不惊的作用。公安机关应当特别重视对治安保卫重点单位突发性治安事件预案制定的指导，保证预案的科学性、实用性、可操作性。同时，公安机关还应该定期指导单位根据预案进行突发事件的处置演练，避免其因方法单一、情境设置过于简单、模式固定而流于形式，也可通过演练进一步检验预案的全面性与科学性，为一步完善预案内容提供依据。

4. 指导治安保卫重点单位治安保卫机构建设

治安保卫机构处在单位安全保卫的最前沿，其战斗力的强弱、队伍是否可靠，直接关系到单位安全保卫工作的成败。指导治安保卫重点单位治安保卫机构的建设是公安机关的重要职责。公安机关在指导治安保卫重点单位治安保卫机构建设中，要着重在组织建设、制度建设、纪律作风建设和治安保卫队伍的教育培训等方面加以指导。

六、危害单位安全事故的预防和处置

事故是危害人类社会生产和生活的公害。事故不仅可以造成重大的经济损失和人员伤亡，危害公共安全，而且可以引起人们的心理恐慌，影响社会治安秩序的稳定。单位应重视各种事故的预防工作，减少各种故的发生。

（一）事故的概念、特征

根据公安机关对事故预防的类型和事故所具有的一般特征，“事故”可以表述为：人们在从事各种生产活动的过程中，由于人为的因素激发物质危险因素而发生的阻碍或破坏其活动的正常进行，并使国家、集体或个人在政治上、经济上以及其他方面遭受意外损失的事件。理解事故的概念应注意掌握事故的如下特征：

1. 事故一般发生在人们所从事的各种生产活动的过程当中。生产活动包括各种产业活动在内。有时在非生产过程中也有发生事故的可能。

2. 事故发生的直接原因是人为的因素引起的，事故所造成的损失对承受者来说是意外的。

3. 事故的后果必然造成一定程度的物质损毁、人员伤亡或不良的社会影响，严重时会影响到社会治安的稳定。

4. 事故在发生的过程中一般要经历潜伏期、爆发期、衰败期三个阶段，从潜伏期到爆发期有一突变过程，而事故的整个发生过程呈现一种连续性。

（二）事故发生的基本规律

研究事故的基本规律，有利于与事故作斗争。无论什么性质的事故，其具体原因是多方面的，可以把它们归纳为两个方面，一方面是与物质相关的，一方面是与人相关的。与物质有关的就是物质危险因素，与人有关的则可称为管理缺陷或管理漏洞。

1. 物质危险因素

凡是具有一定的潜在能量，而且在一定条件下能转化为事故的因素，叫做物质危险因素。潜在的能量与物质所处的状态有关，如各种不同的热力学状态。能量的种类包括物质的机械能、化学能、热能、电能等，同一物质的状态不同，具有的能量也不同。

2. 管理缺陷

管理缺陷，也称为管理漏洞。管理缺陷是指人为地造成事故隐患，或是人为地造成激发危险因素而导致事故发生的条件，如错误的操作、错误的指令等。

3. 事故发生的基本规律

事故发生的基本规律，就是物质危险因素与管理缺陷相互作用的规律。通过分析物质危险因素与管理缺陷的特点，可知物质危险因素的存在只表明有发生事故的可能性，而管理缺陷的存在使事故的发生具备了激化条件。如果管理缺陷作用于物质危险因素，就会导致事故发生；如果管理缺陷和物质危险因素只是存在而没有互相发生作用，则这种共同存在的状态，就是事故隐患。如果管理缺陷作用于物质危险因素，发生事故之后来不及控制，就可能使危险因素第二次受到激发，从而造成事故的蔓延和扩大，这就是一般所说的二次事故。

（三）公安机关在事故管辖上的分工

根据《公安部刑事案件管辖分工规定》，公安机关治安部门管辖与事故相关的案件主要有：

1. 危害公共安全罪的下列案件：

（1）重大责任事故案件；

（2）重大劳动安全事故案件；

（3）危险物品肇事案件；

（4）工程重大事故案件；

（5）教育设施重大安全事故案件。

2. 侵犯财产罪中的下列案件：

（1）故意毁坏财物案；

（2）破坏生产经营案。

其他案件如火灾、爆炸等案件由公安机关刑侦部门管辖。

（四）事故预防措施

事故预防应遵循防患于未然、以人为本、综合治理等原则。其具体措施如下：

1. 事故预防的一般措施

事故预防的一般措施也称事故预防的三道防线，它是按照事故预防的体系及每一项措施在事故预防中的作用来划分的。

（1）安全技术措施。

安全技术措施是指根据劳动生产过程中危险因素的存在特点、状态，从设计、工艺、设备结构等方面采取防止危险因素转化为事故，或防止事故蔓延扩大的技术措施。它是事故预防的第一道防线。

（2）安全管理措施。

安全管理措施是指对劳动生产过程中的各项管理工作实行安全控制，以消除管理缺陷的措施。它是事故预防的第二道防线。通过有效的安全管理不仅能避免形成事故隐患，而且在事故隐患一旦形成之后，能及时地进行消除和整改。它是事故预防常态化的工作。

（3）安全防护措施。

安全防护措施，是指一旦发生事故之后防止事故蔓延扩大和防止人身受到伤害的措施。尽管安全防护措施也含技术成分，但从作用上看，它是事故发生之后才起作用的措施，属于最低层次的措施，因而它是事故预防的第三道防线。

2. 人的不安全行为分析与预防

预防事故必须加强对人的不安全行为的分析与研究。人体的超负荷、人体与外界刺激反应的不一致以及人类自身的决策错误等因素，都有可能导致人类的失误。这种失误很有可能引发事故。导致种种失误的因素无非是来自个人方面和外界两个方面。其中，个人方面的因素包括发生事故时或在从事和事故有关的工作时自身的生理状态、心理状态、行为能力和知识水平等几个方面；而外界因素则包括了发生事故时有关人员所处的空间场地的特征、环境的质量、个人所处的组织内部劳动组织的安排、人际关系的和谐程度、个人在工作时的心情等多种因素。因此，预防事故发生过程中人的失误，要从多方面采取措施，尽量减少人的不安全行为。既要重视工作环境对人的行为的影响，营造既有利于提高工作效率，又有利于预防人的不安全行为的工作环境和场地，减少事故的发生，又要重视人的心理、生理特点、生物节律，考虑人的能力和体力承受极限，不断强化人的安全动机、安全行为，以减少事故的发生机会。

3. 普及安全文化、开展事故预防工作

安全文化是人们在从事灾害事故管理和减灾活动中逐渐形成的行为方式、思维模式和安全价值观。它决定着一个社会，或社会中的某个群体关于事故以及安全与风险的知识、态度和行为准则。安全文化在预防事故中的作用体现为：增强人们的防范意识，消除人们在对待灾害事故的态度和观念上的陈规陋习，帮助人们在面临事故和灾害时，能用理智支配自己的行为，以便有效地进行救援和处置，减少事故造成的损失，有助于规范人们的行为。

安全文化普及重在建设。安全文化建设的目标是提高社会公众的安全文化素质，增强民众的安全意识，形成浓厚的安全文化氛围。在此目标下，实现对公众的安全知识培训教育普及，使安全咨询的途径便捷发达，对各种灾害事故的处理灵敏有效，各类安全法规、制度，及预防事故所必需的社会组织体系得以完备，事故预防的理论研究深入，使人们有较高的遵守安全纪律的自觉性，全社会预防事故与各种灾害的能力定能得到全面的加强。

4. 加强保险管理促进事故预防工作

保险是对风险进行管理的一种方式，事故作为人身和财产安全保障过程中的一种风险，通过保险的途径可以有效地降低风险发生的概率，因此，保险也就成为预防事故的一项基本措施。对于和事故关系密切的人身安全和财产安全来讲，转移风险、减少损失，在事故发生后尽快地得到经济补偿，是现代社会预防事故的必然选择。

（五）事故现场处置

事故现场处置是对已经发生的事故进行纵深防御的一道重要的防线。事故的现场处置工作，对于提高处置工作的专业化水平，减少事故发生后各方面恢复工作的压力，甚至于对社会治安秩序的稳定都有重要的作用。

1. 事故现场处置的基本内容

（1）预防。

事故处置工作包括事故发生之前所采取的预防措施和事故发生过程中为避免少受损失而采取的措施。因为处置工作做得再好，也不如不发生事故。对可能发生事故的各种危险源进行登记、安全评估、实施各种安全检查等，都是在预防阶段不可缺少的工作。

（2）准备。

准备工作主要体现保险的方针，即一旦发生事故，要保证处置和救援工作能够有效地实施。在准备过程中，需要做好的工作包括：①制定出应急的计划和方案；②人力资源的注册登记与组织；③有关处置工作的设备、器材等物质方面的准备，如防毒面具、车辆、药物、通信器材、各种专用工具等；④发生事故后报警的程序等。

（3）反应。

反应阶段就是事故处置的具体实施阶段，即在事故发生之后，各种处置和救援力量所采取的行动。对反应过程来讲，并无一个现成的模式，一方面要遵循事故处置的基本原则，另一方面也需要根据事故的性质与所影响的范围而灵活掌握。

（4）恢复。

恢复阶段的工作主要是围绕使那些受到事故影响的人尽快恢复到正常状态，并使受到损害和影响的地区的秩序恢复到正常状态。

2. 事故现场处置的实施

（1）控制事故现场，要注意对事故现场进行观察、记录和清理，及时发现现场发生的各种变化。

（2）在事故现场设置警戒线，以保护现场，并对参与事故救援和处置的人员提供保护措施；如果事故的现场过大，可以考虑设置两层警戒线。这种警戒线表面看来是虚设的，但对参与处置和救援的人员来讲，在心理上有一种安全的感觉，因而是必不可少的。

（3）提供救护车的停车位置，在事故中幸存者的集结位置，以及对在事故中的伤亡者进行清理的位置。

（4）确定参与处置工作的志愿者和其他非正式的救援人员在事故现场的集结位置。

（5）确定在事故现场内部的交通路线和救援车辆的停车位置。

（6）确定事故现场新闻联络点的位置。

（7）确定在事故中遇难者尸体的集中位置。

（六）事故调查

公安机关对事故调查应遵循“三不放过原则”，即事故原因没有查清不放过的原则，事故责任者和群众没有受到教育不放过的原则，事故单位没有制定出相应防范措施不放过的原则。事故发生后，调查人员开始着手进行事故调查，在总体上，调查人员需要把握两个问题：一是要及时；二是尽力排除干扰获取证据，寻找和确定事故原点。

1. 抢险救灾，保护现场

事故发生后，公安民警及保卫人员要及时赶赴现场，对事故正在继续蔓延扩大造成危害的，要积极组织力量排除险情，当危及人的生命安全时，要及时做好救护工作，尽量减少物质损失和人员伤亡。对抢险救灾所涉及的地点，状态及人的姿势要做好照相、摄像或文字记录，应尽量减少不必要的变动，保持原来的状态，注意保全证据。在此过程中，还应注意防止嫌疑人逃跑、自杀，或者再次制造事故。划定现场范围，布置警戒禁止无关人员进入现场。

2. 及时进行勘查

保护现场后，应及时组织人员对事故现场进行勘查，现场勘察的任务就是要查清事故发生的有关情况，发现、搜集与事故有关的痕迹物证，从而确定调查方向和范围，弄清事故原因，认定事故责任人。

3. 调查与事故有关的人员情况

调查与事故有关人员是为了解事故发生前后的情况，进一步收集认证物证等材料，调查的对象包括报案人、事故发现者、受害者、知情人、现场保护人及周围群众，向他们了解事故的发生、发展情况。对有关人员的口述材料，要认真核实其真实性，并与现场勘查结果互相印证。

4. 分析判断案情，认定案件性质

在现场勘查和现场访问的基础上，根据占有的证据材料，对案情进行分析判断，分析判断的主要内容是事故性质、原因及责任者。经过分析研究，对技术事故和一般责任事故等不需追究刑事责任的事故，由有关部门负责处理；认为有犯罪事实，需追究刑事责任的，由公安机关按照管辖分工立案侦查。分析判断案情应多方面听取意见，特别是对有关技术性的问题应听取专业人员意见。

5. 区分情况，对责任人进行处理

公安机关在判明事故性质，分清事故责任后，应根据情节轻重，危害程度和损失大小，依照国家法律法规及有关规定，提出事故处理意见。

第二部分　典型案例评析

阜新特大火灾事故

某日，位于辽宁省阜新市中心的艺苑歌舞厅（阜新评剧团排练场）发生特大火灾事故，造成233名正在那里休闲娱乐的人死亡，5人重伤。

艺苑歌舞厅原系阜新评剧团排练场，由于评剧团经济效益不景气，场地的使用率较低，且有日渐衰落的趋势，因此就改建为歌舞厅，供单位员工及其家属休闲娱乐。这个原来的排练场本有一个较为宽敞的安全门，但在改成歌舞厅之后被封死了。仅有的出入通道呈直角，而且大门只有约80厘米宽，从舞池出门需要上四五节台阶，窗户离地面有3米多高，紧急情况下想攀都攀不上去。公安消防部门和治安管理部门曾对其进行过安全检查，并提出限期整改的意见，但单位仍然我行我素。虽然在整改意见上签字，但安全门仍然上锁，人员"人满为患"现象仍很普遍。

事故的发生过程：发生事故的当天，因为是星期天，来艺苑歌舞厅的人络绎不绝，只有140平方米舞池的歌舞厅人员多达300人。歌舞厅里有三个雅间。大约在13点30分左右，有人发现从一个雅间中冒出烟，紧接着又出现了明火。当人们意识到发生了火灾时，都恐慌地向歌舞厅的门口涌去。但由于人多，在惊恐中又发生了群挤现象。混乱和无序造成拥挤的人们互相践踏，结果逃出去的人很少，绝大多数人葬身火海。

事后查明，最初的明火是因为在一个雅间中庆祝生日的员工，不明所以地将引燃的纸张塞入裂了缝的沙发引起的。

案例分析：

1. 事故发生的主要原因是什么？

（1）民众安全意识淡薄。一方面是直接责任者所作出的错误行为，另一方面，就是对一般的去歌舞厅的人来讲，也反映出安全意识淡薄的问题。在如此小的地方，300多人共同娱乐，即使未发生火灾，就是发生一般的意外，其后果也会不堪设想。在公共场所和其他人员集中的地方，群挤现象是引起大量人员伤亡的主要原因。

（2）监管部门失职。艺苑歌舞厅是一个单位的公共场所，负责人对安全检查的整改意见置若罔闻，反映出检查和监督的力度与权威性均不够。这充分说明了安全管理工作中存在问题的严重性和有关部门（包括公安机关）对工作的严重失职。

（3）歌舞厅防火设施及房屋结构不符合国家有关规定和要求。这个原来的排练场本有一个较为宽敞的安全门，但在改成歌舞厅之后被封死了。仅有的出入通道呈直角，而且大门只有约80厘米宽，从舞池出门需要上四五节台阶，窗户离地面有3米多高，紧急情况下想攀都攀不上去。公安消防部门和治安管理部门曾对其进行过安全检查，并提出整改意见，但管理者依然我行我素，虽然在整改意见上签字，但安全门依然上锁，人员拥护现象普遍。

（4）单位管理者缺乏职业道德。作为单位来说，满足人民群众业余文化生活的需求自然无可厚非，但必须以保证安全为前提。在此歌舞厅中，即使是在房屋结构、安全设施符合安全要求的情况下，也应该考虑到容纳多少人的问题，必须保证在万一发生意外的情况下人员的疏散问题。显然，有关人员要么没有注意到这个问题，要么注意到了，但是对他人的生命安全采到了严重不负责任的态度。

2. 公安机关应该从哪些方面对类似单位加强监管以防止事故的发生？

（1）日常监管。公安机关可通过治安信息通报、法制教育、宣传等诸多方式对单位保卫进行各项指导。

（2）安全监督检查。公安机关可通过各种形式的安全检查，督促单位建立健全安全保卫制度、落实安全防范措施；发现治安隐患，督促整改。

（3）加强单位内部治安机构建设的指导。公安机关应着重在单位内部治安保卫机构的组织建设、制度建设、纪律作风建设和治安保卫队伍的教育培训等方面加以指导，保证单位保卫队伍的战斗力及可靠性，并通过单位内部保卫机构加强对单位员工安全防范意识教育及自救能力的培养，普及单位安全文化。

3. 公安机关对单位安全保卫工作进行监督检查应遵循怎样的程序？

（1）确定人员。公安机关在监督检查前，应该确定对单位内部治安保卫工作进行监督检查的人员。检查人员必须是在职在编民警，且不得少于两人。

（2）证明身份。公安机关在进行监督检查时，应佩带公务标志，带好检查证和工作证等相关证件，并向被检查单位负责人或者其他有关人员出示，以表明自己合法的执法身份。

（3）邀请单位派员参与。公安机关对单位内部治安保卫工作的监督检查除法律、法规另有规定外，应当邀请单位派员到场参与，公开进行。

（4）听取陈述和申辩，制作检查笔录。检查民警监督检查终结时，应当制作《检查笔录》，作出结论。但在作出不利于单位的监督检查结论之前要允许单位陈述和申辩，然后向被检查单位负责人或者陪同检查人员说明作出监督检查结论的理由，并请被检查单位负责人或者陪同检查人员核对签名；拒绝签名的，检查民警应当在《检查笔录》上注明。

（5）责令整改隐患。根据《条例》第 19 条和《规定》第 8 条规定，公安机关对单位违反《条例》规定，存在治安隐患，应当责令其限期整改，制作《责令限期整改治安隐患通知书》。

（6）复查。公安机关应该在单位整改期限届满次日起三个工作日内，或在收到单位提前复查申请次日起三个工作日内对单位整改情况进行复查，并自复查之日起三个工作日内制作并送达《复查意见告知书》。

（7）处罚。根据《条例》和《规定》的规定，单位违反《条例》规定，存在治安隐患的，公安机关应当责令限期整改，并处警告。经复查，存在安全隐患，严重威胁公民人身安全、公私财产安全或者公共安全的，或者已经造成损失的，公安机关应当及时报告当地人民政府或者通报单位上一级主管部门协调解决，除依据各该条规定给予处罚外，还可建议有关组织对单位主要负责人和其他直接责任人员依法给予行政处分；情节严重，构成犯罪的，依法追究刑事责任。

第三部分　实训教学设计

实训项目一　单位安全监督检查

一、实训设计思路

通过设定情境，在有限时空条件下，将学生自学、老师讲解、实际演练有机结合，提高学生学习兴趣和积极性，强化其对相关知识的理解、把握，有效提高学生监督检查方法的综合运用能力和文书写作水平。

二、实训指导

（一）实训目的

通过“单位安全检查”实训教学，加深学生对保卫工作的了解，促进其对单位安全保卫监督检查各种方法的了解掌握，提高其对相应方法灵活运用的能力；要求学生在监督检查的基础上，根据检查情况制作相关文书。

（二）重点和难点

1. 实训重点：监督检查的程序、方法及文书的制作；

2. 实训难点：实训情境的设计、演练。

（三）实训内容

1. 监督检查的内容；

2. 监督检查的方法；

3. 监督检查的程序；

4. 监督检查的文书制作。

（四）相关知识点

《企业事业单位内部治安保卫条例》第16条规定：公安机关对本行政区域内的单位内部治安保卫工作履行以下职责：检查、指导单位的内部治安保卫工作，发现单位有违反本条例规定的行为或者治安隐患，及时下达整改通知书，责令限期整改……以及《公安机关监督检查企业事业单位内部治安保卫工作规定》第四至第十三条的规定。

（五）实训课时

2课时

（六）实训要求

1. 引导学生明确对设定情境需检查的内容；

2. 引导学生按程序要求正确实施监督检查；

3. 引导学生正确制作相关文书。

（七）实训保障

1. 有关物品：场景所需必要道具；

2. 有关文书：《检查证》、《安全检查记录》、《责令限期整改治安隐患通知书》等；

3. 场所：检查场所安排在校内学生宿舍区、操场、招待所、办公楼、交通道路等一切可利用的设施内，因宿舍的相对封闭性，可考虑作为场地首选；文书制作则可由学生自由选定在宿舍或图书馆等场所。

（八）实训步骤

1. 布置任务，进一步熟悉监督检查的方式、方法、程序及注意事项；

2. 将学生分组：每8—10个学生为一组，分别模拟公安机关监督检查人员、被检查单位保卫人员或领导、单位员工、围观群众等；

3. 以警察学院整个环境为大背景，由学生以组为单位对指定场所（宿舍、实验楼等）开展安全检查，学生复习有关治安调解的适用范围、适用条件和调解程序规定的相关知识点；

4. 制作相关文书；
5. 组织讨论；
6. 教师点评；
7. 学生形成《实训报告》。

（九）考核评分标准

考核结果按组分为优（最高 95 分计）、良（最高 85 分计）、中（最高 75 分计）、差（60 及以下分计）四档，酌情定分。

优：安全检查方式、方法正确，能及时发现安全隐患，并提出整改要求，形成规范的文书，字迹清晰端正。

良：安全检查方式、方法基本正确，能及时发现安全隐患，并提出整改要求，形成规范的文书。

中：安全检查方式、方法基本正确，能发现安全隐患，但整改通知不及时、文书欠规范。

差：态度不够端正，安全检查方式、方法不正确，对安全隐患反应迟缓。

在此基础上，由实训小组长在实训指导老师的监督下会同本小组成员商量后，根据本小组成员在实训中的贡献大小、表现情况等，在实训指导老师给出的实训小组成绩基础上上下浮动后给出本小组成员的个人成绩，浮动幅度为 10%。

实训成绩计入学生平时成绩。

实训项目二　大型活动安全保卫预案的编制

一、实训设计思路

通过设定情境，在有限时空条件下，将课堂所学与实际操作有机结合，使学生在独立思考，相互协作的前提下解决问题；增强感性认识、提高能力的同时，更好地协作共赢。

二、实训指导

（一）实训目的

通过实训，让学生了解大型活动的安全保卫工作中，作为举办方应当承担的安全保卫职责，作为公安机关应当如何对举办者的安全保卫工作进行指导，了解大型活动安全保卫工作方案的具体内容，明了突发事件处置的主要方法。

（二）重点和难点

1. 实训重点：预案的主要内容总体设计是否全面、细致。
2. 实训难点：方案是否具体，可操作。

（三）实训内容

假设省公安厅为检验全省公安民警的素质，拟于 201×年×月×日在省警察学院体育场举办一次约有 1000 人参加的大型比武活动。本实训是要求学生站在学院保卫处的立场上为这次比武活动的安全进行制定一个保卫方案，同时突出对突发事件的处置。其主要内容包括：

1. 活动的时间、地点、人数、规模、内容及组织方式
2. 安全工作人员情况、数量和任务分配、识别标志

3. 场地建筑和设施的消防、安全情况；
4. 入场票证的管理、查验措施；
5. 场地人员的核定容量；
6. 迅速疏散人员的预备措施；
7. 应急机动力量的准备；
8. 突发事件的处置等。

（四）相关知识点

《企业事业单位内部治安保卫条例》第15条规定：治安保卫重点单位应当在公安机关指导下制定单位内部治安突发事件处置预案，并定期演练。

（五）实训课时

2课时

（六）实训要求

1. 预案应当注重实用性和操作性；
2. 预案层次清晰，观点明确；
3. 书写工整，文字表述准确；
4. 在预案后附上田径场现场方位图，并标注安保相关位置；
5. 字数不少于800字；
6. 两个课时内完成。

（七）实训保障

1. 有关物品：纸、笔等；
2. 场所：学院田径场、图书馆或教室、寝室等。

（八）实训步骤

1. 提前布置任务，强调预案编制的相关要求；
2. 将学生分组，每8—10个学生为一组；
3. 以警察学院田径场为大背景，由学生以组为单位对设定情境编制安全保卫预案；
4. 组织讨论；
5. 教师点评；
6. 学生形成《实训报告》。

（九）考核评分标准

考核结果按组分为优（最高95分计）、良（最高85分计）、中（最高75分计）、差（60及以下分计）四档，酌情定分。

优：态度积极认真，按时按量完成预案，预案层次清晰，观点明确，且具操作性、可行性，书写工整、无错别字，能正确使用专业性语言。

良：态度积极认真，预案质量较好的。

中：态度尚可，预案质量较好的。

差：态度尚可，预案质量欠缺；或态度不够端正的。

在此基础上，由实训小组长在实训指导老师的监督下会同本小组成员商量后，根据本小组成员在实训中的贡献大小、表现情况等，在实训指导老师给出的实训小组成绩基础上上下浮动后给出本小组成员的个人成绩，浮动幅度为10%。

实训成绩计入学生平时成绩。

◎ 本章小结

国家安危，公安系于一半，城市稳定，“内保”系于一半。单位治安保卫不仅关系到单位自身的安全与稳定，也关乎国家安危、公共安全。在当今社会维稳形势严峻，单位风险加大的情形下，公安机关在履行对单位保卫工作服务职能的同时，更应充分行使对单位内部保卫工作指导监督的职能，不断提升单位自防、自治、自卫的能力，使之更完全地履行法律赋予的安保职责；不断提高重点单位保卫、事故对策等保卫重要业务能力和水平，减少案件、事故的发生，营造良好、安全的内部单位环境，为社会主义现代化经济文化建设事业服务。

◎ 思考与练习

1. 公安机关单位治安保卫工作职责有哪些？
2. 单位治安保卫机构及治安保卫人员主要职责是什么？
3. 公安机关监督检查单位内部治安保卫工作有何程序规定？
4. 公安机关监督检查单位治安保卫工作的方法有哪些？
5. 重点单位确定的步骤和程序是什么？
6. 事故发生原理？
7. 事故预防措施有哪些？
8. 预防为主、单位负责方针的现实指导意义？

◎ 拓展阅读

习近平总书记指出，新的历史时期，要既重视外部安全，又重视内部安全；既重视国土安全，又重视国民安全；既重视传统安全，又重视非传统安全；既重视发展问题，又重视安全问题；既重视自身安全，又重视共同安全。走出一条以人民安全为宗旨，以政治安全为根本，以经济安全为基础，以军事、文化、社会安全为保障，以促进国际安全为依托的有中国特色的国家安全道路。构建集政治安全、国土安全、军事安全、经济安全、文化安全、社会安全、科技安全、信息安全、生态安全、资源安全、核安全等于一体的国家安全体系。现代意义的“综合安全观”对单位治安保卫提出了新的要求和挑战。单位安全尤其是重要单位安全涉及安全保卫的方方面面，涉及国计民生、公共安全。现单位治安保卫应立足安全风险管理理论为基础，织就一张单位外围防御、周界防范、出入口控制、重要部位管控、危机应对、安全文化建设于一体的安全保卫网络。

第十九章　道路交通管理

【案例导引】

2017年1月4日，张某驾驶重型半挂车行驶至江西省九江市共青城市福银高速公路644公里处时，被江西省高速交警总队直属二支队第二大队民警查获。经检验，张某血液酒精含量为381.3毫克/100毫升。张某因危险驾驶罪被永修县人民法院判处拘役四个月，并处罚金5000元。①思考：

（一）危险驾驶罪的法律依据是什么？

（二）根据《车辆驾驶人员血液、呼气酒精含量阈值与检验》，醉酒驾车的标准是什么？

（三）如何界定醉酒驾驶机动车？

（四）办理醉酒驾驶案件的操作流程是什么？

【学习目标】了解交通警察手势信号的特点，交通违法行为简易程序处罚的适用条件、实施步骤。掌握执法记录仪的适用情形、注意事项；掌握交通警察手势信号动作要领，并能够灵活运用；掌握执法记录仪的操作规程，掌握执法规范用语和行为举止要求。掌握简易程序处罚决定书制作要求，具有制作简易程序处罚决定书的能力。树立执法为民、规范执法、文明执法的理念。

【教学重点】交通手势信号指挥在城市交叉路口的实际运用。

【教学难点】道路交通违法行为简易程序处罚的实施步骤、简易程序处罚决定书的填写，执法记录仪的操作规程。

第一部分　基础知识

一、交通警察手势信号指挥基础知识

交通警察手势信号指挥是交通民警动作化、形象化的指挥语言，是目前应用最广泛的一种指挥方式。它不仅适用于平面交叉路口，而且也适用于各种路段以及比较复杂的活动现场。在交通信号已进入自动化、现代化发展的今天，交通警察的指挥仍具有很强的生命力和实际意义。

（一）法律依据

1.《中华人民共和国道路交通安全法》第25条、第38~40条、第44条、第46条等条

① http：//www.mps.gov.cn/n2254098/n4904352/c5746294/content.html。

文的相关规定；

2.《中华人民共和国道路交通安全法实施条例》第2条、第31条等条文的相关规定；

3. 其他法律法规、规范性文件的相关规定。

（二）交通手势指挥的特点

1. 强制性。交通警察的指挥强制性主要表现在，当车辆和行人遇有灯光信号，交通标志或交通标线与交通警察的指挥不一致时，服从交通警察的指挥。也就是遇有交通警察示意的内容与交通信号灯、交通标志、交通标线的内容有矛盾时，要服从交通警察的指挥，即交通警察的指挥比信号灯、交通标志、标线更具有强制性。

2. 视认性。指挥过程中，交通民警着反光背心、戴白手套、动作简单明了，手势动作放得开、幅度大，指挥清晰明确，驾驶员一目了然。

3. 灵活性。交通警察的指挥适用于各种不同类型的平面交叉路口，也适用于路段以及事故现场、集会、复杂的、突发的交通情况。指挥对象不仅指挥机动车驾驶人，也指挥非机动车驾驶人和行人。指挥方式可以交通信号灯控制辅之以交通手势信号指挥，也可以手势信号单独指挥。总之，适应复杂多变的交通流，交通警察的指挥可以机动、灵活地处理各种情况。

（三）交通警察手势信号的基本内容

交通警察手势信号分为停止信号、直行信号、左转弯信号、左转弯待转信号、右转弯信号、变道信号、减速慢行信号、示意车辆靠边停车信号共8种。

1. 停止信号：手势示意不准前方车辆通行。动作要领如下：

（1）交警左臂由前向上直伸与身体成135°，掌心向前与身体平行，五指并拢，面部及目光平视前方；

（2）左臂垂直放下，恢复立正姿势。

2. 直行信号：手势示意准许右方直行的车辆通行。动作要领如下：

（1）交警左臂向左平伸与身体成90°，掌心向前，五指并拢，面部及目光同时转向左方45°；

（2）右臂向右平伸与身体成90°，掌心向前，五指并拢；

（3）右臂水平向左摆动与身体成90°，小臂弯屈至大臂成90°，掌心向内与左胸衣兜相对，小臂与前胸平行；

（4）右大臂不动，右小臂水平向右摆动与身体成90°，掌心向左，五指并拢；

（5）右小臂弯屈至与大臂成90°，掌心向内与左胸衣兜相对，小臂与前胸平行，完成二次摆动；

（6）收右臂；

（7）收左臂，面部及目光转向前方，恢复立正姿势。

3. 左转弯信号：手势示意准许车辆左转弯，在不妨碍被放行车辆通行的情况下可以掉头。动作要领如下：

（1）右臂向前平伸与身体成90°，掌心向前手掌与手臂夹角不低于60°，五指并拢，面部及目光同时转向左45°；

（2）左臂与手掌平直向右前方摆动，手臂与身体成45°，掌心向右，中指尖至上衣中缝，高度至上衣最下一个纽扣；

（3）左臂回位至不超过裤缝，面部及目光保持目视左前方45°，完成第一次摆动；

（4）重复（2）动作；
（5）重复（3）动作，完成第二次摆动；
（6）收右臂，面部及目光转向前方，恢复立正姿势。

4. 左转弯待转信号：手势示意准许交警左方左转弯的车辆进入路口，沿左转弯行驶方向靠近路口中心，等候左转弯信号。动作要领如下：

（1）左臂向左平伸与身体成45°，掌心向下，五指并拢，面部及目光同时转向左方45°；
（2）左臂与手掌平直向下方摆动，手臂与身体成15°，面部及目光保持目视左方45°，完成第一次摆动；
（3）重复（1）动作；
（4）重复（2）动作，完成第二次摆动；
（5）收左臂，面部及目光转向前方，恢复立正姿势。

5. 右转弯信号：手势示意准许交警右方的车辆右转弯。动作要领如下：

（1）左臂向前平伸与身体成90°，掌心向前，手掌与手臂夹角不低于60°，五指并拢，面部及目光保持目视左方45°；
（2）右臂与手掌平直向左前方摆动，手臂与身体成45°，手掌向左，中指尖至上衣中缝，高度至上衣最下一个纽扣；
（3）右臂回位至不超过裤缝，面部及目光保持目视右方45°，完成第一次摆动；
（4）重复（2）动作；
（5）重复（3）动作，完成第二次摆动；
（6）收左臂，面部及目光转向前方，恢复立正姿势。

6. 变道信号：手势示意车辆腾空指定的车道，减速慢行。动作要领如下：

（1）面向来车方向，右臂向前平伸与身体成90°，掌心向左，五指并拢，面部及目光平视前方；
（2）右臂向左水平摆动与身体成45°，完成第一次摆动；
（3）恢复至（1）动作；
（4）重复（2）动作，完成第二次摆动；
（5）收右臂，恢复立正姿势。

7. 减速慢行信号：右手势示意车辆减速慢行。动作要领如下：

（1）右臂向右前方平伸，与肩平行，与身体成135°，掌心向下，五指并拢，面部及目光同时转向右方45°；
（2）右臂与手掌平直向下方摆动，手臂与身体成45°，面部及目光保持目视右方45°，完成第一次摆动；
（3）重复（1）动作；
（4）重复（2）动作，完成第二次摆动；
（5）收右臂，面部及目光转向前方，恢复立正姿势。

8. 示意车辆靠边停车信号：手势示意车辆靠边停放。动作要领如下：

（1）面向来车方向，右臂前伸与身体成45°，掌心向前左，五指并拢，面部及目光平视前方；
（2）左臂由前向上直伸与身体成135°，掌心向前与身体平行，五指并拢；
（3）右臂向左水平摆动与身体成45°，完成第一次摆动；

（4）右臂恢复至（1）动作；

（5）重复（3）动作，完成第二次摆动；

（6）右臂恢复至（1）动作；

（7）双臂同时放下，恢复立正姿势。

交通警察在夜间及雨、雪、雾等光线较暗或者照明条件较差等天气条件下执勤时，可以用右手持指挥棒指挥、疏导车辆、行人。

持棒要求：右手持棒并保持发光棒或者荧光棒始终与右臂处于同一条直线，动作要领同上述八种指挥手势信号。

交通手势信号是民警迅速、果断地处理各种交通情况的指挥意志的体现，要求民警仪表端庄、精神饱满、严肃认真、切忌马虎随意，注意力应集中，反应迅速。手势动作应准确、果断、有力，这反映出民警指挥严肃，权威、清楚。反之，动作无力、无精打采，反映出民警指挥含糊不清，迟疑拖沓。这在交通管理中会产生两种截然不同的效果，前者干脆、果断、简单易懂，车辆顺利通过；后者驾驶员无所适从，车辆疏导得慢，甚至造成道路交通事故。

二、道路交通违法行为的简易程序处罚基础知识

（一）基本概念

交通安全违法行为的简易程序，又称当场处罚程序，是相对一般程序而言的，“简易”是“简便易行，快捷速决”的意思。所谓简易程序，是指对于事实确凿并有法定依据且处罚轻微的道路交通安全违法行为，由交通警察在处罚的种类和幅度内，当场裁决处罚时所适用的行政程序。

（二）简易程序处罚的适用条件

1. 具有法定依据。《道路交通安全法》第 107 条规定：“对道路交通安全违法行为人予以警告、200 元以下罚款，交通警察可以当场作出行政处罚决定，并出具行政处罚决定书。”《道路交通安全违法行为处理程序规定》第 41 条规定：“对违法行为人处以警告或者二百元以下罚款的，可以适用简易程序。”《道路交通安全违法行为处理程序规定》第 50 条规定：“对交通技术监控设备记录的违法行为，当事人应当及时到公安机关交通管理部门接受处理，处以警告或者二百元以下罚款的，可以适用简易程序。”

2. 事实清楚，证据确凿。在道路交通管理实践中，事实清楚，证据确凿主要包括以下几个方面的内容：一是有确实、充分的证据证明违法事实的存在以及违法行为的性质、违法行为的情节；二是有确凿充分的证据证明道路交通安全违法行为是由当事人所实施的。

3. 案情简单，因果关系明确。案情简单主要是指道路交通安全违法行为实施过程比较简单，违法行为的社会危害性小，不用另外调查；因果关系明确，主要是指道路交通安全违法行为人实施行为的事实以及违法行为所造成的危害后果之间的关系清晰明了。

（三）简易程序处罚的实施步骤

1. 出示证件，表明执法身份。公安民警执法，除法律、法规另有规定外，应当随身携带人民警察证，主动出示并表明人民警察身份；情况紧急来不及出示的，应当先表明人民警察身份，并在处置过程中出示人民警察证。依照规定穿着公安民警制式服装并佩戴人民警察标志的，可以不出示人民警察证，但当事人要求出示的，应当将证件打开出示。

2. 根据现场实际情况，收集证明违法行为的证据。

3. 口头告知。由现场执勤执法交通警察用规范的语言，口头告知违法行为人拟作出行政处罚决定的事实、理由和依据，并告知违法行为人依法享有的陈述权和申辩权。

4. 听取当事人的陈述和申辩，并复核记录在案。交通警察必须充分听取违法行为人的陈述和申辩。违法行为人提出的事实、理由或者证据成立的，应当采纳。

5. 填写《公安交通管理简易程序处罚决定书》。简易程序处罚决定书应当由被处罚人签名、交通警察签名或者盖章、公安机关交通管理部门盖章。当事人拒绝签名的，交通警察应当在简易程序处罚决定书上注明。

6. 罚款交纳。对行人、乘车人和非机动车驾驶人的罚款，当事人无异议的，可以当场予以收缴罚款。当场收缴罚款的，同时填写省级或者国家财政部门统一制发的罚款收据，交付被处罚人；未当场收缴罚款的，应当告知被处罚人在规定期限内到指定的银行缴纳罚款。

7. 备案。交通警察应当于作出决定后的二日内报所属公安机关交通管理部门备案。

（四）简易程序处罚决定书制作要求

公安交通管理简易程序处罚决定书，是公安机关交通管理部门按照简易程序对违法行为人作出行政处罚决定使用的文书。它的适用范围：对机动车驾驶人处以200元（含）以下罚款的处罚，包括对利用交通技术监控设备记录的违法行为处以200元（含）以下罚款的处罚；对于非机动车驾驶人、行人和乘车人的罚款处罚。公安交通管理简易程序处罚决定书制作要求如下：

本文书为单联式表格，按填写顺序其具体制作要求如下：

1. 填写文书的编号；统一印制的编号不用填写。

2. 填写被处罚人项：被处罚人姓名、动车驾驶证档案编号、机动车驾驶证或居民身份证号码、准驾车型、联系方式、车辆牌号、车辆类型、发证机关等内容；填写被处罚人项有以下几种情况：

第一种情况：被处罚人是机动车驾驶人的，应当填写被处罚人姓名、机动车驾驶证档案编号、机动车驾驶证号、准驾车型、联系方式、车辆牌号、车辆类型、发证机关等项；未携带机动车驾驶证或者无机动车驾驶证的，填写居民身份证（或者其他有效身份证件）上的姓名；无有效身份证件的，填写当事人被处罚人（当事人）提供的姓名，并在备注栏注明“未提供有效身份证件”；属外国籍或者少数民族的人员，应当写明其汉语音译名，必要时，可以在汉语音译名后注明其使用的本国或者本民族文字姓名；属于外籍车辆的，加写“外”字。

第二种情况：被处罚人是非机动车驾驶人的，应当填写被处罚人姓名、居民身份证号码、联系方式、车辆类型（自行车、电动自行车、残疾人机动轮椅车、人力车、三轮车、畜力车，以及按照《道路交通安全法》第18条第2款规定的，由各省、自治区、直辖市人民政府根据当地实际情况规定的依法应当登记的非机动车的种类）、有非机动车牌号的填写非机动车牌号及发证机关。

第三种情况：被处罚人是行人、乘车人的，应当填写被处罚人姓名；居民身份证号码；联系方式。

3. 填写被处罚人的违法事实：时间、地点和实施的违法行为及其代码。

4. 填写被处罚人违反的法律、法规依据：违反的法律法规在相应的法律法规前的“□”

内打“√”，违反的法律、法规依据有三个层次，包括《道路交通安全法》、《道路交通安全法实施条例》、地方法规，法律依据处填写作出行政处罚决定所依据的法律、法规的具体条、款、项要求填写完整。

5. 填写作出的处罚决定

（1）被处罚人作出“警告”处罚的，在“警告”前的“□”内打“√”；

（2）当场缴纳罚款，仅适用于在非机动车驾驶人、行人和乘车人等有依法可以当场缴纳的情形时收缴当事人的罚款，并在“当场缴纳罚款”前的“□”内打“√”；

（3）对机动车驾驶人作出“罚款”处罚的，在“____元罚款”及在“持本决定书”前的“□”内打“√”；

（4）罚款数额均在“____元罚款”的横线上填写。

6. 填写法律救济途径：在简易程序处罚决定书中，被处罚人申请行政复议机关与提起行政诉讼的机关可以直接印制，也可以由公安机关交通管理部门统一填写，办案人员不再填写；

7. 填写“被处罚人签名”项：由被处罚人签名，并注明签名时间；被处罚人拒绝签名时，应当在备注栏内注明；

8. 填写“交通警察”项：由制作简易程序处罚决定书的交通警察签名或者盖章；

9. 交通违法行为被记分的，应当注明分值。

（五）实施简易程序处罚应注意的问题

1. 适用简易程序处罚的，可以由一名交通警察作出。出示人民警察证时，应当确保证件安全，防止被抢、被损毁。

2. 实施当场处罚，对处罚过程应当进行视音频记录。

3. 交通警察对于当场发现的违法行为，认为情节轻微、未影响道路通行和安全的，口头告知其违法行为的基本事实、依据，向违法行为人提出口头警告，纠正违法行为后放行。

4. 注意规范用语。交通警察在实施简易程序处罚时应当尊重当事人，使用文明、礼貌、规范的语言，语气庄重、平和。对当事人不理解的，应当耐心解释，不得呵斥、讽刺当事人。规范用语如下：

（1）检查涉嫌有违法行为的机动车驾驶人的机动车驾驶证、行驶证时，交通警察应当使用的规范用语是：你好！请出示驾驶证、行驶证。

（2）纠正违法行为人（含机动车驾驶人、非机动车驾驶人、行人、乘车人，下同）的违法行为，对其进行警告、教育时，交通警察应当使用的规范用语是：你的（列举具体违法行为）违反了道路交通安全法律法规，请遵守交通法规。谢谢合作。

（3）对行人、非机动车驾驶人的违法行为给予当场罚款时，交通警察应当使用的规范用语是：你的（列举具体违法行为）违反了道路交通安全法律法规，依据《道路交通安全法》第××条和《道路交通安全法实施条例》第××条（或××地方法规）的规定，对你当场处以××元的罚款。

非机动车驾驶人拒绝缴纳罚款时，交通警察应当使用的规范用语是：根据《道路交通安全法》第89条的规定，你拒绝接受罚款处罚，可以扣留你的非机动车。

（4）对机动车驾驶人给予当场罚款时，交通警察应当使用的规范用语是：你的（列举具体违法行为）违反了道路交通安全法律法规，依据《道路交通安全法》第××条和《道路交通安全法实施条例》第××条（或××地方法规）的规定，对你处以××元的罚款，记××分（或者扣留你的驾驶证/机动车）。

（5）实施行政处罚前，告知违法行为人应享有的权利时，交通警察应当使用的规范用语是：你有权陈述和申辩。

（6）要求违法行为人在《公安交通管理简易程序处罚决定书》上签字时，交通警察应当使用的规范用语是：请你认真阅读法律文书的这些内容，并在签名处签名。

（7）对违法行为人依法处理后，交通警察应当使用的规范用语是：请收好法律文书（和证件）。

对经检查未发现违法行为时，交通警察应当使用的规范用语是：谢谢合作。

（8）对于按规定应当向银行缴纳罚款的，机动车驾驶人提出当场缴纳罚款时，交通警察应当使用的规范用语是：依据法律规定，我们不能当场收缴罚款。请到××银行缴纳罚款。

（9）对于机动车驾驶人拒绝签收《公安交通管理简易程序处罚决定书》时，交通警察应当使用的规范用语是：依据法律规定，你拒绝签字或者拒收，法律文书同样生效并即为送达。

（10）要求当事人将机动车停至路边接受处理时，交通警察应当使用的规范用语是：请将机动车停在（指出停车位置）接受处理。

5. 注意执法行为举止

（1）在道路上执勤执法应当规范行为举止，做到举止端庄、精神饱满。

（2）站立时做到抬头、挺胸、收腹，双手下垂置于大腿外侧，双腿并拢、脚跟相靠，或者两腿分开与肩同宽，身体不得倚靠其他物体，不得摇摆晃动。

（3）行走时双肩及背部要保持平稳，双臂自然摆动，不得背手、袖手、搭肩、插兜。

（4）敬礼时右手取捷径迅速抬起，五指并拢自然伸直，中指微接帽檐右角前，手心向下，微向外张，手腕不得弯屈。礼毕后手臂迅速放回原位。

（5）交还被核查当事人的相关证件后时应当方便当事人接取。

三、执法记录仪规范使用基本知识

执法记录仪是指具有录像、照相、录音等功能，用于人民警察执勤执法办案过程中进行视音频记录的便携式设备。

（一）法律依据

1.《中华人民共和国道路交通安全法》中的相关规定；

2.《中华人民共和国道路交通安全法实施条例》中的相关规定；

3.《道路交通安全违法行为处理程序规定》第 8 条等条文的相关规定；

4.《交通警察道路执勤执法工作规范》第 6~17 条、第 26 条等条文的相关规定

5.《交通警察执勤执法装备使用指南》（试行）中的相关规定；

6. 其他法律法规、规范性文件的相关规定。

（二）适用情形

交通警察在道路上执勤、查处交通违法行为、处理交通事故以及进行驾驶人考试和机动

车查验时，应当佩带、使用执法记录仪。

（三）检查

及时检查执法记录仪的电池容量、内存空间、系统日期和时间，保证执法记录仪正常使用。

（四）佩带

执法记录仪应当佩戴在交通警察左肩部或者左胸部等有利于取得最佳声像效果的位置。注意摄像头不要被反光背心或对讲机等物件遮挡。

交通警察在现场执法取证时，可以手持执法记录仪进行摄录。

交通警察驾驶警用车辆时，可根据实际情况将执法记录仪固定在车头、不影响驾驶安全的位置进行拍摄，但下车后必须按照上述规定进行佩带。

（五）操作规程

第一步：交通警察在道路上对交通违法行为人实施处罚或者采取强制措施、询问交通事故当事人和证人时，应当事先告知对方使用执法记录仪记录，如："为保护您的合法权益，监督我的执法行为，本次执法全程录音录像"。

第二步：查处交通违法行为时，要记录当事人的相貌特征、车辆号牌及相关特征、驾驶证、行驶证及违法行为、执法过程等信息。开展专项整治时，要记录执勤点位防护设施、警示设施的摆放情况以及拦截、检查车辆和驾驶人的全过程。

处理交通事故时，要记录事故现场概况、涉案车辆、受损部位、人员伤亡情况、当事人及其证件等相关信息。

开展行政、刑事案件的询问、讯问时，要记录询问、讯问开始和结束的时间、地点、人员、内容等相关信息。

遇到拒绝、妨碍交通警察执勤执法或侵害交通警察合法权益的，要记录当事人的言行及周围见证人等信息。

第三步：执法记录影像应自上岗时开始至下岗时结束，连贯完整，无断点。如因技术问题或其他客观因素造成拍摄中断的，应尽快排除故障。续录时，要对中断拍摄原因等情况进行语音说明。现场无法排除故障继续记录的，应当立即向所属部门负责人报告，并在事后书面说明情况。

第四步：交通警察应当在当天执法活动结束后，将现场执法视音频资料导出保存。连续工作、异地执法办案或者在偏远、交通不便地区执法办案，确实无法及时移交资料的，应当在返回单位后二十四小时内移交。

第五步：执法记录仪记录的声像资料，应由交警支队、大队按照《交警系统执法记录仪使用管理规定》统一存储、保管。

（六）注意事项

1. 使用执法记录仪时严禁以下行为：删减、修改执法记录仪记录的原始声像资料；私自复制、保存或者传播、泄露执法记录仪记录的声像资料；利用执法记录仪记录与执勤执法无关的活动；故意毁坏执法记录仪或者声像资料存储设备。

2. 工歇间隙注意及时充电，避免执勤执法工作中出现电量耗尽、存储空间占满、时间存在偏差等情况。

3. 遇雨、雪等恶劣天气时，注意防水防潮。

第二部分 典型案例评析①

一、案情简介

2016年4月25日上午，某市某县公安交警大队某中队民警何某某带领工勤人员廖某某及协警等十余人在对当事人温某驾驶的两轮摩托车例行检查时，发现温某未携带驾驶证和行驶证。对此，交通民警依法对该摩托车进行扣留，但温某拒不配合，抓踢民警，民警在多次警告仍不配合后，将温某从摩托车上拉下按倒在地，引发大量群众围观起哄。该地公安局某派出所民警闻讯赶赴现场，并将温某及其家人带至交通民警大队观看执法记录仪视频。观看后，温某的两个儿子均认为交通民警属正当执法，并未殴打其父亲。此后，温某接受处理，对其不配合交通民警执法的行为赔礼道歉，并作出书面情况说明，交通民警大队对其摩托车未年检未交强制险的交通违法行为予以从轻处罚。

4月27、28日，有围观群众将自行拍摄的交通民警执法视频，并配以文字“这就是某交通民警……这是在执法吗？希望看了的都转一下”在QQ空间、微信发布。该文章在微信朋友圈流传并逐步扩散，引发大量网民关注和评论。此后，某县公安局介入调查。经研究后作出如下决定：一是由该地交通民警大队就执法不规范行为向当事人温某致歉；二是要求参与执法执勤人员暂停执行职务，并向该县公安局党委作出深刻检查；三是责令该县交通民警大队开展思想政治和工作作风教育，狠抓执法规范化建设，规范执法执勤行为。

4月30日，某新闻网以“某地一男子骑摩托车拒绝检查被摁在地，警方要求交通民警大队长道歉”为题对该事件进行报道，随即引发新的网络热议。大多数网民认为，交通民警是正常执法，并表示支持；部分网民还对某公安局的处理决定提出质疑，认为领导无担当，息事宁人；只有极少数网民认为警察无事生非，暴力执法。

二、案件评析

（一）关于对驾驶人温某的行为评析

在交通民警依法执行行政强制措施的过程中，驾驶人温某拒不配合，经交通民警多次警告后仍然一意孤行，对交通民警进行抓踢，不仅侵犯了交通民警的人身权利，还影响了交通民警执行职务，扰乱了公安交通管理的正常展开。根据《治安管理处罚法》第50条的规定，其行为构成阻碍执行职务的治安管理违法行为，对其可处以5日以上10日以下拘留，可以并处500元以下罚款。

（二）关于对交通民警执法过程的评析

交通民警依法对温某的摩托车进行扣留时，温某撒泼不配合交通民警执法，交通民警在依法警告多次后，强行将温某与摩托车隔离，并在温某抓踢交通民警后对其进行控制，属正当执法行为，应当予以肯定。在事后处理过程中，交通民警通过展示执法记录仪视频的方式，对当事人及其家属进行教育劝导，使当事人主动认识错误，并获取了当事人家属的认同和支持，使案件得以圆满解决，体现了公安机关交通管理部门高效解决问题的能力和密切联系群众的意识，实现了法律效果和社会效果相统一。

---

① 《道路交通研究安全研究》第19期，公安部道路交通安全研究中心编，2016年5月10日。

但对于交通民警未及时告知温某扣留其车辆的法律依据以及不予配合的法律后果；实施扣留强制措施的过程中无带队民警在场；协警人员在将温某与摩托车强制分离过程中，缺乏战术配合，且在出现异常情况后，没有及时报告等情况，确实存在执法不规范的问题，应当予以纠正。

第三部分　实训教学设计

一、城市平面交叉路口交通警察手势指挥信号实训

（一）实训设计思路

通过“城市平面交叉路口交通警察手势指挥信号”实训教学，将交通警察手势指挥信号理论与实际紧密联系在一起。学生通过真实场景的训练，能够领会和掌握交通警察手势指挥信号动作要领，并会实际运用。

（二）实训指导

1. 实训目的：通过实训，使学生理解城市平面交叉路口交通警察手势指挥信号的特点，掌握停止信号、直行信号、左转弯待转信号、左转弯信号常见的城市平面交叉路口交通警察手势指挥信号的动作要领，并在实践中能够灵活运用。

2. 实训内容

（1）停止信号；

（2）直行信号；

（3）左转弯待转信号；

（4）左转弯信号；

（5）交接岗。

3. 相关知识点：停止信号、直行信号、左转弯待转信号、左转弯信号动作要领。

4. 实训课时：8 课时。

5. 实训要求

（1）强调纪律、警容风纪和安全注意事项；

（2）训练学生按照交通警察手势指挥信号动作要领进行操作；

（3）组织非在岗学生进行观察和学习；

（4）实训教师现场纠正学生不规范动作；

（5）引导学生安全完成主副岗交接工作。

6. 实训保障

（1）实训器材：交警反光背心、多功能反光腰带、白手套、警用哨子、手持台、执法记录仪等单警装备，运送学生到校外实训场地的车辆。

（2）实训场地

①校内实训场地：校内模拟城市平面交叉路口；

②校外实训场地：有信号灯控制的城市平面交叉路口。

（3）师资配备：配备 2~3 名实训教师进行现场指导和考核。

7. 实训步骤

实训采用校内实训与校外实训相结合的方法，以区队为单位，根据每一个阶段训练内容

的不同，学生们分成若干小组，每个小组 6~8 人，设置小组长 1 名。实训方法与步骤如下：

（1）校内实训。

①实训教师进行手势指挥信号进行动作要领讲解和示范；

②学生在校内实训场地进行分组训练；

③根据交通警察手势指挥信号动作要领进行考核。

（2）校外实训。

①选择城市平面交叉路口进行交通警察手势指挥信号实训；

②制定实训方案；

③到达校外实训场地后，按计划进行站位，熟悉实训场地后，由实训教师或者教官进行现场示范；

④安排学生以小组为单位进行实训，实训教师全程进行现场指导。

A. 实训教师下达上岗指令；

B. 实训学生接受指令；

C. 主副岗按信号灯指示齐步上岗；

D. 主副岗进行交接；

E. 主岗按照信号灯指示完成手势信号、副岗按原路返回；

F. 主副岗到达起点立定，结束实训。

8. 考核评分标准

（1）校外实训考核标准（校内实训可以参照）（见表 1）

表 1　　**校外实训考核标准表**

项　目	内　　容	分　值
警容仪表	1. 按规定着装	5
	2. 按照规定携带警用装备	5
主副岗走位、交接	动作是否规范	10
手势指挥信号操作	1. 信号灯变换时，动作衔接是否流畅	60
	2. 动作是否规范	10
自我安全防护	1. 变换指挥位置时是否注意线路安全	5
	2. 指挥过程中是否注意周围车流状况	5

（2）实训报告基本要求：根据各自实训情况提交实训书面报告，实训报告要求客观、真实、全面、清晰，能够反映实训的全过程。

（3）实训考核成绩构成：实行百分制，校内实训成绩占实训总成绩 30%；校外实训成绩占实训总成绩 50%；实训书面报告实训总成绩 20%。

（三）实训场景设计

场景设计：×年×月×日 8:30—11:30，天气状况晴好，选择城市某主干道、具有机动车信号灯或者方向指示信号灯控制的平面十字交叉路口，交叉路口设置有左弯待转区、直行、左转等交通标志标线。在当地公安交管部门的支持和配合下，实训教师组织学生进行交通警察手势指挥信号训练。

实训要点：

（1）停止信号、直行信号、左转弯待转信号、左转弯信号的正确适用；

（2）主副岗正确交接；

（3）自我安全防护意识的培养。

二、道路交通违法行为的简易程序处罚实训

（一）实训设计思路

根据实训目的，由师生共同设计实训场景。通过实训前期准备、学生角色扮演及进行分组实训操作、学生自我评价、教师总结等步骤完成实训任务。其中，分组实训操作包括使用规范用语，完成停车示意、告知、查验、告知违法事实、对交通违法行为进行处罚等实训环节。

（二）实训指导

1. 实训目的

通过实训教学，学生能够掌握简易程序处罚的实施步骤，根据被处罚人的具体道路交通违法行为，能够正确填写公安交通管理简易程序处罚决定书，规范使用执法记录仪，在模拟执法过程中能够使用规范的执法行为和执法用语。

2. 实训内容

（1）简易程序处罚的实施步骤；

（2）公安交通管理简易程序处罚决定书的正确填写；

（3）执法记录仪的检查、正确佩带、操作规程；

（4）规范的执法行为和执法用语。

3. 相关知识点

《公安机关执法细则》（第三版）第四十六章简易程序相关规定、《公安机关现场执法视音频记录工作规定》（公安部 公通字〔2016〕14 号）、《交通警察道路执勤执法工作规范》第 6~22 条、第 48 条、《交通警察执勤执法装备使用指南》（试行）中有关执法记录仪的规定、《道路交通安全违法行为处理程序规定》第 41~43 条、第 50 条、《道路交通安全法》第 107~108 条、《道路交通安全法实施条例》第 108 条、第 110 条及其他法律法规及规范性文件的相关规定。

4. 实训课时：4 课时

5. 实训要求

（1）能够规范使用执法记录仪，对处罚过程进行视音频记录。

（2）在组织进行角色扮演时，可以设计复杂的场景，如被处罚人拒绝签名；出示人民警察证时，证件被抢；被处罚人未提供有效身份证件等情形。

（3）引导学生正确填写公安交通管理简易程序处罚决定书。

（4）引导学生严格按照简易程序处罚实施步骤进行操作。

（5）引导学生执法行为规范、执法用语准确。

（6）实训教师要及时组织学生自评和互评，并做点评和总结。

6. 实训保障

（1）实训场地：校内模拟交通执法实训场地。

（2）实训器材：执法记录仪、人民警察证、身份证、机动车驾驶证、机动车、行驶证公安交通管理简易程序处罚决定书、签字笔、停车示意牌、反光锥筒、模拟机动车、摄像机。

（3）理论基础知识准备：学生需要掌握公安交通管理简易程序处罚和执法记录仪规范使用相关知识，在此基础上开展实训。

（4）师资配备：主训教师 1~2 人，实训辅训教师 1~2 人。

7. 实训步骤

根据模拟的实训情形，组织学生完成违法行为简易程序处理的模拟演练。实训教师根据实际情况，组织每组学生互换角色训练，实训过程全程录像，以便实训后进行分析、总结和考核。

（1）实训教师向学生布置实训任务和考核要求，学生在明确实训的具体任务之后，以分组协作的形式对实训任务进行分析、讨论，以确定完成实训任务的具体方法和途径。

（2）实训分组：各区队根据实训班级人数将学生分成若干组，每组 3~5 人，每组设小组长 1 人。

（3）实训学生分工：学生根据实训场景需要进行角色扮演，其中，模拟机动车驾驶人 1 人、交通警察 1 人，围观群众 5~10 人。

（4）实训教师分工：主训教师负责实训指导、点评、考核；辅训教师负责实训器材、场地保障、实训分组、安全保障等辅助性工作。

（5）实训演练：根据设定的实训场景，实训教师组织同学完成违法行为简易程序处理的模拟演练，并全程进行指导。

（6）点评与总结：学生自评、互评并填写实训报告；组织实训的教师进行总结。

8. 考核评分标准

（1）总体考核要求：根据简易程序处罚实施步骤、简易程序处罚决定书制作要求、实施简易程序处罚应注意的问题，综合判定学生对实训设定情景的现场应对与处置是否合理与规范。同时，兼顾执法记录仪的规范使用、执法规范用语、执法行为举止、学生自评互评及在各自小组中的表现进行评定。

（2）以小组为单位提交实训报告，实训考核成绩实行百分制，实训报告考核内容、基本要求、分数权重如下（见表 2）。

表 2　　实训考核表

序号	考核内容	基本要求	各项占总分比例
1	组员分工合理、团结协作	各组组员分工明确，相互配合，能够顺利完成实训任务。	10%
2	简易程序处罚决定书制作	填写内容完整、规范、准确	20%
3	简易程序处罚实施步骤	能够根据设定的实训场景，完整完成简易程序处罚实施步骤。	20%
4	执法规范用语执法行为举止	执法用语及执法行为举止规范	20%

续表

序号	考核内容	基本要求	各项占总分比例
5	执法记录仪的规范使用	根据执法记录仪操作规程，重点考核正确的佩戴和记录方式、正常开机、使用的技能、及时保存资料。	20%
6	学生分组口头自评、互评	各组自评、互评过程中，表述清晰、流畅。对实训过程能够作出分析和判断，指出实训进步及不足，对不足能够进行正确的归因，并提出改进措施。	10%
备注	实训报告要求格式规范、内容全面、总结深刻。各组制作的简易程序处罚决定书与实训报告一并提交，实训教师根据考核内容核定的各组成绩即为各组每位组员成绩。		

（三）实训场景设计

场景设计：

2017 年 10 月 18 日 16 时 10 分，张某，身份证号为：15222419761009××××，持有准驾车型代号为 C1 的驾驶证，驾驶一辆车牌号为蒙 E777××的新速腾 R-Line 轿车行驶至某交叉路口时，遇行人正在通过人行横道时未停车让行，被正在执勤的交通警察李某拦下。经核实，机动车驾驶人张某交通违法行为事实清楚，证据确凿，交通警察李某根据《道路交通安全法》及相关规定，适用简易程序对张某作出行政处罚决定。

实训要点：

1. 简易程序处罚决定书制作规范、准确；
2. 简易程序处罚实施步骤完整；
3. 正确操作执法记录仪；
4. 执法用语及执法行为规范。

◎ 本章小结

本章介绍了交通手势信号指挥、道路交通违法行为的简易程序处罚、执法记录仪的使用实训基础知识，并进行了实训设计和考核。通过学习，要求重点掌握交通手势信号指挥在城市道路交叉路口的实际运用，重点学习道路交通违法行为的简易程序处罚决定书的填写、执法记录仪的规范使用、执法规范用语及执法行为举止。

◎ 思考与练习

1. 在执法记录仪使用过程中，遇到拒绝、妨碍交通警察执勤执法或侵害交通警察合法权益的，要记录当事人的哪些信息？
2. 实施简易程序处罚应当注意哪些问题？
3. 交通手势指挥有哪些特点？

◎ 拓展阅读

以言语攻击方式阻碍交通警察执勤执法现场处置措施

1. 具体情形：口头威胁、辱骂正在执勤执法的交通警察的。

2. 现场处置措施

（1）全面取证。使用执法记录仪进行拍摄取证，可以辅以相机、摄像机、手机等设备进行摄录，全程记录执法过程。条件允许时，报请指挥中心等勤务指挥部门锁定现场监控。做好围观群众的证据采集工作，尽可能留下围观群众的联系方式，以便于后续取证。

（2）口头制止。告知行为人交通警察正在依法履行职务，口头警告其语言威胁、辱骂交通警察的行为属于阻碍人民警察依法执行职务的治安管理违法行为，将依法承担法律责任，并责令其立即停止。

（3）果断处置并带离。经口头警告无效的，口头传唤其到公安机关。行为人不接受口头传唤的，交通警察应快速进行评估，现场不具备警力优势的，应立即向勤务指挥部门报告请求支援，在支援警力到达前维持控制状态，尽量防止事态恶化。形成警力优势的，可采取徒手、警械制服违法行为人，并迅速强制传唤带离现场。

交通警察在处理涉外交通安全违法行为时应注意事项

1. 注意树立中国人民警察的形象

处理涉外道路交通安全违法行为的民警应注意仪表和举止，言谈要端正、大方，态度自然，语调和蔼，内容明确，用词简练。

2. 注意工作方法

尽量避免群众围观，维护好停车现场秩序，严禁敲打、抚摸车辆和国旗，不准动车内的任何物品。一般不作当场处罚和扣留证件，禁止扣留号牌，严格执行请示报告、内部通报、对外通知等各项制度。

3. 注意外交礼仪，尊重外事纪律

违法行为处理先敬礼，遇外国男人称“先生”、妇女视情况可称“夫人”、“小姐”或“女士”。和外国人接触要不卑不亢，落落大方，尊重外国人的风俗习惯和宗教礼节，不准接受外国人赠送的礼品。

附　录

一、公安交通管理简易程序处罚决定书实训样表（见表3）

表3　**公安交通管理简易程序处罚决定书实训样表**

（此处印制公安机关交通管理部门名称）

公安交通管理简易程序处罚决定书

编号：

被处罚人＿＿＿＿＿　机动车驾驶证档案编号：□□□□□□□□□□□□□□□

机动车驾驶证/居民身份证号码：□□□□□□□□□□□□□□□□□□□□□

准驾车型：＿＿＿＿＿＿联系方式：＿＿＿＿＿＿车辆牌号：＿＿＿＿＿＿

车辆类型：＿＿＿＿＿＿发证机关：＿＿＿＿＿省（区、市）＿＿＿＿＿＿市

续表

被处罚人于________年________月________日________时________分，在____________________实施____________________违法行为（代码________）。根据

□《道路交通安全法》第________条第________款第________项的规定；

□《道路交通安全法实施条例》第________条第________款第________项的规定；

□《校车安全管理条例》第　　条第　　款第　　项的规定；

□（地方性法规）第________条第________款第________项的规定，决定处以：

□警告　　□________元罚款　　□当场缴纳罚款

□持本决定书在15日内到____________________银行缴纳罚款。逾期不缴纳的，每日按罚款数额的3%加处罚款，加处罚款的数额不超过罚款本数。

如不服本决定，可以在收到本决定书之日起60日内向____________申请行政复议；或者在3个月内向____________人民法院提起行政诉讼。

处罚地点：

交通警察（盖章或签名）：　　　　（公安机关交通管理部门盖章）

被处罚人签名：____________　　　　年　　月　　日

备注：　　　　年　　月　　日

根据《机动车驾驶证申领和使用规定》记________分

一式三份，一份由被处罚人交银行，一份送达被处罚人，一份附卷

注：未作罚款处罚的，银行联不交被处罚人

二、实训报告样本

实 训 报 告

课程名称：________________________________

实训项目：________________________________

院　　系：________________________________

专业名称：________________________________

年级区队：________________________________

实训组别：________________________________

学生姓名及学号：__________________________

指导教师：________________________________

实训成绩：________________________________

时　　间：____________年________月________日________

实训内容	
实训目的	
实训地点	
实训要求	
实训步骤	
实训小结	
备注	

第二十章 涉外警务

【案例引导】

2016年7月30日早上5点左右，两名外国人在杭州市石马村的街头打架。西湖分局留下派出所接到报警后迅速派警赶到现场。民警调查发现，主打人者Ali，男，1993年10月24日生，利比亚人，护照号码为824×××，浙江工业大学学生。被打者Kevin，男，1996年8月29日生，卢旺达人，护照号码为：PC217×××，浙江科技学院学生。两人因言语不和发生冲突，Kevin被Ali用砖头砸到头部，鼻子被砸破，在杭州市西溪医院接受治疗。

问题：涉外警务的含义是什么？这起打架行为是否触犯了我的法律法规？派出所应如何处理此次打架事件？

【学习目标】了解涉外警务的概念及公安机关涉外警务的职责；掌握外国人管理的内容及方法；熟悉涉外行政案件处置方法和程序。

【教学重点】涉外警务的概念，外国人管理的内容，查处涉外行政案件的措施及程序。

【教学难点】我国签证的类别及管理，外国人身份的确认，公安机关主管的涉外案（事）件。

第一部分 基础知识

一、涉外警务概述

（一）涉外警务的概念

涉外警务是随着社会的发展进步而日益成熟完善的一种新兴警务活动。随着中国改革开放的深入，来华外国人数量逐年增加，身份日趋复杂，素质参差不齐，活动范围逐渐扩大，外国人入境后改变了以往大部分人有固定单位、固定居住地而易于管理和掌握的特点，呈现出散居、流动、住所不固定等特点，甚至出现了区域化的新趋势。这一切均不可避免地导致涉外违法犯罪活动大量增加，给我国的社会治安和国家安全带来了较大隐患，导致涉外案（事）件处置的难度也越来越大，当前，“全警涉外”已成为涉外警务工作改革发展的重要理念。

涉外警务指的是公安机关及其人民警察依照法律、法规行使警察职权，对具有涉外因素的事务实施行政管理和刑事管辖活动的总称。

涉外因素是指在法律关系主体、客体、发生地这三个方面涉及外国人、外国组织、外国国家及国际组织等外国成分。

(二) 涉外警务的执法特征

在执法实践中，涉外行政案件和涉外刑事案件查处是涉外警务工作的核心内容，因此涉外警务具有独特的执法特征。

1. 构成因素的涉外性。无论何种类型的案件，只要违法犯罪主体、违法犯罪客体和法律事实三个方面中有一个方面具有涉外因素，即构成涉外案件。

2. 违法主体的复杂性。在涉外警务查处中，违法主体较为复杂，涉及自然人、法人、中国公民、普通外国人、享有外交、领事特权和豁免的外国人。

3. 法律依据的双重性。当前，网络的快速发展为国际犯罪和跨国犯罪提供了便利，涉外警务工作需要越来越多的国际执法合作，因此，在涉外警务工作中，既要严格遵守我国的法律规定，也要遵守我国参加或签订的国际条约的规定，同时还要考虑有关国家的法律规定。

4. 国家管辖的双重性。属地管辖和属人管辖是国际法意义上管辖原则，以属地管辖优先。在涉外警务工作中，所在国在行使属地管辖权的同时也要尊重当事人国籍国的属人管辖权。涉外警务查处中的特殊程序的适用就是对当事人国籍国属人管辖权的尊重。

5. 案件查处的灵活性。查处涉外案件，既要考虑案件的性质、情节、危害后果，还要考虑当事人是否具有特殊身份以及两国关系和国际环境等因素，因为含有特殊涉外因素的案(事)件已不仅仅是司法问题，还是外交问题和政治问题，所以，查处的灵活性是必然要求。

(三) 公安机关涉外警务的职责

《人民警察法》第六条规定：公安机关的人民警察按照职责分工，依法履行管理国籍、入境出境事务和外国人在中国境内居留、旅行的有关事务，维护国（边）境地区的治安秩序。具体职责有以下几个方面：1. 管理国籍事务。2. 管理中国公民出入境事务。3. 管理外国人入境出境、居留、旅行事务。4. 实施出入境边防检查。5. 查处各类涉外行政案件。6. 查处各类涉外刑事案件。7. 对特殊身份外国人的违法犯罪案件进行前期调查。8. 实施出入境控制措施。

二、外国人管理概述

《中华人民共和国出境入境管理法》第 89 条对外国人的定义是不具有中国国籍的人。外国人，一般是指一国境内的不具有该国国籍而具有他国国籍的人，通常也包括无国籍人。按照法律地位的不同，外国人可分为两类，一是享有外交特权和豁免的外国人，如国家元首、政府首脑、外交和领事官员、联合国官员等；二是普通身份的外国人，如留学生、记者、专家学者、商人、旅游者等。外国人的法律地位是指外国人的待遇标准，主要分三种：国民待遇、最惠国待遇和差别待遇。

公安机关对外国人的管理是指对具有涉外因素的相关事务依法实施行政和刑事管辖活动的总称。外国人管理的内容主要涉及外国人入境、出境、居留、就业、旅游、日常行政管理及外国人违法犯罪行为的查处。

(一) 外国人入出境管理

外国人入出境，是指外国人持合法有效护照、签证等出入境证件，经一国政府批准，通过对外开放或指定口岸入出该国国境。依据国际法，一国政府没有必须准许外国人入境的义务，且各国政府有权自行决定外国人的入境许可。我国对外国人入境实行许可制度，《中华人民共和国出境入境管理法》第 15 条规定：外国人入境，应向驻外签证机关申请办理签证，但是本法另有规定的除外。

1. 签证的概念。签证（VISA）是一国政府通过在外国公民的护照或护照的替代证件上签注、盖印、贴附等形式准许持证人进入或者经过本国国境的一种许可证明。

2. 签证的种类。签证分为外交签证、礼遇签证、公务签证、普通签证。

对因外交、公务事由入境的外国人，签发外交、公务签证；对因身份特殊需要给予礼遇的外国人，签发礼遇签证。

对因非外交、公务事由入境的外国人，签发相应类别的普通签证。根据《中华人民共和国外国人入境出境管理条例》，普通签证分为以下类别，并在签证上标明相应的汉语拼音字母：

（1）C 字签证，发给执行乘务、航空、航运任务的国际列车乘务员、国际航空器机组人员、国际航行船舶的船员及船员随行家属和从事国际道路运输的汽车驾驶员。

（2）D 字签证，发给入境永久居留的人员。

（3）F 字签证，发给入境从事交流、访问、考察等活动的人员。

（4）G 字签证，发给经中国过境的人员。

（5）J1 字签证，发给外国常驻中国新闻机构的外国常驻记者；J2 字签证，发给入境进行短期采访报道的外国记者。

（6）L 字签证，发给入境旅游的人员；以团体形式入境旅游的，可以签发团体 L 字签证。

（7）M 字签证，发给入境进行商业贸易活动的人员。

（8）Q1 字签证，发给因家庭团聚申请入境居留的中国公民的家庭成员和具有中国永久居留资格的外国人的家庭成员，以及因寄养等原因申请入境居留的人员；Q2 字签证，发给申请入境短期探亲的居住在中国境内的中国公民的亲属和具有中国永久居留资格的外国人的亲属。

（9）R 字签证，发给国家需要的外国高层次人才和急需紧缺专门人才。

（10）S1 字签证，发给申请入境长期探亲的因工作、学习等事由在中国境内居留的外国人的配偶、父母、未满 18 周岁的子女、配偶的父母，以及因其他私人事务需要在中国境内居留的人员；S2 字签证，发给申请入境短期探亲的因工作、学习等事由在中国境内停留居留的外国人的家庭成员，以及因其他私人事务需要在中国境内停留的人员。

（11）X1 字签证，发给申请在中国境内长期学习的人员；X2 字签证，发给申请在中国境内短期学习的人员。

（12）Z 字签证，发给申请在中国境内工作的人员。

3. 签证的登记项目。

签证的登记项目包括：签证种类，持有人姓名、性别、出生日期、入境次数、入境有效期、停留期限，签发日期、地点，护照或者其他国际旅行证件号码等。

4. 签证的申请方式。

（1）入境前申请。外国人申请办理签证，应当向驻外签证机关提交本人的护照或者其他国际旅行证件，以及申请事由的相关材料，按照驻外签证机关的要求办理相关手续、接受面谈。外国人申请办理签证需要提供中国境内的单位或者个人出具的邀请函件的，申请人应当按照驻外签证机关的要求提供。出具邀请函件的单位或者个人应当对邀请内容的真实性负责。

（2）口岸申请。出于人道原因需要紧急入境，应邀入境从事紧急商务、工程抢修或者具有其他紧急入境需要并持有有关主管部门同意在口岸申办签证的证明材料的外国人，可以在国务院批准办理口岸签证业务的口岸，向公安部委托的口岸签证机关申请办理口岸签证。旅行社按照国家有关规定组织入境旅游的，可以向口岸签证机关申请办理团体旅游签证。外国人向口岸签证机关申请办理签证，应当提交本人的护照或者其他国际旅行证件，以及申请事由的相关材料，按照口岸签证机关的要求办理相关手续，并从申请签证的口岸入境。口岸签证机关签发的签证一次入境有效，签证注明的停留期限不得超过30日。

（3）免办签证。根据《中华人民共和国出境入境管理法》第22条的规定，外国人有下列情形之一的，可以免办签证：

①根据中国政府与其他国家政府签订的互免签证协议，属于免办签证人员的；

②持有效的外国人居留证件的；

③持联程客票搭乘国际航行的航空器、船舶、列车从中国过境前往第三国或者地区，在中国境内停留不超过24小时且不离开口岸，或者在国务院批准的特定区域内停留不超过规定时限的；

④国务院规定的可以免办签证的其他情形。

（4）临时入境手续。外国船员及其随行家属要登陆港口所在城市的，持联程客票搭乘国际航行的航空器、船舶、列车从中国过境前往第三国或者地区，在中国境内停留不超过24小时的人员需要离开口岸的，因不可抗力或者其他紧急原因需要临时入境的外国人应当向出入境边防检查机关申请办理临时入境手续，临时入境的期限不得超过15日。

5. 不准入境的情形。外国人有下列情形之一的，不准入境：

（1）未持有效出境入境证件或者拒绝、逃避接受边防检查的；

（2）具有本法第21条第1款第1项至第4项规定情形的；

（3）入境后可能从事与签证种类不符的活动的；

（4）法律、行政法规规定不准入境的其他情形。

对不准入境的，出入境边防检查机关可以不说明理由。对未被准许入境的外国人，出入境边防检查机关应当责令其返回；对拒不返回的，强制其返回。外国人等待返回期间，不得离开限定的区域。

6. 不准出境的情形。外国人有下列情形之一的，不准出境：

（1）被判处刑罚尚未执行完毕或者属于刑事案件被告人、犯罪嫌疑人的，但是按照中国与外国签订的有关协议，移管被判刑人的除外；

（2）有未了结的民事案件，人民法院决定不准出境的；

（3）拖欠劳动者的劳动报酬，经国务院有关部门或者省、自治区、直辖市人民政府决定不准出境的；

（4）法律、行政法规规定不准出境的其他情形。

7. 非法入境的处罚。对于持用伪造、变造、骗取的出入境证件，或冒用他人出入境证件，或逃避出入境边防检查，或以其他方式非法入境的外国人，可以处1000元以上5000元以下罚款；情节严重的，处5日以上10日以下拘留，可以并处2000元以上10000元以下罚款。

（二）外国人居留管理

1. 外国人停留、居留管理。外国人入境后由县级以上地方人民政府公安机关及其出入境管理机构负责外国人停留、居留管理。《中华人民共和国出境入境管理法》规定以180日作为停留和居留的界线，外国人所持签证注明停留期限不超过180日的，凭签证并按签证注明的期限停留；签证注明的期限超过180日，注明入境后需要办理居留证件的，应当自入境之日起30日内，向拟居留地县级以上地方人民政府公安机关出入境管理机构申请办理外国人居留证件。居留证件分为以下几类：

（1）工作类居留证件，发给在中国境内工作的人员；

（2）学习类居留证件，发给在中国境内长期学习的人员；

（3）记者类居留证件，发给外国常驻中国新闻机构的外国常驻记者；

（4）团聚类居留证件，发给因家庭团聚需要在中国境内居留的中国公民的家庭成员和具有中国永久居留资格的外国人的家庭成员，以及因寄养等原因需要在中国境内居留的人员；

（5）私人事务类居留证件，发给入境长期探亲的因工作、学习等事由在中国境内居留的外国人的配偶、父母、未满18周岁的子女、配偶的父母，以及因其他私人事务需要在中国境内居留的人员。

外国人申请办理外国人居留证件，应当提交本人护照或者其他国际旅行证件以及符合规定的照片和申请事由的相关材料，本人到居留地县级以上地方人民政府公安机关出入境管理机构办理相关手续，并留存指纹等人体生物识别信息。

外国人停留证件的有效期最长为180日，需要延长签证停留期限的，应当在签证注明的停留期限届满7日前向停留地县级以上地方人民政府公安机关出入境管理机构申请，按照要求提交申请事由的相关材料。经审查，延期理由合理、充分的，准予延长停留期限；不予延长停留期限的，应当按期离境。外国人工作类居留证件的有效期最短为90日，最长为5年；非工作类居留证件的有效期最短为180日，最长为5年。在中国境内居留的外国人申请延长居留期限的，应当在居留证件有效期限届满30日前向居留地县级以上地方人民政府公安机关出入境管理机构提出申请，按照要求提交申请事由的相关材料。经审查，延期理由合理、充分的，准予延长居留期限；不予延长居留期限的，应当按期离境。

2. 外国人永久居留管理。外国人永久居留是指外国人在中国居留期限不受限制。2004年，经国务院批准，公安部、外交部正式发布《外国人在中国永久居留审批管理办法》，该办法第3条规定：外国人永久居留证是获得在中国永久居留资格的外国人在中国境内居留的合法身份证件，可以单独使用，外国人可凭有效护照和外国人永久居留证出入中国国境。

自2017年6月16日起，公安部对经批准取得在华永久居留资格的外国人签发2017版外国人永久居留身份证，同时停止签发现行外国人永久居留证，本次改革的措施包括：一是将“外国人永久居留证”更名为“外国人永久居留身份证”，强化身份认证功能。二是参照第二代居民身份证优化证件设计，统一技术标准，在证件中嵌入芯片存储证件签发管理信息，实现第二代居民身份证阅读机具识别核验。三是改造铁路、民航、保险、宾馆、银行等相关信息系统，实现永久居留外国人信息部门间共享。四是开展有针对性的宣传，提高“外国人永久居留身份证”的知晓度，加强相关部门、行业业务培训，方便持证人办理各项社会事务。

（1）永久居留身份证的申请条件。申请在中国永久居留的外国人应当遵守中国法律，身体健康，无犯罪记录，并符合下列条件之一：

①在中国直接投资、连续三年投资情况稳定且纳税记录良好的；

②在中国担任副总经理、副厂长等职务以上或者具有副教授、副研究员等副高级职称以上以及享受同等待遇，已连续任职满四年、四年内在中国居留累计不少于三年且纳税记录良好的；

③对中国有重大、突出贡献以及国家特别需要的；

④本款第①项、第②项、第③项所指人员的配偶及其未满18周岁的未婚子女；

⑤中国公民或者在中国获得永久居留资格的外国人的配偶，婚姻关系存续满5年、已在中国连续居留满5年、每年在中国居留不少于9个月且有稳定生活保障和住所的；

⑥未满18周岁未婚子女投靠父母的；

⑦在境外无直系亲属，投靠境内直系亲属，且年满60周岁、已在中国连续居留满5年、每年在中国居留不少于9个月并有稳定生活保障和住所的。

（2）永久居留资格的丧失。外国人有下列情形之一的，由公安部决定取消其在中国境内永久居留资格：

①对中国国家安全和利益造成危害的；

②被处驱逐出境的；

③弄虚作假骗取在中国境内永久居留资格的；

④未经批准每年在中国累计居留不满3个月或者5年内在中国累计居留不满一年的。

⑤不适宜在中国境内永久居留的其他情形。

3. 非法居留的处罚。外国人在中国境内非法居留的表现形式有：

（1）超过签证、停留居留证件规定的停留居留期限停留居留的；

（2）免办签证入境的外国人超过免签期限停留且未办理停留居留证件的；

（3）外国人超出限定的停留居留区域活动的；

（4）其他非法居留的情形。

对外国人非法居留的，给予警告；情节严重的，处每非法居留一日500元、总额不超过10000元的罚款或者5日以上15日以下拘留。因监护人或者其他负有监护责任的人未尽到监护义务，致使未满16周岁的外国人非法居留的，对监护人或者其他负有监护责任的人给予警告，可以并处1000元以下罚款。对容留、藏匿非法入境、非法居留的外国人，协助非法入境、非法居留的外国人逃避检查，或者为非法居留的外国人违法提供出境入境证件的，处2000元以上1万元以下罚款；情节严重的，处5日以上15日以下拘留，并处5000元以上2万元以下罚款，有违法所得的，没收违法所得。

（三）外国人就业管理

外国人在中国境内工作，应当按照规定取得工作许可和工作类居留证件。任何单位和个人不得聘用未取得工作许可和工作类居留证件的外国人。非法就业分三种类型，一是外国人非法就业；二是介绍外国人非法就业；三是单位非法雇佣外国人的行为。外国人有下列行为之一的，属于非法就业：

1. 未按照规定取得工作许可和工作类居留证件在中国境内工作的；

2. 超出工作许可限定范围在中国境内工作的；

3. 外国留学生违反勤工助学管理规定，超出规定的岗位范围或者时限在中国境内工作的。

外国人非法就业的，处5000元以上20000元以下罚款；情节严重的，处5日以上15日以下拘留，并处5000元以上20000元以下罚款。介绍外国人非法就业的，对个人处以每非法介绍一人5000元、总额不超过50000元的罚款；对单位处每非法介绍一人5000元，总额不超过100000元的罚款；有违法所得的，没收违法所得。非法聘用外国人的，处每非法聘用一人1万元、总额不超过10万元的罚款；有违法所得的，没收违法所得。

（四）外国人住宿管理

为达到对外国人“来能发现，走明去向”的目标，公安部于2008年1月1日起执行《公安派出所外国人住宿登记管理规定（试行）》，开始对外国人的住宿登记实行统一的属地管理，公安派出所按照属地化管理原则，将辖区内的外国人纳入实有人口管理，定期向所属公安出入境管理部门通报情况。

外国人在中国境内旅馆住宿的，旅馆应当按照旅馆业治安管理的有关规定为其办理住宿登记，并向所在地公安机关报送外国人住宿登记信息。旅馆未按照规定办理外国人住宿登记的，依照《中华人民共和国治安管理处罚法》的有关规定予以二百元以上五百元以下处罚；未按照规定向公安机关报送外国人住宿登记信息的，依据《出入境管理法》给予警告；情节严重的，处1000元以上5000元以下罚款。

外国人在旅馆以外的其他住所居住或者住宿的，应当在入住后24小时内由本人或者留宿人，向居住地的公安机关办理登记。没有在规定时间内主动登记的，给予警告，可以并处2000元以下罚款。

三、涉外案件查处概述

涉外案件是指我国公安机关及其人民警察依法处置的具有涉外因素的案件。涉外案件分为涉外行政案件和涉外刑事案件。根据地域管辖原则，所有居住在我国境内的自然人和法人，无论是本国人还是外国人，只要有违反治安管理行为或犯罪行为，除法律有特别规定外，都要受到我国法律的管辖。

（一）外国人身份的确认

身份表明一个人在社会生活中的法律地位，身份不同，在涉外案件中享有的待遇标准也不同。在涉外案件处置过程中，准确确认外国人的身份，是十分重要的前提条件，它有利于公安机关正确认定案件的性质是否属于涉外案件，是否选择了正确的程序。

外国人身份的确认包含两层含义：一是国籍的确认，即确认是哪国人；二是确认是普通身份的外国人，还是享有外交和领事特权的特殊身份的外国人。公安部《公安机关办理刑事案件程序规定》第347条规定：外国籍犯罪嫌疑人的国籍，以其在入境时持用的有效证件予以确认；国籍不明的，由出入境管理部门协助予以查明。国籍确实无法查明的，以无国籍人对待。“国籍不明”在执法实践中主要由以下几种情况：持用无效护照等身份证明；护照等身份证明丢失；入境时持有两本或两本以上护照或国籍不明；中国公民具有双重国籍身份。

外国人的身份，可以根据其所持的护照和签证种类加以确认，这也是国际上的通常做法。护照（passport）是主权国家主管机关颁发给本国公民出入本国国境以及在国际社会居留期间的国籍和身份证明。护照分为外交护照、公务护照和普通护照。外交护照主要颁发给政府首脑、外交官员、领事官员及其随行配偶、未成年子女和外交信使等。公务护照主要颁发给派驻国外的外交代表机关、领事机关和驻联合国组织系统及其专门机构的工作人员及其随行配偶、未成年子女等。普通护照主要颁发给出国定居、探亲、访友、继承财产、留学、就业、旅游等因私事出国的人员。根据外国人来中国的身份和所持护照种类，我国签证机关分别签发外交签证、礼遇签证、公务签证和普通签证。持外交护照外交签证的外国人、持普通护照礼遇签证的外国人、执行公务时的持公务护照公务签证的外国人享有外交特权和外交豁免权。公安机关日常管理的外国人，主要是持有普通护照和普通签证的外国人。

（二）涉外行政案件查处。

1. 涉外行政案件的种类。从公安机关的管辖程度来看，涉外行政案件可分为：

（1）专属管辖案件。依据现行法律法规，由公安机关主管的涉外行政案件有：违反治安管理处罚法的案件；违反枪支管理法的案件；违反出入境管理法的案件；违反交通管理法的案件；违反集会游行示威法的案件；其他由公安机关主管的案件（含外国人死亡案件）。

（2）共同管辖案件。依据现行法律法规，由公安机关和其他行政机关共同主管的涉外案件有：违反外国记者管理的案件；违反野生动物或植物管理的案件；违反文物管理的案件；违反外汇管理的案件；违反劳动管理的案件；违反外国人宗教管理的案件。

（3）协助管辖案件。依据现行法律法规，需要公安机关配合其他行政部门管辖的涉外案件有：违反军事设施管理的案件；违反艾滋病监测管理的案件；违反税收征收管理的案件。

2. 涉外行政案件处罚和强制措施的种类。

（1）处罚的种类。涉外行政案件处罚的种类包括：警告、罚款、拘留、限期出境与驱逐出境。

（2）强制措施的种类。涉外行政案件强制措施的种类包括：人身性强制措施（拘留审查、监视居住、扣留出入境证件）、财产性强制措施（交纳保证金、提供财产担保）、资格性强制措施（缩短停留期限或取消停留资格、遣送出境）、行为性强制措施（不准入境、不准出境、限制再次申请期限）。

3. 针对外国人的专门措施。

（1）拘留审查。《公安机关办理行政案件程序规定》第216条规定，外国人具有下列情形之一，经当场盘问或者继续盘问后不能排除嫌疑，需要作进一步调查的，经县级以上公安机关或者出入境边防检查机关负责人批准，可以拘留审查：①有非法出境入境嫌疑的；②有协助他人非法出境入境嫌疑的；③有非法居留、非法就业嫌疑的；④有危害国家安全和利益，破坏社会公共秩序或者从事其他违法犯罪活动嫌疑的。

实施拘留审查，应当出示拘留审查决定书，并在24小时内进行询问。拘留审查的期限不得超过30日，案情复杂的，经上一级公安机关或者出入境边防检查机关批准可以延长至60日。对国籍、身份不明的，拘留审查期限自查清其国籍、身份之日起计算。

《公安机关办理行政案件程序规定》第217条规定，具有下列情形之一的，应当解除拘留审查：①被决定遣送出境、限期出境或者驱逐出境的；②不应当拘留审查的；③被采取限制活动范围措施的；④案件移交其他部门处理的；⑤其他应当解除拘留审查的。

（2）限制活动范围。《公安机关办理行政案件程序规定》第218条规定，外国人具有下列情形之一的，不适用拘留审查，经县级以上公安机关或者出入境边防检查机关负责人批准，可以限制其活动范围：①患有严重疾病的；②怀孕或者哺乳自己婴儿的；③未满16周岁或者已满70周岁的；④不宜适用拘留审查的其他情形。

被限制活动范围的外国人，应当按照要求接受审查，未经公安机关批准，不得离开限定的区域。限制活动范围的期限不得超过60日。对国籍、身份不明的，限制活动范围期限自查清其国籍、身份之日起计算。此外，被限制活动范围的外国人还应当遵守的规定有：①未经决定机关批准，不得变更生活居所，超出指定的活动区域；②在传唤的时候及时到案；③不得以任何形式干扰证人作证；④不得毁灭、伪造证据或者串供。

（3）遣送出境。《公安机关办理行政案件程序规定》第220条规定，外国人具有下列情形之一的，经县级以上公安机关或者出入境边防检查机关负责人批准，可以遣送出境：①被处限期出境，未在规定期限内离境的；②有不准入境情形的；③非法居留、非法就业的；④违反法律、行政法规需要遣送出境的。被遣送出境的人员，自被遣送出境之日起1至5年内不准入境。

被遣送出境的外国人可以被遣送至以下国家或者地区：①国籍国；②入境前的居住国或者地区；③出生地国或者地区；④入境前的出境口岸的所属国或者地区；⑤其他允许被遣送出境的外国人入境的国家或者地区。为确保遣送出境任务的顺利完成，遣送之前一般需要通过一定渠道与被遣送者的国籍国联系，以保证其接收。但是，当被遣送者被拘留审查，或者因天气、交通运输工具班期、健康状况等客观原因或者国籍、身份不明不能立即执行时，应当被羁押在拘留所或者遣返场所。

（三）涉外刑事案件查处

1. 涉外刑事案件的构成要件。构成涉外刑事案件必修具备下列条件之一：

（1）中国领域内涉及外国的，即行为发生地和犯罪结果地在中国领域内的有涉外因素的犯罪案件。

（2）中国领域外涉及中国的，即行为发生地和犯罪结果地在中国领域外的涉及中国公民、中国组织、中国国家的犯罪。

（3）涉及国际法的，即涉及中国政府缔结、参加的国际公约和双边、多边协定的刑事案件。

（4）涉及国际合作的，即涉及中国司法机关和外国司法机关之间刑事司法协助的犯罪案件。

2. 涉外刑事案件的种类。根据涉外刑事案件管辖的对象范围进行划分，涉外刑事案件可以分为：（1）在中国领域内的犯罪；（2）在中国领域外的犯罪；（3）跨国型犯罪；（4）国际型犯罪；（5）特殊型犯罪。

3. 涉外刑事案件的管辖。

涉外刑事管辖权，是指一国政府对涉外犯罪所拥有的起诉和惩罚权力，即国家在国际司法事务中所享有的控制和处置具有涉外因素的刑事案件的权力。在我国的司法实践中，涉外刑事案件管辖分为三个层次：

（1）级别管辖，是指公安机关上下级之间，受理和侦查涉外刑事案件的分工和权限。级别管辖划分和确定了各级公安机关之间和专门公安机关之间处理涉外刑事案件的管辖权：县级公安机关负责大多数涉外刑事案件的立案管辖；地（市）级公安机关立案侦查重大涉外案件；省级公安机关对下级公安机关侦破有困难的重大涉外刑事案件进行指导，同时承担领事通知职能；公安部是全国公安机关进行国际警务执法合作的主管机关。

（2）地域管辖，是指以犯罪地为标准来划分同级公安机关之间对刑事案件的管辖权。

①普通地域管辖。一种是以犯罪地公安机关管辖为主，以犯罪嫌疑人居住地管辖为辅；另一种是以最初受理案件的机关为主，以犯罪地公安机关为辅。

②特殊地域管辖。一种是外国人实施国际犯罪后进入中国领域内的，公安机关拥有管辖权；另一种是外国人在中国领域外实施对中国的犯罪后入境的，公安机关有义务管辖。

（3）专属管辖，是指某类特定类型的案件，由专门的公安机关负责立案侦查。包括中国船舶内犯罪案件管辖、中国航空器内犯罪案件管辖、国际列车内犯罪案件管辖、森林内犯罪案件管辖。

4. 对外国犯罪嫌疑人的刑事强制措施。根据《刑事诉讼法》的规定，刑事强制措施包括拘传、监视居住、取保候审、居留和逮捕，公安机关可以采取这些措施限制外籍犯罪嫌疑人的人身自由，鉴于嫌疑人的特殊身份，还可以采取暂缓出境和口岸控制的措施。

5. 涉外刑事案件的特殊处置程序。特殊程序是指公安机关在处置涉外刑事案件过程中，依据国际法和国内法所实施的区别于普通刑事案件的特定方法和步骤。从外交关系的立场看，特殊程序也是外交程序。特殊程序的内容是：

（1）告知程序，即一国对外国人采取限制人身自由的法律措施时，应当告知当事人有权同其所属国的驻华领事官员取得联系，并询问其是否愿意取得与官员的联系和会面。告知程序体现了我国对涉外刑事案件中外国当事人的联系权的尊重和保障。

（2）通知程序，即公安机关在依法对外籍犯罪嫌疑人采取刑事强制措施后，在设有该外国人所属国驻华领事馆的辖区内，由该省（自治区、直辖市）公安机关负责通知其所属国驻华领事馆；在未设有领事馆的地区，由该地区公安机关报公安部通知所属国驻华使馆通知程序体现了我国对涉外刑事案件中外籍当事人所属国驻华领事机关的探视权和知情权的尊重和保障。

（3）探视与通信，即根据《维也纳领事关系公约》，领事官员有权探访受监禁、羁押或拘禁之派遣国国民，与之交谈或通信，并代聘其法律代表。《公安机关办理行刑事件程序规定》第360条明确规定：公安机关侦查终结前，外国驻华外交、领事官员要求探视被监视居住、拘留、逮捕或者正在看守所服刑的本国公民的，应当及时安排有关探视事宜。犯罪嫌疑人拒绝其国籍国驻华外交、领事官员探视的，公安机关可以不予安排，但应当由其本人提出书面声明。

第二部分 典型案例评析

一、外国人非法入境案

2014年8月10日，南宁市公安局接某公安分局报告：发现一名被拐卖妇女，从口音判断可能是越南人。接报后，南宁市公安局出入境管理处即派员会同该公安分局开展调查。根据该妇女的口供及相关证据，认定该妇女姓名为阮某，她在越南某县遇到一名叫黎某的越南籍妇女（此人曾因非法入境而被我国遣送出境），黎某答应带阮某到中国并帮她介绍工作，阮某即随其非法进入中国，为逃避检查，黎珍在入境前就将阮某的越南身份证收走。

进入我国后，黎某将阮某以18000元的价钱卖给中国村民李某为妻。阮某被带到李家与李某一起居住了一年多，直至被辖区派出所查获。

问题：根据上述情况，分析阮某行为的违法性，我国公安机关该如何处置？李某是否也要承担法律责任？

评析：没有入境许可，阮某随黎某非法进入我国国境；没有居留许可，阮某在我国生活了一年多，因此，阮某违反了我国的《出入境管理法》，根据该法第 71 条规定，阮某的行为构成了非法入境、非法居留。根据《出入境管理法》第 78 条规定，外国人非法居留的，给予警告；情节严重的，处每非法居留 1 日 500 元，总额不超过 1 万元的罚款或者 5 日以上 15 日以下拘留。阮某属于情节严重的情况，可以对阮某实施拘留审查，并尽早将其遣送出境。

李某容留、藏匿非法入境、非法居留的外国人，协助非法居留的外国人逃避检查的行为也违反了《出入境管理法》，根据该法第 79 条的规定，可以处 2000 元以上 1 万元以下罚款；情节严重的，处 5 日以上 15 日以下拘留，并处 5000 元以上 2 万元以下罚款。

二、外国人非法就业案

2015 年 9 月 16 日晚，杭州市公安局江干分局在辖区进行集中清查。在庆春银泰店的丰湖居餐厅发现一名男性外国籍服务生，随即查验他的证件，经查，该服务生是印度人 Manickam Natarajan，1988 年 6 月 26 日出生，护照号：K1664×××。护照显示该人于 2013 年 3 月 7 日从浦东口岸入境，没有取得工作许可和工作类居留证件。经盘问，该男子入境后长期在义乌停留，于 9 月 4 日到杭州后经朋友介绍在丰湖居餐厅工作，至 9 月 16 日被查获，共非法就业 13 天。Manickam Natarajan 对其非法就业的违法事实供认不讳。

问题：上述情况中印度人的行为是否违反了我国法律，属于什么行为？公安机关该如何处置？

评析：

根据《中华人民共和国出境入境管理法》第 43 条的规定，未按规定取得工作许可和工作类居留证件在中国境内工作，属于非法就业；第 80 条规定，外国人非法就业的，处 5000 元以上 20000 元以下罚款；情节严重的，处 5 日以上 15 日以下拘留，并处 5000 元以上 20000 元以下罚款。介绍外国人非法就业的，对个人处以每非法介绍一人 5000 元、总额不超过 50000 元的罚款；对单位处每非法介绍一人 5000 元，总额不超过 100000 元的罚款；有违法所得的，没收违法所得。非法聘用外国人的，处每非法聘用一人 1 万元、总额不超过 10 万元的罚款；有违法所得的，没收违法所得。该印度人非法就业 13 天，不在情节严重的范围，因此可以给予 5000 元以下罚款，同时给予餐厅罚款 10000 元，介绍人罚款 5000 元。

第三部分 实训教学设计

一、实训设计思路

通过学习外国人管理的相关知识，把外国人管理的内容与生动现实紧密联系在一起，通过辖区实有人口检查的“场景设计”与“场景运作”提高学生学习兴趣和积极性。把学生置于特定场景中，通过检查证件确定外国人的身份，从而筛查出非法入境、非法居留或非法就业的外国人，依法作出合理处置，有效提高学生涉外警务工作的能力。

二、实训指导

（一）实训目的

通过实训，学生能基本掌握确认外国人身份的方法，并对非法居留的外国人做出正确处置。

（二）实训内容

在对辖区实有人口检查中发现非法居留的外国人，查验身份证件，作出正确处置。

（三）相关知识点

《中华人民共和国出入境管理法》第78条；《中华人民共和国外国人入出境管理条例》第25条；《公安机关办理行政案件程序规定》第13章；《中华人民共和国治安管理处罚法》。

（四）实训课时

2课时

（五）实训要求

1. 警察身份的学生穿警服，外国人身份的学生着便装。
2. 主要用汉语交流，也可以用英语。
3. 在规定时间内完成本次实训。

（六）实训保障

1. 有关物品：警官证道具、护照道具、手机、纸、笔等。
2. 有关文书：治安询问笔录等。
3. 场地：教室。

（七）实训步骤

1. 学生分组，6—10人组成一组，确定组员的身份，2—4公安民警，其余为持不同身份证件的外国人。
2. 民警表明身份，出示证件，说明目的。
3. 一名民警守望，其余民警分工查验外国人的证件。
4. 发现有非法居留嫌疑的外国人，进一步确认，情况属实，采取相应的强制措施。
5. 小组商议做出处理决定。
6. 小组展示整个查验处置过程。
7. 教师点评总结，表扬优秀，指出问题及改进意见。

（八）考核评分标准

本实训评分标准按优秀、良好、及格、不及格四级计分制评定。主要依据为：实训参与积极性、实训准备、实训参与程度、实训报告撰写。

三、实训场景设计

2016年5月29日，杭州市西湖分局三墩派出所民警在对辖区内的文鼎苑小区检查实有人口时发现暂住在该小区29幢4单元1201室的美国人Langley Kevin Michael（男，1973年1月7日出生，护照号码：421606×××）有非法居留嫌疑。经过查验其护照得知，该人自2009年8月从北京入境在中国工作生活，所持居留许可有效期至2012年7月30日。其在明知属于非法居留的情况下，又在中国继续生活，直至被公安机关查获，至此已在中国非法居留长达303天。

实训要点：

1. 确认外国人身份的方法。
2. 非法居留的认定标准。

3. 对非法居留处罚的适用。

◎ 本章小结

当今社会，各国警察在打击跨国犯罪和国际犯罪方面的合作越来越密切，从双边合作到多边合作，从区域性合作到更广泛的国际合作，涉外警务的外向性特点日趋明显。几十年来，涉外警务一直是我国公安机关的一项重要警务活动，具有很强的实践性和可操作性。本章介绍了涉外警务的概念、执法特征、公安机关涉外警务的职责；介绍了我国对外国人入境、出境及日常活动的管理要求；介绍了护照的基本知识及我国签证的种类和签发对象；介绍了涉外案件的分类和界定的标准及查处涉外案件的方法和措施。通过对本章的学习，能掌握涉外警务的基本知识，了解涉外案件的查处方法和特点，通过实践，能结合所学知识从事基本的涉外警务工作。

◎ 思考与练习

1. 涉外警务的国内法依据有哪些？
2. 如何查验外国人的身份证件？
3. 我国普通签证的种类有哪些，签发对象分别是什么？
4. 如何有效管理非法入境、非法居留、非法就业的“三非”外国人？
5. 什么是涉外刑事案件的特殊程序？
6. 对外国籍犯罪嫌疑人的刑事强制措施有哪些？有哪些特殊规定？
7. 比较限期出境、遣送出境、驱逐出境的适用？

◎ 拓展阅读

国务院关于出境入境管理法执行情况的报告

2016年11月5日在第十二届全国人民代表大会常务委员会第二十四次会议上

公安部副部长　黄　明

全国人民代表大会常务委员会：

受国务院委托，我向全国人大常委会报告出境入境管理法执行情况，请审议。

一、基本情况

国务院高度重视出境入境管理工作。李克强总理多次出重要批示指示，要求推进简政放权、放管结合、优化服务改革，加快转变政府职能、提高效能；今年3月，专门作出批示，要求做好为外国人永久居留证持证人提供便利的工作，吸引外国人才和智力引进。郭声琨国务委员也多次作出工作部署。2013年7月1日出境入境管理法施行以来，各地区、各有关部门认真贯彻执行出境入境管理法和国务院部署，努力构建国务院有关部门主管、多部门协作的出境入境管理格局，有力优化了出境入境管理服务、扩大了人员往来、促进了经济发展、维护了国家安全。三年来，全国出境入境人员总量保持较大幅度增长，年均增幅6.7%，2015年达5.2亿人次，今年上半年为2.7亿人次。

（一）健全法律法规制度，出境入境管理法制建设水平进一步提升。国务院相继颁布《外国人入境出境管理条例》、《国务院关于修改〈中国公民往来台湾地区管理办法〉的决定》等配套法规。公安部已就修订《出境入境边防检查条例》、《中国公民因私事往来香港地区或者澳门地区的暂行管理办法》向国务院报送草案（送审稿），正在起草《外国人永久居留管理条例》。外交部出台了驻外签证机关审发 12 种 16 类外国人入境普通签证的签发管理工作规范。人力资源社会保障、外国专家等部门正在起草《外国人在中国工作管理条例》。同时，公安、外交、侨务、教育、人力资源社会保障、外国专家等部门，针对各类中国公民出境入境证件和外国人签证证件签发管理、华侨回国定居、外国人在中国工作、国际学生勤工助学等管理工作，出台了相应规范性文件。各有关部门采取媒体发布、国际宣介、网络问答、印制宣传手册等形式深入开展出境入境管理法社会宣传，举办贯彻执行出境入境管理法培训班，公开办理各类出境入境手续的制度、要求和服务监督电话，促进执法工作严格规范公正文明。

（二）深化改革创新，出境入境管理服务水平再上新台阶。一是服务国家对外开放战略，便利中外人员出入境的制度化安排不断完善。推进签证便利化，与多国就互免签证或简化签证手续达成制度化安排，各类互免签证或简化签证手续协定数量大幅增加，中国护照“含金量”大幅提高。截至目前，已与 127 个国家缔结各类互免签证协定，包括 8 个全面免签协议；与 39 个国家达成 63 份简化签证手续协定或安排。二是服务国家“走出去”战略，公民出境入境更加便利。实施在居住地办理因私出境入境证件政策，免于异地工作、学习、生活的申请人在居住地和户籍地之间奔波。推广因私出境入境证件网上预约办理和自助办理服务，科学设置出境入境证件受理点，方便群众办证。全面推进证件电子化改革，简化申请材料，提高审批效率，目前全国绝大部分地区居民仅需提交身份证、照片等材料即可申领因私出境入境证件，有效的因私普通护照持有量达 1.2 亿本。不断扩大中国公民旅游目的地国家范围，目前已达 153 个。三是服务引智引才战略，外国人来华签证、入境出境、停留居留等政策不断优化。积极构建工作协调机制，初步形成各部门共同参与、各司其职、共同推进的外国人管理工作格局，并推动外国人来华工作的统一管理。中办、国办印发《关于加强外国人永久居留服务管理的意见》，推动完善永久居留服务管理制度。积极探索实践，将 7 类科研机构纳入申请在华永久居留外国人工作单位范围。出台支持北京创新发展、上海科技创新中心建设以及广东、福建自贸区建设等一系列出境入境政策措施。试点建立人才申请永久居留的市场化渠道，缩短外籍高层次人才申请在中国永久居留的审批时限，积极服务国家人才战略。指导驻外签证机关适当放宽外籍高层次人才、外籍华人的签证受理条件，简化审批程序。进一步完善、便利外国专家来华办理程序；简化外国文艺表演团体和个人来华演出入境手续。在全国 87 个口岸设立签证点，在 15 个城市实施部分国家外国人 72 小时过境免签政策，在个别地区推行部分国家人员 144 小时入境或过境免签政策。四是服务国家对外开放大局，确保口岸通关安全顺畅。积极推进口岸查验机制创新，优化完善邮轮、游艇、公务机等新兴出入境形态的边防检查管理。不断推出便利口岸通关措施，开设中国公民专用通道，在境内枢纽机场口岸试行 24 小时直接过境人员免办边检手续政策，扩大自助通关人员范围，自助通关人数已达出境入境总数的 39%。

（三）强化出境入境防控体系建设，充分发挥在维护国家安全工作中的重要作用。一是严格签证签发、出境入境证件管理。出境入境管理法施行以来，向我驻外签证机关新派签证干部，严格签证审核把关。加强签证签发管理和源头管控。研究制定动态国别签证政策，增强签证政策的统一性和严密性。二是强化执法办案。密切出境入境执法协作，加强询问核查，依法实施人身、行李物品及车体、船体检查。建立相关警种协同、重点地区联动、国际执法合作的工作机制，严厉打击妨害国（边）境管理犯罪活动。三是完善在华外国人管理工作。四是加速推进出境入境信息化建设。公安、外交、教育、人力资源社会保障、文化、外国专家等部门，分别建设了处理和存储各类出境入境证件、外国人签证证件、出境入境记录以及外国人来华工作、学习等信息的管理系统，并在出境入境证件签证、记录等信息共享方面取得阶段性成果。

总的看，过去三年是出境入境管理工作形势日趋复杂、任务日益繁重、服务管理能力快速提升的时期。出境入境管理法的出台，实现了出境入境管理由“分散立法”向“统一立法”的重大转变，初步构建了以出境入境管理法为核心的出境入境管理法律制度体系，执法工作更加规范，社会公信力和满意度进一步提升；相关管理制度更加开放务实，服务更加便捷高效，广大群众的出境入境需求得到积极回应，为促进对外交往和对外开放创造了良好环境；出境入境防控体系进一步健全，为维护国家主权、安全和社会稳定发挥了积极作用。

二、面临的形势与问题

当前，我国出境入境管理工作面临新的形势和挑战。一是中外人员往来形势发生深刻变化。随着经济全球化进程持续推进，国际间人员往来规模不断增长，各国在引进人才方面的竞争日趋激烈。我国“走出去”战略在深度和广度上持续推进，海外利益不断拓展，对我出入境管理工作平衡好安全和发展利益、统筹好国内国外两个大局、协调好内政与外交提出更高要求。今年6月，我国正式加入国际移民组织，这要求我们进一步深化国际移民领域合作，深度参与全球移民治理。二是服务经济社会发展的要求越来越高。随着我国创新驱动、引智引才等发展战略深入推进，各地区、各有关部门对出境入境管理工作的需求更趋强烈，出境入境管理工作在政策措施、管理方式、工作模式等方面都有待进一步创新和突破。三是维护国家安全工作面临重大考验，出境入境管理工作面临的压力进一步加大。四是便利人民群众出境入境的工作日趋繁重。随着出境旅游、留学、探亲等持续升温，群众对提升护照“含金量”、便利办证出行的需求更加强烈，出境入境管理工作面临巨大的大出大进、快出快进压力。同时，工作中还存在一些困难和问题，亟待改进解决。

（一）出境入境管理法配套法规制定工作有待加快。出境入境管理法对外国人来华签证管理、永久居留、来华工作和留学生勤工助学、出入境边防检查、往来港澳地区管理、难民管理等作了原则规定，需要制定配套的法规、规章、制度加以落实。由于国家重点领域立法任务繁重、部分法规草案内容协调难度大等因素，有关配套法规、规章未能及时出台。

（二）国家统一的出境入境管理信息平台建设亟待推进。目前，各有关部门主要从履行本部门工作职责出发推动信息化建设，信息系统建设的基础条件不同，进度不协调，导致部门间信息共享程度不高，信息不对称、不衔接的问题仍然存在。国家统一的出境入境管理信息平台建设工作亟待推进，以提升整体出境入境管理和服务效能。

（三）出境入境管理职能较为分散。在中央层面，公安、外交、教育、文化、外国专家等多个部门依法承担与出境入境管理相关的职能，大量事务需要沟通协调。

三、下步工作措施

为进一步贯彻落实出境入境管理法，我们将积极采取切实有力的改革创新措施，认真做好新形势下的出境入境管理工作。

（一）加快推进相关立法。加快研究制定出境入境管理法相关配套法规、规章，特别是加紧出台《外国人永久居留管理条例》、《出境入境边防检查条例》、《中国公民往来香港特别行政区澳门特别行政区管理条例》、《外国人在中国工作管理条例》。继续推动外国人在中国工作指导目录、国际学生勤工助学管理暂行办法、难民事务管理等相关立法。

（二）加快推进国家统一的出境入境管理信息平台建设。一是建立健全跨部门出境入境管理信息系统建设协作机制，加强部门协同，共同推进统一的信息平台规划建设工作。二是抓紧建设完成一批重点出境入境信息共享项目。建设公安出境入境综合数据应用系统，整合公安、外交、外国专家、铁路、民航、海事、旅游等部门信息数据，实现各类出境入境基础数据的综合化、实战化应用。建设空港口岸旅客交互式预报预检系统，推行空港旅客出境自助通关服务。三是在公安出境入境管理信息系统部门间信息共享平台的基础上，研究推进部门间出境入境信息汇集交换和服务平台建设，为构建国家统一的出境入境管理信息平台提供技术支撑。

（三）提升出境入境管理维护国家安全的能力。一是统筹做好境内境外出境入境证件、签证签发工作。二是进一步严密口岸管控。三是加强在华外国人动态信息管理。

（四）改革完善外国人在中国永久居留制度。一是贯彻落实中办、国办《关于加强外国人永久居留服务管理的意见》，充分发挥工作协调机制和部际联席会议的作用，加强政策衔接，会商解决相关问题，监督政策落实。二是积极推进在北京、上海、广东实施的外籍高层次人才申请永久居留政策改革试点工作，及时总结评估和优化完善，向更多地区复制推广。同时，按照中央有关精神，落实外籍人才申请永久居留的便利化措施。三是抓紧进行外国人永久居留证电子化改革，采用芯片技术，改进机读功能，为持证人在国内购买车船机票、办理住宿登记、金融保险、证照等业务提供更多便利。

委员长、各位副委员长、秘书长、各位委员，全国人大常委会听取和审议国务院关于出境入境管理法执行情况的报告，充分体现了全国人大常委会对出境入境管理工作的高度重视和大力支持。我们将认真按照审议意见，不断加强和改进出境入境管理工作。

参 考 文 献

1. 熊一新、李健和. 治安管理学概论［M］. 北京：中国人民公安大学出版社，2004.
2. 杨瑞清、王占军、赵光伟. 治安管理概论［M］. 北京：中国人民公安大学出版社，2013.
3. 王精忠、谢川豫. 治安秩序管理［M］. 北京：中国人民公安大学出版社，2015.
4. 王占军、黄超. 危险物品管理［M］. 北京：中国人民公安大学出版社，2014.
5. 张家忠、盛虎：危险物品管理［M］. 武汉：武汉大学出版社，2016.
6. 莫德升、朱敦军、张翘楚：公共安全危机管理［M］. 北京：中国人民公安大学出版社，2007.
7. 郭太生. 公共安全危机管理［M］. 北京：中国人民公安大学出版社，2009.
8. 闪淳昌、薛澜. 应急管理概论——理论与实践［M］. 北京：高等教育出版社，2009.
9. 石向群、李小强. 治安案件查处［M］. 北京：中国人民公安大学出版社，2014.
10. 沈惠章. 群体性事件预防与处置［M］. 北京群众出版社，2009.
11. 辛志敏、赵莹、师维. 涉外警务教程［M］. 北京：中国人民公安大学出版社，2012.
12. 赵群力. 铁路消防管理［M］. 北京：中国人民公安大学出版社，2014.

公安院校创新应用型精品规划系列教材

☆ 犯罪学教程
☆ 治安学
☆ 治安社会防范教程
☆ 安保勤务与安全检查
☆ 危险物品管理
☆ 公安监所管理工作实务
☆ 犯罪心理学教程
☆ 治安学专业实训教程
☆ 治安学概论
☆ 治安学通论
☆ 道路交通管理学
☆ 治安管理实务与实训教程
公安基础理论
治安案件查处
治安管理处罚法
治安秩序管理
侦查学
法医学
物证技术学
现场勘查
文件检验学
道路交通事故司法鉴定
警察职业道德
警察学原理
警察心理健康
安全防范技术应用
安防工程设计
监狱学基础理论
法院执行实务
书记员工作实务
警察防卫与控制技术
公安内勤工作手册
公安应用写作教程
信息化警务
乘警勤务
警察法学
道路交通事故处理
刑事影像学
刑事科学技术概论
车辆和驾驶员管理
社区警务
户政与人口管理
消防管理
保卫学
计算机应用技术
网络信息安全
逻辑学
公安机关办案程序

欢迎广大教师和读者就系列教材的内容、结构、设计以及使用情况等，提出您宝贵的意见、建议和要求，我们将继续提供优质的售后服务。

联系人：田红恩
电　话：137 2030 4986
E-mail：113391595@qq.com

武汉大学出版社（全国优秀出版社）